O TRONCO E OS RAMOS

Blucher

RENATO MEZAN

O tronco e os ramos

Estudos de história da psicanálise

2ª edição

O tronco e os ramos: estudos de história da psicanálise

Copyright © 2014 by Renato Mezan

Editora Edgard Blücher Ltda.

2ª edição – 2019

Preparação

Ieda Lebensztayn

Revisão

Angela das Neves

Adriana Bairrada

Blucher

Rua Pedroso Alvarenga, 1245, 4° andar

04531-934 – São Paulo – SP – Brasil

Tel.: 55 11 3078-5366

contato@blucher.com.br

www.blucher.com.br

Segundo o Novo Acordo Ortográfico, conforme 5. ed. do *Vocabulário Ortográfico da Língua Portuguesa*, Academia Brasileira de Letras, março de 2009.

É proibida a reprodução total ou parcial por quaisquer meios sem autorização escrita da editora.

Todos os direitos reservados pela Editora Edgard Blücher Ltda.

DADOS INTERNACIONAIS DE CATALOGAÇÃO NA PUBLICAÇÃO (CIP)
ANGÉLICA ILACQUA CRB-8/7057

Mezan, Renato

O tronco e os ramos : estudos de história da psicanálise / Renato Mezan. – 2. ed. – São Paulo : Blucher, 2019.

624 p.

Bibliografia

ISBN 978-85-212-1466-3 (impresso)

ISBN 978-85-212-1467-0 (e-book)

1. Psicanálise 2. Psicanálise – História I. Título.

19-0598   CDD 150.195

Índice para catálogo sistemático:
1. Psicanálise

Para Claude Le Guen
e Vera Stella Teles

Conteúdo

Apresentação 9

PARTE I: DA HISTÓRIA DA PSICANÁLISE 19

1. Questões de método na história da psicanálise 21

2. Paradigmas e matrizes clínicas 56

3. A construção da metapsicologia: 1892-1914 89

4. Reformulações da metapsicologia: 1914-26 137

5. A "horda selvagem": sobre os inícios
   do movimento psicanalítico 209

6. Mudanças do pós-guerra: 1919-23 242

7. Discussões sobre técnica: 1919-39 286

PARTE II: FREUD 355

8. De Sartre a Huston: *Freud, além da alma* 357

9. "E daí — o que apareceu de tão interessante?" Freud e Dora 387

10. A "ilha dos tesouros": relendo *A piada e sua relação
    com o inconsciente* 425

11. "Um trabalho de civilização": Freud e a psicanálise 472

Conteúdo

PARTE III: DA ATUALIDADE 505

12. Fronteiras da psicanálise.. 507

13. Pesquisa em psicanálise: algumas reflexões 528

14. Que tipo de ciência é, afinal, a psicanálise?............................. 543

Nota sobre a origem dos textos 577

Bibliografia.. 579

Índice de obras mencionadas... 587

Índice remissivo 599

Apresentação

Sete anos de pastor Jacó servia
Labão, pai de Raquel, serrana bela
Mas não servia ao pai, servia a ela
[...]
[...] — Mais servira, se não fora
Para tão longo amor tão curta a vida.

Luís de Camões

O livro que o leitor tem em mãos é parte de uma investigação iniciada há mais de trinta anos. Se no contexto das atividades acadêmicas me dediquei bastante a Labão — cursos, orientação de teses, algumas dezenas de conferências e artigos sobre temas variados —, tem sido a história da psicanálise a Raquel que, de início encoberta pelo véu de um completo desconhecimento, aos poucos foi se revelando uma paixão, e se tornando o eixo central da pesquisa. E talvez não seja descabido dizer que, como o patriarca bíblico, acabei por me conformar com certa bigamia: com efeito, as belezas da irmã caçula só se revelam por inteiro quando a colocamos ao lado da Lia epistemológica.

Apresentação

Como isso veio a acontecer? Melhor começar do início... A familiaridade com a análise dos conceitos e o interesse pela arquitetura de um sistema de pensamento, resultado da formação que tive o privilégio de receber no Departamento de Filosofia da USP, cruzaram-se na década de 1970 com o fascínio produzido pela descoberta de Freud. Os frutos dessa fecundação recíproca foram duas teses sobre o inventor da psicanálise, uma de cunho mais conceitual, e outra situando sua teoria da cultura no contexto histórico e biográfico graças ao qual pôde se configurar: por isso a afirmação de que a epistemologia é como a irmã mais velha da Raquel histórica.

Embora *Freud, pensador da cultura* abra espaço para as relações de Freud com alguns dos seus discípulos, o horizonte daqueles dois estudos é o da obra freudiana. Em parte, isso se deve a que na época o padrão das teses do Departamento era a leitura aprofundada de um autor, e não havia por que descurar essa regra; em parte, ao fato de ambas terem sido escritas à sombra da psicanálise francesa, na qual Freud reinava soberano, a ponto de serem quase sinônimos o seu nome e o da disciplina. Aqui e ali, ouvia-se falar da escola inglesa, de algum texto de Abraham ou de Ferenczi, mas, como consequência da campanha de Lacan pelo "retorno a Freud", era ele o interlocutor dos psicanalistas contemporâneos, eram seus livros e artigos que todos conheciam bem e citavam nas publicações.

Convicto de que a psicanálise era no essencial idêntica ao legado do fundador, surpreendi-me imensamente quando, ao voltar para o Brasil, comecei uma segunda análise com Vera Stella Teles, então de orientação kleiniana. Tudo era diferente do que vivera no divã de Claude Le Guen: a frequência e a extensão das interpretações, a ênfase no presente e na explicitação da relação transferencial, o conteúdo do que ela escolhia para comentar. Ao mesmo tempo, o efeito que as sessões provocavam em mim me deixava perplexo: como algo tão diverso do que eu conhecia podia ser, como obviamente era, psicanálise da melhor qualidade?

A resposta começou a aparecer quando me inteirei da maneira como a psicanálise se implantara em São Paulo, com forte influência de Melanie Klein e de Wilfred Bion. Simplesmente, meus dois analistas não tinham aprendido (e, portanto, não podiam praticar) os mesmos princípios, nem os mesmos métodos.

Naquele mesmo momento — por volta de 1980, 1982 — Jean-Michel Petot publicou em Paris seus dois volumes sobre Melanie Klein.[1] A forma como

---

1. Jean-Michel Petot, *Mélanie Klein*. Paris: Dunod, 1979. v. 1: *Premières découvertes et premier système, 1919-32*; Id. *Mélanie Klein*. Paris: Dunod, 1982. v. 2: *Le moi et le bon objet, 1932-60*.

apresentava o pensamento da Grande Dama, simultaneamente cronológica e partindo dos problemas que ela visava a resolver, me fez pensar de imediato nas *Problématiques* de Jean Laplanche,[2] e teve para mim o mesmo impacto iluminador: parafraseando a instrução dada por um assessor a Bill Clinton, a solução para a perplexidade que me tomava podia ser resumida num *"é a história, estúpido!".*

Buscando informar-me, descobri que, curiosamente, o assunto não era dos mais estimados pelos psicanalistas. Para alguém habituado ao diálogo com os escritos de autores mortos há séculos que caracteriza o percurso de um estudante de filosofia, era outra surpresa. Por gosto, conhecia bem a história da música, e, no curso de estética de d. Gilda de Mello e Souza, havia lido vários livros de história da arte. Nesses dois campos, o que se construíra antes da atualidade tampouco era apenas um monumento a ser venerado (ou desprezado), mas parte viva do repertório de quem se dedicava a eles, tanto no caso de amadores como eu quanto para os profissionais.

Nada disso entre os psicanalistas: os franceses conheciam bem Freud porque para eles seus textos eram os fundamentais, e aqui, onde poucos além de Regina Schnaiderman e Isaías Mehlson o liam, o fundamental era a obra de Klein, ou, para os bionianos, a de Bion. Para a questão que me atraía — como, de Freud, haviam derivado teorias e práticas tão diferentes como as que descobrira em Paris e em São Paulo — pouco encontrei de útil: as histórias da psicanálise, algumas das quais menciono no capítulo 1 deste volume, eram de modo geral descritivas (tal autor pensou isso, tal outro aquilo) e assistemáticas, passando apenas superficialmente pelas relações entre o pensamento de Freud e o dos seus sucessores.

O vácuo em torno da maneira como tinha se desenvolvido a disciplina, além de obscurantista em si mesmo, tinha outro efeito deletério: ignorando por que, a partir do que e contra o que os autores que tomavam como guias haviam chegado às suas teses, os partidários das diferentes correntes tendiam a tomá-las como verdades absolutas, com as consequências que se podem imaginar no que tange ao dogmatismo e à intolerância recíproca. Era comum ouvi-los desqualificar os que pensavam de modo diferente com o anátema "isso não é psicanálise", e muito raro assistir a um exame criterioso da origem e da evolução de determinado conceito ou hipótese.

---

2. Jean Laplanche, *Problématiques*. Paris: Presses Universitaires de France, 1980.

Apresentação

Frente a tal situação, parecia promissor investigar com cuidado em quais partes, como e por que a herança de Freud tinha sido ampliada e transformada por seus sucessores. Pois havia também a história do movimento analítico, das pessoas e instituições graças às quais a psicanálise se consolidou, e ganhou na cultura do século xx o espaço que conhecemos. As duas áreas, como logo vim a descobrir, estavam interligadas, porque esses sucessores se organizavam em escolas — pelo menos duas: a inglesa, e, como não podia ignorar tendo estudado na França, a lacaniana. E ambas pretendiam ser a reta continuação das descobertas de Freud...

Como poucas coisas são mais diferentes entre si do que o kleinismo e o lacanismo, surgia outra questão: que leitura cada tendência fazia de Freud, de modo a resultar em teorias tão divergentes? Era bem provável, me disse, que as perguntas que cada uma dirigia ao fundador não fossem as mesmas, e também provável que tais perguntas surgissem de práticas que, como estava percebendo, não eram coincidentes. Lendo os escritos de Melanie Klein e de Lacan, dei-me conta de um fator a que chamei, em 1985, "matriz clínica", que é objeto do capítulo 2 do presente volume.

Ao que parece, a época era propícia a este tipo de indagação: na primeira metade da década de 1980, começaram a surgir trabalhos com os quais aprendi muito. O principal foi a *História da psicanálise na França*, de Elizabeth Roudinesco, um modelo de pesquisa bem feita e amplamente documentada, que narrava as aventuras do freudismo *chez les Gaulois* vinculando-as à história do país, da psiquiatria, do surrealismo, e do próprio movimento analítico em escala internacional. Outro foi a biografia de Melanie Klein por Phyllis Grosskurth, um terceiro o livro de Paul Roazen *Freud e seus discípulos*. Com o passar dos anos, foram sendo publicados estudos sobre a obra de autores centrais como Winnicott, Klein, Bion e Lacan, biografias de psicanalistas importantes, a do fundador por Peter Gay, correspondências (sobretudo a de Freud e Ferenczi), depoimentos de pacientes, que permitiam vislumbrar como trabalhavam seus analistas, e outros; em 1988, foi fundada a *Association Internationale pour l'Histoire de la Psychanalyse*, da qual me tornei membro, e de cuja revista fui por alguns anos correspondente no Brasil.

A leitura dessa bem-vinda série de textos confirmou minha impressão inicial: a psicanálise contemporânea só podia ser compreendida por meio de uma abordagem que entrelaçasse as circunstâncias factuais, o movimento das ideias, e a análise epistemológica. Como esta é a perspectiva na qual foi escrito o presente livro,

vale formulá-la de modo ainda mais explícito: para dar conta da estrutura conceitual da teoria adotada por cada escola, para esclarecer os vínculos delas com a
obra da qual se afirmavam continuadoras, e para ter uma visão mais nítida de
quem foram os homens e mulheres que as formularam, aqueles três aspectos — o
propriamente conceitual, o histórico *stricto sensu* (tanto no plano do movimento
freudiano quanto no da evolução das ideias e da prática clínica) e o epistemológico — não poderiam ser dissociados: Raquel e Lia habitavam a mesma tenda.

A ambição juvenil me fazia sonhar com uma história geral da psicanálise, a
exemplo das boas histórias da filosofia, das obras sobre história da arte de Ernest
Gombrich e Arnold Hauser, ou da *Pequena história da música* de Otto Maria
Carpeaux. Ela começaria com Freud em Viena, passaria pelas várias gerações de
analistas, e chegaria aos dias atuais. Mas, como disse o poeta, "para tão longo
amor" é "curta a vida": embora fosse este o programa que, em meados da década de 1980, estabeleci para as pesquisas dos anos seguintes, ele não era exequível
nem com as informações que então possuía, nem com o tempo do qual, envolvido com a clínica e com o ensino universitário, dispunha para as realizar.

A única forma de avançar era a sugerida por Descartes em 1630:[3] dividir as
dificuldades em tantas partes quantas fossem necessárias, e ir resolvendo-as uma
a uma. Assim foram sendo efetuadas pesquisas sobre temas específicos, ora numa das vertentes, ora em outra, às vezes retomando questões que já havia começado a trabalhar: estudos sobre determinados textos ou conceitos de Freud, sobre as relações dele com a cultura vienense, sobre a recepção da psicanálise na
França e no Brasil, sobre a história das práticas interpretativas, etc. Para mim,
todos faziam parte de um mesmo projeto, o de esclarecer os vínculos entre as
escolas e a obra freudiana.

Restava, no entanto, um grande desafio: encontrar nessa obra os fundamentos dos desenvolvimentos posteriores. Explico-me: não é difícil, partindo de Klein,
Lacan ou Bion, mostrar que partes dela mais interessaram a esses autores, e como
eles as usaram para construir respostas para as *suas* questões clínicas e teóricas.
Mas só nos anos 1990, graças à leitura dos livros de Paul Bercherie, Greenberg e
Mitchell e Martin Bergmann, dos quais faço amplo uso na primeira parte destes *Estudos*, pude descobrir o fio da meada: há em Freud quatro modelos metapsicológicos,

---

3. René Descartes, *Discurso do método*. In: J. Guinsburg (Org.). *Obras escolhidas*. Trad. de Bento
Prado Jr. São Paulo: Perspectiva, 2010.

Apresentação

cada qual baseado numa matriz clínica, e as diversas correntes psicanalíticas privilegiaram aberta ou veladamente um deles, generalizando-o para toda a mente e daí derivando suas hipóteses centrais sobre o funcionamento psíquico.

Entusiasmado com a descoberta, pus-me a escrever, e cheguei a ter na gaveta perto de duzentas páginas. Projetava publicar o livro aí pelo ano 2000, mas interrompi sua redação no meio de uma frase, e, por circunstâncias que não vêm ao caso, nos anos seguintes me dediquei a outras coisas, inclusive no plano pessoal e familiar. De vez em quando, enviava a um amigo ou colega um dos capítulos, e, apesar das reações serem no geral do tipo "isso é muito interessante, você precisa terminar este livro!", acabava por adiar a retomada, talvez por não me sentir com fôlego para concluir um projeto tão vasto.

E então, no final de 2011 decidi que era chegado o momento de completar o que tinha começado doze ou treze anos antes, e publicar um primeiro volume, contendo esse material e mais alguns artigos. Liguei para meu editor na Companhia das Letras, e marcamos uma reunião para depois das férias de verão: julgava que, com alguma revisão e umas poucas páginas a mais, o volume poderia suscitar o interesse da comunidade analítica, e de quem mais quisesse informar-se sobre o assunto. Ledo engano: a revisão acabou sendo muito mais ampla do que havia suposto, a conclusão do capítulo deixado pela metade exigiu dois meses de trabalho, a transcrição de algumas conferências que imaginava ser tarefa simples transformar em textos legíveis se revelou inutilizável, com o que os temas respectivos tiveram de ser abordados em capítulos inteiramente novos...

A quem achasse laborioso demais esse processo de criação, lembro uns versos de Boileau que de ano para ano copio na primeira página das novas agendas: *"hâtez-vous lentement, ne perdez pas courage/ cent fois sur le métier remettez votre ouvrage"* [apresse-se lentamente, não perca a coragem/ cem vezes no tear recoloque seu trabalho]. Apesar das injunções das agências de fomento para publicar a todo custo, nenhum pesquisador tem ideias brilhantes com hora marcada, e aqueles de nós que nos recusamos a pôr nossos nomes em textos sem interesse só para engrossar o Currículo Lattes sabemos quanto esforço e quanto tempo se despendem para produzir algo que mereça ser lido.

O presente livro compõe-se de três partes. A primeira apresenta o método que emprego, discute as noções de paradigma e matriz clínica, formula a tese geral sobre os modelos metapsicológicos freudianos e estuda cada um deles em detalhe, assinalando pontos de contato com as escolas que viram a luz no pós-guerra. Contém igualmente um capítulo sobre os inícios do movimento psicanalítico, e dois sobre um período fascinante, a que chamei "a Era dos Debates": o que medeia entre as duas guerras mundiais. Nele entram em cena a primeira e a segunda geração de psicanalistas, com suas contribuições tanto para a teoria quanto para a prática clínica.

A segunda parte tem como objeto o velho, bom e indispensável Freud. Optei por um critério cronológico, começando com um capítulo sobre o filme que John Huston realizou sobre a época heroica da invenção da psicanálise. Em seguida, analiso em detalhe o *Caso Dora* e *A piada e sua relação com o inconsciente*, ambos textos que ilustram bem o funcionamento do primeiro modelo metapsicológico freudiano, o calcado sobre a histeria. Após esses capítulos mais densos em termos conceituais, quis incluir um "respiro" para o leitor: uma conferência de índole mais introdutória sobre a obra de Freud, a partir da sua afirmativa de que a psicanálise é "um trabalho de civilização".

Tendo assim percorrido uma boa parte da história dela, dos seus modestos inícios até o final da década de 1930, poderia ter esperado mais dez anos para dar a público o que andava pensando, e completar o livro com alguns estudos sobre os períodos subsequentes — a "Era das Escolas", que se estende da morte de Freud (1939) à de Lacan (1981), e o que considero a nossa própria época, cujo início pode ser datado do momento em que chegam à maturidade as obras dos analistas formados no pós-guerra — ou seja, de 1970 e poucos em diante.

Contudo, optei por um caminho diferente: publicar o que já estava pronto, e, para não ficar apenas no passado, acrescentar ao volume três artigos que tratam de problemas contemporâneos. Eles formam a parte final do livro: um panorama dos desafios atuais da psicanálise, e duas discussões sobre o caráter científico dela, que vem sendo objeto de contestação desde que Freud começou a divulgar suas ideias. Uma focaliza a questão da pesquisa na nossa disciplina, e a outra aborda a convicção do fundador de que sua invenção era parte das ciências da natureza, que hoje soa paradoxal, pois nos parece evidente que seu lugar no saber está entre as humanidades.

A variedade de temas focalizados no presente livro se justifica pela amplidão do terreno a explorar. Quando estava na faculdade, nossos professores nos advertiam contra a tentação de tomar por objeto de pesquisa "Deus e sua época":

Apresentação

sendo ele eterno e infinito, "sua época" cobriria tudo e qualquer coisa. A quantidade de acontecimentos e de textos que compõem a história da psicanálise, se não é infinita, é colossal; para não correr o risco da superficialidade e das generalizações apressadas, a única maneira de os abordar é avançar por etapas. Este livro enfeixa o que me foi possível fazer até aqui; na medida em que a incerteza da condição humana nos permite fazer projetos, espero poder — daqui a alguns anos — dar a público a continuação desta série de estudos.

Se o que se vai ler nas páginas seguintes puder persuadir o leitor de que o passado da psicanálise é tão interessante quanto as formas que assume na atualidade, e despertar nele o desejo de saber mais sobre as questões abordadas (e sobre tantas outras, que ficam para outro momento), *O tronco e os ramos* terá cumprido sua função. Embora hoje em dia já não vigore entre os analistas o clima de Guerra Fria de que falei atrás — em parte, porque a história da psicanálise é mais conhecida e valorizada, especialmente nos cursos de pós-graduação — muito há ainda por ser feito neste campo. Que venham as andorinhas!

Aproveito a ocasião para agradecer aos amigos, colegas e instituições que, cada um à sua maneira, contribuíram para a existência deste livro:

— ao CNPq, pelas quatro bolsas de produtividade concedidas entre 1995 e 2006;
— a Decio Gurfinkel, Camila Salles Gonçalves e David Calderoni, que leram diferentes partes do manuscrito e o enriqueceram com valiosas sugestões;
— aos colegas do Departamento de Psicanálise do Instituto Sedes Sapientiae, em particular os da equipe da revista *Percurso*, que vem abrindo suas colunas a artigos de índole histórica e epistemológica;
— aos professores e alunos do Programa de Estudos Pós-Graduados em Psicologia Clínica da PUC-SP, no qual foram proferidos muitos cursos sobre o material aqui publicado;
— às instituições psicanalíticas e culturais graças a cujos convites pude ir elaborando momentos específicos da pesquisa;
— a Ângela Maria Vitório, minha secretária, que por dezesseis anos transcreveu com infinita paciência centenas de aulas e conferências, e foi de grande auxílio na organização dos índices ao final do volume;

— aos editores dos periódicos e livros nos quais saíram as primeiras versões de alguns capítulos, pela permissão de os reproduzir nesta obra;

— à equipe da Companhia das Letras, que transformou o material em formato .doc num livro de primeira qualidade;

— e, *last but not least*, à minha família — Yvoty, Francisco e Eleonora — junto a quem encontro o carinho e a afeição sem os quais a vida não faz sentido.

A todos, meu muito obrigado!

Renato Mezan
São Paulo, julho de 2013

Nota do autor: esgotada a sua primeira edição, este livro sai agora pela Editora Blucher, a cujo corpo técnico agradeço pela competência e pelo cuidado no preparo do material.

PARTE I
DA HISTÓRIA DA PSICANÁLISE

1. Questões de método na história da psicanálise

Todo estudante de psicanálise, num momento ou noutro de sua trajetória, vem a experimentar uma curiosa sensação de vertigem. Tendo deixado para trás aquele momento feliz no qual, em virtude da ignorância recém-desvirginada, acreditava ser possível formar sem muita dificuldade um quadro coerente da teoria psicanalítica, defronta-se um belo dia com a constatação escandalosa: os psicanalistas não falam a mesma língua!

Imaginemos que ele esteja às voltas, por exemplo, com o conceito de complexo de castração. Se procurar compreendê-lo em suas várias determinações, é provável que não se contente com a leitura dos trabalhos em que Freud o examina. Buscará completar sua informação com textos da escola lacaniana ou da tradição inglesa — e não demorará a perceber que sob o mesmo vocábulo se ocultam concepções bastante diferentes. Mais do que isto: acabará por se dar conta de que, na problemática própria a essas tendências, o lugar e a importância teórica dessa noção estão longe de ser idênticos. E ei-lo mergulhado na confusão: o que é, *afinal*, o complexo de castração?

Não é improvável que, diante da dificuldade, recorra ao procedimento de reduzir ao mínimo denominador comum as diferentes maneiras de definir o conceito e de operacionalizá-lo, ou seja, tentará fazer com que os vários autores consultados acabem por dizer a mesma coisa. Ora, esse meio de solucionar o

1. Questões de método na história da psicanálise

problema terá por consequência a construção de uma ideia pobre (porque resultado do escamoteamento de diferenças bastante relevantes), confusa (porque cortada das amarras que, em cada escola, a unem a outras noções e a outras teses), e provavelmente inútil do ponto de vista clínico, pois é remota a chance de que tenha alguma pertinência frente à sutileza dos fenômenos sobre os quais seria interessante pensar em termos de "complexo de castração".

Se o estudante repetir o processo com outras noções centrais para a teoria psicanalítica, como a transferência ou o complexo de Édipo, voltará a se defrontar com esta intrigante descoberta: os conceitos denotados por estas palavras variam amplamente de escola para escola. E, o que é mais grave, encontrará em algumas termos não utilizados pelas demais: por exemplo, "posição", "ambiente facilitador", "self grandioso", ou "ordem simbólica". Com este tipo de conceitos, o procedimento eclético do mínimo denominador comum falhará, já que faltam os equivalentes nas outras doutrinas. Nosso estudante, então, não deixará de formular uma pergunta aparentemente fácil de responder: por que existem tantas variedades de psicanálise? Por que a herança de Freud é suscetível de tantas leituras, que se revelam como dificilmente harmonizáveis? Ao se interrogar assim, ele se verá atraído por um problema muito mais complicado do que a princípio imaginava. Pois é toda a questão da história da disciplina que, imperceptivelmente, terá vindo esgueirar-se por baixo da pergunta aparentemente fácil de responder. E a *história* da psicanálise o confrontará, por sua vez, com alguns dos enigmas mais intrincados da *teoria* da psicanálise.

O fato é que essa história não se limita às peripécias — dignas de um romance de capa e espada — que agitaram o movimento psicanalítico: dissidências, expulsões, rupturas... Ela deve incluir também um estudo das transformações ocorridas na teoria e na prática clínica, que se apresentam, a um observador que se disponha a pensar a sério o que observa, sob o signo da *dispersão*. No que se segue, submeto à consideração do leitor algumas ideias sobre as origens e sobre a estrutura dessa dispersão.

A TRÍPLICE DIÁSPORA

Podemos considerá-la, num primeiro nível, de modo descritivo. Trata-se não de uma, mas de *três* dispersões diferentes: geográfica, doutrinária e institucional. Dispersão geográfica: da cultura científica centro-europeia da *Belle Époque* que lhe deu origem, a psicanálise migrou para outras latitudes, aprendeu outros idiomas, mergulhou em outras áreas culturais, e, massacrada em seu solo natal pelo nazismo, quase desapareceu dos países de língua alemã, nos quais somente a partir dos anos 1960 volta a se configurar uma reflexão psicanalítica original, que, por razões de tradução, ainda é largamente desconhecida no Brasil. Seus centros principais estão hoje na Inglaterra, na França, na América Latina, e (não se sabe por quanto tempo ainda) nos Estados Unidos.

Pouco se tem refletido sobre o impacto que estes transplantes tiveram sobre a própria teoria psicanalítica, ainda que, ocasionalmente, o tema tenha sido aflorado. Vejam-se, por exemplo, estas linhas da Introdução ao *Vocabulário de psicanálise* de Laplanche e Pontalis: "A psicanálise nasceu há cerca de três quartos de século. O 'movimento' psicanalítico conheceu uma história longa e atormentada; grupos de analistas foram criados em numerosos países, nos quais a *diversidade dos fatores culturais não pôde deixar de ter ecos sobre as próprias concepções*".

É interessante notar que os autores do *Vocabulário* aludem de passagem aos efeitos que a dispersão geográfica produziu sobre "as próprias concepções", mas não tiram desta alusão as conclusões necessárias: a saber, indagar no que consiste esta "diversidade de fatores culturais", quais são, precisamente, os "ecos" que elas fizeram vibrar, e no que as "próprias concepções" foram ou não alteradas por tais ecos e por tais fatores. Ao contrário, separam o movimento psicanalítico — que, este sim, possui uma história "longa e atormentada" — das "concepções" produzidas por ele; tanto que, na frase seguinte, afirmam os princípios que governam a elaboração da sua obra: "Mais do que recensear a multiplicidade pelo menos aparente do emprego [dos conceitos] através do tempo e do espaço, preferimos recuperar em sua originalidade própria as noções, muitas vezes esmaecidas e obscurecidas, e, por este motivo, atribuir uma importância privilegiada ao momento de sua descoberta".[1] Sem pretender questionar a relevância ou a utilidade do *Vocabulário*, cabe, no entanto, uma interrogação: o que ocorreria se se procurasse "recensear a multiplicidade" do emprego dos conceitos "através do tempo e do espaço"? Penso que se imporia uma evidência: tal multiplicidade não é de modo algum ilusória, mas bastante profunda.

---

1. Laplanche e Pontalis, *"Avant-Propos"*. In: *Vocabulaire de la psychanalyse*. Paris: PUF, 1967. p. IX. Grifos meus [Ed. bras.: *Vocabulário de psicanálise*. 4. ed. Trad. de Pedro Tamen. São Paulo: Martins Fontes, 2001].

1. Questões de método na história da psicanálise

E isto nos traz à segunda dispersão: a doutrinária. O fato é que existem várias escolas de psicanálise, o que aliás explica o desconcerto do estudante a quem me referi há pouco. Uma experiência frequente o confirma: para alguém formado numa dada tradição, o primeiro contato com alguma das outras perspectivas costuma suscitar um choque de consideráveis proporções, pois efetivamente são muito diversos os referenciais do que é a psicanálise, de como se deve praticá-la e pensá-la.

Costuma-se reagir a este choque com um espasmo defensivo: a *boa* psicanálise é a que me ensinaram, aquela que orientou minha análise pessoal e as supervisões que fiz até agora... O que "eles" denominam psicanálise é uma aberração! Lacan? Um intelectualizador contumaz, um manipulador da transferência, dirá o bioniano. Bion? Um místico que nunca saiu do imaginário, dirá o lacaniano. E assim por diante: com maior ou menor estridência, buscar-se-ão "argumentos" para reforçar a convicção de que estamos do lado certo da trincheira, convicção acompanhada pelo desprezo do que possam significar estas discrepâncias quanto à própria natureza da psicanálise. Elas são ignoradas em nome de uma lógica bélica (e tosca), na qual só existem verdades absolutas e erros integrais.

Tentemos afastar-nos desta armadilha e excluir as soluções simplistas: como dar conta da situação? Uma única resposta é possível: o clima psicanalítico, as questões julgadas pertinentes, o modo de construir teorias a partir de um conjunto de evidências partilhadas, e por isso mesmo raramente interrogadas, são governados por referenciais teóricos amplamente divergentes. E, no entanto, a origem de todos estes referenciais é a obra de Freud. Eis-nos de novo diante do problema da história da psicanálise: como e por que se construíram estes referenciais teóricos? De onde vêm suas armações conceituais? Por que tiveram sucesso, maior ou menor, em diferentes épocas e lugares? Por este caminho, a indicação de Laplanche e Pontalis pode ser muito fecunda: trata-se de fazer o levantamento das "próprias concepções" — quantas existem, no que consistem suas diferenças, etc. — e simultaneamente pesquisar quais poderiam ter sido os "fatores culturais" que, incidindo sobre a teoria herdada de Freud, acabaram por infleti-la nas direções que conhecemos. Em suma: levar a sério a ideia de uma história, não enquanto sequência de percalços externos e mais ou menos casuais, referentes apenas ao movimento psicanalítico (cisões, divergências, emigrações por motivos políticos, etc.), mas enquanto *algo intrínseco ao desenvolvimento teórico* da disciplina fundada por Freud.

Esta perspectiva, porém, esbarra num obstáculo: a resistência dos psicanalistas a admitir que outras formulações, além daquela à qual aderem, possam ter validade teórica e prática. E isso está ligado à terceira dispersão a que me referi: a institucional. Sabe-se que a Associação Internacional de Psicanálise fundada por Freud já não representa — apesar dos seus protestos em contrário — a única organização legítima dos psicanalistas. Por motivos variados, entre os quais a própria burocratização desse organismo e sua impermeabilidade às novas correntes do pensamento psicanalítico (em especial nos anos 1950), vieram a formar-se outros agrupamentos, como os de inspiração lacaniana, o Quarto Grupo parisiense, ou ainda associações locais em torno de programas específicos de ensino e de reflexão: só no Rio de Janeiro existem atualmente[2] cerca de vinte instituições que fazem da psicanálise seu ponto de convergência. Esta verdadeira diáspora, no sentido grego do termo — dispersão das sementes — testemunha que a psicanálise deixou de ser uma especialidade terapêutica (como essencialmente o é nos países anglo-saxões) para realizar um dos projetos de seu fundador: tornar-se um fato de cultura.

Mas, no que tange ao nosso problema, a multiplicação das instituições psicanalíticas acarreta um efeito curioso. Elas se constituem em torno de uma determinada maneira de conceber a psicanálise como prática e como teoria, maneira assumida implícita ou explicitamente por seus membros sob a forma de atitudes, crenças e evidências que paulatinamente vão se tornando inquestionáveis, apesar da retórica em contrário ("interrogação permanente", e palavras de ordem do mesmo tipo).

Tais crenças e evidências desempenham um papel nada desprezível na configuração da identidade do psicanalista. Lidando com fenômenos imateriais como emoções, pensamentos, transferências e resistências, e tendo como instrumento básico a interpretação necessariamente conjetural desses fenômenos, a espécie de trabalho que cada qual efetua com seus pacientes pode encontrar um de seus sustentáculos na ideia de que ela, e *nenhuma outra*, é a "verdadeira psicanálise", aquela que conserva a inspiração mais profunda do projeto freudiano. Por este motivo, são consideráveis as forças que se opõem à mera ideia de uma história da teoria psicanalítica, que implica reconhecer a existência de várias espécies do gênero, e, ao invés de as caluniar ou difamar, pesquisar suas origens e

---

2. Final da década de 1980, quando foi escrita a primeira versão deste capítulo.

desenvolvimento. Tal empreendimento pode soar (e frequentemente soa) como ameaça de relativização dos postulados em volta dos quais se aglutinam as instituições. No caso mais favorável, a ideia não é recusada *in limine*, porém se delineia uma tendência a formular o problema em termos normativo-dogmáticos, esperando implicitamente que uma investigação histórica precise qual é a teoria correta e qual é a prática adequada. Ora, a recusa desta pseudotarefa é condição elementar de qualquer trabalho historiográfico; mais ainda, é dele que pode vir alguma luz sobre a gênese da própria ideia de uma teoria/prática que, por ser a verdadeira, excluiria todas as demais.

Minha impressão é que ela reside na necessidade de provar que as teorias pós-freudianas são fiéis à matriz básica da psicanálise, isto é, à obra de Freud. Todas têm a pretensão de ser a única reta continuação das ideias do fundador, e esse simples fato basta para percebermos que nenhuma delas o é. Pois não se concebe que a *mesma* linha de pensamento possa ser prolongada por escolas tão diferentes entre si quanto o são os quatro grandes troncos que, ao longo das décadas, brotaram da raiz freudiana: a escola kleiniana, a lacaniana, a psicologia do ego americana e a escola britânica das "relações de objeto". O trabalho do historiador da psicanálise, que parte da diversidade do presente, visa a restituir aquilo mesmo que cada escola necessita escamotear: sua origem real. É para encontrar esta origem, e para mostrar como e por que as tendências pós-freudianas foram se diferenciando, que se encaminha a investigação da qual é parte o presente trabalho.

CRITÉRIOS PARA CARACTERIZAR UMA ESCOLA

Para situar o problema de modo adequado, a primeira providência é afastar a representação imaginária que cada escola tem de sua própria origem. E, antes ainda, é preciso afastar a ideia — mais difundida do que se costuma acreditar — de que a psicanálise é sinônimo de "pensamento de Freud". Pois, se assim fosse, ele teria sido não apenas o primeiro psicanalista, mas também o único e o último. O lugar eminente que a obra freudiana ocupa no panorama psicanalítico não é em nada diminuído pela consideração de que dela surgiram outras, as quais, sem deixar de ser psicanalíticas, tampouco são diretamente deriváveis das matrizes freudianas.

Ora, é justamente aqui que as escolas coincidem: todas abrigam a representação — falsa — de que, cada uma por si e com exclusão de todas as demais, constituem a única derivação adequada da raiz freudiana, o que implica a desqualificação das demais. Incapazes de enfrentar a diversidade, precisam contorná-la traçando uma fronteira: no redil da psicanálise, Freud e ela própria, sua legítima herdeira (ou viúva); nas trevas exteriores, as outras. Cada uma delas tem, da relação que mantém com a obra freudiana, uma concepção particular, a qual é ao mesmo tempo uma visão da história da disciplina, e portanto da sua própria gênese.

Podemos ilustrar a situação comparando brevemente duas representações largamente difundidas do processo pelo qual nasce uma escola psicanalítica: a kleiniana e a lacaniana. Segundo a primeira, Melanie Klein *aprofundou* certas concepções de Freud, e as *aplicou* a territórios novos ou até então pouco explorados (análise de crianças e de certos tipos de psicose); assim, teria criado um sistema que se encontra em situação de *continuidade* com o pensamento do fundador. Por exemplo, mais fiel ao espírito da psicanálise do que às opiniões do mestre de Viena, ela insistiu na capacidade de transferência mesmo de crianças muito pequenas, mantendo frente a elas uma postura analítica e evitando utilizar as sessões como espaço pedagógico. As inovações teóricas a que foi conduzida — e que suscitaram nos anos 1940 as celeumas de que se tem notícia — resultariam da aplicação rigorosa dos *mesmos* princípios que norteavam o trabalho de Freud, ainda quando as conclusões de Klein se afastam muito de algumas afirmações claras e explícitas do mestre de Viena.

Testemunham esta concepção da história da disciplina psicanalítica as numerosas passagens em que Klein e seus colaboradores insistem em que as teses acusadas de heréticas e desviacionistas nada mais são do que prolongamentos, impostos pela dinâmica do trabalho científico, aos princípios fundamentais da obra freudiana. Impossível, porém, deixar de assinalar um mistério: se se trata de simples *prolongamentos*, por que eles resultam em teses por vezes contrárias às conclusões de Freud (por exemplo, a relação entre superego e complexo de Édipo, ou entre angústia e pulsão de morte)?

A versão lacaniana da história da psicanálise é um pouco mais complexa, e lembra as ideias de Heidegger acerca da história da filosofia. Para o pensador da Floresta Negra, a visão essencial dos primeiros pensadores gregos foi sepultada pelo advento da metafísica a partir de Platão e de Aristóteles. A história da filosofia seria a história deste esquecimento, e a tarefa do pensador consiste no

1. Questões de método na história da psicanálise

des-velamento (*a-létheia*) daquilo que os pré-socráticos entreviram e formularam em seus textos. Para Lacan, o esquecimento da descoberta freudiana — na verdade, sua repressão — é o traço fundamental da história da psicanálise, com a agravante de que ele começou a ser fomentado pelo próprio Freud, em seus escritos dos anos 1920, que deslocam o eixo da teoria da análise do inconsciente para a do ego.

Essa visão impõe um retorno a Freud, que visa a recuperar a agudeza e o relevo da noção de inconsciente e a salvar a "coisa freudiana" do perigo de se tornar resolutamente antifreudiana. Tal retorno, porém, deve incorporar à disciplina as aquisições da antropologia estrutural (como a noção de simbólico), da linguística de inspiração saussuriana, da topologia matemática, da leitura de Hegel iniciada na França por Alexander Kojève, etc. Ora, a utilização extremamente hábil deste instrumental por parte de Lacan — instrumental que não se encontrava à disposição de Freud — resulta numa *interpretação* da obra deste, que conduz a teses possivelmente fecundas, mas que não se encontram nos textos aos quais se pretende efetuar um retorno, tais como a de que "o inconsciente está estruturado como uma linguagem", ou "a relação sexual não existe".

Impõe-se a constatação de que essas duas representações da história da psicanálise são perfeitamente antagônicas. Pois, se a psicanálise moderna é a reta continuação da obra freudiana, não há por que retornar às origens; e, se há necessidade deste retorno, é porque a obra dos sucessores falseia ou banaliza o sentido da descoberta de Freud. Para os kleinianos, o pensamento de Lacan já não é mais psicanálise, e para os lacanianos o kleinismo se limita ao imaginário, esquecendo a dimensão do simbólico, que seria essencial à doutrina freudiana.

Sem entrar no mérito dessas afirmativas, torna-se claro que as duas maneiras de figurar a história da psicanálise tornam impossível que ela tenha uma história: ou porque proclamam a *identidade* profunda das concepções de Klein e de Freud, apesar das diferenças visíveis a olho nu (reduzidas então a questões menores, ou a implicações legítimas das teses freudianas), ou porque proclamam a *identidade* trabalhosamente demonstrada das concepções de Lacan e de Freud, apesar das diferenças visíveis a olho nu (explicadas então pela necessidade de expurgar a psicanálise das escórias erroneamente introduzidas nela pelos sucessores e mesmo pelo próprio fundador, e de — parafraseando a sentença de Marx — extrair o ouro puro da ganga que o encobre).

O que é assim silenciado é uma verificação que pode ser feita por qualquer leitor atento: o modelo kleiniano e o modelo lacaniano estão longe de ser simplesmente continuação aprofundante ou retorno purificador. Suas relações com o modelo freudiano são complexas, têm sido a meu ver pouco estudadas, e não o poderão ser enquanto a existência do problema não for suficientemente percebida, isto é, enquanto prevalecer a opinião de que não há questão de *relações entre modelos*, porque se trata do *mesmo* modelo, com retoques cosméticos e no fundo irrelevantes. Em ambos os sistemas, há uma seleção dos textos de Freud que funcionam como referência — os kleinianos privilegiando o "último" Freud, os lacanianos o "primeiro" Freud. Em ambos, há o recurso a modalidades da experiência psicanalítica que ele pouco explorou: a análise infantil e a clínica das psicoses. Em ambos, há uma retomada dos princípios estabelecidos pelo fundador — mas não dos mesmos, nem da mesma maneira — e uma formidável elaboração conceitual, que desloca o centro da gravidade da teoria psicanalítica, para a angústia e a posição depressiva em Melanie Klein, para a cadeia significante e a simbolização no caso de Lacan.

A historicidade da psicanálise consiste nisso: as teorias dos sucessores são ao mesmo tempo psicanalíticas *e* diferentes das propostas por Freud, novas na acepção mais forte deste termo, sendo impossível derivar cada uma delas somente do "implícito" ou do "entrevisto, mas não elaborado" pelo fundador da disciplina. Eis por que é necessário insistir: *há história*, ou seja, irrupção do novo e do inédito, ruptura e transformação, em função das quais certa continuidade — cujo estatuto necessita determinação — se estabelece e se preserva.

Uma vez postas entre parênteses as representações de sua origem forjadas por cada escola, o problema se descortina em toda a sua complexidade. Um bom ponto de partida reside naquilo que é comum a todas essas representações: a derivação a partir da raiz freudiana. Qual é, por sua vez, a origem da conceptualização de Freud? Aqui, os resultados de outra pesquisa indicam a direção: Freud pensa e inventa a partir da clínica, da sua autoanálise e do clima cultural do seu tempo.[3] A partir da clínica e da autoanálise: para elucidar tanto o enigma da histeria quanto seu próprio luto neurótico pela morte do pai, ele se debruça sobre a sexualidade e sobre os sonhos, e o rebote dessas investigações umas sobre as outras faz avançar seu pensamento. A partir do clima cultural: encontra modelos do que é a psique, do que é fazer ciência, do que são emoções e pensamentos, do

---

3. Renato Mezan, "As três fontes da psicanálise". In: *Freud, pensador da cultura*. 4. ed. São Paulo: Companhia das Letras, 2005; 7. ed., 2006.

que é a linguagem, na literatura europeia e nas teorias científicas do século XIX acerca destes temas: Darwin, os físicos, a herança filosófica de Kant e do idealismo alemão, a psiquiatria, a neurologia, Charcot, a hipnose, Shakespeare, Sófocles, Goethe, Cervantes... É com estes instrumentos que forja seus conceitos, que evidentemente ultrapassam a mera somatória dos materiais com que são produzidos.

O melhor exemplo deste processo é a invenção do conceito de repressão, "pedra angular da teoria psicanalítica", que, sem deixar de ser uma criação original, não poderia jamais ter visto a luz sem a referência aos esquemas do pensamento científico contemporâneos de Freud. Da noção de repressão irão surgir — e ser remanejados incessantemente no decorrer da obra — tanto a metapsicologia quanto a estratégia do tratamento, soldando de forma íntima a face teórica e a face pragmática da nova disciplina. Por outro lado, se os primeiros resultados indicam a direção a seguir, excluem simultaneamente do campo visual certos aspectos: em 1920, Freud é tributário da clínica, do clima cultural em que se formou, *e* do Freud de 1900, de 1910 e de 1915.

Se esses três fatores são responsáveis pela formação da teoria freudiana, uma ideia se apresenta de imediato: verificar se não serão responsáveis igualmente pela formação das teorias *pós*-freudianas. E aqui discernimos, inicialmente, um critério para decidir quais das inúmeras contribuições realizadas pelos outros psicanalistas merecem a designação de *escolas*: pois estas são em número reduzido, enquanto se medem por milhares os autores que, mesmo com um único artigo, enriqueceram a psicanálise neste ou naquele ponto.

Considerada do ponto de vista epistemológico, a obra de Freud se desdobra em quatro dimensões. Primeiramente, existe uma teoria geral da psique, expressa em termos de um aparelho psíquico constituído por vários lugares ou instâncias em conflito entre si, e nos quais circula "algo" caracterizado em termos metafóricos como energia suscetível de variações quantitativas e geográficas: há, portanto, uma tópica, uma dinâmica e uma economia psíquicas. Em segundo lugar, existe uma teoria da gênese e do desenvolvimento da psique, uma espécie de modelo esquemático universal, que cada indivíduo refaz e preenche em sua própria história concreta: por exemplo, a sucessão das fases libidinais, a travessia do Édipo, etc. Em seguida, como consequência das duas primeiras dimensões, existe uma teoria das várias soluções possíveis para os conflitos fundamentais, soluções que determinam a emergência de estruturas neuróticas, perversas ou psicóticas, com suas fixações e defesas características: há, portanto, uma teoria do funcionamento normal e patológico da psique. Por fim, em função das outras três, há uma concepção do processo psicanalítico, isto é, das modalidades de intervenção capazes de modificar em certa medida o funcionamento psíquico, e dos obstáculos que se antepõem a esta finalidade tanto do lado do analista quanto do lado do paciente: aqui se situam noções como transferência, resistência, interpretação, etc.

Pois bem: considerarei fundadoras de escolas psicanalíticas aquelas obras que tematizam de modo *original* e *coerente* estas quatro dimensões, propondo novos conceitos-chave para cada uma delas. É simples, neste caso, compreender por que são tão poucas essas escolas: não é feito modesto a produção convergente e sistemática de uma metapsicologia, de uma teoria do desenvolvimento, de uma teoria psicopatológica e de uma teoria do processo terapêutico. Muitos foram os que contribuíram para uma ou outra dessas dimensões, uns em maior escala, outros menos; mas, a meu ver, somente em quatro autores ou grupos de autores encontramos um sistema capaz de se sobrepor coerentemente a todas as vertentes da teoria freudiana: refiro-me a Melanie Klein, a Jacques Lacan, aos fundadores da psicologia do ego (Hartmann, Kris e Loewenstein), e aos analistas "independentes" britânicos reunidos em torno da teoria das relações de objeto, como Fairbairn e Winnicott.[4]

Ao mesmo tempo, torna-se simples compreender no que essas escolas são derivações da matriz freudiana: em sua metapsicologia, elas preservam a descoberta básica de Freud — o inconsciente — e a ideia fundamental do conflito psíquico; em sua teoria do desenvolvimento, mantêm a ideia essencial de uma permanência do infantil no psiquismo adulto; em sua teoria do funcionamento normal e patológico, operam com a categoria basilar de defesa, em consequência da qual o sintoma se define como compromisso entre forças psíquicas opostas; na forma de conduzir o processo analítico e de refletir sobre ele, trabalham com os processos e com os conceitos de transferência e de resistência, em virtude do que utilizam como meio privilegiado de intervenção terapêutica a interpretação do discurso produzido durante a sessão.

---

4. O caso de Bion é, para mim, ainda incerto. Por um lado, é evidente que se trata de um pensador original; por outro, não estou seguro de que seus trabalhos preencham todos os critérios enumerados no decorrer deste artigo para qualificar como "escola" um sistema de psicanálise. Se um estudo mais aprofundado deles vier a me persuadir de que o fazem, não veria qualquer problema em considerá-los como base de uma quinta escola.

1. Questões de método na história da psicanálise

Eis, portanto, assinalados os pontos de convergência entre as várias escolas, o que as torna escolas *de* psicanálise, e as faz verem umas nas outras seus interlocutores e seus adversários. O que, então, as diferencia? O fato do qual partimos: o *conteúdo* de cada uma das dimensões essenciais a uma teoria psicanalítica não é o mesmo em cada uma dessas escolas. Há sempre uma tópica: mas não é indiferente formulá-la em termos de ego/id/superego, em termos de real/imaginário/simbólico, ou em termos de mundo interno e de "posições". Há sempre uma força motriz inconsciente: mas não é indiferente caracterizá-la como sexualidade, como angústia, como desejo, como necessidade de adaptação ou como busca de segurança. Há sempre emprego da transferência como fulcro do processo psicanalítico: mas não é indiferente considerá-la deste ou daquele modo, manejá-la assim ou de outra maneira.

Poderíamos multiplicar os exemplos: estes bastam, porém, para ilustrar meu ponto de vista. E, dessa forma, compreendemos a perplexidade do nosso estudante do início: quando se depara com um conceito, a homofonia das palavras mascara a diversidade dos conteúdos que ele assume em cada corrente, diversidade que pode ser ínfima ou, ao contrário, capital. Também compreendemos por que é tão difícil formar uma ideia clara do conjunto da psicanálise: as quatro vertentes da teoria nunca são perfeitamente ajustadas entre si, e, sobretudo, são *pressupostas* pelo autor que se insere nesta ou naquela escola; cabe ao estudante — e ao preço de quantos momentos de desespero! — aprender a localizar os conceitos, a discernir suas relações recíprocas e seu potencial heurístico. A teoria psicanalítica é bela, porém árdua...

OS TRÊS FOCOS

Resumamos nosso percurso: existem escolas de psicanálise. Elas propõem cada qual uma "substância" diferente para as vertentes indispensáveis a qualquer teoria psicanalítica. Possuem uma ideia da relação que mantêm com o pensamento de Freud, isto é, uma representação acerca da história que as gerou. Funcionam como polo de aglutinação para instituições, em cujo seio passam a ser aceitas como "a" psicanálise. Resta explicar o essencial: de onde provêm os conteúdos da teoria?

É aqui que a estrutura da obra freudiana revela sua exemplaridade: por que não ver aonde nos leva a hipótese de que cada uma delas se origina de uma matriz clínica, do clima cultural à sua volta e de um equivalente da autoanálise? Sem excluir a possibilidade de que a autoanálise de Melanie Klein, de Lacan ou de Hartmann tenha desempenhado alguma influência na elaboração de suas doutrinas (no caso de Klein, há uma forte probabilidade de que isso tenha ocorrido a partir dos anos 1930), é cabível estimar que a existência do corpus freudiano e seu estudo obrigatório possam figurar para os sucessores um equivalente do papel que a autoanálise desempenhou no caso da obra princeps — sobretudo porque, enquanto dimensão fundadora de conceptualização, tal empreendimento só pôde ser realizado uma vez. Daí por diante, para ser psicanalítica, qualquer teoria precisa respeitar o mapeamento básico do campo da disciplina, mapeamento realizado de uma vez por todas por Freud e que resultou nas quatro vertentes mencionadas acima.

Um paralelo esclarecedor pode ser estabelecido, ainda uma vez, com a história da filosofia. O que entendemos por filosofia é uma invenção de Platão, o qual instituiu três coisas diferentes: um campo novo de significações, a filosofia; um método, a dialética; e um conjunto de teses, o platonismo. Em seu espírito, estas três dimensões eram indissociáveis; mas, se já não somos platonistas nem consideramos que a dialética como a compreendia Platão seja o método por excelência da filosofia, nem por isso deixa de ser possível "fazer filosofia". Aristóteles foi o primeiro a criticá-lo,[5] e a inovar profundamente tanto no método quanto no conteúdo do pensamento; mas, na medida em que este se move no domínio instaurado por seu mestre — o do conceito e o da verdade demonstrada por argumentos — seus escritos são tão filosóficos quanto os dele. E, pelo menos até Hegel, a filosofia pôde ser praticada no mesmo "campo" que Platão foi o primeiro a arar, muito embora os métodos e as teses enunciadas pelos filósofos tenham se afastado imensamente do pensamento platônico. Penso que este paralelo é útil para compreender o que se passa atualmente com a psicanálise: no campo que Freud foi o primeiro a cultivar, brotaram espécies que, embora aparentadas, não devem ser confundidas com as que ele plantou e estudou.

Assim, sugiro que, na esfera da psicanálise, uma teoria abrangente — de cujos adeptos se pode dizer que formam uma "escola" — deriva idealmente de

---

5. *"Amicus Platonis, sed magis amicus veritatis"*: "Sou amigo de Platão, porém mais amigo da verdade", teria dito ele (naturalmente, em grego...).

1. Questões de método na história da psicanálise

três focos: uma matriz clínica particular, um determinado clima cultural, e uma leitura específica da obra de Freud. Vejamos brevemente como esta ideia pode ser desenvolvida: ela constitui o essencial da maneira como entendo a história da disciplina.

Denomino "matriz clínica" um tipo determinado de organização psicopatológica, com sua estrutura própria, seus conflitos originadores e suas modalidades características de defesa. A matriz clínica básica de Freud é constituída pelas neuroses de transferência, como ele próprio não se cansa de repetir, e em especial pela histeria, ao menos no início de sua carreira. Poderíamos mesmo ampliar esta ideia, considerando que em Freud se encontram não uma, mas quatro matrizes: a da histeria, a da neurose obsessiva, a da melancolia e a da psicose. Discutir aprofundadamente esse ponto nos conduziria muito longe de nosso objetivo atual,[6] mas me parece plausível a hipótese de que as matrizes clínicas das escolas posteriores estejam estreitamente correlacionadas com *uma* dessas quatro, cujo primeiro esboço — e certamente mais do que isso — se encontra nos escritos de Freud.

Em todo caso, em termos de *experiência* clínica, é certo que a dele se deu essencialmente com neuróticos e perversos, capazes de estabelecer determinados tipos de transferência. O que escapa a estas matrizes — que podem ser unificadas numa só, já que para Freud a neurose é o negativo da perversão — é por ele considerado inanalisável, muito embora, em termos teóricos, a psicose o tenha ocupado longamente. É da reflexão sobre ela que surge um conceito tão essencial quanto o de narcisismo, assim como, do estudo da melancolia, brotarão as instâncias ideais, e, a partir do conceito de identificação, uma nova teoria do ego.

Ora, Melanie Klein e Lacan refletem a partir de experiências clínicas com pacientes que escapam ao registro das neuroses de transferência clássicas: crianças pequenas e esquizofrênicos no caso de Klein, paranoicos no caso de Lacan. As matrizes clínicas de ambos são, portanto, diferentes das de Freud, e diferentes entre si. Penso ser possível mostrar como, partindo da análise de crianças com severos sintomas obsessivos, Melanie Klein criará o sistema da *Psicanálise da criança* de 1932, com a proeminência de que nele gozam as noções de angústia e de agressividade primária, assim como, partindo da reflexão sobre o delírio paranoico e o papel que nele desempenha o duplo homossexual, Lacan irá inventar a

---

6. Encontrei um esboço dessa ideia no livro de Paul Bercherie *Genèse des concepts freudiens* (Paris: Navarin, 1985, pp. 106-18), e a desenvolvi nos capítulos 3 e 4 deste volume.

noção de fase do espelho e lançar as bases de sua teoria do ego como instância da alienação interna. Para aplicar o dispositivo psicanalítico clássico a essas matrizes, torna-se preciso refiná-lo em termos técnicos e em termos teóricos; para compatibilizar os novos conceitos assim inventados com a estrutura doutrinal herdada de Freud, torna-se preciso modificar pouco a pouco amplos segmentos dela, nas quatro vertentes descritas acima.

É evidente que essas tarefas implicam interpretar os textos freudianos, remanejando-os no sentido necessário à consistência do novo arcabouço teórico, ao mesmo tempo em que se assegura a este último seu caráter psicanalítico. Nesta leitura interpretativa consiste a derivação a que me referi. Seu alcance é tanto teórico quanto político, dadas as vantagens de poder, no interior do movimento psicanalítico, designar o próprio trabalho como a quintessência da "fidelidade" ao espírito de Freud. De onde a presença necessária, ainda que discreta, de uma teoria acerca da história da psicanálise, encarregada de justificar *a posteriori* a direção tomada pela escola em questão. Podemos mesmo aventar a hipótese de que esta visão seja congruente com o restante da doutrina proposta, em particular em seus aspectos metapsicológicos, como se a temporalidade da história da psicanálise vibrasse em consonância com a espacialidade da tópica e com a intensidade da dinâmica postuladas para o funcionamento psíquico.

Quanto ao terceiro foco, o clima cultural: ao emigrar para Paris, Londres, Nova York ou Buenos Aires, os psicanalistas da Europa Central se veem confrontados com panoramas culturais bastante diferentes daquele em cujo seio se formou a teoria freudiana. Este truísmo precisa ser explorado a fundo, exatamente porque não é um truísmo: a psicanálise não pode, e na verdade jamais pôde, permanecer imune ao que se passa em seus contornos exteriores. E mesmo a ideia de contornos *exteriores* precisaria ser revista: pois, se é verdade que a moda feminina ou o esporte predileto de um país em nada influem sobre a forma e o conteúdo da teoria psicanalítica, também é verdade que o solo no qual vai se implantar a prática freudiana — nestas circunstâncias, sempre um produto importado — não deixa de ter efeitos na forma e no conteúdo predominantes que ela assumirá nesses novos territórios.

A tradição científica, por exemplo, vai opor-se ou aderir à psicanálise de uma certa maneira, condicionada pelo passado e pelo presente políticos, pelas questões julgadas centrais no debate de ideias (com a inevitável carga ideológica aí presente), pelos lugares através dos quais passará o processo de implantação

1. Questões de método na história da psicanálise

— universidades, hospitais, serviços psicológicos, grupos de estudo, associações liberais... Um aspecto decisivo é o de quem vai se interessar em ser psicanalista: a origem étnica ou social, as carreiras previamente seguidas (e com as quais, apesar da ruptura representada pela mudança de profissão, o psicanalista continua sem dúvida a manter laços afetivos e intelectuais), os procedimentos de seleção e habilitação, determinarão obviamente a conformação do grupo de analistas, contribuindo para moldá-lo nesta ou naquela direção. São, portanto, fatores de natureza sociológica — que, em si mesmos, não dependem diretamente da psicanálise — e aos quais se acrescentam fatores de natureza epistemológica, que incidirão mais diretamente sobre o pensamento deste ou daquele lugar. Vejamos, com alguns exemplos, que partido se pode tirar desta ideia.

A importação da disciplina freudiana para os Estados Unidos a põe em contato com uma sociedade cujo ideal é o *self-made man*, que valoriza os aspectos do êxito econômico e da adaptação social. A época desta importação não pode ser desconsiderada: trata-se dos anos 1920 e 1930, isto é, quando está em formação a primeira geração nascida em solo americano, filha dos 40 milhões de imigrantes que aportaram à América entre 1880 e 1914. Esta geração atravessa, necessariamente, conflitos de identidade, nos quais à complexidade natural do *generation gap* vêm se somar poderosos fatores ideológicos. Serão esses os clientes dos analistas nos anos 1940 e 1950, quando o prestígio social da psicanálise nos Estados Unidos se encontra no apogeu. A tradição psicológica anglo-saxã, por sua vez, enraíza-se no behaviorismo, no pragmatismo, no empirismo associacionista; existe uma psicologia acadêmica respeitada, desenvolvida nas universidades e nos laboratórios.

É de se esperar que, confrontada com essas formas de agir, de sentir e de pensar, a psicanálise se veja objeto de questionamentos inéditos na esfera teórica, e objeto de expectativas de eficácia no plano terapêutico, questionamentos e expectativas que pouco têm a ver com os desafios que enfrentara em Viena ou em Berlim. Quanto do pensamento psicanalítico americano não se deve ao esforço para esclarecer este tipo de questões, impostas pela realidade social e científica, e para as quais *já existe um espaço de acolhimento na teoria*? Isto é essencial. Para tomar um exemplo clássico, a problemática do "ego autônomo", se tem evidentes pontos de contato com a ideologia vigente na América, não foi introduzida por americanos, nem em Nova York: os primeiros trabalhos de Heinz Hartmann são escritos em alemão, e na Europa. A questão do ego é central nos debates analíticos dos anos 1930, por várias razões que não cabe evocar aqui; é suficiente mencionar que têm a ver com a introdução da segunda tópica e com a reformulação da teoria da angústia, ambas operações efetuadas por Freud em pessoa.

Para compreender o que se passa, convém utilizar o conceito psicanalítico de sobredeterminação. Este conceito não implica apenas que o fenômeno considerado tenha várias causas concomitantes; implica ainda que o fenômeno remeta a "elementos múltiplos, capazes de se organizar em sequências significativas múltiplas, das quais cada uma, num certo nível de interpretação, possui uma coerência própria".[7] Essas cadeias significativas se recortam uma às outras em torno de um ponto nodal: é o que afirma a teoria clássica do sintoma e do sonho.

Penso que esta noção ajuda a esclarecer nosso problema, porque permite ver que uma dada construção teórica — no caso, a teoria do ego autônomo — necessita, para ser engendrada, de elementos de vários tipos: teóricos, clínicos, sociais, ideológicos, etc. Mas ela só encontrará eco e alcance, a ponto de se converter num pilar central da elaboração psicanalítica local, se estiverem presentes condições que favoreçam sua inclusão no arsenal teórico/prático; condições que, por sua vez, se encontram sobredeterminadas pelo estado da teoria psicanalítica e por toda uma série de fatores por sua vez técnicos, ideológicos, etc. Assim, o que poderia ter sido uma linha de desenvolvimento secundária se Hartmann, Kris e Loewenstein tivessem permanecido na Alemanha tornou-se o fulcro de consideráveis desenvolvimentos teóricos/práticos, a ponto de se converter no principal marco de referência para o pensamento psicanalítico nos Estados Unidos entre 1940 e 1970. E a prova de que não há nenhuma aliança predeterminada entre estes fatores, de que sua combinação obedece a causas contingentes e específicas, está no singular destino de Theodor Reik, o psicanalista excluído pelo establishment nova-iorquino, que trabalha em direções absolutamente diversas das da psicologia do ego e inaugura um modo original de pensar a relação entre teoria e prática em psicanálise, centrado sobre a autoanálise: um de seus leitores será, na França, Conrad Stein.

Da mesma forma, ao se aclimatar na França a psicanálise encontra um terreno que a influencia e contra o qual ela vai atuar, até se converter, nos anos 1960, num dos pilares do establishment intelectual parisiense. À beira do Sena, ela não tem que se justificar frente ao behaviorismo nem defender sua cientifici-

---

7. Laplanche e Pontalis, "Surdétermination". In: *Vocabulaire de la psychanalyse*. pp. 467-8.

1. Questões de método na história da psicanálise

dade em termos positivistas: tem de se haver com a tradição psiquiátrica de Pinel, Esquirol e seus discípulos, com a tradição de uma psicologia compreensiva pouco atraída por experimentos de laboratório, com a voga filosófica do bergsonismo e com as novas tendências dos anos 1930, em particular a fenomenologia, o hegelianismo e o marxismo.

Para continuarmos com o exemplo do ego: como imaginar que um psiquiatra familiarizado com a dialética possa admitir, um instante sequer, a ideia de um ego autônomo? Não é preciso ir tão longe: desde La Rochefoucauld, desde Pascal, o *moi* é adjetivado como *haïssable* (odioso). Eis aí uma referência cultural que não deixa imune a teoria psicanalítica. Além disso, sabemos que os primeiros a se interessar por Freud na França foram os literatos e artistas, e em seguida os filósofos: literatos e artistas marcados pelo surrealismo, filósofos cujo horizonte de pensamento eram os "três H" — Hegel, Husserl, Heidegger. É com estes interlocutores que a doutrina psicanalítica dialogará; eles serão também seus adversários, ou se contarão entre seus aliados: pense-se em Sartre, ou nos interlocutores ilustres convidados por Lacan para seu seminário nos anos 1950. Os psiquiatras e médicos, que na América fagocitaram a psicanálise (a despeito dos veementes protestos de Freud), na França não apenas possuíam uma formação mais humanística, mas ainda jamais detiveram em mãos o poder de impedir a habilitação dos não médicos. Como nos admirarmos de que a psicanálise francesa, na teoria e na prática, seja tão diferente da americana?

Poderíamos aplicar o mesmo esquema para a Inglaterra, onde o interesse quase exclusivo dos psicanalistas no trabalho clínico e nas questões internas da sua Sociedade, somado à impermeabilidade do establishment universitário à disciplina freudiana, teve um efeito paradoxal: apesar da enorme importância da psicanálise britânica no interior da IPA, em seu próprio país tem sido mínima a influência dela sobre a cultura em geral. O inverso, porém, é semelhante ao que ocorreu no resto do mundo — ou seja, o ambiente social e científico impregnou a psicanálise com características que a tornam distintamente *British*. O aspecto científico é mais evidente: basta abrir um texto escrito em Londres para nos darmos conta do peso da tradição empirista sobre a maneira como os analistas de todas as tendências concebem tanto o funcionamento psíquico quanto a maneira de formular e testar suas hipóteses teóricas.

Quanto ao social, é mais sutil: parece-me que uma de suas manifestações pode ser inferida do valor conferido às reações do paciente frente às ausências do analista, por exemplo nos fins de semana. Tais reações indicam a intensidade da transferência, e, como a prática à inglesa dá grande ênfase às interpretações transferenciais, o fato de uma sessão ter ocorrido na sexta ou na segunda-feira tem um relevo que não encontramos em relatos vindos de outros países. É possível que a intensidade da transferência tenha algo a ver com a amplitude da regressão induzida pelo ritmo usual de quatro sessões semanais, mas também é possível que ela se deva à estrutura psíquica de um grande número de pacientes, que com frequência é caracterizada pelos autores como muito frágil. Ora, se uma importante fração das pessoas que procuram análise na Inglaterra é constituída por indivíduos borderline ou quase psicóticos, isso talvez se deva à relutância dos mais "normalmente neuróticos" em se tratar. Tenho consciência de que tal afirmação necessitaria ser apoiada por um estudo mais aprofundado; contudo, não me parece absurdo vincular tal relutância — que por outro lado combina bem com a pequena penetração da psicanálise na cultura inglesa de modo geral — com características comumente associadas ao "caráter inglês": reserva quanto a tratar de assuntos pessoais, e grande tolerância a excentricidades que alhures talvez justificassem o recurso a um terapeuta.

Seja como for, para nossas finalidades é mais importante insistir na relação entre a tradição empirista e a forma da teoria do que na hipótese que acabo de levantar — ainda que, se algo desse gênero efetivamente ocorresse, seria um motivo adicional para o fato indiscutível de que a matriz clínica de kleinianos e bionianos está na psicose, que Bion estende virtualmente a todo o gênero humano (o "núcleo psicótico" dos neuróticos). Essa determinação faz do pensamento kleiniano um bom teste para nossa hipótese, pois o destino dele na Argentina — o outro grande foco de difusão do kleinismo — foi bem diverso que na ilha de Sua Majestade. Com efeito, à beira do Prata ele encontrou uma psicologia fortemente interessada na dimensão social do sujeito (a famosa tríade "bio-psico-social", interesse que provavelmente tem algo a ver com as condições políticas e sociais do país, e com a época e a maneira como a psicanálise ali se implantou: anos 1940, ou seja, quando o peronismo criou serviços de assistência médica que incluíam tratamento psicológico, portanto exigindo profissionais em número suficiente para os realizar; anos 1950, quando nas universidades as cátedras de psicologia eram ocupadas também por psicanalistas; e anos 1960, quando vários didatas se revoltaram contra a prática da APA de só aceitar médicos, e criaram grupos de estudo para psicólogos, nos quais davam aulas e supervisões de cunho psicanalítico.

1. Questões de método na história da psicanálise

O resultado desses processos foi a emergência do movimento da *salud mental*, e um forte compromisso político de muitos analistas portenhos, que durante a ditadura dos generais os tornou alvo de suspeitas e perseguições. Estas, por sua vez, estão na origem da diáspora psicanalítica argentina, que entre outras coisas veio a dar grande impulso à psicanálise brasileira nos anos 1970. O caso da Argentina comprova mais uma vez que os solos onde vai medrar a disciplina inaugurada por Freud têm de ser minuciosamente examinados, pois é evidente que seu desenvolvimento em cada um deles é sobredeterminado por condições que não podem ser consideradas nem homogêneas nem irrelevantes.

Creio que esses exemplos bastam para subsidiar meu argumento: a ferramenta conceitual da sobredeterminação permite pensar esquemas nos quais os três focos que propus — a matriz clínica, o clima cultural e a leitura de Freud — se retroalimentam uns aos outros. No que tange à leitura de Freud, por exemplo: qual Freud? Que aspectos da teoria, em qual ordem de prioridade, por que motivos, para quais finalidades, contra quem, vão ser sucessivamente valorizados e criticados? A resposta depende da conjunção das outras duas coordenadas: as necessidades impostas pela matriz clínica e o clima cultural determinarão certos *tipos de questões*, para os quais serão procuradas respostas na teoria freudiana. Ora, esta se caracteriza precisamente pela multiplicidade de caminhos entreabertos, de modo que não é difícil encontrar elementos de resposta que apontem na direção das perguntas colocadas. E, se não apontarem, uma interpretação apropriada fará com que apontem... Com isso, forjam-se conceitos que têm uma face clínica e uma face polêmica: trata-se de resolver os enigmas da prática, e, simultaneamente, justificar as escolhas teóricas frente às disciplinas já estabelecidas (psiquiatria, psicologia, filosofia), mas sobretudo frente aos outros psicanalistas.

Para continuar com nosso exemplo do ego: na linha anglo-saxã, dar-se-á ênfase aos processos de integração e de maturação, enquanto a perspectiva lacaniana (e posteriormente quase todo o pensamento analítico francês) tenderá a valorizar na constituição dele a dimensão identificatória, incluindo neste processo a intersubjetividade. Para isto, contribuem tanto o estudo da paranoia (matriz clínica) quanto a análise da subjetividade feita por Alexandre Kojève a partir da *Fenomenologia do espírito* hegeliana (fator cultural). Outro exemplo: para Lacan, será essencial demonstrar a natureza *dialética* da psicanálise, enquanto para os que pensam nos Estados Unidos será imprescindível afirmar sua natureza *científica* (o que, na perspectiva positivista, quer dizer capaz de ser empiricamente testada por observadores independentes).

Vemos, assim, que as opções teóricas e práticas adotadas pelos fundadores das escolas que estamos examinando situam-se no interior de uma rede extremamente complexa de fatores, distribuídos pelas três vertentes propostas e amarrados entre si por sobredeterminações sucessivas. Eis por que não é possível aceitar a imagem que cada escola propõe de sua relação com Freud: todas essas imagens, além de serem demasiado simplistas, desempenham uma função polêmica que não interessa ao historiador convalidar.

Dessa forma, a alegação lacaniana de que a psicologia do ego e o kleinismo são deformações da doutrina original, em virtude do que é necessário efetuar um retorno a Freud, só pode ser considerada como servindo a finalidades polêmicas. A origem desta polêmica (e da crença na veracidade do "retorno") merece investigação: por que *retorno*? Quais as bases da crítica lacaniana ao establishment da IPA? Há retorno, ou reinterpretação de Freud, e, neste caso, quais os parâmetros desta reinterpretação? Colocar tais questões em nada diminui o valor da renovação trazida por Lacan, e pode ser uma utilíssima vacina contra o dogmatismo, já que, quando o situamos em seu devido contexto, ele aparece não como um Messias, mas simplesmente como um dos poucos — e geniais — psicanalistas que, até hoje, souberam inventar um modelo que sem deixar de ser psicanalítico não se limitasse a redobrar o de Freud. E já é bastante!

UMA GRADE CATEGORIAL PARA A HISTÓRIA DA PSICANÁLISE

A questão das *imagens* que cada escola tem de sua relação com Freud pode ser escavada com muito proveito. Isso porque, através dela, podemos ter um acesso imprevisto ao âmago mesmo da teoria considerada, já que, como mencionei de passagem, parece haver um isomorfismo entre a versão da história da psicanálise embutida em cada escola (que, se não quisermos falar em romance familiar, poderíamos denominar seu "mito de origem") e a ideia por ela elaborada da finalidade do processo analítico, a qual, como vimos, deve ser necessariamente congruente com as três vertentes indispensáveis a qualquer teoria psicanalítica: a metapsicologia, a teoria do desenvolvimento e a teoria do funcionamento normal ou patológico da psique. Podemos tentar uma classificação preliminar destes mitos de origem, segundo o critério de em que medida respeitam a complexidade da sobredeterminação, que nos conduz a uma grade com quatro entradas:

1. Questões de método na história da psicanálise

A) MODELOS REDUTORES:

a) redução dela ao pensamento de Freud;

b) redução das descobertas psicanalíticas a fatos que podem ser incorporados a outras disciplinas, desprezando a forma especificamente analítica pela qual foram isolados.

B) MODELOS LINEARES:

a) por aglutinação externa: o modelo cronológico-geográfico;

b) por continuidade vertical: o modelo kleiniano do aprofundamento;

c) por continuidade horizontal: o modelo ego-psicologista da ampliação.

C) MODELOS INTERPRETATIVOS:

a) utilizando como categoria central a resistência: o modelo lacaniano;

b) utilizando como categoria central a repetição e a transferência: o modelo de François Roustang;

c) utilizando como categoria central o *après-coup* e os mecanismos do processo primário: o modelo de Jean Laplanche;

D) MODELOS SOBREDETERMINANTES: são os que reconhecem a existência de várias coordenadas inter-relacionadas da forma exposta acima. Além do modelo proposto neste livro, considero como exemplos deste gênero os utilizados por Elizabeth Roudinesco em *Histoire de la Psychanalyse en France*, e por André Green em seu relatório de 1974, *"L'Analyste, la symbolisation et l'absence dans le cadre analytique"*.[8]

Vejamos rapidamente algumas características de cada tipo de modelo. No primeiro grupo, a bem dizer, o caráter histórico da psicanálise desaparece.

a) a tendência que reduz a história da psicanálise à evolução interna da obra de Freud é ilustrada pelo prefácio de Daniel Lagache ao *Vocabulário* de seus alunos

---

8. Cf.: Elizabeth Roudinesco, *Histoire de la Psychanalyse en France*. Paris: Ramsay, 1982; André Green, "L'Analyste, la symbolisation et l'absence dans le cadre analytique: à propos des changements dans la pratique et l'expérience analytiques". *Nouvelle Revue de Psychanalyse*, n. 10, pp. 225-58, out. 1974.

Laplanche e Pontalis: a pretexto de se conformar com a preponderância esmagadora da terminologia cunhada por Freud em matéria de conceitos psicanalíticos, ou com a "resistência" implícita nas dissidências que abalaram o movimento (por exemplo, no volume coletivo editado pela Sociedade Psicanalítica de Paris, *Les Écoles Psychanalytiques*), o que se faz é, na verdade, dispensar as incômodas interrogações sobre o porquê dessa preponderância e sobre o sentido daquelas dissidências. Tomando assim como necessário um fato que pertence ao domínio do contingente, o que se escamoteia é a imensa variedade da diáspora psicanalítica, sob o argumento falacioso de que ela não é "relevante".

b) a tendência que reduz as descobertas psicanalíticas a "fatos" cujo verdadeiro sentido deve ser dado por outras disciplinas, epistemologicamente reputadas mais fortes, é ilustrada pelos trabalhos dos freudo-marxistas e dos freudo-fenomenólogos: Wilhelm Reich, Lucien Sève, certos frankfurtianos, na primeira corrente; Jean Hippolyte e Paul Ricoeur (entre outros) na segunda. Em ambos os casos, a parte boa e interessante da psicanálise deve ser incorporada a seus sistemas respectivos, extraindo-se, como na clássica metáfora de Marx, o "núcleo racional" da "ganga" supostamente "ideológica" que o envolve. O curioso é que, pelo critério marxista, esse núcleo racional consiste no caráter dialético e materialista da psicanálise, enquanto pelo metro da redução fenomenológica o mesmo núcleo racional consiste na dimensão da interpretação e do sentido. Tanto para uns como para outros não tem qualquer importância a *maneira* pela qual os analistas chegaram a tais resultados. Em especial, a metapsicologia é sempre recusada — pelos marxistas, por ser "materialista vulgar", isto é, idealista; pelos fenomenólogos, por ser "positivista", isto é, metafísica. Dessa forma, seja desvalorizando Freud por ser mau filósofo, seja hipervalorizando-o como o único inventor fecundo na história da disciplina, cada uma das tendências redutoras termina por considerar, ou bem que não se pode falar de história *da psicanálise*, mas somente de história do *movimento* psicanalítico, ou bem que esta história existe, mas é destituída de interesse, e no fundo matéria para ratos de biblioteca, não para psicanalistas.

Os modelos lineares reconhecem a existência de uma história da psicanálise, porém têm dela uma visão demasiado pobre:

1. Questões de método na história da psicanálise

a) no modelo cronológico-geográfico, justapõem-se sem qualquer coerência interna autores e obras, começando com Freud e terminando com uma visão geralmente superficial da situação atual em vários países. Aqui se supõe que a expansão geográfica da psicanálise seja um fato perfeitamente natural, que não requer maiores explicações: permanecemos no nível descritivo, sem que seja apontada uma dinâmica interna capaz de explicar *por que* os autores que se sucedem o fazem *desta* maneira e *nesta* ordem. Por isso, nesse tipo de história habitualmente dá-se preferência às peripécias do movimento psicanalítico, mais suscetíveis de um tratamento narrativo do que as árduas escarpas da metapsicologia ou da teoria psicopatológica.

b) as perspectivas kleiniana e ego-psicologista não padecem deste defeito; querem, ao contrário, provar a existência de uma continuidade ininterrupta entre Freud e Klein, por um lado, e entre Freud e Hartmann/Anna Freud por outro. Como afirmei há pouco, o simples fato de duas tendências tão opostas pretenderem ser a continuação direta da mesma obra já sugere que a pretensão é sujeita a dúvidas. De fato, a escola kleiniana insiste no tema do *aprofundamento* das ideias freudianas possibilitado pelo trabalho de Melanie Klein, enquanto a escola americana enfatiza o *enriquecimento* de Freud pelas contribuições de disciplinas consideradas conexas (psicologia, sociologia, etc.).[9] Aprofundamento ou enriquecimento, continuidade pelo "desenvolvimento lógico e natural" de certas ideias freudianas,[10] ou continuidade pela "superação" das limitações inerentes à obra de Freud — que infelizmente desconhecia os avanços mais recentes das *social sciences* — o fato é que a história como produção do novo acaba por desaparecer sob as necessidades da polêmica ou da apologia *pro domo*. Pois o que é preciso provar, tanto num caso como no outro, é que os desenvolvimentos em questão *não* alteram substancialmente o esquema conceptual herdado de Freud. Se o alterassem, a linearidade postulada estaria obviamente rompida. O que a meu ver sugere que, se existe continuidade e novidade, ela não pode ser *linear*. Eis por que creio mais adequado, embora mais trabalhoso, operar com a noção de uma continuidade sobredeterminada.

9. M. Kanzer e H. Blum, "A técnica clássica desde 1939". In: B. Wolman (Ed.). *Técnicas psicanalíticas*. Rio de Janeiro: Imago, 1976. v. I: A técnica freudiana, pp. 125 ss.
10. J. Rivière, "Introdução" a *Os progressos da psicanálise*. Rio de Janeiro: Zahar, 1978. p. 21.

O terceiro grupo de modelos — os interpretativos — procura utilizar, para dar conta do seu passado, conceitos produzidos pela própria psicanálise.

a) a ideia de *resistência* é invocada por Lacan e seus discípulos para explicar os "desvios" kleinianos e norte-americano, e para justificar o retorno a Freud: veja-se por exemplo a abertura do "Discurso de Roma",[11] ou textos de autores da escola, como *O que é psicanálise* e *Lacan: através do espelho*, de O. Cesarotto e M. Peter de Souza Leite.[12] A proposta lacaniana é demasiado sofisticada para que dela se possa falar em poucas linhas; basta dizer que, abertamente polêmica, ela escamoteia, sob a máscara do retorno, o considerável esforço de interpretação da obra freudiana realizado por Lacan, dispensando-se no mesmo movimento de justificar a escolha dos parâmetros filosóficos que norteiam esta interpretação (em particular, a escolha de Hegel e, em certa medida, de Heidegger).

b) quanto à ideia de *repetição*, é introduzida por François Roustang em *Un destin si funeste*,[13] e visa a explicar as aberrações da Escola Freudiana de Paris em termos do "destino funesto" imposto à psicanálise pelos laços transferenciais que vinculam as gerações sucessivas de psicanalistas a *maîtres* (mestres e senhores) como Freud e Lacan. Apesar da engenhosidade por vezes considerável dessas tentativas, elas não consideram necessário demonstrar — ao contrário, assumem sem maiores questionamentos — que o processo psicanalítico e os fenômenos por ele desencadeados (repetição, transferência, resistência) sejam parâmetros suficientes para pensar um fato social e cultural tão complexo quanto a difusão da psicanálise e a formação de teorias relativamente incompatíveis entre si. Trata-se, na verdade, de saber se ela é ou não *o* instrumento adequado para dar conta do surgimento do novo no plano da teoria, ou da repetição infindável do mesmo no plano das instituições. No caso de Roustang, admitir que a história dos conceitos psicanalíticos se explique pelas transferências mal resolvidas dos analistas significa retirar-lhes o caráter de conceitos e reduzi-los a conteúdos psicológicos sem maior interesse. Os lacanianos que rezam pela cartilha ortodoxa

---

11. Jacques Lacan, "Fonction et champ de la parole et du langage en psychanalyse" (1953). In: *Écrits*. Paris: Ed. du Seuil, 1966. p. 242; cf. igualmente "La chose freudienne" (1956). Id. pp. 403 ss.

12. O. Cesarotto e M. P. Souza Leite, *O que é psicanálise: segunda visão*. São Paulo: Brasiliense, 1984; Id., *Lacan: através do espelho*. São Paulo: Brasiliense, 1985.

13. F. Roustang, *Un destin si funeste*. Paris: Minuit, 1976.

1. Questões de método na história da psicanálise

da sua escola não precisam ir tão longe, já que, para eles, não tem sentido falar de uma *história dos conceitos psicanalíticos*: há o paraíso perdido freudiano, as aberrações intermediárias, e a redenção pelo gênio de Lacan.[14] É evidente que, tanto num caso como no outro, desaparece a dimensão propriamente histórica: a resistência e a repetição são figuras do idêntico, e não do novo.

c) o esforço de Jean Laplanche merece um lugar à parte. Num belo artigo intitulado "Interpretar (com) Freud",[15] ele apresenta os princípios de seu método. Estes consistem, essencialmente, em aplicar ao texto de Freud os procedimentos interpretativos elaborados neste mesmo texto, em particular a consideração de todos os elementos do discurso como tendo o mesmo valor, e a busca constante das tensões, dos remanejamentos, das omissões, no nível do enunciado teórico. Rigorosamente utilizado, esse método resultou em numerosos trabalhos de exegese do pensamento freudiano,[16] cuja originalidade e fecundidade são inegáveis. Na verdade, a abordagem de Laplanche já trabalha com a sobredeterminação, mas a restringe ao nível da teoria (estudando o impacto, por assim dizer, de cada parte dela sobre as demais, e reciprocamente), e, no essencial, à obra de Freud (embora, nos últimos livros, o pensamento kleiniano venha ocupando lugar cada vez mais destacado, tanto como alvo de crítica quanto como fonte de enriquecimento da perspectiva freudiana).

Mas Laplanche não se considera chefe da escola; seu trabalho é de reflexão e de esclarecimento da obra de Freud, cruzando-a e recruzando-a em inúmeros sentidos. A posição central da fobia em sua abordagem — vinculada à elaboração que faz do problema da angústia — pode ser, contudo, aproximada do que denominei "matriz clínica", e a contribuição por ele oferecida para a vertente metapsicológica da teoria psicanalítica é das mais fundamentais. Sua própria obra, assim, poderia ser objeto de um tratamento pelo método aqui proposto: com

14. Cf. esta afirmação espantosa de Charles Melman: "Como nos foi transmitida a psicanálise? Através de um acaso: um acaso chamado Jacques Lacan". cf. *Enfants de la psychanalyse, Ornicar?*, n. 16, Paris, 1978.

15. Laplanche, "Interpretar (com) Freud". In: *Teoria da sedução generalizada*. Porto Alegre: Artes Médicas, 1988.

16. Trata-se dos cursos ministrados na Universidade de Paris VII (Censier), que se transformaram no livro *Vie et mort en psychanalyse*. Paris: Flammarion, 1970 (ed. bras.: *Vida e morte em psicanálise*. Porto Alegre: Ed. Artes Médicas, 1983) e na série *Problématiques* (já há cinco volumes publicados pela PUF: I. *L'Angoisse*; II. *La Castration, symbolisations*; III. *La Sublimation*; IV. *L'Inconscient et le ça*; V. *Le Baquet — transcendance du transfert*).

efeito, é representativa do modo francês de ler Freud, é tributária da *explication de texte* na qual os parisienses são imbatíveis, e tem como precondição o pensamento de Lacan, que apontou a necessidade de estudar minuciosamente a obra fundadora (e que, criticado com severidade por seu ex-discípulo, fornece a este inúmeras das questões com que trabalha).

A partir de *Novos fundamentos para a psicanálise* (1987), Laplanche começou a constituir uma perspectiva própria, não mais para a história da psicanálise, mas para a doutrina propriamente dita: a teoria da "sedução generalizada". Não é o caso de nos estendermos agora sobre essa contribuição, mas é bem possível que ela se revele uma variante francesa da "teoria das relações de objeto". Por enquanto, ao menos, essa impressão se fundamenta no papel central conferido por Laplanche ao "outro", ao adulto, como fonte de excitação que desencadeia o processo da constituição psíquica, e portanto da constituição do sujeito.

Quanto aos modelos sobredeterminantes, entre os quais se conta a presente proposta, procuram levar em conta não somente a derivação ideal de teoria a teoria, mas o fato de que a teoria "segunda" se origina de outros focos, além da herança conceitual de Freud. O que chamo aqui de "foco" consiste, na verdade, num complexo conjunto de determinações entrecruzadas — algumas de ordem clínica, outras de ordem conceitual, outras vinculadas às disciplinas com as quais se considera que a psicanálise deva manter interlocuções — que, caso a caso, é necessário estabelecer seguindo a pista dos textos.

Além disso, convém lembrar que a psicanálise não é apenas resultado de uma combinatória virtual de elementos, como o jogo descrito por Hermann Hesse em *O jogo das contas de vidro*: existe o movimento psicanalítico, cuja história "atormentada" — no dizer de Laplanche e Pontalis — é o ambiente em que as concepções surgem e se difundem, em que homens e mulheres colaboram ou se opõem, em que as redes de transferências, de filiações e de lealdades (ou inimizades) compõem um quadro no qual é preciso nos orientarmos.

Em virtude de todos esses fatores, aquilo a que chamamos uma escola de psicanálise revela-se uma formação extremamente complexa, que seria irrisório pretender reduzir a qualquer fórmula esquemática. Tal complexidade não provém, como espero que esteja claro a esta altura, de nenhum acaso inexplicável, nem de sombrias conspirações que visariam a deturpar a pureza do pensamento

1. Questões de método na história da psicanálise

freudiano. Einstein afirmou certa vez que o Senhor é sutil, mas não maldoso: isto
quer dizer que, em meio ao caos aparente dos fenômenos, existem princípios in-
teligíveis, de cuja ação combinada resulta a multiplicidade com que se defronta o
observador. O mesmo vale para a psicanálise: a variedade por vezes desnorteante
de teorias e de práticas não é aleatória. Ela obedece a linhas de desenvolvimento
e a vetores de coerência, que cabe a uma leitura atenta procurar retraçar.

ESBOÇO DE CRONOLOGIA

Postos esses fundamentos metodológicos, é possível discernir nos 120 anos
que nos separam das origens da psicanálise quatro períodos razoavelmente bem
delimitados. Como qualquer periodização, também esta é aproximativa, e não
deve ser tomada ao pé da letra; baseia-se em características relativamente evidentes a quem se aproxima da literatura psicanalítica, e serve como quadro de referência para organizar o volume gigantesco da produção escrita — que, segundo
o *Índice* de Alexander Grinstein, ultrapassa já a casa dos 30 mil títulos. A geografia conceitual da psicanálise — o panorama sincrônico — deve ser complementa-
da pelo eixo diacrônico, no que seria um equivalente da geologia. E, assim como
na geologia, as camadas não se apresentam belamente dispostas umas sobre as
outras: a continuidade linear foi quebrada por movimentos tectônicos, que resultaram na paisagem que podemos observar. Nela convivem umas ao lado das
outras, como numa paisagem de verdade, rochas de diferentes períodos, teste-
munhando que o tempo deixou suas marcas, às vezes visíveis a olho nu, às vezes
necessitando toda uma análise para que se possam evidenciar.

A cronologia da psicanálise apresenta-se então da seguinte maneira:

1º PERÍODO: 1895-1918

Nessa época, *psicanálise* é essencialmente sinônimo de "pensamento de
Freud". Seus marcos são, por um lado, a publicação dos *Estudos sobre a histeria*, a
redação do *Projeto de uma psicologia científica* e a interpretação do sonho de Irma
(1895); por outro, o fim da Primeira Guerra Mundial e a publicação das *Lições de
introdução à psicanálise* de 1916-7. Durante esse período, Freud escreve os textos

48

que servem ainda hoje de fundamento para a disciplina, nas quatro vertentes que a compõem (metapsicologia, teoria do desenvolvimento, psicopatologia e teoria do processo analítico), e reúne à sua volta o grupo de discípulos que forma o núcleo do movimento analítico, consolidado com a fundação em 1911 da Associação Psicanalítica Internacional (IPA).

Esses homens, conquanto zelosos e brilhantes, permanecem durante os primeiros dez anos de seu relacionamento com Freud na posição de alunos: escrevem artigos cujo propósito é essencialmente divulgar as ideias do mestre e ilustrá-las com aplicações clínicas ou temáticas que comprovem sua veracidade e fecundidade, organizam associações psicanalíticas em diversos países — mas não realizam contribuições capazes de se igualar à produção de Freud. Isso não significa que sejam pouco valiosas: significa apenas que elas se inscrevem na filiação direta do pensamento de Freud, sem infleti-lo em direções cujo desenvolvimento pudesse resultar em *tendências* ou *escolas* psicanalíticas no sentido definido acima. Naqueles inícios, a psicanálise ainda estava de tal modo identificada com seu criador que a alternativa consistia na fidelidade ou na dissidência; ela era *una* — ao menos no nível em que as teorias freudianas admitem este qualificativo — e os trabalhos por ela suscitados moviam-se na órbita do pensamento freudiano.

Contudo, o distanciamento trazido pelas hostilidades, a evolução pessoal dos principais discípulos e a experiência das chamadas "neuroses de guerra" terão como consequência, a partir da década dos 1920, uma modificação importante nesse panorama, o que justifica considerá-la como início de uma nova etapa.

2º PERÍODO: 1918-39

Esta segunda fase se caracteriza pela presença simultânea da figura de Freud — que continuava a construir seu pensamento e a introduzir nele alterações significativas — e de fatores cuja operação conjunta tende a favorecer a existência de focos de produção psicanalítica autônomos, embora ainda não suficientemente organizados para que se possa falar de tendências ou escolas claramente diferenciadas. O resultado dessa constelação é o surgimento de debates importantes — *dentro* da psicanálise — acerca de questões teóricas, clínicas e institucionais, enquanto anteriormente predominavam as discussões entre a psicanálise e o meio exterior (psiquiátrico, filosófico, psicológico, etc.).

1. Questões de método na história da psicanálise

Predominância não quer dizer *exclusividade*; a novidade desta segunda fase é que as discussões não terminam necessariamente em dissidências formais nem em expulsões espetaculares, mas na formação de *correntes de opinião*, que serão as bases das escolas propriamente ditas. Há casos de conflito insanável (Wilhelm Reich, Otto Rank), mas não são a regra: o comum é que as discussões — ainda que acerbas — permaneçam no âmbito definido pela obra freudiana.

À medida que esta caminha para sua conclusão, porém, verifica-se que é mais resistente a uma síntese definitiva do que se poderia supor à primeira vista: Freud não coincide integralmente com Freud, as hipóteses regionais que elaborou ao longo de trinta ou quarenta anos de trabalho não se harmonizam sem resto, e é justamente esta diversidade interna à doutrina de base que alimenta e legitima o debate. A este fator somam-se outros, de vários gêneros, que convém não confundir. Sem pretender à exaustividade nem a uma precisão por enquanto prematura, podemos enumerar alguns deles:

a) *fatores de ordem clínica*: a psicanálise se estende a situações e a patologias estudadas por Freud, mas sem que este as tenha quase "esgotado", como foi o caso da teoria dos sonhos ou da teoria das neuroses (exemplos: análise de crianças e de psicóticos, terapia em instituições). As novas situações exigem enquadramentos diversos, e formas novas de abordagem, o que suscita discussões acaloradas (por exemplo, entre Melanie Klein e Anna Freud a respeito da análise infantil). Outros problemas de técnica adquirem relevância (por exemplo, a ordem das interpretações — do superficial para o profundo, como queria Wilhelm Reich, ou o inverso, como faziam Klein e Otto Fenichel).

b) *fatores de ordem institucional*: a organização sistemática da formação e as incessantes disputas a este respeito (exemplo: formação restrita a médicos ou aberta a não médicos), bem como a progressiva institucionalização dos grupos psicanalíticos, criaram um canal para a multiplicação dos psicanalistas que já não dependia do contato direto com Freud, e também um espaço para discussões igualmente independente da arbitragem dele, embora o peso da sua opinião permanecesse sempre considerável. Considerável, porém não mais decisivo, o que a meu ver constitui uma diferença de grande porte.

Em consequência, a rede de transferências deixa de ter seu pivô em Freud para se refratar por diversos focos, dando origem a uma geração de analistas para quem ele se apresentava mais como um *autor* do que como um objeto pessoal de amor ou de rivalidade. Em relação ao primeiro período, essas mediações mais consistentes e mais opacas entre cada analista e Freud representam uma alteração essencial nas condições subjetivas e individuais da produção de conceitos dentro da disciplina.

c) *fatores de ordem teórico-conceitual*: a diversidade geográfica trazida pela implantação da psicanálise em países exteriores à sua área de nascença, somada a uma estrutura mais rígida de organização e à variedade de experiências clínicas, favorece o surgimento de diferentes vertentes na interpretação da obra de Freud, que acentuarão esta ou aquela dimensão, este ou aquele conjunto de noções, este ou aquele período ou estilo dentre a massa de escritos freudianos. A princípio pouco evidentes, esses matizes de interpretação vão fazer surgir aos poucos o "Freud americano", o "Freud kleiniano", o "Freud húngaro", todos reivindicando com maior ou menor veemência a exclusividade da leitura correta daquilo que em breve se poderá chamar de "herança" freudiana. Outro aspecto centrífugo consiste no fato de que, em determinadas questões, a opinião de Freud já não é aceita unanimemente (por exemplo, a ideia de pulsão de morte, ou sua leitura da sexualidade feminina). O jogo combinado de uma série de recortes privilegiados e do confronto com determinados conceitos de áreas afins (nem sempre as mesmas, aliás, e nem sempre escolhidas pelos mesmos critérios) irá redundar na elaboração de hipóteses cada vez menos diretamente dedutíveis do corpus freudiano: está aberto o caminho para a formação das "escolas".

Essa segunda fase se conclui com a década de 1930: em 1939, morre Freud e começa a Segunda Guerra Mundial. Em consequência das perseguições fascistas, desmantela-se a psicanálise na Alemanha, na Áustria e na Hungria; sua língua predominante deixa de ser o alemão, e, com a emigração para a Inglaterra e para as Américas, passa a ser o inglês. Dos primeiros discípulos de Freud, apenas Jones sobrevive à guerra; quando esta termina, a geografia da psicanálise experimentou profundas mudanças, e tem início um novo período.

3º PERÍODO: 1940-70/5

Esta é propriamente a "era das escolas": a psicanálise apresenta-se dividida em tendências que seguem uma evolução própria, impulsionada por fatores por

1. Questões de método na história da psicanálise

assim dizer endógenos. Formam-se núcleos de teorização divergentes e maneiras estandartizadas de praticar a análise; a diversidade já presente na segunda fase se cristaliza em torno de autores centrais, que são ao mesmo tempo os protagonistas de embates institucionais no interior das diversas associações nacionais.

Sem pretender à exatidão nas minúcias, pode-se dizer que se organizam quatro grandes correntes: a psicologia do ego, a tendência kleiniana, a escola das "relações de objeto" e o lacanismo, que seguem trajetórias próprias, como que desdobrando as potencialidades contidas em seus respectivos focos teóricos e clínicos. Observa-se uma relativa impermeabilidade entre essas trajetórias, ao menos no nível das formulações oficiais: poucas são as citações recíprocas, a formação codificada privilegia os autores e textos canônicos em cada tendência, etc. Há por vezes interesse no que se faz em outras paragens, mas geralmente polêmico (o caso mais evidente é do lacanismo frente à psicologia do ego e à obra de Melanie Klein).

Na escala macroscópica, os fenômenos mais importantes deste período parecem ser o surgimento de uma psicanálise sólida na França, a difusão do kleinismo na América do Sul, e a predominância americana no seio da Associação Internacional. É como se, dos fatores centrífugos do período anterior, tivesse resultado uma etapa de decantação, cada grupo de psicanalistas cultivando seu jardim de modo relativamente isolado e sem se preocupar muito com o que se passava com os demais. Isso, é claro, de modo geral, já que para cada escola a relação com as outras se coloca de modo específico: por exemplo, entre os kleinianos e o grupo das relações de objeto a porosidade é bem maior do que entre ambos e a psicologia do ego e/ou a elaboração lacaniana.

Por que colocar a barra em meados da década de 1970? Porque no início dela se verificam duas ordens de fatos: por um lado, começa a haver certa comunicação entre autores de escolas diferentes; por outro, chega à maturidade um grupo de analistas cujas elaborações teórico-clínicas dificilmente se enquadram nas divisões que prevaleciam na "era das escolas". A morte dos principais líderes destas, ou a diminuição da sua intensidade produtiva e do grau de originalidade de suas contribuições, também introduz novos elementos no panorama psicanalítico. São esses fatos que me levam a sugerir que durante essa década se encerra uma época, e, de modo ainda discreto, tem início outra. Talvez a própria proliferação de correntes torne impossível a coincidência temporal dessas transformações: se é verdade que cada qual tem sua dinâmica própria, não é de se esperar que uma mesma data possa ter significação idêntica para todas.

4º PERÍODO: 1975/80 ATÉ HOJE

O traço principal deste período me parece ser a impossibilidade de caracterizá-lo de modo simples e direto. Pode ser que isso se deva à falta de distância entre o historiador e seu objeto; mais positivamente, creio que na atualidade se defrontam duas grandes vertentes na psicanálise.

A primeira parece prolongar o período das escolas, como se a barra dos anos 1970 não tivesse existido: nela encontramos os ortodoxos de todos os matizes, olimpicamente infensos ao que não seja o seu credo de origem. Para esta vertente, tudo se passa como se com Lacan, Klein ou quem quer que seja seu líder espiritual a psicanálise tivesse atingido um cume intransponível, restando aos pósteros apenas a tarefa de manter intacta a herança que cada qual reputa verdadeira. Daí o aspecto repetitivo de suas contribuições, reduzidas no mais das vezes ao comentário e à ilustração, embora ocasionalmente brilhantes. São escritos de epígonos, um pouco à maneira dos que se reuniam em torno de Freud, embora sem o frescor e sem a dimensão épica daqueles primeiros heróis da psicanálise.

A segunda vertente é constituída por diversos autores que têm em comum mais uma postura que uma ligação doutrinal: são aqueles que ou transitam por diversos campos "escolásticos" para, com o resultado dessas excursões, construir seu pensamento (por exemplo, André Green e Joyce McDougall), ou então escolheram trilhar uma trajetória própria, um pouco à margem das escolas institucionalizadas (por exemplo, Conrad Stein, Piera Aulagnier, Wilfred Bion, Heinz Kohut, Christopher Bollas). Constroem-se assim obras que têm uma coerência própria, mas que não cobrem o conjunto de problemática psicanalítica — traço a meu ver necessário para que se possa falar em "escolas" — nem pretendem ser o ponto de convergência de uma corrente institucionalizada, embora possam ser extraordinariamente influentes de um modo mais difuso.

Mais uma vez, alerto para o caráter esquemático dessas afirmações, visto que Kohut, por exemplo, parece mais próximo do modelo de chefe de escola do que Piera Aulagnier. O estudo mais pormenorizado de cada autor deverá precisar se e em que medida seu perfil se enquadra na categorização proposta.

Esquemática ou não, esta maneira de conceber a história e a geografia da psicanálise tem suas vantagens. A primeira e mais óbvia é que permite contextualizar as doutrinas psicanalíticas num movimento de conjunto, movimento que dá conta de forma relativamente satisfatória da *dispersão crescente* que se verifica ao longo do eixo cronológico.

1. Questões de método na história da psicanálise

Tal dispersão não é arbitrária: estrutura-se segundo um ritmo de oscilações a partir de um centro comum, que é a obra de Freud. A um período de desbravamento inicial do terreno pelo explorador quase solitário, segue-se uma época fértil em discussões localizadas; vem em seguida um tempo de sedimentação a partir das rupturas produzidas por tais controvérsias, e por fim um momento — o nosso — em que as tendências centrífugas parecem ser contrabalançadas por uma circulação mais desimpedida entre os diversos quadrantes do universo psicanalítico. É cada vez mais frequente encontrar, num dado texto, referências a autores antes tidos como incompatíveis; embora não esteja à vista qualquer grande síntese — que não seria, creio, nem possível nem desejável — tem-se a impressão de que, ao menos nos psicanalistas que têm algo novo a dizer, vem decrescendo o provincianismo, essa triste e limitadora doença infantil da imaginação.

Ao iniciar seu segundo século de existência, assim, a disciplina fundada por Freud atravessa uma fase cujos contornos são menos nítidos que os daquelas que a precederam. Resultado da sua própria e movimentada história, essa indefinição relativa é sinal de vitalidade e não de decadência: significa que a prática continua a colocar problemas para a reflexão teórica, problemas que por vezes se deixam formular e resolver com os instrumentos já consagrados, e por vezes requerem a invenção de novas ferramentas conceituais, o que por sua vez faz trincar a teoria estabelecida e suscita novos desenvolvimentos, numa espiral fecunda e fecundadora.

Exemplos desses problemas não faltam: existe ainda uma fase de latência na sexualidade infantil, numa época em que a experiência das crianças é determinada de modo tão fundamental pela publicidade e pela mídia? Como se estrutura o processo terapêutico numa época em que cada vez é mais raro que os pacientes possam vir às sessões muitas vezes por semana? A psicanálise pode desenvolver instrumentos para lidar com as formas endêmicas de patologias como a drogadição e a anorexia? Aliás, são mesmo *novas* tais patologias? Tanto no campo da prática clínica quanto no da teoria propriamente dita as questões se avolumam sem cessar.

Além disso, o contexto no qual operam os psicanalistas transforma-se em todos os países de forma acelerada: dos tratamentos medicamentosos para a esquizofrenia e a depressão à proliferação das psicoterapias cognitivas, da onda de críticas a Freud e à psicanálise que grassa nos Estados Unidos à relativa estagnação que se observa na França após as décadas fervilhantes entre 1950 e 1980, da emigração de muitos analistas argentinos que se seguiu ao golpe de 1976 à renovada vitalidade do grupo kleiniano na Inglaterra e à fulminante implantação do lacanismo na América Latina, o panorama não cessa de se alterar de ano a ano.

Talvez seja esta uma das razões pelas quais se manifesta atualmente um interesse tão grande pela história da psicanálise, que conduz por exemplo à redescoberta de um clássico como Ferenczi, e à publicação de biografias de tantos analistas. Hegel dizia que o pássaro de Minerva só levanta voo ao crepúsculo, querendo com isso indicar que o momento da reflexão só se instala quando aquilo que se trata de pensar chegou ao término do seu desenvolvimento. Uma leitura melancólica desta ideia nos levaria a pensar que, esgotado o ímpeto criador, a psicanálise se volta hoje para o seu passado porque ele se tornou mais interessante que o presente, e porque o futuro já não promete nada. Não penso assim; escrever a história não implica deixar de inovar. Compreender o que nos precedeu é uma tarefa absorvente, por certo, dada a massa impressionante do que já se produziu; mas também é verdade que essa tarefa se justifica porque somos herdeiros de uma tradição extraordinária, e conhecê-la em suas origens, em suas linhas de desenvolvimento e em seus pontos cegos pode nos ajudar a utilizar com mais conhecimento de causa os instrumentos que ela pôde forjar.

Ainda Hegel: criticando a posição do iluminismo diante da religião, posição que nela via apenas superstição e obscurantismo, o filósofo dizia que as crenças alimentadas por tantos homens durante tantos séculos não poderiam ser totalmente erradas e absurdas. A escala da nossa disciplina não é a dos séculos, mas a das décadas; contudo, o dito hegeliano se aplica também a ela. Teorias e concepções como as que foram propostas desde 1895 por tantos autores, entre os quais se contam algumas das mentes mais brilhantes e sagazes do século xx, não podem a meu ver ser pura algaravia: merecem ser interrogadas, ter sua origem precisada, e determinadas as questões a que visavam responder. É esta a tarefa do historiador da psicanálise.

2. Paradigmas e matrizes clínicas

Após concluir a interpretação do sonho da injeção em Irma, Freud inicia assim o terceiro capítulo da *Traumdeutung*:

> Quando acabamos de passar por uma estreita garganta, chegando de repente a uma altura na qual os caminhos se separam e se abre um rico panorama em diversas direções, podemos nos demorar um instante e refletir para onde deveremos nos voltar em primeiro lugar.[1]

Na mesma situação encontra-se o historiador, depois de construir o esquema básico que lhe servirá como referencial: por onde começar? Há pelo menos duas possibilidades: uma mais epistemológica, outra mais cronológica. Na primeira, o tema seria a questão da pluralidade das teorias psicanalíticas tomadas no seu presente; buscar-se-ia então refinar o quadro de referência construído nos textos precedentes, e estudar com mais detalhe cada um dos seus itens. Já a se-

---

1. Freud, *Die Traumdeutung* [A interpretação dos sonhos]. In: *Studienausgabe* [Edição de estudos]. Frankfurt am Main: Fischer, 1982. v. II, p. 141; Id. *Obras completas*. Tradução castelhana por Luis López-Ballesteros y de Torres. Madri: Biblioteca Nueva, 1975. v. I, p. 422. Essas duas edições serão designadas pelas siglas SA e BN.

gunda partiria dos primeiros escritos de Freud — que são o marco inicial de toda a psicanálise — e viria, ao longo do eixo temporal, até a atualidade.

Ambas as possibilidades são interessantes, ambas apresentam inconvenientes. A via epistemológica, ao tratar as escolas como contemporâneas umas das outras e de nós mesmos, pode escamotear os processos pelos quais elas se constituíram; a via cronológica corre o risco de, acompanhando a trilha das árvores, perder de vista o desenho da floresta. Na verdade, talvez o melhor seja uma combinação das duas, algo como um trançado cronológico-epistemológico, no qual possam ir se evidenciando tanto as relações antecedente-consequente quanto as de pressuposição e de fundamentação das hipóteses uma pelas outras.

Nosso percurso será então o seguinte: primeiro, examinaremos mais uma vez a questão dos paradigmas, confrontando essa noção com a de matriz clínica, e mostrando como é possível conservar ambas, desde que situadas em níveis diferentes do edifício teórico da psicanálise. Em seguida, estudaremos a construção do primeiro sistema freudiano, e procuraremos demonstrar que ele se assenta sobre a matriz clínica da histeria. Por fim, trataremos dos três outros modelos metapsicológicos elaborados por Freud, que tomam como referência respectivamente as psicoses, a neurose obsessiva e a melancolia.

MARCOS, PARADIGMAS E MODELOS

Num belo artigo intitulado "Em toda a parte e em nenhuma", Merleau-Ponty lembra que, para Hegel, "a história da filosofia é toda no presente". Isso significa que as grandes filosofias são indestrutíveis (como dizia Martial Guéroult), não por terem visto de maneira confusa e parcial aquilo que o sistema de todas elas deveria poder restituir integral e claramente, mas antes "por terem implantado marcos — a reminiscência, as 'ideias' de Platão, a *physis* de Aristóteles, o *malin génie* de Descartes — pelos quais a posteridade nunca poderia deixar de passar".[2] E mais adiante, falando da descoberta da subjetividade, afirma:

Decerto não é uma descoberta no sentido em que se descobriu a América, ou até o potássio. É não obstante uma descoberta, na medida em que, uma vez intro-

2. M. Merleau-Ponty, "Em toda parte e em nenhuma". In: *Sinais*. Lisboa: Minotauro, 1962. p. 192.

2. Paradigmas e matrizes clínicas

duzido na filosofia, o pensamento do subjetivo cessa de se deixar ignorar. Ainda que a filosofia o venha a eliminar, nunca mais poderá ser o que foi antes deste pensamento. O verdadeiro, por mais construído que seja [...] torna-se depois tão sólido como um fato, e o pensamento do subjetivo é um destes sólidos que a filosofia deverá digerir. [...] A subjetividade é um destes pensamentos para aquém dos quais não se retorna, mesmo e sobretudo se é superado.[3]

Essas palavras de Merleau-Ponty podem nos guiar na abordagem de nosso problema. Nenhum psicanalista tentou algo semelhante ao que fez Hegel, no sentido de ter buscado conter a totalidade do passado da disciplina num grande Sistema, do qual os pensamentos que o precederam seriam etapas; sistema que, integrando-os como seus momentos constitutivos, os superaria, retendo a parcela de verdade que neles simultaneamente se manifestava e se ocultava. Essa grande síntese não ocorreu, e não é provável que algum dia venha a ocorrer. No entanto, a história da psicanálise tem um ponto em comum com a da filosofia: a multiplicidade das doutrinas, ainda que em escala mais reduzida — até porque de um lado temos um século, e do outro 25; de um lado temos uma formação discursiva essencialmente ocidental e concebida como um ramo da ciência, enquanto do outro o panorama se estende de Lao-Tsé aos neopragmáticos, e se mescla às vezes com a religião: há uma filosofia oriental, uma filosofia cristã, mas não uma psicanálise oriental, nem, por certo, uma muçulmana ou budista.

A dispersão poderia ser fonte de escárnio, assim como na história da filosofia: se tantos pensamentos incompatíveis uns com os outros pretendem todos dizer a verdade, é sinal de que nenhum a diz, ou então só um, com exclusão de todos os demais. Ceticismo e dogmatismo são frutos do desprezo pelo que possa significar essa variedade; se queremos compreendê-la, é preciso afastá-los.

É aqui que a ideia merleau-pontyana dos *marcos* se revela preciosa. Trata-se de noções que, uma vez introduzidas, não podem ser ignoradas pelos que pensam depois, ainda e quando se proponham a dispensá-las — "sólidos" que a psicanálise, ou o psicanalista, precisam "digerir". Equivalentes da reminiscência platônica, do *cogito* cartesiano ou do transcendental de Kant são, na nossa disciplina, conceitos como os de inconsciente, sexualidade, defesa ou transferência, essenciais em todo pensamento que se queira psicanalítico. Mas há outros, in-

---

3. Id., p. 231.

ventados por autores que não Freud: o de uma história da libido (Abraham), o de resto não analisado do analista (Ferenczi), o de posição (Melanie Klein), o de fase do espelho (Lacan)… Não que todos os sistemas de psicanálise precisem incorporá-los; mas, caso se defrontem com as questões que motivaram a invenção deles, é preciso que os aceitem, ou então encontrem outras respostas para elas.

A noção de "marcos" na história da psicanálise é retomada por dois autores argentinos, Norberto Bleichmar e Celia Lieberman de Bleichmar, na introdução de seu livro *A psicanálise depois de Freud*.[4] Ali ela comparece com o nome de "ideias significativas que vão se incorporando ao corpo teórico da psicanálise"; significativas porque transcendem o contexto imediato no qual surgiram, para se tornar patrimônio comum de todos os que a estudam e praticam. A metáfora do "corpo teórico" não é casual; ela sugere algum tipo de organização, de crescimento coordenado, a menos que se prefira pensar na herança de Freud como um Frankenstein costurado por um cientista enlouquecido: cabeça freudiana, tronco kleiniano, braços retirados dos *Écrits*, uma perna de *Pensando melhor* (Bion), a outra da *Violência da interpretação*… O que está implícito na imagem do corpo não é, certamente, o ideal de Praxíteles ou dos pintores do Renascimento — formas perfeitas, músculos equilibrados e perfil de um semideus. Não — nosso corpo é mais modesto: trata-se de um conjunto de hipóteses e de esquemas referenciais que se comunicam por dentro, e que admitem algum tipo de cumulatividade.

É impossível negar que a psicanálise progrediu desde os tempos de Freud. Concordo com os Bleichmar quando escrevem:

> é evidente o progresso da psicanálise nos últimos anos. A partir das bases estabelecidas por Freud […], a teoria psicanalítica seguiu seu desenvolvimento, focalizando novos problemas, com mudanças e descobertas constantes. Foram criados outros modelos da mente e da relação de objeto, da fantasia inconsciente e do desenvolvimento psicológico. Ampliou-se o espectro de pacientes acessíveis ao método psicanalítico (psicóticos, limítrofes) e dos fenômenos que são abordados (problemas caracterológicos, estruturas narcisistas, etc.) A ideologia psicanalítica variou de uma perspectiva mais psicopatológica, destinada a resolver sintomas, até um trabalho de maior aprofundamento na estrutura da personalidade, que possibilita ampliar perspectivas vitais e aumentar a criatividade do indivíduo.[5]

4. Bleichmar e Bleichmar, *A psicanálise depois de Freud*. Porto Alegre: Artes Médicas, 1992. pp. 15 ss.
5. Id., p. 17.

2. Paradigmas e matrizes clínicas

A questão é que tais progressos resultaram precisamente na torre de Babel com que se defronta o estudioso contemporâneo, porque a teoria cresceu por *aposição* (termo que empresto dos Bleichmar) de trabalhos e doutrinas de uma grande quantidade de autores, que têm sobre quase todos os problemas uma concepção particular. De onde, justamente, a necessidade de compreender como e por que se deu esse crescimento.

Uma consulta a alguns livros que se ocuparam da mesma questão — além do dos Bleichmar, podemos citar o excelente *Relações de objeto na teoria psicanalítica*, de Greenberg e Mitchell, ou *The Politics of Psychoanalysis*, de Stephen Frosh[6] — revela certa concordância sobre a estrutura geral da diáspora psicanalítica. Os critérios de construção do mapa variam, porém o resultado é aproximadamente o mesmo que propus no capítulo 1 deste volume: algumas — poucas — escolas psicanalíticas, denominadas segundo os autores que formularam seus princípios (Klein, Lacan) ou segundo o conceito fundamental da sua perspectiva (psicologia do ego, escola das relações de objeto). Estes parecem ser os grandes continentes do planeta psicanalítico, algo como a Europa ou a África na escala da Terra. No interior destes continentes, fronteiras mais permeáveis ou menos separam o que seriam países: são os autores individuais, com sua especificidade no plano das problemáticas e no plano do estilo. Por exemplo, no continente relações de objeto, teríamos Winnicott, Bálint, Fairbairn, etc.; no continente kleiniano, Bion e os autores ingleses que se inspiram na perspectiva inaugurada por Melanie Klein; e assim sucessivamente. Não deixa de ser reconfortante essa relativa coincidência na enumeração dos grandes segmentos da psicanálise contemporânea: ela indica que ao menos o ponto de chegada da trajetória está claro.

Por outro lado, o ponto de partida é igualmente claro: Sigmund Freud. Aqui não há dúvida possível, e a estratégia composicional de todas as obras que se ocuparam da história da psicanálise é a mesma — trata-se de mostrar como, da raiz freudiana, surgiram os ramos que a constituem atualmente. O que varia é o modo como se organiza essa derivação: ela pode ser mais empírica ou mais categorial, por "categorial" entendendo aqui um princípio epistemologicamente consistente segundo o qual se ordenam, em algum tipo de gradiente, as diversas escolas e tendências.

---

6. Jay R. Greenberg e Stephen A. Mitchell, *Object Relations in Psychoanalytic Theory*. Cambridge (MA): Harvard University Press, 1983 (ed. brasileira: *Relações de objeto na teoria psicanalítica*. Porto Alegre: Artes Médicas, 2001); Stephen Frosh, *The Politics of Psychoanalysis*. Londres: Macmillan, 1987.

O livro dos Bleichmar oferece um bom exemplo da perspectiva que estou denominando "empírica". Partindo da noção de "ideias significativas", afirmam eles que as teorias de Freud sofreram uma evolução que se deixa esquematizar sob três rubricas:

a) "algumas subsistem quase sem modificações, e são o 'núcleo forte' da disciplina: inconsciente, transferência, sexualidade infantil, complexo de Édipo, e as bases da técnica psicanalítica";

b) "outras foram reelaboradas. Produziu-se um deslizamento de sentido: embora conservem a terminologia inicial, seu significado profundo mudou, ou, pelo menos, deslocou-se tanto, que tem pouca relação com o original" (o exemplo citado é o do narcisismo, que sofreu importantes transformações ao ser repensado tanto por Melanie Klein quanto por Lacan);

c) "finalmente, há ideias que Freud valorizava em alto grau, e que atualmente muitos analistas já não aceitam. Alguns as discutem criticamente, e outros, embora não o façam explicitamente, na prática já não as levam em consideração." Exemplos: houve uma vasta revisão da metapsicologia, assim como importantes reformulações na teoria da libido, no conceito de pulsão de morte, no modelo do conflito baseado na dialética pulsão/defesa, ou na concepção da sexualidade feminina.[7]

Descritivamente, estas afirmações estão corretas. Poderíamos mesmo acrescentar outros exemplos em cada um dos três itens: quem defenderia hoje, por exemplo, a transmissão filogenética das fantasias originárias, ou a realidade do parricídio primordial, ambas teses a que Freud atribuía considerável importância? No segundo item: além do narcisismo, pense-se na completa transformação imposta por Lacan ao conceito de "castração", ou no destino da identificação quando Melanie Klein a qualifica como "projetiva".

A bem dizer, qualquer herança teórica pode ser assim parcelada: uma parte sobrevive praticamente intacta, outra sofre modificações importantes, uma terceira é abandonada ou recusada pelos legatários. Ao fazer um inventário das contribuições kleinianas, Elizabeth Bott Spillius adota a mesma classificação,

_____

7. Bleichmar e Bleichmar, op. cit., pp. 23-4.

2. Paradigmas e matrizes clínicas

retomada por Elias e Elizabeth da Rocha Barros na introdução que prepararam para o volume coletivo *Melanie Klein: evoluções*.[8] Tais repartições são úteis, porque permitem uma primeira orientação num campo cuja complexidade e extensão desafiam qualquer intenção expositiva. Mas, a meu ver, é preciso ir além, buscando outro nível de abrangência para nele situar a dispersão: aqui, a via cronológica encontra os seus limites, porque não pode dar conta do caráter *sistemático* da dispersão, nem responder à questão de um estudo conceitual — *por que* certas teses de Freud permanecem quase idênticas ao que eram em sua formulação original, *por que* outras sofreram modificações radicais, *por que* outras ainda foram discretamente deixadas à "crítica roedora das ratazanas", ou ruidosamente contestadas?

Outra maneira de organizar a multiplicidade dos escritos psicanalíticos é a que adotam Greenberg e Mitchell em seu livro sobre as relações objetais. Seu ponto de partida merece ser citado in extenso:

> Há um pressuposto comum a toda prática psicanalítica: este pressuposto é que, no relato que o paciente faz na sessão daquilo que lhe acontece, falta por definição alguma coisa [...]. Uma dimensão crucial de sentido, alguma parte da sua realidade, está ausente do relato que ele oferece de sua experiência. As teorias psicanalíticas provêm possibilidades interpretativas para preencher estas dimensões ausentes do relato do paciente sobre si mesmo. Cada teoria seleciona, da complexidade da vida, certos aspectos ou dimensões que se supõe estarem no centro das preocupações humanas, colorindo muitos aspectos aparentemente difusos e variegados da experiência do paciente. Esta dimensão proporcionaria o conteúdo para as interpretações, um reservatório de sentidos a partir dos quais se pode compreender o material clínico. Os conceitos básicos de cada teoria psicanalítica se tornam a trama e a urdidura com que se tece a complexa tapeçaria da experiência humana.[9]

A ideia destes autores consiste em organizar a diversidade empírica das escolas psicanalíticas segundo a maneira pela qual cada uma conceitua essa dimen-

---

8. Elias Mallet da Rocha Barros (org.), *Melanie Klein: evoluções*. São Paulo: Escuta, 1989. p. 11; ali o organizador se refere a um texto de Spillius incluído no volume em questão ("Algumas contribuições a partir do trabalho de Melanie Klein") e a outros dois, incluídos nos volumes de *Melanie Klein hoje* (Rio de Janeiro: Imago, 1990), nos quais, em suma, a autora inglesa faz o balanço do que envelheceu e do que continua atual na teoria e na técnica inauguradas por Klein.

9. Greenberg e Mitchell, op. cit., p. 15.

são básica, que impregna e molda tanto a personalidade quanto as ações e os sintomas dos seres humanos. Tal dimensão é o fulcro do funcionamento psíquico, o que na psicanálise equivale ao setor inconsciente da psique. O que Greenberg e Mitchell sugerem, portanto, é que a maneira como cada escola define no que consiste e como funciona o inconsciente deve ser o critério fundamental para distinguir umas das outras. Para caracterizar conceitualmente essa dimensão central, essa verdadeira essência da alma, propõem empregar o termo "paradigma", sugerido por Thomas Kuhn. Os paradigmas seriam aquilo que, no interior da psicanálise, individualiza as diferentes tendências que atingiram em sua conceptualização a consistência, a coerência e a abrangência necessárias para que as consideremos como sistemas per se.

Num artigo publicado em 1988 no *International Journal of Psychoanalysis*, o psicanalista uruguaio Ricardo Bernardi procurou aplicar a noção de paradigma às doutrinas psicanalíticas.[10] A sugestão de Bernardi é que existem pelo menos três paradigmas na psicanálise contemporânea: o freudiano, o kleiniano e o lacaniano. Para demonstrar sua tese, serve-se das análises do sonho do Homem dos Lobos realizadas por Freud, Klein e Serge Leclaire, mostrando que sobre o mesmo material de base as três divergem em pontos significativos. Isso se deve a que os três autores não veem o material do mesmo modo: Freud enfatiza o aspecto edipiano e castrador dos lobos, Klein a ameaça de devoração, e Leclaire o significante *V*, cinco romano, associado à imagem dos animais.

Num trabalho anterior,[11] tive oportunidade de estudar detalhadamente a argumentação de Bernardi, e ela me pareceu pouco convincente. Não porque esteja errada a ideia de que possam existir paradigmas na psicanálise, mas porque no artigo em questão a demonstração da tese não é bem-sucedida. O motivo que me leva a pensar assim é o seguinte: as hipóteses interpretativas de Freud e de Klein são menos "incomensuráveis" entre si do que afirma o autor — que se baseia exatamente na incomensurabilidade para considerar que se trata de *dois* paradigmas diferentes — já que ambos atribuem importância decisiva, em seus respectivos estudos deste sonho, à sexualidade infantil, à angústia, às fantasias incestuosas do menino, e a outros aspectos igualmente fundamentais. A diver-

10. Ricardo Bernardi, "The Role of Paradigmatic Determinants in Psychoanalytic Understanding", *International Journal of Psycho-analysis*, n. 70, pp. 341-57, 1989.
11. Renato Mezan, "Existem paradigmas na psicanálise?" (1990). In: *A sombra de don Juan e outros ensaios*. São Paulo: Brasiliense, 1993. pp. 85-118; 2. ed. São Paulo: Casa do Psicólogo, 2005. pp. 71-94.

2. Paradigmas e matrizes clínicas

gência entre Freud e Klein permanece restrita a uma questão cujo nível de abrangência não me parece suficientemente amplo para que se possa falar em paradigmas *incompatíveis*: o peso relativo das fantasias de castração e de devoração para a constituição do sonho e da fobia infantil que se desencadeou a partir dele. Quanto à análise de Serge Leclaire, que se inspira nas teses de Lacan, ela é estudada por Bernardi de modo demasiado superficial para que se possam justificar, a meu ver, suas conclusões sobre a incompatibilidade entre ela e as outras duas.

No estudo que fiz desse texto, argumentava que, se existem paradigmas na psicanálise, não seria no nível epistemológico em que se situa Bernardi que eles poderiam ser diferenciados. Sugeria então que se evitasse o uso do termo "paradigma", já que as interpretações de Freud, de Klein e de Lacan poderiam ser compreendidas de forma mais adequada a partir das matrizes clínicas com que trabalharam e que serviram de base para a formação de suas teorias. (Em outras palavras, o que procurei sustentar no primeiro capítulo do presente livro.) Essas matrizes clínicas seriam as neuroses de transferência para Freud, a neurose obsessiva infantil para Klein (na época em que retomou o sonho dos lobos, isto é, em *A psicanálise da criança*) e a paranoia para Lacan (na época do imaginário, isto é, entre 1935 e 1951).

Mas não estava inteiramente convencido de que a substituição da palavra "paradigma" pela expressão "matriz clínica" fosse a solução para o problema, e, relendo posteriormente meu trabalho, dei-me conta de algumas dificuldades na proposta que fazia: a neurose obsessiva não é, justamente, uma das "neuroses de transferência"? Neste caso, por que dizer que as matrizes clínicas de Freud e de Klein são diferentes, quando na verdade a neurose obsessiva é uma espécie do gênero neuroses de transferência? Segundo: a paranoia é de fato, para Lacan, a matriz clínica predominante na fase do imaginário, mas Leclaire utiliza em sua análise o conceito de significante, que provém da fase do simbólico; ora, como dizer que uma leitura que opera com o plano do simbólico toma por base a matriz clínica da fase anterior? Terceiro: "paradigma" é uma noção que serve para designar uma matriz *teórica*, que produz objetos de investigação, conceitos, hipóteses, teorias regionais, métodos, etc. O conceito de matriz *clínica* não parece ser da mesma família, nem preencher uma função análoga: no capítulo anterior, vimos que ela é *um* dos elementos a partir dos quais se estrutura uma teoria ou escola. Já o conceito de paradigma parece referir-se mais adequadamente a uma teoria que contempla aqueles aspectos; portanto, seria mais apropriado falar em paradigma "freudiano" ou em paradigma "kleiniano" do que em paradigma "obsessivo" ou em paradigma "melancólico" — ao menos na forma em que habitualmente se emprega esta palavra: temos o paradigma "newtoniano" na física, o paradigma "ptolomaico" em astronomia, etc.

A leitura do livro de Greenberg e Mitchell, somada à crítica de meu próprio argumento para recusar a ideia dos paradigmas em psicanálise, sugeriu-me outra solução para o problema: situar os paradigmas num nível de abstração mais elevado do que aquele em que os discerne o autor uruguaio. Com efeito, continuo a pensar que as leituras do sonho dos lobos efetuadas pelos três autores que ele estuda não divergem o suficiente para que, *neste nível*, se possa falar em paradigmas incomensuráveis entre si, como exige a conceituação kuhniana.

O que Freud, Klein e Leclaire fazem ao interpretar o sonho dos lobos situa-se no plano das "interpretações clínicas", na escala sugerida por Robert Waelder para hierarquizar as teses e os conceitos da psicanálise. Essa hierarquia se baseia na distância entre os dados clínicos e a sua formulação teórica, distância crescente em cada um dos seis níveis propostos: dados da observação clínica, interpretações clínicas, construções para um caso singular, teoria clínica, metapsicologia, concepções filosóficas.[12] De fato, o analista opera em seu trabalho com interpretações isoladas, que deduz do que ocorre em suas sessões com cada paciente (níveis 1 e 2), e generaliza a partir delas para o caso em questão (nível 3, o da construção em análise). Em seguida, pode formular a partir de vários casos uma "teoria clínica", por exemplo, a de que o caráter anal se organiza como defesa contra impulsos e fantasias sádicos. Teorias deste nível pedem uma fundamentação metapsicológica (nível 5), que defina o que é uma defesa ou um impulso, trabalhe com os pontos de vista tópico e dinâmico, etc. E o nível 6 — o das concepções filosóficas — corresponde ao que se pode formular sobre a natureza humana a partir dos resultados mais gerais da psicanálise, por exemplo a ideia de que o ser humano é habitado pelo conflito psíquico; compreende também a perspectiva de um autor sobre o que *é* o homem — por exemplo o "pessimismo" de Freud. Nesta escala, as interpretações estudadas por Bernardi situam-se nos

12. Cf. Robert Waelder, "Psychoanalysis, Scientific Method and Philosophy", *Journal of the American Psychological Association*, n. 10, pp. 617-37 (19). Cf. também Martin Bergmann e Frank Hartmann, *The Evolution of Psychoanalytic Technique*. 2. ed. Nova York: Columbia University Press, 1990. capítulo 1, pp. 6-9.

2. Paradigmas e matrizes clínicas

níveis 2 (interpretação clínica: os lobos significam isto ou aquilo) e 3 (teoria clínica: a fobia infantil se estrutura a partir de tais ou quais situações, às quais a criança responde com tais e quais mecanismos de defesa).

Voltemos a Greenberg e Mitchell. O que eles escrevem sobre a "dimensão central" da experiência, aquela que impregna o relato mas se encontra ausente do seu conteúdo manifesto, parece-me corresponder ao que na linguagem de Waelder seria o sexto nível, o das concepções filosóficas. Em seu capítulo 1, estes autores citam uma passagem de Kuhn que nos interessa de perto. Falando de modelos científicos que proporcionam um quadro básico de orientação e da crença, Kuhn afirma que eles servem como "objetos de compromisso metafísico" (compromisso aqui no sentido de engajamento, não no de solução intermediária numa negociação), e dá como exemplo deste *metaphysical commitment* a crença de que "todos os fenômenos perceptíveis se devem ao movimento e à interação no vácuo de átomos qualitativamente neutros".[13] A crença na existência e na eficácia do inconsciente, compartilhada sem exceção por todos os psicanalistas, é um postulado da mesma ordem, que poderia ser explicitado numa proposição assim: "todos os atos psíquicos humanos comportam uma codeterminação inconsciente".

Para Greenberg e Mitchell, as teorias psicanalíticas funcionam como modelos que refletem "compromissos metafísicos" porque se baseiam em premissas axiomáticas a respeito de quatro questões fundamentais: a unidade básica de análise, a motivação, o desenvolvimento e a estrutura. A primeira questão é a mais importante: "quais são os tijolos básicos que constituem a experiência: impulsos? desejos? valores? objetivos? relações com os outros? escolhas? Do que são compostas as estruturas, os padrões, a 'matéria' da personalidade?". Uma vez delineada essa fundação genérica,

> é preciso considerar teoricamente três outras dimensões, mais específicas e que se sobrepõem umas às outras. Primeiro, *motivação*: o que as pessoas querem? quais são os objetivos predominantes, subjacentes à atividade humana? Segundo, *desenvolvimento*: na transformação de um bebê relativamente ainda pouco estruturado no adulto relativamente estruturado, quais são os acontecimentos cruciais? Terceiro,

---

13. Thomas Kuhn, *The Essential Tension*. Chicago: University of Chicago Press, 1977, p. 298, citado por Greenberg e Mitchell, op. cit., p. 18.

estrutura: o que dá a um indivíduo a sua forma específica, governando a regularidade do comportamento, dos eventos e das relações numa vida individual? O que medeia entre os acontecimentos do passado e a experiência/comportamento atuais?

Prosseguem eles:

os conceitos em cada uma destas áreas interagem com, tocam em e dependem dos conceitos vigentes nas demais. Tomadas em conjunto, as abordagens das questões no interior de cada área formam uma moldura genérica para gerar hipóteses clínicas e possibilidades de interpretação.[14]

Ora, essa "moldura genérica" é precisamente o que Kuhn denomina um paradigma. Observe-se que, com algumas modificações, as "áreas" enumeradas por Greenberg e Mitchell correspondem às vertentes que proponho para caracterizar uma escola de psicanálise. A rigor, a "primeira questão" formulada por estes autores corresponde à metapsicologia — do que é feita a psique, como se estrutura e como funciona. A questão da motivação pode ser incluída igualmente na metapsicologia, já que "desejo" é uma noção que faz parte dela. O "desenvolvimento" corresponde à segunda vertente do esquema que adoto, e a "estrutura", grosso modo, ao que denominei "teoria psicopatológica", se concordarmos em ver na estrutura algo acima e além da singularidade subjetiva de cada um — há *tipos* de estrutura psíquica, não somente indivíduos singulares. E, a meu ver, é necessário incluir num paradigma psicanalítico uma dimensão que corresponda à teoria do processo terapêutico, a qual será função — "interage com, toca em e depende de" — daquilo que se estabelecer como conteúdo para as três dimensões anteriores.

Colocadas as coisas dessa forma, Greenberg e Mitchell trabalham com a ideia de que na psicanálise existem dois paradigmas: o *pulsional* e o *relacional*. Em síntese, consideram que nas sessões o paciente fala basicamente de suas relações com outras pessoas, além de falar igualmente *para* e *com* outra pessoa — o analista. Por conseguinte, a teoria psicanalítica precisa reservar um lugar importante para aquilo a que, desde Freud, se chama o *objeto* — a representação psíquica daquilo ou daqueles a quem se dirigem os desejos, temores e fantasias de cada um de nós.

14. Greenberg e Mitchell, op. cit., p. 19.

2. Paradigmas e matrizes clínicas

Ocorre que, quando Freud criou a psicanálise, sua concepção do funcionamento psíquico enfatizava nele, essencialmente, o papel da energia: o trabalho da psique é concebido como uma sucessão de movimentos que a geram, retêm ou descarregam. A preeminência é conferida ao *movimento* e *àquilo que se move* (a energia); *aquilo para o que tende* o movimento — o objeto — tem um papel secundário logica, ontologica e cronologicamente. É dos *Três ensaios*, afinal, a afirmativa de que o objeto é o mais contingente dos fatores que constituem a pulsão. Para ele, o homem é basicamente um ser de impulsos e de paixões elementares, que buscam satisfação e descarga; o complexo sistema de investimentos, inibições e desvios desta descarga *é* o funcionamento psíquico. Nos termos de Waelder, a ideia de que o ser humano é essencialmente movido a paixões corresponderia ao nível filosófico (nisto, aliás, Freud se aproxima de pensadores como Hobbes, Schopenhauer e Nietzsche); sua tradução metapsicológica se dá por meio do conceito de pulsão. A sexualidade e a pulsão de morte são assim os elementos últimos, os *"building blocks"* incontornáveis do funcionamento humano.

Dessa posição de princípio decorrem as teses freudianas nos outros três domínios referidos pelos autores americanos: motivação, desenvolvimento e estrutura. Por exemplo, em termos de motivação, a *busca do prazer* e a *evitação do desprazer* seriam a tradução psicológica da tendência da pulsão à descarga, que metapsicologicamente é caracterizada como "princípio do prazer". Toda e qualquer manifestação psíquica será então compreendida como resultado do interjogo das pulsões, do mais banal ato falho até o delírio mais florido. É por essa razão que se pode falar em "paradigma pulsional" para designar a perspectiva de Freud: *paradigma* porque o conceito de pulsão se situa num nível tal de abstração que pode organizar toda a pirâmide nocional da psicanálise, *pulsional* porque é este conceito (e não outro qualquer) que serve como *clef de voûte* de todo o sistema. Segundo Greenberg e Mitchell, Freud foi levado — durante os 45 anos pelos quais se estende a construção de sua obra — a realizar algumas "acomodações" (o termo é deles) no paradigma, para dar conta de certos fenômenos psíquicos irredutíveis à sua forma inicial e mais radical. Freud teria então flexibilizado e modificado algumas de suas hipóteses, mas sempre permanecendo fiel ao princípio paradigmático da pulsão.[15]

Na história do movimento psicanalítico, organiza-se desde os anos 1930 uma outra forma de compreender a vida psíquica, que recusa a centralidade do

---

15. Cf. os capítulos 2 e 3 de: Greenberg e Mitchell, *Object Relations in Psychoanalytic Theory*.

conceito de pulsão. Nesta perspectiva, a experiência humana não é moldada primordialmente pelo jogo das pulsões, mas pela maneira como se organizam as primeiras relações do bebê com os outros seres humanos. Novamente, temos aqui um *"metaphysical commitment"*, um compromisso filosófico com certa ideia do homem: este é essencialmente um *ser de relação*, e a relação prima sobre a satisfação cega das paixões. Não se trata de uma visão moral — a relação com o outro *deve* prevalecer sobre a satisfação egoísta dos impulsos — mas de uma visão ontológica: a satisfação do que há de mais fundamental no ser humano se dá *no* e *pelo* relacionamento com os outros. Aqui também os psicanalistas se vinculam a uma importante tradição da filosofia ocidental, cujos representantes são, por exemplo, Aristóteles (o homem é um animal social), Rousseau, Marx.

A tradução metapsicológica desta posição de princípio se configura no conceito de *relações objetais*, que, pelas mesmas razões que aduzi no caso da pulsão, pode ser considerado como o núcleo de outro paradigma metapsicológico: Greenberg e Mitchell o denominam "paradigma relacional". Neste, os *"building blocks"* da experiência não são as pulsões, mas as relações de objeto, consideradas como constituintes últimos da alma e aquilo em torno do que se organiza todo o funcionamento psíquico. Harry Sullivan nos Estados Unidos e Douglas Fairbairn na Inglaterra foram os primeiros a contestar radicalmente o paradigma pulsional; é de Fairbairn a frase "a libido não busca prazer, busca objetos". E, como convém a um paradigma alternativo, nesta perspectiva as questões da motivação, do desenvolvimento e da estrutura recebem soluções diferentes das que lhes correspondem no paradigma pulsional.

Creio ser mais interessante reservar o termo "paradigma" para este grau de abrangência e de abstração, ao invés de se falar, como sugere Bernardi, em paradigmas kleiniano, freudiano e lacaniano. A vantagem desta terminologia consiste, a meu ver, em poder incluir no mesmo paradigma diversos autores, e mesmo diversas escolas, atentando mais para o parentesco das problemáticas que para o nome dos autores. Em minha opinião, conviria denominar o segundo paradigma de paradigma *objetal*, porque o termo "relações de objeto" vem sendo empregado para designar um grupo de teorias mais específico, as dos "independentes ingleses" (de Fairbairn a Guntrip e a Winnicott, passando por Bálint e outros).

Para fixar o vocabulário, designarei como *disciplina* a psicanálise em geral; dentro dessa disciplina, convivem ao menos dois *paradigmas* (o pulsional e o objetal): cada um deles oferece um quadro genérico de referência, prescrevendo e

2. Paradigmas e matrizes clínicas

proscrevendo opções determinadas quanto ao conjunto dos problemas pertencentes à disciplina. No interior de cada paradigma, seria apropriado falar em *modelos*: o modelo freudiano, o modelo kleiniano, etc. Ressalve-se que, na obra de Freud ou de Klein, podemos encontrar mais de um modelo. No caso de Freud, como veremos mais adiante, é possível discernir quatro deles; para Lacan, pode-se falar em modelo do imaginário, modelo do simbólico e modelo do real; e assim sucessivamente. Em suma: "paradigma" não designaria a concepção específica de nenhum autor, mas uma *problemática*, que comporta diferentes possibilidades de modelização. Por fim, emprego o termo "teoria" para referir-me a construções regionais dentro de um modelo: teoria da angústia, teoria da libido, teoria da sexualidade feminina, etc.

Os livros escritos por autores de língua inglesa não costumam considerar a produção de outro grande centro da psicanálise contemporânea: a França. Neste país, constituiu-se a obra de Lacan, cuja originalidade não precisa ser, a esta altura, demonstrada. Uma questão que merece estudo detalhado é: a obra de Lacan define ou não um terceiro paradigma? Não se trata de distribuir prêmios de criatividade, mas de resolver uma questão propriamente epistemológica, que não admite respostas rápidas e indolores. Sem dúvida, Lacan considera a pulsão como um dos *quatro conceitos fundamentais da psicanálise* (título do seu seminário XI, de 1964). Mas se trata da mesma pulsão que em Freud? Não apenas isso: trata-se do mesmo solo conceitual? Ou estamos diante de um caso como os que os Bleichmar consideram pertencer ao seu segundo tipo — ideias que, embora conservando o mesmo nome, mudaram tanto de conteúdo que já não se pode falar em uma *mesma* noção? Da mesma forma, Lacan concede ao "outro" um papel determinante na constituição do sujeito, mas este outro não é um objeto no sentido da teoria das relações objetais, que aliás ele critica explícita e veementemente no seminário *A relação de objeto*. Poderíamos estar diante de um caso como os que Greenberg e Mitchell estudam em seu livro sob o título de *"mixed models"*, mas no momento não estou convencido disso. A reelaboração lacaniana da psicanálise me parece demasiado extensa, demasiado radical em sua concepção e em suas consequências, para que se possa reduzi-la a uma simples recombinação dos paradigmas pulsional e objetal.

Assim, considerarei provisoriamente que com Lacan estamos diante de um terceiro paradigma, sem dúvida a partir da problemática do real, muito provavelmente a partir da problemática do simbólico, e quase com certeza *não* na época do imaginário. O que me leva a pensar assim é o fato de que os pressupostos filosóficos do lacanismo se assentam sobre uma concepção própria da *alienação interna do sujeito*, como consequência da identificação especular e de sua inscrição na cultura. Seria possível objetar que toda teoria do inconsciente, e portanto qualquer sistema de psicanálise, afirma a alienação interna do sujeito; logo, este elemento não bastaria para individualizar um terceiro paradigma. Se insisto na ideia, porém, é porque me parece evidente que o conteúdo desta concepção em Lacan se vincula a uma linhagem filosófica específica — Hegel, e depois o estruturalismo — e também porque me parece evidente que definir o inconsciente como "o discurso do Outro" é um gesto de fundação teórica que não pode ser deduzido nem do paradigma pulsional, nem do paradigma objetal. A concepção filosófica, assim como nos outros paradigmas, daria origem ao postulado metapsicológico das três ordens — imaginário, simbólico e real — postulado que cumpre, ao menos tanto quanto posso perceber, uma função idêntica à da preeminência da pulsão para o primeiro paradigma e à da preeminência do objeto para o segundo. Por este motivo, sugiro incluir na disciplina psicanálise um terceiro paradigma, a que denominarei "paradigma subjetal",[16] pensando no lugar eminente que nele ocupa o conceito de *sujeito* — que, aliás, não figura em nenhum dos outros dois.

Dessa forma, a tese de Greenberg e Mitchell pode ser reformulada: dela conservaremos a análise que conduz à introdução do conceito de paradigma, mas incluindo entre eles o subjetal. Na visão desses autores, a história da psicanálise consiste na formulação sucessiva dos dois paradigmas, e na aposição de "acomodações" ao primeiro deles — o pulsional — acomodações impostas pelo fato de que a prática clínica exige que se encontre, na teoria, um lugar para as relações com as outras pessoas. Escrevem eles:

> Encontrar um lugar para as relações de objeto tem sido o problema conceitual central ao longo de toda a história da psicanálise, porque a teoria pulsional formulada em primeiro lugar por Freud toma a descarga da energia psíquica como seu

16. Sugiro este neologismo por razões de simetria com os outros dois paradigmas, isto é, um adjetivo em -*al*. Não seria correto dizer que este terceiro é um paradigma "subjetivo", já que este termo tem em português um sentido preciso e que não se adapta ao que tenho em mente. E seria tosco falar o tempo todo em "paradigma do sujeito", até porque Lacan não tem o monopólio da ideia de sujeito... Assim, à falta de coisa melhor, fica o neologismo.

2. Paradigmas e matrizes clínicas

elemento (*building block*) conceitual fundamental, atribuindo às relações com os outros um estatuto que não é nem central nem imediatamente aparente. Todos os principais teóricos da psicanálise tiveram que se confrontar com este problema. Houve duas estratégias principais para reconciliar a primazia clínica das relações de objeto com a primazia teórica da pulsão. A *estratégia da acomodação* procura ampliar o modelo pulsional original, atribuindo mais peso às relações infantis com os outros, ao mesmo tempo em que mantém a pulsão em sua posição central de motivação. A *estratégia da alternativa radical* coloca as relações com os outros no centro da teoria, constituindo um modelo que deriva toda motivação, inclusive as necessidades sexuais e agressivas, das vicissitudes da busca e da manutenção de relações. Neste modelo, o conceito de pulsão é inteiramente abandonado.[17]

Esse parágrafo mereceria uma análise detalhada, que não é o caso de efetuar neste momento, pois, no ponto em que estamos do argumento, ainda não podemos nos posicionar frente à visão da história da psicanálise que nele se delineia. Em todo caso, é interessante notar que ela se ordena em torno de um "problema conceitual central" imposto pelo descompasso entre a teoria e a clínica: numa, a preeminência é do conceito de pulsão; na outra, a preeminência é do *factum* das relações.

Greenberg e Mitchell partem da evolução de Freud, que para eles comporta três momentos. Um primeiro vai até a *Interpretação dos sonhos*; nessa etapa, a abordagem das questões tem *"a great deal"* (bastante) em comum com o que posteriormente será o paradigma relacional. No segundo, o dos *Três ensaios* e da *Metapsicologia*, Freud teria estabelecido o paradigma pulsional. Numa terceira fase, a partir da *Introdução do narcisismo* (mesmo se o início desta se sobrepõe um pouco à vigência da segunda), teria introduzido modificações em antigos conceitos, e também conceitos novos, ambos os movimentos representando "seus esforços para conservar o conceito de pulsão no centro da teoria, ao mesmo tempo em que assegurava um papel cada vez maior às relações iniciais com os outros".[18]

Isso posto, os sucessores de Freud são classificados segundo sua maior ou menor adesão ao paradigma pulsional. Heinz Hartmann, Margaret Mahler, Edith Jacobson e Otto Kernberg se contariam entre os que procuraram ampliar

17. Greenberg e Mitchell, op. cit., pp. 379-80.
18. Id., p. 380.

o paradigma pulsional para nele incluir, em graus variados, a importância das relações objetais; no entanto, de uma forma ou de outra, para estes autores as configurações cambiantes do relacionamento entre o indivíduo e seus objetos são determinadas em última instância pelas exigências da pressão pulsional. Melanie Klein ocupa um lugar intermediário: suas premissas são cada vez mais "relacionais", mas ela conserva o pressuposto básico do paradigma pulsional, a saber, que "as características essenciais da vida emocional se desenvolvem de dentro para fora".[19] Já Sullivan e Fairbairn, independentemente um do outro, romperam completamente com o paradigma pulsional, na medida em que a finalidade do funcionamento psíquico não é mais, para nenhum dos dois, a descarga das pulsões elementares, mas sim o estabelecimento de vínculos com outras pessoas. Uma vez organizado o paradigma relacional (como eles o chamam), outros autores, como Bálint e Winnicott, o desenvolveram e o aprofundaram. Por fim, um grupo de autores — especialmente Kohut e Joseph Sandler — é discutido sob a rubrica da "estratégia de modelos mistos", novamente respeitando-se as significativas diferenças entre eles.

Esta breve apresentação da hipótese de Greenberg e Mitchell mostra quão complexa e sofisticada é a sua visão da história da psicanálise. Para nossos propósitos, ela é útil, embora não me pareça possível segui-la ao pé da letra, quando mais não fosse porque não abre espaço para a corrente lacaniana. O fato de que não há uma escola lacaniana importante nos Estados Unidos basta para explicar tal ausência, mas para um autor que vive no Brasil é impossível ignorar o que talvez seja a mais importante transformação do panorama psicanalítico desde a morte de Freud: o estabelecimento da doutrina e do movimento ligados ao nome de Lacan. Essa transformação foi e é decisiva para a configuração da paisagem analítica em nosso país, quer pela rápida expansão do lacanismo a partir dos anos 1980, quer pelo fato de que foi à sombra de Lacan — embora não inspirada em seu pensamento, mas sim na sua política — que se deu a ruptura do monopólio da IPA sobre a formação dos analistas, fato crucial para todo o desenvolvimento da psicanálise na América Latina.[20]

O que se pode conservar da estrutura geral proposta por Greenberg e Mitchell? Em primeiro lugar, a ideia dos paradigmas, como espero tenha ficado

19. Id., p. 381.
20. Ver a este respeito: Renato Mezan, "Figura e fundo: notas sobre o campo psicanalítico no Brasil". In: *Interfaces da psicanálise*. São Paulo: Companhia das Letras, 2002.

2. Paradigmas e matrizes clínicas

claro nas páginas precedentes. Em segundo, algumas análises particularmente precisas, entre as quais a que propõem sobre a escola kleiniana e sobre a situação da psicanálise nos Estados Unidos. Em terceiro, a ideia de uma evolução interna da obra de Freud, evolução que pode ser caracterizada de formas diferentes daquela proposta por eles, mas obedecendo ao mesmo princípio: é em Freud que devemos buscar os pontos de derivação das escolas pós-freudianas. Não estou inteiramente de acordo com a ideia de que Freud teria passado de um paradigma protorrelacional para um paradigma pulsional, que em seguida teria sido remanejado no sentido das "acomodações" sugeridas pelos autores americanos. Penso que é possível refinar essa concepção, reformulando-a em certos pontos, mas conservando o seu princípio: o da fecundidade da obra freudiana, que por assim dizer não cabe nela mesma, e está na origem (ou é uma das origens) dos desenvolvimentos que a sucederam.

O que devemos fazer, assim, é voltar a Freud, e examinar seus textos na perspectiva indicada. Não se trata de descrever a sua gênese nem de retraçar os seus meandros, como tive ocasião de fazer em A *trama dos conceitos* e em *Freud, pensador da cultura*. Nossa questão agora é: em que e por que as linhas de tensão presentes em Freud contribuíram para fraturar o edifício que construiu, de sorte que dessas fraturas puderam surgir as escolas pós-freudianas?

O PRIMADO DA METAPSICOLOGIA

Mesmo considerando um só filósofo, verificamos que abundam nele as diferenças interiores — e é mediante estas discordâncias que deve ser procurado o seu sentido "total". Se tenho dificuldade em reencontrar a "escolha fundamental" do Descartes absoluto de que falava Sartre, aquele que há três séculos escreveu de uma vez por todas, deve-se isso talvez ao fato de em nenhum momento o próprio Descartes haver coincidido com Descartes: a figura de Descartes que aparece aos nossos olhos segundo os textos, construiu-a ele pouco a pouco, por reação de si próprio contra si próprio; e é talvez ilusória a ideia de o apreender todo na sua origem, se Descartes não for porventura uma "intuição central", um caráter eterno, um indivíduo absoluto, mas um discurso inicialmente hesitante, que se afirma pela experiência e pelo exercício, que a si próprio se apreende pouco a pouco, e nunca consegue deixar de visar em alguma medida àquilo mesmo que resolutamente excluiu.[21]

Essas linhas de Merleau-Ponty poderiam ter sido escritas a propósito de Freud, como aliás a respeito de qualquer autor com envergadura suficiente para construir uma obra de pensamento. As ideias de "intuição central" e de "escolha fundamental" remetem à tese bem conhecida de Bergson: uma filosofia poderia ser compreendida como a explicitação de uma "intuição central" por meio dos conceitos e dos argumentos que o filósofo vai aos poucos construindo a partir dela. Essa tese não é de todo falsa, e se poderia pensar que noções como a das Formas para Platão ou a do inconsciente para Freud são bons exemplos de como se materializa essa "intuição central"; o platonismo ou a psicanálise corresponderiam então à "explicitação", ao desdobramento em árvore ou em rizoma, das consequências legitimamente dedutíveis destas ideias-fundamento.

O que Merleau-Ponty objeta a esta maneira de conceber uma filosofia é que tal desdobramento não se faz de modo linear nem ininterrupto, como poderiam sugerir as figuras lógicas da implicação e da explicitação; ele se dá por saltos e reviravoltas — "por reação de si próprio contra si próprio" — e por meio da "experiência" e do "exercício", isto é, utilizando os primeiros resultados para ir além deles. Continuidade *e* descontinuidade estão assim presentes na construção da obra; e podemos dizer de Freud, sem dúvida, tanto que foi "pouco a pouco que a si próprio se apreendeu", quanto que "nunca consegue deixar de visar, em alguma medida, àquilo mesmo que resolutamente excluiu".

A ideia de discernir no texto de Freud etapas, momentos, fases ou que outro termo se queira escolher é corriqueira entre os comentadores, e está plenamente justificada pelo sinuoso trajeto das suas concepções. A questão é, naturalmente, como caracterizar essas etapas, e onde localizar as linhas que as dividem. A proposta de Greenberg e Mitchell, como vimos há pouco, é uma tentativa de solucionar o problema tomando como eixo a posição relativa da pulsão e do objeto nos diferentes modelos elaborados por Freud.

Essa tentativa, embora conduza a algumas conclusões interessantes, não me parece inteiramente aceitável, por algumas razões que gostaria de apresentar.

---

21. Merleau-Ponty, "Em toda parte e em nenhuma", p. 197.

2. Paradigmas e matrizes clínicas

A primeira delas é que periodizar como sugerem os autores americanos implica aceitar um pressuposto que eles tomam por evidente, mas que a meu ver não é tão óbvio: o de que a teoria psicanalítica é antes de tudo uma *teoria da clínica*. Por este termo, entendo a ideia de que a situação analítica goza de um privilégio absoluto como fonte *direta* dos conceitos que a teoria deve articular. É esta a base oculta da ideia que eles defendem, a saber, que o fato de o paciente falar em suas sessões quase sempre a respeito de suas relações com os outros *exige* que a teoria conceda um lugar eminente a estas relações, as quais na linguagem teórica se chamam "relações de objeto". Haveria assim uma derivação quase imediata dos conceitos teóricos a partir da experiência clínica, na qual, conforme se sabe, o analista é investido pelo paciente como objeto transferencial.

Por estranha que possa parecer tal afirmativa, não creio que a doutrina de Freud se estruture deste modo. É indiscutível que o que observa e vive com seus pacientes constitui um dos elementos de sua teorização, e é nisso precisamente que ela se distingue de um sistema especulativo. Contudo, é em Ferenczi e não em Freud que a clínica ganha o estatuto de foco praticamente exclusivo da teorização; e é justamente por isso que Ferenczi, e não Freud, se encontra na origem distante do paradigma objetal. Uma teoria calcada essencialmente sobre o que se passa entre o divã e a poltrona reservará ao objeto, materializado na pessoa do analista através dos mecanismos transferenciais, o lugar central na metapsicologia — e é o que faz Ferenczi desde a sua primeira contribuição ao edifício teórico da psicanálise, a noção de "introjeção".

Insisto em que Freud não está desatento a esta dimensão: seria ridículo ignorar o peso da experiência clínica (como fonte de problemas *e* de soluções) em seu pensamento. No entanto, desde o *Projeto* de 1895 ele tem uma ambição maior: a de construir uma ciência geral do espírito, ciência para a qual a experiência analítica representa *uma* das fontes, porém não a *única* fonte. Essa afirmação pode ser verificada de vários modos: um deles é o número relativamente pequeno de textos, na obra de Freud, que se ocupam diretamente de questões clínicas. Muitos de seus escritos, e dos mais fundamentais para a edificação da psicanálise, têm como horizonte a clínica, mas apenas indiretamente: pense-se na *Interpretação dos sonhos*, no livro sobre a piada, e no *Além do princípio do prazer*, para só citar estes. Pense-se na vasta quantidade de estudos ditos de "psicanálise aplicada", nos quais a reflexão teórica avança de modo decisivo, sem se limitar a ilustrar os conceitos antigos por meio de novos exemplos: *Totem e tabu*, o "Leonardo",

"O insólito" (*Das Unheimliche*, 1919)... O que Freud fez, em minha opinião, foi criar uma teoria *para a clínica*, mas não uma teoria *da* clínica,[22] e creio que esta foi uma das razões mais decisivas para que concedesse aos impulsos intrapsíquicos, e não ao objeto, o lugar central em seus diversos modelos do funcionamento mental.

Se o objetivo de Freud foi efetivamente o de construir uma ciência geral do espírito, ou, o que dá na mesma, uma psicologia científica — que não existia quando começou a trabalhar, pois os resultados da psicofísica de Fechner e de Wundt, ou os esboços de "psicologia dos povos" elaborados por autores ingleses, franceses e alemães, ficavam muito aquém do que se poderia exigir de uma tal disciplina —, se esse era o seu objetivo, compreende-se que a metapsicologia tenha sido por 45 anos o seu "tirano", para usar uma expressão que figura na carta 24 a Fliess. Escreve ele:

> Encontrei por fim este tirano, e agora não conheço limites para servi-lo. Meu tirano é a psicologia, esta psicologia que foi sempre minha meta, longínqua, porém fascinante, e que agora, desde que me deparei com as neuroses, tornou-se tão próxima. Duas ambições me atormentam: primeiro, averiguar qual será a teoria do funcionamento psíquico se introduzirmos o enfoque quantitativo, uma espécie de economia da energia nervosa; e segundo, extrair da psicopatologia tudo o que possa ser útil para a psicologia normal. Com efeito, seria impossível alcançar uma concepção satisfatória dos transtornos neuropsicóticos se não se puder fundá-la sobre pressupostos claros a respeito dos processos psíquicos normais.[23]

É precisamente este ponto de vista, aqui expresso com a máxima clareza, que tenho em mente ao afirmar que a doutrina freudiana é uma teoria para a clínica, na qual esta decerto desempenha um papel relevante como *elemento de*

22. Entre os autores pós-freudianos, pode-se observar a mesma dicotomia: Melanie Klein e os teóricos da relação de objeto escrevem teorias *da* clínica; Lacan e Hartmann (este em sua preocupação central com a questão da adaptação) produzem teorias *para a* clínica. Para não deixar de lado a França: Conrad Stein e Serge Viderman constroem teorias *da* clínica; Piera Aulagnier, uma teoria *para a* clínica.

23. Carta a Fliess de 25/5/1895, n. 24 na tradução de Lopez Ballesteros de *As origens da psicanálise*. Madri: Biblioteca Nueva, 1975. v. III, p. 3516; sem número de ordem na tradução da *Correspondência completa de Sigmund Freud para Wilhelm Fliess 1887-1904*. Jeffrey M. Masson (Org.). Rio de Janeiro: Imago, 1986. p. 130. Cf. o comentário dessa carta e do seu contexto em: Renato Mezan, *Freud, pensador da cultura*, pp. 187 ss.

2. Paradigmas e matrizes clínicas

constituição; porém ainda mais relevante é sua função de arena de teste ou de verificação para a teoria, uma vez esta elaborada. Quando Freud escreve que deseja "extrair da psicopatologia tudo o que possa ser útil para a psicologia normal", está definindo a função problematizante da clínica; quando diz que *primeiro* quer "averiguar qual será a teoria do funcionamento psíquico, se introduzirmos [...] uma espécie de economia da energia nervosa", e em seguida que uma compreensão adequada dos "transtornos neuropsicóticos" depende de "pressupostos claros sobre os processos psíquicos normais", está expressando o que denominei "ambição de construir uma ciência geral do espírito".

Em todo caso, trata-se de decidir o que é mais importante na psicanálise: a teoria do processo terapêutico ou a metapsicologia? Minha posição é a favor da segunda alternativa: penso que a metapsicologia é a raiz da qual derivam as outras três vertentes de toda a teoria psicanalítica, porque lhe compete descrever o aparelho psíquico em sua estrutura e em seu funcionamento. Desta descrição dependem a teoria do desenvolvimento, a classificação dos tipos psicopatológicos, e a avaliação de com quais obstáculos se depara o processo analítico, avaliação que determina o tipo de instrumentos do qual se servirá o analista para contornar aqueles obstáculos.

É por essa razão, creio, que Freud constrói a cada tantos anos um novo modelo metapsicológico, começando com o *Projeto* de 1895, passando pelo capítulo VII da *Interpretação dos sonhos*, continuando pela *Metapsicologia* de 1915-6, e concluindo — em aberto, porém — com *O ego e o id* (1923). Estes são os textos canônicos para estudar os modelos do aparelho psíquico, e nesse sentido são utilizados por muitos comentadores e como sequência mais ou menos inevitável nos cursos de psicanálise.

Contudo, nosso interesse está agora centrado em outra questão: a das *linhas de tensão* na obra de Freud, que, a meu ver, se converterão nas linhas de fratura entre as escolas pós-freudianas. Esta perspectiva sugere outra série de cortes, porque aquilo que necessitamos encontrar são pontos nos quais seja plausível enganchar os desenvolvimentos posteriores. Assim, procurarei demonstrar no que se segue que a obra freudiana é passível de ser considerada como contendo diversos modelos metapsicológicos, os quais constituem um dos eixos para a elaboração das tendências que se organizaram a partir dos anos 1930.

Neste percurso, utilizarei um trabalho excelente de Paul Bercherie, intitulado *Genèse des concepts freudiens*, no qual encontrei pistas extremamente sugestivas para equacionar o problema que nos ocupa. O livro compõe-se de três partes. A primeira faz um grande levantamento do que se poderia considerar a genealogia da psicanálise na psicologia e na psiquiatria dos séculos XVII, XVIII e XIX, com tudo o que tal projeto envolve de pesquisa e de exposição das mais variadas correntes de pensamento, na medida em que sejam relevantes para a compreensão da trajetória de Freud. Assim, o autor retraça as grandes tendências da psicologia positiva no século XIX, os principais eixos da herança psiquiátrica com que ele se defronta no início do seu trabalho, a laboriosa constituição do campo da histeria, etc. Em seguida, nos capítulos XII a XVI, estuda a gênese e a evolução da metapsicologia, enfatizando as mutações pelas quais esta passou entre 1893 e 1938. E, na conclusão, esboça uma derivação do que chama "as quatro grandes correntes pós-freudianas" a partir dos quatro modelos metapsicológicos que, segundo sua segunda parte, Freud foi construindo entre o *Projeto* e *Inibição, sintoma e angústia* (1926).

Dessa grandiosa síntese efetuada por Bercherie, dois aspectos merecem reter nossa atenção. O primeiro é a oposição entre duas perspectivas de compreensão do espírito humano, que se organizam bem antes da psicanálise, mas das quais Freud é tributário: a perspectiva *associacionista* e a perspectiva *globalista*. Na primeira, ilustrada entre outras correntes pela psicologia dos empiristas ingleses, as operações do psiquismo são consideradas como resultando da combinação de fatores elementares — por exemplo, as sensações e as ideias simples em Locke e Hume, as representações elementares de Herbart, etc. A combinação de elementos simples em estruturas complexas, que por sua vez entram em combinação para formar estruturas ainda mais complexas, é o princípio fundamental desta corrente de pensamento, que procura isolar os "átomos psíquicos" e as leis que governam a composição deles em "moléculas" cada vez mais estruturadas — por exemplo, as de associação por contiguidade e por semelhança.

A essa perspectiva, dominante até os anos finais do século XIX, virá opor-se uma visão "globalista", como reação ao que os novos psicólogos consideram ser os excessos do mecanicismo e da atomização das funções mentais. Nessa segunda perspectiva, os traços essenciais da vida psíquica são a espontaneidade e a finalidade, em oposição a toda organização *partes extra partes*. Pode-se dizer que, nesta visão, é o conjunto que determina o sentido e a função de cada um dos elementos que nele se organizam. Exemplos desta segunda maneira de conceber o funcionamento mental são as teorias vitalistas, espiritualistas, fenomenológicas,

2. Paradigmas e matrizes clínicas

antilocalizacionistas, e assim por diante. Franz Brentano, com quem Freud seguiu diversos cursos na Universidade de Viena, é um dos principais expoentes desta tendência; nela se incluem também os filósofos Husserl e Bergson, os autores da psicologia da Gestalt, e outros.[24]

Encontramos em Freud, segundo a interpretação de Bercherie, dois momentos bastante diversos, separados pela introdução da problemática do narcisismo. O primeiro seria francamente "associacionista", o segundo marcaria uma evolução rumo a uma postura mais "globalista". Para dar alguns exemplos: a teoria da libido dos *Três ensaios* é claramente "associacionista": a função sexual — o complexo — é constituída por pulsões parciais que se combinam e recombinam até confluir na genitalidade e na escolha de um objeto externo (edição de 1905). As pulsões parciais são cronologicamente mais antigas, ontologicamente mais simples e epistemologicamente antecedentes em relação à sexualidade adulta, a qual é o resultado da associação desses elementos mais primordiais. Outro exemplo: ao estudar a histeria nos anos 1890, Freud se interessa pelo sintoma como algo complexo e constituído por elementos mais simples — o trauma, o recalque — cuja combinação resulta nos fenômenos que se oferecem ao observador. A ideia de *condensação*, no trabalho do sonho, é um terceiro exemplo dessa perspectiva: uma imagem do conteúdo manifesto resulta da associação de diversas outras, latentes. E, *a contrario*, Freud não se interessa por algo que atraía a atenção de muitos dos seus contemporâneos: nada lemos, em seus escritos da época, sobre o "temperamento histérico" (noção que obviamente tem mais sentido numa perspectiva globalista). A desconfiança que exprime a Abraham e a Jung quanto ao uso do termo "personalidade", qualificado como "conceito da psicologia de superfície", vai no mesmo sentido: "para a compreensão dos processos reais, para a metapsicologia, portanto, não oferece nada de especial".[25]

Mas, a partir de 1910 aproximadamente, pode-se discernir a emergência de uma problemática nova, a da *subjetividade* tomada em seu conjunto; é o momento

---

24. Cf. Paul Bercherie, op. cit., pp. 106-18.

25. Cf. Carta a Abraham de 21/10/1907. In: Sigmund Freud-Karl Abraham, *Correspondance 1907-26*. Paris: Gallimard, 1969. p. 20; carta 40F a Jung (27/08/1907). In: *The Freud-Jung Letters*. Londres: The Hogarth Press; Routledge & Kegan Paul, 1974. p. 80. Em suas cartas a Jung, Freud ironiza com frequência a "psicologia das superfícies" (por exemplo, 201F, 280F), termo que obviamente tem em suas mãos um caráter pejorativo. Tanto a Abraham quanto a Jung, aliás, ele deixa claro que o conceito de ego proposto por Bleuler — próximo do que hoje chamaríamos o self — não lhe agrada.

em que entra em cena a questão do narcisismo. Sem renegar inteiramente o que construíra até então, Freud começa a tratar de questões que não cabiam no seu modelo anterior: por exemplo, escreve na *Metapsicologia* que o amor e o ódio não devem ser predicados das pulsões, mas são termos a reservar para as relações do sujeito com seus objetos totais; em *O ego e o id*, as três instâncias psíquicas são verdadeiras organizações, dotadas de coerência e de estratégias próprias, enquanto os componentes da primeira tópica são definidos de maneira puramente funcional, por sua relação com a consciência. Em 1931, para dar outro exemplo, redige um pequeno ensaio sobre os "Tipos libidinais", que dá seguimento ao de 1916, "Alguns tipos de caráter descobertos no trabalho analítico": ora, o que são esses tipos, senão diferentes maneiras de organizar uma subjetividade? Contudo, ressalte-se que esta organização não consiste na combinação de elementos mais simples, como na perspectiva associacionista. É claro que a análise sempre se interessa em fracionar o complexo em seus constituintes — ou não seria análise — mas aqui se trata de descrever *modos de funcionamento* globais dos tipos em questão: o que organiza estes modos não é uma combinatória de átomos psíquicos, mas uma sucessão de "escolhas" em momentos cruciais do desenvolvimento.

Não deixa de ser curioso observar certo paralelismo entre essa leitura de Paul Bercherie, que faz Freud mover-se de um eixo mais associacionista para outro mais globalista, e a de Greenberg e Mitchell, para quem o movimento se dá ao longo de um gradiente em uma de cujas extremidades o objeto é totalmente contingente, enquanto na outra ele ganha relevo, peso e densidade na vida psíquica do sujeito. Se os princípios de leitura não se sobrepõem, por outro lado é evidente que ambos concordam em que há ao menos dois Freuds: um, o dos começos, está mais voltado para o que na carta 24 a Fliess ele mesmo denominava a "economia da energia psíquica"; fascinado com o elementar e com o abissal, está construindo uma psicologia que reserva um lugar mínimo para a consciência subjetiva que todos temos de nós mesmos. O que o interessa são as forças em ação na psique, os elementos topicamente mais distantes da experiência imediata, os *"building blocks"* últimos e seu modo de composição; é um praticante da análise no sentido mais lato deste termo, sem qualquer preocupação pela síntese.[26]

Já o segundo — cujos inícios ambas as leituras concordam em situar por volta de 1910, com a introdução da problemática do narcisismo — tem características

---

26. Cf. carta 139F a Jung (16/04/1909). In: *The Freud-Jung Letters*, p. 219.

2. Paradigmas e matrizes clínicas

mais próximas do que se costuma considerar uma psicologia: quer porque leve mais em conta a função do outro e da realidade exterior, quer porque comece a ver o funcionamento mental em termos de estruturas mais articuladas e individualmente mais complexas, este segundo Freud inaugura outra etapa na teorização: nas palavras de Merleau-Ponty, "constrói-se pouco a pouco, por reação de si próprio contra si próprio". Tampouco "consegue deixar de visar em alguma medida àquilo mesmo que resolutamente excluiu": pois, se seu horizonte se alarga, se em sua reflexão entram questões que antes não podiam ser sequer formuladas, também é verdade que o construído até então não desaparece sem deixar rastros. Ao contrário, é em parte incorporado, em parte reformulado, e em parte fica em latência. Exemplos desta última situação: a noção de defesa, praticamente deixada de lado por quase trinta anos em proveito da de repressão, ressurge em *Inibição, sintoma e angústia*; o princípio de inércia, formulado no *Projeto*, reaparece em *Além do princípio do prazer* como um dos fundamentos do conceito de pulsão de morte; o ego como instância inibidora dos impulsos e da descarga direta, ideia presente no *Projeto* mas pouco mencionada por muitos anos, retorna em *O ego e o id*.

No entanto, se queremos discernir a coerência interna dos modelos metapsicológicos, é preciso ir mais fundo do que esta primeira impressão. É aqui que a segunda parte do livro de Paul Bercherie nos presta um serviço inestimável: nela encontramos uma detalhada análise desses modelos, e uma pista valiosa para os vincular às diversas correntes da psicanálise atual.

Por que tomar como critério as transformações da metapsicologia? Seria possível seguir outros caminhos: por exemplo, o que propõe Joel Birman em seu artigo "Constituição do campo transferencial e o lugar da interpretação psicanalítica".[27] Interessado nas modificações da técnica, Birman distingue em Freud uma primeira fase, mais "intelectualista", na qual a interpretação era essencialmente revelação do significado inconsciente, enquanto a transferência ocupava um lugar "periférico", e uma outra, formalizada no artigo de 1914 "Repetição, recordação e elaboração", na qual a interpretação passa a visar os fenômenos recorrentes que estruturam a transferência, na medida em que a esta se atribui

27. Cf. Joel Birman e Carlos Augusto Nicéas, "Constituição do campo transferencial e o lugar da interpretação psicanalítica: um estudo sobre o pensamento de Freud". In: J. Birman e C. A. Nicéas (Orgs.). *Transferência e interpretação*. Rio de Janeiro: Campus, 1982. v. I: Teoria da prática psicanalítica, pp. 11-60.

agora a função de organizador de todo o campo de forças no qual transcorre o processo analítico. Essa mudança no modo de conduzir uma análise de fato se verifica na obra de Freud; mas ela depende, a meu ver — e no texto de Birman há elementos suficientes para validar esta opinião — de uma mudança mais radical, que ocorre no plano da teoria geral do funcionamento psíquico. E como esta teoria é exatamente a metapsicologia, penso que é preferível situarmo-nos logo de saída neste plano mais abrangente, aquele que Waelder, em sua hierarquização mencionada há pouco, situa quase no topo da escala da abstração: também para Greenberg e Mitchell, como vimos, esta é a dimensão epistemologicamente mais decisiva, aquela que condiciona as hipóteses que vão viger nas demais "áreas" da teorização.

Por outro lado, a ideia fecunda de Paul Bercherie consiste em ligar cada um dos modelos metapsicológicos que distingue em Freud àquilo que chamo uma matriz clínica: assim, haveria um modelo baseado na histeria, um modelo baseado nas psicoses, um modelo baseado na melancolia e um modelo baseado na neurose obsessiva. Essa série de modelos, por sua vez, representaria o ponto de ancoragem das diversas escolas pós-freudianas: a psicologia do ego tomaria como ponto de partida o modelo da neurose obsessiva, a escola kleiniana o modelo da melancolia, a escola das relações de objeto o modelo das psicoses, e Lacan o modelo da histeria.[28]

Teremos ocasião de discutir com vagar a hipótese de Bercherie, que aliás ele não chega a desenvolver, pois seu interesse se centra na obra de Freud; mas antes cabe afastar uma objeção que talvez surja no espírito do leitor: não afirmei há pouco que a psicanálise segundo Freud não é uma teoria *da* clínica? Como conciliar esta afirmação com o privilégio agora concedido, na modelização teórica, às estruturas clínicas? Na verdade, a contradição é apenas aparente. Quando falo em teoria *da* clínica, estou pensando num modo de teorização que se mantém muito rente à fenomenologia da experiência analítica, que é uma experiência interpessoal regrada pelos movimentos transferenciais. Este ponto de partida impõe como consequência pensar sempre com dois polos — o paciente e o analista, o sujeito e o objeto — os quais correspondem às extremidades de um segmento imaginário, figuração possível da relação analítica. A relação é primeira; seus polos são secundários frente a ela, precisamente porque são polos *dela*.

---

28. Paul Bercherie, op. cit., pp. 388-9.

2. Paradigmas e matrizes clínicas

Essa posição epistemológica não é a de Freud, certamente não em seus inícios, e a meu ver tampouco no restante de sua obra. É precisamente por isto que Greenberg e Mitchell separam os dois paradigmas que em sua opinião coexistem na psicanálise, o pulsional e o relacional, colocando Freud (e alguns dos seus seguidores) no primeiro deles. Freud concebe o ser humano como movido por uma energia interna — as pulsões — cujas transformações, investimentos e inibições determinam o campo dos fenômenos observáveis na clínica (e também fora dela). Isso significa privilegiar o *intrapsíquico*, e considerar que toda relação é *secundária* frente aos elementos que se relacionam, os quais são, ao menos idealmente, independentes uns dos outros e *a fortiori* da relação. Tal concepção conduz a ver no objeto não o núcleo em torno do qual se estrutura o sujeito, como a pérola em torno do grão de areia — como, por exemplo, na tese kleiniana do bom objeto como núcleo do ego —, mas sim o fator mais aleatório na montagem pulsional.

Um exemplo desta maneira de pensar encontra-se em "A dinâmica da transferência", quando Freud afirma que o analista é investido com os "clichês" relacionais que o paciente traz consigo de sua infância:

> O indivíduo cuja necessidade de amor não é inteiramente satisfeita pela realidade precisará dirigir-se com representações libidinais de expectativa (*libidinöse Erwartungsvorstellungen*) a toda nova pessoa que se apresentar (a ele) [...]. É assim perfeitamente normal e compreensível que a carga de libido mantida permanentemente disponível pelo indivíduo parcialmente insatisfeito se volte também para a pessoa do médico.[29]

É porque concebe desta maneira o funcionamento psíquico que Freud organizará o campo da psicopatologia segundo as formas tomadas pela distribuição da energia psíquica nas diferentes neuroses, o que é o mesmo que dizer que as organiza segundo a presença ou ausência de certos mecanismos de defesa e segundo os diferentes destinos que, submetida a esses mecanismos, a libido pode

---

29. Freud, "Die Dynamik der Übertragung", SA, *Ergänzungssband — Behandlungstechnik*, p. 160; BN II, p. 1648. Este volume da edição alemã, que contém os escritos sobre técnica, será designado como SA E. [Ed. bras.: "A dinâmica da transferência" (1912). In: *Obras completas*. Trad. e notas de Paulo César de Souza. São Paulo: Companhia das Letras, 2010. v. 10, pp. 133-46. A edição das *Obras completas* de Freud da Companhia das Letras será indicada pela sigla OCCL, e o sumário dos volumes já publicados consta no fim deste livro.]

seguir. A cada espécie de "destino" corresponde uma neurose: a estagnação libidinal produzida por insatisfação ou abstinência excessivas conduz às neuroses atuais, o recalque às psiconeuroses (classificação de 1895-6). Ora, nesse esforço para construir uma nosografia *e* uma metapsicologia, Freud privilegia nos primeiros dez ou quinze anos de seu trabalho aquela forma de neurose com a qual se depara mais frequentemente, a saber a histeria. No entanto, não é à fenomenologia da experiência analítica que vai pedir os instrumentos para pensar, muito embora esta experiência esteja sempre no seu horizonte, e a ela retorne constantemente para afinar aqueles instrumentos.

Durante esses primeiros anos, que vão grosso modo de 1892 até 1907 ou 1908, Freud trabalhará inúmeras questões, em registros igualmente variados; o que estou sustentando é que a histeria permanece como sua referência central, e que é para resolver os problemas que ela coloca em todos os planos — teórico, clínico, psicopatológico, epistemológico — que se dirige o essencial do seu esforço. É neste sentido que se pode dizer que ela é a *matriz clínica* do "primeiro sistema psicanalítico", para usarmos uma expressão de Reuben Fine.[30] As noções com as quais é construído esse sistema provêm de diversas fontes, especialmente das ciências biológicas e da física, tal como se apresentavam no final do século XIX. É o próprio Freud quem diz que não se deve exigir de uma jovem ciência que já nasça equipada com definições exatas e com princípios claros; ela vai se construindo um pouco como uma colagem, colhendo ideias aqui e ali e tentando aplicá-las aos fenômenos observados, a fim de os compreender de modo razoável.[31] Afirmar que a histeria é a matriz clínica deste primeiro sistema é simplesmente afirmar que os "fenômenos observados", aqueles que pedem esclarecimento e compreensão, são especialmente salientes nessa neurose, e que por isso é ela que condiciona o conjunto da reflexão.

Em suma, e para afastar de vez a objeção que mencionei, o fato de em Freud a metapsicologia ser o eixo organizador da teoria no seu conjunto não contradiz o fato de que as hipóteses formuladas teoricamente nos modelos metapsicológicos tenham uma raiz clínica. Mais precisamente, a clínica desempenha sempre uma função problematizante: ela apresenta dificuldades, que uma primeira reflexão transforma em *problemas*. Estes problemas são formulados

30. Reuben Fine, *A History of Psychoanalysis*. Nova York: Columbia University Press, 1979, pp. 35 ss.
31. Freud, "Pulsões e destinos de pulsão", SA III, p. 81; BN II, p. 2039.

2. Paradigmas e matrizes clínicas

com os meios disponíveis, utilizando-se metáforas, conceitos e esquemas tirados daqui e dali, como admite o parágrafo de "Pulsões". Em seguida, tais problemas são articulados por meio de vínculos mais abstratos, originando hipóteses regionais. Estas, por sua vez, exigem ser ajustadas umas às outras e ao modelo geral do funcionamento psíquico em vigor naquele momento. Essa linha ascendente — do empírico para o conceitual, do individual para o universal — combina-se com uma linha descendente: o modelo metapsicológico geral coloca dificuldades próprias, tem pontos obscuros, e necessita especificar-se mais e mais, até poder dar conta *deste* fenômeno observado na clínica. As duas direções são percorridas simultaneamente quando Freud pensa, um pouco como nos diálogos de Platão vemos funcionar uma dialética ascendente — do visível para a Forma a ser definida — e uma dialética descendente, da Forma para o mundo das cópias em que vivemos.

Um exemplo desta maneira de trabalhar pode ser encontrado no início do capítulo III da *Traumdeutung*. Terminada a análise do sonho da injeção em Irma, Freud formula sua conclusão: este sonho é uma realização de desejos. Estamos no nível da dificuldade clínica — o sonho parece absurdo, é obscuro, etc. — que foi transformada em um problema — por que o sonho é obscuro? Formula-se uma hipótese cujo alcance é inicialmente restrito: *este* sonho realiza os desejos de se desculpar pelo insucesso do tratamento da jovem, de se vingar do amigo Otto, e outros mais. O passo seguinte é uma generalização: *o* sonho é uma realização de desejos; isto vale para todo exemplar do gênero. Mas tal hipótese exige prudência: será mesmo *todo* sonho uma realização de desejo? Freud lembra vários sonhos de comodidade envolvendo a sede e o desejo de beber; o sonho cria cenas em que o indivíduo bebe, e permite assim um pequeno prolongamento do sono. Outro exemplo em que o sonho é com toda a evidência uma realização de desejo é o do jovem médico que não gostava de acordar cedo para ir trabalhar. O rapaz sonha então que está doente e internado; ora, se já está no hospital, não precisa levantar-se para ir até lá! Há outros sonhos, então, que realizam desejos; indutivamente, Freud conclui que pode operar como se todo sonho fosse uma realização de desejo. (A demonstração dedutiva de que, sendo a psique o que é, o sonho não pode ser outra coisa senão uma realização de desejo, terá de esperar a construção do modelo óptico do aparelho psíquico, ou seja, o capítulo VII.)

Mas, se assim é, por que o desejo em questão não se enuncia claramente no sonho? Por que precisa se disfarçar de modo a ficar irreconhecível? Esta pergunta conduz à distinção entre conteúdo manifesto e conteúdo latente; é neste que encontraremos o desejo do sonho. Entre o conteúdo latente e o conteúdo manifesto, intervém a *deformação onírica (Traumentstellung)*. A noção de deformação ou de transposição é um exemplo claríssimo do modo de operar caracterizado no parágrafo epistemológico de "Pulsões": não é ainda um conceito preciso e distinto, mas uma ideia "tomada aqui ou ali", que vai ser aplicada ao material para lhe conferir uma primeira forma. Mais exatamente, *deformação* é um termo tirado da física dos sólidos, e sugere ideias correlatas, como a de forças operando em sentido contrário e com intensidade desiguais, que ao se combinarem produzem a deformação. A noção de *censura* também serve para dar uma primeira forma a este "observado": Freud se refere agora ao campo da política, falando da polícia czarista e de sua prática de tesourar os jornais e revistas que adentravam a Santa Rússia, deles eliminando o que se julgasse inconveniente.

Falar em "forças em conflito" é já adentrar o território do "modelo geral da psique": estamos em plena metapsicologia. É claro que Freud vai mais devagar, construindo passo a passo sua argumentação; mas para nosso propósito é suficiente esta apresentação sumária. O capítulo VII do livro começa novamente com o relato de um sonho (o da criança que arde), levanta a questão do esquecimento dos sonhos, e vai paulatinamente colocando em cena todos os elementos necessários para a montagem do aparelho psíquico (linha "ascendente"). Uma vez acabada a montagem, pode ser respondida a pergunta central do livro: como e do quê deve ser feita a psique, tal que do seu funcionamento em certas circunstâncias possa surgir um sonho? E, daqui por diante, toda interpretação de sonho levará em conta as noções de censura, de trabalho do sonho, de instâncias psíquicas, etc. — esta é a linha "descendente".

Tomei o exemplo do sonho porque ele é particularmente adequado para compreender o *modus operandi* de Freud. Mas, a rigor, os sonhos — pelo menos os dele, que servem de base para a redação da *Traumdeutung* — não são exatamente um dado da clínica, no sentido em que estou tomando esta expressão: não são produtos da patologia psíquica, e é mesmo o seu caráter de fenômeno banal que Freud utiliza para convencer o leitor de que o modelo elaborado no livro não se aplica somente aos neuróticos, e sim a todo ser humano. Na verdade, a análise que faz do sonho conduz à conclusão de que a estrutura dele é idêntica à do sintoma neurótico: é uma formação de compromisso.

2. Paradigmas e matrizes clínicas

A meu ver, há algo que orienta Freud durante toda a redação do livro dos sonhos: este *algo* é a consideração da histeria. E é esta a razão pela qual estou atribuindo a ela, e não ao sonho, o papel de matriz clínica do primeiro sistema de psicanálise. Esse primeiro sistema é um conjunto de ideias teóricas e de práticas clínicas cuja forma acabada se torna visível em 1905, ano em que Freud publica o *Caso Dora*, os *Três ensaios* e o livro sobre a piada. É a psicanálise com que se deparam os primeiros discípulos que vêm ao seu encontro, e sem dúvida o principal motivo que levou esses jovens psiquiatras a procurá-lo. E tinham razão: no início do século xx, não existia nada na psiquiatria ou na psicologia que fosse comparável ao que Freud tinha para oferecer, nem quanto à audácia dos princípios, nem quanto à consistência do conjunto, nem quanto à variedade dos campos em que se poderiam aplicar essas ideias.

3. A construção da metapsicologia: 1892-1914

Se Freud tivesse encerrado sua obra no *annus mirabilis* de 1905, o que tinha realizado até então já seria suficiente para inscrever seu nome na história da psicologia como um dos grandes da disciplina. Nos oito ou dez grandes textos que vão dos *Estudos sobre a histeria* até *A piada e sua relação com o inconsciente*, com efeito, do apartamento dele na Berggasse 19 emergiram uma teoria geral da psique e uma teoria do desenvolvimento sexual, além de uma teoria abrangente dos "transtornos neuropsicóticos" fundada sobre "pressupostos claros a respeito do funcionamento normal" (era a ambição de que falava na carta 24 a Fliess). Além disso, essas hipóteses foram aplicadas aos sonhos, aos atos falhos e às anedotas; estão na base de diversos relatos de caso, dos quais o mais rico é o *Caso Dora*; e permitiram estruturar uma primeira abordagem da dinâmica do processo terapêutico, que evolui do método catártico até o procedimento centrado sobre a interpretação das associações, que por sua vez têm seu fluxo ordenado pelo jogo da resistência e da pulsão. Não é pouca coisa, e sem dúvida é muito mais do que se poderia encontrar, na mesma época, em qualquer outra parte.

O resultado geral desse período é algo a que diferentes autores chamam por nomes diferentes, mas que todos concordam em considerar um sistema de referência ao mesmo tempo sólido e flexível. Concordam também em que esse primeiro sistema, apesar de suas inegáveis qualidades, não demorou a se revelar

3. A construção da metapsicologia: 1892-1914

estreito demais para abrigar a variedade de fenômenos aos quais a psicanálise começa a ser aplicada; em especial, certas modalidades psicopatológicas não se deixam enquadrar facilmente no esquema, induzindo portanto a uma extensa reelaboração dele por volta de 1909-10.

Diante deste acordo de princípio, minha hipótese é que esse primeiro modelo coloca em termos teóricos um tipo de funcionamento mental cuja referência básica é a histeria, e que a dificuldade para fazer entrar nele outros tipos de funcionamento mental — por exemplo, as psicoses ou a neurose obsessiva — foi aos poucos persuadindo Freud a introduzir outros modelos metapsicológicos, que incluíam elementos teóricos *novos* — novos no sentido de não serem dedutíveis das premissas que estruturavam o primeiro. Por sua vez, esses novos modelos privilegiaram exatamente aquelas formas psicopatológicas que desafiavam o primeiro, disso resultando as "distâncias interiores" entre Freud e Freud (para retomar a expressão de Merleau-Ponty sobre Descartes) que, acredito, são um dos pontos de ancoragem das tendências pós-freudianas.

Esta hipótese, no entanto, precisa ser demonstrada, e o primeiro passo para tanto é comprovar sua primeira parte: a de que o conjunto das concepções de Freud, no período de 1892-1905, repousa sobre certos fatores psíquicos especialmente evidentes na histeria, a ponto de esta poder ser tida por matriz clínica de todo aquele conjunto — inclusive das porções dele que não parecem, à primeira vista, depender tanto assim do referencial histérico. E, em primeiro lugar, convém dispor de um quadro mais exato do conteúdo das doutrinas freudianas nessa época; só então será possível estabelecer o vínculo entre elas e o que a meu ver é a sua matriz clínica.

ÀS VOLTAS COM A HISTERIA: A "TEORIA DA LIBIDO"

O termo "primeiro sistema psicanalítico" é de Reuben Fine, ex-presidente da Associação Psicanalítica Americana e autor de uma *História da psicanálise*. O livro, como aliás outras obras americanas, apresenta ao mesmo tempo um tesouro valiosíssimo de informações e um desconcertante esquematismo na análise delas. Em seu capítulo III, *"The Legacy of Freud"*, Fine estabelece uma periodização nos seguintes termos:

a) 1886-95: a exploração da neurose;

b) 1895-9: autoanálise;

c) 1900-14: a psicologia do id.

É à "psicologia do id" que reserva a qualificação de "primeiro sistema de psicanálise". As duas etapas anteriores teriam preparado o terreno para a edificação desse sistema, pois, para Fine, o que Freud fez até 1900 não é exatamente psicanálise: "muitos, ainda hoje, confundem suas opiniões pré-analíticas dos anos 1890 com a análise propriamente dita, que deveria ser datada da *Interpretação dos sonhos*, em 1900".[1] Entre essas "opiniões pré-analíticas", contam-se no entanto coisas como a tese da ab-reação das emoções recalcadas à época da experiência traumática — que teria conduzido Freud a enfatizar a descarga da energia, tanto enquanto fenômeno como enquanto conceito — e a introdução do conceito de defesa no artigo de 1894 "As neuropsicoses de defesa". Como esta ideia é tão fundamental que, segundo Fine, "num certo sentido toda a história da psicanálise pode ser vista como uma elaboração da fórmula 'toda neurose envolve uma defesa contra ideias insuportáveis'",[2] começa a pairar alguma dúvida sobre o caráter pré-analítico das "opiniões" de Freud anteriores a 1900...

Em todo caso, o autor resume assim o trajeto freudiano até a *Traumdeutung*: Freud teria partido de uma teoria simples, a de que as dificuldades sexuais são a causa direta da neurose. Por volta de 1900, teria começado a abandonar essa teoria "simples e direta" e se voltado para a investigação da sexualidade infantil. Com este passo, o significado do conceito de sexualidade se teria ampliado, passando a incluir o elemento psíquico ("psicossexualidade"): agora Freud considera como pertencente à esfera dela primeiro todo e qualquer prazer físico, e em seguida a afeição, o amor e todas as emoções ternas (*Três ensaios*).[3] Entrementes, do período da autoanálise (1895 a 1900) ele teria extraído duas ideias essenciais: a de que o conhecimento psicanalítico só pode ser alcançado por meio de uma intensa experiência pessoal, e a de que a diferença entre o normal e o neurótico não é de natureza, mas de grau. Por outro lado, a autoanálise "é a matriz da qual se desenvolveu toda a ciência. Foi aqui que (Freud) teve as grandes intuições que

1. Reuben Fine, op. cit., p. 24.
2. Id., p. 25.
3. Id., p. 25.

3. A construção da metapsicologia: 1892-1914

formam a base da psicanálise. E foi aqui que deixou as vastas lacunas que ele, e os outros trabalhadores no campo, posteriormente vieram a preencher".[4]

O cenário está então montado para que se erga o "primeiro sistema de psicanálise". Este repousa sobre três bases: a teoria do inconsciente, a teoria da libido, e, no plano terapêutico, o trabalho com o par dinâmico resistência/transferência. Para Fine, essas ideias formam um sistema porque

> as três estão intimamente conectadas. Os impulsos libidinais estão reprimidos no inconsciente, assim evitando a ansiedade. Devido à predominância das forças inconscientes, uma terapia puramente racional não funciona; ao invés disso, o terapeuta precisa trabalhar a transferência (sentimentos para com o terapeuta) e as resistências do paciente a perceber impulsos libidinais e outros impulsos proibidos.[5]

No que consiste a "íntima conexão" entre as três bases desse "sistema"? Deixando de lado algumas imprecisões e a maneira um tanto tosca com que Fine sobrevoa questões complexas, merecedoras de mais atenção — maneira ilustrada pela afirmação de que o Freud dos anos 1890 é "pré-analítico" —, o interesse de sua leitura reside na forte articulação que discerne entre a "teoria do inconsciente" e a "teoria da libido", ambas servindo como guia para a prática clínica na medida em que fundamentam as noções de transferência e de resistência. A teoria do inconsciente é obviamente uma parte da metapsicologia, e envolve as noções de processo primário e secundário, a ideia-chave de um conflito entre desejos e ideais contrários a esses desejos, a tópica como geografia dos lugares psíquicos, e a hipótese de que a defesa contra os impulsos condenados está na origem da formação dos sintomas. Já a teoria da libido está presente não apenas na vertente metapsicológica, mas ainda na vertente epigenética e na vertente psicopatológica, o que a torna o verdadeiro eixo de todo o sistema. Metapsicologicamente, a libido é uma força variável capaz de servir como substrato das transformações e dos processos em que consiste o funcionamento mental; esta força é de natureza sexual, o que faz da sexualidade o centro da vida psíquica. São sexuais os impulsos e desejos contra os quais se exerce a repressão, e o grande enigma com que Freud se defronta o tempo todo é o de saber por que o alvo

4. Id., p. 35.
5. Id., p. 35.

eletivo do recalque é precisamente a sexualidade, e não outra esfera qualquer da atividade psíquica.

Do ponto de vista da epigênese (o desenvolvimento), a libido passa por uma evolução que conduz das pulsões parciais até a genitalidade e à escolha de um objeto externo (versão 1905 dos *Três ensaios*). A teoria psicopatológica se organiza como função dessas propriedades da libido: da sua plasticidade e da sua capacidade de aderir a representações decorre a possibilidade de os impulsos libidinais serem gratificados, reprimidos, sublimados ou utilizados para construir formações reativas; do seu caráter temporal-evolutivo, decorre a possibilidade da sua *fixação* e da sua *regressão* a alguma das etapas que percorreu. Segundo o momento em que se dá a fixação, ou à qual retorna a regressão, teremos as diferentes neuroses e perversões: quanto mais intensa a primeira, ou mais extensa a segunda, mais grave será a patologia psíquica.

Dessas duas teorias combinadas — a do inconsciente e a da sexualidade — decorre por sua vez a concepção do processo analítico: ele consiste em mobilizar as fixações, o que permite à libido desfazer as repressões. Nesse processo, surgem as resistências, que nada mais são do que a expressão atual das fixações, e a prova de que continua ativa a mesma tendência que originou a formação dos sintomas. As resistências se opõem à rememoração dos eventos e dos processos psíquicos que se encontram na base da neurose: uma vez interpretadas, elas cedem, e os sintomas desaparecem. Ao mesmo tempo, as lacunas de memória que tornavam ininteligíveis os sintomas são preenchidas. Freud enuncia, no início do *Caso Dora*, as finalidades da análise em 1905:

> Se o objetivo prático do tratamento consiste em eliminar todos os sintomas e substituí-los por pensamentos conscientes, podemos considerar como um segundo objetivo, desta vez teórico, a tarefa de sanar todos os danos da memória do paciente (*alle Gedächtnisschäden des Kranken zu heilen*). Ambas as finalidades coincidem; quando se alcança uma, a outra também é atingida; o mesmo caminho conduz às duas.[6]

É possível, assim, reformular a tese de Fine, conservando o que ela tem de verdadeiro — os elementos teóricos destas concepções freudianas formam de fato um sistema — e corrigindo um ponto a meu ver discutível: a afirmação de que

---

6. Freud, *Bruchstücke einer Hysterieanalyse* [*Caso Dora*], SA VI, p. 97; BN I, p. 940.

3. A construção da metapsicologia: 1892-1914

ele repousa sobre "três bases". Na verdade, o fator decisivo do ponto de vista epistemológico é a teoria da libido, porque é ela quem assegura o laço interno entre todas as vertentes do modelo: o operador fundamental dele é a dinâmica, o jogo de forças e contraforças. É aliás com o codinome de "*Libidotheorie*" que Freud e seus primeiros discípulos estrangeiros — Abraham, Ferenczi e Jung — se referem à psicanálise. É pelo mesmo motivo que Greenberg e Mitchell, ao estudar este período da obra de Freud, o consideram como aquele em que se organiza o paradigma pulsional. Nesses autores, encontramos uma análise mais sutil dessa evolução do que a apresentada por Fine, embora os resultados a que chegam sejam bastante próximos: a diferença mais significativa entre Greenberg e Mitchell por um lado e Fine por outro consiste em que os primeiros não cometem a tolice de considerar "pré-analítico" o Freud dos anos 1890. Pelo contrário, nesta fase eles localizam um primeiro modelo psicanalítico, cuja subversão irá engendrar o paradigma pulsional.

A tese de Greenberg e Mitchell pode ser resumida da seguinte maneira: o paradigma pulsional foi construído durante vários anos, até atingir sua forma definitiva por volta de 1910. O primeiro passo para esta construção é o estabelecimento do princípio de constância nos *Estudos sobre a histeria* (1895), princípio segundo o qual o objetivo do aparelho psíquico é manter a estimulação no nível mais baixo possível, e idealmente no nível zero. A quiescência é prazenteira, a excitação causa desprazer, e por isso o princípio de constância pode ser compreendido também — em sua dimensão propriamente psicológica — como o princípio de evitar o desprazer, ou, sob a denominação que se tornou mais familiar, como o princípio do prazer.

O comportamento humano é governado pelo princípio de constância:

os acontecimentos se tornam patogênicos quando os afetos associados a eles não podem ser adequadamente descarregados, ou devido a circunstâncias externas, ou porque estes afetos conflitam com outros estados mentais altamente valorizados, tais como os valores éticos e morais. A modalidade de tratamento sugerida nos *Estudos sobre a histeria*, que deriva diretamente dos pressupostos teóricos, é que a recuperação das lembranças reprimidas torna possível a ab-reação. Sem a descarga completa do afeto em ebulição, bloqueado na época do acontecimento e portanto continuamente em atividade, fornecendo o combustível para os sintomas neuróticos resultantes, a doença é inevitável.[7]

7. Greenberg e Mitchell, op. cit., p. 26.

A palavra-chave, nessa descrição bastante apropriada do estado da psicanálise em 1895, é "afetos". Para Greenberg e Mitchell, do princípio de constância tomado isoladamente *não* decorre que a fonte dos estímulos que excitam o aparelho psíquico e exigem descarga seja a sexualidade: essa fonte pode ser interna ou externa, ativa ou reativa, sexual ou não. Os estímulos cujo fluxo o princípio de constância deveria regular são, nesta etapa, designados como "afetos". Um acontecimento pode suscitar qualquer um, na vasta gama deles — medo, cólera, alegria, prazer, excitação sexual, tristeza, desejo de vingança, etc. Ora, por que alguns afetos podem ser "descarregados" sem dificuldade, enquanto outros ficam bloqueados, isto é, privados de expressão? Porque os segundos são tidos pelo sujeito como "incompatíveis", ou seja, inadequados e condenáveis. Os valores sociais e individuais funcionam assim como aquilo que se opõe à circulação desimpedida dos afetos; uma vez silenciados, a lembrança do acontecimento que os suscitou é reprimida, e se torna capaz de exercer um papel patogênico. É assim que se estrutura, por exemplo, a neurose de Elizabeth von R., descrita nos *Estudos sobre a histeria*.

Com a teoria da sedução, introduzida em 1896, a sexualidade entra em cena: é uma "irritação real dos genitais durante a infância" que constitui a experiência tipicamente sujeita à repressão. O que produz os sintomas é o traço mnêmico desta experiência, a qual está — na atualidade — impedida de se converter numa lembrança consciente, escreve Freud em "Novas observações sobre as neuropsicoses de defesa". Com isso, argumentam os dois autores, a sexualidade passa a ser um componente necessário em toda patologia — porque é a fonte do trauma que a origina — mas ainda não é a força impulsionadora que estrutura toda a experiência humana: "a sexualidade ainda estava longe do seu papel no modelo pulsional: uma força que motiva todo o comportamento humano. A pré-história do modelo pulsional difere do seu pleno desenvolvimento exatamente por causa da falta de especificidade dos seus conteúdos motivacionais".[8]

Com o capítulo VII da *Interpretação dos sonhos*, Freud estabeleceu — sempre na perspectiva de Greenberg e Mitchell — um modelo específico: o do desejo. O aparelho psíquico é movido a desejo: *"nichts anderes als ein Wunsch sei imstande, den Apparatus in Bewegung zu bringen, und der Ablauf der Erregung in ihm wird automatisch durch die Wahrnehmungen von Lust und Unlust geregelt"* — ou

8. Id., p. 28.

3. A construção da metapsicologia: 1892-1914

seja, nos termos mais enfáticos, nada além de um desejo tem condições de colocar o aparelho em movimento, e o curso da excitação no seu interior é automaticamente regulado pelas percepções de prazer e desprazer.[9] A satisfação do desejo consiste em restabelecer a situação que o gratificava, processo a que Freud chama "restabelecimento da identidade de percepção".

Greenberg e Mitchell reconhecem que, do ponto de vista do mecanismo, o desejo assim definido tem o mesmo estatuto que a pulsão no modelo plenamente desenvolvido: ambos criam a tensão interna que, sentida como desprazer, colocará o aparelho em ação, e os desejos cuja realização contradiz as proibições morais serão reprimidos. Contudo, introduzem uma ressalva que merece atenção:

> A diferença entre os dois conceitos [desejo e pulsão] consiste em seu conteúdo, isto é, se encontra no centro dos pressupostos dos dois modelos. Com a articulação completa do modelo pulsional, o conteúdo de qualquer ação é plenamente especificado pela qualidade da pulsão que subjaz a ela (além é claro, das defesas contra o impulso original). [...] Já no modelo dos *Estudos sobre a histeria*, as situações é que são específicas, não os estímulos internos. A evolução dos modelos freudianos pode ser assim caracterizada: na primeira visão, as situações são determinantes, os afetos contingentes; na última formulação, as pulsões são determinantes, as situações contingentes.[10]

Concluem eles: entre estes dois modelos, o do desejo ocupa um lugar de transição, porque o que o desejo busca é restabelecer uma situação — assim como no modelo dos *Estudos* — mas essas situações são desejáveis apenas porque, no passado, satisfizeram uma necessidade produzida internamente — assim como no modelo pulsional "plenamente desenvolvido" dos *Três ensaios*. Mas a própria necessidade tem conteúdos "inespecíficos": o desejo pode ser concebido como satisfazendo uma necessidade qualquer — sexual, mas também "destrutiva, autopreservativa, de segurança, de calor afetivo", etc.[11]

9. Freud, *Die Traumdeutung* [A interpretação dos sonhos], capítulo VII, seção E: "Os processos primário e secundário: a repressão", SA II, p. 568; BN I, p. 708. Cf. igualmente a seção C, "A realização de desejos", onde se encontra a definição do desejo como impulso para restaurar a situação da "experiência de satisfação" (SA II, p. 539; BN I, p. 689), e a afirmação de que no sistema inconsciente não existem outras forças senão os impulsos de desejo (*Wunschregungen*) (SA II, p. 541; BN I, p. 691).
10. Greenberg e Mitchell, op. cit., p. 29.
11. Id., p. 29.

O interesse dessas distinções propostas por Greenberg e Mitchell é bem maior do que poderia parecer à primeira vista, porque segundo sua concepção o Freud dos inícios é bastante preferível ao Freud intermediário, o do modelo pulsional puro e duro que teria vigorado aproximadamente entre 1905 e 1914. Ao privilegiar os afetos como o elemento a ser regulado pelo princípio de constância (*Estudos*), e em seguida os desejos como a força motriz do aparelho psíquico (*Traumdeutung*), ele estaria concedendo um papel importante às relações com os outros, e neste sentido compartilharia em certa medida a sensibilidade a essas relações que está na base do paradigma objetal. Ou seja, a psicanálise em seus inícios estava no caminho certo, e a imposição do paradigma pulsional teria sido um passo de graves consequências.

Os dois americanos não dizem isso com todas as letras, mas é evidente sua preferência pelo paradigma objetal. Penso que é este viés que os conduz a ver no desejo um conceito intermediário entre os dois paradigmas, e a enfatizar a liberdade de interpretação que decorre da maior amplidão da gama de desejos possíveis, frente à relativa estreiteza da perspectiva pulsional: nesta, é a sexualidade que forma o substrato de todas as funções psíquicas, e a ela se opõem as defesas. É a mesma posição de princípio que os conduz a privilegiar as "situações", tidas por essenciais no esquema dos *Estudos* e por bastante importantes no da *Interpretação dos sonhos*: é óbvio que a ideia de situação implica a presença ou a representação de outrem, e abre espaço para que elementos de natureza social ou intersubjetiva, como normas e valores, desempenhem o papel de indutores da repressão daqueles afetos ou desejos tidos por "incompatíveis". A ideia incompatível é incompatível com o quê?, perguntam-se eles. Com um dado contexto, é a resposta, com uma "situação social particular":

> a importância da sexualidade na etiologia das neuroses [...] é enfatizada devido à tendência dos sentimentos sexuais para surgirem em situações socialmente inadequadas ou para serem dirigidos a pessoas pouco indicadas para um envolvimento romântico. A tensão entre os impulsos da pessoa e a estrutura social à qual deve se adequar é o que determina a repressão.[12]

Que pensar desta tese de Greenberg e Mitchell? Tudo depende do peso que se quiser conferir a cada uma das faces do afeto e/ou do desejo, a contextual ou

12. Id., p. 34.

3. A construção da metapsicologia: 1892-1914

a dinâmica, e também do tipo de vínculo que se estabelecer entre os conceitos de afeto, de desejo e de pulsão. Para os autores americanos, o essencial do paradigma pulsional é a determinação unívoca da pulsão como sexualidade, ou seja, a "especificidade" do fator motivacional nas duas vertentes — a do impulso e a da defesa. Na medida em que afetos e desejos podem ser não sexuais, sua incompatibilidade com o contexto relacional admite vários graus e razões; a própria motivação sexual se revela "incompatível" porque entra em choque com normas sociais mais ou menos estritas, mais ou menos severas. O que está em jogo, portanto, é o que determina a repressão, tanto quanto o que deve ser reprimido.

Desse ponto de vista, a plena explicitação do paradigma pulsional ocorre quando, numa passagem dos *Três ensaios*, Freud atribui a repressão não mais à pressão social, mas ao fato de que

> os impulsos abandonados são em si mesmos perversos — isto é, surgem das zonas erógenas e derivam sua atividade de pulsões que, dada a direção do desenvolvimento do sujeito, só podem provocar sentimentos desprazerosos. Consequentemente, despertam forças psíquicas opostas (impulsos reativos) que, a fim de suprimir eficazmente este desprazer, erigem os diques psíquicos [...] da repugnância, da vergonha e da moralidade.[13]

Essas contraforças são, assim como a pulsão sexual, de origem endógena e não de origem social, como Freud deixa claro ao comentar que não é a educação que constrói tais diques; eles são "organicamente determinados e fixados pela hereditariedade, podendo por vezes surgir sem qualquer ajuda da educação"[14], a qual desempenha apenas uma função secundária neste processo. Para Greenberg e Mitchell, o que torna esta formulação o ápice do paradigma pulsional é que nela nada depende do exterior:

> não há superego para mediar as exigências sociais, não há ego para decidir entre pressões concorrentes, não há princípio de realidade a cujo serviço precisa funcionar o aparelho psíquico. [...] O conflito, neste período, é simplesmente uma função da sexualidade e de reações a ela, determinadas organicamente.[15]

13. Freud, *Três ensaios para uma teoria sexual*, Segundo ensaio, seção 1, SA V p. 86; BN II, p. 1198.
14. Id., SA V, p. 85; BN II, p. 1197.
15. Greenberg e Mitchell, op. cit., p. 35.

Nesta perspectiva, a decisão sobre se se trata de um mesmo modelo que vai passando por diferentes fases, ou de modelos organizados segundo fundamentos diferentes, depende de um passo crucial: atribuir o estatuto de causa principal aos fatores externos ou aos internos. Como a linha geral do livro de Greenberg e Mitchell trabalha exatamente com a oposição entre os dois tipos de fator, não é de admirar que o pêndulo se incline para a diferenciação dos modelos, e para a localização da diferença no "centro dos pressupostos" de cada um. Em suma, o dos *Estudos* seria um modelo "protorrelacional", o da *Interpretação dos sonhos* um modelo de transição, e o dos *Três ensaios* um modelo puramente pulsional.

Esta oposição — *"nature vs. nurture"* — me parece mais fundamental para a argumentação de Greenberg e Mitchell do que o segundo critério de que se servem, a saber a questão da "especificação" da força motriz do aparelho psíquico. E isso porque, consideradas as coisas deste último ângulo, o que se verifica é antes uma *continuidade* entre os três modelos, ou, como me parece preferível dizer, entre três versões de um mesmo modelo. Pois afetos, desejos e pulsões são espécies de um mesmo gênero, o de uma força interna que corresponde exatamente ao que Freud enuncia na carta 24 a Fliess: a introdução do "enfoque quantitativo", a "economia da energia nervosa" sem a qual não se pode alcançar uma "compreensão satisfatória dos transtornos neuropsicóticos", porque esta depende de "pressupostos claros sobre os processos psíquicos normais".

A meu ver, este é o fundamento mais geral dos esforços teóricos de Freud, e as hipóteses que vai construindo dos *Estudos* até os *Três ensaios* constituem expressões de uma mesma e única ideia — a que formula tão claramente na carta. É por esta razão que, ao discutir o texto de Reuben Fine, afirmei que a teoria da libido é o centro de gravidade do primeiro sistema freudiano; "teoria da libido", afinal, não é mais do que um termo técnico para designar a "economia da energia nervosa". Portanto, em meu modo de ver a leitura de Greenberg e Mitchell, no que se refere à distinção entre os supostos "três" modelos, não se justifica: o elo que os une entre si é mais forte do que aquilo que os separa, e tal elo consiste no primado da dinâmica intrapsíquica como molde gerador de todas as elaborações freudianas.

Mas, nos outros pontos que discutem, os dois autores têm toda a razão, ao contrário de Reuben Fine, para quem os trabalhos dos anos 1890 devem ser considerados pré-analíticos. Princípio de constância, esforço para construir uma metapsicologia, tentativas de classificação nosográfica, afinamento progressivo do

3. A construção da metapsicologia: 1892-1914

método terapêutico — nada disso, que em suma é o que Freud edifica nesta época, pode ser considerado "pré-analítico"; a maquinaria conceitual e clínica da *Traumdeutung* não surge do nada, e sim, como dizia Merleau-Ponty de Descartes, "pelo exercício e pela experiência", "por reação de si contra si" — mas este segundo "si" já é um "si" analítico, ainda que por vezes expresso em linguagem neurofisiológica ou psiquiátrica.

É no trabalho de Paul Bercherie que encontramos uma análise enfim adequada dessa fase inicial das concepções freudianas, restituindo toda a finesse e toda a complexidade do seu sinuoso percurso. Não é o caso de retomar ponto por ponto o caminho de Bercherie, que ocupa umas boas setenta páginas do seu livro. O que nos interessa é marcar os tópicos através dos quais se possa demonstrar a tese que venho afirmando: a saber, que este primeiro modelo tem por matriz clínica a histeria.

A HISTERIA COMO REFERÊNCIA: 1892-1905

Toda a primeira parte de *Genèse des concepts freudiens* é dedicada a um minucioso estudo da evolução do conceito de histeria desde os gregos até Charcot, assinalando as grandes etapas da constituição desse campo clínico nas obras de Sydenham (1681), Pinel (1799), Sandras (1851), Briquet (1859) e outros autores. Nestes, o caráter psíquico da histeria é sempre um elemento secundário; trata-se de um olhar médico sobre o corpo, sendo aquela uma das afecções que o podem acometer. É com Griesinger na Alemanha e com Morel na França que ela passa a ser considerada uma perturbação mental, a *"folie hystérique"*, e como tal passível de uma abordagem psiquiátrica. Neste sentido, o primeiro Charcot — que a concebe como uma doença neurológica — representa um momento em que a medicina orgânica recupera seus direitos sobre a histeria. O médico francês se detém principalmente na *"grande crise"*, fenômeno dramático e espetacular, porém intermitente, mas também no que chamava os "estigmas permanentes", isto é, "o fundo comum contra o qual evoluem os fenômenos paroxísticos, caracterizado por sua tenacidade e por sua permanência, sua resistência ao tratamento".[16] Esses estigmas são essencialmente perturbações da sensibilidade (anestesias variadas, por exemplo) e da motricidade (contrações, paralisias, etc.).

16. Bercherie, op. cit., pp. 64-5.

Por outro lado, a partir de 1885, com o estudo da histeria masculina e da histeria traumática, bem como com a aplicação do hipnotismo para fazer surgir e desaparecer os sintomas, o próprio Charcot se encaminha para uma concepção mais "mentalista", concepção que será desenvolvida — de maneira independente e com consequências diferentes, tanto clínicas quanto teóricas — por seus alunos Babinski, Janet e Freud, que se somam aos autores da escola de Nancy (especialmente Bernheim) para incluí-la definitivamente no campo dos transtornos psíquicos.

Quando, em 1885, Freud vai para Paris e encontra Charcot, a histeria é sem dúvida o problema mais apaixonante para os que compõem o círculo ao qual ele se integra — o grupo em torno do serviço da Salpêtrière. Freud o aborda com o *outillage mental* que era o seu, isto é, com sua formação de neurólogo, discípulo de Brücke e de Helmholtz. Desse equipamento intelectual faz parte a convicção, expressa nas primeiras linhas do *Projeto* de 1895, de que os fenômenos psíquicos podem ser representados como "estados quantitativamente determinados de partículas materiais especificáveis (os neurônios)... o que distingue a atividade do repouso deve ser concebido como uma quantidade (Q) submetida às leis gerais do movimento".[17] Esta mesma ideia é formulada desde 1887, no artigo "Histeria", escrito para a *Enciclopédia* de Villaret:

> as perturbações psíquicas que se podem observar [...] ao lado dos sintomas físicos [...] são perturbações na circulação e na associação de ideias, inibições da atividade voluntária, exagero ou supressão de emoções, etc., o que pode ser resumido como perturbações na distribuição normal, no interior do sistema nervoso, de quantidades estáveis de excitação.[18]

Essa frase é crucial. A ideia de "massas de energia armazenadas de modo estável no sistema nervoso", assinala Bercherie, vem de Fechner e de Helmholtz; ela é a origem do princípio de constância. O que Freud faz é vincular esta ideia, que nos positivistas alemães servia como referência materialista para explicar os fenômenos biológicos, à *mobilidade* e à *intensidade* características dos processos histéricos, que se manifestam tanto no caráter espetacular da grande crise quan-

---

17. Freud, *Projeto de uma psicologia para neurólogos*, BN I, p. 211.
18. Verbete "Hysteria", *Standard Edition* (SE) I, p. 49; citado por Bercherie, op. cit., p. 243.

3. A construção da metapsicologia: 1892-1914

to na rigidez das "ideias fixas" que, para o segundo Charcot e para Janet, constituíam um elemento central da sintomatologia histérica.

O que é "intenso" e "móvel"? Precisamente, a excitação, que é um outro nome, mais biológico, para a energia (termo mais físico). No mesmo artigo da *Enciclopédia* de Villaret, lemos que "os pacientes histéricos trabalham com um excesso de excitação no sistema nervoso, excesso que se manifesta aqui como inibição, ali como irritante, e que se desloca no interior do sistema nervoso com uma grande liberdade".[19] É certo que esses deslocamentos se dão, para o Freud de 1887, no nível dos automatismos cerebrais, portanto no registro da fisiologia do sistema nervoso; mas isso não impede que o núcleo da sua concepção esteja claro — o histérico sofre de um *excesso* de energia (contrariamente ao que ocorre com o neurastênico, que sofre de astenia psíquica, isto é, da falta de energia ou da sua diminuição até níveis demasiado baixos).

Toda a teoria da libido está aqui em germe, e a preocupação de Freud nos dez ou quinze anos seguintes será a de explicar a origem deste excesso, bem como os seus destinos. Essa origem será finalmente localizada na sexualidade, mas desde 1893 a noção de "excesso" fundamenta a teoria do "corpo estranho" que deve ser ab-reagido pela terapia catártica, assim como a teoria da sedução traumatizante "por irritação real dos genitais" exposta em 1896. A leitura feita por Bercherie confirma, assim, a centralidade que atribuí à teoria da libido ao comentar o esquema de Fine, e por isso mesmo sugere que — contrariamente ao que pensam Greenberg e Mitchell — "energia", "afetos" e "pulsão" fazem parte da mesma série.

Estabelecido esse ponto crucial, podemos colocar a questão: o que este modelo deve ao estudo da histeria? Por que considerá-la como matriz clínica da teoria da libido? Dispomos agora de elementos para articular uma primeira resposta a esse problema.

A histeria pode ser considerada como a matriz clínica do primeiro sistema freudiano em vários sentidos. Em primeiro lugar, empiricamente: foi estudando esta afecção, e não outra, que Freud produziu seus primeiros conceitos — e para certificar-se disso basta percorrer a correspondência com Fliess e os textos dos anos 1890. Em segundo lugar, porque é na histeria que se verificam de modo mais visível os fenômenos que justificam as ideias centrais da metapsicologia de

---

19. Cf. Bercherie, op. cit., p. 244.

então — a de deslocamento da energia e a de adesão desta energia a representações que, por esse motivo, se tornam hiperintensas (processo primário). O desprazer provocado por tais representações motiva a sua repressão, e esta é a razão de o funcionamento em processo primário ser inconsciente: as primeiras invenções originais de Freud são precisamente os conceitos de inconsciente e de defesa, encarregados de dar conta da aparente falta de sentido dos sintomas, e das lacunas da memória que aparecem ali onde a ação da repressão se exerceu. Em terceiro lugar, porque a existência de um vínculo entre o psíquico e o corporal é evidente na histeria — não tanto nas outras neuroses — mas a natureza deste vínculo permanece misteriosa (o "salto misterioso para o somático", a "complacência somática"). Isso torna a histeria especialmente apta a ser abordada com os instrumentos conceituais que Freud, médico e neurólogo, manejava bem.

A duplicidade do seu vocabulário — fincado simultaneamente no registro psíquico e no registro neurofisiológico — é a expressão dessa afinidade, visível até o *Projeto*, mais discreta depois: Bercherie fala a este respeito em "modelo psicofísico", e tem razão. A vantagem dessa permanente oscilação entre os dois registros (psíquico e fisiológico), acrescenta ele, reside em que "permite conceber o caráter *objetivo* dos fenômenos inconscientes, e ao mesmo tempo concebê-los como *psíquicos*".[20] Ou seja: a histeria, perturbação *mental*, se expressa ruidosamente através de sintomas *físicos* — paralisias, contrações, etc. — que se estruturam "como se a anatomia não existisse", obedecendo à lógica das representações: "braço" é o que vai da manga do vestido ao pulso, e este "braço" é que se contrai, fica paralisado ou insensível.[21] A noção de "energia nervosa", ainda que relativamente vaga, permite construir uma ponte entre o psíquico e o corporal — como "energia", investe ou deserta representações, como "nervosa" integra um dos grandes circuitos do organismo.

É nesse triplo sentido que se pode afirmar que a histeria não é apenas mais um tema de interesse para Freud, mas sobretudo a matriz que organiza as questões a que visa responder sua teorização. E isso não somente nos primórdios da psicanálise — o que evoquei até aqui se situa nos anos finais da década de 1880 e nos primeiros do decênio seguinte — mas também no período fervilhante que vai de 1894 — "As neuropsicoses de defesa" — até a redação da *Interpretação dos sonhos* (1897-9) e do *Caso Dora* (1901).

20. Id., pp. 244 ss.
21. Freud, "Estudo comparativo das paralisias orgânicas e histéricas", BN I, p. 20.

3. A construção da metapsicologia: 1892-1914

O eixo básico se mantém: é o problema da energia e dos seus destinos. Contudo, o campo se alarga enormemente. Freud vai refinando e sofisticando a compreensão do sentido psicológico dos sintomas: é a fase dos *Estudos sobre a histeria*. Neles se podem acompanhar igualmente o refinamento e a sofisticação do método de investigação, da hipnose à "técnica de concentração" e ao surgimento da associação livre, e, correlativamente, ao aperfeiçoamento dos recursos interpretativos, que culminarão com a descoberta dos meios que permitem interpretar o sonho. Bercherie resume muito bem essa trajetória:

> A evolução do pensamento freudiano parece portanto se dar, daqui por diante, num sentido unívoco: a injeção cada vez mais importante de significação psicológica, de "sentido dramático", no modelo psicofisiológico do psiquismo que o estrutura desde a origem. [...] Mas é preciso também inverter a perspectiva: se o contínuo enriquecimento da clínica freudiana torna cada vez mais complexo o quadro em que esta se inscreve, e simultaneamente faz recuar os marcos materializantes que o limitam, o recurso a uma conceptualização objetivante, de estilo físico-biológico, permite o tempo todo pensar o enigma dos fenômenos examinados, o segredo da sua causalidade e do seu funcionamento, na medida em que, sob todos estes aspectos, eles escapam à simples compreensão.

É essa a matriz epistemológica do conceito de inconsciente, ou melhor, do conceito de processos inconscientes, que se caracterizam muito precisamente por serem psíquicos mas se comportarem como se fossem materiais, "objetivos", exercendo-se aquém do controle consciente.

O grande problema a que Freud se esforça por trazer uma solução é: por que e como surgem, se organizam e sobrevivem os processos inconscientes? A resposta, desde 1894, se encontra na ideia de repressão. Mas a descrição do modo pelo qual se exerce a repressão é tributária das ideias-base de energia e de deslocamento, como se pode ver por estas linhas do artigo de 1894:

> O ego que se defende propõe-se a tratar como *non arrivée* a representação incompatível, mas esta tarefa é inexequível de maneira direta: tanto o traço mnêmico quanto o afeto ligado à representação estão ali de uma vez por todas, e não podem mais ser apagados. Mas se obtém o equivalente de uma solução aproximativa *se se conseguir transformar esta representação forte em representação fraca, arrancar-lhe o afeto,*

a soma de excitação da qual ela estava carregada. A representação fraca já não terá como participar do trabalho associativo (isto é, do pensamento); mas a soma de excitação que foi separada dela deve encontrar um outro emprego.

A repressão consiste exatamente em separar, de uma representação, o afeto concomitante; o "novo emprego" desta quantidade de excitação determinará o tipo de "neuropsicose" que vai se instalar — a conversão somática produz uma histeria, a transposição para outras representações produz uma neurose obsessiva ou certas formas de fobia, a projeção sobre outra pessoa, que se torna assim o perseguidor, produz uma paranoia, e assim por diante.[22]

Aqui vemos com clareza como a metapsicologia (o ego, o traço mnêmico de uma representação e o conflito entre ambos) condiciona a concepção da psicopatologia (a "solução aproximativa" para o conflito, que determina a forma do sintoma). Vemos também em que sentido se pode dizer que, a essa altura do seu trajeto, a histeria constitui a matriz clínica da elaboração freudiana: de modo algum isso quer dizer que ele se ocupasse apenas com aquela afecção, mas sim que a compreensão de todas as outras neuroses é calcada sobre o modelo oferecido por ela.

Basta comparar a concepção da neurose obsessiva implicitamente presente no parágrafo citado com a história do "Homem dos Ratos": não encontramos nada do que a caracteriza no texto de 1908, a saber o papel fundamental do ódio, das fantasias anal-sádicas e das autorrecriminações, nem da análise dela em *Inibição, sintoma e angústia*, ou seja, os seus mecanismos de defesa específicos — isolamento, formação reativa, etc. Em meados da década de 1890, a neurose obsessiva é por assim dizer uma histeria sem conversão somática, e se origina exatamente da mesma maneira. Os elementos essenciais da hipótese são extraídos do estudo da histeria — intensidade excessiva da energia, labilidade e mobilidade que a tornam capaz de "circular com grande liberdade", e assim por diante. A única diferença está no "novo emprego" das somas de excitação deixadas disponíveis pelo recalque: elas vão aderir a representações anódinas, que precisamente por este reforço se tornam compulsivas.

22. Cf. Manuscrito *H*, na correspondência com Fliess (24/1/1895): BN III, pp. 3508 ss; Masson (Org.). *Correspondência completa de Sigmund Freud para Wilhelm Fliess*, pp. 108 ss. (Esta edição será designada como *Masson*.)

3. A construção da metapsicologia: 1892-1914

A peça seguinte a se encaixar no modelo é a investigação da sexualidade, ou seja, daquela parte da vida psíquica que se revela mais conflitiva e portanto mais apta a suscitar as reações defensivas. Sem que seja preciso retraçar todos os passos da pesquisa de Freud, o que não é nosso propósito, convém ressaltar que essa investigação o conduz à distinção entre neuroses atuais, mais ligadas às variações quantitativas da excitação sexual,[23] e as "neuropsicoses de defesa", cujo conteúdo é constituído pelo destino das representações recalcadas. É nestas que ele descobrirá o "ciclo neurótico" iniciado pela sedução, a qual introduz no psiquismo o "a mais" de excitação que, embora inócuo no momento, irá mais tarde alimentar a formação dos sintomas (teoria do trauma e do funcionamento da memória em *après-coup*).

Se o leitor quiser comprovar por si mesmo que assim é, pode recorrer aos materiais que Freud envia a Fliess — o *Projeto* e o Manuscrito *K* (1/1/1896, o "Conto de Natal") — e aos artigos que formulam a teoria da sedução ("A etiologia da histeria", as "Novas observações sobre as neuropsicoses de defesa" e "A hereditariedade e a etiologia das neuroses"). É no campo das psiconeuroses que se desenvolve a psicanálise, já que é nelas que existe um fator psíquico a ser descoberto e interpretado. Mais uma vez, a consideração das outras neuroses é com toda a evidência subordinada ao referencial da histeria: se o desencadeante último de todas elas é uma experiência sexual ocorrida nos anos "pré-sexuais", que se tornará patógena ao ser recordada quando a sexualidade já tiver entrado em cena — hipótese derivada da histeria — no futuro neurótico obsessivo esta experiência será ativa, enquanto na histérica ela terá sido passiva (sedução). E Freud não se priva de acrescentar:

o próprio fato de que tais agressões sexuais (sobre outra criança) ocorram em idade tão tenra parece denunciar a existência de uma sedução anterior [...]. Deste modo, fica explicado um fato constante nestes casos de neurose obsessiva: isto é, a complicação regular do quadro sintomático por um certo número de sintomas simplesmente histéricos.[24]

23. Assim, a neurose de angústia estaria ligada aos impedimentos para a elaboração psíquica da excitação sexual; a neurastenia, a tipos de descarga inadequados, como a masturbação ou poluções espontâneas; a melancolia, a um esgotamento precoce desta excitação; a mania, ao contrário, a um trasbordamento dela "para todos os neurônios associados" (Cf. Manuscrito G, 7/1/1895, BN III, pp. 3503 ss; Masson, pp. 98 ss.; e o artigo "Sobre a justificativa para distinguir da neurastenia uma síndrome determinada: a neurose de angústia" (1895), BN I, pp. 183 ss).
24. Freud, "A hereditariedade e a etiologia das neuroses". In: BN I, pp. 284-5. Cf. também o manuscrito K (1/1/1896), BN III, p. 3535; Masson, p. 165.

Ou seja: não apenas em todos os escritos dessa época a histeria é estudada em primeiro lugar — o que já bastaria para sugerir sua função de "neurose paradigmática" — mas ainda, nesse texto de 1896, a neurose obsessiva *pressupõe* uma sedução pelo adulto idêntica à da histeria. A experiência seria então repetida ativamente e com prazer pela criança sobre outra, e, da coincidência entre a segunda vivência prazerosa e a primeira, desagradável, derivaria o desprazer necessário para a repressão. A histeria revela-se assim como o prisma através do qual as demais psiconeuroses são compreendidas.

Se ela está na base da armação conceitual de Freud, tanto na vertente metapsicológica quanto na vertente psicopatológica do modelo, não nos surpreenderemos ao encontrá-la também como um dos referenciais basilares para a construção da teoria dos sonhos. Com efeito, na seção *C* do capítulo VII, Freud escreve que o sonho é sempre uma realização de desejo, porque é uma função do sistema inconsciente, e este não dispõe de nenhuma outra força exceto os impulsos de desejo. Na sequência dessa passagem, lemos que só será justificado deduzir "tão amplas especulações psicológicas" da interpretação dos sonhos se se puder demonstrar que as mesmas especulações permitem compreender outros fenômenos psíquicos.

Ora, entre estes "outros fenômenos psíquicos", o que lhe ocorre como exemplo é precisamente o sintoma psiconeurótico, e em especial o sintoma histérico. Também este é uma realização de desejo; na verdade, é uma dupla realização, porque para constituí-lo são necessários *dois* desejos, que procedem cada um de um sistema diferente — inconsciente e pré-consciente — e que coincidem na mesma expressão.[25] No sonho, inexiste esta dupla realização; somente o desejo inconsciente se realiza, sem qualquer criação "reativa" procedente do outro sistema. Tal circunstância invalidaria o paralelo assinalado por Freud? De modo algum:

> este ingrediente pré-consciente que aqui nos falta pode ser encontrado num lugar diferente. O sonho pode dar expressão a um desejo do inconsciente depois de ter-lhe imposto toda sorte de deformações, enquanto o sistema dominante se entrega ao *desejo de repousar*, e o realiza criando as modificações que lhe é possível introduzir no investimento do aparelho psíquico, mantendo-o realizado durante toda a duração do repouso.[26]

---

25. Cf. BN I, p. 691; SA II, p. 542.
26. Freud, *Die Traumdeutung* [A interpretação dos sonhos], VII, *C*, SA II, p. 543; BN I, p. 692.

3. A construção da metapsicologia: 1892-1914

O sonho exemplifica, assim, a realização do desejo inconsciente, mas *também* a do desejo pré-consciente de dormir. Pode-se dizer que ele é um sintoma incipiente, ou melhor, que tem a estrutura de um sintoma, já que nele coincidem dois desejos procedentes de sistemas diferentes, que atuam conjuntamente na sua formação: o sistema pré-consciente, afinal, é quem exerce a censura, e sem censura não haveria sonho. Freud designa o sonho, aliás, com o termo muito significativo de "inocente psicose onírica": sua existência e frequência comprovam a tese dos dois processos psíquicos, o primário e o secundário. Numa passagem do *Projeto* retomada quase literalmente na parte da *Traumdeutung* sobre a realização de desejo, encontramos a descrição da "experiência de satisfação", que se reproduz alucinatoriamente através da "identidade de percepção". Ora, esta experiência é a origem do desejo, e a persistência deste último dá conta do caráter infantil do inconsciente, no qual habitam desejos por assim dizer eternos: no sonho, reencontramos "a criança presente com todos os seus impulsos".

E também na neurose: assim como para formar um sonho é necessário que o desejo infantil se una a outro, o do "resto diurno", na formação da neurose ocorre um processo de reforço do desejo infantil pela intervenção da sexualidade. O modelo pregnante é sempre o da histeria, que no caso do sonho é por assim dizer atenuado — afinal, se os processos fossem rigorosamente idênticos, não haveria motivo para a diferença dos produtos. Bercherie ressalta com argúcia uma passagem das páginas finais da *Traumdeutung*, na qual Freud se pergunta "por que o fundo essencial do nosso ser, constituído pelos impulsos de desejo do inconsciente, permanece estranho às inibições do pré-consciente", e responde a esta questão com uma hipótese calcada sobre o que, no *Projeto*, se chamava o *proton pseudos* histérico: "A realização destes desejos de origem infantil e impossíveis quer de destruir, quer de inibir, provocaria não um sentimento de prazer, mas de desprazer, *e é precisamente esta transformação de afetos que é a essência daquilo a que denominamos repressão*".

Os *Três ensaios* explicarão de modo mais detalhado que "os neuróticos permaneceram no estado infantil da sexualidade, ou regressaram a este estado".[27] Com este livro, como notavam Greenberg e Mitchell, estamos já no apogeu da vigência do primeiro modelo metapsicológico freudiano. Era este o conteúdo da

27. Id., *Drei Abhandlungen zur Sexualtheorie* [*Três ensaios para uma teoria sexual*], SA V, p. 80; OC II, p. 1194.

psicanálise por volta de 1907, e foi ele que fascinou Jung, Abraham, Ferenczi e Jones, levando-os a procurar o inventor de um sistema psicológico tão coerente e fecundo. E também, a meu ver, epistemologicamente elegante: com elementos finalmente muito pouco numerosos, ele dá conta de uma grande quantidade de fenômenos, inclusive de alguns que não discuti nas páginas anteriores, como os atos falhos e as anedotas. Também não me detive na autoanálise de Freud, a outra grande realização desse período, que já estudei detalhadamente em um trabalho anterior.[28]

Se a hipótese sugerida por Paul Bercherie de que a matriz clínica do primeiro sistema de psicanálise é a histeria parece apoiar-se sobre elementos sólidos, o passo seguinte é averiguar a consistência do restante dela — ou seja, a ideia de que os modelos metapsicológicos ulteriormente elaborados por Freud também têm por matriz uma estrutura psicopatológica. É o que veremos a seguir, estudando a constituição do segundo da série, que tem por base as psicoses.

O ENIGMA DAS PSICOSES

Em abril de 1906, Jung envia a Freud um exemplar do livro *Estudos sobre o diagnóstico por associação*, que continha trabalhos seus e de outros colegas do hospital psiquiátrico de Zurique, o célebre Burghölzli. Assim começa uma relação que se prolonga por sete anos, até a ruptura final e o afastamento de Jung da psicanálise. Essa relação está documentada numa copiosa correspondência, editada em 1974 por William McGuire;[29] e dela nos interessa, neste momento, o conjunto de cartas que tratam da psicose. Este é o tema predominante no início do diálogo, já que a população de pacientes com que Jung se defronta no Burghölzli é constituída majoritariamente por paranoicos, esquizofrênicos, catatônicos e outros psicóticos. Freud, por sua vez, tem pouco contato com estes tipos de perturbação mental, e sua clínica é essencialmente formada por pacientes

28. Cf. Renato Mezan, *Freud, pensador da cultura*, capítulo II.
29. Uma análise detalhada desta correspondência encontra-se em: Renato Mezan, *Freud, pensador da cultura*. capítulo III, seção 1 ("Diálogo de surdos"). As cartas serão aqui citadas sob a sigla *Freud-Jung*, e referidas à edição inglesa: *The Freud-Jung Letters*. Londres: The Hogarth Press and Routledge & Kegan Paul, 1974. O autor de cada uma será designado pelas letras *F* ou *J*, após o número de ordem da carta nessa edição.

3. A construção da metapsicologia: 1892-1914

histéricos, obsessivos e fóbicos, isto é, pertencentes ao que hoje chamaríamos o campo das neuroses.

Jung se interessa pela psicanálise como método e como teoria, mas encontra dificuldades para utilizar tanto uma como outro em seu trabalho com os psicóticos. Freud já havia elaborado uma primeira teoria sobre a paranoia e sobre o que então se denominava a "demência precoce". Como vimos na seção anterior, essa teoria estava calcada sobre conclusões retiradas do estudo da histeria, e privilegiava o deslocamento das representações "intoleráveis" sobre uma pessoa externa, por meio do mecanismo da projeção. O marco geral desta hipótese é a teoria da libido, e seu operador básico é a concepção "ampliada" da sexualidade que constitui o núcleo daquela teoria. Desde as primeiras cartas, porém, Jung manifesta suas dúvidas: a teoria da libido será mesmo adequada para compreender os mecanismos e os fenômenos da psicose? Freud afirma que sim, baseado em sua experiência com "casos próximos da psicose ou do delírio (delírios de referência, medo de corar, etc..)", e acrescenta que

com isso aprendi, pelo menos, que os mesmos mecanismos vão muito além dos limites da histeria e da neurose obsessiva [...]. O senhor provavelmente percebeu que nossas curas são produzidas pela fixação da libido predominante no inconsciente (transferência), e que esta transferência se obtém mais facilmente na histeria. [...] E, com certeza, a transferência oferece a prova mais segura, e na verdade a única prova incontestável, de que as neuroses são determinadas pela vida amorosa do indivíduo.[30]

Jung não se convence com este argumento, enfatizando que seu material é inteiramente diferente do de Freud (9J, 29/12/1906). Este retruca que vem se ocupando há tempos com o problema da "escolha da neurose"; mas, como sua primeira solução (a teoria da sedução) estava "completamente equivocada", tornou-se mais cauteloso em matéria de explicações. Em todo caso,

estou no caminho, mas ainda não atingi o alvo. Quanto à sua inclinação para, neste contexto, recorrer às toxinas, gostaria de observar que o senhor omite um fator ao qual, como estou consciente, eu atribuo no momento bem mais importância do

---

30. *Freud-Jung*, 8F (6/12/1906), pp. 12-3.

que o senhor: como sabe, estou me referindo à +++ sexualidade. O senhor a afasta ao lidar com esta questão; eu a utilizo, mas não consigo resolver o problema; assim, não é de espantar que nenhum de nós saiba coisa alguma a respeito do assunto.[31]

Essas linhas indicam com clareza o impasse a que Freud chegou em sua tentativa de elucidar os mecanismos psicóticos mediante os conceitos do que chamei o seu primeiro modelo metapsicológico: a simples extensão dos processos que observara na histeria ("os mesmos mecanismos vão muito mais longe") não dá conta das manifestações características da psicose. Procura utilizar a noção de sexualidade, que prefere às "toxinas" de Jung, mas não atina com a forma eficaz de empregar este conceito no caso em discussão; está convencido, no entanto, de que o caminho correto será mais próximo dos seus conceitos que dos de Jung.

Em março de 1907, Jung visita Freud em Viena, e nessa visita — a julgar pelo teor da carta seguinte do suíço — Freud menciona uma ideia que, acredita, ajudará a resolver o enigma: trata-se do conceito de *autoerotismo*. Jung se entusiasma com a sugestão, que tenta aplicar a um caso de demência precoce, mas logo tropeça com sérias dificuldades. O caso se apresentava como "histeriforme", com os esperados eventos sexuais datando dos seis anos, uma transferência que se estabelece rapidamente, etc. Mas a paciente reagia tão depressa às palavras-estímulo, que Jung desconfia que estas não atingem realmente a afetividade dela, como acontece na histeria. Pensa então estar diante de um belo exemplo de autoerotismo, com a libido voltada para a própria pessoa e não para os objetos. Isso explicaria o não envolvimento da paciente com os estímulos propostos pelo terapeuta: "os complexos apareciam completamente cindidos, nenhum afeto era atiçado". Contudo, prossegue Jung,

> durante a análise ocorreu justo o contrário: os complexos brotavam *sem qualquer resistência*. [...] O senhor dirá: os complexos se tornaram autoeróticos e contêm toda a libido. Mas como isso se produz? [...] O autoerotismo é certamente algo infantil, mas o infantilismo é algo completamente diferente da demência precoce. [...] Mesmo com a análise completa e com a transferência, não ocorre aquela revolução da personalidade que observamos na histeria. Como regra geral, não acontece

31. *Freud-Jung*, 11F (1/1/1907), p. 19.

3. A construção da metapsicologia: 1892-1914

absolutamente nada, os pacientes não aprendem nada e não esquecem nada, continuando a sofrer exatamente como antes. É como se sua personalidade tivesse se desintegrado em complexos separados, já que não exercem nenhuma influência uns sobre os outros. Gostaria de ter sua opinião sobre este assunto.[32]

Freud responde com uma série de explicações nas quais podemos perceber distintamente a presença de um tema que o conduzirá a desenvolver um novo modelo metapsicológico: trata-se da regressão ao autoerotismo não mais como um processo que afeta somente a esfera da sexualidade, mas sim o conjunto da vida psíquica do sujeito. A noção de autoerotismo havia aparecido, como intuição não desenvolvida, na carta 125 a Fliess, a propósito justamente da paranoia:

o mais baixo dos estratos sexuais é o do autoerotismo, que renuncia a todo fim sexual e persegue somente uma satisfação local. É depois substituído pelo aloerotismo (homo- e heteroerótico), mas sem dúvida subsiste como tendência independente. A histeria (e sua variante, a neurose obsessiva) é aloerótica [...]. A paranoia [...] é um broto da tendência autoerótica, como um retorno àquele estado anterior [...]. As peculiares relações do autoerotismo com o ego original esclareceriam muito bem o caráter desta neurose.[33]

Note-se que o autoerotismo é aqui concebido como atributo da pulsão, e se caracteriza pela "satisfação local" — ou seja, tem o mesmo estatuto que nos *Três ensaios*, nos quais aparece como característica essencial da sexualidade infantil: a sucção do dedo é o protótipo de toda sexualidade.[34] A referência ao "ego original" nesta carta permanece enigmática, já que, em todos os outros textos desta época, a função do ego limita-se à inibição da descarga total da excitação, engendrando portanto os processos secundários (por exemplo, no *Projeto*, no capítulo VII da *Interpretação dos sonhos*, etc.). Ele é uma organização de representações constantemente investidas; é precisamente esse caráter estruturado que lhe permite opor-se às ideias "incompatíveis", e portanto exercer a função de agente da defesa, em virtude do desprazer que seria provocado se tal ideia se tornasse cons-

32. *Freud-Jung*, 19J (11/4/1907), pp. 30-1. Grifos de Jung.
33. Carta 125 a Fliess (9/12/1899). In: OC III, p. 3633; Masson, p. 391. De passagem, notemos que a neurose obsessiva é aqui caracterizada como uma "variante da histeria".
34. Freud, *Três ensaios para uma teoria sexual*, II, seção 2, SA V, p. 87; BN II, p. 1200.

II2

ciente. Por isso mesmo, é também o agente da resistência à rememoração dos eventos traumáticos, e portanto um adversário do processo analítico (*Estudos sobre a histeria*).

De modo geral, nos primórdios da investigação freudiana o ego é definido a partir de um parâmetro funcional — opor-se a um processo, comandar outros, exercer a defesa, a censura ou a resistência — e por essa razão boa parte das atividades a ele atribuídas nos textos anteriores à *Traumdeutung* são conferidas, no capítulo VII desse livro, ao sistema pré-consciente e à consciência. Em tudo isso, não há traço algum de um "ego originário", conceito que obviamente introduz uma perspectiva genética, ou pelo menos temporal. Ou seja: a postura associacionista, para retomar um termo sugerido por Paul Bercherie, predomina nesse primeiro modelo metapsicológico, tanto no tocante às pulsões como no tocante ao ego: este é um *aglomerado*, primeiro de neurônios (no *Projeto*), depois de representações.

Ora, a explicação dada a Jung sobre o autoerotismo inicia um percurso que virá, mais adiante, a recuperar a noção de ego entrevista na carta 125 a Fliess: a ideia de regressão autoerótica desemboca no conceito de narcisismo, que é a chave do segundo modelo metapsicológico. Freud começa por descrever o processo projetivo nos termos do primeiro modelo: trata-se de um caso particular de deslocamento de energia psíquica entre representações, com a característica de que a ideia projetada reaparece agora marcada com um sinal de hostilidade; assim se forma a figura do perseguidor. Prossegue Freud:

> na paranoia, a libido é retirada do objeto [...]. O investimento perdido pela imagem do objeto é primeiramente substituído pela crença. O lugar para onde foi a libido é indicado pela hostilidade frente ao objeto, que encontramos na paranoia. Dada a relação de compensação entre o investimento objetal e o investimento no ego, parece provável que o investimento retirado do objeto tenha retornado ao ego, isto é, tenha se tornado autoerótico. O ego paranoide é portanto superinvestido, egoísta, megalomaníaco. [...] Mas não devemos esquecer que nas psiconeuroses estamos sempre frente a um fracasso da defesa. Aquela que foi tentada na paranoia parece ser a mais frágil de todas, isto é, a libido retorna ao objeto, tenta prevalecer, e com a transformação em desprazer agarra-se às percepções nas quais o objeto foi transformado.[35]

35. *Freud-Jung*, 22F (abril de 1907), pp. 38-40.

3. A construção da metapsicologia: 1892-1914

Aqui estamos diante de um momento particularmente importante em nosso percurso. Com efeito, neste texto podemos quase assistir ao nascimento de um modelo metapsicológico, acompanhado pela presença da placenta que adere ao bebê e pelo cordão umbilical ainda úmido — aqui figurados pelos elementos do modelo anterior que envolvem aquele que está surgindo. O ponto crucial é a ideia de que a libido retirada de uma representação não se desloca para outra representação, nem, mediante esta outra representação, para o corpo (inervação somática da histeria), mas *retorna ao ego*, em virtude da compensação entre "investimento do objeto" e "investimento no ego". Ora, se a libido *retorna* ao ego, é porque originalmente *saiu* dele, e com esta ideia a noção de autoerotismo muda inteiramente de sentido.

Na carta 125 a Fliess, o autoerotismo da pulsão consistia em que ela obtinha uma satisfação local: nos termos dos *Três ensaios*, a fonte e o objeto dela coincidiam, e por isso o exemplo de uma satisfação autoerótica naquele livro é o dos "lábios que se beijam a si mesmos". Nessa perspectiva, o autoerotismo é uma espécie de curto-circuito entre a fonte e o objeto da pulsão, sem que seja necessário fazer intervir o ego — nem como instância defensiva, nem, muito menos, como repositório do investimento libidinal.[36] Nos *Três ensaios*, o autoerotismo não se restringe à coincidência, na mesma zona erógena, da fonte e do objeto; Freud o define como a satisfação obtida pelo bebê através de uma parte do seu próprio corpo, ou melhor, de duas partes — a boca e o dedo. Em todo caso, nada há neste circuito que se refira ao ego. E aí está, muito precisamente, a novidade do texto endereçado a Jung: o autoerotismo é agora a situação na qual a pulsão sexual investe o ego, em consequência do que este se torna grandioso (megalomaníaco) e egoísta (desinteressado por tudo o que não seja ele mesmo).

A carta 25F desenvolve esse esquema de base, e corrige um equívoco de Jung, que na sua carta anterior havia afirmado que, ao se retirar do objeto real (externo), a libido regride "até a cópia dele na fantasia, com a qual vai então realizar seu clássico jogo autoerótico" (24J, 13/05/1907). Freud insiste que a libido *não* é autoerótica enquanto dispõe de um objeto, seja este real ou imaginário, o que significa que a regressão da libido só a torna autoerótica quando atinge um

---

36. A rigor, os *Três ensaios* introduzem um elemento do qual logo mais falaremos, a saber: a fantasia — o dedo chupado pelo bebê substitui o seio do qual mamou e do qual obteve prazer, e a imagem do seio está presente no ato de chupar o dedo sob a forma de uma fantasia —, mas, para não complicar demais as coisas, deixaremos esta última de lado por alguns momentos.

ponto *aquém* das fantasias, a saber o ego. Logo, este não está mais sendo concebido como uma "organização de representações", como o era no primeiro modelo, e isto é de importância crucial. Ainda não se sabe exatamente o que é o ego, mas ele certamente *não é* mais o que era designado até então pelo termo *ego*.

Há graus de regressão rumo ao ego e graus de retorno ao objeto, explica Freud nesta mesma carta 25F: se a libido volta completamente ao ego e lá permanece, estamos diante do autoerotismo em sua forma pura, que origina a forma mais grave da demência precoce e acarreta um "empobrecimento da psique". As formas mais frequentes desta afecção têm outra gênese: uma parte da libido retorna até o polo perceptivo do aparelho psíquico e reinveste o objeto, que é tratado então como uma percepção:

> então a ideia delirante se torna mais intensa e a resistência contra ela mais e mais violenta; toda a batalha defensiva é tratada de novo como rejeição da realidade. Isto pode continuar por algum tempo; no final a libido recém-chegada é desviada para o autoerotismo, ou uma parte dela se fixa num delírio dirigido contra o desejo objetal projetado.

Há ainda uma terceira possibilidade: caso a libido retorne inteiramente ao objeto, o delírio será do tipo mais intenso de todos, "ocorrerá uma modificação secundária do ego, e o resultado será a paranoia pura, na qual o autoerotismo não se desenvolve". Em suma: "as *vicissitudes da libido*, como está localizada em relação ao ego e ao objeto, e as *modificações da repressão*, o que as produz e em qual ritmo — são os fatores que indiscutivelmente determinam o caráter das neuropsicoses e das psicoses".[37]

REGRESSÃO E FANTASIA

O conceito-chave de toda essa discussão é o de *regressão da libido*, termo já introduzido nos *Três ensaios*, mas que agora ganha relevo particular, e também

---

37. Cf. *Freud-Jung*, 25F (23/5/1907), pp. 46-8. Grifos de Freud. O estado de regressão total da libido corresponde ao que Bleuler designará logo mais como *autismo*, e lembra bastante o *"abaissement du niveau mental"* que para Janet caracterizava a psicastenia. Cf. o comentário de Bercherie a estas cartas de Freud e de Jung: *Genèse des concepts freudiens*, pp. 318-9.

3. A construção da metapsicologia: 1892-1914

um sentido diferente. A ideia de regressão aparece na *Interpretação dos sonhos*, na qual sua função é explicar por que o sonho é feito de imagens. Trata-se da regressão tópica ou espacial, isto é, da regressão da excitação do polo motor para o polo perceptivo do aparelho psíquico. Esta acepção ecoa na análise da paranoia apresentada na carta 25F a Jung ("até o polo perceptivo... o objeto é tratado como uma percepção"). No sentido temporal, a regressão pode significar duas coisas: reinvestimento de uma lembrança antiga pela excitação (como na formação do sonho ou do sintoma histérico), ou, o que é o caso nos *Três ensaios*, regressão da libido a objetos já abandonados. Aqui o que regride já não é a excitação indiferenciada, como no capítulo VII da *Traumdeutung,* mas a libido, e logo mais Freud falará de regressão a fases anteriores do desenvolvimento libidinal (o que pressupõe a descoberta dos estágios pré-genitais, que data dos anos 1910-2). Por fim, a regressão formal "designa a passagem a modos de expressão ou de comportamentos inferiores do ponto de vista da complexidade, da diferenciação e da estruturação".[38]

No entanto, há uma grande diferença entre a regressão espacial da excitação (tópica) e a regressão a "modos de expressão ou de comportamento" menos estruturados e diferenciados: esta última só pode ser predicada de um *sujeito,* enquanto a regressão tópica descrita na *Traumdeutung* é simplesmente uma inversão na direção tomada pela excitação no interior do aparelho psíquico, e prescinde inteiramente da ideia de sujeito. O que subjaz à teoria da paranoia exposta a Jung nas cartas 22F e 25F é nada menos que o início de uma radical transformação no modelo da psique. Freud dá aqui o sinal de largada para a construção de um modelo *globalista*, para retomar o termo proposto por Bercherie, e durante os anos seguintes assistiremos a um esforço crescente para conciliar esta nova visão do funcionamento mental com a que estrutura o primeiro modelo, o qual, como vimos, é de tipo associacionista. As aporias do conceito de narcisismo são prova suficiente da dificuldade de Freud para realizar esta conciliação, que, no entender tanto de Bercherie quanto de Laplanche, está fadada ao insucesso.

Por enquanto, o que temos são ainda os germes de um novo modelo, que podemos notar nas ideias novas sobre o ego e sobre a regressão da libido até o

---

38. Laplanche e Pontalis, *Vocabulaire de la psychanalyse*, verbete "Régression", pp. 400 ss. Cf. também Decio Gurfinkel, "Nas bordas do sonhar: da psicanálise à psicossomática", Revista *Percurso*, n. 16, 1º sem. 1996. A passagem da *Traumdeutung* em que Freud define os três tipos de regressão foi acrescentada em 1914: cf. capítulo VII, seção B (SA II, p. 523; BN I, p. 679).

momento autoerótico: nenhuma das duas me parece dedutível do primeiro sistema de psicanálise. Freud reconhece explicitamente, aliás, que os recursos daquele são insuficientes para dar conta das manifestações psicóticas, quando diz, na carta 11F citada anteriormente, que em janeiro de 1907 empregava o fator da sexualidade para resolver o problema, mas ainda não tinha chegado a uma solução satisfatória.

Compreendo esta frase como uma confissão de "impotência epistemológica", e é fácil perceber a razão do fracasso: a teoria da libido (codinome do modelo baseado na matriz clínica da histeria) não pode engendrar os conceitos necessários para dar conta dos sintomas da esquizofrenia, porque estes envolvem um tipo de funcionamento mental que está nos antípodas daquele que é evidenciado pela histeria. Nesta temos um excesso de energia, que se desloca entre representações segundo as linhas impostas pelos mecanismos defensivos, o que favorece a construção de conceitos como os de repressão, deslocamento, processos primários e secundários, etc. (Freud diz exatamente isso na carta 22F, repetindo o que afirmara vinte anos antes no artigo "Histeria" para a *Enciclopédia* de Villaret). No caso da esquizofrenia (autismo, demência precoce), o que salta aos olhos não é o excesso, mas o oposto dele: ao invés da mobilidade quase frenética dos investimentos, como na histeria, o que aparece é a impermeabilidade — "não aprenderam nada, não esqueceram nada, e continuam a sofrer como se nada tivesse acontecido", nas palavras de Jung mencionadas atrás. O golpe de gênio de Freud é compreender que essa imobilidade não indica *ausência*, mas *bloqueio*: bloqueio daquilo mesmo que na histeria se apresenta como "circulando com uma grande liberdade" (até se fixar no sintoma, obviamente, razão pela qual o sintoma histérico também é difícil de remover). Ora, bloqueio onde? No ego, diz Freud, e não em representações, a não ser na fase de "retorno da libido ao objeto" tratado como percepção — segundo e terceiro casos descritos na carta 25F.

Ou seja, Freud encontra uma solução elegante e ao mesmo tempo audaciosa em relação ao seu modelo anterior. Elegante, porque preserva as teses da mobilidade da libido e da sua capacidade de investir representações — por isso fala na projeção como uma modalidade de regressão — e porque mantém a libido como a força principal atuante no psiquismo, em conformidade com o que dizia a psicanálise versão 1905, e contrariamente às tentativas de Jung para substituí-la por "toxinas" ou por "outra pulsão fundamental": a fome (4J, 23/10/1906). Freud pode assim pensar que mantém seu referencial básico — a teoria da libido — e de

3. A construção da metapsicologia: 1892-1914

fato consegue introduzir a sexualidade ali onde ela parecia primar pela ausência. Por outro lado, o processo pelo qual a sexualidade opera nas psicoses — a regressão autoerótica até o ego, seguida ou não pelo seu retorno parcial ao objeto — introduz uma cunha considerável no seu primeiro sistema, onde os mesmos termos "autoerotismo", "regressão" e "ego" designam coisas substancialmente diferentes daquelas a que se referem no segundo modelo: o autoerotismo não é mais a satisfação sexual numa zona erógena, a regressão não é mais análoga à descrita na *Interpretação dos sonhos*, e o ego não é mais uma massa coerente de representações cuja função é garantir a viabilidade dos processos secundários.

Freud gosta tanto da ideia que lhe ocorreu — a regressão da libido ao estágio autoerótico — que a comunica imediatamente a Karl Abraham; este a utilizará em sua primeira comunicação psicanalítica.[39] No entanto, é Freud quem continua a elaborar o modelo metapsicológico implícito na hipótese, até que este atinja seu pleno desenvolvimento com a introdução do conceito de narcisismo. Uma primeira etapa deste desenvolvimento diz respeito às noções de fantasia e de realidade, que passam por uma considerável modificação entre 1907 e 1914-5.

Na quinta das conferências que pronunciou na Clark University, em 1909, ele comenta logo no início:

> os homens adoecem quando, em consequência de obstáculos externos ou de uma adaptação insuficiente, a satisfação de suas necessidades eróticas lhes é negada na *realidade*. Vemos então que eles se *refugiam na doença*, a fim de, graças a ela, encontrar uma satisfação substitutiva. [...]. Nós, os homens, com as grandes aspirações de nossa civilização e sob o peso de nossas repressões íntimas, consideramos a realidade totalmente insatisfatória e mantemos dentro de nós toda uma vida de fantasia, onde nos comprazemos em compensar as deficiências da realidade produzindo realizações de desejos [...]. O homem enérgico e vencedor é aquele que consegue transformar em realidade suas fantasias de desejo. Quando isto fracassa, por causa das resistências do mundo exterior ou da fraqueza do indivíduo, este se afasta da realidade e se retira para a fantasia, cujo conteúdo, no caso da enfermidade, ele converte em sintomas.[40]

39. Carta a Abraham (05.07.1907), in Sigmund Freud-Karl Abraham, *Correspondance 1907-26*, pp. 10 ss. Cf. igualmente "As diferenças entre a histeria e a demência precoce" (1908). In: Karl Abraham, *Oeuvres complètes*. Paris: Payot, 1965. v. I, pp. 36-47, especialmente pp. 43 ss.
40. Freud. "Cinco conferências sobre psicanálise" (1909), BN II, pp. 1559-60. Grifos de Freud. Citado por Bercherie numa tradução um pouco diferente: cf. *Genèse des concepts freudiens*, p. 315. [Ed. bras.: *Cinco lições de psicanálise*. In: OCCL, v. 9, pp. 220-86.]

A noção de fantasia não é nova; no sentido de fantasia inconsciente, ela data da correspondência com Fliess, e vem substituir a ideia de sedução real como eixo da psicopatologia psicanalítica. Antes mesmo, nos *Estudos sobre a histeria*, Freud e Breuer se referem ao *Phantasieren* no sentido de devaneios, sonhos diurnos, etc. Na *Traumdeutung*, a noção de fantasia aparece várias vezes, em conexão com as cenas infantis que o desejo visa a reproduzir, e também em conexão com a elaboração secundária. Sua posição na metapsicologia está relacionada ao estatuto do desejo, já que a fantasia o articula numa cena que o apresenta como realizado. Neste sentido, ela ocupa um lugar intermediário entre a tensão pulsional e a "ação específica" capaz de descarregar esta tensão; o melhor exemplo dessa posição intermediária nos é dado pela análise da satisfação alucinatória do desejo, que já encontramos no *Projeto* e no capítulo VII da *Interpretação dos sonhos*. Ou seja, frente ao surgimento da tensão, o aparelho psíquico tende automaticamente a reinvestir a imagem do objeto que no passado a aplacou: é esta a "satisfação alucinatória".

Contudo, tal satisfação não é realmente uma satisfação — é o que comprovam os sonhos de "comodidade", pois a sede volta a se fazer sentir mesmo quando sonhamos que estamos bebendo a grandes goles — e, como a tensão ressurge logo em seguida, torna-se necessária a "ação específica" — no caso, acordar e beber de fato. É o que Freud diz no *Projeto* e no capítulo VII da *Interpretação dos sonhos*, e que reitera no artigo de 1911 "Formulações sobre os dois princípios do funcionamento psíquico":

> a ausência da satisfação esperada, a decepção, teve como consequência o abandono desta tentativa de satisfação pelas vias alucinatórias. Em vez disso, o aparelho psíquico teve de se resolver a representar-se as condições reais do mundo exterior, e a provocar a modificação real (necessária).[41]

A tensão de desejo culmina, assim, em dois tipos diferentes de atos psíquicos: a alucinação *e* a ação.

Mas o que significa exatamente "satisfação alucinatória"? Em seu livro *Vida e morte em psicanálise*, Jean Laplanche se coloca essa pergunta, e a responde de

---

41. Id., *"Formulierungen über die zwei Prinzipien des psychischen Geschehens"*, SA III, p. 18; BN II, p. 1638. [Ed. bras.: "Formulações sobre os dois princípios do funcionamento psíquico". In: OCCL, v. 10, pp. 108-21.]

3. A construção da metapsicologia: 1892-1914

modo muito interessante. A questão é: a alucinação surge por causa da insatisfação, ou a insatisfação termina por meio da alucinação? De fato, Freud é ambíguo sobre este ponto: ora é a tensão acumulada pela não satisfação que desemboca na alucinação, ora esta mesma tensão, agravada pela não satisfação pela via alucinatória, obriga a mônada a se abrir para o exterior e a procurar nele aquilo que a possa aliviar. É certo que se pode conceber uma sequência assim: determinado nível de insatisfação provoca a alucinação, mas, além de certo limiar energético, a "via alucinatória" precisa ser abandonada.

Mas Laplanche não se contenta com isso: quer saber, precisamente, que sentido tem a noção de satisfação alucinatória: alucinação *da* satisfação, ou satisfação *por meio da* alucinação? A alucinação da satisfação consistiria em reviver a descarga energética na ausência dessa descarga, o que é um tanto absurdo, e além disso, se tal fosse o sentido da ideia de Freud, não se vê por qual motivo esta "satisfação" seria "insatisfatória", obrigando o aparelho psíquico a se abrir para o mundo exterior em busca daquele objeto cujo encontro vem aliviar a pressão interna. Continua Laplanche: "a *satisfação pela alucinação*, ao contrário, é perfeitamente concebível, sob o modelo do sonho: com efeito, este não *traz* uma satisfação do desejo, mas *é* realização de desejo por sua própria existência".[42] Há assim uma satisfação provisória da necessidade, exatamente como se deduz do estudo dos sonhos de comodidade.

A questão central aqui é, no entanto, a distinção a fazer entre necessidade somática e desejo: se a sede persiste após surgir em sonhos a água benfazeja, exigindo que o sonhador acorde e beba água "real", o desejo de vingança de Freud contra Otto e o dr. M., bem como o desejo de provar sua inocência, se satisfazem inteiramente no sonho da injeção em Irma, e nada análogo à água pode realizar esses desejos. A alucinação reapresenta não apenas a lembrança do objeto apaziguador, mas produz uma *cena* em que este objeto aparece num certo contexto — por exemplo, a mulher de Freud lhe oferece um vaso etrusco com água, ou o estudante preguiçoso se vê na cama do hospital — e isso significa que a alucinação põe em cena uma fantasia, portanto um *objeto psíquico* que não é o mesmo que o seu correlato físico, a água ou seus equivalentes.

Da mesma forma, o bebê que chupa o dedo realiza um ato psíquico que pressupõe a introjeção do seio a partir da experiência física do mamar, seio este

42. Jean Laplanche, *Vie et mort en psychanalyse*, op. cit., pp. 112-3.

que é fantasiado como presente, percebido ou sentido como ausente, e remate-rializado no dedo que o simboliza. O dedo representa o seio, e chupar o dedo só tem uma significação sexual porque é o último elo de uma cadeia que poderia ser explicitada mais ou menos assim: 1) sinto fome; 2) lembro do seio; 3) estou ma-mando no seio; 4) este seio está estranho, não tem leite! 5) o seio não está aqui; 6) sim, está — no meu dedo. É evidente que isso corresponde ao que um adulto pode imaginar como se passando na psique do bebê; esta sequência está aqui apenas para lembrar que a fantasia, nesta conexão, é aquilo por meio do que a alucinação apresenta o desejo como realizado. E precisamente porque esta reali-zação é efêmera, o aparelho psíquico a abandona e procura recriar, na cena da realidade, a situação efetivamente gratificante: ao processo primário, acrescenta--se o processo secundário, imposto pela "urgência da vida".

O que encontramos na quinta conferência americana é uma análise muito diferente. A fantasia não se localiza mais *entre* a tensão e a ação, mas no polo oposto àquele onde se poderia desenvolver uma ação. Quanto à realidade, de palco no qual a tensão encontra aquilo que a alivia, tornou-se agora o lugar da frustração, o lugar onde a satisfação erótica é recusada "por causa das circunstân-cias exteriores". Surge a ideia de um afastamento da realidade, que se pode trans-formar numa rejeição dessa mesma realidade (carta 25F a Jung). Surge também a ideia de uma "vida de fantasia" que não deixa de evocar a ideia kleiniana de mun-do interno: temos assim uma polaridade entre a adaptação à realidade, que carac-teriza o homem "enérgico e de sucesso" — o qual também efetua uma adaptação *da* realidade para torná-la mais conforme às suas "fantasias de desejo" — e a busca de um refúgio no mundo interior da fantasia, que caracteriza o neurótico.[43]

Essa observação é retomada quase nos mesmos termos no parágrafo de abertura dos "Dois princípios": Freud lembra a concepção de Janet acerca da perda da *"fonction du réel"* nos neuróticos, e comenta que a introdução da noção de repressão permite compreender de que modo tal perda se vincula com as "condições fundamentais da neurose": "o neurótico se aparta da realidade por-que a considera — no todo ou em parte — insuportável (*unerträglich*)".[44] O que é

---

43. Cf. Paul Bercherie, op. cit., p. 315. Para uma excelente análise da questão da realidade e dos múltiplos significados deste termo no pensamento de Freud, cf. Nelson Coelho Jr., *A força da reali-dade na clínica freudiana*. São Paulo: Escuta, 1995, especialmente o capítulo I.
44. Freud, "Formulações sobre os dois princípios do funcionamento psíquico", SA III, p. 17; BN II, p. 1638; OCCL, v. 10.

3. A construção da metapsicologia: 1892-1914

insuportável agora não são mais as ideias ou representações traumáticas, e sim as circunstâncias exteriores atuais — não mais um "dentro", mas um "fora" —, que impõem condições sob as quais o desejo encontra uma *Versagung* (recusa, frustração, proibição).

No texto dos "Dois princípios", essa nova concepção é de início apresentada como uma ampliação da teoria exposta no capítulo VII da *Traumdeutung* — teoria da satisfação alucinatória do desejo e da sua insuficiência, que obriga o aparelho psíquico a abandonar os "caminhos alucinatórios". Mas a novidade é de porte suficiente para impor a criação de um novo conceito: o de *princípios da atividade psíquica*, que governam os processos primário e secundário. Surge então o princípio de realidade, oposto ao princípio do prazer, sob o qual o funcionamento psíquico é dito "autístico" (e Freud remete ao artigo de Bleuler que introduz este termo). O autismo é aqui relativo, já que seu protótipo é o da criança cuidada pela mãe, ou, exemplo pitoresco, o do sistema formado pelo futuro pintinho, ainda dentro do ovo, e pelas substâncias que o alimentam antes de nascer, acrescidas do calor da chocadeira.

A passagem de um regime para outro não se faz sem dor; dada a tendência geral do aparelho psíquico a agarrar-se às fontes de prazer de que dispõe, ou, o que dá na mesma, a lutar contra a renúncia a tais fontes, a introdução do princípio de realidade deixa um resto, assim descrito por Freud:

> com a instalação do princípio de realidade cindiu-se uma espécie de atividade de pensamento, que se manteve livre da prova de realidade e permaneceu submetida somente ao princípio do prazer: é a fantasia, que já começa com a brincadeira das crianças e que mais tarde, continuando sob a forma de devaneios diurnos, renuncia a apoiar-se em objetos reais.[45]

Paul Bercherie nota com razão que, embora o vocabulário seja idêntico ao do primeiro modelo — aparelho psíquico, prova de realidade, etc. — deu-se uma torção capital nos fundamentos da metapsicologia:

> uma nuance importante aparece no tocante à descarga motora quando esta passa para o regime do princípio de realidade. [...] No modelo reflexológico que Freud

45. Id., SA III, p. 21; BN II, p. 1640.

utilizava até aqui, o processo primário se traduzia por uma alucinação do objeto seguida da ação específica, no caso inadequada, devido à não presença real do seu objeto. Aqui [no texto dos "Dois princípios"] se descreve um processo muito diferente: o funcionamento primário se consome em *descargas energéticas internas*, o que, por algum tempo, é possível ao bebê desde que se produzam os "cuidados da mãe". [...] É essencial compreender o deslocamento: já não lidamos com dois regimes de um *aparelho* que uma longa evolução biológica adaptou à sua função, mas com dois modos hierarquizados da atividade vital de um *ser*, simultaneamente organismo e sujeito, que faz a dura aprendizagem da adaptação ao real, conservando a nostalgia da autarcia ilusória da sua vida "pré-histórica".[46]

Por que falar em "torção nos fundamentos da metapsicologia"? Porque a perspectiva mecanicista-associacionista característica do primeiro modelo é acrescida de uma outra, que de início parece complementar, mas na verdade lhe é oposta: a evolucionista-globalista. A tensão entre ambas conduzirá, afirma Bercherie com razão, a uma série de retoques no modelo, que acabarão por desfigurá-lo e impor uma revisão completa dos seus elementos. Aqui, esta tensão aparece na curiosa ideia de que o *aparelho psíquico* se apega às fontes de prazer que experimentou outrora, isto é, tem vontades e preferências, e não é somente um espaço no qual circulam quantidades de excitação.

Com seu primeiro modelo, Freud conseguira dar uma descrição da vida psíquica que, embora envolvesse a noção de desejo, tratava este último como um dado essencialmente quantitativo e automático, sem que fosse necessário formular a pergunta: *quem* deseja? A meu ver, se há um sujeito no primeiro modelo, ele *é* a energia psíquica, e não algo semelhante ao sujeito da filosofia. Mas agora as coisas se apresentam de outro modo: na medida em que a ação visa a uma transformação apropriada da realidade, ela só pode ser obra de um sujeito que, mesmo clivado e heterogêneo a si próprio pelo fato de ter um inconsciente, não pode mais ser concebido como um conjunto de montagens reflexas. Dessa forma, o estudo da fantasia e da satisfação alucinatória desemboca no mesmo ponto a que nos conduzira o da noção de "ego originário": torna-se necessária uma teorização de tipo diferente, que inclua, em suma, o "si próprio". Ou, como dirá Freud,

46. Bercherie, op. cit., pp. 320-1.

3. A construção da metapsicologia: 1892-1914

uma "psicologia do ego" que venha completar a "psicologia da libido"[47] — mas, no seu espírito, *ampliando* a teoria da libido e não renunciando a ela, como havia feito Adler, e logo mais fará Jung. É exatamente neste terreno que se enraizará o conceito de narcisismo.

Antes de entrarmos nessa problemática, porém, uma observação sobre o vínculo privilegiado entre a fantasia assim descrita e as pulsões sexuais, vínculo que se encontra bem assinalado nos "Dois princípios". Enquanto o desenvolvimento sob a égide do princípio de realidade progride nas pulsões do ego (termo introduzido no texto sobre as perturbações psicogênicas da visão, em 1910, e que visa a dar um substrato pulsional à autoconservação), as pulsões sexuais ficam mais tempo sob o domínio do princípio do prazer, em primeiro lugar porque "se comportam inicialmente de modo autoerótico" (*benehmen sich zunächst autoerotisch*), e em segundo porque, logo que começa o processo de encontro do objeto (*Objektfindung*), são detidas pela fase de latência. Escreve Freud:

> em virtude destas circunstâncias, cria-se uma relação especial entre a pulsão sexual e a fantasia de um lado, e entre as pulsões do ego e as atividades da consciência de outro. [...] A ação contínua do autoerotismo permite que seja mantida por tanto tempo a satisfação através de objetos sexuais fantasiados, mais fácil e mais imediata, em lugar da satisfação com objetos reais, que exige porém esforço e adiamento.[48]

Neste trecho, o autoerotismo das pulsões sexuais consiste exatamente no investimento de objetos fantasiados, ou, o que é o mesmo, no investimento das fantasias, por oposição aos objetos "reais", que devem ser encontrados com "esforço" e cuja função implica um "adiamento" (*Aufschub*). Freud parece ter concordado com Jung, que via no investimento das fantasias — por introversão da libido — exatamente o momento autoerótico, e reformulado sua crítica mencionada atrás, segundo a qual "a libido não é autoerótica enquanto tem um objeto, real ou imaginário". Em todo caso, é esta a concepção que vai predominar na vertente da teoria sobre o processo analítico, que abandona de vez o paradigma catártico — ab-reação de um *excesso* ou de um *corpo estranho*, ou seja, de um "a

47. *Freud-Jung*, 169F (19/12/1909), pp. 277-8.
48. Freud, "Formulações sobre os dois princípios do funcionamento psíquico", SA III, p. 21; BN II, p. 1640; OCCL, v. 10.

mais" introduzido na psique — e passa a se concentrar na análise da transferência e da resistência como repetição. É o que lemos nos textos ditos "técnicos" de 1912-4, como "A dinâmica da transferência", "Recordar, repetir e elaborar" e outros.[49]

AMBIGUIDADES DO NARCISISMO

Na discussão dos "Dois princípios", o fator temporal tem um peso considerável para explicar o vínculo privilegiado entre as pulsões sexuais e a fantasia, ou seja, no que diz respeito ao autoerotismo: aquelas se comportam *inicialmente* de modo autoerótico, etc. A ideia de um desenvolvimento libidinal é antiga, e é nesse desenvolvimento que Freud localiza, no *Caso Schreber*, uma fase na qual predominaria o narcisismo. Este é nitidamente diferenciado do autoerotismo:

recentes investigações atraíram nossa atenção para um estágio na história do desenvolvimento da libido, que ela atravessa no seu caminho do autoerotismo para o amor de objeto. Ele foi chamado estágio do narcisismo [...]. Consiste em que o indivíduo em via de desenvolvimento reúne numa unidade suas pulsões sexuais, que até então trabalhavam de forma autoerótica, a fim de conquistar um objeto de amor. Este indivíduo toma primeiramente seu próprio corpo como objeto de amor, antes de passar deste para a escolha objetal de uma outra pessoa. [...] O caminho continua pela escolha de um objeto com genitais semelhantes, ou seja, através de um objeto homossexual, até a heterossexualidade.[50]

Já no "Leonardo" se encontrava uma notação parecida. É importante aqui destacar que o terreno em que surge a noção de narcisismo está ligado à problemática

---

49. Por exemplo: "Uma pré-condição regular e indispensável de *toda* psiconeurose é o processo que Jung caracterizou muito bem como *introversão* da libido. [...] A libido tomou, no todo ou em parte, o caminho da regressão, e reativou as imagens infantis. O tratamento analítico segue a libido até lá, para buscá-la e torná-la novamente disponível para a consciência e finalmente colocá-la a serviço da realidade". (Freud, "A dinâmica da transferência", SA *Ergänzungsband*, p. 162; BN II, p. 1650; OCCL, v. 10). Sobre esta questão, cf. igualmente Joel Birman e Carlos Augusto Nicéas, "Constituição do campo transferencial e o lugar da interpretação psicanalítica". In: *Teoria da prática analítica* I; e Renato Mezan, "A transferência em Freud: apontamentos para um debate". In: *Tempo de muda*. São Paulo: Companhia das Letras, 1998.
50. Freud, *Caso Schreber*, seção II, SA VII, p. 184; BN II, p. 1516-1517 ; OCCL, v. 10.

3. A construção da metapsicologia: 1892-1914

do objeto, porque é através dela que podemos compreender as dificuldades daquele conceito e seu papel central na rearticulação da metapsicologia, rearticulação sem a qual não teria cabimento falar-se num "segundo modelo".

O conceito de narcisismo já nasce marcado com o selo da ambiguidade: por um lado, ele constitui uma etapa na sequência pulsões autoeróticas/narcisismo/escolha de objeto homossexual/escolha de objeto heterossexual. Esta sequência não contradiz o postulado associacionista: primeiro a dispersão, depois a combinação numa unidade, a qual é primeiro a de um objeto "próprio" — o corpo próprio — depois a de um objeto externo, por sua vez primeiro semelhante ao corpo próprio, depois diferente dele. Esta série de objetos se encaixa sem problemas no esquema dos *Três ensaios*. Nesse sentido, a gravidade da patologia será determinada pelo grau de regressão da libido, ou, na expressão de Jung citada elogiosamente por Freud, da sua "introversão".

Aqui, no entanto, se introduz um elemento complicador: nas neuroses, a libido regride até as fantasias; na paranoia, até a fase do narcisismo; na demência precoce, até a fase autoerótica. Ocorre que as fantasias não são uma "fase", certamente não no sentido em que se pode falar de uma fase autoerótica, de uma fase narcisista e de uma fase objetal, por sua vez subdividida em subfases homo e heterossexual. O texto dos "Dois princípios" é claro a este respeito: a vida de fantasia é um dado *permanente* do funcionamento psíquico, e é evidente que elas podem concernir a objetos tanto homo quanto heterossexuais. Na verdade, a fantasia *é* um objeto de investimento libidinal, e só desta forma é possível compreender a oposição entre "objetos fantasmáticos" e "objetos reais". O que se passa é que Freud está trabalhando com duas perspectivas diferentes: numa, mais próxima do primeiro modelo, houve o acréscimo de uma nova etapa no caminho da libido desde a dispersão autoerótica até o encontro do objeto heterossexual; na outra, mais ligada à elaboração sobre as psicoses, o decisivo é a questão do grau de afastamento da realidade, escala na qual faz sentido colocar na mesma sequência o objeto real, a fantasia e um "aquém da fantasia", que nas cartas endereçadas a Jung era o ego.

Há mais: a regressão até o ego ainda pode ser pensada, com um pouco de boa-vontade, como um dos destinos da pulsão sexual tal como esta aparece nos *Três ensaios*: haveria simplesmente abandono de um tipo de objeto em proveito de outro. A unificação das pulsões parciais, no entanto, ocorria nos *Três ensaios* simultaneamente ao momento de encontro do objeto *externo*, na época da puberdade; ela fazia parte, portanto, de um processo mais amplo e complexo, que se poderia descrever como a "exteriorização" da libido. Pulsões parciais rimavam então com zonas erógenas localizadas no próprio corpo, zonas igualmente "parciais" (boca, ânus, etc.). A unificação sob a primazia da genitalidade não acrescentava mais uma pulsão do mesmo tipo — a genital — às que já existiam, mas acarretava uma alteração global no regime de funcionamento da sexualidade: de infantil = autoerótica = parcelar, ela se tornava adulta = objetal = unificada/genital. Tal processo, porém, não implicava a extinção do regime anterior, que, sob estado de repressão ou latente, continuava a viger no inconsciente, de onde a possibilidade da regressão e portanto de neurose, ou de fixação e portanto de perversão — o perverso sendo definido, muito precisamente, como aquele que permanecia ligado "em ato" a um regime infantil da sexualidade. É por este motivo que Freud podia afirmar que a neurose é o negativo da perversão.

Ora, o que ocorre no segundo modelo? Rompeu-se a equação "infantil = parcelar", já que a etapa do narcisismo corresponde a uma primeira unificação das pulsões "até então autoeróticas". Correlativamente, o objeto destas pulsões não é mais um objeto externo, mas "si mesmo", ou "o próprio corpo", ou, como vimos, o "ego". É dali, já em regime unificado, que a libido avança para as etapas seguintes, homo e heterossexual. Introduziu-se assim um objeto de tipo novo, inexistente no primeiro modelo, a saber o "objeto unificado não externo". E, o que é mais grave, este objeto se apresenta sob três formas distintas, que não se recobrem inteiramente: "si mesmo" não é igual a "ego", e nenhum dos dois é idêntico a "corpo próprio".

A grande novidade não é tanto o corpo próprio: este ainda pode ser pensado como uma extensão do conceito de zonas erógenas, e estabelece uma continuidade com o objeto homossexual, exatamente o que se assemelha ao "meu" corpo, por ter os mesmos genitais que se encontram nele. A grande novidade é a noção de *selbst*, si mesmo, que introduz uma perspectiva da qual Freud procurara manter distância até então: a perspectiva globalista. O "amor de si mesmo", obviamente, pressupõe uma reflexividade, um sujeito que ao mesmo tempo é objeto. Essa dimensão estava inteiramente ausente do primeiro modelo: não se pode dizer de um aparelho psíquico que está apaixonado por si mesmo — tal condição só pode ser predicada de um sujeito. É este o motivo que faz Bercherie insistir no *glissement* mencionado há pouco[51], e que a meu ver é bem mais do que

---

51. Cf. nota 18 deste capítulo.

3. A construção da metapsicologia: 1892-1914

isso, porque, como disse, acarreta uma torção nada desprezível nos fundamentos da metapsicologia.

Por que penso assim? Porque o que dessa forma entrou na psicanálise é a perspectiva "globalista", na qual os processos psíquicos vão ser vistos como partes de um conjunto que, a cada momento de sua evolução, guarda uma coerência própria, uma densidade de relações internas que repercute em vários ou em todos os seus pontos. É o que se verifica, entre outros casos, quando Freud introduz a noção de fases pré-genitais da libido: estas são modos de estruturação da vida psíquica em seu conjunto, envolvendo, por exemplo, uma íntima correlação entre a escolha de objeto, as fantasias predominantes, a atividade sexual, a vivência de si, a organização do ego, os mecanismos de defesa, etc.[52] O pequeno artigo sobre as teorias sexuais infantis vai na mesma linha, assim como o texto sobre "Um tipo especial de escolha de objeto no homem".[53] E, *last but not least*, a ideia de que o cerne das neuroses é constituído pelo complexo de Édipo — o *Kernkomplex*, ou complexo nuclear — só faz sentido neste novo contexto; e não por acaso, embora já entrevisto na correspondência com Fliess e tematizado na *Interpretação dos sonhos*, este conceito ganha relevo e estatura bem maiores neste segundo modelo.

Em resumo: o narcisismo, de início vinculado à evolução libidinal, irá transbordar constantemente deste quadro conceitual, no qual é uma etapa entre outras, porque inclui algo completamente diferente do que pode ser pensado pela teoria da libido em sua versão original. É no artigo "Para introduzir o narcisismo" (1914) que Freud tentará oferecer um panorama mais amplo das consequências teóricas e clínicas impostas pelo novo conceito.

Neste texto, Freud começa por afirmar que a ideia de um "narcisismo primário normal" foi produzida no contexto da tentativa de compreender as psicoses sob a rubrica da teoria da libido, justamente em função da teoria da regressão:

> a megalomania destes estados mostra aqui o caminho: ela se constituiu certamente às expensas da libido objetal. A libido retirada do mundo exterior foi levada de volta ao ego, surgindo assim um estado a que podemos denominar narcisismo. [...]

52. Ver, por exemplo, o artigo sobre "A disposição à neurose obsessiva" (1913), SA VII, pp. 105-17; BN II, p. 1738-1743; e a nota introdutória de James Strachey a este artigo (*Standard Edition*), conservada na edição alemã. [Ed. bras.: "A predisposição à neurose obsessiva" (1913). In: OCCL, v. 10, pp. 324-38.]

53. Ver, respectivamente, SA V, p. 170 ss.; BN II; SA V, pp. 185 ss, BN II, pp. 1625 ss.

Somos levados a conceber o narcisismo engendrado pela atração para o interior dos investimentos objetais como secundário; ele se constrói sobre um mecanismo primário, encoberto por diversas influências.[54]

A noção de narcisismo primário é obviamente tributária da perspectiva evolucionista que encontramos no *Caso Schreber*: em seu caminho rumo ao exterior, a libido encontra uma primeira unificação e um primeiro objeto no ego. Ocorre que assim surge uma "carga libidinal primitiva" no ego, à custa da qual se dará o investimento nos objetos, e Freud usa aqui a metáfora dos pseudópodos que voltará a empregar em "Além do princípio do prazer": quanto maior a proporção de libido objetal, menor a de libido do ego, e vice-versa, segundo um gradiente que vai da fantasia paranoica do fim do mundo até o estado amoroso, no qual o investimento no objeto atinge seu grau máximo.

Do ponto de vista genético, as pulsões são primordialmente autoeróticas; já o ego precisa ser constituído, porque é uma unidade. "O ego precisa ser desenvolvido; para formar o narcisismo, é preciso que se acrescente algo ao autoerotismo, uma nova ação psíquica."[55] Esta é exatamente a perspectiva associacionista: primeiro a dispersão, depois a unificação; primeiro o autoerotismo, depois o narcisismo. Porém, o narcisismo é também um *estado permanente* da libido, já que uma parte dela permanece no ego e de lá envia seus pseudópodos para os objetos; e, aos poucos, ele irá configurar-se como mais do que um estado: é uma estrutura ou um conjunto de subestruturas no psiquismo. É o que ressalta do capítulo v do texto de 1914, dedicado a apreender o narcisismo através do estudo da hipocondria, das doenças orgânicas e da vida erótica.

Com os dois primeiros temas, Freud retoma a tese de que o narcisismo é um investimento do corpo próprio, acoplando-a à tese de que também é um investimento no ego: os exemplos de "estados narcísicos" que menciona são a dor e o sono. Utilizando o "teorema do desprazer" que faz parte da teoria da libido, ele deduz que a concentração da tensão libidinal no ego se torna desprazerosa a partir de certo limiar, o que explica por que não permanecemos para sempre na condição de mônadas narcísicas, e, "ultrapassando as fronteiras do narcisismo", chegamos a investir o mundo exterior — ou seja, uma solução do mesmo tipo

---

54. Freud, *"Zur Einführung des Narzißmus"*, SA III, pp. 42-3; BN II, p. 2018. [Ed. bras.: "Introdução ao narcisismo" (1914). In: OCCL, v. 12, pp. 13-50.]
55. Id., SA III, p. 45; BN II, p. 2019.

3. A construção da metapsicologia: 1892-1914

que a empregada no *Projeto* e na *Traumdeutung* para a questão da satisfação alucinatória do desejo. Insisto nestes pontos de contato com o primeiro modelo, porque, embora estejamos descrevendo a organização de um segundo, não seria correto concluir que Freud abandona o anterior e começa a teorizar do zero. Ao
contrário, há um esforço visível de sua parte para articular os novos desenvolvimentos ao esquema que tão laboriosamente construíra nos anos anteriores. Contudo, ao estudar o narcisismo tal como ele se apresenta "na vida erótica dos sexos",
o que chamei de transbordamento conceitual se torna impossível de negligenciar:
é o que resulta da discussão do narcisismo infantil e dos tipos de escolha de objeto.

Freud parte da "superestimação sexual" do objeto, que a seu ver se origina
no narcisismo primitivo do bebê e se transfere para o objeto sexual (o termo
empregado aqui é *Übertragung*, o que abre caminho para incluir a teoria do processo analítico neste segundo modelo). A este tipo de escolha objetal, ligado ao
apoio das pulsões sobre as necessidades corporais, antepõe-se outro, dito justamente narcísico, com suas quatro variantes bem conhecidas: amo o que sou, o
que fui, o que gostaria de ser, ou uma parte de mim que se destacou (um filho,
por exemplo). O conceito de escolha narcísica de objeto já não pode mais ser
vinculado, sob qualquer forma que se queira imaginar, à ideia de uma etapa na
evolução *da libido*, porque — diferentemente da versão apresentada no *Caso
Schreber* — o que funciona aqui como objeto é sempre um *"selbst".*[56] Além disso,
o narcisismo infantil admite outra origem, mais conforme à orientação geral
deste segundo modelo, e que certamente nada tem a ver com a evolução das
pulsões: resulta da projeção sobre o bebê do narcisismo dos pais, devidamente
transformado em amor objetal conforme o tipo narcísico (a quarta possibilidade,
amar a pessoa que uma vez foi parte do próprio corpo).

Observe-se que aqui Freud não diz que é narcisismo o amor *por uma parte*
do próprio corpo, mas sim o amor *pela pessoa que uma vez foi parte do próprio corpo*
(*"His Majesty the Baby"*). Não que o amor por uma parte do corpo não seja narcísico — ele o é — mas somente neste segundo modelo faz sentido falar do bebê
como "pessoa que uma vez...", etc. Aqui deparamos com um ótimo exemplo da
outra grande novidade deste modelo: o amplo remanejamento da noção de

---

56. A palavra aparece nas quatro frases correspondentes no texto alemão: *"was man selbst ist (sich
selbst); was man selbst war; was man selbst sein möchte; die Person, die ein Teil des eigenen Selbst war".* Cf.
SA III, p. 56.

objeto, a partir do momento em que na série deles se coloca o objeto narcísico — novidade que também pode ser avaliada pela inclusão, nesta mesma série, dos *ideais* como objeto de amor, e, mais ainda, do "ego ideal" como uma formação psíquica herdada do "amor próprio" (*Selbstliebe*) de que era alvo o ego "real" (*wirkliches Ich*). Claramente, uma série constituída por elementos tão heterogêneos tem como princípio uma teoria do objeto que já não cabe mais nos limites da dos *Três ensaios*.

No livro de 1905, o objeto é o elemento mais contingente na montagem pulsional, e, de início — na etapa autoerótica — ele coincide com a fonte da pulsão: esta é uma zona erógena, na qual, a rigor, ainda não se pode discernir um objeto. O exemplo de autoerotismo dado por Freud ilustra essa situação: são os lábios que se beijam a si mesmos. Paralelamente, o objeto se conforma como um construto fantasmático calcado sobre aquilo que satisfaz a necessidade corporal (o seio como objeto fantasmático é a reconstrução psíquica daquilo que proporcionou o prazer, e que na realidade exterior é formado por diferentes elementos: o leite, a textura do mamilo, o calor da mãe, etc.).

Laplanche tem toda a razão quando observa que o nascimento da sexualidade se dá sempre no momento *auto-* de uma sequência que não começa com este momento, o que, diga-se de passagem, oferece uma solução elegante para o problema do famoso estado "anobjetal", que seria idêntico ao narcisismo primitivo ou primário:

> o autoerotismo, desde 1905 [...] não era colocado como estado anobjetal primário do ser humano, mas como resultado de dois movimentos conjugados: *desvio* de atividades funcionais que, de saída, estavam orientadas para uma certa objetalidade, para um "valor-objeto", e *reversão* da atividade para si, seguindo a linha do fantasma.[57]

Com a ideia de uma escolha de objeto narcísica, introduz-se um terceiro momento "originário". Com efeito, há a série das funções vitais, desde o início voltada para um objeto igualmente vital (o bebê mama no peito da mãe). Em seguida, há a série das pulsões, constituída como *segunda* em relação ao objeto vital (o "seio" é uma formação psíquica configurada por apoio sobre a mama, órgão físico), mas cujo primeiro momento é autoerótico (o dedo chupado, que

---

57. Jean Laplanche, *Vie et mort en psychanalyse*, p. 114.

3. A construção da metapsicologia: 1892-1914

"materializa" o seio fantasiado). Em terceiro lugar, há a série do narcisismo, terceira em relação aos objetos vitais, porque segunda em relação à série pulsional — seu primeiro momento é o da "nova ação psíquica" necessária para constituir o ego, e esta ação é uma unificação das pulsões, até então autoeróticas no sentido das zonas erógenas e do puro objeto fantasmático, sobre um *novo* objeto, o "ego real" (*wirkliches Ich*).

A querela da anobjetalidade repousa assim sobre um mal-entendido (do qual, aliás, Freud é em parte responsável, ou melhor, do qual é responsável a sobreposição, no exame do narcisismo originário, de dois modelos metapsicológicos diversos). Esse mal-entendido consiste em confundir o *objeto sexual* com o *objeto da percepção*, e, do fato de que o primeiro precisa ser constituído, deduzir que Freud está afirmando que o objeto da percepção só aparece depois de uma fase "aperceptiva" ou "anobjetal".

O curioso aqui, quando observamos com cuidado a forma pela qual Freud opera, é que o narcisismo contém uma heterogeneidade interna, na medida em que nele — pela primeira vez — deixam de coincidir fonte e objeto da pulsão, como era o caso na montagem autoerótica. Estamos acostumados à ideia de que o narcisismo é o território do *mesmo*, por oposição ao investimento objetal, que é o território do *outro*. Isso não é errado, mas é preciso convir que o território por excelência do mesmo é o autoerotismo, porque nele a pulsão, por assim dizer, prescinde do objeto, ao menos de um objeto no sentido usual do termo em psicanálise: "aquilo por meio do que a pulsão se satisfaz". No regime autoerótico, o objeto ainda está indiferenciado da zona erógena: é *nela* que a pulsão se satisfaz, portanto é nela que consiste o "objeto", portanto ele a rigor ainda não "existe". Uma primeira diferenciação se introduz com a formação do objeto fantasmático, o "seio", mas este é rapidamente "reabsorvido" numa zona erógena, o conjunto dedo/boca: o prazer é sentido na boca, mas a parte do corpo chupada não é a boca. A fonte e o objeto se dissociaram, mas voltaram a se vincular por meio da fantasia — para o bebê, diz Freud, o seio é uma parte *dele*, não da mãe (e Winnicott tirará desta afirmação todo o partido que conhecemos, com seu conceito de objeto transicional).

NOVAS FUNÇÕES PARA O EGO

É com a aparição do narcisismo que vai surgir um objeto realmente heterogêneo à pulsão, isto é, o ego — que será simultaneamente investido pelas pulsões e adversário delas. É toda a questão da "libido do ego" que aqui se introduz, juntamente com o problema de saber se existe ou não um grupo de pulsões "do ego" — portanto não sexuais — capaz de se opor às pulsões sexuais. É este o tema de Freud durante os anos entre 1914 e 1920, até que, com "Além do princípio do prazer", ambas as pulsões — sexuais e "do ego" — sejam subsumidas sob a égide das pulsões de vida (Eros) e opostas à pulsão de morte (que, incidentalmente, Freud nunca chama de "Thânatos").

Podemos dizer, assim, que o ego surge simultaneamente como *objeto* sexual e como *agente* sexual, porque, quando da escolha de objeto, é ele que fará passar para o objeto o elemento "propriamente narcísico": a superestimação. Sob a forma da idealização do objeto, ou da busca nele das perfeições de que carecemos, a superestimação é sempre o traço, o carimbo próprio do narcisismo, baseada como está na ilusão de autarcia e no sentimento de onipotência que o acompanham desde a sua origem. É algo como o flúor que se mistura à água na estação de tratamento: dali por diante, ao abrirmos uma torneira, o que sai dela é água fluorada. Da mesma forma, após sua estagnação provisória no ego como objeto, a libido que transita para outros objetos trará a marca da superestimação.

Esta marca é direta e visível no caso da escolha narcísica, porque então coincidiam o "eu real" e o "eu ideal". No caso da escolha dita anaclítica ou por apoio, a superestimação parece ter perdido qualquer vínculo com o narcisismo, mas esse vínculo se mostra pelo avesso, se concordarmos com Freud que o apaixonado se vê como muito *menor* do que o alvo de seu amor: a libido do ego (narcísica) transitou quase toda para o objeto, do que resulta o "empobrecimento do ego" descrito em "Para introduzir o narcisismo". A exaltação de que pode ser possuído o indivíduo enamorado é a consequência da projeção, sobre ele, do narcisismo do parceiro, se o amor for recíproco — e por isso parece haver uma inflação libidinal no caso do enamoramento, uma equação em que o resultado (libido do ego + libido objetal) parece maior do que a soma algébrica das partes: isso se deve a que surge da adição dos investimentos narcísicos e objetais dos *dois*, e não de um único membro do par.

O narcisismo, disse atrás, transborda constantemente o quadro conceptual no qual se originou: creio que agora temos elementos suficientes para compreender por quê. Além de uma fase na evolução da libido, ele configura um *tipo de funcionamento* irredutível ao jogo combinado das pulsões; determina a formação de duas instâncias psíquicas das quais haverá muito a dizer, o ego e o que em

3. A construção da metapsicologia: 1892-1914

1914 se chama o "ego ideal"; impõe certas condições a toda escolha objetal, particularmente à de tipo narcísico, mas também — de modo mais sutil — à escolha por apoio. Os fenômenos pertencentes à esfera do narcisismo são mais complexos do que os que a primeira teoria da libido podia esclarecer, na medida em que não apenas se introduz a categoria de sujeito, mas ainda a distinção entre sujeito e objeto é de saída pouco nítida — pense-se na ideia de que o narcisismo infantil provém do narcisismo dos pais, e ou na noção de escolha narcísica de objeto, que já envolve espelhamento entre os dois polos da relação.[58]

Do ponto de vista da metapsicologia, portanto, a introdução do conceito de narcisismo justifica que se fale num segundo modelo, irredutível ao primeiro, e que doravante coexistirá com ele, ou que conterá elementos originalmente a ele pertencentes. A grande diferença consiste, como vimos, na passagem de uma perspectiva epistemologicamente associacionista para uma perspectiva epistemologicamente globalista. E a necessidade de construir este segundo modelo, como também espero esteja claro, foi imposta pelo estudo das psicoses, o que justifica considerá-las como matriz clínica dele.

Vimos no capítulo anterior que a armação conceitual da psicanálise freudiana comporta quatro segmentos ou setores articulados uns aos outros. Desta afirmação decorre que cada uma das formulações que estou chamando "modelos" deva apresentar originalidade e consistência em todas essas vertentes. Acabamos de constatar como o modelo baseado na matriz clínica das psicoses satisfaz a exigência no quesito metapsicologia; vejamos brevemente como essa nova concepção do funcionamento mental acarreta modificações importantes nas outras três coordenadas.

1) *teoria epigenética*: aqui o elemento a destacar é a constituição do ego como estrutura específica, por meio da "nova ação psíquica" pela qual a dispersão autoerótica ganha uma primeira unificação. De modo geral, o eixo temporal está presente em quase todas as discussões teóricas de Freud nesse período (1907-14), tanto no que concerne à escolha de objeto quanto no referente à evolução da

---

58. O conceito de identificação tornará ainda mais precária a fronteira entre eles. Cf. o capítulo 4 deste livro.

libido, que agora inclui as organizações pré-genitais anal e oral. A predominância da perspectiva globalista se faz sentir na escolha do termo "organizações", proveniente da biologia (órgão), e que conota o vínculo interno entre as diferentes partes de modo mais firme do que o termo "sistemas", utilizado para falar do aparelho psíquico no capítulo VII da *Interpretação dos sonhos*. Também é fácil notar, num escrito como "Caráter e erotismo anal" (1908), o laço mais estreito entre a dimensão pulsional e as formações reativas que neste caso estruturam o caráter; a própria presença deste termo, mais uma vez, indica uma mudança no sentido globalista — sempre apresentada, por Freud, no entanto, como um acréscimo ao modelo já existente.

2) *nosografia*: a divisão básica entre as patologias, no primeiro modelo, era baseada no duplo critério conflito atual / conflito infantil, e presença / ausência de elaboração psíquica da tensão sexual. Destes critérios combinados resultavam dois grandes grupos de afecções: as neuroses atuais e as psiconeuroses. No segundo modelo, permanece a oposição entre dois grandes grupos, mas não os mesmos. O motivo para a reorganização é que o critério para diferenciar um do outro mudou: ele reside agora no grau de regressão da libido, porque disso depende que haja ou não transferência utilizável no processo analítico. Consequentemente, destacam-se o grupo das neuroses narcísicas (psicoses) e o das neuroses de transferência (histerias de angústia e de conversão, neurose obsessiva). Freud afinará este esquema genérico em alguns textos, por exemplo estabelecendo um paralelo entre a hipocondria e a parafrenia, e procurando conservar a ideia de neuroses atuais (presente, por exemplo, no artigo sobre o narcisismo). Mas a orientação geral é clara: teoricamente, o determinante é a regressão; clinicamente, a capacidade de estabelecer uma transferência interpretável e de constituir uma "neurose de transferência" no sentido restrito desta expressão (discutido em "Recordar, repetir e elaborar").

3) *teoria do processo analítico*: aqui também se verificam alterações de grande alcance. Se tomarmos o *Caso Dora* como exemplo de uma análise conduzida segundo as regras do primeiro modelo, verificamos que ela se estrutura em paralelo à análise do sonho, e que a interpretação incide sobre o conteúdo propriamente representacional das associações (conteúdo latente, é claro), sem que as transferências — no plural — tenham qualquer privilégio sobre outros

3. A construção da metapsicologia: 1892-1914

elementos do material. Já neste segundo modelo, ao menos nos escritos genéricos sobre a teoria da técnica, Freud insiste em que a interpretação deve focalizar as resistências e a transferência, chegando a definir (em "Recordar, repetir e elaborar") a neurose "artificial" de transferência como o eixo principal ao longo de que transcorrerá todo o processo.

A meu ver, o ponto de ancoragem dessa maneira de pensar deve ser procurado na metapsicologia, e mais especificamente na teoria da regressão, na medida em que é esta que passa a dar conta da consistência dos investimentos objetais. No dizer de Joel Birman, a transferência deixa de ocupar um "lugar periférico" para vir alojar-se num lugar "estratégico", pois a pessoa do analista passa a ser concebida como um objeto pulsional.[59] A repetição dos conflitos infantis, que se evidencia na transferência, será portanto a base de apoio para a resolução da neurose. Mas para que esta repetição se dê em ato e não somente *"in effigie"*, é preciso que a introversão da libido (característica dos processos patológicos) não tenha ultrapassado, regressivamente, o limite das fantasias; se ela tiver chegado até o ego ou, pior, até a desorganização autoerótica, a análise não terá como afetar o paciente.

Em conclusão, podemos dizer que o modelo construído ao longo dos anos 1909-14 está centrado numa problemática cujo foco de origem são as psicoses, que formam o solo dos conceitos-chave que nele se articulam: retirada da libido da realidade, regressão, novo estatuto da fantasia, as várias dimensões do narcisismo. Justifica-se assim, a meu ver, a tese de que a matriz clínica deste modelo é formada pelas psicoses naquilo que elas apresentam de irredutível ao funcionamento neurótico, e que portanto não podia ser apreendido pela teoria da libido em sua primeira sistematização. Mas Freud prosseguirá sua elaboração conceitual, através de textos importantes como *Totem e tabu* e a *Metapsicologia* de 1915. Nesses artigos, creio ser possível discernir as grandes linhas de outro modelo, agora baseado no estudo da neurose obsessiva.

59. Joel Birman e Carlos Augusto Nicéas, op. cit., pp. 29-33.

4. Reformulações da metapsicologia: 1914-26

No modelo construído a partir da histeria, o funcionamento mental apresentava uma característica bastante curiosa, à qual Paul Bercherie chama "dupla valência":[1] na tentativa de reproduzir a experiência de satisfação, o aparelho psíquico era conduzido — pela via da reminiscência — à alucinação e a uma descarga motora (a "ação específica" induzida pelo fracasso da alucinação em propiciar a satisfação esperada). Já no modelo que toma como matriz clínica as psicoses, o processo primário, sob o domínio do princípio do prazer, obedece a um regime puramente autístico: sexualidade, fantasia, autoerotismo e ego estão vinculados entre si, e opostos ao regime de funcionamento que leva em conta as exigências da realidade. Neste segundo regime, subordinam-se ao domínio do princípio de realidade as pulsões de autoconservação, o processo secundário, a sublimação, e as ações do "homem enérgico" mencionado nas conferências Clark, aquele que sabe "traduzir em realidade seus desejos e fantasias". A ação coloca-se assim no polo contrário àquele em que se situa o funcionamento espontâneo do psiquismo, de onde o problema de saber o que nos conduz a sair da alucinação e a tolerar a adaptação às circunstâncias "reais", isto é, exteriores: pois, se a alucinação não é satisfatória do ponto de vista da necessidade, ela o é plenamente do ponto de vista do desejo, como o comprova a experiência do sonhar.

1. Cf. Bercherie, op. cit., pp. 332 ss.

4. Reformulações da metapsicologia: 1914-26

O que ocorreu na passagem do primeiro para o segundo modelo, portanto, foi a dissociação da "dupla valência": autismo (investimento autoerótico) e modificação da realidade (investimento nela e nos objetos que ela oferece) tornam-se agora duas vias impossíveis de seguir simultaneamente. Ora, em *Totem e tabu*, assim como em outros escritos dos anos 1910 a 1915, Freud se depara com uma série de fenômenos que parecem repousar sobre um tipo de funcionamento psíquico essencialmente diferente dos que serviam de base para o segundo modelo; diria mesmo que eles implicam um funcionamento mental inverso. A atividade inconsciente tenderia a uma descarga imediata, a uma ação impulsiva — "no começo era a ação", diz ele citando o *Fausto* — como sua finalidade intrínseca, deixando de lado o regime autístico que lhe era natural no modelo precedente. O assassinato do pai primitivo seria um exemplo dessa propensão, que não deixa de lembrar a tendência à descarga total da tensão presente no primeiro modelo.

Mas atenção: naquele, a ação vem *depois* da alucinação — portanto, não pode estar "no começo". Além disso, os diques agora impostos à descarga imediata são bem mais complexos do que a mera inibição pelo ego como "massa de representações ligadas entre si". Estamos, na verdade, caminhando para um terceiro modelo, como procurarei demonstrar nas páginas seguintes; sua matriz clínica deve ser procurada na neurose obsessiva, e em especial em duas características que nela se destacam com especial clareza: a *ambivalência* e a *onipotência*. Ambas estão de início associadas ao narcisismo, mas o desenvolvimento da nova linha de pensamento vai levar, paulatinamente, a um certo apagamento da importância deste conceito no conjunto da metapsicologia.

A rigor, o narcisismo já é de certo modo excêntrico frente à oposição que estrutura o segundo modelo — autarcia *versus* investimento libidinal na realidade exterior — na medida em que os objetos presentes nesta última também podem ser escolhidos pelo modo narcísico, numa espécie de diagonal que atravessa o ego e os seus objetos e embaça a nitidez das distinções conceituais. Por isso mesmo, a noção de narcisismo revela-se tão fecunda, o que é uma outra maneira de dizer que transborda o marco conceitual que lhe deu origem (a teoria da libido), e permite anexar ao campo de inteligibilidade da psicanálise muitos fatos e relações psíquicas importantes.

O grau de complexidade atingido neste momento pela teoria freudiana torna menos fácil montar esquemas relativamente simples para descrever sua estrutura, como os que pudemos traçar para a teoria da libido ou mesmo para a polaridade autarcia / realidade. Convém, no entanto, ter em mente o vínculo interno estabelecido pelo segundo modelo entre narcisismo, sexualidade, fantasia, autoerotismo e ego, de tal modo que a patologia consiste na introversão da libido desde a realidade até algum ponto da série fantasias / narcisismo / autoerotismo. O que vai ocorrer agora é a dissolução desse laço interno, operação conceitual bastante complexa e que se escalona por vários anos; ao cabo dela, os oponentes da sexualidade já não serão a realidade exterior nem as pulsões do ego, mas a pulsão de morte e um ego concebido sob princípios bastante diversos do que era o caso no contexto do narcisismo.

O ÓDIO RECALCADO E A MATRIZ CLÍNICA DA NEUROSE OBSESSIVA

Vamos então por partes. Durante os últimos meses de 1907, Freud começa a trabalhar com um jovem advogado, o dr. Ernst Lanzer, cuja análise dará lugar a vários remanejamentos importantes na teoria e na técnica da psicanálise: trata-se do Homem dos Ratos.[2] Freud já se ocupara antes com a neurose obsessiva, no contexto do primeiro modelo psicanalítico: podem-se encontrar observações a esse respeito já em "As psiconeuroses de defesa" (1894). De modo geral, desde os anos 1890 alguns sintomas e mecanismos da neurose obsessiva são descritos e comparados com seus correspondentes na histeria e na paranoia: assim, na época da teoria da sedução, a experiência sexual de tipo passivo daria origem à histeria, enquanto a repetição ativa e prazerosa da sedução engendraria uma neurose obsessiva; as acusações dirigidas a outrem no delírio paranoico seriam na neurose obsessiva endereçadas ao próprio indivíduo, sob a forma de "autorrecriminações"; o deslocamento sem conversão somática é reconhecido como um mecanismo predominante nesta patologia; Freud evoca o vínculo entre a ruminação obsessiva e a superstição (em *Psicopatologia da vida cotidiana*, 1901), etc.

2. O texto de Freud — *Notas sobre um caso de neurose obsessiva* — foi publicado em 1909. James Strachey incluiu, na *Standard Edition*, as notas manuscritas que serviram de base para o texto publicado; essas notas foram cuidadosamente transcritas no alemão original, com tradução francesa paralela e importantes comentários, por Elza e Pierre Hawelka: *L'Homme aux rats, journal d'une analyse*. Paris: PUF, 1974. Um estudo abrangente, que contém resultados de pesquisas em documentos de arquivo e a identificação do paciente, além de outros dados interessantes, é o de Patrick Mahony: *Freud e o Homem dos Ratos*. São Paulo: Escuta, 1991.

4. Reformulações da metapsicologia: 1914-26

Ou seja: em seu esforço para constituir uma psicopatologia coerente, Freud se interessa por esta neurose e faz progressos consideráveis em seu conhecimento. No entanto, se a neurose obsessiva apresenta frente à histeria algumas peculiaridades — que justamente a tornam uma espécie diferente dentro do mesmo gênero —, não parece colocar dificuldades intransponíveis dentro do quadro teórico construído a partir daquela matriz clínica: seu fundo é sexual, os sintomas se estruturam por repressão e deslocamento, etc. Essa posição de princípio é ilustrada por uma carta datada de janeiro de 1908, na qual Freud responde às questões de Karl Abraham com uma espécie de supervisão do caso de neurose obsessiva que aquele começava a atender:

> seu caso de obsessão deve se tornar muito instrutivo. A técnica é um pouco mais difícil do que para a histeria, os meios do recalque um pouco diferentes; é um outro dialeto, porém não mais do que isso. O senhor encontra imediatamente a confirmação da atividade; de saída, é preciso contar, neste seu paciente, com um forte sentimento de culpa e com impulsos masoquistas e homossexuais (bater, nádegas). Sua laboriosa pesquisa é a continuação direta da antiga pulsão sexual de saber (*Wissbegierde*), que certamente ainda hoje se defronta com problemas. Os períodos de compulsão correspondem naturalmente a momentos de aumento da libido, isto é, a cada vez que o paciente se apaixona, ou quando a condição específica que nele determina o amor — os ciúmes — é despertada pela vida.[3]

No entanto, a análise do Homem dos Ratos produz um resultado não previsto pela teoria então vigente: o que é recalcado, longe de ser uma fantasia de desejo sexual, é o ódio inconsciente contra o pai. Boa parte do artigo sobre ele é dedicada a reflexões sobre essa estranha situação. Aliás, duplamente estranha: em primeiro lugar, o ódio não ocupava nenhuma posição de destaque nas doutrinas psicanalíticas de então; mesmo na constelação edipiana, ele é secundário em relação ao desejo incestuoso (o Pequeno Hans transforma em medo do cavalo o ódio ao pai, cujo motivo reside na interdição imposta à realização do incesto). Em segundo lugar, no primeiro sistema psicanalítico o alvo do recalque é sempre e por definição a sexualidade; ora, nesse caso, o "amor" é justamente o que *inibe*

---

3. Freud-Abraham, *Correspondance 1907-26*, carta de 9/1/1908, p. 28. A discussão continua nas cartas seguintes, essencialmente nos mesmos termos.

140

o ódio e o expulsa para o inconsciente! Freud é perfeitamente claro a este respeito: "na repressão do ódio infantil contra o pai, discernimos o processo que compeliu todos os acontecimentos posteriores a entrar no contexto da neurose".[4]

Essa situação o deixa "perplexo"; Luís Carlos Menezes diz que ela introduz nas "engrenagens da metapsicologia" um "grão de areia", o qual para este autor será "responsável por todos os deslocamentos e remanejamentos metapsicológicos que se produzirão a partir de então na obra de Freud"[5]. A perplexidade transparece no parágrafo de abertura da parte teórica, quando Freud cita sua concepção de 1896 acerca da neurose obsessiva e reconhece que, embora composta por elementos corretos, ela deve ser reformulada; mas a reformulação proposta diz respeito apenas à substituição do termo "representações obsessivas" por "pensamento obsessivo". Patrick Mahony vê neste trecho uma contaminação da exposição por traços obsessivos do próprio Freud: ele mesmo usa ora um ora outro termo, que sob sua pena são sinônimos — por exemplo, no título de uma das seções deste capítulo teórico ("Algumas *representações* obsessivas — *Zwangsvorstellungen* — e sua tradução").[6]

Não sei se aqui estão presentes "traços obsessivos" — Mahony parece referir-se a um esforço para distinguir artificialmente coisas no fundo indiscerníveis, ou seja, aquilo a que no Brasil chamamos "procurar pelo em ovo", o que seria sintoma de uma sexualização obsessiva do pensamento — mas certamente a "reformulação" é muito mais ampla do que Freud deixa entrever nesta sua autocrítica. Penso que estamos diante de uma formação de compromisso: Freud percebe que há um pino batendo no seu esquema, mas ainda não consegue localizar exatamente de onde vem o ruído. Anuncia então que é necessária uma "reformulação" do que havia escrito, para em seguida reduzi-la a uma questão de vocabulário, e postular que deve ser feita uma distinção que ele mesmo não respeitou nem respeitará... Sinal de uma dificuldade mais séria, e ecos de um esforço para resolvê-la que ainda não foi bem-sucedido.

---

4. Freud, *Bemerkungen über einen Fall von Zwangsneurose*, SA VII, p. 95; BN II, p. 1481. Este texto será designado como "Homem dos Ratos" (1909). [Ed. bras.: OCCL, v. 9, pp. 13-112.]

5. Luís Carlos Menezes, "Questões sobre o ódio e a destrutividade na metapsicologia freudiana", Revista *Percurso*, n. 7, fev. 1991, p. 18. Cf. também, do mesmo autor, "O Homem dos Ratos e a questão do pai", Revista *Percurso*, n. 5/6, jan. 1991, pp. 7-14. Aliás, nesse excelente artigo, Menezes começa por apresentar um resumo das posições teóricas de Freud em 1908 que corresponde, no essencial, ao que designei como "primeiro sistema de psicanálise"... Bem-vinda concordância...

6. P. Mahony, op. cit., p. 168.

4. Reformulações da metapsicologia: 1914-26

Na verdade, a dificuldade não está em precisar que "representações obsessivas" são algo diferente de "pensamento obsessivo". Está onde Freud a aponta, na seção 3 do capítulo teórico: no fato de que a metapsicologia desta neurose se revela incompatível com a tese de que o recalcado é sempre o sexual. Mas, segundo "O Homem dos Ratos", o mecanismo central da neurose obsessiva é um conflito entre o ódio e o amor, no qual este não extinguiu o primeiro nem foi vencido por ele, coexistindo ambos em relação à mesma pessoa: a esta configuração, Freud chamará logo mais *ambivalência*, utilizando outro termo sugerido por Bleuler.

A surpresa do leitor diante do expressivo lugar ocupado pelo ódio na argumentação de Freud aumenta ainda mais quando, logo a seguir, é informado de que, "mantido sob repressão no inconsciente através do amor, o ódio também desempenha um grande papel na patogênese da histeria e da paranoia".[7] Nada na psicanálise de 1908 permitiria prever semelhante afirmativa! Na continuação, Freud sugere uma via para escapar do problema, mas ela não é das mais consistentes:

> a condição para esta estranha constelação da vida amorosa parece ser uma cisão muito precoce, datando dos anos pré-históricos da infância, entre os dois opostos, com repressão de um deles, costumeiramente o ódio [...]. Conhecemos muito pouco sobre a natureza do amor para chegar a uma conclusão definitiva; especialmente a relação do seu *fator negativo* com a componente sádica do amor permanece completamente obscura (*völlig ungeklärt*). Com a ressalva de que esta é apenas uma hipótese provisória, podemos dizer: nos casos mencionados de ódio inconsciente, a componente sádica do amor era constitucionalmente muito forte; por isso, sofreu uma repressão muito precoce e radical, e agora os fenômenos observados na neurose surgem por um lado da ternura consciente exacerbada por reação, e por outro lado do sadismo, que no inconsciente continua a funcionar como ódio.[8]

Ou seja: Freud procura dar conta do problema com os recursos do seu primeiro sistema, exatamente como, a Jung, escrevia que as psicoses podiam ser explicadas através de uma "extensão" dos mesmos mecanismos que operam na histeria. Temos aqui um bom exemplo do que, para Thomas Kuhn, faz a força de

---

7. Freud, "O Homem dos Ratos", SA VII, p. 96; BN II, p. 1482; OCCL, v. 9.
8. Id., "O Homem dos Ratos", SA VII, pp. 96-7; BN II, p. 1482. Grifos de Freud.

um paradigma: frente a uma dificuldade inesperada, o funcionamento "normal" da ciência consiste em procurar resolvê-la com os instrumentos propiciados pelo paradigma vigente, e só em último caso, depois de muitos esforços e tentativas, é que sua irredutibilidade a tal paradigma acaba por ser reconhecida, com o que se torna necessário inventar um novo.

No vocabulário adotado no presente livro, falamos de *modelos*, reservando o termo *paradigma* para outro nível de abstração,[9] mas a situação é a mesma. O ódio é o reprimido: como isso é possível, se o reprimido é o sexual? Resposta: o ódio está de alguma forma ligado ao sexual, é parte dele — a "componente sádica do amor", ou então o seu "fator negativo" — e foi cindido precocemente, devido à sua excepcional intensidade, de um magma originário do qual nada sabemos. O que sabemos é que, para manter recalcado o ódio, o amor precisa se intensificar "por reação" — e aqui estamos em terreno conhecido, porque este é o mecanismo da formação dos sintomas obsessivos descrito já em 1896, dentro do marco conceitual centrado na histeria: intensidades que se deslocam, hipercompensação, etc. Mas o recurso ao "constitucional" é curto, porque o ódio apresenta uma faceta cruel que não faz parte das pulsões fundamentais — e, se há algo cruel, é o suplício dos ratos relatado pelo capitão ao tenente Lanzer, que o incorporou imediatamente às suas fantasias.

Em todo caso, é ao conflito fundamental entre ódio e amor — este na posição de inibidor daquele — que devem ser reportados os sintomas característicos da neurose obsessiva: a paralisia da ação, a dúvida compulsiva, o caráter de coerção incontornável que tomam as injunções e as ordens, etc. E é neste ponto que o "grão de areia" retorna, para, como diz tão bem Menezes, fazer ranger um pouco mais as engrenagens da metapsicologia:

se o paciente, com a ajuda do deslocamento, consegue finalmente chegar a uma decisão sobre uma de suas intenções inibidas, então a intenção *deve* ser executada. É certo que esta intenção não é a original, mas a energia represada naquela não pode deixar escapar a oportunidade de encontrar uma saída, descarregando-se na ação substitutiva. [...] Mas o caminho que conduz ao ato substitutivo (*Ersatzhandlung*), mesmo que deslocado sobre uma minúcia, é tão ardentemente disputado, que em regra geral tal ato só pode ser realizado sob a forma de uma medida protetora

---

9. Cf. o capítulo 2. "Paradigmas e matrizes clínicas", neste volume.

4. Reformulações da metapsicologia: 1914-26

intimamente associada com aquele mesmo impulso contra o qual ela deveria defender. Além disso, através de uma espécie de *regressão*, atos preparatórios vão sendo realizados no lugar da decisão final, o pensamento substitui o agir, e algum pensamento preliminar a este se afirma com toda a força da compulsão. Segundo esta regressão da ação para o pensamento seja mais ou menos acentuada, um caso de neurose obsessiva exibirá as características do pensamento obsessivo [...], ou as dos atos compulsivos, no sentido mais restrito.[10]

Qual é o grão de areia? É a ideia de uma regressão do *ato* para o *pensamento*, que assim se torna um substituto para o primeiro. Entre as formações obsessivas do primeiro parágrafo da parte teórica, Freud enumera "desejos, tentações, impulsos, reflexões, dúvidas, ordens e proibições", que os pacientes designam com o termo geral de "representações obsessivas". Nesta série, temos de um lado o registro dos impulsos, e do outro — a partir do termo *reflexões* — o das representações propriamente ditas. O impulso desembocaria diretamente numa ação, se não fosse justamente inibido por uma tendência contrária; é esta que dá origem à "medida protetora", que, por ser uma formação de compromisso, traz as marcas das duas correntes afetivas que a constituem.

Ora, o que resulta dessas hipóteses é que o funcionamento psíquico tende a um objetivo muito diferente daquele que se depreende dos dois primeiros modelos metapsicológicos: ele não ruma para a alucinação seguida da ação específica, isto é, para a sua conclusão espontânea segundo o *Projeto* e o capítulo VII da *Traumdeutung*, nem para a reclusão autoerótica na fantasia, isto é, para aquilo que será sua conclusão espontânea nos "Dois princípios". O funcionamento mental tende à *descarga automática sob a forma de uma ação impulsiva*, e é a força que deveria alimentar esta ação, mas não o faz por causa da regressão, que vem investir o pensamento. De onde a definição do que é obsessivo numa formação deste tipo:

> tornam-se obsessivos (*zwanghaft*) aqueles processos de pensamento [...] empreendidos com o dispêndio de energia normalmente reservado apenas às ações, tanto qualitativa como quantitativamente, isto é, *pensamentos que devem representar, regressivamente, ações (Gedanken, die regressiv Taten vertreten müssen)*.[11]

10. Freud, "O Homem dos Ratos", SA VII, p. 99; BN II, p. 1484; OCCL, v. 9.
11. Id., SA VII, p. 101; BN II, p. 1485. Grifos de Freud.

Essa ideia não é desenvolvida no texto sobre o Homem dos Ratos, mas constitui uma grande novidade no esquema metapsicológico então em vigor. Juntamente com a hipótese de um ódio recalcado pelo amor, ela introduz uma nota dissonante na elegância com que o modelo parecia dar conta dos fenômenos observados na clínica, que sempre se mostravam dóceis às tentativas de reduzi-los ao jogo combinado das pulsões e do ego inibidor, no interior de um aparelho psíquico organizado em sistemas definidos por sua relação com a consciência e por sua distância dela.

Freud procura, é certo, dar uma explicação libidinal para essa intensificação dos processos de pensamento, falando no parágrafo seguinte na "sexualização do pensamento" e na atribuição ao *ato* de pensar do prazer sexual originalmente ligado ao *conteúdo* do pensamento, o que é mais um exemplo de deslocamento pulsional — no caso, da pulsão sexual de saber. Mas a ideia de que o incremento de energia psíquica deve resultar numa ação retorna logo a seguir: "esta relação da pulsão de saber com os processos intelectuais a torna especialmente apropriada [...] para atrair para o pensamento a energia que se esforça inutilmente para abrir caminho até a ação (*die Energie, die sich vergeblich zur Handlung durchzudringen vermüht*)".

Ou seja: esta descrição enfatiza o caráter premente (*durchdringen*) do esforço (*vermüht*) realizado pela energia para chegar até seu destino, que seria o escoamento; esforço e premência necessitados pela interposição de bloqueios defensivos no caminho que, se pudesse, ela tomaria naturalmente. De certa forma, Freud recupera aqui o "princípio de inércia neurônica" do *Projeto* — a tendência à evacuação completa da excitação, ou "lei do zero", como a denomina Laplanche em *Vida e morte em psicanálise*; mas o problema é mais complicado do que parece, porque no entretempo — estamos em 1908! — a "excitação" indiferenciada do *Projeto* tornou-se pulsão sexual, e, no segundo modelo, a sexualidade tende — como vimos — a um funcionamento autárcico, voltada para o interior e não para o exterior. Dito de outro modo, o princípio do prazer conduz à descarga alucinatória numa perspectiva, e à descarga motora na outra, isto é, opera em duas direções perfeitamente inconciliáveis.

Na verdade, o texto da seção sobre a vida pulsional dos neuróticos obsessivos — que encerra o "Homem dos Ratos" — contém em germe um terceiro modelo do funcionamento psíquico, mas apenas em germe. Freud o deixará "em banho-maria" por vários anos, pois, como vimos no capítulo anterior, ocupou-se logo em seguida com os problemas trazidos pela recalcitrância de Jung em aceitar

4. Reformulações da metapsicologia: 1914-26

que a teoria da libido pudesse dar conta da psicose, e, seguindo essa trilha, foi levado a desenvolver o que chamei de segundo modelo. Neste, o que entrevira no "Homem dos Ratos" não é considerado: nada de ódio nem de tendência à descarga impulsiva, mas, ao contrário, um laço interno entre a sexualidade, a regressão, a fantasia e o princípio de prazer, todos sob a égide do autoerotismo como regime preferencial de funcionamento.

Ora, no texto que acabamos de comentar, o autoerotismo nada tem a fazer, e a "energia" — que não parece muito sexual, já que está de algum modo misterioso ligada ao ódio — tende a uma descarga direta na ação, descarga impedida pela função inibidora que o amor deve desempenhar quanto àquele. Estes elementos não formam entre si um conjunto coerente, é o mínimo que se pode dizer, nem coerente com o resto da metapsicologia. Permanecerão em latência, na verdade, até *Totem e tabu*, quando serão acoplados de modo muito original a um tema que também despontara no "Homem dos Ratos" — a ideia de onipotência do pensamento e do desejo. Mas, quando escreve *Totem e tabu* — especialmente o terceiro e o quarto ensaios deste livro — Freud já dispõe do conceito de narcisismo, cuja laboriosa construção acompanhamos há pouco. *Totem e tabu* será estruturado seguindo duas grandes linhas: a do narcisismo por um lado, a da ambivalência por outro; e é da conjunção destas duas temáticas que surgirão, mais claramente, os lineamentos do seu terceiro modelo metapsicológico.

UM PASSO ADIANTE: *totem e tabu*

Num livro tão rico em ideias e análises, precisamos ser seletivos e destacar somente aqueles pontos que dizem respeito a nosso argumento atual. Assim, concordaremos com Paul Bercherie quanto afirma que, no segundo e no terceiro ensaios, o modelo metapsicológico subjacente é o segundo — o baseado nas psicoses — e que o eixo da análise do animismo é a noção de onipotência das ideias, portanto aquela faceta do narcisismo que se adapta bem ao conceito de introversão da libido. Essa congruência pode ser ilustrada por algumas afirmações de Freud que se encontram no final do segundo ensaio:

A psicanálise mostrou, de modo geral, que as tendências que na neurose sofrem uma derivação e um deslocamento são de origem sexual [...]. *A predominância das tendências sexuais sobre as tendências sociais constitui o traço característico da neurose* [...]. A necessidade sexual é impotente para unir os homens, como o fazem as exigências da autoconservação; a satisfação sexual é em primeiro lugar uma questão do indivíduo. Do ponto de vista genético, a natureza associal da neurose deriva da sua tendência originária a fugir da realidade, que não proporciona satisfações, para um mundo de fantasias que oferece mais prazer (*lustvollere Phantasienwelt*).[12]

A propósito dessas linhas, Bercherie comenta que aqui o segundo modelo atinge um momento de síntese, pois o que é afirmado é a identidade entre o desvio patológico da realidade rumo ao mundo interior das fantasias (introversão da libido) e a característica narcísica da pulsão sexual, que a força a buscar satisfação num movimento essencialmente centrípeto (por meio da regressão, da qual já falamos anteriormente).[13]

Contudo, desde o segundo ensaio se insinua o tema da ambivalência, a começar pelo título: "O tabu e a ambivalência dos sentimentos". É graças a ela que este curioso costume ganha inteligibilidade, revelando-se como uma medida protetora contra o ódio inconsciente dirigido essencialmente a figuras paternas (chefes, inimigos e mortos). Aqui não é necessária interpretação alguma para perceber que a referência clínica de Freud é a neurose obsessiva: ela é evocada em quase todas as páginas de *Totem e tabu*, e fornece os parâmetros para compreender os costumes e crenças dos primitivos. Estes se revelam determinados pela presença marcante de duas características psicológicas: a onipotência do pensamento, que é um traço genérico do narcisismo infantil presente em todas as neuroses,[14] e a ambivalência, esta especialmente ligada à neurose obsessiva. Assim, é do estudo desta última que resultam as conclusões mais inovadoras do livro, pois a faceta grandiosa do narcisismo já se encontrava elaborada nos textos que comentamos no capítulo 3.

---

12. Id., *Totem und Tabu*, SA IX, pp. 362-3; BN II, p. 1794. Este livro será designado como *Totem e tabu*. Note-se que, no contexto do segundo modelo, a sexualidade "é impotente para unir os homens" — porque seu funcionamento é centrípeto e não centrífugo — enquanto, na grande revisão de 1920, as pulsões de vida (que subsumem a sexualidade) terão por meta exatamente "unir os homens". [Edições brasileiras: OCCL, v. 11; *Totem e tabu: algumas concordâncias entre a vida psíquica dos homens primitivos e a dos neuróticos*. Trad. de Paulo César de Souza. São Paulo: Penguin Classics Companhia das Letras, 2013.]

13. Bercherie, op. cit., p. 330.

14. Freud, *Totem e tabu*, SA IX, p. 375; BN II, p. 1802; OCCL, v. 11.

4. Reformulações da metapsicologia: 1914-26

Dito de outro modo, a presença de traços narcísicos no funcionamento mental dos primitivos não é tão surpreendente para quem, como Freud, assume uma posição decididamente evolucionista: embora seja enfático ao dizer que mesmo os primitivos atuais estão muitíssimo distantes do que seria um primeiro momento da hominização — a advertência se encontra na primeira nota de pé de página do livro —, é indiscutível que para ele o "primitivo" é alguém cujos processos primários funcionam com mais intensidade do que no adulto "civiliza-do" normal. Também funcionam com mais intensidade na criança e no neuróti-co, que nada mais é do que aquele que permaneceu fixado num momento infantil da vida sexual. Portanto, o primeiro paralelo entre a vida psíquica dessas três categorias de seres humanos consiste em sua aderência relativamente forte a um modo de funcionamento arcaico, no qual predomina o narcisismo em sua vertente "associal". Conclusão: embora o termo *Allmacht der Gedanken* seja uma invenção do Homem dos Ratos, o conceito que ele denota se encaixa sem problema algum no contexto do segundo modelo metapsicológico, e nada deve à matriz clínica da neurose obsessiva.

Tal não é o caso da ambivalência, pela boa e simples razão de que ela consiste na presença simultânea do amor e do ódio em relação à mesma pessoa, ou seja, contém um elemento psíquico — o ódio — que ainda não encontrou seu lugar na metapsicologia, e que vai mesmo, como sugerem tanto Bercherie como Menezes, provocar o remanejamento dos esquemas elaborados até então. O *locus* da ambivalência é o complexo paterno, porque a vítima por excelência do ódio inconsciente é a figura do pai. Neste ponto, Freud retoma o fio de pensamento iniciado na parte teórica do *Homem dos Ratos* e o desenvolve ao longo dos diversos ensaios de *Totem e tabu*, cujo ápice é o famoso mito da horda primitiva e do assassinato do *Urvater* (o pai primordial).

Neste mito, é interessante observar a confluência das duas temáticas, a do narcisismo e a da ambivalência, e isso em vários aspectos da situação imaginada por Freud. Primeiramente, o pai da horda é a encarnação mesma da onipotência — não conhece limite algum à realização dos seus desejos — mas esta se encontra dissociada do autoerotismo, que é o regime de desejo a que estão condenados os filhos (não podem tocar nas fêmeas, reservadas à libido paterna). Por sua vez, o ódio predomina na atitude dos filhos frente ao pai; ódio contido pela força bruta desse pai, mas que vai explodir no assassinato a que está condenado a partir do momento em que os filhos se unem. O amor surge na aliança dos filhos —

148

sob a forma, provavelmente, de libido homossexual — e na "admiração" que, segundo Freud, sentiam pelo pai onipotente.

Em toda esta situação originária, porém, o que predomina é a *ação*: não há lugar para a fantasia nem para o pensamento. A cada vez que surge um impulso sexual, ele é satisfeito imediatamente, se ocorre no pai (que domina as fêmeas e os filhos); se surge nos filhos, é exteriorizado de algum modo violento (talvez matando um animal), ou é sufocado pelo medo, vindo alimentar a hostilidade contra a figura paterna. Em todo caso, o primário é a descarga impulsiva da energia, e somente após o assassinato do pai é que serão controladas as tendências hostis, seja pelo pacto entre os filhos, seja pelo surgimento da consciência moral. Assim, o complexo de Édipo se constitui intrapsiquicamente, em sua dupla orientação — amor e ódio — *ao mesmo tempo* em que engendra, no plano social, as instituições da civilização (pela lei da exogamia e pela proibição do assassinato intraclã).

A cena imaginada por Freud — o assassinato do pai e a devoração do cadáver pelos filhos — encontra-se assim na dobradiça de dois modelos metapsicológicos muito diferentes. Um deles, cuja lenta elaboração estamos acompanhando, é o que tem por matriz clínica a neurose obsessiva. É este que explica o caráter violento e súbito da ação, bem como a pressão do ódio que, ao se fazer intolerável — possivelmente combinando-se com a pressão libidinal do desejo eternamente insatisfeito —, determina a "passagem ao ato" e a consumação do parricídio. No assassinato primordial confluem, assim, dois elementos que no "Homem dos Ratos" permaneciam ainda dissociados: a presença de um ódio inassimilável à sexualidade, e a tendência à descarga impulsiva como conteúdo do princípio do prazer. Mas a descarga impulsiva exige um objeto que não é o próprio eu, caso contrário seu resultado não seria o parricídio, mas o suicídio. Ora, se tal descarga é uma liberação de ódio, começa a desenhar-se um vínculo entre o ódio e o objeto, vínculo inteiramente novo na metapsicologia, e que será um dos pontos-chave do terceiro modelo: o caminho iniciado no final do quarto ensaio de *Totem e tabu* será retomado no artigo de 1915 intitulado "Pulsões e destinos de pulsão".

O outro modelo metapsicológico na base do mito freudiano, a meu ver, terá por matriz clínica a melancolia, mas neste momento ainda não está constituído; Freud só o montará quando extrair todas as consequências da identificação, que, na época na qual redige *Totem e tabu*, é apenas um entre os vários mecanismos psíquicos. É ela que dá conta do ato que se segue ao parricídio: os filhos coligados devoram o cadáver do pai, e assim cada um incorpora um "pedaço de

4. Reformulações da metapsicologia: 1914-26

pai". O destino deste "pedaço", sabemos bem, é constituir o núcleo do superego, e o processo aqui evocado — mas não desenvolvido — é a identificação. No livro de 1914, Freud ainda não avançou tanto: diz apenas que

> uma vez saciado o ódio pelo pai e *seu desejo de identificação com ele*, era preciso que neles (os irmãos) se impusessem os sentimentos carinhosos, anteriormente domi- nados por aquele (ódio). Isso acontece sob a forma do remorso; surgiu uma cons- ciência de culpa (*Schuldbewußtsein*), aqui confundida com o remorso, experienciado simultaneamente.[15]

Ou seja: Freud supõe a ocorrência, em escala macroscópica, do mesmo proces- so que detectara no Homem dos Ratos, a saber a inibição do ódio pelo amor. Dela voltaremos a falar em seguida; do outro modelo, cujos germes é possível distinguir na cena do banquete totêmico, trataremos numa seção ulterior deste capítulo.

O amor inibe o ódio: esse processo se torna compreensível para Freud pri- meiramente no plano coletivo. Morto o pai, os irmãos se veem numa situação curiosa: o motivo do assassinato era o desejo de ocupar o lugar que ele deixa vago, mas isso implicaria a vitória de um filho e a derrota de todos os demais, que se veriam novamente privados do acesso às fêmeas caso um deles se convertesse no novo tirano da horda. Assim, decidem que nenhum deles ocupará tal lugar, e que a nenhum deles será permitida a posse das "viúvas" do pai: cada um deverá buscar mulher em outro clã, sendo proibida a relação com as do próprio grupo de origem (tabu do incesto). Dessa forma, a proibição do pai ganha uma força que jamais tivera enquanto ele vivia, porque age "de dentro", intimamente asso- ciada à culpa e ao remorso: estamos diante do primeiro esboço do superego, herdeiro da brutalidade e da crueldade do pai primitivo. No entanto, como o ódio por ele foi saciado pelo ato parricida, o amor pôde ir-se impondo, dando origem a um ideal "cujo conteúdo era a onipotência e a falta de limitação do pai primitivo combatido um dia, e a disposição de submeter-se a ele": assim surge a figura do totem, e depois a dos deuses, seus herdeiros.[16]

---

15. Id., SA IX, p. 427; BN II, p. 1839. Grifos meus. Nos trechos seguintes do livro, Freud emprega esta ideia para traçar um amplo panorama da evolução das religiões, tomando assim uma vertente so- ciocultural. Mas a vertente propriamente intrapsíquica do processo aqui descrito só será explorada em "Luto e melancolia".

16. Id., SA IX, p. 432 ss.; BN II, p. 1842 ss.

O nascimento da religião demonstra assim que o amor pode inibir o ódio, mas essa tarefa lhe é a rigor facilitada pela considerável diminuição da força do seu oponente que resulta do ato parricida; digamos que sobra muito pouco ódio após o festim totêmico, e Freud fala mesmo na "extinção" paulatina da hostilidade contra o pai. É certo que uma parte deste ódio se voltará contra o próprio sujeito, na forma de autorrecriminações e de sentimento de culpa, mas, para dar conta desse processo, será preciso esperar o estudo da melancolia. Por enquanto, mais uma vez, a solução é parcial: continuamos sem saber *como*, precisamente, se dá a vitória do amor sobre o ódio, isto é, como aquele consegue reprimir para o inconsciente a hostilidade. Também permanece enigmática a tendência originária à ação, que Freud reafirma — embora cautelosamente — nas linhas finais de *Totem e tabu*:

Desejos e impulsos têm para o primitivo todo o valor de fatos [...]. [Mas] não é verdade que os neuróticos obsessivos, que hoje sofrem a pressão de uma supermoral (*Übermoral*), se defendem somente contra a realidade psíquica das tentações [...]. Nisso há também uma parte de realidade histórica; em sua infância, estes homens só tinham impulsos maus, e, na medida em que o permitia a impotência infantil, também traduziram tais impulsos em ações [...]. Certamente, nem o primitivo nem o neurótico conhecem estas separações nítidas que nós estabelecemos entre pensamento e ação. Só o neurótico [porém] está inibido na ação; nele o pensamento substitui completamente a ação. O primitivo é desinibido, nele o pensamento se converte sem mais em ato, e o ato é para ele por assim dizer o substituto do pensamento. E por isso, sem pretender concluir definitivamente a discussão do caso, podemos supor: "no começo era a ação".[17]

Quanto ao que nos interessa no momento — a questão dos modelos metapsicológicos — o resultado das análises de *Totem e tabu* é portanto ambíguo: revela uma primeira tentativa para explorar as consequências da introdução do ódio e da tendência basal à descarga impulsiva, tentativa que parece mais bem-sucedida no plano da sociedade e da cultura do que no plano da vida psíquica individual. O ódio aparece como uma força poderosa, capaz de induzir a atos violentos e de grandes consequências; aparece também estreitamente vinculado a um objeto

17. Id., SA IX, p. 444; BN II, p. 1850.

4. Reformulações da metapsicologia: 1914-26

específico, o pai, dando seguimento ao que fora estabelecido no "Homem dos Ratos". Sua transformação em medo também fica esclarecida, através do estudo dos tabus referentes aos mortos e do papel que em sua constituição desempenha o mecanismo da projeção.

Aqui Freud continua uma linha de raciocínio iniciada com o *Caso Schreber* e com o estudo das transformações da representação "eu, um homem, o amo" — uma delas é precisamente "ele, um homem, me odeia". Mas, nesse texto, o ódio é uma formação defensiva contra a explosão da libido homossexual que desencadeia o processo psicótico; também no "Homem dos Lobos", como nota com argúcia Luis Carlos Menezes, o fator desencadeante da fobia é um impulso homossexual dirigido ao pai.[18] Assim, em dois dos grandes casos de Freud, o polo pulsional da vida psíquica é ocupado por uma fantasia sexual, e é a defesa contra ela que determina a construção da neurose, conforme os esquemas básicos da teoria da libido e do segundo modelo metapsicológico. Verifica-se assim que é na neurose obsessiva que reside o "grão de areia", e que este grão de areia é exatamente o papel do ódio no funcionamento mental: por isso, venho afirmando que é ela a matriz clínica do terceiro modelo, e que a tarefa fundamental deste modelo será precisamente dar conta do problema do ódio.

Por outro lado, *Totem e tabu* utiliza amplamente o segundo modelo, no que se refere ao vínculo entre onipotência e narcisismo; e introduz o que virá a ser o quarto, complementando a gênese das instâncias ideais (já esboçada em *Para introduzir o narcisismo*) com a ideia da identificação com o pai morto, por meio da incorporação de um "pedaço" dele na refeição totêmica.

Diante dessa pluralidade de perspectivas, não é de admirar que Freud tenha sentido necessidade de efetuar um balanço e uma síntese dos conhecimentos psicanalíticos de que dispunha, tarefa aliás facilitada pela eclosão da Primeira Guerra Mundial e pelo súbito aumento de seu tempo livre provocado pela debandada dos pacientes e dos discípulos. Essa síntese será tentada na *Metapsicologia* de 1915, e o balanço, realizado com as *Conferências de introdução à psicanálise* de 1916-7. Não falaremos aqui do balanço, nem das partes da *Metapsicologia* que, de certo modo, representam uma versão apenas mais sistemática e complexa das teses que já conhecemos; vamos nos deter no que é novo, isto é, na solução original que Freud produz para a questão do ódio e de sua relação com o amor.

18. Luis Carlos Menezes, "O Homem dos Ratos e a questão do pai", p. 12.

ÓDIO, OBJETO E NARCISISMO

Essa solução está na parte final de "Pulsões e destinos de pulsão", e representa um passo importante na construção do terceiro modelo. Ela consiste em estabelecer um vínculo entre o ódio e o narcisismo, vínculo que afeta profundamente a noção mesma de narcisismo. Como esta ideia, absolutamente nova na metapsicologia, está enquadrada por uma discussão mais ampla sobre as pulsões, convém situá-la no contexto desta última.

"Pulsões e destinos de pulsão" é um texto organizado em torno da distinção entre o sexual e o não sexual, e busca conferir (de modo mais convincente do que até então Freud fora capaz de o fazer) um estatuto pulsional a este "não sexual". O conflito defensivo sempre fora concebido como opondo a sexualidade a um "outro"; mas este outro não era, de início, uma outra pulsão. Sucessivamente, o lugar de adversário do sexual foi ocupado pelo ego (nos escritos dos anos 1890), pelas "necessidades" ou "funções vitais" (nos *Três ensaios*), pela realidade frustradora (nos textos em que se enuncia o segundo modelo metapsicológico). Somente em 1910, num curto artigo sobre as perturbações psicogênicas da visão, é que aparece o termo "pulsões do ego", definidas por oposição às pulsões sexuais: são "as outras, que têm por fim a autoconservação do indivíduo, as pulsões do ego".[19]

Contudo, como observam com razão os autores do *Vocabulário de psicanálise*, a oposição entre os dois grupos é raramente utilizada por Freud fora das exposições teóricas; nos estudos clínicos, a energia repressora não se relaciona com a autoconservação (no "Homem dos Lobos", por exemplo, é a "libido genital narcísica"), ou, quando o lugar de repressor é conferido ao ego, este não atua no interesse da autoconservação.[20] Tem-se a impressão de que a distinção é um tanto artificial, não porque a sexualidade e o ego sejam parentes próximos, mas porque a ideia de "pulsões do ego" parece incomodar Freud como um conceito de alguma forma bastardo: não é raro que ele comente o caráter provisório ou canhestro dessa oposição, um *faute de mieux* imposto pela necessidade de se orientar num campo dos mais obscuros.

---

19. Freud, "Die psychogene Sehstörung in psychoanalytischer Auffassung", SA VI , p. 209; BN II, p. 1633. [Ed. bras.: "Concepção psicanalítica do transtorno psicogênico da visão" (1910). In: OCCL, v. 9, pp. 313-23.]

20. Cf. Laplanche e Pontalis, op. cit., verbete "Pulsions du moi", pp. 380 ss.

4. Reformulações da metapsicologia: 1914-26

Em todo caso, e mesmo que não seja possível especificar a contento no que consistiriam as tais pulsões do ego, a ideia de uma oposição entre elas e as sexuais caberia sem grande dificuldade no primeiro modelo. As coisas se complicam quando entra em cena o narcisismo, porque este consiste (também) num investimento libidinal. Ora: se ele é objeto das pulsões sexuais, se a regressão libidinal pode chegar até ele e mesmo aquém (na esquizofrenia), se a passagem da libido pelo ego no seu caminho para os objetos a marca com um timbre específico (a tendência à superestimação e à idealização), como sustentar uma oposição frontal entre pulsões sexuais e pulsões do ego? Qual seria, por exemplo, a *fonte* destas pulsões? Seu *alvo* ainda é claro — a autoconservação —, mas é difícil dizer de onde provém o seu *Drang*, ou ímpeto.

Não é inútil aqui lembrar que, no segundo modelo, tudo se passa em termos sexuais: a oposição pertinente é a que vige entre libido objetal e libido narcísica, e, no momento da escolha objetal, o próprio modo anaclítico *não* opõe as pulsões sexuais às do ego; ao contrário, é "seguindo o caminho apontado pelas primeiras experiências de satisfação [...] vividas em relação com as funções vitais destinadas à autoconservação"[21] que aquelas se destacam em sua especificidade. Nada de pulsões do ego, portanto, e com razão, porque neste modelo o oponente da sexualidade não é ele — com ou sem pulsões — e sim a "realidade". Em resumo: neste segundo modelo, o ego ocupa um lugar dos mais ambíguos, em parte como agente da realidade, mas principalmente enquanto etapa intermediária no caminho da libido entre o autoerotismo e o investimento objetal, ou seja, mais próximo da sexualidade do que seria conveniente para um adversário dela.

O fato é que a exigência teórica de uma oposição simétrica entre dois grupos de pulsões igualmente fundamentais não pôde ser satisfeita nos escritos anteriores a 1915, e é justamente em "Pulsões e destinos de pulsão" que o problema é novamente atacado. Mas agora Freud dispõe de um conceito capaz de reorganizar toda a questão, conceito que tampouco se encaixava bem nos modelos anteriores: a noção de ódio, tal como se destaca do estudo da neurose obsessiva. A grande novidade deste texto é a descoberta de um lugar para o ódio, e Freud o localiza — em sua oposição ao amor — ao cabo de um percurso que vale a pena reconstituir brevemente.

---

21. Freud, "Para introduzir o narcisismo", SA III, p. 54; BN II, p. 2025; OCCL, v. 12. Cf. o comentário de Laplanche a este texto, no capítulo "Le Moi et le narcisisme" de *Vie et mort en psychanalyse*, pp. 117 ss.

Tendo falado das pulsões do ego, a contragosto elevadas à categoria de oponentes da sexualidade, Freud passa a discutir os destinos da pulsão sexual. Deixando de lado a repressão e a sublimação, concentra-se em dois destinos marcadamente narcísicos: a reversão para a própria pessoa (*Wendung gagen die eigene Person*) e a transformação no contrário (*Verkehrung ins Gegenteil*). O primeiro será elucidado por uma análise dos pares antitéticos sadismo/masoquismo e escoptofilia/exibicionismo; o segundo concerne à transformação do amor em ódio. A discussão do par escoptofilia/exibicionismo tem por fio condutor a temática do narcisismo, já que o que está em jogo é a contemplação de um órgão sexual que, de início, é o do próprio indivíduo. É o percurso da escolha narcísica de objeto que reencontramos nas três fases distinguidas por Freud:

a) contempla-se um órgão sexual = um órgão sexual é contemplado pela própria pessoa; b) contempla-se um objeto estranho, análogo ao próprio órgão sexual; c) o objeto (órgão sexual próprio) é contemplado por uma outra pessoa.[22]

Ou seja, é evidente que essa análise se baseia nas teses do segundo modelo.

Já a discussão do sadismo evidencia um ponto de vista diferente. Em seu estudo, Laplanche mostra como Freud trabalha com duas acepções do termo "sadismo", uma conotando o fator agressivo, não sexual, outra mais ligada ao prazer propriamente sexual. O objetivo de Laplanche é demonstrar que a teoria do sadismo é conforme ao esquema do apoio das pulsões sexuais sobre uma atividade não sexual, apoio que é simultaneamente um "destacar-se de" e um "retornar para si": o momento inaugural da sexualidade é, segundo ele, sempre reflexivo, na "voz média" do verbo, e mesmo o autoerotismo provém de um movimento desse gênero, aquele que organiza como objeto o seio fantasiado a partir da satisfação da necessidade vital de alimentar-se (tese dos *Três ensaios*, que discutimos no capítulo anterior). Para nosso objetivo neste momento, o que convém ressaltar da bela análise de Laplanche é a ideia de uma agressividade originalmente não sexual, que só num momento posterior se erotiza e se converte em sadismo.

22. Freud, "Pulsões e destinos de pulsão", SA III, p. 93; BN II, p. 2046. Note-se que, no original, Freud fala de *"selbst"* e de *"fremdes Objekt, fremde Person"*, ou seja, usa os mesmos termos que na discussão da escolha narcísica de objeto encontrada no texto de 1914 sobre o narcisismo. Em seu comentário, Laplanche propõe um esquema desta derivação que a ilustra *ad oculos*, mostrando a prioridade do momento autoerótico sobre os momentos ativo e passivo. Cf. *Vie et mort en psychanalyse*, pp. 143-4.

4. Reformulações da metapsicologia: 1914-26

O próprio Freud fornece o ponto de ancoragem para esta ideia, ao afirmar que o estudo do sadismo impõe distinguir duas finalidades: humilhar, dominar ("finalidades que são as da agressividade", interpola Laplanche), e também infligir dor ("finalidade propriamente sexual, portanto sádica", novamente Laplanche). "Mas a psicanálise parece mostrar que infligir dor não desempenha papel algum entre as finalidades originalmente perseguidas pela pulsão. A criança sádica ('agressiva', neste caso, segundo Laplanche) não se preocupa em infligir dor, não é a isso que ela visa."[23] Ou seja, existe uma agressividade primária, independente da sexualidade e voltada para o objeto *exterior*, que a criança quer apreender, dominar, eventualmente destruir, mas sem que nesse processo figure o objetivo sexual sádico de fazer sofrer o objeto. É o que Freud chama às vezes de *Bemächtigungstrieb*, ou, na tradução proposta por Laplanche, *"pulsion d'emprise"*, pulsão de apossar-se ou de apoderar-se. É somente através de um complicado processo — de índole narcísica — que esta "pulsão de apossar-se" se transformará em sadismo.

O processo é de índole narcísica porque passa necessariamente por uma fase masoquista, que resulta da *"Umwandlung"* — transformação — da agressividade não sexual em agressividade sexualizada voltada contra si próprio, cujo objetivo é produzir dor, e, simultaneamente sofrer dor. Esta é a finalidade masoquista. Prossegue Freud:

> uma vez que sofrer dor se tornou uma finalidade masoquista, pode aparecer, retroativamente (*rückgreifend*), a finalidade sádica: infligir dores. Assim, provocando dores em outrem, goza-se na identificação com o objeto que está sofrendo (*selbst masochistisch in der Identifizierung mit dem leidenden Objekt genießt*).[24]

Esta passagem é de importância crucial para nosso argumento. Nota-se como Freud começa a juntar os temas do ódio e do narcisismo: toda a análise é conduzida tendo por base a transitividade da libido entre o *"selbst"* e o objeto, ou seja, aquilo que torna possível a escolha objetal narcísica, agora completada pelo refluxo do objeto para o *"selbst"*. Este é precisamente o processo da identificação, aliás nomeada de forma explícita por Freud. Laplanche tem razão ao insistir que

---

23. Freud, "Pulsões e destinos de pulsão", SA III, p. 91; BN II, p. 2045. Cf. Laplanche, *Vie et mort en psychanalyse*, pp. 138-46.
24. Id., SA III, pp. 91-2; BN II, pp. 1245-6.

156

é a sexualização secundária da agressividade o que constitui o sadismo; para nós, no entanto, o importante é observar de que modo uma tendência não sexual se dirige de saída para o objeto, e que esta tendência não é mais um genérico e indefinido "interesse do ego", nem, muito menos, as artificiosas "pulsões do ego".

É uma tendência a *aproximar-se* do objeto, ainda que tal aproximação seja realizada numa certa indiferença: a criança descrita por Freud parece um animalzinho curioso que pega o que encontra em seu caminho e o destrói quase sem perceber, mais pela manipulação desajeitada que por uma intenção propriamente destrutiva. Esta é a origem do interesse pelo objeto, o que não deixa de ser um pouco surpreendente: onde foi parar a noção de "investimento libidinal do objeto"? É que Freud está operando dentro do seu segundo modelo: no polo libidinal está o ego, não o objeto. A sexualidade funciona aqui em regime autoerótico, e o objeto se torna erotizado *depois* de um momento narcísico — este é o sentido da gênese do sadismo a partir do masoquismo a que assistimos no trecho de "Pulsões" que estamos examinando.

Mas atenção: surgiu também uma ideia nova, que transborda o marco do segundo modelo, e indiscutivelmente provém do estudo da neurose obsessiva. Esta ideia é a de que *a tendência psíquica que visa o objeto não é de início sexual*. Ela não é exatamente o ódio tal como aparece em *Totem e tabu*, pois lhe falta o elemento da violência, da fúria agressiva propriamente dita. Freud parece hesitar entre duas concepções dessa tendência: ao falar em "criança sádica", ou, como prefere Laplanche, em criança "agressiva", está mais próximo do esquema derivado da neurose obsessiva; ao falar em "pulsão de apossar-se", sem que o objetivo dela seja atacar, magoar ou destruir o objeto, a dimensão violenta se eclipsa, permitindo pensar um investimento não odioso — mas também não sexual — do objeto.

Convenhamos que essa visão não se coaduna muito bem com o paradigma pulsional, pois neste a força motivacional deve ser sempre uma pulsão. A "pulsão de apossar-se" não parece muito "pulsional": tem mais o aspecto de uma atividade egoica ainda não bem secundarizada. De fato, quando Freud a evoca, ela aparece ora como origem distante da crueldade infantil (nos *Três ensaios*), ora como fonte da atividade no par ativo-passivo tal como se especifica na fase sádico-anal (em "A disposição à neurose obsessiva", 1913), ora ainda como ligada à musculatura, que seria seu suporte corporal (na edição de 1915 dos *Três ensaios*). Mas em todos os casos, ela se "pulsionaliza" através da ligação com a agressividade, no

4. Reformulações da metapsicologia: 1914-26

sentido de uma força mais ou menos cega que tende à destruição do objeto, ou, no melhor dos casos, ao domínio dele.

Vê-se que Freud não está numa situação muito confortável, porque essa força destrutiva não tem ainda estatuto pulsional, e sua origem está longe de ter sido esclarecida. Em "Pulsões e destinos de pulsão", a agressividade não tem um espaço independente; como expressão do ódio, ela precisa ser melhor determinada. A questão é que, se a estudamos do lado das suas manifestações, ela aparece intimamente ligada ao sadismo, isto é, a uma pulsão sexual parcial em cuja composição entram um tanto de ódio e um tanto de libido.

Freud necessita portanto encontrar uma origem convincente para a força destrutiva, separando o estudo dela da análise do sadismo. Com a passagem que estamos comentando, o caráter de violência erotizada do sadismo fica esclarecido: este surge retroativamente do masoquismo, através do jogo narcísico no qual sujeito e objeto são intercambiáveis. Mas de onde provém aquilo que vai ser erotizado no sadismo, e que de início, portanto, ainda não é sexual? Como Freud se recusa a admitir uma origem diretamente pulsional para a agressividade, precisa deduzir o movimento que conduz à aparição dela partindo de algo que funcione como um "grau zero": o que vai desempenhar esta função é a ideia da mônada narcísica. Ou seja, tendo partido em busca da uma solução para o estatuto pulsional do ódio capaz de dar conta da possibilidade, para o amor, de o inibir, Freud vai até um certo ponto, e depois se recusa a prosseguir na mesma direção: o interesse pelo objeto implícito na pulsão de apossar-se/agarrar/dominar (*Bemächtigungstrieb, Bemächtigungsdrang*) não é primário, ele precisa ser derivado de algo mais fundamental. Ora, ao escolher como ponto de partida a mônada narcísica, ele efetua a ligação entre ódio e narcisismo da maneira como veremos em seguida; mas tanto o ódio como o narcisismo vão aparecer, uma vez completado este movimento, sob um aspecto muito diferente daquele com que haviam entrado na equação.

A plataforma da qual se lança esse processo dedutivo é constituída por duas ideias: a do sadismo, tal como foi explicado no texto que acabamos de comentar, e a da pulsão de apossar-se. Isso é evidenciado pela curiosa definição da ambivalência que encontramos no seu início: ela se caracterizaria pela coexistência de finalidades passivas e ativas numa mesma pulsão, em vez da presença de amor e ódio por um mesmo objeto, como é o costume freudiano. Creio que o que Freud está tentando fazer aqui é levar em conta simultaneamente o caráter ativo da pulsão de apossar-se *e* a possibilidade de ela vir a se compor com o masoquismo (movimento através do qual ganha uma finalidade oposta, isto é, passiva). Isso porque ambas as coisas são necessárias para engendrar aquilo que caracteriza o sadismo, ou seja, o prazer no sofrimento do outro. Em todo caso, tal combinação não pode produzir aquilo que ele está buscando — uma origem independente para o ódio — pela boa e simples razão de que o sadismo *já é* uma formação sexual. Como disse atrás, é ao grau zero representado pela mônada narcísica que ele vai recorrer, e é por esta razão que a discussão sobre a origem do ódio começa por, e é enquadrada em, uma teoria da gênese do ego — mas do ego *narcísico*, não o das "pulsões do ego" ligadas à autoconservação.

A princípio, diz ele então, o ego é narcisista e indiferente ao mundo exterior, porque satisfaz suas pulsões em si mesmo: "a este estado damos o nome de narcisismo, e qualificamos como autoerótica a possibilidade de satisfação correspondente".[25] Essa situação monádica se rompe sob a pressão dos estímulos internos insatisfeitos e da "recepção de objetos" devida às vivências em que entram "pulsões de conservação do ego" ("*Icherhaltungstriebe*"): é o esquema do "Projeto", condimentado com as formulações dos "Dois princípios". Segue-se, sob o domínio do princípio do prazer, a absorção do "bom" em si e a expulsão do "mau" para o mundo exterior — "bom" sendo aquilo que causa prazer, "mau" o contrário — em consequência do que emerge um "ego de prazer purificado", que restabelece a situação anterior.

A introjeção dessas fontes de prazer, pois é disso que se trata, introduz já uma importante diferença em relação ao esquema da experiência de satisfação tal como a conhecemos do primeiro modelo: o esforço do ego é, como o de Inês de Castro, o de "estar posto em sossego", e não o de investir alucinatoriamente o traço mnêmico do objeto que antes proporcionou satisfação. O segundo modelo, com sua ênfase na satisfação autoerótica e independente da realidade, preside a este momento da história do ego.

Mas este "engano d'alma ledo e cego" também não dura muito. O objeto, cujo encontro é exigido inicialmente pelas pulsões de autoconservação, faz sua entrada na fase do "narcisismo primário" sob o signo do ódio:

não se pode negar que também o sentido original do ódio significa a reação contra o mundo exterior ("*die Reaktion gegen die Außenwelt*") estranho, e que traz estímu-

---

25. Id., SA III, p. 97; BN II, p. 2049.

4. Reformulações da metapsicologia: 1914-26

los. [...] O exterior, o objeto, o odiado, foram a princípio idênticos. [...] Depois da substituição da etapa puramente narcisista pela objetal, prazer e desprazer significam relações do ego com o objeto. Quando o objeto se torna fonte de prazer, instala-se uma tendência motora que aspira a aproximar-se dele e a incorporá-lo no ego; falamos então da "atração" exercida pelo objeto, e dizemos que o amamos. Inversamente, quando o objeto é fonte de desprazer, nasce uma tendência que quer aumentar a distância entre ele e o ego, repetindo com ele a primitiva tendência da fuga frente ao mundo exterior que emite estímulos. Sentimos "repulsa" pelo objeto e o odiamos; este ódio pode se intensificar e chegar até a tendência a agredir o objeto e a aniquilá-lo.[26]

O extraordinário dessa passagem tão conhecida de Freud é o movimento de inversão que nela se desenha: a primeira reação frente ao objeto é evitá-lo, fugir dele, porque quebra a quietude narcísica e introduz um estímulo mal vindo. À medida que se intensifica tal repulsa, a fuga se transforma em ataque, e o ódio ganha a sua característica essencial: a destrutividade, a tendência a "aniquilar" o objeto. O contato com o objeto só ocorre nesta etapa (se a evitação foi bem-sucedida, ele não ocorreu), e esse contato é por essência destrutivo. É certo que Freud fala na atração exercida pelo objeto se este for fonte de prazer; mas logo em seguida, quando reúne "tudo o que sabemos sobre a gênese do amor e do ódio", precisa que o amor, originalmente narcisista — pois procede da capacidade do ego em se satisfazer autoeroticamente — passa depois para os objetos incorporados ao ego ampliado, e "expressa a tendência motora do ego para *estes* objetos" na medida em que são fonte de prazer.[27]

Ou seja, o amor conserva sempre uma tintura narcísica, mesmo quando se vincula posteriormente às "demais pulsões sexuais", até que, realizada a síntese destas, coincide com a "totalidade da tendência sexual". Em tudo isso, não aparece ainda o seu vínculo com o ódio, o qual só se estabelecerá como oposto dele quando da instalação da organização genital. É neste ponto que Freud introduz a noção de *"Vorstufen der Liebe"*, os estágios preliminares do amor — a fase oral e a fase sádico-anal — dos quais voltaremos a falar em conexão com o quarto modelo, aquele baseado no estudo da melancolia.

26. Id., SA III, p. 99; BN II, p. 2050. Grifo meu em *gegen*.
27. Id., SA III, p. 101; BN II, p. 2051.

Já o ódio, como relação com o objeto, "é mais antigo que o amor" — ou seja, é a *primeira* forma de relação com o objeto. Note-se que, nascido da repulsa do ego narcísico ao mundo externo perturbador, o ódio *não* é uma força pulsional; Freud diz que "permanece sempre em íntima relação com as pulsões de autoconservação", mas não entra em detalhes sobre essa "íntima relação", limitando-se a afirmar que ela tem a ver com o desprazer produzido pelos objetos.[28] Pergunta-se o leitor: *quais* objetos? Os da autoconservação? Mas estes, por essência, não produzem desprazer: ao contrário, se servem à autoconservação, é porque satisfazem uma necessidade vital, e justamente por isso indicam à pulsão sexual o caminho que ela deve seguir — modo "por apoio" de escolha objetal. A relação do ódio com as pulsões de autoconservação permanece, portanto, bastante enigmática.

Seja como for, ocorreu um sério problema com a intenção de estudar a "transformação de uma pulsão em seu contrário", cujo único caso, diz Freud, é a transformação do amor em ódio. Não apenas o amor se revela algo diferente de uma pulsão — deve ser reservado para designar a relação do ego total com seus objetos, não para a relação de uma pulsão com o objeto dela —, mas ainda não há vestígio de tal "transformação". O que há é uma longa e demorada coexistência de duas tendências originalmente independentes — amor e ódio — até que, no final do trajeto, se constituam num par de opostos. Há portanto uma sexualização do ódio, em especial no sadismo, a qual é — diga-se de passagem — bem diferente do *Bemächtigungsdrang* ("impulso de domínio"), que Freud considera uma das etapas da história do amor.[29]

Através do vínculo com o sadismo, esclarece-se a misteriosa relação do ódio com o "fator negativo do amor", que deixara Freud tão perplexo ao redigir o capítulo teórico do "Homem dos Ratos". Como vimos ao comentar esse texto, a "hipótese provisória" então exposta consistia em dizer que, caso o sadismo fosse constitucionalmente muito intenso, sofreria repressão igualmente intensa e radical, continuando, porém, a existir no inconsciente como ódio. Podemos aquilatar o caminho percorrido por Freud desde esta "hipótese provisória": o ódio não é agora a continuação do sadismo em regime de repressão, mas, ao contrário, o sadismo resulta de uma erotização do ódio, isto é, da sua combinação com o fator

28. Id., SA III, p. 101; OC II, p. 2051.
29. Id.

4. Reformulações da metapsicologia: 1914-26

propriamente sexual. Tampouco há cisão precoce entre amor e ódio a partir de um estado previamente indiferenciado; ao contrário, há uma lenta aproximação entre os dois fatores, com graus variados de entrelaçamento e indistinção, até que venham a se constituir num par de opostos individualizados, porém em ligação permanente um com o outro — um par de opostos no pleno sentido da palavra.

É esta complicada história que finalmente dá conta da ambivalência, como lemos nas linhas finais do texto: "o ódio mesclado ao amor provém em parte das etapas preliminares do amor, ainda não separadas por completo, e em parte das reações de repulsa das pulsões do ego, as quais podem alegar motivos reais e atuais nos frequentes conflitos entre os interesses do ego e os do amor".[30]

Mas, ao elucidar finalmente o que tanto intrigara na "constelação psíquica" da neurose obsessiva, Freud se vê a braços com algumas dificuldades inesperadas. Iniciamos nosso percurso por "Pulsões e destinos de pulsão" afirmando que esse texto traz uma solução nova para o problema das relações entre o amor e o ódio, solução que vinculava o ódio ao narcisismo. Podemos agora perceber no que ela consiste: surgiu um conceito que ainda não tem nome, mas que podemos designar como *ódio narcísico*. O narcisismo, que no segundo modelo se opunha ao mundo objetal, mas ao mesmo tempo o visava através da noção de escolha narcísica de objeto, passa a ser agora igualmente a fonte do ódio. Mas não porque forneça a este a sua energia pulsional — o que seria um contrassenso absoluto — e sim porque o ódio exprime, melhor do que o amor, a aspiração narcisista à quietude e ao silêncio da satisfação autoerótica. Exprime-a pelo avesso, por assim dizer, ou a contragosto, mas a exprime *tout de même*.

Disso decorre uma situação curiosa, que Luis Carlos Menezes caracteriza de modo simples e claro:

> o objeto é pois uma fonte de sofrimento narcísico que precisa ser contrabalançado pelo amor, pelo investimento libidinal [...]. Esta relação primária de ódio fica particularmente evidente nas psicoses, seja na paranoia, em que o sujeito vai até a destruição física do objeto [...], seja na esquizofrenia e na esquizoidia, em que toda manifestação de um outro é vivida como uma ameaça iminente. Na neurose obsessiva, o objeto é preservado através de uma forma de amor arcaico, em que a finalidade pulsional se assemelha ao objetivo do ódio, já que a satisfação pulsional

30. Id., SA III, p. 101; BN II, p. 2051.

162

própria ao sadismo consiste em maltratar, em torturar, ainda que sutilmente, o objeto de amor. É como se este objeto pulsional impedisse o ódio de atingir seus fins, quais sejam, a eliminação ou o desinvestimento do objeto. A erotização do ódio, ao contrário, preserva o vínculo ao objeto, mas também transfigura o ódio numa força pulsional.[31]

Resumamos nosso percurso. O estudo da neurose obsessiva no "Homem dos Ratos" e em *Totem e tabu* havia sugerido um modelo para o funcionamento psíquico no qual a energia, sob a forma de ódio, tendia a uma descarga imediata e destrutiva para o objeto — ataques de raiva do menino Ernst, assassinato do pai primitivo, etc. Esse processo parecia exigir que o ódio fosse concebido como uma força pulsional, à qual viria se opor a outra, sob a forma de amor: o resultado desse paralelogramo de forças seria a inibição de uma pela outra. O "grão de areia", porém, consiste em que nem o ódio pode ocupar o lugar de força pulsional, nem o amor o de força recalcante, a não ser por meio de um extenso remanejamento de toda a doutrina metapsicológica das pulsões. A meu ver, é exatamente por esta razão que Freud se vê obrigado a organizar suas ideias a respeito, escrevendo "Pulsões e destinos de pulsão".

Ora, o que sucedeu? O ódio de fato encontrou um lugar e uma gênese em termos metapsicológicos, mas gênese e lugar que *invertem completamente* os termos iniciais do problema. Antes, a sexualidade estava no polo narcísico-autárcico do psiquismo, e a tendência para o objeto se situava — de algum modo misterioso — do lado do ódio. As pulsões do ego, de modo também enigmático, apontavam para o objeto — objeto da autoconservação — e nesse sentido codeterminavam a direção das pulsões sexuais, ou pelo menos de algumas delas, no momento da escolha de objeto. Por sua vez, depois de estagnar no ego por algum tempo, a libido também se dirigia para o objeto, desta vez no modo narcísico de escolha objetal. Ou seja: ao longo da história do indivíduo, e mesmo levando em conta que uma parte da sexualidade ficava sempre bloqueada em investimentos narcísicos, a tendência geral era na direção do objeto — o que Freud conseguira sintetizar bem desde o *Caso Schreber*, ao intercalar a fase narcísica entre o autoerotismo e a escolha objetal.

31. Luis Carlos Menezes, "Questões sobre o ódio e a destrutividade na metapsicologia freudiana", p. 21.

4. Reformulações da metapsicologia: 1914-26

Pois bem: ao cabo do trajeto de "Pulsões", os dados do problema aparecem de modo inteiramente diferente. Se as pulsões do ego são, diz Freud, a base do ódio, e se o ódio é a reação narcísica à presença do objeto, sentido como invasor e ameaçador, isso significa que as pulsões do ego vieram a se identificar quase completamente com o narcisismo, no sentido de preservar a autarcia e afastar o objeto. O ódio, por sua vez, que tendia a se descarregar quase automaticamente sobre o objeto, "precisando ser contrabalançado pelo amor como investimento libidinal", vem se alojar no polo narcísico do funcionamento psíquico. Quanto ao narcisismo, sua ligação eletiva com a sexualidade foi completamente rompida: a sexualidade tende agora ao objeto, buscando nele sua fonte de prazer. O ódio não se tornou o que esperávamos — uma força pulsional — a não ser quando combinado com o amor, na ambivalência ou no sadismo. Estranha situação, em que as pulsões sexuais, originalmente narcísicas, buscam o objeto, enquanto as pulsões do ego se desvinculam da autoconservação e se aliam ao ódio narcísico na repulsa ao objeto![32]

Na verdade, o que se prepara aqui — mas ainda não está desenvolvido — é a grande mudança dos anos 1920. A partir de *Além do princípio do prazer*, Freud tomará como base da metapsicologia a antítese do amor e do ódio, numa perspectiva na qual este último — como pulsão de morte — está efetivamente do lado do narcisismo, operando em sentido centrípeto como autoagressão e como tendência ao desinvestimento do objeto. Por sua vez, sob a rubrica das pulsões de vida, sexualidade, autoconservação e pulsões do ego virão confluir no rumo oposto, isto é, na direção da exteriorização e da ligação com o objeto. A nova dualidade pulsional soará assim o dobre de finados do segundo modelo, concluindo a dissociação do vínculo interno que este postulava entre sexualidade, narcisismo, ego e fantasia, e também a dissociação entre ódio e tendência para o objeto, característica do terceiro modelo na medida em que a matriz clínica deste é a neurose obsessiva. A ideia de uma agressividade primária — que encontramos ao estudar o par sadismo-masoquismo em "Pulsões e destinos de pulsão" — será conservada, mas seu alvo se tornará exatamente o oposto do que era naquele texto: não mais o objeto, mas o *"selbst"*, o si próprio.

Podemos então falar de um terceiro modelo? Por enquanto, dispomos apenas de seus lineamentos principais, mas no meio do caminho surgiu um forte

---

32. Uma conclusão semelhante é atingida por Paul Bercherie: cf. *Genèse des concepts freudiens*, p. 339.

complicador. Neste ponto, não podemos mais seguir a via cronológica, porque Freud vai criar um *quarto modelo*: o da identificação com o objeto perdido, tal como é descrita em "Luto e melancolia". A elaboração do terceiro modelo se verá assim interrompida por dois fatores: de um lado, o impasse da *Metapsicologia* que acabamos de caracterizar; de outro, a presença — de início discreta, depois mais e mais nítida — do quarto. Freud trabalhará simultaneamente com ambos, ora retomando o baseado na neurose obsessiva (em *Inibição, sintoma e angústia*, de 1926), ora acrescentando novos toques ao que tem por matriz clínica a melancolia (em *O ego e o id*), ora operando uma espécie de síntese entre os dois (no estudo do superego, vinculado simultaneamente à agressividade *e* à identificação).

SÍNTESE PRELIMINAR DO TERCEIRO MODELO

Antes de passar ao estudo deste último, porém, convém fazer um balanço do caminho que acabamos de percorrer. O estudo da neurose obsessiva fez com que Freud se deparasse com a força do ódio e com seu vínculo destrutivo ao objeto, que precisa ser inibido para não trazer graves consequências ao indivíduo. O fator recalcante é visto no amor ("Homem dos Ratos"), o que, se por um lado preserva a ideia de que o conflito psíquico se trava entre pulsões, cria por outro o sério problema de que falamos: o amor (sexualidade) é no primeiro modelo o recalcado, não o recalcante. O ego poderia ser considerado como o agente do recalque, mas no entretempo Freud criou o segundo modelo, no qual, como vimos, o ego está do lado da sexualidade: investido sexualmente (narcisismo), ele não pode ser *também* o fator recalcante.

Daí a necessidade de se falar num terceiro modelo, no qual o ódio ocupe o lugar de tendência ao objeto, e tenha explicado o seu poder destrutivo. A construção dele permanece inacabada, porque o ódio terminou por se vincular estreitamente ao narcisismo — resultado inesperado, com o qual Freud não sabe ainda muito bem o que fazer. Como o caso exemplar em que o ódio pode ser estudado é o sadismo, interfere nesse quadro já por si bem complicado o tema da relação com o objeto e da transitividade entre masoquismo e sadismo, cuja raiz metapsicológica é obviamente a ideia da escolha objetal narcísica. Assim, o caminho está preparado para que, reunindo certos aspectos do segundo e do terceiro modelos, e acrescentando alguns outros ingredientes ao caldeirão da "bruxa Meta-

4. Reformulações da metapsicologia: 1914-26

psicologia", Freud organize o que vou chamar de quarto modelo — tema da próxima seção deste capítulo.

Para finalizar esta, vejamos brevemente como, do ponto de vista das quatro vertentes, se apresenta o terceiro modelo:

a) *metapsicologia*: a modificação mais extensa é no registro dinâmico, com a análise do ódio e dos seus vínculos quer com as pulsões do ego (narcisismo), quer com as pulsões sexuais (sadismo). O registro tópico não é muito alterado em relação ao primeiro modelo: fala-se em consciência, pré-consciente e inconsciente, isto é, o aparelho psíquico do capítulo vii da *Interpretação dos sonhos*. Mas se esse aparelho psíquico não é formalmente rejeitado, é certo que Freud aderiu ao que Bercherie chama a perspectiva globalista: o sujeito funciona como um conjunto, apareceu o "ego total" que se relaciona — via amor e ódio — com objetos que já não são os da pulsão, recrimina-se por seus ataques a eles, etc. A tópica está em vias de reestruturação, e esta se dará com *O ego e o id* (1923), texto a propósito do qual voltaremos a falar, ao tratar deste terceiro modelo. Em especial, "a consciência moral, nascida no terreno da ambivalência" (*Totem e tabu*) precisa ser alojada na tópica, o que, de momento, ainda não foi realizado. Mas é evidente que a tomada em consideração da consciência moral tem por matriz clínica os fenômenos observados na neurose obsessiva.

b) *epigênese*: é aqui que as modificações impostas aos modelos anteriores são mais extensas. O marco inicial é dado pela sequência evolutiva do segundo modelo (autoerotismo, narcisismo, escolha homossexual e heterossexual do objeto). Contudo, a inclusão do ódio na esfera do narcisismo e a história da relação do ego com os objetos ultrapassam largamente este marco, como fica claro pelo estudo das "fases pré-genitais da libido". Estas, como *Vorstufen der Liebe* (graus preliminares do amor) na verdade são etapas da estruturação da subjetividade em seu conjunto, embora ainda não definidas como tal. Será Karl Abraham quem, na sua *História da libido* de 1924, tirará as consequências mais amplas da teoria epigenética deste terceiro modelo, cuja derivação da matriz clínica da neurose obsessiva é suficientemente atestada pelo lugar eminente que nela ocupa a ambivalência.

c) *teoria psicopatológica*: aqui será preciso esperar *Inibição, sintoma e angústia* para que esta vertente seja efetivamente desenvolvida. Freud não introduz modificações substanciais na organização em leque das perturbações mentais, que continuam a se distribuir ao longo do eixo determinado pela regressão: neuroses narcísicas e neurose de transferência. Em "A repressão", contudo, Freud sugere que em cada neurose poderia haver um "mecanismo peculiar da repressão", prefigurando a teoria das defesas que desenvolverá no livro de 1926. Um eco das questões focalizadas pelo prisma do terceiro modelo aparece na discussão sobre a ambivalência, justamente a propósito da neurose obsessiva (em "A repressão"). Mas, de modo geral, se excetuamos a frase do "Homem dos Ratos" segundo a qual "o ódio desempenha um grande papel na patogênese da histeria e da paranoia", não podemos determinar, por enquanto, qual seria o conteúdo de uma teoria psicopatológica baseada neste terceiro modelo.

d) *processo analítico*: aqui as coisas se apresentam de modo mais complicado. O Homem dos Ratos manifestou, de modo muito intenso, uma transferência hostil fortemente erotizada, correspondendo à extrema ambivalência de sua vida afetiva. Mas, com este paciente, Freud raramente interpreta a transferência, a não ser quando é diretamente mencionado no discurso (o que equivaleria a interpretar *as* transferências), e mesmo assim deixando de lado a transferência materna: invariavelmente, vê-se ocupando o lugar do pai nas fantasias do paciente. Também pouco comenta a transferência homossexual, entretanto adivinhada logo nas primeiras sessões. Assim, embora tivesse assinalado no posfácio do *Caso Dora* o lugar central que a transferência ocupa no processo analítico, na sua prática clínica este lugar não é tão central como se poderia depreender dos escritos teóricos.[33]

Por fascinante que seja o estudo da prática pessoal de Freud, porém, nosso interesse não está voltado, no momento, para essa questão. Gostaríamos de poder determinar em que medida a *teoria* do processo analítico se altera sob o impacto das teses do modelo que toma como matriz clínica a neurose obsessiva; porém, a resposta não pode ser muito precisa, na medida em que o próprio modelo ainda não está plenamente constituído. O que é possível perceber por enquanto é que o seu fio condutor — a ambivalência — deixa marcas na concepção do processo terapêutico, mas as questões envolvidas na elucidação de tal processo

---

33. Entre as muitas "supervisões póstumas" do trabalho de Freud com este paciente, são especialmente interessantes as de Patrick Mahony (*Freud e o Homem dos Ratos*, capítulo 4) e as reunidas por Oscar Masotta e Jorge Jinkis na coletânea *El Hombre de las Ratas* (Buenos Aires: Nueva Visión, 1986).

4. Reformulações da metapsicologia: 1914-26

são mais amplas do que o espectro de inteligibilidade proporcionado por um único modelo.

Da teoria da ambivalência decorre, certamente, o lugar conferido à transferência negativa ou hostil e à transferência erótico-passional em "A dinâmica da transferência" (1912); da adesão mais forte à perspectiva globalista decorre a percepção de que a vida amorosa de um indivíduo apresenta um certo padrão de conjunto, um timbre particular que é fruto da sua constituição e da sua história (ideia também presente em "A dinâmica da transferência"). O terceiro modelo me parece igualmente responsável pela sugestão de que a transferência erótico--passional é uma *resistência*, um composto ambivalente de amor e de ódio. Joel Birman mostra com clareza o vínculo entre esses vários pontos:

> Se o analista é ambivalentemente investido, a passagem de uma face da transferência para outra [de positiva para negativa] é perfeitamente explicada [...]. A transferência vai se colocar, de início, no quadro da resistência, anterior a qualquer outro elemento subjetivo: vai ser a forma básica em que se realiza o processo defensivo, antes de qualquer outro. Inovação essencial, pois aponta para esta face da transferência como um instrumento num espaço tático. Diante do embate das forças internas entre a pulsão e o recalque, o elemento básico que se retrata na resistência de transferência não tem necessariamente especial importância, mas funciona como um dispositivo tático para se opor à continuidade da análise.[34]

Ou seja: para vencer as resistências, é necessária a análise da transferência — o que já se sabia desde o *Caso Dora* — mas esta análise não consiste mais na interpretação pontual de uma resistência depois da outra, e sim numa *apreensão global* do "espaço tático" do qual ela é um elemento. É essa apreensão que permite colocar todo o trabalho analítico no plano da transferência, o que Freud fará no artigo de 1914 "Recordar, repetir e elaborar". Contudo, nesse texto entra em cena um novo e importantíssimo fator: a repetição. Se de início esta "se relaciona com a ambivalência inserida na estrutura libidinal do paciente", como nota Joel Birman, por outro lado conduz a um "novo espaço de teorização da transferência, que vai acabar por desatá-la da repetição colocada e conduzir Freud [...] a uma nova teoria pulsional".[35]

---

34. Joel Birman e Carlos Augusto Nicéas, "Constituição do campo transferencial e o lugar da interpretação psicanalítica", p. 47.
35. Id., p. 49.

Portanto, para apreender plenamente o eventual impacto do terceiro modelo sobre a teoria do processo analítico — aqui apenas esboçado, mediante a noção de ambivalência — será preciso aguardar o desenvolvimento da segunda teoria das pulsões, na qual, como vimos, o ódio passa a ser pensado sob o prisma da pulsão de morte.

Em resumo: o estudo da neurose obsessiva condiciona os lineamentos gerais de um terceiro modelo metapsicológico, mas este tem sua elaboração como que cruzada por alguns fatores, que vão organizar um quarto modelo. A partir dos anos 1920, Freud operará uma espécie de síntese entre ambos, recuperando então — sob formas diferentes — diversos elementos deste que acabamos de examinar. Em todo caso, creio ser justificado concluir que a neurose obsessiva é, de fato, a matriz clínica de um modelo metapsicológico que, embora não tão "completo" quanto os anteriores, ainda assim apresenta do funcionamento psíquico um quadro suficientemente amplo e preciso para merecer tal denominação.

IDENTIFICAÇÃO AMPLIADA E TIPOS DE OBJETO

Chamarei de "quarto modelo" aquele que tem por matriz clínica a melancolia, afecção na qual a identificação desempenha um papel de primeira importância. Embora Freud a mencione desde os anos 1890, entre 1917 ("Luto e melancolia") e 1923 ("O ego e o id") ela deixa de ser mais um entre os diversos mecanismos defensivos para se tornar um momento fundamental no processo de subjetivação. Acompanhemos então esse acidentado percurso, porque ele é indispensável para justificar a tese de que, em suas roupagens definitivas, a identificação passa a fazer parte de um modelo metapsicológico inteiramente novo.

Em sua versão restrita, o conceito aparece numa carta a Fliess, a propósito de uma mulher que inconscientemente se identifica com uma prostituta, e por isso desenvolve uma agorafobia: Freud compreende esse sintoma como medida de proteção contra o desejo sexual que sustenta a identificação. Também encontramos esta última numa passagem da *Interpretação dos sonhos*, na qual é definida como *"apropriação* que exprime um 'como se', o qual se refere a um elemento comum que permanece inconsciente":[36] no caso, o desejo de também ter um

36. Cf. carta 53 a Fliess (17/12/1896), BN III, p. 3557; Masson, p. 218; *Die Traumdeutung* [A interpretação dos sonhos], capítulo IV ("A deformação onírica"), SA II, p. 165; BN I, p. 439.

4. Reformulações da metapsicologia: 1914-26

amor secreto, e de receber dele uma carta que faz chorar, determina o "contágio psíquico" pelo qual as jovens de um pensionato assumem o sintoma da colega com quem se identificam. Trata-se da identificação histérica a um traço ou a um elemento específico, aquele a que Lacan chamará "traço unário".

Outros exemplos de identificação aparecem aqui e ali nos textos anteriores a *Totem e tabu*, mas sem que o mecanismo ocupe posição de destaque. Assim, Dora identifica-se a seu pai e desenvolve o sintoma da tosse, com o qual exprime seu desejo por ele no contexto do complexo de Édipo (desejo reprimido, que no capítulo sobre a identificação de *Psicologia das massas* Freud vincula à regressão: da escolha do objeto, ela regride até a identificação, sob a égide do princípio "se não o posso ter, vou 'sê-lo', ou ser como ele").

Em todos estes casos, a identificação é apenas um entre os mecanismos pelos quais se formam os sintomas, em particular na histeria. O processo descrito em "Luto e melancolia" tem um alcance muito mais amplo e radical: a respeito dele, Laplanche e Pontalis comentam que possui "um valor central, que o torna, mais do que um mecanismo psicológico entre outros, a operação pela qual se constitui o sujeito humano".[37] Mas de início Freud não se dá conta de toda a extensão daquilo que acaba de descobrir: em 1917, a identificação permanece restrita à melancolia, e só progressivamente vai ganhando o espaço que passou a ocupar na teoria psicanalítica.

O protótipo do processo de identificação já é nosso conhecido: trata-se da devoração dos inimigos pelos canibais de *Totem e tabu*, ação física pela qual é ingerido aquilo que se supõe ser portador de uma qualidade desejável. Na verdade, quando o caçador come o coração do leão para tornar-se valente como ele, ou a sola do pé do inimigo que corria bem, está dando curso a uma identificação de tipo histérico, apenas mais concreta do que a que caracteriza as adolescentes da *Traumdeutung*. Com a devoração do pai da horda pelos seus filhos, porém, Freud fala de algo bastante diferente, porque o que é assim consumido é mais que um traço: é um *objeto*, cujo destino, depois de "ingerido", continua a se desdobrar no interior daqueles que o engoliram. Se os filhos se identificam com o pai e obedecem à proibição de tocar nas fêmeas que lhe pertenciam, não se pode dizer que assim estruturam um sintoma, nem que este movimento é de tipo histérico: o que ocorre é de natureza diversa, tanto que dá origem a uma *faculdade psíquica* até então inexistente — a consciência moral.

37. Laplanche e Pontalis, op. cit., verbete "Identification", p. 188.

Desde "Para introduzir o narcisismo", Freud procurava localizar no psiquismo a sede da auto-observação e da crítica moral, vinculando-as a algo chamado genericamente "ego ideal" (*Idealich*), que participaria de algum modo na repressão dos impulsos condenáveis. A natureza narcísica desta formação é evidente — ela provém do tempo em que a criança era seu próprio ideal, ou o dos pais ("*His Majesty the Baby*"), e nela se concentra a megalomania e a onipotência que caracterizam os primeiros estágios da vida psíquica: "o narcisismo aparece deslocado sobre este novo ego ideal, adornado, como o infantil, com todas as perfeições", escreve Freud então.[38] Mais tarde, ao buscar a satisfação narcisista de sentir-se grandioso, o sujeito irá se comparar constantemente com seu ideal. Tal função de observação e de avaliação, de cujo exercício resulta a formação da consciência moral, ganha em certos delírios uma importância maior: a instância observadora é dissociada e projetada numa pessoa externa, que — segundo o sujeito — passa a persegui-lo.

Em 1914, Freud não vai além dessas notações; se não lhe escapa o aspecto potencialmente psicótico do mecanismo que descreve, é à paranoia, mais do que à melancolia, que se poderiam pedir maiores esclarecimentos a respeito. No entanto, a ideia de uma instância moral já aparecera no quarto ensaio de *Totem e tabu*, no contexto do parricídio primitivo, e é por esta linha que ele a desenvolverá. Isso significa que a vinculará estreitamente ao tema da *ambivalência*, no que se revela um interessante parentesco entre a neurose obsessiva e a melancolia, ambas patologias nas quais a autorrecriminação ocupa posição eminente.

O estudo da consciência moral, dessa forma, cruza-se com uma questão em aparência muito diferente, e cuja relação com aquela só se esclarece por esta via: trata-se das fases pré-genitais da libido, ou, como Freud as chama em "Pulsões e destinos de pulsão", *die Vorstufen der Liebe*, os graus preliminares do amor. No final deste texto, cujos personagens principais são, como vimos, o amor e o ódio, surgem as combinações entre ambos; o parâmetro para determiná-las é o destino do objeto, pois em torno dele se havia desenvolvido a análise diferencial daqueles dois sentimentos. Freud fala nos "fins sexuais provisórios": a primeira das etapas que os materializam é justamente a incorporação, "modalidade do amor compatível com a supressão da existência separada do objeto, e que pode portanto ser qualificada de ambivalente". A segunda é o impulso ao domínio do objeto,

---

38. Freud, "Para introduzir o narcisismo", SA III, pp. 60-1; BN II, p. 2028; OCCL, v. 12.

4. Reformulações da metapsicologia: 1914-26

que o conserva como tal fora do indivíduo, mas também pode danificá-lo ou destruí-lo, sem o incorporar: estamos na fase sádico-anal, e esta forma preliminar do amor "pouco se diferencia, em sua conduta para com o objeto, do ódio".[39] Somente com o estabelecimento da organização genital é que amor e ódio se constituem em antítese do outro, como vimos há pouco.

O que era assim um mito de origem da civilização em *Totem e tabu* ganha o estatuto de movimento psíquico fundamental, porque enraizado nas operações mais precoces do sujeito. A incorporação, pois é dela que estamos falando, não é mais um ato concreto de devoração supostamente praticado há milênios pelos irmãos da horda, mas uma forma de relação com o objeto estreitamente ligada à oralidade. Seu fim é introduzir o objeto no corpo, e por esta razão sua derivação evidente é o apoio da sexualidade sobre o ato de mamar. Não se trata mais do simples prazer da sucção, tal como na versão 1905 dos *Três ensaios*: na incorporação, coalescem três significações diferentes, como bem observam Laplanche e Pontalis: "dar-se prazer fazendo penetrar em si um objeto; destruir este objeto; assimilar as qualidades deste objeto, conservando-o no interior de si".[40] Estamos no domínio da fantasia, e o objeto privilegiado da incorporação será o seio materno; mas o próprio termo *Einverleibung* (como aliás o equivalente português *incorporação*) denota o caráter corporal desse movimento, num eco da forma pela qual aparece em *Totem e tabu*.[41]

O cenário está pronto para que, em "Luto e melancolia", seja elaborado um novo conceito de identificação. Seu solo de origem é a ambivalência, tal como aparece na incorporação. A natureza narcísica do processo é igualmente importante: recordemos que, ao estudar o sadismo, Freud observava que o sádico goza "na identificação com o objeto sofredor". A melancolia tem em comum com o luto a lamentação pela perda de um objeto, mas se distingue dele pela intensidade das recriminações que o sujeito endereça a si mesmo, acusando-se das piores coisas e das mais negras intenções. Freud ressalta que uma parte do ego se situa

39. Id., "Pulsões e destinos de pulsão", SA III, p. 101; BN II, p. 2051.
40. Laplanche e Pontalis, op. cit., verbete "Identification", p. 200.
41. Do nosso ponto de vista, não faz diferença que o objeto incorporado seja o seio materno, ou, como em *Totem e tabu*, "pedaços de pai".

frente à outra e a avalia muito criticamente, "como se a tomasse por objeto": é a consciência moral, exercendo as mesmas funções atribuídas ao *Idealich* em "Para introduzir o narcisismo" e em *Totem e tabu*.

Ora, tais acusações se dirigem na verdade contra o objeto, e esta é a chave do processo patológico na melancolia: havia um investimento erótico no objeto, mas, devido a uma falha grave no comportamento deste (= pessoa amada), tal investimento foi-lhe retirado. Em vez de se deslocar para *outro* objeto, a libido regrediu até o ego,

> e neste encontrou uma aplicação determinada, servindo para estabelecer uma *iden-tificação* com o objeto abandonado. A sombra do objeto caiu assim sobre o ego; a partir deste momento, este último pôde ser julgado por uma instância especial co-mo se fosse um objeto, como o objeto abandonado. Deste modo, a perda do objeto se transformou numa perda do ego, e o conflito entre o ego e a pessoa amada, numa dissociação entre a atividade crítica do ego e o ego modificado pela identificação.[42]

Como é possível, do ponto de vista econômico, que se formem as condições para tal processo? É que a escolha do objeto fora feita segundo o modo narcisista, com uma forte fixação ao objeto, a qual ao mesmo tempo apresentava uma pe-quena "resistência", ou consistência. Assim, quando surgiu um conflito com a pessoa amada, o investimento objetal retrocedeu até o narcisismo (até o ego, seria mais exato dizer). E Freud continua, ligando explicitamente a incorporação à identificação:

> em outro lugar ["Pulsões e destinos de pulsão"], expusemos que a identificação é a etapa preliminar (*Vorstufe*) da escolha do objeto, e a primeira forma, ambivalente em sua expressão, pela qual o ego escolhe um objeto. Ele gostaria de incorporar este objeto, e seguramente, correspondendo à fase oral ou canibal do desenvolvi-mento da libido, segundo o caminho da devoração (*auf dem Wege des Fressens*).[43]

Detenhamo-nos um momento neste ponto. Freud está tentando explicar algo novo em sua metapsicologia — o processo pelo qual o objeto perdido no

---

42. Freud, "Trauer und Melancholie", SA III, p. 203; BN II, p. 2094. Grifos de Freud. Esse texto será designado como "Luto e melancolia" [OCCL, v. 12, pp. 170-94].
43. Id.

4. Reformulações da metapsicologia: 1914-26

ódio vem se instalar dentro do ego — com os recursos dos modelos anteriores, do que resulta, por enquanto, uma considerável confusão. A identificação é o mesmo que a incorporação, "etapa preliminar de escolha do objeto" segundo a fase canibal do desenvolvimento da libido (primeiro modelo); e é *simultaneamente* o que resulta de uma regressão ao narcisismo (ao ego) do investimento narcísico de um objeto, num processo típico dos que são ilustrados pelo segundo modelo. Mas neste, o desenvolvimento centrífugo da libido *não* passa por nenhuma fase "canibal", e sim caminha desde o autoerotismo, via narcisismo e escolha homossexual de objeto, até a heterossexualidade. Portanto, sinal de que o novo está sendo pensado com os recursos do velho — como é a regra, aliás — e que acabará por extravasar os limites do quadro conceitual em que primeiramente foi descrito. Já encontramos essa situação em vários momentos cruciais do pensamento freudiano: a propósito do narcisismo no marco do "primeiro sistema", a propósito das psicoses, e também da neurose obsessiva (nas cartas a Jung e Abraham mencionadas atrás).

Uma fonte adicional de confusão é o uso do termo "objeto" no sentido de objeto da pulsão (oral), quando o objeto com o qual se identifica o melancólico era uma "pessoa amada"; ora, como sabemos desde "Pulsões e destinos de pulsão", o termo "amor" não deve ser empregado para descrever a relação da pulsão com os seus objetos, mas sim para caracterizar a relação do "ego total" (*Gesamtich*) com os *seus* objetos. Talvez seja útil aqui uma pequena *mise au point* sobre essa questão do objeto, já que o quarto modelo introduz uma noção de extrema importância para nosso estudo: a de relação de objeto (*Objektbeziehung*). Não é um termo frequente em Freud, mas é da sua lavra, e aqui aparece quando se fala na "comoção" que resultou na retirada da libido da pessoa amada e em sua retração para o ego (*durch den Einfluß einer realen Kränkung oder Enttäuschung von seiten der geliebten Person trat eine Erschütterung dieser Objektbeziehung ein*).[44]

A psicanalista argentina Diana Rabinovitch nos oferece, em seu livro *El Concepto de Objeto en la Teoría Psicoanalítica*, uma conveniente exposição sobre os diversos usos do termo "objeto" em Freud, ou melhor, sobre as diferentes "séries" nas quais entra o conceito; dessas diferentes séries ou perspectivas, segundo a autora, surgem as interpretações de Melanie Klein, de Lacan e outros autores. Ou seja, a propósito do objeto, Rabinovitch assume uma posição epistemológica

---

44. Id., SA III, p. 202; BN II, p. 2095.

quanto à gênese das escolas pós-freudianas que não deixa de apresentar semelhanças com a tese que venho sustentando: elas se "engancham", por assim dizer,
em pontos nodais deixados em aberto na obra do fundador.[45]

As três séries são as seguintes: a do objeto do desejo, a do objeto da pulsão
e a do objeto do amor. Explorando cuidadosamente os textos de Freud, ela verifica certa constância no emprego dos termos: por exemplo, *Befriedigung* e *Erfüllung* — respectivamente, satisfação e realização (no sentido de *fulfillment*, vocábulo da mesma raiz) — jamais se confundem. O desejo se realiza, a pulsão se
satisfaz. Da mesma forma, o objeto de que se trata na *Objektwahl* (escolha de
objeto) nunca é o objeto pulsional, porque é função do "ego total". Assim, as
séries designam tipos de objeto, mas também formas diversas de vínculo entre
eles e o sujeito e/ou o aparelho psíquico:

a) *o objeto do desejo:* é o objeto da experiência de satisfação, aquele que é alucinado
depois de ter sido perdido, e idêntico ao traço mnêmico deixado por aquela experiência. É dele que Freud fala no *Projeto* e no capítulo VII da *Traumdeutung*, e
seu protótipo é o seio materno: a rememoração alucinatória visa a alcançá-lo
novamente, mas ele está perdido, é não complementar ao sujeito.

b) *o objeto da pulsão:* este aparece na primeira edição dos *Três ensaios*; pressupõe
que o objeto do desejo já esteja constituído, mas não é idêntico a este. De início,
é autoerótico, ligado ao prazer de órgão e à dispersão (características do regime
autoerótico da pulsão): seu protótipo é o dedo chupado pelo bebê. É também
eminentemente móvel, ou, como diz Freud, contingente. É aquilo no que e pelo
que a pulsão se satisfaz, e portanto seu suporte pode ser qualquer coisa. Neste
sentido, o objeto pulsional é idealmente ilustrado pelo fetiche, ou seja, por aquilo cuja aparência, textura ou natureza não contêm nada que o predestine a ser
instrumento da satisfação sexual. Mas a mobilidade do objeto pulsional pode ser
limitada pela fixação, isto é, pelo estabelecimento de uma "soldadura" entre a
pulsão e aquilo que a satisfaz: assim, se virtualmente tudo pode se converter em
objeto pulsional (coisas, partes do corpo, ideias e ideais, atividades físicas e mentais, etc.), na biografia de cada um de nós essa virtualidade é reduzida a algumas

---

45. Diana Rabinovitch, *El Concepto de Objeto en la Teoría Psicoanalítica*. Buenos Aires: Ed. Manantial,
1988, especialmente a Introdução.

4. Reformulações da metapsicologia: 1914-26

categorias — não muitas — de objetos apropriados para o *nosso* prazer, apoiados ou não no objeto da necessidade.

É interessante notar que, em "Pulsões e destinos de pulsão", Freud retoma a questão do objeto pulsional através do exame das pulsões voyeurista e sádica, isto é, de modos de satisfação libidinal nos quais justamente o objeto sexual *dispensa* o apoio no objeto da necessidade. São objetos atravessados por uma referência ao corpo — olhos, sistema muscular — mas não é possível derivá-los da reminiscência de uma satisfação semelhante à satisfação oral: aqui, torna-se necessário pensar uma outra gênese para a pulsão sexual, que não seja a do seu "apoio" (*Anlehnung*) sobre as necessidades vitais. Compreende-se que, se o bebê não mamar, morrerá; por isso, a satisfação proporcionada à pulsão ainda poderia ser confundida com as finalidades da autopreservação. Mas o sádico não corre perigo de vida se for impedido de machucar alguém; não há nenhuma necessidade biológica que possa ser satisfeita pelo sadismo. O objeto destas pulsões, portanto, não pode ser de tipo anaclítico; será necessariamente de tipo narcísico, o que mais uma vez embaralha a oposição entre sujeito e objeto — e Freud falará de "reversão da libido para si mesmo" (*Wendung gegen die eigene Person*), tentando manter a libido na posição de agente do processo.

c) *o objeto que se escolhe na "escolha de objeto"* (*Objektwahl*), para o qual Rabinovitch sugere a designação de "objeto do amor". Mencionado no terceiro capítulo dos *Três ensaios* sob a rubrica "O encontro do objeto", ele reaparece — no *Caso Schreber* e em *Para introduzir o narcisismo* — como objeto primeiramente homossexual, depois heterossexual, e tem sua construção completada na parte final de "Pulsões e destinos de pulsão". O termo "escolha" não significa aqui, como é óbvio, nada semelhante ao que os existencialistas descreveram como ligado ao projeto e à responsabilidade. Indica antes uma direção geral, baseada na exclusão de um dos ramos de uma alternativa, como na expressão homóloga "escolha da neurose": se o resultado do processo patológico for uma histeria, não pode ser uma paranoia; a primeira não se converte na segunda, nem vice-versa.

Aqui se trata do objeto "total", que se opõe aos objetos parciais próprios das fases pré-genitais: ele pode ser investido pelo amor ou pelo ódio, ou, como em "Luto e melancolia", tornar-se o suporte de uma identificação. A referência fundamental dessa terceira série é o caráter sempre *segundo* do objeto: no caso da escolha anaclítica, a pessoa que proveu a satisfação das necessidades básicas é em seguida investida como objeto de amor; no caso da escolha narcísica, a pessoa amada é um *Ersatz* do primeiro objeto deste gênero, o *"Selbst"*. Freud oferece duas descrições complementares do processo da escolha objetal: a primeira, que já encontramos no *Caso Schreber*, evolui do autoerotismo até o objeto heterossexual, enquanto a segunda inclui o complexo de Édipo, isto é, a polarização do amor e do ódio nos pais enquanto seres humanos sexuados; esta será mais desenvolvida em *O ego e o id*.

É, portanto, com o objeto neste terceiro sentido que se dá a identificação em "Luto e melancolia". Ele é tanto o objeto do amor, como quer Diana Rabinovitch, quanto o objeto do ódio, como vimos ao analisar o texto de "Pulsões e destinos de pulsão". Ambos são relações do "ego total", isto é, de um psiquismo apreendido como subjetividade e capaz de estabelecer relações interpessoais. Nos termos de Paul Bercherie, estamos diante de uma apreensão "globalista" do funcionamento psíquico, o que conduz a uma séria modificação no sentido da expressão "teoria libidinal": "a teoria libidinal recobrirá cada vez mais, a partir daqui, o campo da relação de objeto, e não tanto a dialética pulsional dos *Três ensaios*".[46]

No texto de "Luto e melancolia", à discussão da identificação segue-se uma breve análise da ambivalência, exatamente porque o objeto foi perdido no ódio. Freud fala das "depressões obsessivas", nas quais o enlutado se acusa por ter desejado a morte da pessoa querida ou se sente culpado dela — o que indica um ponto de contato entre a neurose obsessiva, matriz do terceiro modelo, e a melancolia, matriz do quarto —, e em seguida mostra os destinos da ambivalência nesta última:

> quando o amor ao objeto — amor a que não se deve renunciar, enquanto o objeto se renunciou a si próprio [abandonou o amante] — vem se refugiar na identificação narcísica, o ódio recai sobre este objeto substitutivo [o "ego modificado pela identificação"], caluniando-o, humilhando-o, fazendo-o sofrer e encontrando neste sofrimento uma satisfação sádica. O autotormento indiscutivelmente prazeroso da melancolia significa, exatamente como o fenômeno correspondente na neurose obsessiva, a satisfação de tendências sádicas e odiosas orientadas para um objeto, e que, deste modo, sofreram uma reversão para a própria pessoa.[47]

46. Bercherie, op. cit., p. 340.
47. Freud, "Luto e melancolia", SA III, p. 205; BN II, p. 2097; OCCL, v. 12.

4. Reformulações da metapsicologia: 1914-26

O paralelo entre a melancolia e a neurose obsessiva se funda, assim, no fato de que em ambas o ódio desempenha um papel fundamental; paralelo e não identidade, porém, porque os destinos do ódio não são iguais em cada uma delas. Além disso, na neurose obsessiva o objeto é conservado *fora* do ego, enquanto a melancolia tem como precondição a perda do objeto (no que se aparenta ao luto) e o seu ressurgimento *dentro* do ego, através da identificação. Este é o processo verdadeiramente original descrito no artigo que estamos comentando, e Freud percebe que ainda não tirou todas as consequências dessa importante descoberta: termina seu texto com uma nota de hesitação, depois de todo um desenvolvimento em que, passando pela mania e pelo "trabalho da melancolia", procura compreender os mecanismos de *desligamento* do objeto. Mas sabe que tem nas mãos algo essencial, "capaz de abrir novas perspectivas sobre a constituição do ego humano" (a existência do que será chamado, logo mais, de superego).[48]

A MATRIZ CLÍNICA DA MELANCOLIA E O QUARTO MODELO METAPSICOLÓGICO

A teoria da identificação é a base de um quarto modelo metapsicológico pela boa e simples razão de que não pode ser deduzida de nenhum dos anteriores:

- obviamente, o modelo baseado na histeria não dá conta do caráter propriamente *subjetivo* deste processo, e Freud toma todo o cuidado em distinguir — no próprio texto de "Luto e melancolia" — a identificação histérica daquilo que está introduzindo agora.
- no modelo construído a partir das psicoses, a escolha de objeto narcísica pode certamente refluir para o ego, mas com isso o objeto é desinvestido e como que "morre" para o sujeito: nada há aqui de semelhante à edificação deste verdadeiro monumento funerário ao objeto que o melancólico efetua em seu ego.
- no terceiro modelo, o ódio começa atacando o objeto, e depois vem a se confundir mais ou menos com a rejeição do objeto e com as aspirações autárcicas do narcisismo — de onde o "ódio narcísico" do qual falamos antes.

48. Id., SA III, p. 201; BN II, p. 2094. Caberá a Karl Abraham prosseguir no estudo do "parentesco psicológico" entre a neurose obsessiva e a melancolia, no seu trabalho de 1924 "História da libido". Cf. Renato Mezan, "O inconsciente segundo Karl Abraham". In: *Interfaces da psicanálise*.

Na verdade, para compreender a gênese da melancolia, Freud se serviu de noções gestadas no segundo modelo — "escolha narcísica de objeto", "regressão até o ego" — e no terceiro — "conflito de ambivalência", "ódio pelo objeto". Nada há de extraordinário nisso; é compreensível que, ao pensar um fenômeno qualquer, procure elucidá-lo com o arsenal de conceitos já existentes, enquanto tal arsenal for suficiente. É o princípio epistemológico da "navalha de Ockham" que o guia, isto é, evitar a multiplicação desnecessária de conceitos e de hipóteses.[49]

Mas o processo aqui descrito não cabe nos seus esquemas, e exige a reformulação conceitual que estamos descrevendo. Ela se concentra na noção de identificação; agora podemos determinar melhor no que consiste. A identificação "versão 1917" postula uma forma absolutamente inédita de abandonar e ao mesmo tempo manter o objeto; sugere um processo de gênese para o ego — e para o que logo mais será o superego — bastante diferente do que era o caso até então; e começa a delinear um tipo de relações intrapsíquicas que conduzirá a reorganizar completamente a tópica, deixando de lado de uma vez por todas o "aparelho psíquico" do capítulo VII da *Traumdeutung*. Outras consequências desse remanejamento irão se evidenciando nos anos 1920, especialmente em *O ego e o id* e em *Inibição, sintoma e angústia*.

Assim, quando termina a Primeira Grande Guerra, Freud está diante de uma série de questões que permanecem em aberto em sua metapsicologia. Do lado das pulsões, como vimos, o par amor-ódio introduz um profundo remanejamento no dualismo sexualidade/pulsões do ego, e pode ser tido como base da nova teoria que será proposta em *Além do princípio do prazer*. Do lado da tópica, o mecanismo da identificação introduz uma história do ego que pouco tem a ver com o que ficara estabelecido em "Pulsões e destinos de pulsão", na medida em que ali ego e objeto permaneciam em polos distintos da dinâmica psíquica; já aqui, a perda do objeto não desemboca nem na sua alucinação (como no primeiro modelo), nem no seu desinvestimento (como no segundo), nem tampouco é causada pela fúria destrutiva do ódio (como no terceiro).

De modo geral, podemos dizer que os desenvolvimentos da década de 1920 darão continuidade ao terceiro modelo, tal como se apresenta após o texto de

---

49. Ele procederá da mesma forma em *Psicologia das massas e análise do ego*, ao recusar a existência de um "instinto de rebanho" independente, preferindo utilizar as noções da teoria libidinal para dar conta do gregarismo humano e dos fenômenos de multidão.

4. Reformulações da metapsicologia: 1914-26

"Pulsões e destinos de pulsão"; ele servirá de parâmetro para a construção do novo dualismo pulsional, juntamente com os fenômenos do polo "negativo" do gradiente emocional — medo, culpa, angústia, repetição mortífera, etc. Também darão continuidade ao quarto: ele está presente na teoria do complexo de Édipo, que culmina com as identificações normativas a um ou a outro progenitor; na análise dos fenômenos sociais e do vínculo amoroso entre os membros da multidão e das instituições (*Psicologia das massas*); e na reelaboração da tópica, tanto no plano do ego quanto do superego. Na ideia de superego, virão confluir elementos de ambos esses modelos: ele resulta de uma identificação, mas está em estreito contato com as pulsões do id, de onde seu caráter cruel e sua severidade extrema frente ao ego.

A nova tópica e a nova teoria das pulsões determinarão uma extensa reavaliação da teoria psicopatológica, recentrando-a sobre a angústia e sobre o complexo de castração (*Inibição, sintoma e angústia*). Quanto à teoria do processo analítico, ela se enriquecerá com a análise da contratransferência e com a noção de "construção", além de se deter com mais atenção nos fatores que obstaculizam o trabalho e podem determinar seu fracasso — entre outras, resistências excessivas, reação terapêutica negativa e sentimento inconsciente de culpa excepcionalmente intenso.

UMA NOVA CONCEPÇÃO DAS PULSÕES

Vejamos então como se organizam esses temas. Em *Além do princípio do prazer*, Freud começa por estudar os fenômenos nos quais aparece uma tendência a buscar o desprazer, tendência bastante estranha e pouco compatível com o que a metapsicologia afirma sobre o funcionamento psíquico: este seria automaticamente regulado pelo princípio do prazer, o que significa que toda tensão é desprazerosa e que o escoamento dela, por implicar uma redução neste nível de tensão, é *ipso facto* gerador de prazer.

Mas a este domínio do princípio do prazer se opõem outras tendências, por vezes mais fortes do que ele, de modo que muitos processos psíquicos resultam em desprazer e não em prazer. Alguns desses processos, tais como a revivência de experiências dolorosas durante o processo analítico, sugerem a existência de uma compulsão a repetir, manifestação da força do reprimido, que consegue

vencer as resistências do ego — cujo objetivo seria exatamente impedir o desprazer provocado por tal repetição. E não se trata de experiências ligadas a desejos
ou movimentos pulsionais que, se encontrassem satisfação, poderiam acarretar
um ganho de prazer: estamos diante de situações como o fracasso da investigação sexual infantil, ou como a frustração das fantasias onipotentes de ter um
bebê e de ser amado com exclusividade pelo objeto edipiano. São experiências
como essas — que induzem um sentimento de inferioridade e de abandono cuja
tonalidade é próxima à da melancolia — que a compulsão de repetição fará ressurgir durante o tratamento, produzindo o mesmo desprazer que suas predeces-
soras infantis.

Da mesma forma, certas pessoas dão a impressão de serem perseguidas pelo destino, colocando-se invariavelmente em situações de rejeição, de traição, de
decepção — um "eterno retorno do mesmo", diz Freud citando Nietzsche, para
concluir dessas observações que "existe efetivamente na vida psíquica uma compulsão de repetição que se coloca acima do princípio do prazer".[50] O caráter
"demoníaco" desta compulsão, obviamente involuntária e contrária aos interesses e desejos do indivíduo, sugere que seja de natureza pulsional, uma tendência
basal que age no sentido de *restaurar um estado anterior*, na qual Freud reconhece,
com alguma surpresa, um traço inerente a toda pulsão. Tal constatação o conduz
a propor uma nova definição desse fator psíquico, que parecia tão bem esclarecido: "uma pulsão seria um impulso inerente ao ser vivo no sentido de restabelecer
um estado anterior, que este ser vivo teve de abandonar sob a influência pertur-
badora de forças exteriores".[51]

À luz da teoria das pulsões que vigorava até então, essa concepção é das
mais estranhas. Elas eram aquilo que impele à mudança e ao desenvolvimento;
agora surgem como expressão da natureza conservadora do ser vivo. A rigor,
porém, este passo já estava preparado desde o momento em que ódio e narcisismo vinham confluir na repulsa ao objeto, como observamos na seção anterior

---

50. Freud, *Jenseits des Lustprinzips*, seção 3, SA III, p. 232; BN III, p. 2517. [Ed. bras.: "Além do princípio
do prazer" (1920). In: OCCL, v. 14, pp. 161-239.]
51. Id., seção 5, SA II, p. 246; BN III, p. 2525. Cf. a definição de pulsão na *Metapsicologia* de 1915: "a
pulsão é uma medida da exigência de trabalho imposta à psique pela sua conexão com o corpo."
("Pulsões e destinos de pulsão", SA III, p. 85; BN II, p. 2041). Essa concepção parece mais adequada a
um pensamento no qual o paradigma de toda pulsão é a sexualidade, enquanto a nova tem como
referência explícita a pulsão de morte.

4. Reformulações da metapsicologia: 1914-26

deste capítulo. O que é novo no texto de *Além do princípio do prazer* é a dimensão cósmica que toma a ação das pulsões, entrevista não somente no ser humano, mas no ser vivo em geral — Freud dará exemplos tirados da etologia, e dedicará várias páginas à discussão dos trabalhos de biólogos como Weissmann acerca da vida e da morte dos protozoários.

Se a repetição visa a restaurar um estado anterior, é lícito deduzir que seu fim último é regredir até a matéria inanimada, estado anterior a toda manifestação vital: o conjunto da vida pulsional tenderia assim a produzir a morte. Cada organismo quer morrer à sua maneira, e o que parece uma busca da autoconservação seria na verdade o conjunto de medidas de proteção adotadas pelo organismo para se defender dos perigos externos, isto é, de condições adversas que poderiam conduzi-lo a morrer de "outra maneira", não daquela que está inscrita em sua própria natureza. Freud brinca um momento com essa ideia, mas logo se apercebe de que ela não pode garantir que às pulsões de morte se oponha outro grupo de pulsões, as de vida. Estas estariam ligadas à manutenção das células germinativas — à propagação da espécie, diria Darwin — e presidiriam ao encontro das ditas células com as de um indivíduo do sexo oposto para formar um novo espécime. O "encontro de objeto" assim descrito introduz uma concepção bastante nova do que seja um objeto para a pulsão!

O termo "sexuais" aqui empregado tampouco deve induzir a engano: houve um profundo remanejamento do sentido da sexualidade. Ela era, até então, aquilo que deveria ser reprimido, aquilo contra o que é preciso erigir defesas, o demoníaco: "ninguém que, como eu, tenha medido forças com os demônios mais selvagens que habitam a alma humana pode esperar sair ileso da experiência", diz Freud no *Caso Dora*. Este caráter demoníaco está agora do lado das pulsões de morte. A sexualidade, juntamente com o amor, tende à ligação, e portanto à saída da autarcia, a qual, longe de consistir num estado de beatitude narcísica, passa a ser vista como mortífera para o sujeito. E isso porque *autarcia* não significa mais satisfação autoerótica num "esplêndido isolamento", mas sim repetição desenfreada e autodestrutiva, sob a égide da "inércia psíquica". Do ponto de vista da relação com a realidade, a situação foi completamente invertida: se no segundo modelo a sexualidade tinha um elo privilegiado com a fantasia, agora é ela que impulsiona o sujeito para fora de si e para o estabelecimento de laços com o que lhe é *outro*.

Não podemos aqui retraçar todo o sinuoso caminho da especulação freudiana em *Além do princípio do prazer*; estamos interessados naquilo com que esse texto contribui para a questão dos modelos metapsicológicos.[52] O primeiro ponto a ressaltar é a resolução do problema de como o amor pode inibir o ódio: as pulsões de vida, que subsumem a sexualidade e o amor, têm por finalidade exatamente tal inibição, através dos mecanismos da deflexão para o exterior e da intrincação pulsional, isto é, da mistura (*Mischung*) entre pulsões de vida e de morte. Se o sentido da repetição é o retorno ao estado indiferenciado que precede a vida, as pulsões que visam a tal finalidade atuarão através do desligamento, da separação, da decomposição daquilo que é complexo — no sentido da entropia, para dizer as coisas de modo rápido.

Ora, esses processos encontram resistência naquilo que mantém juntas as partes de qualquer organização complexa, das moléculas à sociedade humana. Por esta razão, à pulsão de morte será atribuído um íntimo laço com a agressividade e com as tendências destrutivas, isto é, com o ódio. Mas a ação do ódio, nesta nova versão, se dá a princípio em silêncio, e só mediante a fusão com as pulsões de vida é que ele chega a produzir satisfação libidinal — seja na vertente sádica, seja na vertente masoquista. O caráter furioso da destruição provém de Eros, e o prazer de destruir tem um fundo narcísico — autoafirmação da própria potência — que demonstra sua vinculação com as pulsões sexuais. É o colorido sexual que permite "ver" a pulsão de morte, "aliás imperceptível (*sonst unwahrnehmbar*) quando não está tingida de erotismo".[53]

Paul Bercherie nota com razão que, se na primeira teoria pulsional o automatismo de repetição era a *expressão* do funcionamento pulsional — por exemplo na tendência à alucinação do objeto satisfatório, poderíamos acrescentar —, com a visão de *Além do princípio do prazer* ela passa a ser a *matriz* desse funcionamento.

A diferença entre as duas funções da repetição pode ser ilustrada pelo fato de que, quando a pulsão é concebida como na *Metapsicologia*, seu funcionamento cíclico é imediatamente evidente: uma vez descarregada a tensão criada pelo "trabalho imposto à psique por sua conexão com o corpo", a mesma conexão suscita novas tensões, que precisam ser novamente eliminadas. Nesta perspectiva, a matriz da pulsão é a tensão somática, e é porque ela está sendo constantemente criada pelo simples viver que o ciclo da pulsão se instala: ele é assim *expressão*

---

52. Uma discussão detalhada deste artigo se encontra no capítulo IV de Renato Mezan, *Freud: a trama dos conceitos* (São Paulo: Perspectiva, 1982), em especial na seção 2, pp. 253-68.

53. Freud, *O mal-estar na cultura*, capítulo VI: SA IX, p. 247; OC III, p. 3051. [Edições brasileiras: OCCL, v. 18, pp. 13-123; *O mal-estar na civilização*. Trad. de Paulo César de Souza. São Paulo: Penguin Classics Companhia das Letras, 2011.]

4. Reformulações da metapsicologia: 1914-26

do funcionamento pulsional. Este alimenta por exemplo a transferência das imagos infantis sobre o analista: temos aqui a repetição de um esquema infantil sobre uma nova pessoa. A pulsão se engendra no limite entre corpo e mente, busca representações psíquicas, que já estão de certa forma esquematizadas pelo infantil, e as vai aplicando por assim dizer como um carimbo sobre os diferentes objetos que vão atravessando seu caminho. Podemos dizer: *porque a pulsão é pulsão, a repetição é repetição*.

Já na segunda teoria, o automatismo de repetição introduz uma atração pelo passado e pelo originário que *precede* o estabelecimento do regime pulsional: exprimindo a inércia psíquica, este automatismo é mais fundamental que a pulsão, e por este motivo figura na definição dela ("a pulsão é um impulso, inerente ao ser vivo, no sentido de restabelecer um estado anterior"), enquanto na definição *dele* não é necessário fazer intervir o conceito de pulsão. É por isso que, a meu ver, é feliz a expressão de Bercherie, segundo a qual, nessa nova versão, a repetição é a *matriz* do funcionamento pulsional. Invertendo o que era o caso em 1915, agora é *porque a repetição é repetição que a pulsão é pulsão*.

Esta mutação no conceito de pulsão, por sua vez, acarreta uma importante modificação no que tange à concepção do funcionamento mental: dominada pela repetição, a dinâmica pulsional tenderia apenas a reproduzir o passado, quer este fosse doloroso, quer prazenteiro — ou seja, o regime autístico mais absoluto.[54] É aqui que intervém a função de ligação da excitação, que deve ser realizada para que esta possa ser "liquidada no processo de descarga".[55] Nas palavras de Bercherie,

> a ligação não serve mais para instalar o controle do princípio de realidade sobre o impulso cego do desejo (como busca do prazer), mas para bloquear a repetição, perigo mortal para o organismo-sujeito, e para canalizar as energias pulsionais para o funcionamento submetido à escola do prazer-desprazer.[56]

A ligação será, portanto, a função essencial das pulsões de vida; ela se exerce desde o nível da excitação intrapsíquica até a relação com o objeto, e culmina nos vínculos que se estabelecem no plano das relações sociais.

54. Bercherie, op. cit., pp. 348-9.
55. Freud, *Além do princípio do prazer*, SA III, p. 270; BN III, p. 2540; OCCL, v. 14.
56. Bercherie, op. cit., p. 349.

184

DO TRAUMATISMO AO SUPEREGO: VICISSITUDES DA AGRESSIVIDADE

Por que o problema da energia livre e ligada se tornou tão importante para Freud? Porque surgiu — ou melhor, ressurgiu — a questão do traumatismo. Este termo designa precisamente a situação que ocorre quando se rompe o "paraexcitações", isto é, a película exterior que envolve a "vesícula protoplásmica" que em *Além do princípio do prazer* figura o sujeito. Bombardeada do exterior por forças excessivas, ela sofre uma ruptura, o que ocasiona o ingresso de grandes quantidades de energia no interior da "vesícula"; essas quantidades produzem enorme desprazer, e deverá ser efetuada a ligação delas, para que possam ser eliminadas segundo a ação do princípio de prazer.

Esta ideia, em aparência tão abstrusa, introduz na verdade um tema fundamental para o pensamento freudiano dos anos 1920, a saber a questão da angústia. Se o paraexcitações foi rompido, é porque se encontrava pouco investido, em virtude de uma falha nos sistemas defensivos: a experiência correspondente, para o sujeito, é o susto (*Schreck*). Se ele estivesse alerta para o perigo — por meio de um sentimento de apreensão, cuja base é a angústia —, não teria sido apanhado de surpresa e não sofreria o traumatismo. É dessa forma que Freud explica os sonhos repetitivos da neurose traumática, nos quais a pessoa reproduz a cena do desastre ou do ataque que a vitimou: "estes sonhos têm por objetivo recuperar o domínio da excitação através do desenvolvimento da angústia, cuja ausência foi a causa da neurose traumática".[57]

Em 1920, Freud não prossegue a discussão do traumatismo, detendo-se no problema dos sonhos de angústia desta neurose, que constituem a primeira exceção válida à teoria de que todo sonho é uma realização de desejo. O fio aqui esboçado será retomado em 1926, com *Inibição, sintoma e angústia*. Mas podemos ver aonde o conduziu a busca tenaz de uma solução para o problema do ódio: a uma concepção na qual a destruição, e portanto a agressividade e o ataque, ocupam um lugar primordial. Nada mais lógico do que, a partir daí, repensar a questão daquilo que, no indivíduo, protege contra o ataque, isto é, as defesas. Mas estas são, desde sempre na psicanálise, uma função do ego: de onde a necessidade de uma reconsideração global da tópica, o que Freud vai realizar em *O ego e o id*.

Antes de passar ao estudo desse texto, que retoma o fio do quarto modelo — pois nele se trata precisamente das identificações —, convém fazer um balanço

---

57. Freud, *Além do princípio do prazer*, seção 4, SA III, pp. 241-2; BN III, p. 2522; OCCL, v. 14.

4. Reformulações da metapsicologia: 1914-26

do que encontramos em *Além do princípio do prazer* para o tema dos modelos metapsicológicos. Visivelmente, o lado sombrio do funcionamento psíquico passa a ocupar o centro das atenções de Freud: traumatismo, tendência interna à morte, caráter "demoníaco" da compulsão à repetição, agressividade, sadismo, logo mais "O problema econômico do masoquismo", pouco antes o estudo das fantasias de fustigação em "Batem numa criança" — esta lista fala por si só. O aspecto central aqui é, segundo penso, o problema da destruição e da autodestruição, em suas variadas formas. Esse problema é uma herança do terceiro modelo, mas a solução aportada por Freud transcende largamente o escopo daquele.

Em *Além do princípio do prazer*, não creio que se possa observar a construção de *outro* modelo; Freud está preocupado com a reorganização da teoria das pulsões de modo geral, abrindo perspectivas novas nas quais o tema do ódio ressoa como que em surdina. De fato, a pulsão de morte parece responder a uma exigência teórica mais vasta, a de um fundamento pulsional para toda uma gama de fenômenos que sugerem, como lemos em *Análise terminável e interminável*, "a existência de uma força, na vida psíquica, que denominamos segundo suas finalidades pulsão de agressão ou de destruição, e que fazemos derivar da pulsão de morte originária da matéria viva".[58] Esses fenômenos são o masoquismo, a reação terapêutica negativa, o sentimento inconsciente de culpa, e os que mencionamos acima.

O vínculo entre tais manifestações e a pulsão de morte não é, contudo, direto, e ela raramente aparece nas discussões mais clínicas ou técnicas que Freud empreende a partir de *Além do princípio do prazer*. Laplanche e Pontalis observam esta dificuldade numa série de textos que vão de *O ego e o id* até o final da obra: a oposição dos dois tipos de pulsão não desempenha qualquer papel dinâmico no estudo das neuroses realizado em *Inibição, sintoma e angústia*, texto no qual o conflito entre as instâncias não recobre o conflito pulsional; este último tampouco é utilizado para dar conta da evolução dos estágios libidinais.[59] O único caso em que Freud discerne a ação visível da pulsão de morte, desintrincada de seu grande e mítico adversário, é precisamente o superego do melancólico, "pura cultura de pulsão de morte" (*O ego e o id*).

---

58. "Die endliche und die unendliche Analyse" [Análise terminável e interminável], SA *Ergänzungsband* [volume complementar], p. 382; BN III, p. 3358. Cf. também o verbete "Pulsion de mort" no *Vocabulaire de la psychanalyse*, de Laplanche e Pontalis, op. cit., pp. 371-8.

59. Laplanche e Pontalis, op. cit., p. 374.

Se é certo que a presença do novo dualismo pulsional se dá na teoria de modo relativamente difuso, ele tem por outro lado uma função epistemologicamente essencial: introduz a *teleologia* num pensamento até então muito marcado pelo mecanicismo do século XIX. Paul Bercherie comenta a este respeito que a pulsão não é mais, neste momento, uma tensão somática que tende cegamente à descarga sobre não importa qual objeto, casualmente oferecido pela experiência, mas tornou-se "entequia substantivada, desígnio tenaz no próprio coração do ser".[60] As pulsões se definem agora por suas *finalidades* — unir ou separar — e estas finalidades se desdobram numa história, a história de cada indivíduo.

Ora, a ideia de uma finalidade está presente também na nova versão da tópica, na qual, graças à ação da identificação, as instâncias ganham um caráter "personalístico" que não tinham na máquina psíquica da *Traumdeutung*. Ego, id e superego — pois é deles que vamos falar agora — são entidades dotadas de objetivos próprios, e pelo menos duas delas — o ego e o superego — utilizam "procedimentos" destinados a atingir seus objetivos. A teleologia (cuja fonte última é, segundo Bercherie, a filosofia da Natureza do Romantismo alemão) mostra-se assim como a verdade do maquinismo, para usarmos um vocabulário caro a Hegel.

Retornemos um instante à identificação: no capítulo VII de *Psicologia das massas e análise do ego* (1921), dedicado precisamente a estudar esse mecanismo, Freud amplia consideravelmente o alcance dele:

> [é] primeira expressão de um vínculo afetivo (*Gefühlsbindung*) com uma outra pessoa. Ela desempenha um papel na pré-história do complexo de Édipo. O menino pequeno [...] toma o pai como ideal [...]. O pequeno observa que o pai está no caminho entre ele e a mãe; sua identificação ao pai toma então um matiz hostil, e se torna idêntica ao desejo de substituí-lo também junto à mãe. Aliás, a identificação é ambivalente desde o início; pode orientar-se para a expressão tanto da ternura quanto do desejo de afastar (o pai). Comporta-se como um derivado da primeira fase *oral* da organização libidinal, na qual se incorpora, através do comer, o objeto cobiçado e valorizado, com o que este é aniquilado enquanto tal.[61]

---

60. Bercherie, op. cit., p. 354. Para esse autor, com a introdução da pulsão de morte Freud acerta suas contas com Jung e com Adler: aceita a unidade da libido proposta pelo primeiro, mas anula o alcance dessa objeção servindo-se de uma versão pessoal do instinto agressivo postulado pelo segundo (*Genèse des concepts freudiens*, p. 353).

61. Freud, *Massenpsychologie und Ichanalyse*, SA IX, p. 198; BN III, p. 2585. Grifos de Freud. [Ed. bras.: "Psicologia das massas e análise do eu" (1921). In: OCCL, v. 15.]

4. Reformulações da metapsicologia: 1914-26

Nesse trecho, duas coisas nos interessam de perto: o vínculo da identificação com o ideal, e sua relação com o complexo de Édipo. A distinção entre identificação e incorporação ainda permanece frouxa, e aqui Freud procura visivelmente acomodar seu novo conceito à teoria das fases libidinais, conhecida de seus leitores desde os escritos da década anterior. O novo é a ideia de que o laço com o *ideal* seja de tipo identificatório; ora, se a identificação se dá com o pai (no caso do menino), terá forçosamente alguma função no complexo de Édipo: é à ambivalência que Freud atribui a passagem da ternura e da admiração pelo pai à agressividade contra ele e ao desejo de o "afastar".

Estamos assistindo, na verdade, aos primeiros passos de gênese do superego tal como será descrita em *O ego e o id*; tanto é assim que, após relembrar o papel da identificação na organização da homossexualidade masculina, Freud retorna à melancolia e ao que sobre ela escrevera em 1917, e reúne no "ideal do ego" quatro funções de natureza semelhante — a auto-observação, a crítica moral, a censura no sonho e a influência essencial no recalque.

Daqui a discussão prossegue no sentido de saber em que "lugar" psíquico o objeto é instalado através da identificação: se no ego (caso da melancolia), se no ideal do ego (caso do enamoramento e da idealização do objeto). Freud usa a expressão *"an die Stelle"*, que quer dizer no lugar de: na melancolia, perdeu-se ou renunciou-se ao objeto, o qual, ao ser restabelecido no ego (= no lugar do ego), induz nele uma alteração — "o ego se modifica parcialmente segundo o modelo do objeto perdido". No caso da idealização, um de cujos exemplos é a *Verliebtheit* ou estado amoroso, o objeto é conservado, mas vem ocupar o lugar do *ideal do ego*, não mais o do ego.

Aqui o termo "ideal do ego" ganha um sentido específico, que pouco tem a ver com a autocrítica: é simplesmente aquilo que alguém quer ser, porque está encarnado num objeto/pessoa amado. As funções críticas precisarão ser atribuídas a *outra* formação psíquica, e é exatamente o que vai ocorrer em *O ego e o id*, com a invenção do conceito de superego. De momento, Freud utiliza a análise que acabou de fazer para definir o que é uma multidão, e em quais lugares a identificação pode colocar o objeto: "uma multidão primária é um conjunto de indivíduos que colocaram um mesmo objeto no lugar do seu ideal do ego, e, em consequência, identificaram-se no seu ego uns com os outros".[62]

___

62. Id., SA IX, p. 108; BN III, p. 2592.

188

Ou seja, temos aqui três tipos de identificação, que Laplanche e Pontalis designam como centrípeta, centrífuga e recíproca:[63]

- a primeira é próxima da incorporação, e se baseia na consideração da melancolia; seu teatro de operações é o ego, e, uma vez realizada, acarreta modificações *no* ego segundo o modelo (*Vorbild*) do objeto perdido.
- a segunda é ilustrada pelo diagrama que Freud coloca no final da seção VIII de *Psicologia das massas*: o ideal do ego se "transporta" para o líder da multidão, figurado no diagrama pelo "objeto exterior", e este se substitui ao ideal do ego de cada um dos membros da multidão, como objeto comum de amor.
- quanto à terceira, ocorre *entre* os membros da multidão, como consequência da identificação com o líder.

O interesse dessas distinções é bastante grande, por dois motivos: esclarecem um ponto obscuro no mito da horda, e permitem compreender que a gênese do ego *e* a gênese do superego dependem de identificações, mas não das *mesmas* identificações. Em relação à horda, fica claro que o pai devorado foi colocado no lugar do ideal do ego, em virtude do que os filhos se identificam entre si no plano dos seus egos — e, deste novo lugar, o pai terá um poder inibidor sobre os desejos dos filhos, o que o aparenta ao superego *stricto sensu*. Quanto às identificações que estruturam cada uma das instâncias psíquicas, elas serão discutidas em *O ego e o id*, mas desde já é possível perceber que o superego terá uma relação de *derivação* em relação ao complexo de Édipo, enquanto no caso do ego tal relação se organizará de outro modo.

Os primeiros capítulos de *O ego e o id* retomam os temas da consciência, do recalcado, das resistências inconscientes do ego, e outros bem conhecidos, para chegar a uma dupla história do ego: a que tem por eixo o fato de que ele é a face exterior do id, aquela que em contato com a realidade se modificou e se organizou, e a que tem por eixo a sucessão de identificações com objetos originalmente eróticos, o que permite "conceber que o caráter do ego resulta da sedimentação dos investimentos objetais abandonados: ele contém a história destas escolhas de objeto".[64]

---

63. Laplanche e Pontalis, op. cit., verbete "Identification", p. 198.
64. Freud, *Das Ich und das Es*, SA III, p. 297; BN III, p. 2711. Este texto será designado como *O ego e o id* [OCCL, v. 16].

4. Reformulações da metapsicologia: 1914-26

O quarto modelo a que vimos nos referindo reaparece aqui: a gênese "metafórica" do ego, como a denomina Laplanche, que a opõe à gênese "metonímica" (por contiguidade com o id),[65] tem por solo de origem a melancolia e a identificação centrípeta. É muito importante, nesse contexto, notar que neste caso a ambivalência não tem qualquer relevo; para resultar numa identificação, o objeto não precisa ter sido perdido no ódio. Ao contrário, o polo agressivo se distribui entre o id — reservatório das pulsões — e o superego, ao mesmo tempo em que se opera uma espécie de divisão do trabalho: o ódio pelo objeto, proveniente do id, pode ser atuado pelo ego, na qualidade de agente das paixões e de algum modo viabilizador delas; *a agressão contra si mesmo*, em contrapartida, será atribuída ao superego, que neste caso manifesta sua origem distante no id — "é um resíduo das primeiras escolhas de objeto do id" — e também sua função de "enérgica formação reativa contra elas".[66]

Aqui se completa, finalmente, a trajetória iniciada em *Totem e tabu*: como o superego herda do caráter violento do pai da horda a força necessária para reprimir o Édipo, conserva para sempre um caráter essencialmente brutal, e deste provém a hostilidade que marca suas relações com o ego: deste aspecto derivam a consciência moral, e o tema novo do *sentimento inconsciente de culpa*. Este expressa a reação do ego às críticas do superego; pode ser excepcionalmente intenso em certas patologias — em especial na neurose obsessiva e na melancolia — e se manifesta exemplarmente na reação terapêutica negativa, fenômeno clínico a que Freud concederá importância crescente nos últimos anos de sua trajetória.

Numa carta a Edoardo Weiss, na qual comenta o caso de um paciente deste cuja análise dera lugar a uma reação deste tipo (o paciente de Weiss viera vê-lo em Viena, por ocasião de sua lua de mel, e depois lhe enviara uma carta ao que parece bastante paranoica), Freud liga o surgimento de *O ego e o id* à reflexão sobre a reação terapêutica negativa: "A observação do seu caso motivou o nascimento de meu livro *O ego e o id*".[67] Reação terapêutica negativa e crueldade excessiva do superego na melancolia parecem ter sido os dois elementos principais, assim, para que a noção de ideal do ego se encaminhasse para a sua versão de 1923, na qual, com o novo nome de superego, ganha consistência e um verdadeiro substrato

65. Laplanche, "Dérivation des entités psychanalytiques". In: *Vie et mort en psychanalyse*, pp. 207 ss.
66. Freud, *O ego e o id*, SA III, p. 301; BN III, p. 2713; OCCL, v. 16.
67. Sigmund Freud-Edoardo Weiss, *Lettres sur la pratique psychanalytique*. Toulouse: Xavier Privat Éditeur, 1975. p. 69 (carta de 12/2/1924).

pulsional. Este substrato é a pulsão de morte, sob o seu aspecto de autodestruição, mais ou menos tingida de erotismo segundo os fenômenos dos quais participa — outro deles é o masoquismo, especialmente em sua variedade "moral".

Torna-se assim possível perceber como na caracterização do superego vêm
confluir elementos do terceiro e do quarto modelos metapsicológicos de Freud.
Do terceiro, estão presentes o caráter impulsivo das paixões do id, que o superego ajuda a conter e a controlar, e também a faceta pulsional dele, que é predominantemente calcada sobre o ódio. Do quarto, provêm a origem histórica do superego na identificação ao pai violento, e a descrição de suas funções numa
tópica intrapsíquica em que as instâncias se comportam como adversários "per-
sonalizados", dotados de objetivos e empregando estratégias para alcançá-los.

ANGÚSTIA, ÉDIPO E CASTRAÇÃO

O ego e o id termina com o estudo bem conhecido das relações de dependência do ego frente aos seus "três senhores" — o id, o superego e a realidade exterior — e com a descrição de suas relações com as duas pulsões (desintrincação
necessária à sublimação, vínculo com Eros para dar curso ao seu trabalho de
síntese intra- e extrapsíquica, etc.). Dessas relações de dependência provêm três
gêneros de angústia: frente ao id e aos seus impulsos ameaçadores, usualmente
de tipo libidinal; frente à realidade e às suas ameaças de destruição; frente ao superego, sob a forma de "angústia de consciência".

É precisamente este o foco de interesse do grande escrito de 1926, *Inibição,
sintoma e angústia*, no qual Freud retoma o estudo da teoria psicopatológica à luz
das amplas transformações na doutrina das pulsões e na tópica a que procedera
nos anos anteriores. Do ponto de vista que aqui é o nosso, podemos dizer que o
modelo que toma por matriz clínica a melancolia implica uma completa reformulação da tópica, mas sem que dele se possa derivar uma revolução equivalente na economia (pulsões). Aqui, como afirmei atrás, Freud parece dar continuidade à reflexão associada ao terceiro modelo, na medida em que é em relação ao
par ódio/amor que se organizam suas ideias a partir de *Além do princípio do prazer*: em *O ego e o id*, por exemplo, fazem parte desta ordem de preocupações o
estudo da sublimação como dessexualização, a discussão do capítulo IV sobre a
desintrincação pulsional, etc. Em "O problema econômico do masoquismo"

4. Reformulações da metapsicologia: 1914-26

(1924), esta reflexão é levada adiante, a partir das bases estabelecidas em *Além do princípio do prazer*: embora interessantíssimo, esse texto não nos deterá aqui, porque nele não encontramos elementos novos para consubstanciar a hipótese epistemológica que vimos desenvolvendo.

Tal não é o caso em *Inibição, sintoma e angústia*, para o qual voltaremos agora nossa atenção. Assim como em *Totem e tabu*, precisamos ser seletivos e deixar de lado numerosas observações que, por interessantes que sejam, nos desviariam do nosso foco. O personagem principal desse livro é indiscutivelmente o ego, que já no final de *O ego e o id* fora reconhecido como a sede da angústia. O termo "inibição" se aplica a uma restrição funcional do ego, a uma diminuição da sua potência; a intenção de evitar a angústia é um dos muitos motivos que podem determinar tal restrição, especialmente porque aquela pode proceder de uma ameaça situada no id, no superego ou na própria realidade exterior.

Esta concepção se opõe à que Freud defendera desde 1895, a saber que a angústia equivale a uma transformação da libido "estagnada" devido ao recalque de um impulso sexual. Tal concepção tem, como é fácil perceber, estreitas relações com o que chamei o primeiro modelo metapsicológico, na medida em que é um dos destinos possíveis da libido "livremente circulante" — numa nota de 1920 à quarta edição dos *Três ensaios*, Freud a compara a um subproduto da libido, algo semelhante ao vinagre em relação ao vinho.[68] Já o que expõe em 1926 pressupõe os desenvolvimentos indicados ao longo desta seção, e que resultam numa concepção do ego a cavalo entre o terceiro e o quarto modelos: como controlador dos impulsos do id, ele deve impedir que um processo de investimento libidinal originado naquela instância atinja força tal, que invada a ele, ego, produzindo enorme desprazer (terceiro modelo); isso é feito utilizando traços mnêmicos de experiências anteriores, essencialmente ligadas ao complexo de Édipo (quarto modelo).

Dos diversos tópicos estudados em *Inibição, sintoma e angústia*, ressaltarei dois de especial interesse para nosso argumento: um ligado à teoria epigenética, o outro à teoria psicopatológica. O desenvolvimento da criança é fonte de numerosas experiências de angústia, que Otto Rank havia vinculado à experiência traumatizante do nascimento (em *O trauma do nascimento*). Inicialmente simpático à tese de Rank, Freud veio a se distanciar dela, e, segundo a "Nota do tradutor"

---

68. Cf. a "Nota do tradutor" a este texto: SA VI, p. 230.

redigida por James Strachey, foi levado a escrever o texto de 1926 exatamente para pôr em ordem seus argumentos contra Rank — e, *de fil en aiguille*, isso o conduziu a uma completa reformulação da teoria da angústia.

Do ponto de vista que aqui nos interessa, cabe lembrar que *Inibição, sintoma e angústia* coloca no centro da vida psíquica a vivência do *perigo*, contra o qual, justamente, o sinal de angústia deve proteger o indivíduo. Ora, as situações de perigo vão evoluindo conforme as fases do desenvolvimento psicossexual e conforme as diversas modalidades da relação com o objeto, mas em termos psicológicos sua essência é sempre a mesma: ver-se sozinho, desamparado e abandonado frente a forças destruidoras. E tanto faz que estas forças venham do id pulsional ou do mundo exterior, pois seu *sentido* é idêntico nos dois casos.

No texto de *Inibição, sintoma e angústia*, assistimos a uma ordenação temporal dessas situações de perigo, que começam com o nascimento, continuam pela perda do objeto materno — a separação — e culminam com a ameaça de castração, de onde a repressão do complexo de Édipo, a formação do superego e a ameaça de punição por este último, que Freud designa como a angústia "moral".[69] O que é interessante para o nosso argumento é a oscilação entre uma concepção "quantitativa" da angústia, herança do primeiro modelo — presente por exemplo na discussão das necessidades orais do bebê — e uma concepção mais próxima do quarto modelo, que leva em conta o fato de o objeto (materno) ser não somente o provedor da satisfação pulsional, mas também *amado (geliebten)* e *anelado (ersehnten)*. Abre-se aqui, com toda a nitidez, o caminho que conduzirá a escola das relações de objeto a conferir peso decisivo à *qualidade* das relações primitivas, e a rejeitar a teoria pulsional herdada do primeiro modelo. Freud não chega a tanto, mas a história da evolução psíquica que conta neste texto baseia-se numa concepção das relações com o objeto que pende fortemente para os elementos postos em evidência pelo modelo construído a partir da melancolia.

O outro ponto importante diz respeito à teoria das neuroses. A ligação com o que precede é dada pela observação de que "provavelmente existem também estreitas relações entre a situação de perigo ativa [em cada fase] e a forma da neurose que dela se segue (*zwischen der wirksamen Gefahrsituation und der Form der auf sie folgenden Neurose)*".[70]

---

69. Cf. o capítulo VIII do livro.
70. Freud, *Inibição, sintoma e angústia*, SA VI, p. 282; BN III, p. 2865.

4. Reformulações da metapsicologia: 1914-26

Neste ponto, mostra-se a importância epistemológica da noção de complexo de Édipo. Ele é, por um lado, um fato central na evolução psíquica, e por isso faz parte da segunda coordenada indispensável a um modelo metapsicológico — no caso, é aquilo que confere direção e consistência aos investimentos pulsionais, privilegiando como objeto o pai e a mãe. O Édipo não se opõe aos estágios libidinais (as *Vorstufen der Liebe*), mas se *sobrepõe* a eles, porque é uma dobradiça estruturadora dos elementos que nele e a ele se vinculam — pulsões, escolhas objetais, narcisismo, identificações, etc. Em *O ego e o id*, ele já ocupava esta posição central na epigênese, e de sua repressão resultava a formação do superego.[71] Por outro lado, desde os anos 1910 Freud afirma que o Édipo é o *Kernkomplex* — o complexo nuclear — das neuroses, e portanto o coloca no centro da teoria psicopatológica, terceira coordenada essencial ao esquema que descrevi no capítulo I deste volume.

No entanto, durante a década de 1910, esta posição doutrinariamente forte do Édipo não se traduziu em muita coisa no plano da teoria psicopatológica: como vimos, esta permanece ligada à oposição neuroses narcísicas/neuroses de transferência (segundo modelo), e posteriormente à questão do destino do ódio e da libido nas fases pré-genitais (terceiro modelo). O passo decisivo dado em *Inibição, sintoma e angústia* consiste em ligar o complexo de Édipo ao complexo de castração, e este, através da angústia, ao conjunto da patologia psíquica. É este, a meu ver, o sentido da frase que acabamos de citar — que estabelece um elo entre a "situação de perigo" que o sinal de angústia deve contornar e a "forma de neurose que *decorre* dela" (*auf sie folgenden*, etc.).

INOVAÇÕES DO QUARTO MODELO

O capítulo V de *Inibição, sintoma e angústia* mostra como, na histeria e na neurose obsessiva, é contra o complexo de Édipo que se organizam as defesas neuróticas, as quais são motivadas pelo complexo de castração. Freud faz amplo uso das categorias tópicas consolidadas em *O ego e o id*, mas pouco se refere à

---

71. Cf. o capítulo III de *O ego e o id*, no qual Freud coloca em itálico todo um parágrafo sobre o "resultado mais geral" da fase sexual dominada pelo complexo de Édipo — resultado que consiste na produção das identificações normativas a partir das quatro tendências do Édipo: amor e ódio pelo pai e pela mãe.

nova teoria pulsional, a não ser para afirmar que a regressão consiste numa defu-são das pulsões (*Triebentmischung*) destrutivas e eróticas, que, no caso da neurose obsessiva, haviam confluído durante a fase sádico-anal. Freud acompanha a "ob-sessivação" do indivíduo através de todas as etapas do seu desenvolvimento, in-cluindo a fase de latência e a puberdade; em cada uma delas, as defesas se exer-cem contra um impulso (por exemplo, na fase de latência, contra a tentação masturbatória).

A dimensão genética aparece aqui com toda a clareza, assim como as dife-rentes etapas do conflito entre o ego e o superego: creio que estamos justificados em ver, nessa elaboração, a incidência do quarto modelo sobre a vertente psico-patológica das concepções freudianas. Ela consiste em conceber a questão da "escolha da neurose" a partir dos conflitos possíveis entre o ego e seus adversá-rios, tendo como pivôs os complexos de Édipo e de castração, e, em qualquer transtorno psíquico, definir como motivo essencial para a formação dos sinto-mas as tentativas do ego para se livrar da situação perigosa. Esta não precisa ser necessariamente externa: como disparador da doença, o ataque pulsional inter-no é tão (ou mais) frequente quanto os perigos vindos do exterior. Mais exata-mente, estes só são vivenciados como ameaçadores se se enlaçarem de algum modo a fantasias ligadas às pulsões — é o caso do Pequeno Hans e de seu medo aos cavalos, ou do Homem dos Lobos com seu temor infantil.[72]

Ora, cada época da vida tem seus perigos correspondentes, e é perfeitamen-te normal sentir angústia frente a eles; os neuróticos, porém, são pessoas que reagem a situações de perigo *atuais* com uma conduta infantil, e não conseguem dominar, diz Freud, "condições de angústia pertencentes a épocas passadas". Por que isso acontece? Porque, quando o ego exclui da consciência um fragmento da vida psíquica — por repressão ou por outra defesa — este fragmento perdura no id, e lá prolifera sob o domínio das leis do inconsciente. Quando se apresenta uma situação perigosa nova — nova porque nela o ego não precisaria reprimir um impulso análogo àquele que já foi reprimido —, manifesta-se a compulsão de repetição, e a pulsão segue os mesmos caminhos pelos quais fluiu o impulso en-tão recalcado, como se aquela situação perigosa ainda estivesse presente: "o fator que provoca a fixação no recalque é, assim, a compulsão de repetição inconscien-te do id, que normalmente só é suprimida pela função livremente móvel do

---

72. Freud, *Inibição, sintoma e angústia*, SA VI, p. 285; BN III, p. 2867.

4. Reformulações da metapsicologia: 1914-26

ego".[73] Eis aqui um eco de *Além do princípio do prazer*, interligado ao velho tema da repressão.

No contexto do nosso argumento, *Inibição, sintoma e angústia* pode ser considerado como um texto que procura extrair, para a teoria epigenética, a teoria psicopatológica e a teoria do processo analítico, as consequências daquilo que foi estabelecido pela metapsicologia na sua versão "quarto modelo". Dito de outro modo, é este que subjaz aos desenvolvimentos apresentados por Freud no trabalho de 1926.

Há duas razões principais que, acredito, validam esta maneira de ver. Primeira: a partir de agora, na teoria do desenvolvimento entram não somente as vicissitudes das pulsões, mas também e principalmente as agruras do ego às voltas com as situações de perigo típicas de cada fase. Segunda: o complexo de Édipo encontra-se em seu lugar definitivo, polarizando as relações entre pulsões e objetos, e, por seu elo com o complexo de castração, originando a formação do superego pela via da identificação (caso do menino). Freud falará, em outros textos, do caso da menina, e será levado a romper o paralelismo que, ainda aqui, supunha existir entre o desenvolvimento psicossexual dos dois gêneros. Embora extremamente importantes, essas novas ideias entram sem problemas no quadro epistemológico geral definido pelo quarto modelo: envolvem as noções de identificação, de Édipo e de castração, tais como surgem nessa nova perspectiva.

Do ponto de vista da teoria psicopatológica, a contribuição deste quarto modelo é decisiva: ela consiste em operacionalizar a tese já antiga da centralidade do Édipo para a formação das neuroses. O estudo da angústia e a reabilitação do conceito de defesa também são consonantes com as premissas do quarto modelo, na medida em que no processo defensivo o ego utiliza tanto uma como as outras.

Paul Bercherie nota, com razão, que a concepção geral do processo neurótico se vê bastante alterada: agora o que se coloca no primeiro plano não é tanto o devir da libido, mas a *atividade defensiva do ego* — o que é certo, se refletirmos que os sintomas se formam para evitar a angústia no ego. Diz este autor: "a neurose é, de ponta a ponta, consequência da atividade do ego em seu papel de instância adaptativa, de representante psíquico da realidade exterior, de tampão entre esta e as forças cegas do id".[74]

---

73. Id., SA VI, p. 292; BN III, p. 2872.
74. Paul Bercherie, op. cit., p. 362.

Freud conclui seu texto, aliás, com uma reflexão sobre as defesas, introduzindo a ideia de que a "escolha de neurose" depende de quais delas são acionadas pelo ego, em que ordem e contra quais impulsos. Em suma, o ego aparece como o ator principal no que tange à psicopatologia, certamente em conexão com as pulsões e com o id, mas de uma forma que não caberia em nenhum dos modelos anteriores.

Isso fica claro se nos detivermos um instante na neurose obsessiva, da qual Freud fala bastante neste texto. A mudança de modelo — do terceiro para o quarto — é aqui particularmente sensível: a neurose obsessiva é pensada constantemente sob o ângulo do ego, e não mais sob o ângulo dos destinos do ódio. O termo "ângulo do ego" inclui o conflito com o superego, o sentimento de culpa — já notado antes, mas cuja metapsicologia foi totalmente reformulada com o quarto modelo —, o leque de defesas característico desta neurose (repressão, mas também regressão, isolamento, formação reativa), sua relação com as pulsões e com a angústia, etc. Freud não abandona o que já aprendera antes, mas é visível que os elementos antigos se encontram organizados de outro modo, e que há elementos novos, epistemologicamente fortes, cuja preponderância no novo contexto não pode deixar de ser notada.

Disse atrás que a herança principal do terceiro modelo — o baseado na matriz clínica da neurose obsessiva — se encontra na teoria das pulsões, como consequência do estudo atento da polaridade amor/ódio. Paul Bercherie chega a uma conclusão semelhante, que vale a pena citar:

> com este novo modelo, Freud rompe com o fio de pensamento que o guiava nos anos 1910: doravante, a perigosa inadaptação do id é consequência de sua impulsividade desvairada [...], e não de sua propensão ao autismo (realização alucinatória do desejo). A concepção do sistema inconsciente sofreu um profundo remanejamento: o id, longe de ser incapaz de organizar a menor ação complexa e de consumir sua energia somente em descargas internas, corre o risco de, a cada instante, impelir o organismo-sujeito a perigosas atuações: a heterogeneidade dos dois pontos de vista é aqui evidente.[75]

Resta-nos observar as transformações que a inclusão do quarto modelo no horizonte teórico de Freud acarretou para a teoria do processo analítico. Aqui,

75. Id., p. 364.

4. Reformulações da metapsicologia: 1914-26

porém, deparamos com uma dificuldade: historicamente, quem tirou dele as consequências mais radicais no plano da clínica não foi Freud, e sim alguns de seus discípulos. Refiro-me ao fato de que a importância decisiva do objeto — importância metapsicológica, entende-se — está na origem direta daquilo a que chamei no capítulo anterior de teorias *da* clínica, que veem na transferência sobre o analista a materialização in vivo da relação com os objetos primários, e a tomam como pivô da construção teórica.

A rigor, as contribuições para a teoria do processo analítico que Freud realizou entre 1920 e 1939 estão mais relacionadas com o tema da pulsão de morte que com o da identificação, com uma notável e importante exceção: a importância atribuída em "Análise terminável e interminável" às *alterações do ego* no processo defensivo. A presença do quarto modelo nesta fase e neste setor da elaboração conceitual de Freud se dá, como veremos a seguir, mais pelo lado das questões ligadas ao ego que pelo daquelas ligadas ao objeto, ou àquilo a que se convencionou chamar "relações de objeto". Quanto ao restante, e é muito, é novamente em *Além do princípio do prazer* que encontramos o fio da meada.

O conceito central deste livro, para a vertente que agora nos ocupa, é o de compulsão à repetição. Esta, como vimos, impõe um matiz novo à teoria das pulsões, mas também — o que não é menos importante — à concepção do que se passa numa análise. Coerente com o tom mais sombrio de seus escritos nos anos 1920 e 1930, Freud toma agora a questão da repetição numa perspectiva diferente da que adotara em "Recordar, repetir e elaborar". Em 1914, ela opera a favor da análise, na medida em que é o motor oculto da transferência, e portanto do "aliado mais importante" do analista em sua tarefa de desvendar o inconsciente. Isso porque graças a ela se constitui a "neurose de transferência", uma "doença artificial" surgida na e pela análise, e que vem *substituir* a neurose original, com a imensa vantagem de que o processo se dá por assim dizer sob o olhar do analista. Portanto, este se encontra em boa posição para interpretá-la, e em suma para solucioná-la.[76] Ora, a partir do momento em que discerne na compulsão de repetição um componente ligado à pulsão de morte, o aspecto negativo da repe-

---

76. Freud, *Erinnern, Wiederholen und Durcharbeiten*, SA, *Ergänzungsband* [volume complementar], p. 214; BN II, p. 1687. Este volume, que contém os escritos técnicos, será designado pela letra E. [Ed. bras.: "Recordar, repetir e elaborar" (1914). In: OCCL, v. 10. pp. 193-209.]

tição ganha maior relevo; ela passa a ter um vínculo bem mais estreito com aquilo que está *aquém* do princípio do prazer, e que precisa ser "ligado" antes que este possa entrar em cena.

Em uma palavra, Freud se torna mais sensível aos diversos fatores que, na vida psíquica, parecem colocar fora de circuito o princípio do prazer e as organizações neuróticas que dele dependem. Traumatismos devastadores, sentimentos de culpa acachapantes, masoquismos gravíssimos, reações terapêuticas negativas, vivências catastróficas de desorganização, dor psíquica insuportável, inércia ou viscosidade da libido — toda esta gama de fenômenos, qualitativamente diversos daqueles a que a psicanálise se dirigira até então, passa a receber mais atenção teórica por parte dele, e mais atenção clínica por parte de seus discípulos, em particular de Ferenczi.

Essa "repartição social do trabalho" tem uma explicação simples: de 1920 em diante, Freud aceita como pacientes quase somente candidatos a analista, gente razoavelmente "normal", cujo ego está mais ou menos no lugar, e cuja estrutura psíquica, de forma geral, cabe nos parâmetros da neurose. Por outro lado, ele mesmo confessa que já não tem tanto interesse pela clínica, que sua atenção se volta mais e mais para questões de teoria, e, poderíamos acrescentar, para as *fronteiras* da teoria. De certo modo, podemos dizer que Freud procura fazer a teoria de uma clínica que, ao que tudo indica, já não é mais a sua. Numa comunicação sobre *Além do princípio do prazer*, Luis Carlos Menezes afirma algo semelhante:

> Como não reconhecer que sua [de Freud] concepção de uma tendência inerente ao próprio trabalho representativo do psiquismo, e que vai em sentido contrário a este, encontrou um eco no trabalho clínico de analistas que se interessaram em tratar pacientes muito destruídos, nos quais não só o desejo, mas o desejo de (ter) desejos (de vida psíquica), era tênue, reduzidos ao sofrimento da desagregação psicótica, ou à desesperança da petrificação defensiva, ocupados por uma estratégia de sobrevivência?[77]

É para pensar a operatividade da análise nestes casos que melhor se prestam os conceitos criados em *Além do princípio do prazer* e nos anos seguintes. Quanto

---

77. Luis Carlos Menezes, "Além do princípio do prazer: a técnica em questão", comunicação no ciclo *Leituras de Freud*, organizado em 1995 pelo Departamento de Psicanálise do Instituto Sedes Sapientiae. Este ciclo de conferências e debates originou um livro com o mesmo título, publicado pela editora Escuta, de São Paulo. Parênteses no original.

4. Reformulações da metapsicologia: 1914-26

aos obstáculos que se apresentam também nos mais leves, eles se deixam agrupar sob a rubrica das *resistências à análise*. O apêndice de *Inibição, sintoma e angústia* retoma o problema das resistências: ao lado das que se originam na atividade defensiva do ego, surgem aquelas devidas ao superego — essencialmente o sentimento inconsciente de culpa, que produz a reação terapêutica negativa e portanto manifesta um apego ao sofrimento análogo ao que encontramos no masoquismo moral — e as devidas ao id — basicamente, a compulsão de repetição, aqui vinculada aos "protótipos inconscientes" que exercem atração sobre os impulsos reprimidos.

Dessa forma, cada uma das instâncias contribui com uma parcela para as dificuldades com que se defronta a análise, embora, neste caso, o privilégio caiba indiscutivelmente ao ego, agente por excelência da resistência, e que dispõe de todo um leque de procedimentos resistenciais: os mecanismos de defesa, a própria transferência, e os benefícios secundários da neurose.[78] É dessa forma um tanto indireta — através do papel que cada instância desempenha no processo terapêutico — que se podem ligar as preocupações de Freud quanto ao processo analítico ao modelo cuja matriz é a melancolia, pois é por meio dele que tais instâncias vêm a ser conceituadas.

A perspectiva de Freud sobre a clínica, nesses últimos anos de sua vida, é resolutamente *quantitativa*. Tanto em *Inibição, sintoma e angústia* quanto em "Análise terminável e interminável" este é sem dúvida o fulcro da discussão, o que, a meu ver, reforça a ideia de que para ele o paradigma essencial da psicanálise é o pulsional. Falar em "quantidades" e privilegiar o ponto de vista econômico significa, obviamente, manter as pulsões como elementos centrais na metapsicologia; a consequência disso, no plano da teoria do processo analítico, é atribuir ao jogo pulsional que caracteriza cada pessoa uma função decisiva no prognóstico da análise dela.

Este é um dos eixos centrais de "Análise terminável e interminável", texto no qual comparece sob a rubrica da "força relativa das pulsões". Tal relatividade deve entender-se em dois sentidos: intensidade das pulsões de vida e das pulsões destrutivas, formando um paralelogramo de forças mais favorável ou menos à intervenção analítica, e intensidade das pulsões frente à potência do ego, embate do qual depende a capacidade maior ou menor de que este disporá para "dominar"

78. Freud, *Inibição, sintoma e angústia*, SA XI, p. 298; OC III, p. 2875 (Apêndice).

e "controlar" as pulsões, especialmente as agressivas. Nesse embate — que é a "luta defensiva" — o ego sofre "alterações" em escala variável, as quais resultam em verdadeiras cicatrizes de guerra, e podem prejudicar seriamente o desempenho de suas funções não defensivas. Dado que manter a defesa exige um dispêndio constante de energia por parte do ego, o custo psíquico destas operações pode ser muito alto.

Além disso, o uso constante dos mesmos e limitados mecanismos de defesa tem como consequência que eles se "fixam" no ego, sob a forma de reações caracteriais típicas, que tendem a se repetir por toda a vida, a cada vez que se apresenta uma situação semelhante àquela que originalmente exigiu seu emprego. "Assim se convertem em infantilismos, e partilham do destino de tantas instituições que buscam sobreviver à época em que eram úteis."[79]

Ora, o que é essa "fixação" no caráter, senão uma aplicação ao assunto em pauta do mesmo tipo de pensamento que, em *O ego e o id* conduz Freud a escrever que "o caráter do ego é um sedimento das escolhas objetais abandonadas"? Ou seja: aqui estamos diante de uma consequência, no plano da teoria do processo analítico, do tema da história do ego como resultado do seu próprio funcionamento, tema cujos primeiros compassos podemos ouvir na análise da identificação em "Luto e melancolia". Eis aqui, talvez, o fruto mais notável do modelo baseado na matriz da melancolia para a vertente clínica da psicanálise.

O outro ponto em que me parece possível discernir a influência dele é o papel conferido ao complexo de castração como fonte de resistências extremamente fortes à cura pela análise. Este complexo, vinculado ao Édipo e ao superego que dele herda tantas características, é um elemento que devemos vincular, do ponto de vista epistemológico, ao quarto modelo; Freud o aborda nas páginas finais de "Análise terminável e interminável", e, numa metáfora bem conhecida, o compara à rocha além da qual a sonda analítica já não pode penetrar.[80]

Em suma: a partir de 1920, Freud trabalha simultaneamente com o que chamei seus terceiro e quarto modelos metapsicológicos, que têm como matriz

---

79. Id., "Die endliche und die unendliche Analyse" [Análise terminável e interminável], SA E, p. 377; OC III, p. 3354. Os termos entre aspas são de Freud.
80. Id., SA E, p. 392; BN III, p. 3364.

4. Reformulações da metapsicologia: 1914-26

clínica respectivamente a neurose obsessiva e a melancolia. O baseado na neurose obsessiva é por assim dizer "temperado" com elementos daquele derivado da melancolia. Seu traço fundamental é a ideia da impulsividade desenfreada do id; o outro tem como personagem central o ego, cuja origem na identificação, cujas operações e cujos vínculos são analisados em diversos contextos. Cabe a esta instância refrear a impulsividade do id, através dos mecanismos de defesa, mas também da sublimação — da qual Freud oferece uma nova análise em O ego e o id, ligando-a à dessexualização — e do sinal de angústia, encarregado em suma de prevenir a ocorrência dos traumatismos e de preservar a integridade do sujeito psíquico. Nas quatro vertentes de nossa hipótese — a metapsicologia, a epigênese, a teoria psicopatológica e a teoria do processo analítico — pudemos observar os efeitos conceituais deste quarto modelo, o que, acredito, conduz à conclusão de que é justificado considerá-lo como uma construção individualizada, ao lado dos outros três.

DA CAPO

Ao término deste longo percurso pela obra de Freud, o leitor poderá se perguntar: onde estamos? Recordemos a interrogação com que iniciamos o capítulo anterior: estávamos em busca de por que existem diversas escolas de psicanálise. Um dos motivos para isso foi encontrado na ideia de que cada uma delas toma como ponto de partida o estudo de um tipo de transtorno psicopatológico, o qual serve como matriz clínica para a organização de seu quadro conceptual. Esta matriz é investigada com diversos conceitos, recortados originalmente da obra de Freud, com o que se desenha um certo perfil teórico e clínico. Por sua vez, essas hipóteses e recursos interpretativos ganham dinâmica própria, dando origem a outros conceitos e hipóteses que não se encontram em Freud, mas são necessários para erguer o edifício da nova teoria. Este é o aspecto que podemos chamar de "intrateórico" na formação de uma corrente pós-freudiana. Para que ela se constitua em *escola*, no entanto, é preciso que intervenham outros fatores, em parte institucionais, em parte transferenciais, em parte ligados ao debate com os diversos ambientes nos quais a psicanálise se implantará — "ambientes" aqui significando um conjunto razoavelmente heterogêneo de condições que se sobredeterminam umas às outras.

Para substanciar este argumento, era necessário demonstrar que em Freud já estão dadas as precondições para as leituras e recortes que ocorrerão mais tarde: foi o que procurei fazer no capítulo anterior, e neste. Seguindo a sugestão de Paul Bercherie — e levando-a talvez mais longe do que ele o fez em seu livro —, pudemos comprovar que em Freud coexistem diversos modelos metapsicológicos de base, cada um derivado de uma matriz clínica: histeria, psicoses, neurose obsessiva, melancolia. Bercherie inicia sua "Conclusão" com a seguinte observação:

> Ao final do nosso trajeto, eis-nos diante de um quadro por certo um tanto surpreendente da teorização freudiana, que parece desembocar num encavalamento de modelos metapsicológicos mais ou menos contraditórios, embora sempre operatórios para pensar a clínica. O mínimo que se pode dizer então é que é preciso sublinhar a extrema relatividade destes modelos, e que a ideia de uma síntese, que extrairia da obra de Freud um sistema complexo capaz de cobrir o conjunto do campo de seus objetos, parece por isso mesmo extremamente inverossímil.[81]

Podemos subscrever essas linhas do autor francês, assinalando apenas que, a rigor, esses quatro modelos pertencem ao mesmo paradigma — o paradigma pulsional. É ele que lhes confere unidade, embora não uma unidade absoluta. Trata-se de modelos *parciais*, que a cada vez ressaltam aspectos diferentes do funcionamento psíquico, e a metáfora do encavalamento (*chevauchement*) me parece bastante apropriada para caracterizar a paisagem conceitual do freudismo.

É importante também repetir uma observação que já fiz anteriormente: embora cada modelo repouse sobre uma matriz clínica, ele *não* contém somente a teoria desta patologia; ao contrário, generaliza a partir dos traços mais salientes dela, e constrói um mapa de conjunto do funcionamento psíquico, subordinando-o precisamente a tais traços. Assim, temos no primeiro modelo uma consideração de todas as neuroses sob o ângulo da histeria e do funcionamento histérico, que serve de régua para medir as outras neuroses, e de compasso, esquadro e transferidor para construir as diferentes figuras teóricas do desenvolvimento, do processo analítico e da metapsicologia em geral (tópica, dinâmica e economia). O mesmo se verifica com os demais modelos. O vínculo com a matriz clínica de

---

81. P. Bercherie, op. cit., p. 383.

4. Reformulações da metapsicologia: 1914-26

base é em cada caso mais ou menos direto, assim como a completude epistemológica do modelo — no sentido de cobrir perfeitamente todos os demais setores da teoria (hipóteses sobre o desenvolvimento, sobre a psicopatologia e sobre o processo terapêutico) — é mais visível ou menos: maior no primeiro e no segundo, talvez menor nos outros dois.

Dessa forma, o que Merleau-Ponty dizia de Descartes — que não coincide consigo mesmo, que pouco a pouco e contra si próprio é que foi elaborando o que podemos ler sob o título *Obras de Descartes* — aplica-se igualmente a Freud. Não é o caso agora de voltarmos sobre nossos passos, mas é interessante assinalar que, por outros caminhos, Greenberg e Mitchell chegam a uma conclusão semelhante.

Para estes autores, depois de montar o paradigma pulsional em sua forma "dura e pura" — atingida com os *Três ensaios* de 1905 —, Freud passou os últimos trinta anos de sua carreira procedendo ao que chamam de "acomodações" no esquema básico de sua teoria. Essas acomodações (termo que não tem para eles nenhum sentido pejorativo) incidem sobre os problemas da realidade e do princípio de realidade, sobre a natureza das pulsões e do princípio de constância que as regula, sobre a concepção do afeto, e sobre o papel da experiência dos primeiros anos da infância para a estruturação da vida psíquica de cada um de nós.

Um exemplo entre diversos ilustra o que para eles é a evolução do pensamento freudiano: o das mudanças na teoria das pulsões e na concepção da sublimação, que caracterizam da seguinte maneira:

> onde antes havia a libido, com a autopreservação num papel secundário, temos agora libido, agressão, graus de fusão e de defusão de ambas, libido sublimada em proporções variadas, aspectos autopreservativos das duas pulsões, e objetivos impostos à libido pela capacidade do ego de efetuar a transformação da escolha objetal para o narcisismo. Embora mantendo o pressuposto essencial de que a motivação deriva em última análise da pulsão endógena e biologicamente determinada, a especificidade quanto ao conteúdo destas pulsões enfraqueceu-se consideravelmente. No lugar desta especificidade, nossa atenção é dirigida para as relações infantis nas quais são organizadas e atualizadas as múltiplas exigências das pulsões.[82]

---

82. Greenberg e Mitchell, *Object Relations in Psychoanalytic Theory*, p. 64. Esse trecho faz parte do capítulo III do livro, dedicado precisamente à "Estratégia da acomodação".

Digo que a conclusão dos autores americanos é semelhante à que cheguei não porque o conteúdo das nossas análises seja equivalente, mas porque também eles observam — e formulam nos termos que convêm ao seu argumento — um considerável adensamento na maneira pela qual o Freud maduro descreve o funcionamento da psique. Segundo sua interpretação, deu-se uma flexibilização no modelo pulsional, que — sem jamais perder sua estampa característica, o *"distinctive cast"* que faz dele o que é e não outra coisa — passa a abarcar mais elementos da realidade ambiental e das relações interpessoais, nisso consistindo o essencial da "estratégia da acomodação". Já para Paul Bercherie, o eixo da evolução teórica de Freud está na passagem de uma perspectiva mecanicista / associacionista para outra, histórico / globalista, que segundo sua leitura está estreitamente associada a um maior peso do darwinismo na arquitetura conceitual da psicanálise.

Sem que coincidam entre si em todos os pontos, creio que nem um nem outro dizem coisa muito diversa do que pudemos comprovar ao longo das páginas precedentes: há uma considerável diferença entre o autor das "Novas observações sobre as neuropsicoses de defesa" (1896) e o de "Análise terminável e interminável", e não apenas porque se tornou um clínico mais experiente; o fato é que a estrutura conceitual daquilo que inventou no fim de sua carreira não pode simplesmente ser deduzida do que já estava lá no início dela.

E as escolas pós-freudianas? Aqui deixaremos de lado, por um momento, a perspectiva de Greenberg e Mitchell, para nos atermos ao que pensa Bercherie. Nas duas páginas finais do seu livro, ele propõe uma derivação das escolas que vale a pena transcrever:

> Assim, parece-me que se podem seguir os traços da fragmentação do saber freudiano em *quatro* modelos heterogêneos no devir de sua posteridade científica. Parece-me evidente, a este respeito, que uma homologia evidente e um enraizamento histórico demonstrável originam daí cada uma das *quatro* grandes correntes da psicanálise pós-freudiana:
>
> - *o quarto modelo* (modelo "obsessivo") é muito oficialmente a fonte da *ego-psychology*, através da filiação do livro de Anna Freud *O ego e os mecanismos de defesa* (1936) ao texto de *Inibição, sintoma e angústia*;
> - *o terceiro modelo* (modelo "melancólico") está com clareza na origem da escola kleiniana, que conserva dele os conceitos-chave (pulsão de morte, dialética dos objetos internos, caráter central do conflito ambivalencial depressivo);

4. Reformulações da metapsicologia: 1914-26

- *o segundo modelo* (modelo "narcísico-psicótico") parece-me perfeitamente homólogo ao consenso que reúne os membros desta "nebulosa" na qual Bálint classificava a si próprio, ao lado de Winnicott e de Searles (Fairbairn também poderia, com bons motivos, ser incluído nela). Além do fato de que esta corrente tira sistematicamente sua originalidade do estudo dos fenômenos esquizoides, ela é a única a propor um conceito *qualitativo* da saúde psíquica, que encontra sua fonte na concepção das relações de objeto internas e do narcisismo como fenômenos de recuo defensivo frente aos conflitos objetais (introversão patógena). [...]

- enfim, o *primeiro modelo* (modelo "histérico") é a fonte da juventude na qual o "retorno a Freud" lacaniano veio mergulhar seu esforço para restituir ao inconsciente o estatuto de polo dominante da subjetividade, nos antípodas da *ego-psychology* — e isso através da retomada dos grandes textos dos anos 1900, nos quais Freud enuncia a "retórica do inconsciente". É verdade que esta corrente, conceitualmente bem mais ampla do que as precedentes, transcendeu largamente sua base inicial, e que suas fontes teóricas eram de qualquer modo bem mais extensas do que sua plataforma freudiana.

É óbvio que cada uma das correntes pós-freudianas conhece e utiliza o conjunto dos textos freudianos; aqui também, trata-se de uma dominância difusa, de uma tonalidade fundamental na qual se encontra imerso o conjunto de operações clínicas e teóricas. [...] Não posso me impedir aqui de dizer o deslumbramento (*"éblouissement"*) que foi para mim a constatação deste fato singular — descoberto, posso garantir, já no final do meu percurso — que a obra freudiana continha em sua riqueza (e legitimava, por isso mesmo) o conjunto de uma posteridade tão fecunda e tão heterogênea.[83]

Quis transcrever este trecho porque me parece fundamental para toda a perspectiva que proponho quanto à história da psicanálise. A bem dizer, no varejo, as derivações propostas por Bercherie necessitam mais de uma modificação, já que as "correntes pós-freudianas" são consideravelmente mais complexas do que deixa entrever a sua brevíssima caracterização. Contudo, o esquema geral é bom, tanto no que diz respeito à obra de Freud — como, espero, tenha ficado

---

83. P. Bercherie, op. cit., pp. 388-9. Os grifos estão no original. Bercherie chama de terceiro modelo o que para mim é o quarto, mas isso não tem maior importância.

claro a esta altura — quanto no tocante aos recortes operados pelos pós-freudianos nessa obra. A divergência nos detalhes não deve, assim, ocultar minha concordância de princípio com a leitura deste autor.

De fato, parece-me preferível vincular os desdobramentos do pensamento freudiano à oscilação entre modelos metapsicológicos, como os que procurei descrever, a ver nesses desdobramentos uma "acomodação" imposta pela consideração mais atenta da realidade externa ou das relações objetais, como querem Greenberg e Mitchell. Concordo em que estes fatores aparecem, nos anos 1910 e 1920, de modo diferente do que no "primeiro sistema", e certamente com maior evidência. Mas não penso que isso se deva à necessidade de adequar melhor os fatos clínicos ao modelo pulsional, como sustentam os dois americanos. As coisas são mais complicadas e, a meu ver, têm razões mais sutis do que esta.

Referindo-se a Moisés Maimônides, os judeus dizem — *Mi Moshé ad Moshé lo kam ke Moshé*, o que significa: "de Moisés (o profeta) a Moisés (o filósofo), não surgiu ninguém como Moisés". O mesmo vale para a psicanálise: de Freud aos nossos dias, não surgiu ninguém como Freud. Bercherie fala em "deslumbramento", e o termo não é exagerado: a diáspora da psicanálise pós-freudiana tem, como uma de suas raízes, o recorte e o trabalho intenso sobre cada um dos modelos que ele construiu. Ao fazer isso, cada escola o tornou mais complexo e mais rico, mas também deixou de lado esse sopro inconfundível que atravessa os textos freudianos, e que se manifesta na extraordinária capacidade de invenção teórica que o conduz a reformular tantas vezes o arcabouço do seu pensamento.

Mas as escolas não surgiram apenas da fragmentação da herança de Freud. Na verdade, como procurei mostrar no "Esboço de cronologia" do capítulo I, elas só se configuram como tais nos anos 1940 e 1950. No período que se segue à Primeira Guerra Mundial, e enquanto Freud construía a parte final da sua obra, ocorreram inúmeras discussões clínicas e teóricas, porém num ambiente mais fluido e menos compartimentado do que o que se seguiu à Segunda Guerra Mundial.

Nos últimos tempos do Império Romano, antes que ele se fragmentasse nos diversos reinos dos visigodos, francos, ostrogodos e assim por diante, houve um momento em que a presença dos bárbaros pareceu poder trazer um sopro de renovação às estruturas então em vigor. Sem forçar a comparação, talvez possamos

4. Reformulações da metapsicologia: 1914-26

dizer que na história da psicanálise a "era dos debates" teve um papel semelhante: entre a época em que Freud era quase o único criador na disciplina e a fase das escolas, ela representou uma etapa intermediária, na qual surgiram ideias e práticas sem as quais elas não teriam podido se constituir.

5. A "horda selvagem": sobre os inícios do movimento psicanalítico

One might at times find the rather hothouse family atmosphere [...] somewhat trying, but one could be sure of never being bored.[1]

Ernest Jones

Os grandes pensadores e artistas têm por assim dizer dupla existência: uma pública e outra privada. Da primeira, conhecemos a sua obra, destinada a um público tanto presente quanto futuro, no qual nos incluímos como leitores ou apreciadores; conhecemos também a participação que puderam ter em acontecimentos que marcaram época, as posições que tomaram, as lutas e conquistas que singularizam seu percurso. Da outra, a particular, podemos nos informar através de depoimentos de quem os conheceu, ou por meio de biografias e estudos, que se apoiam nesses depoimentos e em documentos a que teve acesso o pesquisador.

Uma exceção a esta regra, porém, nos é proporcionada pelo gênero epistolar: quando se preservaram cartas desses grandes autores, torna-se possível penetrar

---

1. "Por vezes se poderia considerar aquela atmosfera familiar, [...] semelhante à de uma estufa, um tanto cansativa, mas podia-se ter certeza de que jamais seria tediosa." Para o contexto desta observação de Jones, ver a nota 21.

5. A "horda selvagem": sobre os inícios do movimento psicanalítico

em sua intimidade, já que na maioria das vezes não foram escritas com vistas à publicação. Por elas podemos dar-nos conta de seus interesses, de seus anseios, de suas preocupações e opiniões, bem como do modo pelo qual se relacionavam com seus familiares e amigos. Não é preciso insistir sobre o imenso ganho que assim nos é oferecido para compreender a personalidade desses homens,[2] e por vezes para esclarecer aspectos do que produziram como obra "pública". A voz que aí fala é em geral espontânea e vigorosa, e nos permite entrever o ser humano por trás do nome famoso.

Os documentos que examinaremos neste capítulo são dessa ordem. Trata-se de cartas de Freud e de Jung, pertencentes à coleção do Instituto Cultural Banco Santos. São dois gigantes do século xx; só este fato já as torna dignas de interesse, e, adequadamente contextualizadas, nos oferecem uma perspectiva sobre aspectos menos conhecidos da sua personalidade.

Os textos são bem variados, e convém iniciar apresentando-os ao leitor. De Freud, temos sete documentos:

a) um atestado sobre Alfred Adler, datado de 26 de julho de 1905, recomendando-o como especialista em doenças nervosas;

b) uma carta ao editor da revista *Sexual-Probleme*, oferecendo o artigo "Teorias sexuais infantis" (14/08/1908);

c) outra carta ao mesmo editor, datada de 1º de dezembro de 1908, pedindo uma separata do artigo "A moral sexual civilizada", ali publicado anteriormente;

d) uma carta de 25 de dezembro de 1908, solicitando ao editor de uma revista científica que publicasse um texto de seu discípulo Sándor Ferenczi;

e) uma carta dirigida a um colega psicanalista (11/01/1910), aconselhando-o a não publicar no *Jahrbuch für Psychoanalyse* a autobiografia de um paciente deste colega;

f) uma carta dirigida a outro colega (03/12/1911), solicitando que enviasse rapidamente sua contribuição para a *Zentralblatt für Psychoanalyse*;

g) um bilhete a um colega, datado de 18/09/1924, oferecendo-se para lhe emprestar a soma de 5 mil schillings, pois soubera de suas dificuldades financeiras naquele momento.

---

2. Um notável exemplo do que se pode fazer utilizando como fonte as cartas de filósofos, cientistas, escritores e artistas encontra-se na coletânea organizada por Walnice Nogueira Galvão e Nádia Battella Gotlib, *Prezado senhor, prezada senhora* (São Paulo: Companhia das Letras, 2000).

De Jung, temos três cartas, um pouco mais longas:

a) a primeira é endereçada a Ernest Jones (21/05/1908), comentando um artigo deste último e referindo-se a diversos contatos com colegas não psicanalistas;

b) a segunda, também endereçada a Jones, é de 20 de dezembro de 1912, e tem como pano de fundo o crescente afastamento entre ele e Freud, que culminaria pouco depois no rompimento completo com o grupo freudiano;

c) a terceira cumprimenta a senhora Wolff, mãe de sua colaboradora Antonia Wolff, pelo septuagésimo aniversário, e traz reflexões sobre as diversas épocas da vida, num tom amistoso, porém mais formal que o das cartas a Jones.

Vê-se que os documentos formam dois grupos bem distintos. O primeiro data do início do século xx, grosso modo entre os anos de 1905 e 1912; no segundo, podemos incluir o curto bilhete de Freud oferecendo ajuda ao colega e os cumprimentos de Jung à aniversariante. Essa disposição dita o percurso do presente estudo: contextualizei primeiro o grupo de cartas mais antigo, e em seguida farei alguns comentários sobre as outras duas.

RECONHECIMENTO

Sabemos que, ao publicar suas primeiras descobertas, Freud foi hostilizado pela comunidade médica de língua alemã, que o considerava no mínimo excêntrico, quando não tarado ou charlatão. Em parte, esta atitude respondia ao espanto provocado pelas suas ideias sobre o papel da sexualidade na vida psíquica, em particular na formação das neuroses; em parte, derivava do conservadorismo da corporação frente a um método que deixava de lado a função propriamente médica de curar, exigindo do profissional uma postura ao mesmo tempo mais humilde e mais comprometida; em parte ainda, tinha raízes no antissemitismo difuso da época e na ideia — jamais expressa como tal, é verdade — de que tais concepções só podiam ser formuladas por um judeu de mente corrompida. Para Freud, porém, a explicação era mais simples: tratava-se da mesma resistência que encontrava em seus pacientes, apenas formulada de maneira mais "intelectual".

O fato é que, nos anos finais do século xix, ele se encontrava bastante isolado no meio científico a que pertencia. Por isso, quando após a publicação da *Traumdeutung* um grupo de jovens médicos e de membros de outras profissões (jornalistas, editores, professores universitários) começou a procurá-lo para

5. A "horda selvagem": sobre os inícios do movimento psicanalítico

conhecer melhor suas ideias, Freud só podia alegrar-se com esse incipiente reconhecimento. Criou então a "Sociedade Psicológica das Quartas-feiras", cujos membros se reuniam informalmente, nesse dia da semana, na sala de espera de seu consultório. Ali trocavam ideias, tentavam aplicar as concepções da psicanálise nascente a diversas áreas — à psicoterapia, por certo, mas também à leitura de novelas, peças de teatro e outras manifestações culturais — e ouviam do próprio Freud suas mais recentes descobertas.[3]

É neste contexto que se situa o atestado sobre Alfred Adler, o primeiro documento da nossa série:

Atestado

Conheço o senhor colega dr. Alfred Adler através de um relacionamento pessoal de longos anos e pelo trabalho médico em conjunto, e com prazer prontifico-me a testemunhar, com meu nome e juízo, que ele pode ser incluído entre os mais capazes e independentes dentre os médicos mais jovens.

Sua diversificada formação preservou-o em particular dos perigos do especialismo. Com o enfoque de suas ideias no objetivo prático do médico — ajudar — desenvolveu-se nele uma incomum capacidade para encontrar-se no doente [alcançá-lo] e conquistar sua confiança.

Minha própria atividade me permitiu, em primeira mão, observá-lo como médico junto a enfermos dos nervos, e tenho o prazer de poder declarar que ele tem se aprofundado, com especial interesse e compreensão, justamente naqueles estados multiformes de nervosismo cujo tratamento requer tanto um médico jovem quanto uma personalidade plena, mas cuja significação prática, principalmente no aspecto social, não é menor que a de qualquer outro mal.

Posso apenas externar a esperança de que o trabalho futuro do colega dr. Adler venha, em correspondência com suas capacitações e aspirações, a se tornar tão satisfatório quanto o foi até o presente.

Prof. dr. Sigmund Freud
Alt-Aussee, 26 de julho de 1905[4]

3. A partir de 1906, essas reuniões passaram a ser secretariadas por Otto Rank, que redigia um resumo dos debates. O material — fascinante — foi publicado a partir dos anos 1970, sob o título de *Minutas da Sociedade Psicanalítica de Viena*, em quatro volumes, que vão de 1906 até 1918 (na edição francesa, *Les Premiers Psychanalystes — Minutes de la Société Psychanalytique de Vienne*. Paris: Gallimard, 1983).
4. No original: *Ich kenne den Hern Collegen Dr. Alfred Alder durch langjährigen persönlichen Verkehr und*

Adler era filho de Victor Adler, o líder do Partido Socialista Austríaco, que fora colega de Freud na faculdade de medicina, e com quem ele havia uma vez quase duelado por alguma divergência de estudantes. O jovem Alfred era brilhante, dedicado à nova "causa", e, entre seus primeiros discípulos, aquele a quem Freud considerava o mais promissor. O atestado revela esta alta opinião: além dos elogios de praxe em tais circunstâncias, o jovem doutor é louvado por sua sensibilidade clínica, por sua capacidade de "encontrar-se no doente" (ou seja, por sua capacidade de empatia), e por sua habilidade no tratamento das diversas doenças "nervosas", que — Freud não deixa passar a ocasião! — são declaradas tão sérias quanto as orgânicas, requerendo do médico muitas qualidades pessoais e profissionais para que seu tratamento tivesse êxito.

Pode-se ler nas entrelinhas o sentido desta observação: não era raro que, por não apresentarem lesões orgânicas reconhecíveis, as "doenças nervosas" fossem atribuídas à malignidade do paciente, ou à sua vontade de chamar a atenção, resultando tal atitude na pura e simples desqualificação desses estados. Enérgico como sempre, Freud diz que se trata, sim, de perturbações "cuja significação prática não é menor do que a de qualquer outro sofrimento", e elogia Adler por saber cuidar delas com competência clínica e respeito pelo paciente.

Este entusiástico apoio do colega mais velho e de maior prestígio (pois, apesar da desconfiança que rodeava seu nome, Freud havia conseguido a nomeação para *Professor Extraordinarius* da Universidade, título que trazia consigo a aura de legitimidade pela qual tanto ansiava) chama a atenção quando se conhece o desenlace das relações entre os dois homens: uma ruptura dolorosa e repleta

---

gemeinsame ärztliche Arbeit und bin gerne bereit mit meinem Namen und Urteil dafür zu zeugen, dass er zu den tüchtigsten und selbständigsten unter die jüngeren Arzte gezählt werden darf. Seine vielseitige Ausbildung hat ihn vor allem Gefahren des Specialistentums bewahrt. Die Richtung seiner Gedanken auf das praktische Ziel des Arztes: zu helfen, hat eine nicht gewöhnliche Eignung, sich in den Kranken zu finden und dessen Vertrauen zu gewinnen bei ihm entwickelt.

Meine eigene Thätigkeit hat es mit sich gebracht, dass ich ihn vor allem als Arzt bei Nervenkranken beobachten konnte und es freut mich aussagen zu können, dass er sich mit ganz besonderen Interesse und Verständniss gerade in jene vielgestaltigen Zustände von Nervosität vertieft hat, deren Behandlung ebenso einen jungen Arzt wie eine volle Persönlichkeit erfordert, deren praktische Bedeutung aber, besonders in socialer Hinsicht, hinter keinerlei anderen Leide zurücktritt.

Ich kann nur die Erwartung aussprechen, dass das fernere Wirken des Collegen Dr. Adler, seinen Fähigkeiten und seinem Streben entsprechend sich ebenso befriedigend gestalten werde wie sein bisheriges.

Prof. dr. Sigmund Freud — Alt-Aussee, 26 Juli 1905.

5. A "horda selvagem": sobre os inícios do movimento psicanalítico

de acusações recíprocas, apenas cinco anos depois. Mas, para compreender os motivos deste desentendimento, precisamos ampliar nossa perspectiva, retomando a verdadeira história de capa e espada que foi o começo do movimento psicanalítico.

A Sociedade das Quartas-feiras continuou a reunir-se nos primeiros anos do século xx. Em 1905, Freud publicou três livros de extrema importância, que tiveram grande impacto entre os psiquiatras de língua alemã: o *Caso Dora*, os *Três ensaios para uma teoria da sexualidade*, e *A piada e sua relação com o inconsciente*. Esses textos davam prosseguimento à construção da psicanálise a partir dos resultados que ele apresentara na *Interpretação dos sonhos*, na *Psicopatologia da vida cotidiana* e em uma série de pequenos artigos publicados em revistas médicas da Áustria e da Alemanha. Por outro lado, abriam novos caminhos e chocavam por sua originalidade e audácia: o *Caso Dora* narrava fragmentos do tratamento de uma jovem histérica, os *Três ensaios* introduziam a ideia da sexualidade infantil e a vinculavam a diversas neuroses e perversões, e o livro sobre a piada (*Witz*) ampliava o escopo da psicanálise, mostrando que o fenômeno do humor podia ser explicado pelas mesmas leis psíquicas que governam os sonhos e os atos falhos.

Com isso, Freud colocava os últimos retoques numa formidável construção teórica, apresentando o que alguns historiadores denominaram "o primeiro sistema de psicanálise". O termo é bastante adequado, pois o que resultava do conjunto de suas publicações era uma visão coerente e fascinante da mente humana, aplicável ao seu funcionamento normal e aos seus desarranjos psicopatológicos, e que proporcionava uma modalidade extremamente promissora de intervenção no universo das "doenças nervosas". Pela primeira vez na história, dispunha-se de um sistema de psicologia que não apenas *descrevia* as paixões humanas, como desde sempre haviam feito os poetas e literatos, mas possibilitava o *tratamento* do sofrimento psíquico: Freud inventara a psicologia clínica, cuja primeira forma foi justamente a psicanálise.

Essa notável realização atraiu sobre ele a atenção de certo número de jovens sedentos de conhecimento, e foi assim que, a partir de 1907, começaram a afluir a Viena os seus primeiros discípulos estrangeiros. Entre estes, destacam-se o suíço Carl Jung, o alemão Karl Abraham (que estagiava no famoso hospital Burghölzi de Zurique, dirigido por Eugen Bleuler, de quem Jung era assistente), o húngaro Sándor Ferenczi, e Ernest Jones, da Inglaterra. Freud recebeu-os com grande satisfação, orientou-os em seus primeiros passos como analistas, e tornou-se amigo pessoal de todos, mantendo com eles ativa correspondência.[5] Para ele, já entrado nos cinquenta anos, a chegada desses "jovens lobos" foi um acontecimento extraordinário: inteligentes, competentes, dedicados à aplicação, à difusão e ao desenvolvimento de suas ideias, verdadeiros "embaixadores" da psicanálise nos respectivos países, os discípulos estrangeiros pareciam uma dádiva a quem, por tanto tempo, fora duramente criticado e se sentira tão distante do reconhecimento a que julgava ter direito.

Para esses jovens entusiastas, o contato com Freud tinha também grande valor, embora por razões diferentes das que se aplicavam a ele. Viam na psicanálise uma descoberta extraordinária, e no seu fundador uma figura paterna que os guiaria e estimularia em suas próprias carreiras. As cartas de cada um deles para Freud testemunham esta atitude: ficavam emocionados com o acolhimento caloroso que *Herr Professor* lhes dispensava, maravilhavam-se com a sua sagacidade e com o brilho de suas ideias, respeitavam sua integridade científica e sua maior experiência no campo que havia desbravado. Sentiam-se honrados em pertencer ao seu círculo e em divulgar seu pensamento; como este continuava a ser combatido com ferocidade pela medicina oficial, o debate tomou rapidamente uma feição militante, e não por acaso as cartas que trocavam estão salpicadas de termos como "combate", "luta", "defensores", "batalha" e outros do mesmo gênero. A psicanálise tornava-se, além de um método terapêutico e de uma teoria científica, uma causa (*die Sache*), e seus adeptos se viam como parte de um movimento (*Bewegung*) cujo objetivo era trazer ao conhecimento do mundo tão importantes descobertas.

Não escapará ao leitor a conotação quase religiosa das palavras que acabo de empregar. Os adversários da psicanálise acusaram muitas vezes os primeiros a praticá-la de formar uma seita cujo chefe era Freud, de aderir às ideias deste como alguns fanáticos veneram as Escrituras, de abraçar a "causa" com um fervor fora de lugar no mundo da ciência.

De fato, havia entre eles um entusiasmo que poderia provocar tal impressão: mas a meu ver não se tratava de uma postura religiosa. Freud havia descoberto e explicado os fundamentos da vida psíquica, e suas ideias, por chocantes

---

5. Estas cartas estão hoje quase todas publicadas, formando vários volumes do mais extremo interesse para quem deseja conhecer por dentro o nascimento e o desenvolvimento da psicanálise. Para uma apreciação introdutória deste vasto material, cf. Renato Mezan, "As cartas de Freud". In: *Interfaces da psicanálise*, originalmente publicado na coletânea mencionada na nota 2.

5. A "horda selvagem": sobre os inícios do movimento psicanalítico

que fossem, tinham sólidas raízes na experiência clínica. Nada existia de comparável na psiquiatria de então, para não falar na psicologia, na época ainda engatinhando. Os jovens analistas comprovavam diariamente, em sua prática, a fecundidade das concepções freudianas e sua utilidade para tratar os neuróticos; mesmo os casos de insucesso traziam novos ensinamentos, e o clima de aberto diálogo no interior da minúscula comunidade analítica estimulava a todos. Não é de admirar que, nos congressos médicos e em outras ocasiões, os jovens discípulos se batessem por sua "causa", tanto mais que, para todos eles, a psicanálise era mais do que uma especialidade médica: era uma sensacional descoberta, que teria profundo impacto sobre a vida social, a educação das crianças, os costumes, a moral sexual, e de modo geral sobre a imagem que o homem faz de si mesmo. Não estavam errados, aliás: o século xx já foi chamado de "o século de Freud", e, de todas as inúmeras invenções que o marcaram, certamente a psicanálise foi uma das que mais influíram sobre a cultura em sentido amplo.

Talvez o ângulo mais adequado para caracterizar esses primeiros anos da "nossa jovem ciência", como Freud gostava de chamá-la, não seja o da religião, mas o da política. O próprio termo "movimento" evoca esta comparação: falava--se de movimento feminista, de movimento pró-temperança (antialcoolismo), de movimento socialista, como mais tarde se falará de movimentos de liberação nacional ou sexual. Um movimento não é um partido; sua ambição não é governar o Estado (embora movimentos políticos almejem, legitimamente, chegar ao poder), mas contribuir para uma transformação da sociedade e dos indivíduos, transformação essa usualmente pensada como uma *emancipação* das amarras que tolhem o desenvolvimento de potencialidades pessoais ou sociais. A psicanálise, com suas concepções sobre a sexualidade e sobre o inconsciente, tinha e tem um propósito emancipador, na melhor tradição do Iluminismo: liberação do sofrimento psíquico, na medida em que isso for possível, mas também maior liberdade no referente à moral sexual em sentido amplo.

A difusão do freudismo não era, portanto, apenas uma questão científica, mas, aos olhos dos seus próprios protagonistas, uma questão *política*, e como tal necessitava de meios adequados para se realizar. A informalidade da Sociedade das Quartas-feiras já não correspondia ao alcance que as ideias de Freud haviam atingido; ele percebeu a necessidade de organizar seus seguidores de modo a conseguir seus objetivos, tanto mais que, com o estabelecimento de vários deles nas principais capitais europeias, tinha-se formado uma rede internacional cujo valor estratégico não precisa ser ressaltado. Freud tornou-se assim não só o primeiro a praticar a psicanálise, mas chefe e mentor de uma organização dedicada a propagá-la *extramuros* e a assegurar seu desenvolvimento *intramuros*.

Para isso, atuou em duas frentes. No plano científico, criou diversas publicações, visando a estimular seus alunos a produzirem trabalhos científicos, garantir-lhes espaço na vida científica da época sem ter de se preocupar com a oposição da medicina oficial, e oferecer-lhes a possibilidade de apresentar casos, discutir questões teóricas e aperfeiçoar sua técnica. No plano propriamente organizacional, propôs a fundação de uma Associação Internacional de Psicanálise que pudesse estabelecer regras para a formação de analistas, coordenasse as atividades das Sociedades locais (Berlim, Viena, Budapeste, Londres), garantisse a comunicação entre os residentes nos vários países, publicasse as revistas e boletins recém-criados, organizasse congressos periódicos, e de modo geral contribuísse para firmar a nova disciplina, tornando-a capaz de sobreviver quando seu fundador tivesse desaparecido.

Os documentos que temos em mãos correspondem em sua maioria a esse período, marcado por projetos grandiosos, mas também pelos atritos inevitáveis em relações tão estreitas e tão significativas para todos os envolvidos. Pois, se todos respeitavam e admiravam Freud como o líder do grupo, também é verdade que a competição pelo amor e pelo respeito dessa figura paterna era extremamente intensa. A bem dizer, a posição de cada participante nesse empreendimento coletivo era bastante delicada: cada qual queria assegurar-se não apenas do carinho e do afeto do chefe, mas ainda estabelecer alianças com os demais, o que por sua vez era dificultado por sentimentos de ciúme e de inveja.

Não devemos culpar por isso os primeiros analistas: em qualquer grupo humano, tais emoções jamais estão ausentes, e o ideal analítico de sinceridade e franqueza contribuía para que fossem expressas de modo mais aberto que em outros círculos. Além disso, havia rivalidades regionais: o grupo inicial, formado por residentes em Viena, ressentia-se do apreço que Freud demonstrava pelos "estrangeiros", e essa situação era ainda mais complicada pela circunstância de, à exceção de Jung e de Jones, serem judeus todos os discípulos do mestre. Por estranho que isso possa parecer aos nossos olhos, esse fato é da maior relevância para captar o essencial das disputas que logo irromperiam entre os primeiros psicanalistas.

Já falamos do antissemitismo vigente na Europa Central naquela época, e sabemos que isso não era pura fantasia defensiva: apenas algumas décadas

5. A "horda selvagem": sobre os inícios do movimento psicanalítico

depois, o nazismo aniquilaria fisicamente milhões de judeus pelo simples fato de o serem. No início do século xx, esta consequência era ainda impensável, mas Freud temia que, se a psicanálise ficasse estigmatizada como *Judensache* — coisa de judeus —, a oposição a ela acabaria por se tornar insuperável, e todo o seu trabalho teria sido em vão. Por isso, valorizou ao extremo a adesão do grupo suíço: tanto pela posição de destaque que Bleuler e Jung haviam conquistado na psiquiatria da época quanto pelo fato de não serem judeus, Freud acreditava que sua aceitação da psicanálise a havia salvado de um insuportável confinamento no gueto. Também influía nessa avaliação a alta opinião que formara da capacidade de Jung como psicólogo e pensador original (no que não estava equivocado), a ponto de considerá-lo seu "príncipe herdeiro", o Josué que levaria a psicanálise à Terra Prometida do reconhecimento, coisa que ele, o Moisés fundador, jamais poderia conseguir.

Este é o cenário em que se desenrola o drama do qual nossas cartas são, se lidas com atenção, testemunhos eloquentes. O atestado conferido a Adler data de 1905, época anterior à chegada dos "estrangeiros": ele era então o discípulo que Freud considerava mais capaz entre os membros da Sociedade das Quartas-feiras, e os termos do documento, como vimos, comprovam o apreço do mestre por ele. Também sugerem as esperanças que Freud depositava no trabalho futuro de Adler, não só como médico, mas como alguém capaz de fazer avançar a psicanálise do ponto de vista teórico ("o interesse e a compreensão precisamente por aqueles estados nervosos", etc.).

Entre esse atestado e o documento seguinte na ordem cronológica — a carta de Jung a Ernest Jones datada de 21 de maio de 1908 — correu muita água sob as pontes do Danúbio: precisamente, a chegada dos discípulos estrangeiros e o surgimento do movimento psicanalítico propriamente dito. Eis a carta, num inglês um tanto germanizado:

Burghölzli-Zürich, 21/v/08

Meu prezado Jones,

Estou um pouco desapontado pela carta de Prince. Uma publicação assim, dupla, cria muitas dificuldades inesperadas. Ontem recebi uma carta de Genebra dizendo que Claparède está ocupado até 6 de fevereiro. Infelizmente, não tenho tempo para ir a Genebra nas próximas semanas. Assim, encontraria Claparède em

Berna. Creio que o senhor deverá escrever ao dr. Prince. Poderia dizer-lhe que só escreverei a ele depois de ter ouvido as opiniões de Claparède primeiro? Eu ficaria muito feliz se o senhor pudesse fazer isso.

Eu leu (sic) seu artigo na revista psicanalítica com muito interesse. É um caso realmente muito bonitto (sic). Muito admiro sua análise sagaz e suas opiniões muito brilhantes sobre o "diagnóstico diferencial". Uma elaboração posterior desse caso mostrará a *Mutterübertragung* (transferência materna) e o importante papel patogênico dela. Tive dificuldade para entender o seu termo *fit*. Por que o senhor prefere *fit* no lugar de *atack*? Há alguma razão linguística para isso? *Foco de desagregação* parece-me uma ótima expressão, apenas um pouco erudita e longa demais. Devemos evitar cuidadosamente termos "eruditos", porque devemos educar e familiarizar as pessoas com esses mecanismos psicológicos, e demonstrar sua importância geral para todas as perturbações mentais. Todos os mecanismos freudianos são notavelmente "specifique" para qualquer doença mental; ao contrário, são comuns a ambos, normais e anormais; o essencial da "doença" está muito atrás, e será reduzido a uma quantidade muito pequena de perturbação orgânica do cérebro.

Estou enviando anexos alguns convites para o congresso de Freud em Salzburgo. Espero que a época seja conveniente para o senhor e para seus amigos. Lamento muito não poder participar do congresso de Frankfurt, porque no mesmo momento o prof. Bleuler estará em Berlim para o congresso da Associação Alemã de Psiquiatria, onde deve falar sobre a demência precoce. Portanto, devo representá-lo no asilo. Seria muito bom se o senhor pudesse fazer um relatório ou qualquer outra coisa em Salzburgo. Uma conferência inglesa seria bem *impressionante*.

Minha esposa lhe mandará as fotografias solicitadas. Estou muito grato ao senhor por aceitar a tarefa de rever a tradução do meu livro. O estilo me parece muito suspeito.

Cordialmente, meus melhores votos

Jung.[6]

---

6. No original: *I am rather disappointed by Prince's letter. Such a double publication gives many unexpected difficulties. Yesterday I got a letter from Geneva telling that Claparède is occupied until febr. 6th. Unfortunately I have no time to go to Geneva within the next weeks. I therefore would meet Claparède at Bern. I think you are to write to dr. Prince. Couldn't you tell him, that I first will write to him after I have heard Claparède's views before? I would be very glad, if you would do so.*

I red [sic] your article in Ψs's journal with a very great interest. It is really a beautifoul [sic] case. I much admire your clever analysis and your very bright views about the "differential diagnose". A future

5. A "horda selvagem": sobre os inícios do movimento psicanalítico

Jung se refere a uma carta de Morton Prince, um psiquiatra de Boston interessado na psicanálise e editor do *Journal for Abnormal Psychology*, a respeito da publicação de algum trabalho em dois lugares diferentes (impossível saber com precisão, apenas por estes dados, do que se trata). Menciona em seguida arranjos para um encontro com Edouard Claparède, um importante psicólogo de Genebra conhecido por seu interesse na psicologia infantil e nos assuntos ligados à educação. No final da carta, faz referência ao que seria o primeiro congresso "de Freud", ou seja, dos adeptos de Freud, o qual efetivamente se realizou em Salzburgo em abril daquele ano, reunindo pela primeira vez os interessados na "jovem ciência". Certo provincianismo transparece no convite para que, nessa ocasião, Jones apresentasse um trabalho ("uma conferência inglesa seria bem *impressionnante*", em francês no original), mas, dado o zelo com que todos trabalhavam em prol da "causa", a perspectiva de ter um representante num país tão importante quanto a Inglaterra era certamente excitante.

A carta de Jung é também instrutiva quanto ao clima que vigorava entre os discípulos. Jones havia se proposto a rever a tradução inglesa de um livro do suíço; Jung agradece, e comenta favoravelmente um artigo do colega recentemente publicado na revista psicanalítica — mas não deixa de fazer um comentário crítico a respeito da terminologia (por que Jones usara o termo *hysterical fit* em vez de *hysterical attack*?).

A questão logo ultrapassa o mero problema da melhor tradução para o alemão *Angriff* (ataque): falando da noção introduzida por Jones, "foco de desagre-

---

elaboration of such a case will show the "Mutterübertragung" and its important pathogenetic role. I couldn't quite grasp your term "fit". Why do you prefer "fit" in place of "attack"? Is there any linguistic reason for? "Focus of disaggregation" seems to me to be a very good expression, only a little to [sic] long. We have carefully to avoid "learned" terms, because we have to educate and familiarise people with these psychological mechanisms and to demonstrate their general importance and signification for all mental disorders. All Freud's mechanisms are notable "specifique" for any mental disease; they are in contrary common to both, normals and abnormals; the essential of the "disease" is far behind and will be reduced to a very small amount of organic disorder of the brain.

I am sending you by the same mail some invitations for the Freud's congress at Salzburg. I hope the time is convenient for you friends. I much regret that I cannot participate in the Francfort congress, because at the same time Prof. Bleuler will be in Berlin at the Congress of the Deutsche Verein für Psychiatrie, where he has to speak about dementia præcox. I therefore have to represent him in the asylum. It would be very nice if you would give a report or anything else in Salzburg. An English lecture would be very "impressionnante".

My wife will send you the photos wanted. I am very grateful to you, that you will take the trouble to look over the translation of my book. The style seems me to be very suspicious.

With best regards — Your's [sic] very sincerely

Jung.

gação", Jung critica seu caráter um tanto erudito (melhor seria dizer "pedante") e encadeia: "Devemos evitar cuidadosamente termos "eruditos", *porque temos que educar e familiarizar as pessoas com estes mecanismos psicológicos e demonstrar sua importância e significação gerais para todas as perturbações mentais*" (grifos meus). Repare o leitor como transparecem aqui os elementos que apontei anteriormente: a convicção de que os "mecanismos psicológicos" descritos pela psicanálise são centrais para todas as perturbações mentais (portanto, a verdadeira psicologia é a inaugurada por Freud), e sobretudo a necessidade de "educar e familiarizar as pessoas" — as *pessoas*, e não os *colegas*, portanto o público em geral — com as ideias psicanalíticas, o que exigia uma estratégia de persuasão na qual o uso de termos de fácil compreensão (não "eruditos") tinha um valor eminente.

Além disso, o tom militante logo adquire um matiz professoral, revelando a rivalidade latente (quem entende melhor as ideias do mestre, eu ou você?): "todos os mecanismos freudianos [...] são comuns às pessoas normais e anormais; a essência da 'doença' está muito além [desta distinção] e será reduzida a uma pequena quantidade de problemas orgânicos no cérebro". Aqui se mesclam questões científicas, filosóficas e propriamente pessoais. Questões científicas: era uma tese central da psicanálise que as doenças da mente tinham causas psíquicas, e não orgânicas. Questões filosóficas: sendo o inconsciente um atributo universal do ser humano, a diferença entre *normal* e *patológico* no funcionamento psíquico não é de natureza, mas de grau — o patológico é uma exacerbação daquilo que todos trazemos em nós. E questões que claramente pertencem à esfera das relações pessoais — é como se Jung dissesse: você, Jones, é um bom aluno e um combatente leal da "causa"; mas preste atenção ao que eu, que sei dessas coisas melhor que você, lhe digo: cuidado com as palavras, lembre-se do bê-á-bá da psicanálise!

Por outro lado, esta advertência está sutilmente envolvida em manifestações de carinho — as fotos que a esposa de Jung vai enviar, o agradecimento pelo trabalho que a tradução dará ao colega — e também de cumplicidade, no uso da abreviação Ψa para se referir ao que os une, a psicanálise. (O uso da forma "senhor" não vai contra o tom amistoso da carta: a cortesia entre colegas não chegava à familiaridade do *Du*, reservado até hoje, na Europa, a familiares e amigos muito íntimos.)

Nota-se, por fim, como era ativa a vida científica da época: os adeptos de Freud se preparavam para os congressos de psiquiatria, neurologia e outros do

5. A "horda selvagem": sobre os inícios do movimento psicanalítico

mesmo tipo. Jung lamenta não poder participar do encontro de Frankfurt, já que deveria substituir no hospital Burghölzli o seu superior, o professor Eugen Bleuler. Este era um eminente psiquiatra, criador do conceito de esquizofrenia; embora não participasse ativamente do "movimento", era na época simpático às ideias de Freud, e dera luz verde aos seus colaboradores para aplicarem o método freudiano no asilo que dirigia. Freud, como vimos, dava grande importância a esse fato, pois o Burghölzli era então uma das principais instituições psiquiátricas da Europa.

O congresso de Salzburgo foi um enorme sucesso; Freud apresentou ali a história do Homem dos Ratos, e Ernest Jones conta, em sua biografia, como os ouvintes ficaram fascinados com a fluência, a inteligência e a coerência deste relato. Para ele, teve certamente o sabor de uma bela vitória ver reunidos ao seu redor os jovens representantes da "nova ciência", ao lado de professores e psiquiatras de renome nas várias cidades alemãs, bem como de convidados da Suíça, da Inglaterra e até dos Estados Unidos.

Mas os germes da discórdia já estavam presentes: os alunos vienenses se ressentiram com o apreço que Freud demonstrou pelos "estrangeiros", em especial nas providências tomadas para a fundação da primeira revista psicanalítica, o *Jahrbuch für psychoanalytische und psychopathologische Forschungen* (*Anuário de Pesquisas Psicanalíticas e Psicopatológicas*). Além disso, também houve animosidade entre Jung e Karl Abraham, um psiquiatra alemão que estagiara em Zurique e havia pouco se estabelecera como o primeiro psicanalista em Berlim. Ambos apresentaram trabalhos sobre a demência precoce (uma forma grave de perturbação mental); a conferência de Abraham levava muito mais em conta que a de Jung as ideias freudianas sobre o papel da sexualidade na vida psíquica, e, por algum motivo, o jovem psiquiatra não se referiu aos trabalhos anteriores de Bleuler e de seu assistente sobre o tema. Jung se ofendeu com isso, e Freud teve de apaziguar os ânimos, tanto no próprio congresso como em cartas posteriores aos seus dois alunos.[7]

O assunto era, porém, mais sério do que uma simples querela de prioridade. Para além das vaidades feridas e do zelo de novato de Abraham — que, posteriormente, se tornaria um dos mais importantes psicanalistas, por sua competência clínica, por seu talento de organizador e por sua localização estratégica na

---

7. Cf. Ernest Jones, *A vida e a obra de Sigmund Freud*. Rio de Janeiro: Imago, 1989. v. II, pp. 60 ss.

capital alemã —, a questão da sexualidade se revelaria como o pomo da discórdia entre, por um lado, Freud e seus aderentes mais "ortodoxos", e, por outro, os que logo vieram a ser chamados "dissidentes" — entre os quais, precisamente, Adler e Jung.

A QUESTÃO DA SEXUALIDADE

Com efeito, entre as escandalosas ideias de Freud, a mais escandalosa era a sua concepção da sexualidade. O conceito central de sua psicologia — o inconsciente — não era propriamente uma novidade, pois desde o início do Romantismo já se falava em algo semelhante. É certo que, nas mãos de Freud, a noção ganhara uma densidade e uma determinação novas, na medida em que ele concebia o inconsciente não apenas como característica ocasional de certos atos psíquicos, mas como uma região da mente mantida distante da consciência por forças poderosas (a repressão e as demais defesas), e dotada de uma lógica própria, o "processo primário" descrito na *Interpretação dos sonhos*.

Mesmo assim, o conceito de inconsciente não soaria tão estranho aos médicos da época se Freud não o tivesse acoplado ao de sexualidade, postulando que o conteúdo essencial desta zona psíquica consiste em fantasias e desejos de natureza erótica, os quais, apesar de recalcados, continuam ativos e determinando inúmeros comportamentos, atitudes e ideias à revelia do sujeito que os abriga.

A postura inflexível de Freud no tocante ao papel fundamental da sexualidade era agravada, aos olhos dos que dela discordavam, por uma ampliação considerável do que deveria ser compreendido sob este termo. Nos *Três ensaios para uma teoria sexual*, ele introduzira a ideia da sexualidade infantil, considerando como sexuais em sentido amplo quaisquer atividades da criança que lhe pudessem proporcionar prazer — começando com a sucção do dedo e continuando pelo controle da micção e da defecação, nomeando como "autoeróticos" os toques e jogos da criança com todas as partes do seu corpo, e culminando com a ideia chocante do complexo de Édipo.

Para Freud, escorado em suas descobertas e em anos de trabalho com seus pacientes, a criança podia ser considerada, na expressão famosa dos *Três ensaios*, um "perverso polimorfo" — não no sentido moral, evidentemente, mas significando que as tendências sexuais "parciais" (oral, anal, etc.) estariam na base tanto das perversões quanto das neuroses. Estas, em suas diversas formas, representariam o resultado do recalque dos componentes parciais da libido; as perversões consistiriam na preservação das mesmas tendências, as quais, por motivos ligados à vida de cada um, poderiam permanecer *aquém* da unificação "sob a égide da genitalidade", que normalmente deveria ocorrer por ocasião da entrada na adolescência. De modo que, numa síntese audaciosa, Freud podia considerar que a "vida sexual dos neuróticos está nos seus sintomas", e também que as perversões nada mais eram do que a exacerbação de traços infantis da libido.

A "teoria sexual" acabou sendo o divisor de águas entre os que — pertencendo ou não oficialmente ao grupo freudiano — acatavam como verdadeiras as teses psicanalíticas, e aqueles que delas discordavam. As cartas datadas de 14 de agosto e 1º de dezembro de 1908 mostram que outros médicos também acreditavam, em grau maior ou menor, que a sexualidade tinha um papel de peso na vida psíquica, muito mais profundo e extenso do que até então se havia julgado:

14/08/08

Mui prezado senhor colega,

Embora o senhor, como estou vendo, tenha material suficiente para a revista, proponho-me a lhe oferecer um trabalho "Sobre teorias sexuais infantis", que irei escrever aqui, neste mês. Da minha parte, teria de comunicar-lhe ainda os seguintes pedidos: 1) que o trabalho saia ainda em 1908 (por causa da sua coincidência com outro, no qual se faz referência a este), 2) que o senhor libere a separata do mesmo para o segundo volume dos meus opúsculos, assim que for preparado um caderno. Peço, portanto, o seu aviso mais cedo. Posso revelar-lhe que o anúncio da *Vida sexual da criança* de Moll me impele à publicação do material, que há muito tempo está pronto.

Com saudações amistosas,

Seu mui dedicado,
Freud.

PS. Não poderia o senhor manter afastado um pouco o falador pernicioso (Haeckel), que escreve também nas suas páginas?

Renato Mezan

A segunda carta é dirigida ao mesmo editor:

1 / xii / 1908

Prezado senhor colega,

Em relação a minha última contribuição sobre os problemas sexuais, que aguardo para os próximos dias, reservei-me o direito de incluí-la agora na coletânea de meus pequenos escritos sobre a teoria das neuroses, como o senhor deve se recordar. Como esta coletânea deve estar pronta para a primavera de 1909, solicito-lhe que me envie também a separata da primeira contribuição ("Moral cultural etc."), bem como a respectiva autorização do editor.

Sempre a seu serviço,

Cordialmente,

Freud[8]

Ambas as cartas são dirigidas ao editor da revista *Sexual-Probleme*, cuja mera existência — ao lado de outros periódicos como a *Zeitschrift für Sexualwissenschaft* (*Revista de Ciência Sexual*), ou o *Jahrbuch für sexuelle Zwischenstufe* (literalmente, *Anuário de Graus Intermediários da Sexualidade*) — comprova o interesse de então pela temática da sexualidade. É importante precisar que Freud não era escandaloso por pretender que a vida sexual é complexa e poderia sofrer muitas perturbações — isso era aceito sem problemas —, mas por afirmar que entre a sexualidade "normal" e a "doente", ou entre a sexualidade infantil e a adulta, existem *continuidades* e *correspondências*. Em outras palavras, era por universalizar o que

---

8. Temos apenas o original da segunda carta:

Sehr geehrter Herr Kollege:

Für meinen letzten Beitrag zu den Sexualproblemen, den ich in diesen Tagen erwarte, habe ich mir das Recht der jederzeitigen Aufnahme in die Sammlung meiner kl. Schriften zur Neurosenlehre gewahrt, wie Sie erinnern werden. Da diese Sammlung nun für das Frühjahr 09 vorbereitet wird, bitte ich Sie mir den Abdruck auch des ersten Beitrags (Kulturelle Moral, etc.) zu gestatten resp. die Einwilligg. des Verlegers zu verschaffen.

Ihn zu Diensten stets bereit,

Ergebener

Freud

5. A "horda selvagem": sobre os inícios do movimento psicanalítico

outros consideravam específico da doença, e por situar este universal na infância de todos nós, que seu pensamento despertava tanta polêmica.

A carta de 14 de agosto de 1908 faz referência ao artigo "Teorias sexuais infantis". Uma das consequências de se admitir que as crianças são dotadas de erotismo é, obviamente, que elas tenham — como de fato têm — ideias peculiares sobre o assunto: como se fazem os bebês, no que consiste uma relação entre os adultos, como se explica que meninos e meninas tenham "aquilo" tão diferente, etc. Freud enumera diversas opiniões infantis sobre estes temas, e as relaciona com o temor de que surjam irmãos (portanto rivais na afeição dos pais); também menciona, de passagem, a preocupação dos meninos em perderem seu precioso "pipi", o que, aliás, deve ter acontecido com as pobres meninas! É uma das primeiras referências ao que será denominado, posteriormente, *complexo de castração*.

Nos anos que se seguiram à publicação dos *Três ensaios* (1905), Freud explorou de vários ângulos a temática da sexualidade infantil (da qual, aliás, o dr. Moll aqui mencionado era um ferrenho opositor, como mostra o livro dele que Freud cita no final da carta). Sua opinião era que, de modo geral, não se deveriam negar à criança os esclarecimentos sexuais que solicitasse ("O esclarecimento sexual das crianças", 1907), até porque a mentira e a hipocrisia neste terreno seriam muito prejudiciais, tanto para o desenvolvimento *intelectual* (respostas absurdas a questões tão importantes acabariam por minar a confiança da criança em sua própria capacidade de pensar) quanto para o desenvolvimento *moral* (a criança aprenderia a ocultar seus interesses e desejos, a fim de receber menos castigos e de garantir o amor dos pais).

Na mesma época, na Sociedade Psicanalítica de Viena — sucessora da Sociedade Psicológica das Quartas-feiras — discutiam-se com entusiasmo temas como o suicídio infantil, a masturbação e suas consequências, a importância da bissexualidade constitucional para o surgimento das neuroses, e outros do mesmo tipo.[9]

O reconhecimento do imenso território psíquico ocupado pela sexualidade levou Freud a advogar maior liberdade de costumes, o que, é claro, em nada contribuiu para aumentar sua popularidade entre os que aderiam à moral vitoriana. É este o assunto do artigo a que se refere a segunda carta ("Moral cultural etc.") ao editor de *Sexual-Probleme*. O texto, intitulado "A moral sexual civilizada

9. Cf. as *Minutas* mencionadas na nota 3.

e o nervosismo moderno", denunciava o que todos sabiam, mas se recusavam a admitir: o enorme incremento nos casos de neurose no início do século xx estava relacionado ao fato de que a maioria das pessoas era incapaz de corresponder às exigências da moral sexual. Tais exigências se expressavam como monogamia, heterossexualidade, abstinência prolongada, não masturbação, e de modo geral sob a forma das inúmeras consequências de uma restrição sexual excessiva, quer esta resultasse de convicções religiosas, quer de ideias que então tinham a legitimidade da visão científica.

Argumentava Freud que a histeria, a frigidez, a impotência masculina e outros males provinham diretamente da falta de suficiente gratificação sexual, e que a dupla moral — virgindade e fidelidade para as mulheres, maior liberdade para os homens — era uma fonte de desagregação social, favorecendo a prostituição, o adultério e as doenças venéreas, para as quais não havia cura na época. Esta foi sua primeira incursão no que se poderia chamar "psicanálise da cultura", que posteriormente daria frutos como *Totem e tabu*, *Psicologia das massas e análise do ego*, *O mal-estar na civilização* e *Moisés e o monoteísmo*.

As cartas mostram ainda outra faceta da atividade de Freud nessa época: sua preocupação com as publicações. Além dos livros a que me referi, ele aceitava de bom grado escrever em revistas tanto médicas quanto dirigidas a um público mais amplo, além, naturalmente, de ocupar-se com os periódicos do seu próprio círculo. Também pretendia reunir em coletâneas seus escritos — a segunda carta faz referência a isso, solicitando separatas dos artigos enviados a *Sexual-Probleme* e a concordância do editor quanto à cessão dos direitos autorais — com a finalidade de os tornar mais acessíveis. Na mesma época, aliás, seus escritos começaram a ser traduzidos nos Estados Unidos e na Inglaterra, algo a que ele dava muito valor.

Freud levava a sério seu papel de líder do movimento analítico, o que incluía interceder em favor dos discípulos também no que se refere à publicação dos trabalhos deles. É o tema da carta de 25 de dezembro de 1908, que transcrevo abaixo:

25 de dezembro de 1908

Mui prezado colega,

Parabenizo-o pela fusão da sua revista com a de Hirschfeld, da qual aguardo uma elevação toda especial do novo órgão, e fico contente também com o fortalecimento da sua própria posição.

5. A "horda selvagem": sobre os inícios do movimento psicanalítico

Hoje, gostaria de perguntar-lhe se quer assumir a impressão de um pequeno mas muito importante trabalho preparado pelo colega Ferenczi, de Budapeste, em parte sob minha influência. Este trabalho é de conteúdo teórico, traz o título "Transferência com introjeção nas neuroses", terá pouco mais do que uma lauda e, por certas razões, deverá sair alguns meses antes de um trabalho de minha própria autoria, no *Anuário de Pesquisas Psicanalíticas*. Em fevereiro ou março, o mais tardar em abril deverá ser, portanto, a data da publicação.

Com saudações amistosas,

Seu mui dedicado,

Freud.[10]

Sándor Ferenczi era um dos mais entusiásticos adeptos da psicanálise. Judeu como Freud, vivia em Budapeste, e já ganhara alguma notoriedade como médico interessado em questões sociais quando, em 1907, leu a *Interpretação dos sonhos* e se pôs em contato com seu autor. Participou do congresso de Salzburgo e logo se tornou íntimo de Freud, que passou a viajar para sua amada Itália em companhia do jovem colega. Ferenczi fundou a escola húngara de psicanálise, e até sua morte em 1933, aos sessenta anos, foi um dos expoentes mais importantes da disciplina freudiana. Seu trabalho provocou polêmicas até mesmo com outros analistas — inclusive com seu venerado Freud —, mas sem dúvida foi de fecundidade espantosa, estando na origem de muitos desenvolvimentos atuais da psicanálise, em especial pela influência que veio a ter na Inglaterra (Winnicott é um de seus "herdeiros espirituais").[11]

O trabalho a que Freud se refere não figura nas *Obras completas* de Ferenczi, talvez porque logo tenha dado origem a um de seus primeiros artigos de impor-

10. Não temos o original desta carta. O dr. Magnus Hirschfeld, mencionado logo no início dela, era o editor do *Jahrbuch für sexuelle Zwischenstufe*, e o principal defensor da descriminalização da homossexualidade na Alemanha — onde, assim como na Inglaterra de Oscar Wilde, era delito passível de prisão. O tom amistoso de Freud dá uma ideia de como era avançada, para a época, a sua posição em relação à homossexualidade.

11. Para uma ideia geral do pensamento de Ferenczi, cf. Renato Mezan, "Do autoerotismo ao objeto: a simbolização segundo Ferenczi". In: *Interfaces da psicanálise*. A obra do psicanalista húngaro encontra-se disponível em português, sob o título *Obras completas de Ferenczi* (São Paulo: Martins Fontes, 1992).

tância, "Introjeção e transferência", que tem bem mais de uma lauda.[12] Freud o recomenda ao editor de uma publicação especializada, e podemos perceber seu tato em relação ao jovem discípulo: solicita que a publicação seja rápida, para que ocorresse antes da de um trabalho dele próprio, Freud, e assim garantisse a Ferenczi a prioridade no emprego do conceito de introjeção.

O artigo de sua autoria mencionado por Freud é, provavelmente, a história do Homem dos Ratos, um fascinante caso clínico que enviou ao *Jahrbuch* e que saiu em fins de 1909, no segundo volume desta revista. Aliás, o número inaugural deste *Anuário* trazia o caso do *Pequeno Hans*, a primeira análise de uma criança, na qual se comprovam a existência e os efeitos psíquicos da sexualidade infantil, bem como o vínculo entre a sua repressão e o surgimento de uma neurose (no caso, uma fobia infantil). É a este artigo que Freud se refere na carta de 14 de agosto de 1908 ao editor de *Sexual-Probleme*, ao pedir-lhe que "Teorias sexuais infantis" saísse ainda em 1908, "por causa de sua coincidência com outro, no qual se faz referência a este": com efeito, o trabalho com o menino havia sido realizado alguns anos antes, e algumas das "teorias" em questão eram fruto da imaginação do pequeno Herbert Graf. Assim se chamava o paciente, aliás filho de Max Graf, crítico de música do diário liberal de Viena, a *Neue Freie Presse*, e na época membro do círculo de Freud.

A última carta desta série é datada de 11 de janeiro de 1910:

Mui prezado senhor colega,

O senhor facilita-me a resposta da sua consulta, se podemos incluir a autobiografia do seu paciente no *Anuário*. Somente por causa das suas observações disseminadas. Embora eu não seja o editor da revista, o senhor supõe, corretamente, que Jung levaria em conta um desejo meu. Na qualidade de editor, eu teria escrúpulos em imprimir o artigo, por conter, como o senhor diz, somente material autobiográfico, sem elaboração analítica, e porque precisarmos mais urgentemente do espaço para coisas diferentes do que [simples] coletas de material. Por mais precisa que seja uma autoapresentação, ela é qualitativamente um pouco diferente

---

12. Sándor Ferenczi, "Transfert et introjection" (1909). In: *Oeuvres complètes*. Paris: Payot, 1975. v. I. A introjeção é o mecanismo pelo qual a pessoa interioriza um objeto, tornando-o parte do seu eu; nesse sentido, é um precursor da identificação, ocorrendo desde muito cedo na vida psíquica da criança (o primeiro objeto introjetado é o seio materno).

5. A "horda selvagem": sobre os inícios do movimento psicanalítico

de uma análise, não podendo aproximar-se dela nem se aumentássemos [seu grau] de minúcia e de sinceridade. [O restante é apenas parcialmente legível.]

Não sabemos de quem era o paciente em questão, mas a carta é reveladora do que, para Freud, era um bom artigo de psicanálise. Com efeito, desaconselha ao colega a publicação de um material por assim dizer em estado bruto, ao qual faltava a "elaboração analítica". Em seus escritos clínicos da época, Freud comenta frequentemente este tópico: como era difícil extrair, da massa de dados obtida numa análise, os pontos importantes para elucidar os sintomas e eventualmente removê-los. Podemos ver, se lermos na sequência em que foram escritos o *Caso Dora* (1901), "O Pequeno Hans" (1904) e "O Homem dos Ratos" (1909), como ele foi resolvendo esse problema cada vez com maior maestria.[13]

Não podemos deixar de observar, ainda que de passagem, que o extraordinário talento de Freud como escritor contribuiu em medida nada desprezível para a divulgação e aceitação final de suas ideias. Uma das provas desse talento é precisamente a invenção do gênero "caso clínico", em que dados sobre a vida do paciente, sobre os problemas que apresentava e sobre o transcurso de sua análise se fundem harmoniosamente com a elaboração teórica e com a discussão de questões técnicas. Os casos de Freud são ainda hoje — em que pesem os grandes avanços da psicanálise desde que ele os redigiu — modelos estudados com lupa por todos os que se iniciam na disciplina.

DISSENSÕES

Mas voltemos à nossa narrativa. A euforia que se seguiu ao congresso de Salzburgo não tardou a se dissipar. Em Viena, o ressentimento pelo destaque conferido aos suíços continuou a crescer, e finalmente explodiu com toda a violência no segundo encontro dos freudianos, que ocorreu em Nuremberg na Páscoa de 1910. O motivo imediato foi a proposta de Freud, apresentada por Ferenczi, para formar uma Associação Internacional de Psicanálise, cujos cargos principais ficariam com o grupo de Zurique. Alfred Adler e Wilhelm Stekel se

13. Cf. a esse respeito Renato Mezan, *Escrever a clínica* (São Paulo: Casa do Psicólogo, 1998), em que se discutem estes e outros problemas ligados à escrita analítica.

opuseram energicamente a este desejo de Freud, o qual, porém, insistiu em sua ideia, argumentando que a psicanálise precisava de uma base mais ampla do que a que podiam oferecer os seus "judeus vienenses". Estes acabaram por ceder, em troca da nomeação de Adler para a presidência da Sociedade de Viena e da indicação de Stekel e dele mesmo para dirigir uma nova publicação, a *Zentralblatt für Psychoanalyse*, com periodicidade mensal. Jung continuaria como editor do *Jahrbuch*, e foi eleito presidente da nova Associação Internacional.

O armistício, porém, não durou muito. As divergências teóricas entre Freud e Adler foram se agravando nos meses seguintes, e culminaram com a renúncia deste a seu cargo e à *membership* na Sociedade de Viena. A razão dessas divergências consistia na orientação muito mais biológica do que psicológica do pensamento de Adler; este atribuía a origem das neuroses não aos conflitos sexuais infantis, mas ao sentimento de inferioridade decorrente de uma deficiência em qualquer parte do corpo: a neurose seria então uma forma de compensar tal inferioridade (*Minderwertigkeit*). Freud tentou, por algum tempo, diminuir a distância que o separava de Adler, a quem dera, apenas cinco anos antes, o elogioso atestado que comentamos atrás. Mas, além das diferenças teóricas, havia um abismo entre a postura diplomática e conciliadora de Freud — interessado em aparar arestas e consolidar as instituições que criara — e a atitude militante, quase agressiva, de Adler. E, *last but not least*, este era ambicioso; se isso não é em si um defeito, tornava-lhe por outro lado difícil estar sempre sob as asas do patriarca. Num jantar às vésperas do rompimento definitivo, Adler lhe disse: "Por que devo sempre trabalhar à sua sombra?".[14]

Os dois homens, na verdade, já não se suportavam mais. A ruptura era uma questão de tempo, e acabou por se precipitar quando, em novembro de 1910, Adler apresentou um trabalho na Sociedade de Viena e Freud o contestou ponto por ponto. Nos meses seguintes, o mal-estar só fez crescer, e finalmente, em setembro de 1911, Adler e seu grupo retiraram-se da Sociedade. A opinião de Freud sobre seu colaborador havia mudado da água para o vinho: numa carta a Jones, escreveu que "a dissensão com Adler estava por vir [...]. É a revolta de um indivíduo

---

14. Para um relato mais circunstanciado de todo esse episódio, cf. Peter Gay, *Freud: a Life for our Times*. Nova York; Londres: W. Norton & Company, 1988, pp. 212-25 [Ed. bras.: *Freud: uma vida para o nosso tempo*. 2. ed. Trad. de Denise Bottmann. São Paulo: Companhia das Letras, 2012.], e Ernest Jones, op. cit. v. II, pp. 136-43.

5. A "horda selvagem": sobre os inícios do movimento psicanalítico

anormal, enlouquecido pela ambição, e cuja influência sobre os outros depende de seu forte terrorismo e sadismo".[15]

É neste contexto que se situa a carta de 3 de dezembro de 1911, que transcrevo a seguir:

> Caro senhor doutor,
>
> Na temporária ausência do redator, em viagem, assumo o encargo de pedir-lhe que conclua a contribuição para o *Boletim Central* (*Zentralblatt*), que corresponde à folha de correspondência, o mais breve possível. Já temos agora impressos dois números mensais, desde a nova era, e a Central absolutamente ainda não se manifestou. A solicitação de pressa justifica-se também pela novidade de que cada caderno do *Boletim Central*, a partir de agora, deverá sair nos primeiros dias de cada mês. Se será possível, não sei.
>
> Tenho a impressão de que nossa organização já se mostra agora bastante sólida. Por conta das divergências pessoais, a coisa se desmancharia se não fosse mantida coesa dessa forma.
>
> Portanto, não me leve a mal esta pequena cobrança, dê lembranças minhas à sua prezada esposa, e receba o senhor mesmo os meus cumprimentos do seu cordialmente dedicado,
>
> Freud.[16]

A cáustica referência a Adler na carta a Jones, um amigo íntimo, é aqui substituída por um tom mais amistoso e otimista. Freud se preocupa com a pontualidade do boletim mensal, que deveria trazer notícias frescas e pequenos trabalhos

---

15. Apud Peter Gay, op. cit., p. 233.

16. No original:

Lieber Herr Doktor,

In einer zeitweiligen Reiseabwesenheit des Redakteurs übernehme ich es, Sie zu bitten, den Beitrag zum Zentralbblatt welcher der Korresp.-blatt entspricht möglichst bald fertig zu stellen. Wir haben jetzt schon 2 Monatsmummern seit der neuen Aera gedruckt u. die Zentrale hat noch keinen Laut von sich gegeben. Die Aufforderung zur Eile rechtfertigt sich auch durch die Neuerung dass jedes Heft des Zentralblattes von nun an in der ersten Tagen eines Monats ausgegeben werden soll. Ob es gelingen wird, weiss ich nicht.

Nach meinem Eindruck erweist sich unsere Organisation schon jetzt als sehr wesentlich. Die Sache wurde infolge der persönlichen Dissonanzen zerfallen, wenn sie nicht so zusammen gehalten würde.

Nehmen Sie mir also diese kleine Mahnung nicht übel, grüssen Sie mir Ihre liebe Frau u. seien Sie selbst gregrüsst von

Ihrem herzlich ergebenen,

Freud.

de bom nível, servindo como elo entre os analistas, já então espalhados por várias cidades e países. A "organização", diz ele, mostra-se já "bastante sólida", mas esta serenidade é desmentida na frase seguinte — "por conta das divergências pessoais, a coisa se desmancharia" se não houvesse num intervalo de poucas semanas um lembrete escrito de que todos pertenciam ao mesmo movimento. Daí a "pequena cobrança" para que o colega enviasse rapidamente seu artigo, a qual, contra este pano de fundo, soa mais como um apelo: o boletim era editado em Viena, mas a Central (a Associação Internacional, sediada em Zurique) "ainda não se manifestou". E Freud, com seu habitual realismo, completa: "não sei se será possível [manter esse ritmo de publicação]".

A ênfase do chefe em dispor de publicações próprias não se devia, assim, somente ao desejo de garantir à psicanálise um canal próprio de divulgação para o mundo exterior: era tão ou mais importante garantir a coesão *interna* do grupo, permanentemente ameaçada pelas "divergências pessoais".[17] E esta percepção não estava errada, pois, uma vez afastado Adler, o mesmo processo recomeçou — desta vez com Jung, o príncipe herdeiro, o Josué, o filho dileto, e, o que era mais grave do ponto de vista político, não somente presidente da Associação Internacional, mas ainda líder do grupo suíço, no qual Freud depositava tantas esperanças.

Os motivos da ruptura foram, em síntese, semelhantes aos do caso Adler. Jung não aceitava a predominância do fator sexual na causa das neuroses, nem em geral a importância que Freud lhe atribuía no conjunto da vida psíquica. Este continuava a ser o artigo fundamental do credo psicanalítico, e, ao longo de uma volumosa correspondência que se estende por seis anos (de 1907 a 1913), os dois homens jamais estiveram de acordo sobre esse ponto. Ou melhor, Jung fez um esforço considerável para "venerar a deusa Libido", como disse certa vez, mas isso era tão contrário ao seu pensamento, à sua formação e à sua índole, que mais cedo ou mais tarde ele teria de optar entre a fidelidade a Freud e seu próprio caminho. Não é de admirar que tenha escolhido esta última solução.[18]

---

17. Foi este clima turbulento e passional que levou Freud a apelidar seus seguidores de "a horda selvagem", brincando com o conceito homônimo empregado em *Totem e tabu* para descrever a condição dos primeiros homens, antes do pacto entre irmãos que daria, segundo ele, origem à civilização.
18. A correspondência está publicada sob o título *The Freud-Jung Letters* (edited by William McGuire. Londres: The Hogarth Press, 1975). Para um comentário detalhado do seu conteúdo, cf. Renato Mezan, *Freud, pensador da cultura*. São Paulo: Companhia das Letras, 2006, especialmente pp. 300-28.

5. A "horda selvagem": sobre os inícios do movimento psicanalítico

O desacordo, sempre latente, começou a tomar formas mais definidas quando os dois homens se interessaram pelas origens da religião e da mitologia: Jung trabalhava no que seria seu livro *Símbolos e transformações da libido*, enquanto Freud, cavando literalmente na direção oposta, redigia *Totem e tabu*. A relação vai se tornando mais e mais tensa, até que, no Terceiro Congresso Psicanalítico (Munique, setembro de 1913), a diferença de opiniões já não podia ser ocultada, e veio a público com toda a crueza. Jung fez uma conferência na qual recusava a noção de sexualidade infantil, o que precipitou as coisas e acabou conduzindo, pouco depois, à sua renúncia ao cargo de editor do *Jahrbuch*, seguida em abril de 1914 pela renúncia à presidência da Internacional.[19]

Até esse desenlace, o conflito foi se intensificando aos poucos. A carta de Jung a Jones de 20 de novembro de 1912 testemunha que ele foi prolongado, e teve idas e vindas, pois nenhum dos protagonistas queria reconhecer a mútua incompatibilidade. Jung escreve:

Prezado Jones,

Ouço diversas coisas sobre a sua apreciação afetiva da minha personalidade, o que me espanta. Eu não sabia que o senhor me credita tal importância, pois pensava que toda a sua transferência e apreço se dirigissem a Freud, que também merece tal apreço em muito maior medida que eu. Pensei que o senhor poderia, conforme a regra básica da Ψa — "nunca esperar, porém exigir" — ter buscado comigo aquilo que desejava obter, ou seja, "dito em voz alta" o que o senhor pensa.

Minhas ocasionais inseguranças frente ao senhor (como frente a todos os meus amigos) provêm de um deficiente cumprimento das obrigações para comigo mesmo. Se eu cumprisse tais obrigações de maneira rigorosa, perderia as grandes vantagens infantis do ser filho. Já as perdi, e portanto lhe revelo, através desta carta, a necessidade de não mais transferir sintomaticamente resistências à sua pessoa.

Espero, portanto, que no futuro os nossos relacionamentos não sofram danos. A sua valiosa colaboração é algo de que não quero prescindir no movimento da Ψa, apesar de o senhor, bastante surpreendentemente para mim, parecer pensar que não aprecio seus esforços de divulgação. Afinal, através de minha mulher, fiz tra-

---

19. Mais detalhes sobre a relação entre Freud e Jung podem ser encontrados em Peter Gay, op. cit., pp. 225-43, bem como em Ernest Jones, op. cit., pp. 108 ss.

duzir o seu abrangente trabalho para o alemão, e, se não o apreciasse etc. Eu lamentaria muito se quaisquer mal-entendidos viessem a perturbar nosso trabalho conjunto pela causa da Ψa. Quero por meio desta assegurar-lhe enfaticamente que as minhas verdadeiras intenções encontram-se dirigidas ao entendimento recíproco, e almejam excluir todas as suscetibilidades pessoais. Apesar de Freud absolutamente não concordar com meus últimos trabalhos, eu me esforçaria para manter de pé a colaboração com ele, a fim de contribuir para a vitória da causa psicanalítica. Também aqui, na medida do possível, deixarei em segundo plano meus sentimentos pessoais em prol da causa.

Com cordiais saudações,

Seu muito dedicado,

Jung.[20]

20. No original:

Lieber Jones:

Ich höre Verschiedenes über Ihre affective Beurtheilung meiner Persönlichkeit, was mich in Erstaunen setzt. Ich wusste nicht, dass Sie mir diese Bedeutung beimessen, indem ich dachte, dass Ihre ganze Übertragung und Schätzung auf Freud gehe, der diese Schätzung auch in weit höherem Maasse verdient wie ich. Ich dachte, Sie hätten nach der Ψa Grundregel "Nie erwarten, sondern fordern" sich das bei mir geholt, was Sie zu haben wünschen scil. das "laut gesagt", was Sie denken.

Meine gelegentliche Unsicherheiten Ihnen (wie allen meinen Freunden) gegenüber stammen aus einer mangelhaften Erfüllung der Pflichten gegen mich selbst. Erfülle ich diese Pflichten in derjenigen rigorosen Weise, wie ich es thun sollte, so verliere ich die grosse Infantilvortheile des Sohnseins. Ich habe sie bereits verloren und verrathe, Ihnen daher durch diesen Brief das Bedürfnis, keine Widerstände mehr symptomatisch auf Sie zu verschieben.

Ich hoffe also, dass in der Zukunft unsere Beziehungen keinen Schaden leiden. Ihre werthvolle Mitarbeiterschaft ist etwas, was ich In der Ψa-Bewegung nicht missen möchte, trotzdem Sie, mir erstaunlich genug, zu denken scheinen, dass ich Ihre Publicistik nicht würdige. Ich hatte doch wohl durch meine Frau Ihre umfangreiche Arbeit ins Deutsche übertragen lassen, wenn ich sie nicht würdigte, etc. Es sollte mir sehr leid thun, wenn irgendwelche Missverständnisse unsere gemeinsame Arbeit in der Ψa-Sache stören sollten. Ich möchte Sie hiemit nachdrücklich versichern, dass meine wirklichen Intentionen auf gegenseitiges Verständniss gehen und alle persönlichen Empfindlichkeiten ausschliessen möchten. Trotzdem Freud mit meinen letzten Arbeiten gar nicht einverstanden ist, würde ich mich bemühen, die Arbeitsgemeinschaft mit ihm aufrechtzuerhalten, um der Ψa-Sache zum Sieg zu verhelfen. Ich werde auch hier meine persönliche Empfindung möglichst in den Hintergrund treten lassen um der Sache willen.

Mit herzlichen Grüssen,

Ihr ganz ergebener,

Jung.

5. A "horda selvagem": sobre os inícios do movimento psicanalítico

Que diferença da carta anterior, endereçada ao mesmo colega apenas quatro anos antes! Jung está visivelmente alarmado com o que Jones andava dizendo a seu respeito, e procura ser conciliador, assegurando ao colega que deseja o "entendimento recíproco", silenciando qualquer "suscetibilidade pessoal" no interesse da "vitória da causa psicanalítica" — e isso apesar de reconhecer, francamente, que Freud "não concorda em absoluto com meus últimos trabalhos". A carta é reveladora ainda por outra razão: vemos que os primeiros analistas não hesitavam em aplicar a si mesmos o que lhes ensinava a "jovem ciência". Entre eles, deveria vigorar a mesma sinceridade que exigiam de seus pacientes, tanto na autocrítica quanto na avaliação uns dos outros. É o que faz Jung, atribuindo ao complexo de Édipo as inseguranças ocasionais frente a seus amigos, apontando a "transferência" que Jones teria feito sobre ele, e queixando-se de que o outro não lhe tivesse dito de viva voz o que tinha a lhe comunicar.[21]

Mas o resultado dessa atitude de "franqueza total" foi bem diverso do que esperavam, talvez ingenuamente, os primeiros discípulos de Freud. Em primeiro lugar, a transposição da regra analítica para fora da situação clínica em que ela faz sentido já era indevida: na análise, à sinceridade do paciente e ao convite para que ele exteriorize todas as suas ideias — inclusive as que possam soar ofensivas ou injustas para com o analista — não corresponde a mesma atitude por parte deste, e sim a sua "neutralidade benevolente". Ora, seria impossível exigir a mesma neutralidade na vida real, muito menos entre pessoas tão ansiosas e complicadas, que se encontravam enredadas numa situação afetiva igualmente complicada. Freud era para eles uma figura paterna, e, como em toda família, fermentavam entre os irmãos sentimentos de rivalidade, de ciúmes, de inveja e de ódio. Nessas condições, imaginar que seriam recebidas com equanimidade críticas pessoais e até interpretações "selvagens" (fora de contexto) era no mínimo ingênuo, e frequentemente desastroso. Não apenas entre os irmãos, aliás; mesmo nas cartas entre Freud e Jung, as reações de cada um quando o outro interpreta os motivos subjacentes a alguma atitude ou declaração são muitas vezes ríspidas, traduzindo a angústia mobilizada por tais "invasões de privacidade".

---

21. Para um relato em primeira mão do que Jones pensava a respeito de Jung e de seus companheiros do círculo freudiano, ver sua autobiografia, *Free Associations: Memoirs of a Psychoanalyst* (Nova York: Basic Books, 1959), especialmente o capítulo "The Psycho-Analytical Movement". Com o característico *understatement* britânico, ele observa na frase que escolhi como epígrafe: "às vezes, se poderia considerar aquela atmosfera familiar, semelhante à de uma estufa, *somewhat trying* [um tanto cansativa], mas podia-se ter certeza de que jamais seria tediosa" (p. 211).

Em público, Freud era geralmente um homem equilibrado, mas sua natureza apaixonada ganha todo o relevo na correspondência com os íntimos. A ferocidade das cartas trocadas com Abraham, Jones e Ferenczi enquanto durou a desavença com Jung não tem paralelo no restante da correspondência; e, irritado ao extremo com a rebelião do seu "filho dileto", ele escreve a *História do movimento psicanalítico*, texto polêmico no qual, ao contar como se constituiu e se divulgou a psicanálise, reserva a Jung críticas das mais acerbas. Entre seus amigos, Freud se referia a este livro (enquanto o escrevia) com o doce epíteto de "a bomba": isso dá uma ideia do clima em que havia mergulhado o recém-nascido movimento analítico. Com efeito, uma horda selvagem!

Uma última observação a respeito dessas desavenças todas. A sensação de ter sido traído por Adler e sobretudo por Jung não permitiu a Freud dar-se conta de que as críticas deles ao "primeiro sistema de psicanálise" não eram de todo descabidas. Ao enfatizar a importância da agressividade, Adler apontava o caminho para uma teoria das pulsões mais complexa e refinada; Jung, ao manifestar suas dúvidas de que a "teoria da libido" pudesse dar conta de todos os transtornos psicopatológicos, não estava errado: as psicoses, com as quais lidava diariamente no hospital psiquiátrico em que trabalhava, exigiam de fato uma abordagem mais sutil. Passado o calor da batalha, Freud pôde refletir sobre esses pontos e, sem abandonar a posição central que atribuía à sexualidade, abriu espaço para incluir em sua psicologia as questões que, segundo ele, os alunos haviam tentado resolver de modo precipitado. Anos depois, a agressividade entrou na psicanálise sob a rubrica da pulsão de morte, e as psicoses, com a colaboração de Karl Abraham, foram estudadas com o auxílio das ideias de narcisismo e de identificação. Mas era tarde demais para reparar o estrago: Adler havia fundado sua própria escola — a "psicologia individual" — e Jung fizera o mesmo, criando a "psicologia analítica".

EPÍLOGO

Pouco depois da crise com Jung, começou a Primeira Guerra Mundial, e, como tinha adeptos nos dois lados em conflito, o movimento analítico viu-se confrontado com uma ameaça muito séria. A guerra particular entre os discípulos de Freud foi superada pelos acontecimentos que convulsionavam a Europa, e, durante os anos seguintes, ele pôde — no silêncio de um consultório quase

5. A "horda selvagem": sobre os inícios do movimento psicanalítico

deserto — dar continuidade à elaboração da sua obra. Surgiram trabalhos importantes, como a *Metapsicologia*, a *História de uma neurose infantil* e as *Conferências de introdução à psicanálise*, além de outros de menor destaque. Quando a guerra acabou, o cenário já não era o mesmo: a psicanálise havia saído da infância, a organização do movimento se consolidara, e Freud começou a desfrutar da fama que hoje lhe conhecemos.

A derrota da Áustria e da Alemanha teve consequências desastrosas para quem nelas habitava. O Império dos Habsburgo se esfacelou, dando origem a novos países — a Áustria atual, a Hungria, a Tchecoslováquia e a Iugoslávia. A inflação corroeu as economias de Freud e de seus alunos, a fome grassou, a gripe espanhola matou uma de suas filhas, e logo mais a sombra do fascismo começou a se alastrar pela Europa. O curto bilhete datado de 18 de setembro de 1924 dá indícios de como era difícil a situação para quem praticasse uma profissão liberal:

> Prezado senhor doutor,
>
> Anna me informou que o senhor se encontra momentaneamente em dificuldades financeiras. Acabo de receber um pagamento bastante elevado, o que me permite facilmente colocar à sua disposição [a soma de] 5 mil schillings. Informe-me, por favor, onde deseja receber a contribuição. Posso deixá-la (fechada) na editora, ou (nome ilegível) pode retirá-la aqui mesmo.
>
> Cordiais cumprimentos, seu
>
> Freud.[22]

Não sabemos a quem é dirigido o bilhete, mas poderia ser a qualquer um de seus amigos. Note-se o tato com que Freud oferece a ajuda, dizendo que acabava de receber um pagamento importante, e que poderia deixar a quantia, discretamente, na editora (a *Internationaler Psychoanalytischer Verlag*, fundada poucos anos antes e que publicava os escritos dos psicanalistas). É verdade que, graças a

22. No original:
Lieber Herr Doktor,
Anna hat mir berichtet, dass Sie momentan in Geldverlegenheit befinden. Nun habe ich eben eine grosse Zahlung entgegen genommen, die es mir leicht macht, Ihnen zH 5000 S zur Verfügung zu stellen. Lassen Sie mich wissen wo Sie den Betrag in Empfang nehmen wollen. Ich kann ihn etwa (verschlossen) im Verlag deponieren oder er kann hier von [... / nome ilegível] abgeholt werden.
Mit herzlichen Gruss,
Ihr Freud.

seus pacientes ingleses e americanos, Freud recebia boa parte de seus honorários em moeda forte, o que lhe dava certa folga econômica; também, em setembro de 1924, a economia austríaca já recuperara alguma estabilidade. Mas, em toda a Europa Central, os efeitos da guerra — dos quais temos vívidos retratos no romance de Alfred Döblin, *Berlin Alexanderplatz*, e no cinema alemão da época — foram muito graves, inclusive como fator de expansão do nazismo.

O último documento que nos cabe comentar é do punho de Jung, e traz a data de 30 de março de 1937:

Cara Sra. Wolff!

Permita-me que também eu me integre ao grupo dos que a parabenizam pelo seu septuagésimo aniversário. Existem sem dúvida muitas pessoas que preferem não ser lembradas da sua idade, caso em que também seria de bom tom ignorar devidamente um septuagésimo aniversário. Mas estou convencido de que cada faixa etária possui a sua própria dignidade e o seu particular sentido, e absolutamente não partilho da opinião daqueles que querem ver na idade avançada nada mais que um eco distante da vida.

De fato, a retrospectiva do passado torna-se tão mais abrangente e relevante quanto mais a ascensão se aproxima do cume, e mais sedutores se tornam as agora mais frequentes paradas e descansos para contemplar as realizações de muitos anos; apesar disso, não perde a vida a sua essência mais íntima, qual seja, o prosseguir, o olhar para a frente.

Mais próximos, e em visão mais clara, os fundamentos da existência destacam-se das névoas da ilusão, e aquilo que em uma etapa anterior da vida seria visto como perda passa a ser ganho. A idade é qual vinho nobre: cada ano que possa ser-lhe acrescentado enaltece a sua maturidade e excelência. Por isso, um aniversário de setenta anos, vivido com saúde, é um dia de honesta e inadulterada alegria, para o qual podemos, de pleno coração, desejar muita felicidade. Quero neste dia, prezada sra. Wolff, homenageá-la tranquilamente, e, caso um copo do melhor vinho se encontre ao meu alcance, brindar ao seu duradouro bem-estar.

C. G. Jung.[23]

___

23. No original:

Liebe Frau Wolff!

Gestatten Sie mir, dass auch ich mich unter die Schaar Derer mische, die zu Ihrem siebenzigsten Geburtstag gratulieren. Es gibt zwar viele Leute, die es vorziehen, nicht an ihr Alter erinnert zu werden, wo es dann

5. A "horda selvagem": sobre os inícios do movimento psicanalítico

A aniversariante era a mãe de Antonia Wolff, uma das mais íntimas colaboradoras de Jung. Vinha de uma importante família de Zurique, e fora sua paciente no início da década de 1910. Tendo sido o tratamento bem-sucedido, os dois iniciaram um relacionamento cada vez mais estreito: Toni Wolff, como era chamada afetuosamente, realizou pesquisas bibliográficas para o livro de Jung *Símbolos e transformações da libido*, e veio a tornar-se sua amante durante o conturbado período que se seguiu à ruptura com Freud. Também escreveu uma importante introdução à obra de Jung, *Einführung in die Grundlagen der Komplexen-Psychologie* (*Introdução aos fundamentos da psicologia dos complexos*, 1935).[24]

No momento em que escreve esta carta, Jung era, como Freud, um homem famoso e respeitado. Sua obra já era vasta, e o círculo de seus adeptos bastante importante. Ele também criara uma associação para desenvolver e difundir seu pensamento, e, de seu refúgio suíço, observava formar-se a tempestade que em breve desabaria sobre o continente europeu.

A carta que envia à sra. Wolff é muito cálida, sugerindo uma serenidade que contrasta com o tumulto emocional dos anos em que conviveu com Freud, e do qual só conseguiu sair por meio de uma intensa autoanálise, levada a cabo durante os anos da Primeira Guerra Mundial. Seu estilo é o de alguém que sabe apreciar a vida, que cultiva a amizade dos próximos, e usa para si mesmo os ensinamentos trazidos pela investigação das paixões humanas: fala das diversas épocas da exis-

---

als tactvoll erschiene, einen sibenzigsten Geburtstag thunlichst zu ignorieren. Ich bin aber überzeugt, dass jedes Lebensalter seine ihm eigenthümliche Würde und den ihm besondern Sinn besitzt und theile keineswegs die Ansicht jener, die im Alter nur einen Nachklang des Lebens erkennen wollen.

Allerdings wird die Rückschau auf die Vergangenheit desto umfänglicher und bedeutender je mehr der Aufstieg sich dem Gipfel nähert, und verlockender wird ein häufigeres Stillstehen und Ausruhen im Gedanken an das Vollbrachte vieler Jahre; trotzdem aber verliert das Leben sein ihm innerstes Wesen, nämlich das Vorwärtsgehen und das Vorausschauen, nicht.

In grösserer Nähe und in klarerer Vision treten die Hintergrunde des Daseins aus den Nebeln der Illusion hervor, und, was ein früheres Lebensalter als Verlust erachtet hätte, wird zum Gewinn. Das Alter ist wie ein edler Wein: jedes Jahr, das man ihm zuzusetzen kann, erhöht seine Reifung und Trefflichkeit. Desshalb ist ein in Gesundheit erlebter siebenzigsten Geburtstag ein Tag redlicher und unverfälschter Freude, zu welchem man aus vollem Herzen Glück wünschen kann. Ich will an diesem Tage, liebe Frau Wolff, im Stillen Ihrer gedenken, und sollte ein Glas besten Weines in meiner Reichweite sein, so soll es auf Ihrer dauerhaftes Wohl geleert werden.

C. G. Jung

24. Cf. John Kerr, *A Most Dangerous Method: the Story of Jung, Freud and Sabina Spielrein*. Nova York: Alfred A. Knopf, 1993. pp. 503 ss.

tência e do encanto que pode trazer cada uma delas, bordando a metáfora da ascensão alpina, em que "as paradas e descansos" necessariamente mais frequentes permitem contemplar a paisagem que ficou para trás, ao mesmo tempo em que restauram as forças do montanhista para enfrentar a continuação da jornada.

Uma nota curiosa é a referência ao copo de bom vinho que ele beberia em homenagem à aniversariante: na época em que se relacionava com Freud, Jung era totalmente abstêmio, obedecendo à postura fanaticamente antiálcool então vigente no círculo de Bleuler. Num almoço na cidade de Bremen, de onde partiriam com Ferenczi para as conferências que dariam nos Estados Unidos (1909), Freud o convenceu a beber vinho. Isso deixou Jung muito culpado, até porque percebeu que o convite do mestre tinha uma conotação inconfundível de rivalidade com seu outro modelo paterno, como se Freud lhe dissesse nas entrelinhas: o senhor deve deixar para trás as proibições calvinistas, pois *este* pai lhe permitirá coisas que o outro não o deixa fazer.[25] Anos depois, afinal, Jung podia tomar em paz seu copo de vinho, e reconhecer que, como a bebida, as pessoas podem amadurecer e se tornar mais saborosas. Tivera, para chegar a este ponto, de romper com seus *dois* pais espirituais, e com certeza só podia sorver seu cálice porque havia desvinculado esse gesto da imagem de Freud — em outras palavras, porque superara a transferência edipiana com o inventor da psicanálise.

Mas — se for assim — não teria este, finalmente, razão ao postular a centralidade do *Vaterkomplex* (complexo do pai, o primeiro nome do Édipo) na vida psíquica de todos nós? Talvez; o fato é que, tendo cada um seguido seu próprio caminho, nem Jung nem Freud podiam mais trocar ideias sobre este ponto, nem, aliás, sobre qualquer outro. A fase da "horda selvagem" se encerrara, e a psicanálise assim como a psicologia analítica já haviam assegurado seus lugares entre as mais importantes teorias do século.

Em breve, a anexação da Áustria ao Terceiro Reich forçaria Freud a emigrar para a Inglaterra, enquanto Jung, na condição de "ariano", teria seu pensamento apropriado pelos nazistas como instrumento de combate contra a "psicologia degenerada" de seu antigo mestre. Mas, como diria Júlio Gouveia, "esta é uma outra história, que fica para uma outra vez".

---

25. Cf. Ernest Jones, op. cit. v. ii, pp. 68 e 155.

6. Mudanças do pós-guerra: 1919-23

O período que se estende do final da Primeira Guerra Mundial até a morte de Freud presencia a consolidação da psicanálise como disciplina científica, como método clínico e como movimento organizado institucionalmente. Ao contrário do que imaginava desde a época em que se correspondia com Fliess, Freud não morreu aos 62 anos, ou seja, em 1918; viveu até os 83, e, embora atormentado pelo câncer na boca durante mais de quinze anos, manteve-se intelectualmente produtivo até seus últimos dias. Textos importantes de sua autoria foram publicados nestes vinte anos (1919-39), afetando aspectos essenciais da disciplina — a teoria das pulsões, a tópica, a concepção da angústia, a teoria do complexo de Édipo — e obrigando os analistas a revisar constantemente o que julgavam estabelecido de uma vez por todas.

Paralelamente, as décadas de 1920 e 1930 presenciam um significativo adensamento do movimento psicanalítico e das ideias que o inspiram. Adensamento no número de praticantes, no número de instituições formadoras, de associações profissionais, de publicações sob a forma de revistas e de livros; mas também adensamento da teoria e da prática. Da teoria, porque se torna mais complexa e sofisticada; da prática, porque passa a explorar camadas psíquicas mais distantes da consciência e da atualidade, e a aplicar-se a pacientes diferentes dos neuróticos adultos a partir de cuja análise a disciplina se construíra até então (especialmente crianças, adolescentes e psicóticos).

Descrever este conjunto de fatos e de processos não é tarefa simples. Já não temos um fundador rodeado de discípulos cujas contribuições são marginais para a constituição da disciplina, e ainda não existem as correntes de pensamento diferenciadas a que chamamos escolas. O volume de material é imenso: inúmeros autores publicam livros e artigos, às vezes redigidos num vocabulário que já não é o nosso, e, embora mais próximos no tempo do que os textos clássicos de Freud, muitos desses trabalhos nos são menos familiares, porque pouco estudados em nossas instituições de formação. Dar conta da totalidade desses escritos, e das ideias que veiculam, é impossível sob qualquer ponto de vista. Por esta razão, impõem-se escolhas; mas estas não são tão arbitrárias quanto poderia parecer, pois nessa massa de nomes e de trabalhos é possível discernir certas configurações: temas que polarizam a atenção e as paixões, personagens mais centrais ou mais periféricos, obras cujo impacto sobre a psicanálise contemporânea é mais nítido e outras que envelheceram (ou talvez estejam apenas hibernando, para serem ressuscitadas dentro de alguns anos...).

Assim, alguns elementos deste período podem ser ressaltados, o que nos proporciona uma primeira orientação. Quando ele se inicia, o tema do momento é a questão do trauma, tornada premente pelas neuroses de guerra que afetam milhares de combatentes dos dois lados das trincheiras. Ela está presente em escritos de Freud como *Além do princípio do prazer*, mas também em artigos de Abraham, Rank e sobretudo de Ferenczi; impõe uma reconsideração da tópica e do problema da angústia, com repercussões sobre as hipóteses relativas ao desenvolvimento da psique infantil, e também sobre a técnica do tratamento analítico. Nesta última rubrica, são debatidos problemas como a reação terapêutica negativa, a análise das defesas, a contratransferência e seu impacto sobre o trabalho do analista, a regra de abstinência, o manejo da transferência, os fundamentos da eficácia da interpretação, e outras questões igualmente relevantes.

De modo geral, percebe-se um interesse crescente pelo que está aquém do Édipo, ou, como se dizia na época, pela sua "pré-história", à qual se tem acesso pela análise de crianças pequenas (Melanie Klein) e de pacientes extremamente perturbados (Ferenczi, Waelder e outros). Essas investigações conduzem a uma reavaliação dos processos psíquicos mais "arcaicos" e "profundos", tanto na sua gênese nos primeiros anos de vida como na sua atualização durante o trabalho

6. Mudanças do pós-guerra: 1919-23

analítico, o que se cruza com as discussões sobre a técnica. Como consequência, aumentam as exigências quanto à qualidade da formação do analista, o qual deve estar preparado para enfrentar situações mais difíceis e para lidar com pacientes menos estruturados do que fora o caso anteriormente: de onde os debates sobre a análise didática e a supervisão, a ênfase de Ferenczi nos processos psíquicos do analista, a ideia de uma formação específica para os analistas de crianças... E, ao findar o período entreguerras, temos pelo menos o embrião de duas escolas psicanalíticas: a kleiniana e a da psicologia do ego.

O movimento geral pode ser, portanto, descrito em termos de uma tendência "centrífuga" nos anos 1920, que conflui gradativamente para uma sedimentação no decorrer da década seguinte (tendência "centrípeta"); sedimentação que, no entanto, não restaura a unidade, mas se coagula em torno de dois polos que talvez não seja equivocado designar pelos nomes de "psicologia do id" e "psicologia do ego". Gravitando em torno destes grandes eixos, temos ideias que não chegaram a se consolidar, assim como autores que não se encaixam em nenhum grupo definido, mas contribuíram com um ou outro elemento para o conjunto que estou procurando caracterizar.

Tendo em mente este quadro geral, por enquanto apenas esboçado, optei por organizar este capítulo da seguinte maneira: primeiro, veremos brevemente qual era o "pano de fundo" das ideias, ou seja, o contexto mais amplo no qual elas se inscrevem — seja sob o ponto de vista da história geral, seja sob o ponto de vista da história do movimento analítico. Sem isso, seria impossível compreender a gênese e o sentido do que estudaremos nas páginas que se seguem. Depois desta seção mais factual, apresentaremos as *dramatis personae* da peça, de cujos diálogos se comporá o que chamei "a era dos debates": os discípulos da primeira geração (em especial Abraham, Jones, Ferenczi e Rank), e os da segunda (Wilhelm Reich, Melanie Klein, Anna Freud, Karen Horney, Helen Deutsch...). Em seguida, resumiremos a situação da psicanálise ao término da Primeira Grande Guerra, ou seja, quais eram as ideias vigentes sobre os principais temas da disciplina; por fim, falaremos das neuroses de guerra, pois da discussão sobre elas surgirão questões cruciais para o desenvolvimento da psicanálise nos anos seguintes.

Por uma questão de comodidade, usarei como referência a divisão da psicanálise em quatro segmentos exposta no capítulo inicial deste livro: metapsicologia, teoria do desenvolvimento, psicopatologia, teoria do processo analítico.

Veremos que ela é útil para organizar as ideias, e sobretudo que tem a vantagem de focalizar a atenção naquilo que se discute, em vez de privilegiar as vozes isoladas, como costuma ser o caso nas histórias da psicanálise (a obra de tal autor é explicada, depois a de tal outro, e assim sucessivamente, com o que se perde de vista que eles participam de uma interlocução).

O PANO DE FUNDO

Durante as duas décadas de que nos ocuparemos neste capítulo, o centro da psicanálise é indiscutivelmente a região conhecida como *Mitteleuropa* (Alemanha, Áustria e Hungria, dado que a Tchecoslováquia não tem na época nenhum significado no movimento freudiano). Fora desse território, somente na Inglaterra, nos Estados Unidos, na Holanda, na Itália e na França se organizam associações psicanalíticas (a da Rússia não sobrevive à instauração do stalinismo); mas elas não têm todas o mesmo peso. A Sociedade britânica, sob a batuta de Jones, vai conhecer um desenvolvimento importante, em especial após a chegada de Melanie Klein em 1926; quanto à psicanálise nos Estados Unidos, seu apogeu só se dará a partir dos anos 1940. Na Itália, excetuando-se a presença de Edoardo Weiss numa Trieste ainda muito próxima do mundo germânico, pouco há a dizer neste período, e certamente este "pouco" não é relevante a ponto de merecer destaque nos debates que vão marcar o período;[1] o mesmo se pode dizer da pequena Sociedade holandesa. Por se ter constituído somente nos anos 1930, o movimento analítico francês não será abordado neste momento.[2]

O ambiente geral em que evolui a disciplina freudiana é assim o de uma Europa continental destroçada pela guerra e pela derrota, que destruiu o Reich alemão e a monarquia dos Habsburgo. São anos turbulentos: inflação galopante, incessantes crises políticas, um breve interregno pacífico entre o sucesso do controle monetário e a eclosão da Grande Depressão em 1929, e, como se sabe, tudo

---

1. Sobre a história da psicanálise na Itália, cf. em especial Michel David, "La Psychanalyse en Italie". In: R. Jaccard (Org.). *Histoire de la Psychanalyse*. Paris: Hachette, 1982, v. II, pp. 297-358, e Sergio Benvenuto, "A Glimpse at Psychoanalysis in Italy", *Journal of European Psychoanalysis*, n. 5, pp. 33-50, 1997.
2. Uma visão sintética da forma como a psicanálise se implantou à beira do Sena pode ser encontrada em Renato Mezan, "A recepção da psicanálise na França". In: *Interfaces da psicanálise*.

6. Mudanças do pós-guerra: 1919-23

isso ocorrendo à sombra do fascismo em marcha. A nomeação de Hitler para o cargo de chanceler da República alemã, em 1933, marca o início do fim da psicanálise nestas regiões: em meio à barbárie institucionalizada, inúmeros analistas se exilam; alguns são alcançados em suas novas pátrias pelo início das hostilidades em 1939, outros encontram abrigo na Inglaterra e nos Estados Unidos, outros ainda permanecem na Alemanha e são envolvidos pelas medidas nazistas de controle da cultura.

Como se trata de coisas talvez não muito familiares aos leitores atuais, vale a pena traçar um breve retrospecto dos fatos principais, a fim de que as ideias não pareçam brotar do nada — mesmo se não é nosso propósito enraizá-las no contexto cultural mais amplo, seria equivocado imaginar que a psicanálise e os psicanalistas pudessem permanecer imunes às tempestades do momento histórico. Utilizarei aqui as informações organizadas por Peter Gay no apêndice a seu *Weimar Culture*[3] e por Félix Kreissler em *Histoire de l'Autriche*.[4]

Para a Alemanha, Gay divide o período que nos interessa em quatro etapas: 1919-23, 1923-9, 1929-33, 1933-9. A primeira se caracteriza pela violência interna (tentativas revolucionárias, atentados políticos) e pelo descontrole inflacionário causado pelas reparações de guerra e pela ruína das instituições imperiais. O segundo período é de relativa estabilidade econômica e política, mas as tensões se avolumam, e vêm à tona com a quebra da bolsa de Nova York, que precipita o Ocidente inteiro na Grande Depressão.[5] A partir de 1929, com a crise mundial, o desemprego aumenta, a arrecadação de impostos diminui, as exportações murcham do dia para a noite, e a precária estabilidade dos anos anteriores se esvai em poucos meses. Os nazistas vencem as eleições de julho de 1932 com larga margem de votos, mas a oposição (comunistas, social-democratas e centristas) ainda soma mais cadeiras no Reichstag, o que impede a formação de um gabinete nazista neste momento; isso só ocorrerá em janeiro de 1933. O resto é história conhecida: do incêndio de Reichstag à queima de livros, à brutalidade sem peias, à instalação dos primeiros campos de concentração para os opositores do regime

---

3. Peter Gay, "A Short History of the Weimar Republic". In: *Weimar Culture: The Outsider as Insider*. Nova York: Harper and Row, 1970. pp. 147-64.

4. Félix Kreissler, *Histoire de l'Autriche*. Paris: PUF, 1977 (Coleção Que Sais-Je, n. 222), em especial a parte III, "L'Autriche républicaine et l'interregne nazi".

5. A primeira etapa é retratada, entre outros, no romance de Alexander Döblin, *Berlin Alexanderplatz*; a segunda, no livro de Christopher Isherwood, *Adeus a Berlim*, que deu origem ao filme *Cabaré*.

e às leis raciais de Nuremberg, o nazismo se entrincheira no poder e conduzirá ao desastre total tanto a sociedade quanto a cultura alemãs.

Paralelamente, na Áustria a vida também é tumultuada. Com a derrota militar, separam-se da Áustria propriamente dita a Hungria, a Tchecoslováquia, a Iugoslávia e a Romênia, deixando um monstrengo político e econômico: Viena, ex-capital de um império de 52 milhões de habitantes e 700 mil km², passa a ser o centro de um país economicamente inviável, com 84 mil km² e 6 milhões de habitantes. Com exceção da Tchecoslováquia, as províncias emancipadas rapidamente sucumbem a regimes fascistas (Horthy na Hungria, os Camisas Negras na Romênia), o que dá alento ao fascismo austríaco, já por si fortalecido com a tomada do poder por Mussolini na vizinha Itália (1922). Há uma forte tendência pangermanista, que prega a união com a Alemanha, porém esta é proibida pelos Aliados (tratado de Saint-Germain, em 1919). As forças políticas dominantes são, no plano nacional, os conservadores, e na capital os social-democratas. Kreissler fala de "estabilidade instável", pois os partidos favoráveis à democracia parlamentar são flanqueados à direta e à esquerda por correntes autoritárias (comunistas pró-soviéticos, nacional-cristãos, fascistas declarados, pangermanistas). Este confronto se traduz periodicamente em atentados reprimidos com violência pelas autoridades, o que cria um "clima de perpétua guerra civil".[6]

O prefeito social-democrata de Viena e seus aliados procuram transformar a capital numa vitrine do socialismo, adotando programas de habitação popular, de assistência às crianças, doentes e mulheres grávidas, de educação popular e esportiva, etc.[7] Contudo, a "ilha socialista" não permanece imune aos eventos nacionais e internacionais: com o início da Depressão e com o avanço dos nazistas na Alemanha, a partir de 1932 o matiz autoritário do Estado se acentua, por exemplo com o ingresso de ministros fascistas no gabinete. Depois de diversas crises políticas, em fevereiro de 1934 uma miniguerra civil faz milhares de mortos e resulta na proibição de funcionamento dos partidos de esquerda, dos sindicatos e de outras instituições democráticas. A Áustria se alinha à Itália fascista e à Hungria igualmente fascista: o chanceler Dollfuss é assassinado em julho de 1934, e, após alguns anos turbulentos tanto no plano interno quanto no externo

---

6. Kreissler, op. cit., pp. 88-9.
7. Alguns analistas, como Sigfried Bernfeld e August Aichhorn, participam desses projetos, e, no mesmo espírito, a Policlínica psicanalítica atende gratuitamente quem a procura.

6. Mudanças do pós-guerra: 1919-23

(guerra civil na Espanha, *Front Populaire* na França, rearmamento na Alemanha), a anexação à Alemanha marca o final da Primeira República austríaca (março de 1938). A nazificação do país se realiza rapidamente, tendo como consequência, entre outras, a extinção das instituições analíticas e da prática da psicanálise enquanto tal, além do exílio de Freud e de quase todos os membros da Sociedade de Viena.

O terceiro centro importante da psicanálise neste período é Budapeste, cidade na qual se realiza, ao final da guerra, um importante congresso do movimento analítico. A derrocada da monarquia austro-húngara é seguida por um breve período no qual, sob Béla Kun, os comunistas tomam o poder; a brutal revanche dos conservadores dá início ao regime fascista do almirante Horthy, que perdurará até os anos 1940. Antissemita e antiprogressista, o governo não impede, contudo, nem a prática nem o desenvolvimento da psicanálise: como veremos mais adiante, os analistas húngaros formados por Sándor Ferenczi terão uma importante participação nos debates teóricos e clínicos da época (entre eles se destacam Géza Róheim, Franz Alexander, Sándor Radó, Michael Bálint, René Spitz e outros).

Sobre o clima político e cultural da Hungria sob Horthy, escreve Jean-Michel Palmier:

> a vida intelectual húngara conhece uma existência estranha e paradoxal neste reino sem rei, governado por um regente conservador e antissemita e por uma direita que evoluirá cada vez mais rumo ao fascismo; mas, uma vez consolidado o regime, a manutenção de tendências liberais permitiu o desenvolvimento de pesquisas teóricas, artísticas, poéticas, de extrema originalidade [...]. De fato, se o regime Horthy perseguiu todos os que haviam tido papéis importantes durante a Comuna [...], não exerceu uma censura muito rigorosa. Os debates artísticos, teóricos e mesmo políticos podiam se desenvolver, contanto que não influíssem sobre as massas. O clima de Budapeste era, aliás, infinitamente mais liberal do que no resto da Hungria [...]. A psicanálise pôde assim subsistir, sem reconhecimento oficial da Universidade, como "questão de especialistas", tanto mais que Sándor Ferenczi, sua figura principal, não aparecia de modo algum como uma figura politizada.[8]

8. Jean-Michel Palmier, "La psychanalyse en Hongrie". In: R. Jaccard (Org.). *Histoire de la Psychanalyse*. Paris: Hachette, 1982. v. II, pp. 190-2. Compreende-se, neste contexto, que Ferenczi tenha

Da mesma forma como na Alemanha e na Áustria, porém, os anos 1930 são mais sombrios: com a morte de Ferenczi em 1933, a psicanálise perde seu principal representante no país. Muitos analistas emigram; mas, contrariamente ao que ocorreu nos países do Leste após a instalação dos regimes comunistas no final da década de 1940, na Hungria conservou-se um núcleo de analistas mais ou menos tolerado pelas autoridades. Dirigido por Imre Hermann, este núcleo formou a base para o renascimento da psicanálise húngara após a queda do Muro de Berlim. Mas esta já é uma outra história.[9]

Mesmo com essas rápidas pinceladas, é possível perceber a turbulência destas duas décadas, e a direção geral do movimento histórico. Ela é sem dúvida sombria, com as ameaças se avolumando no horizonte até a eclosão da Segunda Guerra Mundial. A psicanálise tem seu centro nos países derrotados na guerra de 1914-8, os quais passam por crises sucessivas nos planos político e econômico, bem como por violentas lutas intestinas, que culminam na abolição dos regimes parlamentares. Por outro lado, é uma época riquíssima em termos culturais e artísticos, e também uma época de esperança, sob a inspiração da utopia socialista que começava a se realizar na União Soviética. O advento do stalinismo e os grandes expurgos dos anos 1930 ensombreceram essa esperança, mas, na época, ainda não se conhecia a extensão dos crimes de Stalin, e os intelectuais mais progressistas estavam persuadidos de que o futuro pertencia à emancipação do gênero humano sob a bandeira do socialismo.

Não é nosso objetivo retratar a efervescência cultural dos anos 1920 e 1930, o que aliás seria impossível em poucas páginas. Basta recordar as principais tendências artísticas, como o surrealismo, o expressionismo, o surgimento da arte revolucionária na Rússia; o extraordinário impacto do cinema, as realizações teatrais de Brecht e de Piscator, a publicação de obras fundamentais em todos os campos da literatura, das ciências, das humanidades e da filosofia. Entre dezenas de outras, podem-se citar *A ética protestante e o espírito do capitalismo* (Max Weber),

---

escrito em seu artigo "Psicanálise e política" (1922) que "é errôneo associar a psicanálise a qualquer concepção política..." (cf. Sándor Ferenczi, *Oeuvres complètes*. v. III, pp. 173-6).

9. Alguns textos de analistas húngaros publicados na revista *Percurso* permitem ter uma ideia da situação atual da psicanálise naquele país. O leitor interessado poderá consultá-los no site <www.uol.com.br/percurso>; o mais recente é "Elementos para a clínica contemporânea do trauma", de Judith Mészáros (n. 47, 2. sem. 2011).

6. Mudanças do pós-guerra: 1919-23

o *Tractatus logicus-philosophicus* (Ludwig Wittgenstein), *Os argonautas do Pacífico Ocidental* (Bronislaw Malinowski), *A filosofia das formas simbólicas* (Ernst Cassirer), *A montanha mágica* (Thomas Mann), *Em busca do tempo perdido* (Marcel Proust), *Ulysses* (James Joyce), *O homem sem qualidades* (Robert Musil), as obras de Kafka, os primeiros textos da Escola de Frankfurt, *História e consciência de classe* (Georg Lukács), *Ser e tempo* (Martin Heidegger)...

Esses títulos dão uma ideia da fecundidade da vida cultural europeia nessas décadas agitadas, e da extensão do desastre que representou para a Alemanha o advento do nazismo. Quem se beneficiou com ele foram finalmente os Estados Unidos, para onde emigraram inúmeros cientistas e escritores de língua alemã, os quais transportaram para a nova pátria seu talento, sua produtividade e suas preocupações teóricas, estéticas e políticas.

DO LADO DOS ANALISTAS

Tendo traçado as grandes linhas do pano de fundo histórico, devemos nos voltar novamente para o nosso tema central, a história das ideias e das práticas psicanalíticas. Ocorre que essas ideias e práticas se situam num dado contexto institucional e afetivo, sem cujo conhecimento não é possível compreendê-las de forma adequada. Se o panorama histórico mais amplo que acabamos de evocar fornece os parâmetros gerais para localizar a psicanálise na história e na cultura do período entreguerras, o exame do que se passa no movimento analítico — ainda que igualmente esquemático — permite localizar as ideias em torno de personagens de carne e osso, envolvidos uns com os outros por laços de amizade e de rivalidade, bem como por transferências recíprocas cujo alcance, embora difícil de determinar com precisão, não pode ser ignorado quando se fala de relações entre psicanalistas.

Deste ponto de vista, o marco genérico em que se institucionaliza o movimento analítico é, nos anos que nos ocupam, a Associação Psicanalítica Internacional (IPA), com suas "sociedades componentes" nos vários países. A IPA promove congressos, edita revistas, e ao longo dos anos vai determinar regras para a formação dos novos analistas e para a prática da terapia freudiana. Dirigida por Karl Abraham e depois por Ernst Jones, ela mantém seu caráter internacional numa era marcada em toda a Europa por nacionalismos conservadores e mesmo reacionários, assim como pelo isolacionismo que predomina na América do Norte. Com o advento do nazismo, ela será importante para assegurar aos exilados uma inserção em suas novas pátrias adotivas, ainda que sua política de contemporização com as imposições hitleristas na década de 1930 seja hoje muito contestada.[10]

Contudo, à autoridade pública e institucional da IPA contrapõe-se desde o episódio Jung uma organização mais fluida e sobretudo secreta, o "Comitê". Este grupo, constituído pelos seis ou oito discípulos mais próximos de Freud, se organiza em 1912, e reúne Jones, Abraham, Ferenczi, Rank, Sachs, e posteriormente Anna Freud e Max Eitingon. Seu objetivo era formar um círculo de fiéis à volta do fundador, capaz de garantir a pureza doutrinal da disciplina e também a sua transmissão conforme ao espírito dos primeiros tempos heroicos. O caráter semirreligioso desta iniciativa é evidente (lembrando os Apóstolos), mas também ressalta a dimensão militante, inspirada nos Cavaleiros da Távola Redonda e nos Doze Pares de França que se reuniam à volta de Carlos Magno. Como lugar de poder paralelo ao da direção da IPA, que no entanto era assegurada pelos mesmos homens, o Comitê teve um desempenho bastante discutível, especialmente porque "foi perpassado pelos conflitos que pretendia evitar":[11] berlinenses contra austríacos e húngaros, Jones contra Ferenczi, Ferenczi e Rank contra Abraham e Freud, etc. As rivalidades internas acabaram por reduzi-lo à impotência, dado que as divergências sobre técnica e sobre teoria pareciam aos olhos de seus integrantes perigosas heresias, mais do que debates saudáveis sobre temas controversos.

Concluída a Primeira Guerra Mundial, os membros do Comitê decidem trocar periodicamente cartas circulares, nas quais relatariam uns aos outros o que andavam pensando e as iniciativas que pretendessem tomar dentro do movimento analítico. Esse esquema funcionou durante alguns anos, mas de modo geral o clima não era dos mais tranquilos no seio do grupo secreto. Por volta de 1924, as ideias de Ferenczi e de Otto Rank, materializadas tanto na "técnica ativa"

10. Sobre este tópico, cf. Chaim Samuel Katz (Org.). *Psicanálise e nazismo*. Rio de Janeiro: Taurus, 1985, e também diversos verbetes do *Dicionário de psicanálise* compilado por Elizabeth Roudinesco e Michel Plon (Rio de Janeiro: Jorge Zahar, 1998).

11. Cf. Roudinesco e Plon, op. cit., verbete "Comitê secreto", e o estudo de Phyllis Grosskurth, *O círculo secreto* (Rio de Janeiro: Imago, 1992). Também se pode consultar com proveito o artigo de Miriam Chinalli "O comitê secreto e a política da psicanálise no início do século xx" (Revista *Percurso*, n. 33, 2. sem. 2004).

6. Mudanças do pós-guerra: 1919-23

do primeiro quanto nos livros *Perspectivas da psicanálise* (escrito por ambos, a quatro mãos) e *O trauma do nascimento* (este assinado apenas por Rank), levaram a uma crise cujo desfecho marcou o final do Comitê: Rank se retira do movimento freudiano e se instala nos Estados Unidos, e as relações entre Ferenczi e Freud sofrem um abalo do qual não mais se recuperarão, embora nunca tenham chegado à ruptura efetiva. Para esse estado de tensão, também contribuiu a doença de Freud — seu câncer aparece em 1923 — marcando para todos a proximidade do instante em que a figura do patriarca já não mais estaria presente. (Por uma ironia do destino, Freud acabou sobrevivendo à maioria dos membros do grupo, mas isso não poderia ser previsto naquele momento.) O Comitê se dissolve em 1927, quando se adotam na IPA resoluções sobre a formação que pareciam poder garantir a qualidade analítica das novas gerações, realizando a finalidade que determinara o surgimento do grupo secreto.

Os anos 1920 e 1930 presenciam, assim, a expansão e consolidação do movimento psicanalítico. Expansão geográfica — mais e mais países passam a dispor de uma Sociedade de Psicanálise, geralmente pilotada por um ou dois analistas da Europa Central — e expansão numérica, com a chegada de novos candidatos aos institutos de formação que se organizam em Berlim, Viena, Budapeste, Londres e outras cidades. Consolidação, porque este aumento nos efetivos das hostes analíticas se dá segundo um modelo mais ou menos consensual, baseado nas regras do Instituto Psicanalítico de Berlim fundado em 1920 por Abraham e Eitingon, e porque, nos diferentes países, as sociedades componentes da IPA conseguem (com algumas exceções) se implantar com firmeza, ganhando um lugar no panorama científico ou intelectual local. Prova disso é que a IPA e suas ramificações locais conseguiram sobreviver ao cataclismo nazista, tendo a maioria das sociedades fundadas naquele período se mantido até os dias de hoje.[12]

No interior destas Sociedades, especialmente nas quatro centrais — Viena, Berlim, Budapeste e Londres, pela ordem cronológica de fundação — convi-

---

12. Os detalhes da trajetória de cada sociedade não cabem neste trabalho. Basta mencionar que a Sociedade alemã sucumbiu à nazificação e foi substituída por uma nova entidade depois da Segunda Guerra Mundial; quanto à Sociedade húngara, foi dissolvida em 1948, no quadro do stalinismo, e somente se reconstituiu formalmente nos anos 1980. As demais Sociedades importantes da Europa e dos Estados Unidos são todas anteriores a 1939. Quanto às da América Latina, a primeira a se organizar é a de São Paulo (em 1926), mas seu desenvolvimento — assim como a do Rio — é posterior à Segunda Grande Guerra. A de Buenos Aires foi fundada na década de 1930.

vem duas gerações de analistas. A primeira é formada pelos discípulos mais antigos de Freud, que entram no palco na primeira década do século, e cujos membros mais conhecidos são Rank, Abraham, Ferenczi, Paul Federn, Lou Andréas-Salomé, além de Adler, Jung e Wilhelm Stekel, que se afastam por razões variadas ainda antes da Primeira Guerra Mundial. A segunda geração é a que começa sua formação nos anos da guerra e logo depois, geralmente nos divãs dos discípulos da primeira, e frequentando — com algumas exceções — os institutos de Berlim e de Viena. Esta segunda geração tem com Freud uma relação mais mediatizada, no sentido de não ser composta por amigos com quem ele mantém uma correspondência pessoal, nem por colegas que o acompanhavam desde os tempos da Sociedade Psicológica das Quartas-feiras, tendo portanto um certo "direito de antiguidade" e uma proximidade física com ele que datava de quinze ou vinte anos.

É essa segunda geração que intervém ativamente nos debates de que nos ocuparemos, até porque, dos membros da primeira, muitos vão ficando pelo caminho: Adler, Stekel e Jung rompem com Freud ainda antes da guerra, Victor Tausk se suicida em 1919, Abraham morre aos 48 anos em 1925, Rank se afasta por volta de 1925-6. Iniciada a década de 1930, restam da "velha guarda" Ferenczi, que morre em 1933, Max Eitingon, que emigra para a Palestina no mesmo ano, e Hanns Sachs, que se instala em Boston em 1932. Desse modo, é à segunda geração — sob as nuvens negras do nazismo que descrevemos atrás — que cabe a transmissão da psicanálise à terceira, que começa a se formar nos anos 1930, e que virá a constituir a população das escolas posteriores à Segunda Guerra Mundial. Nas palavras de Elizabeth Roudinesco,

> esta segunda geração transformou a doutrina original a partir de uma leitura centralizada na segunda tópica, fosse orientando-se para a clínica das psicoses e passando do interesse pela paternidade e pela sexualidade para uma elucidação da relação arcaica com a mãe (Melanie Klein, Karen Horney), fosse desenvolvendo uma teoria adaptativa do eu (ego *psychology*, annafreudianismo).[13]

Como aqui estamos tratando de pessoas, convém nomeá-las e descrevê-las brevemente, a fim de que o leitor tome contato com nossas *dramatis personae*.

13. Roudinesco e Plon, op. cit., verbete "Geração".

6. Mudanças do pós-guerra: 1919-23

Baseando-me nas fontes disponíveis,[14] optei por compilar uma lista em ordem cronológica de nascimento, pelos motivos que exporei a seguir. Esta lista se apresenta assim:

a) *até 1879*:

Lou Andréas-Salomé	1861-1937
Georg Groddeck	1866-1934
Wilhelm Stekel	1868-1940
Alfred Adler	1870-1937
Paul Federn	1871-1950
Eduard Hitschmann	1871-1957
Sándor Ferenczi	1873-1933
A. A. Brill	1874-1948
Carl G. Jung	1875-1961
August Aichhorn	1878-1949
Ernest Jones	1879-1958
Victor Tausk	1879-1919

b) *década de 1880*:

Marx Eitingon	1881-1943
Hanns Sachs	1881-1947
Melanie Klein	1882-1960
Marie Bonaparte	1882-1962
Hermann Nunberg	1883-1970
Helen Deutsch	1884-1982
Karen Horney	1885-1952
Otto Rank	1885-1939
Paul Schilder	1886-1940
Theodor Reik	1888-1969

14. Além das biografias de Freud por Ernest Jones e Peter Gay, cf. especialmente Paul Roazen, *La Saga freudienne*. Paris: PUF, 1986 (ed. americana original: *Freud and His Followers*. Nova York: Alfred Knopf, 1975; ed. bras.: *Freud e seus discípulos*. Trad. de Heloysa de Lima Dantas. São Paulo: Cultrix, 1978); o livro de P. Grosskurth mencionado na nota 11; e as *Reminiscences of a Viennese Psychoanalyst*, de Richard Sterba (Detroit: Wayne University Press, 1982).

c) *década de 1890*:

Sándor Radó	1890-1972
Franz Alexander	1891-1964
Siegfried Bernfeld	1892-1953
Anna Freud	1895-1982
Wilhelm Reich	1897-1957
Otto Fenichel	1897-1945
Ruth Mack Brunswick	1897-1945
Jacques Lacan	1900-81

Esta lista suscita algumas observações, se levarmos em conta que Freud nasceu em 1856 e que alguns desses nomes são de *contemporâneos* seus (Lou Andréas-Salomé e Georg Groddeck, em especial), enquanto a maioria deles é de pessoas que, até pela diferença de idade, são efetivamente *discípulos*. Lou Salomé é apenas cinco anos mais nova do que Freud; quando se encontram no Congresso de Weimar (em 1911), está com cinquenta anos, tem atrás de si um movimentado passado (viveu com Nietzsche e com Rilke), e goza de independência financeira. Bela, passional, orgulhosa, ela é a primeira das "grandes damas" da psicanálise: participa das reuniões da Sociedade de Viena, torna-se amante de Victor Tausk, e ao longo de 26 anos será sempre muito próxima de Freud e de sua família, tendo inclusive analisado por alguns meses Anna Freud. Trabalhava na cidade universitária de Göttingen, na Alemanha, onde permaneceu até sua morte em 1937. A correspondência que manteve com Freud é muito interessante, e está publicada em português pela Imago;[15] suas contribuições à psicanálise centram-se em torno das questões da sexualidade e do narcisismo, e, se não atingem o nível das de um Ferenczi ou de um Abraham, dão prova de sua sensibilidade e de sua inteligência analítica.[16]

Georg Groddeck, o segundo da lista, tampouco é um discípulo: no "sistema solar" cujo centro é Freud, talvez seja mais adequado considerá-lo como um cometa que como um planeta. Corresponde-se com este desde 1917 até sua morte em 1934,

15. *Freud-Lou Andréas Salomé: Correspondência completa*. Rio de Janeiro: Imago, 1976.
16. O verbete "Lou Andréas Salomé" do *Dicionário de psicanálise* de Roudinesco e Plon traz uma relação de suas obras e das de alguns comentadores.

6. Mudanças do pós-guerra: 1919-23

e sobretudo com Ferenczi e com Karen Horney;[17] intitula-se "analista selvagem", e mantém-se à margem da IPA. Embora muito próximo das ideias psicanalíticas, é um pensador original, cujas origens intelectuais se encontram no Romantismo alemão e na *Naturphilosophie*; é considerado um dos fundadores da psicossomática. Sua invenção mais célebre é certamente o conceito de *Es* (id), baseado nos escritos de Nietzsche e que Freud incorporou ao vocabulário da psicanálise.

Em nossa lista, os nomes seguintes são de discípulos propriamente ditos desde Adler até Sachs, ou seja, homens que nasceram entre 1868 e 1881. Fazem parte da Sociedade de Viena (Stekel, Adler, Federn, Hitschmann, Tausk, Sachs), ou são pioneiros da psicanálise nos países de língua inglesa (Brill, Jones), na Suíça (Jung) e na Hungria (Ferenczi). Alguns se afastaram do movimento, outros ficaram com Freud por toda a vida; alguns são planetas comparáveis a Júpiter ou Saturno — em especial Abraham e Ferenczi —, outros têm importância menor. Juntamente com Eitingon e Otto Rank, um pouco mais jovens, formam os círculos mais próximos de Freud — o *inner circle* do Comitê e o *outer circle* da Sociedade vienense. Independentemente de sua idade, podemos considerar que por volta de 1920 todos fazem parte da "primeira geração", o que mostra o caráter relativo de nossa periodização (como, aliás, de todas).

A segunda geração tem como membro mais velho outra mulher, Melanie Klein, nascida em 1882, mas que só se aproxima dos freudianos nos anos da guerra e imediatamente posteriores, através da sua análise com Ferenczi em Budapeste e com Abraham em Berlim. Sua contribuição à psicanálise é obviamente das mais importantes, e sem medida comum com a dos seus coetâneos, mas só se constituirá como tal nos anos 1920 e 1930. Na sequência cronológica, vem então Marie Bonaparte, que se analisou com Freud e foi uma das introdutoras da psicanálise na França. Poderia ser considerada uma integrante da "primeira geração" por seu contato pessoal com Freud, mas, a rigor, faz parte da segunda pelo momento da psicanálise no qual faz a sua *entrée* (meados da década de 1920). Um contemporâneo seu, Hermann Nunberg, também está a cavalo entre as duas gerações: participa das reuniões da Sociedade de Viena desde os anos 1910, mas sua análise foi feita com Federn, e suas contribuições mais destacadas se dão a

17. Cf. Ferenczi-Groddeck, *Correspondance 1921-33*. Paris: Payot, 1982; e Susan Quin, *A Mind of her Own: The Life of Karen Horney*. Nova York: Addison-Wesley Publishing Company, 1988, especialmente pp. 214-20.

partir dos anos 1920. Nunberg tornou-se o depositário das *Minutas* da Sociedade de Viena, que Otto Rank redigia a partir de 1904, e cuja publicação lhe foi confiada por Federn em 1950, já nos Estados Unidos.

De Helen Deutsch em diante, todos os nomes da nossa lista pertencem à segunda geração, com exceção de Jacques Lacan, cuja entrada na psicanálise se dará em outras condições. Por ser francês, Lacan obviamente não faz parte dos círculos analíticos da Europa Central, e pertence à história da psicanálise gaulesa, que a rigor começa quinze ou vinte anos depois da dos outros países. Assim, os "veteranos" franceses são coetâneos da segunda e mesmo da terceira geração de analistas da Europa Central.

De origem polonesa, Helen Deutsch foi paciente de Freud logo depois da guerra, analista de Victor Tausk e autora de importantes escritos sobre a sexualidade feminina. A análise de Tausk foi um desastre completo, já que a transferência dele era com Freud, o qual não quis recebê-lo em seu divã. Membro da Sociedade de Viena desde 1908, Tausk ressentiu-se por ser enviado a alguém mais jovem e provavelmente menos preparado em matéria de psicanálise do que ele, e, poucos meses depois de interromper sua análise, suicidou-se em julho de 1919.[18] Juntamente com Paul Schilder, Theodor Reik, Anna Freud, Wilhelm Reich e Otto Fenichel, Deutsch faz parte da Sociedade de Viena, mas todos circulam com grande facilidade entre a capital austríaca e Berlim.

Em parte isso se explica pelo prestígio do Instituto da Potsdamer Strasse e pelas atrações da vida cultural berlinense, mas há também o fato de que, embora derrotada na guerra, a Alemanha não fora destruída enquanto país, como aconteceu com o Império Austro-Húngaro. Mesmo com a inflação e a turbulência política, as condições econômicas eram mais favoráveis ali do que na Áustria, o que motivou a emigração de diversos desses analistas e sua permanência na capital alemã por períodos mais ou menos prolongados durante os anos que vão de 1920 até 1933. Já Karen Horney fez desde o início sua formação em Berlim. Na mesma cidade, fugindo do Terror Branco desencadeado pela repressão de Horthy aos colaboradores do breve regime comunista de Béla Kun, instalam-se também Franz Alexander, Sándor Radó e Melanie Klein.

É impossível (e desnecessário) seguir aqui os meandros da biografia de tantos personagens: basta dizer que quase todos se analisaram mais de uma vez,

---

18. Cf. Paul Roazen, *Irmão animal*. Rio de Janeiro: Imago, 1995; e *La Saga freudienne*, capítulo 6: "Les Fidèles", especialmente pp. 245-56.

6. Mudanças do pós-guerra: 1919-23

sendo a segunda, com frequência, no divã de Abraham ou de Hanns Sachs, o primeiro didata em tempo integral da história da psicanálise, que se estabeleceu em Berlim em 1920. Membros de um grupo relativamente pequeno — por volta de 1930, todos os analistas da Europa Central somados não chegavam a 150 pessoas —, conhecendo-se e muitas vezes casando-se entre si, este conjunto de psicanalistas possui em comum traços suficientes para que possamos considerá-los uma "geração": sua experiência histórica se dá num mesmo meio e num mesmo momento, sua formação como analistas segue linhas semelhantes, seus interesses clínicos, teóricos e políticos são no mais das vezes convergentes (muitos são socialistas e trabalham parte do tempo em instituições públicas de saúde mental), e seu destino ulterior também é parecido, pois a maioria conseguiu emigrar para os Estados Unidos a partir do início da década de 1930. Ali se instalaram em diversas cidades (Nova York e Boston, mas também Detroit, Los Angeles, Topeka — na Clínica Menninger — e outras) e trouxeram um formidável reforço para a até então incipiente psicanálise americana.

Este simples fato — a imigração maciça do que havia de melhor entre os analistas de Berlim e de Viena — deve nos alertar para as simplificações ideológicas que desqualificam em bloco a psicanálise americana como "psicologia adaptativa do ego" e como abastardamento da suposta pureza perdida entre os escombros das Sociedades germanófonas aniquiladas pela guerra. Os *émigrés* levaram para a América do Norte o pensamento analítico que era o seu, isto é, o que se pode chamar talvez de "classicismo freudiano", por oposição às tendências mais heterodoxas que, na Inglaterra, gravitavam ao redor de Melanie Klein. Na história posterior da psicanálise, em termos de ideias e de práticas, a oposição não se dará entre um freudismo "autêntico" e um americanismo "estúpido", mas entre o kleinismo e o que estou chamando, por comodidade, de "classicismo freudiano", entre cujos componentes devemos com certeza contar o pensamento de Anna Freud e boa parte do que Lacan estigmatizou como "psicologia adaptativa do ego". Este debate se origina nos anos 1920 e se acentua nos anos 1930, quando se dão as "conferências alternadas" entre Viena e Londres.

Pois é para estes dois polos que confluem, como disse antes, os debates destas décadas. Contudo, devemos evitar a ilusão retrospectiva que consistiria em lê-los a partir deste ponto de chegada, como se, ao enunciar suas ideias, todos os atores/autores estivessem de caso pensado preparando o grande desfecho. A história, tanto a factual como a das ideias, não segue jamais um curso linear, e é preciso reservar espaço para o contingente, o imprevisível, ou até para o casual. No que nos concerne, isto implica apresentar o vasto material de que nos ocuparemos em seguida com o máximo de fidelidade aos textos e de clareza expositiva, certamente ressaltando a trama que eles parecem desenhar, mas evitando impor-lhes um padrão preconcebido. Já conhecemos os participantes destas discussões e algo sobre o contexto em que eles se movem: é tempo de deixá-los falar com suas próprias vozes.

A PSICANÁLISE EM 1919

Imaginemos que estamos em meio a uma peça de teatro. O primeiro ato acabou: ele corresponde ao período que se conclui com a Primeira Guerra, no qual Freud é sem dúvida a figura dominante. Depois do intervalo, os espectadores retornam às suas poltronas. Mas, antes de iniciar-se o segundo ato, um dos personagens vem à boca de cena e narra o que se passou entre a última cena do ato anterior e a que vai ser representada quando se abrirem novamente as cortinas. Esta comparação não é imprópria para caracterizar o artigo que Ernest Jones publicou em 1920, no primeiro número do *International Journal*: "Recent Advances in Psycho-Analysis". O objetivo de Jones era apresentar ao público interessado uma síntese dos "progressos realizados no conhecimento psicanalítico durante os últimos cinco ou seis anos, que foram, a despeito dos grandes obstáculos externos, bastante consideráveis [...]. Boa parte dos trabalhos a ser examinados é do próprio Freud, sempre o pioneiro em nossa ciência".[19]

O que ele expõe em seu artigo é em suma o que Freud produziu durante a guerra: o caso do "Homem dos Lobos", publicado em 1918, os artigos metapsicológicos, e a teoria do narcisismo, exposta em "Para introduzir o narcisismo" e em diversas lições das *Conferências de introdução à psicanálise* (1916-7). Toca brevemente no tópico da técnica ativa de Ferenczi, ligando-a a certas observações de Freud sobre a necessidade de adaptar a técnica geral do tratamento a determinadas situações individuais (como ele próprio faz com o Homem dos Lobos, fixando

19. Ernest Jones, "Recent Advances in Psycho-Analysis", *International Journal of Psycho-analysis*, v. 1, n. 1, 1920, pp. 161-85.

6. Mudanças do pós-guerra: 1919-23

um término para o tratamento),[20] e, em seguida, comenta os avanços na "caracterologia". Este termo, embora hoje caído em desuso, designa uma realidade que continua a chamar a atenção dos psicanalistas. Jones menciona os artigos de Freud "Caráter e erotismo anal" (1908), "A disposição à neurose obsessiva" (1913), "Alguns tipos de caráter descobertos durante o trabalho analítico" (1915) e "O tabu da virgindade" (1919), além de um trabalho seu ("O ódio e o erotismo anal na neurose obsessiva", 1913) e um de Abraham ("Investigação sobre a primeira etapa do desenvolvimento pré-genital da libido", 1916).

Essa lista sugere duas significações diferentes para o termo *caráter*. Por um lado, refere-se a uma organização da personalidade derivada de certos componentes libidinais, em especial — nesses primeiros tempos — os da libido anal. Por outro lado, esboça-se a descrição de alguns "tipos de caráter" — os que se consideram uma exceção, os criminosos por sentimento de culpa, etc. — que apresentam a curiosa característica de não formar um sistema. Este fato é importante e merece uma breve reflexão, já que o mesmo sucede com as "Contribuições à psicologia da vida amorosa": nessa série de trabalhos, Freud focaliza certas condições ligadas à escolha da parceira sexual ("Um tipo especial de escolha de objeto no homem", 1911), o tabu da virgindade, e a "Degradação mais comum da vida amorosa" (1912). Também aqui, as categorias descritas não formam um conjunto fechado, diferentemente do que acontecia com a antiga classificação de Hipócrates (tipos sanguíneo, fleumático, colérico e melancólico, segundo o "humor" predominante, respectivamente o sangue, a fleugma, a bílis amarela ou a bílis negra), com a de Jung (extrovertido e introvertido) ou mesmo com a de Reich (caráter fálico, narcisista, masoquista, etc.).

A razão disso é simples de compreender: se por um lado os tipos descritos consistem numa série de traços de caráter coordenados por uma origem libidinal comum ou por certos mecanismos constantes (como a identificação ou a idealização), por outro não devem bloquear a percepção da singularidade do paciente. A tensão entre uma perspectiva clínica baseada na singularidade e uma perspectiva teórica que necessariamente busca fatores de ordem geral é uma constante no pensamento analítico, e — assim como no caso das classificações psicopatológicas ou no do simbolismo dos sonhos — manifesta o fato incontornável de que

---

20. Cf. Ernest Jones, op. cit., pp. 163 ss., e Sigmund Freud, "Caminhos da terapia analítica" (1919), SA, *Ergänzungsband*, pp. 240-9; BN III, pp. 2457-62; OCCL, v. 14.

cada um de nós é um, mas ao mesmo tempo compartilha com outros algumas determinações inerentes à condição humana.[21]

Retornemos ao artigo de Jones. Depois de comentar os avanços na "caracterologia", dedica-se aos dois tópicos que, segundo ele, são as grandes novidades surgidas durante a guerra ou pouco antes: a série de artigos de Freud sobre a metapsicologia, e a sistematização da noção de narcisismo, que orientará os analistas na abordagem das neuroses de guerra. Não é o caso de resumir aqui o seu resumo, que, como ele próprio declara, "não quer ser mais do que uma breve indicação de como foram interessantes estes anos". O artigo termina expressando "nossa gratidão e nossa dívida para com o professor Freud, que foi capaz de realizar tanto em circunstâncias *so trying* [tão extenuantes]".[22]

O texto de Jones é precioso porque nos oferece uma ideia de como esses temas eram percebidos por um observador extremamente bem colocado — membro do círculo mais íntimo de Freud — no começo da época que estamos estudando. Por outro lado, sua avaliação quanto à natureza dos progressos realizados por Freud suscitaria ainda hoje, quase cem anos depois, um largo acordo entre os analistas, pois de fato são mudanças importantes na teoria, com indiscutível relevância clínica.

Do que Jones *não* fala? Daquilo que vai surgir nos anos seguintes, e que marca um outro patamar de conceitualização e de teorização na psicanálise: a segunda tópica, *Inibição, sintoma e angústia*, a pulsão de morte, o fetichismo, a discussão sobre a sexualidade feminina. De nada disso ele trata, por uma razão simples: ainda não havia sido pensado nem escrito. Mas também nada fazia prever que a psicanálise se desenvolveria nessa direção. Nesse texto de Jones, podemos ver como o presente aparece para os que o estão vivendo, e também como mesmo a este observador privilegiado pareciam distantes alguns desenvolvimentos que surgiram nos anos imediatamente posteriores.

Se fizermos um exercício imaginário e pensarmos que Freud poderia ter morrido em 1921, a psicanálise teria se cristalizado, provavelmente, da forma

---

21. A ideia de caráter não foi abandonada pelo pensamento analítico, estando presente por exemplo no conceito de *neuroses de caráter*, e, indiretamente, nos conceitos atuais de ego ou de self (especialmente na obra de Kohut). Para uma excelente abordagem do tema, tanto em seus aspectos atuais como no desenvolvimento histórico, cf. Ruth Lax (Org.). *Essential Papers on Character Neurosis and Treatment*. Nova York: New York University Press, 1989.

22. Ernest Jones, op. cit., p. 183.

6. Mudanças do pós-guerra: 1919-23

como Jones a descreve aqui. O que contém essa psicanálise? Quais são os elementos que a formam? Aqui pode ser útil nossa divisão da teoria psicanalítica em quatro grandes segmentos: metapsicologia, teoria do desenvolvimento, psicopatologia e teoria do processo analítico.

No que se refere ao primeiro, é pouco provável que o leitor situado naquele momento tivesse condições de perceber o encavalamento dos modelos metapsicológicos freudianos, tal como o descrevemos nos capítulos 3 e 4 deste livro. Oficialmente, o aparelho psíquico ainda é o da *Interpretação dos sonhos*; mas ele já foi afetado por diferentes acréscimos e modificações, que resultaram nos modelos tais como os caracterizamos atrás. Tampouco existe nele um lugar para o ego, e o superego não tem ainda este nome: fala-se apenas de uma consciência moral, herdeira da censura que se situava entre o inconsciente e o pré-consciente — mas também não é fácil situá-la. Se periodicamente Freud tenta dar um formato coerente a este Frankenstein teórico, o fato é que em 1920 estas tentativas ainda não resultaram na tripartição definitiva (ego, id e superego).

Com a teoria das pulsões ocorre o mesmo. Oficialmente, continua valendo a distinção entre pulsões do ego e pulsões sexuais; vários trabalhos sobre as neuroses de guerra se referem a esses conceitos. Mas, por outro lado, as pulsões do ego nunca foram muito bem determinadas, e ninguém sabe como ligá-las ao narcisismo, esta grande cunha introduzida há pouco na teoria freudiana. É uma situação fluida, tendendo a alguma estabilização, mas nada deixaria prever como isso se dará — a saber, com a formulação da pulsão de morte.

Desse contexto começa a fazer parte uma ideia que não cabe no aparelho psíquico da *Interpretação dos sonhos*; ela aparece nos *Três ensaios*, e vai aos poucos tomando uma importância maior dentro da psicanálise: a problemática do objeto. O objeto é um conceito cujo locus teórico é evidentemente a metapsicologia, porque é capaz de ser investido, desinvestido, cindido, projetado, etc. Na *Traumdeutung*, Freud não fala em objetos; fala em *representações inconscientes*, algo bem diferente. É a partir dos *Três ensaios*, como vimos no capítulo anterior, que começa a circular o tema do objeto: é aquilo em que a pulsão se satisfaz. Com o *Narcisismo*, ele começa a ficar um pouco mais ambíguo, porque existem objetos narcísicos, além de um modo narcísico de investimento do objeto. Com *Luto e melancolia*, aparece o objeto perdido que se instala no ego: a distinção ego/objeto vai ficando, como se vê, cada vez mais esfumada…

Uma problemática do objeto, ao lado da complicação crescente da problemática do sujeito e do aparelho psíquico: assim seria possível caracterizar o estado da metapsicologia quando Jones escreve o seu artigo. Quanto à teoria das pulsões, a pulsão de morte é uma ideia muito original, impossível de ser derivada do modelo anterior. E talvez por ser uma novidade tão grande, o artigo que a apresenta — *Além do princípio do prazer* — seja um texto tão embrulhado; ele tenta, a partir do que se sabe, deduzir — como houvesse continuidade com ele — algo que na verdade significa uma ruptura em relação ao sistema teórico anterior.

Em termos de teoria do desenvolvimento, em 1920 a psicanálise está mais ou menos completa. No que toca às fases da libido, entrará em cena a "fase" fálica, mas é duvidoso que aqui o termo ainda conserve o mesmo sentido que no caso das fases oral e anal: não se trata de um modo de satisfação da libido, mas de posições diferentes em relação ao Édipo e à castração. A ideia de uma sucessão mais ou menos rígida de estágios psicossexuais — levada ao seu extremo por Abraham no livro sobre a história da libido — vai conhecer o seu ápice, e depois ser paulatinamente abandonada. Por quê? Porque o que passa a interessar, na teoria do desenvolvimento, é a questão do Édipo, da castração e da diferença sexual; e não é possível compreendê-las utilizando apenas a sucessão dos estágios. Em todo caso, se não tivesse havido novos desenvolvimentos neste ponto, a psicanálise disporia — para a sucessão dos momentos do desenvolvimento — de uma teoria manejável, o que não é o caso na metapsicologia.

Do ponto de vista da psicopatologia, também não haverá grandes acréscimos (por parte de Freud, pelo menos) à sua classificação das perturbações mentais em neuroses, psicoses e perversões, com suas diferentes subcategorias. Contudo, ao longo dos anos 1920 e 1930, o conteúdo dessas categorias vai paulatinamente se transformando: há todo um debate sobre a psicose, do qual Freud participa de modo muito distante, e que tem como efeito recentrar o conceito em torno das perturbações do ego. Uma das origens da psicologia do ego é exatamente a discussão da fragmentação do ego nas psicoses, e aqui o nome importante não é mais o de Freud, mas os de Paul Federn, Robert Waelder, e outros. No entanto, do ponto de vista formal, em 1920 a psicopatologia dispõe de um sistema razoavelmente estruturado.

Quanto à teoria do processo analítico, as bases também foram lançadas: a análise funciona por associação livre, a interpretação visa a remover as resistências, tornar consciente o inconsciente, etc. Talvez o grande acréscimo dos anos

6. Mudanças do pós-guerra: 1919-23

1920 seja o problema da reação terapêutica negativa, que é justamente uma das origens da nova problemática pulsional. A que se deve a reação terapêutica negativa? Como é possível que a análise, longe de resolver certos problemas, os agrave pela sua eficácia mesma, que ela se torne iatrogênica? Falar em reação terapêutica negativa implica que o analista não seja despreparado ou perverso, que tenha trabalhado de acordo com as regras da arte — e mesmo assim se defronte com um tipo de reação fundada em elementos que estão além do alcance da sua técnica ou das suas concepções.[23]

Isso coloca a gravíssima questão da alterabilidade ou inalterabilidade dos processos psíquicos mais profundos. Cada vez mais os analistas vão se convencer de que o otimismo messiânico dos inícios era exagerado; os tratamentos deparam-se com condições mais difíceis, porque as pessoas que chegam até eles são mais gravemente doentes, estão mais lesadas no seu funcionamento do que os "neuróticos comuns". A psicanálise começa como um empreendimento audacioso, que visa o "profundo" da psique; contudo, este "profundo" vai se mostrando cada vez mais *para o fundo*, e também cada vez mais "sem fundo". A ideia de um "não fundo" do psíquico se fará presente numa série de formulações teóricas, por exemplo no conceito de *falha básica* de Bálint. A imagem da falha geológica cabe bem aqui; é algo que não chegou a se constituir, um buraco insanável: mais adiante, a respeito da psicose, Lacan falará de algo "rasgado" no tecido psíquico. A ideia de um demoníaco na pulsão, para nos aproximarmos um pouco do *Além do princípio do prazer*, provém do mesmo registro.

Em termos da metáfora do profundo, isso significa que o fundo vai ficando cada vez mais impossível de ser alcançado. Num primeiro momento o complexo de Édipo era visto como algo profundíssimo, a base de tudo — o *Kernkomplex*, dizia Freud, o complexo nuclear das neuroses. "Complexo nuclear" quer dizer que está no núcleo, portanto no centro, e depois não há mais nada. O termo *nuclear*, em 1905 ou 1910, é contemporâneo das pesquisas sobre o átomo e sobre o seu núcleo; é uma metáfora física da realidade última. *Kern* também é o grão, a semente — novamente a realidade última, desta vez num registro biológico. Mas as descobertas dos anos 1920 comprovam a existência de processos psíquicos complexos, que precisam se organizar para que possa surgir o conflito edipiano.

23. Para uma discussão atual desses problemas, cf. Maria Cristina Ocariz, *O sintoma e a clínica psicanalítica: o curável e o que não tem cura*. São Paulo: Via Lettera, 2003.

Ele não deixa de ter um papel central na organização psíquica, mas não pode mais ser considerado o antigo dos antigos, o *Ur*-psíquico.

Resumamos rapidamente nosso percurso: buscávamos traçar o "pano de fundo" contra o qual se inscrevem os novos desenvolvimentos na teoria e na técnica psicanalítica. Vemos agora que ele se compõe de três desenhos interligados: o panorama histórico mais amplo, o panorama institucional do movimento, e o "estado da arte" em 1919-20. Com estes dados, e com nossa pequena lista dos personagens que já entraram ou que vão entrar em cena, podemos acender as luzes, e focalizá-las sobre a cena inaugural do segundo ato.

DAS NEUROSES DE GUERRA À QUESTÃO METAPSICOLÓGICA DO TRAUMA

A maioria dos discípulos de Freud, em 1914, era constituída por médicos ligados à psiquiatria. Estes homens, todos na faixa dos quarenta anos, são convocados para participar do esforço militar de seus países, e nesta capacidade se defrontam tanto com a barbárie da matança quanto com os problemas psíquicos a que ela dá origem: as "neuroses de guerra".

Qual foi a atitude dos analistas, de modo geral, frente à guerra? Um estudo de Johannes Reichmayr traz informações interessantes a esse respeito.[24] A tese de Reichmayr é que os analistas consideraram a guerra como um *fenômeno natural*. Que significa isso? Frente ao terror que foi a Primeira Guerra Mundial, as opiniões dos intelectuais se dividiram abruptamente. Por um lado, havia os pacifistas, e toda uma expectativa de que a esquerda se opusesse à luta. A leitura da guerra feita pelos socialistas e comunistas era de que os "donos do poder" iriam se destroçar entre si, abrindo caminho para a revolução; era um assunto dos imperialistas, e os operários não tinham nada a ver com ele. Por outro lado, a maioria da opinião pública sucumbiu, principalmente nos primeiros meses do conflito, a uma impressionante onda de patriotismo, e isso dos dois lados das trincheiras.

Poucos foram os que tiveram lucidez suficiente para se opor a ela, ou não obedecendo à ordem de convocação, ou, nos seus diferentes canais de expressão, fazendo campanha contra a guerra. Mas essa campanha foi crescendo, de novo

24. Johannes Reichmayr, "Psychoanalyse im Krieg". In: *Spurensuche in der Geschichte der Psychoanalyse*. Frankfurt: Fischer Verlag, 1994, pp. 52-63.

6. Mudanças do pós-guerra: 1919-23

tanto no lado dos Aliados quanto no dos Impérios Centrais. Entre os compatriotas de Freud, um personagem importante que se opôs ao conflito desde o primeiro dia foi Karl Kraus. Durante trinta anos, Kraus publicou um periódico que escrevia sozinho, e que saía quando ele acabava de redigir cada número: *Die Fackel* (*A Tocha*). Kraus talvez tenha sido a voz alemã mais importante pró-paz e antiguerra, mas não foi a única: o que comprova que existia a possibilidade de um intelectual das Potências Centrais ser contra ela.

Do lado aliado, o pacifista mais notável foi Romain Rolland. Roland escreve, logo no começo dos combates, seu artigo *"Au dessus de la mêlée"*, em que diz que a guerra era uma barbárie, que os intelectuais não deveriam comprometer-se com ela, e que a missão histórica deles era impedir o prosseguimento das hostilidades, ou pelo menos denunciá-las, mesmo correndo o risco de serem considerados antipatriotas.

Reichmayr mostra que os analistas não entram nessa polêmica; consideram a guerra como um fenômeno natural, e as neuroses de guerra como muito semelhantes às *Friedenszeitneurosen*, neuroses dos tempos de paz, a partir de uma posição que ele denomina de "apartidária e pragmática". Por exemplo, em seu artigo "Psicologia do desertor", Victor Tausk afirma que certamente havia desertores movidos por razões idealistas, como a oposição a esta guerra ou a qualquer guerra; mas a maioria dos *Fahnenflüchtiger* (literalmente, fugitivos à bandeira) eram pessoas incapazes de realizar qualquer coisa acima dos trabalhos cotidianos da agricultura, na verdade camponeses analfabetos e — falta pouco para dizê-lo explicitamente — quase retardados, de quem não se poderia exigir nenhum sentimento mais elevado, e muito menos que pusessem sua vida em perigo em nome de um ideal coletivo. Outros seriam casos de demência precoce, "indiscutivelmente patológicos, apresentando um fortalecimento delirante de ideias infantis, sectarismo religioso, angústia, e traços pronunciados de delírios persecutórios e de observação". Da mesma forma, em sua contribuição a um livro coletivo sobre as neuroses de guerra, Jones escreve que "a adaptação exigida aos homens pelas condições militares é difícil de suportar, embora muito menor do que nas diversas situações da vida sexual. A experiência nos ensina que a esmagadora maioria das pessoas é capaz de realizar essa tarefa".[25]

---

25. Victor Tausk, "Zur Psychologie des Deserteurs", *Internationale Zeitschrift sur Psychoanalyse*, 1919, tomo 4, pp. 193-204 e 229-40, apud Reichmayr, op. cit., pp. 60-1; Ernest Jones, "As neuroses de

Talvez o conflito de 1914 tenha sido o mais sanguinário de todos, mais do que a Segunda Guerra, mais do que a do Vietnã, porque foi o primeiro na qual desapareceu a distinção entre *civil* e *militar*. Foi a primeira vez que se bombardearam as cidades com aviões, que se usaram armas químicas como o terrível gás mostarda, que submarinos afundaram navios de países neutros. A ideia de uma "guerra para acabar com as guerras" sugere também, apesar do tom pacifista desta frase, que era uma guerra de *aniquilamento*: depois dela não haveria mais inimigos para combater.

Deste ponto de vista, a experiência dos soldados foi terrivelmente violenta, e submetida a condições inéditas de estresse, como diríamos hoje: o que provocou o surgimento desse novo fenômeno, as "neuroses de guerra". Primeiro, os combates duraram um tempo inacreditavelmente longo, até o fim de 1918; quatro anos e meio duríssimos, tanto para os soldados quanto para as populações civis. Como boa parte das posições militares com as quais terminam as hostilidades foram rapidamente atingidas pelos exércitos, a essa extrema violência se soma o desgaste provocado pela sensação de que "nada acontecia", a não ser mais bombardeios, mais sangue e mais mortes.

Assim, quando Reichmayr diz que os analistas tomaram as condições de guerra como se fossem naturais, aquilo a que ele está se referindo é que não foram levadas em conta as condições inéditas *desta* situação. Resumindo sua opinião, ele escreve: "a maioria dos analistas no campo de batalha não eram *Hurrabrüller* (entusiastas da guerra), mas *Jasager* (conformistas); não entusiasmados, mas conscienciosos dos seus deveres; não distanciados, mas identificados". E conclui: "Assim, a resposta dos analistas que foram à guerra não resultou num esclarecimento nem dela, nem das condições que lhe deram origem".[26]

A única exceção foi Siegfried Bernfeld, um socialista e pacifista, mas que ainda não tinha nenhuma importância no panorama internacional da psicanálise. O conformismo político dos psicanalistas se expressa sobretudo no fato de que procuram pensar os efeitos psíquicos da guerra não do ponto de vista moral, social ou político, mas exclusivamente do ponto de vista *clínico*, afastando exatamente o aspecto *guerra*. Isso é feito quando reduzem o choque provocado pelas

---

guerra e a teoria freudiana" (1919). In: *Zur Psychoanalyse der Kriegsneurosen*, apud Reichmayr, op. cit., p. 55.

26. Reichmayr, op. cit., pp. 61 e 63.

6. Mudanças do pós-guerra: 1919-23

bombas e granadas a uma variante do *traumático*, no fundo não muito diferente do que ocorreria se a pessoa tivesse sido vítima de um acidente ferroviário, ou de um assalto violento.

No entanto, ainda que como cidadãos os psicanalistas não tenham sido especialmente clarividentes, como profissionais não podiam deixar de observar, tratar e tentar compreender o que tantos pacientes lhes apresentavam. Em 1919, é publicado um livro contendo trabalhos de Ernst Simmel, de Ferenczi e de Abraham, com um prefácio de Freud: *A psicanálise e as neuroses de guerra*. Estes textos são preciosos para quem deseja rastrear de que modo, a partir de um mesmo tipo de fenômeno, vão se constituir linhas de interpretação diferentes no interior da psicanálise. Por esta razão, vamos agora percorrê-los brevemente, examinando primeiro o de Ferenczi, em seguida o de Abraham, e por fim o prefácio de Freud.

Ferenczi começa seu trabalho[27] fazendo um resumo das posições dos médicos em relação às neuroses de guerra. Cita vários exemplos de como os neurólogos foram obrigados, ao se defrontarem com elas, a abandonar certas posições organicistas, algumas delas francamente ridículas, em favor de uma origem *psicogênica* para estes transtornos.

Segundo ponto: os diversos autores, obrigados a contragosto a reconhecer a origem e o caráter psíquicos desses transtornos, quase descobriram a psicanálise nesse processo, mas na verdade ficam muito aquém da concepção psicanalítica, na medida em que não levam em conta nem o inconsciente nem a afetividade. Fazem uma análise basicamente intelectual das representações envolvidas nos sintomas, mas não chegam a se dar conta de que estas neuroses são determinadas pelo inconsciente, exatamente como as outras. Vem em seguida uma série de observações bastante agudas, típicas de Ferenczi. Por exemplo: "observou-se que os prisioneiros de guerra não desenvolvem neuroses de guerra". Isso é muito curioso, porque esses soldados passaram, obviamente, por situações traumáticas, entre as quais a do próprio aprisionamento, o risco de morte, etc., mas não reagem a elas desenvolvendo neuroses de guerra, contrariamente a outros que

---

27. Sándor Ferenczi, "Psychanalyse des névroses de guerre" (1919). In: *Oeuvres complètes*, v. III, pp. 27-43.

não foram feitos prisioneiros, "nem do nosso lado nem do lado do inimigo". É como se o cativeiro os protegesse da situação traumática.

Depois Ferenczi cita um dos autores, que falava na *histeria de pensão*. "Histeria de pensão" seria um tipo de neurose destinado a provocar uma indenização. Para Ferenczi, em uma pessoa que foi ferida ou ficou incapacitada o desejo de obter uma indenização é muito natural, mas deve ser considerado como um benefício secundário da neurose, enquanto o benefício primário certamente não é o de obter uma aposentadoria. Este é um exemplo de como os médicos percebem a presença do desejo na organização da neurose, mas apenas consciente, muito distante do que é o desejo para a psicanálise.

Terceiro aspecto: um neurólogo chamado Nonne mostrou que os sintomas da neurose de guerra são sempre de natureza histérica, e isso à boa e velha maneira de Charcot, provocando-os por hipnose ou fazendo-os desaparecer também por hipnose. Este havia sido o argumento básico para provar a natureza psicogênica dos sintomas da histeria: se se podiam fazer surgir ou cessar fenômenos corporais por meios puramente psíquicos, como a hipnose, isso provava que eles tinham uma origem psíquica, e nada tinham a ver com uma suposta "degeneração dos tecidos nervosos", nem com qualquer outro processo orgânico.

Dito isso, Ferenczi critica esses mesmos autores:

> no entanto, nenhum desses pesquisadores se preocupou em saber se a experiência trazida pelo estudo das neuroses de guerra não poderia justificar também a aplicação da concepção psicanalítica ao estudo das neuroses e psicoses ordinárias, que já nos eram conhecidas nos tempos da paz. De fato, rejeitaram unanimemente a ideia de uma especificidade dos traumatismos de guerra.

A referência aqui é ao fato de que, num congresso, os médicos alemães chegaram a sugerir o abandono do termo "neuroses de guerra".[28] Ferenczi convida esses neurólogos a fazerem o mesmo trabalho com as neuroses de paz, dizendo que, se com as neuroses de guerra eles já descobriram o inconsciente, os mecanismos psíquicos, a fixação nas lembranças patógenas, acabariam por descobrir a psicanálise inteira, desde que tivessem um pouco de boa vontade...

Podemos notar qual é a direção desse esforço de Ferenczi: *reduzir as neuroses de guerra às neuroses traumáticas, e as neuroses traumáticas às neuroses, ponto*. Este é

---

28. Id., p. 35.

6. Mudanças do pós-guerra: 1919-23

o movimento teórico que ele realiza, e Abraham também: o que se sabe sobre as neuroses em geral não poderia ajudar a elucidar os sintomas das neuroses ditas traumáticas, das quais as de guerra seriam um caso em particular? As neuroses de guerra não têm individualidade própria; são um caso particular das neuroses traumáticas, que por sua vez são um caso particular das neuroses em geral — portanto, como todas elas, devem ser explicadas pelo conflito entre ego e sexualidade. Por isso, o interesse de Ferenczi é mostrar que os sintomas mais evidentes do choque são sintomas *histéricos*.

Ele enumera: tremores, perturbações motoras bizarras, cãibras, tiques, contrações, paralisias, gagueira, surdez parcial, cegueira parcial — "um verdadeiro museu de sintomas histéricos", que mostram a semelhança desse tipo de perturbação com a histeria clássica. E a respeito dos *Kriegszitterer*, dos cambaleantes, diz que é muito interessante que eles não consigam andar para a frente. A marcha para a frente é perturbada; mas o recuo, que mecanicamente é mais complicado de realizar, ocorre sem problemas. Segundo Ferenczi, essa é uma das pistas mais interessantes para mostrar que esses soldados não podem caminhar "para a frente" porque isso significa ir para a morte; mas o recuar, isto é, se proteger, é uma função biológica que não está perturbada, e sim preservada. O que isso mostra? Que existe uma contravontade, um *Gegenwille*, que impele o indivíduo a se proteger contra a repetição da experiência traumática pela qual passou.

Este é um ponto-chave, porque oposto à maneira pela qual Freud vai entender a experiência da *repetição*. Aqui podemos perceber uma das diferenças entre o talento e o gênio. O talento de Ferenczi o faz ver uma coisa curiosa: as pessoas não podem ir para a frente, mas podem recuar. A explicação é óbvia — elas não querem reencontrar o perigo. Diante do mesmo fato, Freud afirma que o interessante são situações nas quais o indivíduo, em sonhos, repete a situação de risco, isto é, vai novamente ao encontro do perigo, e este é um dos aspectos nos quais fundamenta sua noção da pulsão de morte. Ou seja, certo fato permite a Ferenczi uma ilustração inteligente do que já se sabe, enquanto o mesmo fato permite a Freud entrever que talvez se trate de alguma coisa *que ainda não se sabe*.

Prossegue Ferenczi: a concepção psicanalítica das neuroses não diz apenas que elas têm a ver com o desejo e com o inconsciente, mas afirma o seu elo indissociável com a *sexualidade*. Ferenczi e Abraham vão se empenhar em mostrar como as neuroses de guerra, por mais distantes que pareçam dos conflitos sexuais, na verdade são neuroses *porque* são manifestações de conflitos sexuais. Já vimos como os neurólogos vão se aproximando da psicanálise, reconhecendo que as neuroses não são fenômenos orgânicos, mas têm uma natureza psíquica. Como vários deles reconhecem o caráter histérico desses sintomas psíquicos, isto deveria levá-los a abraçar a concepção psicanalítica das neuroses no seu todo, e não apenas no aspecto do trauma. Ou seja, deveriam reconhecer o papel da sexualidade na causa das neuroses em geral.[29]

Aqui há uma diferença de ênfase entre as abordagens de Ferenczi e de Abraham. Como o papel da sexualidade em sentido estrito não é muito evidente nas neuroses de guerra, Ferenczi acentua o aspecto *narcísico*, que justamente faz a ponte entre a sexualidade de modo mais amplo e as vivências de terror, vulnerabilidade e pânico que caracterizam o que está ligado a um trauma. Assinala que, nas neuroses de guerra, um dos sintomas mais frequentes é a diminuição da potência sexual e da "libido genital", e atribui este fato a um refluxo da libido para o ego, refluxo motivado pela necessidade de mobilizar todas as suas forças para reagir ao perigo. O ego fica "hipersensível", o que se manifesta nos sintomas depressivos e na excitabilidade elevada, a qual pode chegar a causar "ataques de cólera". A ansiedade concomitante provém do abalo que o choque trouxe à confiança em si e à ilusão de invulnerabilidade própria do narcisismo.

Em suma, o choque revela a fragilidade do indivíduo e o faz regredir de formas libidinais mais "adultas" à fase infantil narcísica, o que aliás é comprovado pelas perturbações no caminhar ("regressão à época em que a pessoa ainda não sabia andar"). A regressão — atestada pelos diversos sintomas — tem por função aninhar o indivíduo numa situação infantil, em que busca a proteção dos pais contra os perigos. Daí que o comportamento dos neuróticos de guerra lembre "uma criança que ficou angustiada, desinibida e malcriada após uma situação apavorante".[30] Ou seja, Ferenczi acentua os aspectos *infantis* (e portanto "desprotegidos", segundo sua concepção geral da infância) da condição que está examinando, e, para dar conta destes aspectos infantis, invoca o narcisismo: por esta série de mediações, a sexualidade finalmente se torna responsável pelas neuroses traumáticas, de guerra ou não.

Já Abraham — que também fala do narcisismo — começa por assinalar as questões propriamente genitais ligadas às neuroses traumáticas, dizendo que os

29. Id., pp. 40 ss.
30. Id., p. 42.

6. Mudanças do pós-guerra: 1919-23

sintomas mais típicos são idênticos aos da impotência e da frigidez.[31] Assim, o efeito do trauma sobre a sexualidade é a regressão à etapa narcísica, com os consequentes transtornos da sexualidade genital. Abraham estuda então diversos exemplos em que a sexualidade propriamente genital ficou perturbada em virtude do trauma, com o objetivo de eliminar a objeção de que as neuroses de guerra nada têm a ver com a sexualidade. Podemos dizer que a primeira parte do seu artigo comprova que o trauma tem efeitos sobre a sexualidade *stricto sensu*: daí caber a pergunta sobre se não teria, igualmente, uma faceta sexual enquanto trauma. É por esta porta que vai entrar o tópico do narcisismo: a "predisposição" um tanto vaga invocada pelos neurólogos pode ser vista como uma fixação mais intensa da libido na sua vertente narcísica.

E neste ponto, contrariamente a Jones, Abraham concebe que a guerra expõe o narcisismo dos homens a condições muito duras, porque tudo a que o instinto de autopreservação impele tem de ser abandonado em nome do sacrifício: o indivíduo é convidado a matar e a morrer em nome de algo que não é ele. Aqueles cujo narcisismo é mais frágil, porque está menos bem articulado com o mundo objetal — porém justamente por isso mais exacerbado — vão se desorganizar nas condições de estresse da guerra. Por exemplo, há neuroses que eclodem não porque o indivíduo viu uma granada explodindo ao seu lado, mas porque durante uma licença foi para casa, não conseguiu obter ereção com sua mulher, e na volta manifesta os sintomas. No limite, diz Abraham, nesses indivíduos cujo narcisismo está mal constituído o principal responsável pela produção do sintoma seria a predisposição, enquanto a participação do trauma seria bem menos significativa.

Para além das observações e da análise teórica dos sintomas, não é possível deixar de observar como o movimento conceitual praticamente elimina o caráter traumático do trauma, o que conduz a pensar: o que é um trauma? O sentido mais óbvio é o de violência física, provocada por um acidente, pela granada, pela bomba. Mas Abraham mostra que muitas coisas podem ter efeitos equivalentes ao de um trauma nesse sentido mais popular. Conta por exemplo o caso de um soldado gravemente ferido por várias vezes; na última, ele fica inconsciente, e aí desenvolve os sintomas da neurose de guerra. Já outro passa por um pequeno susto, e desenvolve rapidamente os mesmos sintomas. Como explicar a despro-

---

31. Karl Abraham, "Contribuição à psicanálise das neuroses de guerra". In: *Oeuvres complètes*. Paris: Payot, 1975. v. II, p. 174.

porção entre a causa mais evidente e o efeito sintomático? A resposta está justamente na predisposição diferente; contudo, do ponto de vista do psicanalista, *predisposição* não é algo vago e genérico, e sim o conjunto de condições dinâmicas nas quais o trauma vai poder atuar. Se o tecido psíquico for muito tênue, uma pequena experiência pode provocar efeitos devastadores; se o sujeito for mais resistente, pode passar por experiências objetivamente muito mais graves e perigosas, sem que eles se produzam. No limite, a própria guerra poderia ser dispensada como causa das neuroses de guerra.

O que temos aqui, então, é um tipo determinado de eclosão de neuroses, porém perfeitamente compreensível com os recursos habituais da psicanálise. Se ele se manifesta na guerra, isso se deve a determinadas circunstâncias externas, e no fundo relativamente secundárias. A posição de Abraham é talvez a mais extrema quanto a todo esse assunto; por seu lado, Freud não se mostra tão categórico. Em seu prefácio, afirma que talvez as neuroses de guerra não se prestem bem à demonstração da etiologia sexual dos transtornos psíquicos: existem alguns elementos que não são apenas histéricos, porém mais hipocondríacos ou depressivos. Isso dito, porém, o artigo de Abraham fervilha de observações agudas. Por exemplo, a partir do narcisismo, ele enfatiza a importância de o exército ser uma comunidade exclusivamente masculina, portanto com condições favoráveis a práticas homossexuais que exacerbam a direção narcísica da sexualidade; outra passagem sugere que a destruição da crença na imortalidade, pela vivência cotidiana com a morte, é um rude golpe no narcisismo primário e na ilusão de onipotência. A propósito das reivindicações de pensão, tema que devia ser candente na época, faz uma observação interessante: os psiquiatras tinham toda a razão em insistir que o desejo de uma pensão é importante nessas neuroses. Mas certamente não pelas razões que traziam, e sim pelo fato de que, quando o indivíduo é afetado num órgão ou numa função, exige por esta perda uma indenização de acordo com *o valor narcísico* atribuído por ele ao órgão ou à função afetados, bem como à sua integridade psicofísica, enquanto as companhias de seguro e o Estado o indenizam de acordo com a perda objetiva.

A impressão com que fica o leitor é que esses discípulos estão mais interessados em mostrar que a psicanálise instituída é verdadeira, e que as neuroses de guerra não abalam esse edifício, enquanto Freud — que não tem a menor dúvida sobre o ponto — está mais disponível para "desinstituir o instituído", e com isso avançar, mesmo que num rumo mais obscuro.

6. Mudanças do pós-guerra: 1919-23

Para concluir, a questão da terapia. Abraham se refere a Ernst Simmel, que tinha feito com os neuróticos de guerra um trabalho de psicoterapia. Simmel não era membro do círculo mais íntimo de Freud, mas um psiquiatra que se interessou pela psicanálise por causa da guerra, e inventou um método próprio para cuidar dos seus pacientes militares, baseado em parte no hipnotismo, em parte na análise de sonhos, em parte no trabalho com grupos — ou seja, uma psicoterapia de emergência de base analítica. Abraham também relata como tratava dessas neuroses, chamando seu método de "psicanálise simplificada": conversava com o soldado, procurando mostrar-lhe o que estava em jogo em seus sofrimentos. Com isso, produzia nele a "sensação de ser entendido", de poder falar, dar vazão a suas angústias: era o máximo que se podia fazer nas condições da guerra. E conclui dizendo que esperava que a terapia das neuroses de guerra pudesse ser realizada com mais calma, de maneira mais psicanalítica, nos centros de atendimento aos ex-combatentes que se deveriam constituir, e que na verdade nunca se constituíram. Em todo caso, a psicanálise, por ser uma teoria causal, deveria fundamentar a terapia mais eficaz no caso das neuroses de guerra.

Resumamos nosso trajeto: tanto Ferenczi como Abraham insistem justamente naqueles aspectos da concepção psicanalítica das neuroses — o inconsciente, a afetividade, o narcisismo — que os psiquiatras e neurólogos não haviam levado em conta. Quando Freud escreve o prefácio do livro sobre as neuroses de guerra,[32] começa por retomar rapidamente as contribuições dos discípulos, dizendo em suma a mesma coisa: os médicos não analistas comprovaram o valor das descobertas analíticas, tais como a origem psíquica dos sintomas ou a importância das pulsões. Com prudência, acrescenta que, do ponto de vista da psicanálise, aquilo que se expressa nos sintomas são energias de natureza sexual, mas talvez as neuroses de guerra não constituam um material muito apropriado para comprovar esse fato, o que no entanto não infirma a validade dele.

Chamo a atenção sobre isso, porque boa parte da argumentação de Ferenczi e de Abraham serve para mostrar que, apesar das aparências, essas neuroses *estão* determinadas pela sexualidade, e que isso pode ser averiguado na estrutura mesma

---

32. Freud, Prefácio a *A psicanálise e as neuroses de guerra*, SA, BN III, pp. 2540 ss. [Ed. bras.: "Introdução a *Psicanálise das neuroses de guerra*". In: OCCL, v. 14, pp. 382-9.]

delas. Freud concorda que sejam neuroses traumáticas, mas entende que talvez esse tipo de afecção permita pensar mais claramente a possibilidade de um conflito no interior do ego, em vez (ou ao lado) daquele que pode existir entre o ego e a sexualidade. Chega a falar num "ego pacífico" e num "ego guerreiro", que se enfrentariam dentro da mesma pessoa. Movido pelo seu ego guerreiro, isto é, pelas identificações militares suscitadas pelas condições sociais da época, o indivíduo se oporia a um outro ego dele mesmo, "pacífico". O interesse dessa observação é sugerir a possibilidade de um conflito de identificações.

Vimos num capítulo precedente como o estudo da melancolia levou Freud a retomar o estudo da identificação. Aos poucos, vai se dando conta de que o processo identificatório é mais amplo e complexo do que havia imaginado: o que evoca nesse prefácio, por exemplo, deixa entrever que o ego é mais complicado do que parecia até então. Sem dúvida, a observação sobre o possível conflito das identificações é uma das etapas que conduzem a *O ego e o id*, em que finalmente se resolve o problema da estrutura do ego.

Freud continua dizendo que existem diferentes tipos de traumas; e, já que falamos de neuroses traumáticas, convém compreender melhor o que é um trauma. Traumas sem conflito, como ele os chama, em geral não produzem uma neurose, nem traumática, nem de guerra, nem de outra ordem. Exemplos de trauma sem conflito são — coisa comum na época — os acidentes ferroviários.

Surge então uma afirmação importante para nós, porque vem ao encontro da ideia que nos orienta nesta série de estudos: certas partes da teoria psicanalítica derivam de matrizes clínicas apropriadas para a formulação de determinados conceitos, enquanto outras matrizes são apropriadas para a formulação de outros conceitos. Diz o texto: "a teoria libidinal das neuroses foi estabelecida para as neuroses de transferência. Já é mais difícil comprová-las nas neuroses narcísicas, e a fortiori nas neuroses traumáticas". Ou seja, a hipótese de um conflito entre o ego e a libido funciona bem para as neuroses ditas de transferência; nas neuroses narcísicas, isto é, em outro tipo de matriz clínica, ele é menos evidente, e mais difícil ainda de visualizar nessas novas e um tanto misteriosas neuroses traumáticas. A mesma coisa ocorre em relação ao perigo de morte: ele é evidente nas neuroses de guerra e nas neuroses traumáticas, mas não tanto nas neuroses de transferência. A ideia de libido narcísica resolveu o problema para as neuroses narcísicas; "a neurose traumática da vida civil também poderá ser incluída

6. Mudanças do pós-guerra: 1919-23

neste sistema, uma vez que tenham chegado a bons resultados nossos estudos sobre os inegáveis vínculos entre libido narcísica, medo e susto".[33]

É evidente que Freud está trabalhando no caminho que vai levar a *Além do princípio do prazer*, texto no qual distingue exatamente entre os mesmos termos (*Schreck, Furcht* e *Angst*). Quais são os "inegáveis vínculos" entre o medo, o susto e a libido narcísica? É óbvio que a situação de surpresa coloca à mostra a fragilidade, a falta de preparação, a impotência para se defender; portanto, por um lado estilhaça a ilusão de onipotência, de origem narcísica. Por outro lado, faz com que a libido reflua para o ego, no sentido de se proteger daquele abalo, daquele trauma; isto se reporta ao que poderíamos chamar *aspecto defensivo* do narcisismo.

O final desse texto curto, mas denso, levanta a possibilidade de que nas neuroses de guerra o inimigo do ego seja *externo* a ele, de onde a dificuldade de fazê--las derivar de um conflito entre o ego e a sexualidade, como nas neuroses de transferência: nestas, o inimigo do ego é a própria libido, cujas exigências parecem perigosas. Ou ainda esse inimigo pode estar encarnado numa formação do ego (através justamente de uma identificação): neste caso, deixaria de ser externo para tornar-se interno. Freud considera esta possibilidade: "até se poderia dizer que, nas neuroses de guerra, o temido é afinal o inimigo interno, diferentemente do que nas neuroses traumáticas puras, e em analogia com as neuroses de transferência". O caráter aparentemente estranho desta possibilidade não o preocupa muito: "as dificuldades teóricas que se opõem a essa concepção unitária não parecem intransponíveis, pois com pleno direito se pode designar a repressão, que fundamenta toda neurose, como uma reação frente a um trauma, como uma neurose traumática elementar".[34]

Essa ideia, lançada ao final do prefácio, sugere que na verdade a unificação das diversas categorias de neurose não se daria pela existência em todas elas de um conflito entre a sexualidade e o ego, mas pela ideia de que *toda neurose tem um fundo traumático*, e que a própria defesa deve ser concebida como reação frente a um trauma, ou seja, engendrando uma espécie de "neurose traumática elementar". Isso pareceria ser uma espécie de regressão a certas posições dos anos 1890, mas na verdade vai fundamentar uma larga série de desenvolvimentos teóricos e técnicos. A ideia de que o desprazer envolvido num conflito funcione como um

33. Id., p. 2544.
34. Id.

trauma elementar, em escala reduzida — pois é isso o que Freud está sugerindo —, vai abrir a possibilidade de reconsiderar o conjunto da psicopatologia à luz de um novo conceito de trauma.

Assim, desse prefácio podemos reter o seguinte: primeiro, a prudência de Freud em relação às neuroses de guerra, contrastando com certo otimismo — e ao mesmo tempo com certo conservadorismo — dos discípulos em relação às teorias já estabelecidas. Para eles, essas teorias explicam muito bem esses fenômenos; já Freud leva em conta justamente os aspectos que seriam mais difíceis de ajustar ao que Thomas Kuhn chamaria de "paradigma já estabelecido" — no caso, a teoria do conflito entre a sexualidade e o ego. No vocabulário do filósofo americano, Abraham e Ferenczi fazem "ciência normal", utilizando os conceitos usuais para tentar resolver problemas novos. Freud considera mais de perto os fatos que não se adaptam ao paradigma vigente, especificamente os sonhos de repetição, os quais acabam por exigir uma alteração nele; por sua vez, tal alteração deverá dar conta de todos os outros fatos, já bem analisados e compreendidos pelo paradigma anterior. Tarefa para os próximos anos...

A continuação do que Freud tem a dizer sobre o assunto das neuroses de guerra se encontra no capítulo II de *Além do princípio do prazer*, sob a rubrica "neuroses traumáticas". Aqui, mais seguro, ele amplia a ideia de que a neurose traumática se parece com a histeria por causa da riqueza de sintomas motores (é o que dizia Ferenczi em seu artigo). Na verdade, ela apresenta alguns sintomas que vão um pouco além da histeria; por exemplo, certos elementos hipocondríacos, um desânimo que faz pensar em traços melancólicos, isto é, de natureza narcísica. É neste ponto que entra a ideia nova: talvez o fator capital para desencadear uma neurose traumática seja exatamente a questão da surpresa. Para compreender este ponto, torna-se necessário estabelecer o mais precisamente possível a distinção entre o susto, o medo e a angústia. Essa parte é bem conhecida, de modo que não me deterei em seu comentário.

Ainda neste capítulo II, entra em cena a questão dos sonhos repetitivos com os acidentes, e Freud se pergunta se não haveria uma função dos sonhos condicionada pelo trauma. Daí a passagem para as brincadeiras infantis, que também são exemplos de repetição, a famosa história do *fort-da*, e a ideia de que é preciso dominar o trauma representado pelo desaparecimento da mãe.

Ou seja: Freud vai juntando coisas que aparentemente não têm nada a ver uma com a outra: sonhos de quem sofreu um acidente ferroviário, o jogo do carretel, a exclamação *o-a*, que ele já interpreta como *fort-da*. O que há de

6. Mudanças do pós-guerra: 1919-23

comum nisso tudo é uma sucessão de repetições, e ele se pergunta então se não haveria uma compulsão de repetição que se encontra na verdade *aquém* do princípio do prazer, "e à qual nos inclinamos agora a atribuir os sonhos dos pacientes que têm neuroses traumáticas, e as brincadeiras das crianças". Mas, continua, "devemos nos dizer que só em raros casos podemos observar os efeitos da compulsão de repetição por si só e sem a ajuda de outros motivos".[35]

Neste ponto, Freud dá um exemplo da sua probidade científica. Está propondo um novo conceito, a compulsão de repetição, à qual acredita poder atribuir certas manifestações da vida psíquica. Mas essas manifestações já são conhecidas; ninguém esperou *Além do princípio do prazer* para perceber que as crianças gostam de repetição nas brincadeiras ou nas histórias que lhes são contadas. É preciso ver, então, qual é a participação deste novo fator, comparativamente aos já conhecidos.

Por isso, uma vez levantada a ideia de compulsão de repetição, Freud a passa pela famosa navalha de Occam, para ver se resiste ao exame. Na verdade, as brincadeiras visam ao prazer; a criança brinca porque quer ter prazer. Então, não podemos usar apenas as brincadeiras das crianças para delas deduzir uma compulsão de repetição *prévia* ao princípio do prazer: já que evidentemente estão a serviço do princípio do prazer, pressupõem a sua instalação e o seu funcionamento. Os fenômenos de transferência, que são outro exemplo de repetição, trabalham a favor das resistências do ego; também é uma coisa bastante conhecida. Transfiro para não recordar, e isso está a serviço da resistência à terapia. Freud escreve: "O ego permanece obstinado na repressão, e, para não violar o princípio do prazer, chama em seu auxílio a compulsão de repetição". Outro exemplo seriam as neuroses de destino, nas quais a pessoa parece perseguida por uma fatalidade implacável; mas a análise mostra que quase sempre o indivíduo tem alguma participação na fabricação dos problemas que o acometem.

No final das contas, os "menos suspeitos" para confirmar a tese da compulsão de repetição são mesmo os sonhos da neurose traumática, porque todos os outros exemplos envolvem mistura em grau maior ou menor de motivações e forças psíquicas já conhecidas: princípio do prazer e resistência ao desprazer no caso das neuroses, participação do indivíduo na constituição do seu próprio sintoma. Freud resolve então estudar mais de perto os sonhos da neurose traumática,

35. Freud, *Além do princípio do prazer*, capítulo 3: SA III, p. 232; BN III, p. 2517; OCCL, v. 14.

278

e a partir disso vai criar o conceito de paraexcitações, *Reizschutz*, que protege a psique do contato traumático com o mundo exterior (metáfora da vesícula).

De maneira que o trauma seria uma consequência da ruptura do paraexcitações, que inunda o aparelho psíquico com grandes massas de excitação. De onde a necessidade de dominar essas massas de excitação, estabelecendo uma ligação delas com determinadas representações, para que possam ser escoadas a conta-gotas: esta seria a tarefa psíquica da compulsão de repetição.

A neurose traumática comum seria assim uma reação à ruptura do paraexcitações. Isso leva a pensar que a pessoa mais preparada para a surpresa tem menos chances de ser assaltada por um fenômeno desse tipo. Freud desenvolve então uma ideia nova: a *Angstbereitschaft*, a preparação ou predisposição à angústia. O que é essa expectativa de angústia? É como se, na fronteira interna do envoltório, o indivíduo acumulasse certa quantidade da sua própria energia psíquica, de forma que, quando um grande volume de excitação o atinge do exterior, encontra uma resistência ou uma elasticidade maior. Por este motivo, aquela quantidade de excitação não tem o efeito traumático que teria caso conseguisse romper a membrana.

Impõe-se assim uma visão *mecânica ou econômica* do trauma, que está na base de inúmeros desenvolvimentos no plano da teoria como no da técnica. Quando Ferenczi estabelece os princípios da técnica ativa, ele está interessado, justamente, em saber o que acontece com as quantidades de excitação libidinal que a paciente cuja história ele conta imobiliza na masturbação disfarçada durante a sessão. O problema é liberar a energia, entendida como podendo se encontrar em estado fluido ou "ligado".

Até este momento, na história da psicanálise, o problema terapêutico vinha sendo o de *des-ligar*, separar, analisar (*analýo* quer dizer, em grego, separar) algo complexo em seus componentes. Haveria um excesso represado, e este excesso precisaria ser liberado, um pouco à maneira da catarse, para repor em circulação aquilo que estava por assim dizer imobilizado ou congelado. E este "aquilo" é uma certa quantidade de energia, geralmente sexual. Ao quê estaria ligada a energia dita "ligada"? A representações, é claro: o protótipo da energia ligada de modo estável a um nó de representações é o sintoma. Consequentemente, o que é a análise? É a "des-ligação", a separação da libido agarrada aos sintomas como as cracas à casca do navio. Com essa reconsideração do trauma, contudo, a situação se inverte: o excesso de energia flutuante é tido por nocivo, e o trabalho da análise

6. Mudanças do pós-guerra: 1919-23

passa a ser o de *ligar* aquilo que se encontra flutuando, por isso produzindo dor, incômodo, desprazer. De onde a ideia de vincular as massas de energia às representações, para fazê-las se escoar de maneira mais regular, limitada, homeopática.

Isso abre caminho para a abordagem de pacientes que apresentam problemas exatamente inversos àqueles para os quais as neuroses de transferência forneciam o modelo. Quais são os pacientes da neurose de transferência? São aqueles cujos sintomas estão solidamente instalados, graças à conversão, ao isolamento e aos outros mecanismos de defesa já repertoriados a essa altura. Se esta é a situação, a tarefa do analista será — mediante a interpretação — afrouxar os vínculos entre a libido e os sintomas. A interpretação exata e a seu tempo teria portanto como consequência fazer com que as representações inconscientes que sustentam o sintoma deixem de estar hiperinvestidas, liberando a libido até então associada a elas.

Nos textos "técnicos" de 1912-5, Freud fala muitas vezes em "perseguir a libido até os esconderijos onde ela se aninha", em "caçar a libido". O analista aparece assim como um mergulhador submarino, que vai até os recônditos onde a libido se esconde, para repô-la em circulação, na medida, justamente, em que os pacientes típicos são aqueles que se apresentam paralisados por vínculos excessivamente fortes entre representações e afetos.

Agora, aparecem outros pacientes. Embora os sintomas sejam semelhantes — as tremedeiras, as cãibras, tudo aquilo de que Ferenczi falava como um verdadeiro "museu de sintomas histéricos" —, na verdade temos aqui a possibilidade de abordar condições em que a sintomatologia é menos definida. A isso se chamava, no vocabulário da década de 1920, *análises de caráter*. Pessoas que tinham "problemas de caráter" não eram gente mal-intencionada, maus elementos no sentido da Polícia Militar: eram as que apresentavam condições semelhantes ao que chamaríamos hoje de neuroses narcísicas, para cuja abordagem se torna útil a ideia de que há um excesso de alguma coisa flutuando, que precisa ser *amarrado* pela análise, em vez de ser *destacado* por ela.

Estou insistindo nisso porque, se por um lado a discussão que Freud faz em *Além do princípio do prazer* é econômica do início ao fim, preocupando-se com o destino das massas de excitação, há por outro lado a preocupação com um aspecto mais "qualitativo", que é justamente a repetição. *Repetição* é também um movimento, no caso um movimento circular. Imaginemos um ponto que se desloca em círculos, algo como a extremidade de um ponteiro de relógio. Ele vai sempre na mesma direção, e seu movimento pode ser chamado de *progrediente*, mesmo que passe de novo pela marca das doze horas. Mas, se considerarmos o círculo que descreve, pode-se dizer que está *retornando* ao ponto de partida, e deste ângulo pode-se chamar o seu movimento de *regrediente*. É por este caminho que Freud deduz, da repetição, algo um pouco diferente: a tendência a retornar a um estado anterior, que qualifica de compulsão de repetição, ou, como talvez seria melhor dizer, compulsão *à* repetição (*Wiederholungszwang*). Aplicada aos organismos vivos, a compulsão à repetição os conduz para um ponto *anterior* à vida, a saber um estado inorgânico. Esta é a gênese conceitual da pulsão de morte.

A ideia da pulsão de morte é das mais abstratas, porque está mediada por uma sucessão de hipóteses cada vez mais distantes da empiria. O que é empírico? É que muita gente gosta de repetir experiências, especialmente as prazerosas. Disso à ideia de uma *compulsão de repetição* temos um primeiro salto rumo à abstração: a compulsão de repetição já envolve uma certa substancialização, a formação de uma *entidade* responsável pela recorrência. Já subimos um degrau. Deduzir da compulsão à repetição a tendência a retornar a um estado anterior é um outro degrau, porque implica ver as coisas dialeticamente. A repetição é trazer o passado para o presente; mas o que Freud está afirmando é que a repetição implica também voltar do presente para o passado: repetir seria *voltar ao momento anterior*, e não *fazer o momento anterior ressurgir agora*. Ora, em relação aos organismos vivos, o retorno ao estado anterior seria um retorno à pré-vida. Já estamos no terceiro ou quarto grau de abstração. E deduzir daí que o retorno ao inorgânico equivale à manifestação de uma pulsão de morte é mais um elemento nessa cadeia de abstrações.

Se refletirmos um instante, veremos que a especulação sobre a pulsão de morte é o inverso da especulação sobre a ligação e o desligamento; por isso estão juntas no mesmo texto. Freud estava falando sobre a importância da ligação, do vínculo entre as massas de energia que circulam pelo aparelho psíquico. A vantagem de falar em pulsão de morte é exatamente permitir entender os movimentos de *desinvestimento*. Nas neuroses de guerra, também há uma dimensão hipocondríaca ou melancólica; quer dizer, a presença da pulsão de morte aparece — porque ela trabalha em silêncio — nas atividades do polo negativo do funcionamento psíquico. Portanto, ele se pergunta, sempre passando os conceitos pelo teste da navalha de Occam, se existe uma prova da existência da pulsão de morte, e se este novo conceito afeta ou não a teoria das pulsões vigente até então.

6. Mudanças do pós-guerra: 1919-23

Tal prova talvez possa ser encontrada no sadismo do superego, mas aqui temos uma mistura com as pulsões de vida, porque o sadismo é uma manifestação inegavelmente sexual. O mesmo vale para seu inverso, o masoquismo. Em algum momento, em *O ego e o id*, Freud se pergunta: a pulsão de morte muda nossa concepção das neuroses? E responde: no fundo, não. As neuroses continuam sendo produtos do conflito entre o ego e a sexualidade; mas não podemos mais falar de pulsões do ego. O que, a meu ver, é um importante melhoramento na teoria; ego e pulsão devem estar em colunas opostas, para que a metapsicologia funcione bem. E o que era até então chamado de pulsões do ego se distribui entre dois polos: por um lado, os aspectos ligados ao narcisismo, por outro tendências à deserotização daquilo que havia sido previamente investido pela sexualidade. A teoria fica mais consistente com essas modificações, mas — como observa Laplanche com toda razão[36] — o sexo muda de lugar.

Até essa revolução na doutrina das pulsões, a sexualidade era para a teoria psicanalítica o grande fator *patógeno*. Com a ideia de pulsão de morte, a sexualidade muda de direção. Ela vai estar agora do lado da vida, e o risco vem da pulsão de morte, do seu trabalho silencioso de desinvestimento das representações, de encolhimento, por assim dizer, do psíquico. Todo o quadro das depressões começa a ser pensado de outra maneira, a partir dessas questões que Freud levanta. Começando pelas neuroses traumáticas, ele vai chegar à pulsão de morte, mas, neste processo, sugere hipóteses a respeito da angústia, do que é analisar, do papel da sexualidade, do que é a transferência, que terão impacto enorme na maneira como as análises são conduzidas.

Um exemplo disso pode ser evidenciado no caso da angústia. Na primeira teoria, a angústia estaria para a libido como o vinagre para o vinho. A libido tem que ser descarregada; se ficar estagnada, azeda. Aqui é o contrário: a angústia está, em primeiro lugar, vinculada ao ego e não à sexualidade, e em segundo tem uma função positiva, porque permite uma preparação para o perigo; além de um certo nível, porém, ela passa a ter efeitos nocivos. O elemento quantitativo funciona como critério diferenciador. Quanto ao aspecto qualitativo, a tendência à repetição passa a ser considerada como primária. Não se deve perguntar por que repetimos as coisas desagradáveis, mas sim de que maneira a repetição das coisas desagradáveis contribui para torná-las menos desagradáveis. A ideia é que, de tanto repetir, se opera a ligação, e a partir da ligação entra em cena o princípio do prazer.

---

36. Jean Laplanche, *Vie et mort en psychanalyse*. p. 187.

Esse pequeno passeio por *Além do princípio do prazer* comprova que a questão do trauma é muito mais central do que poderíamos perceber somente pelos pequenos textos sobre as neuroses de guerra. De fato, estas tiveram seu momento de maior interesse logo após a cessação dos combates, mas, se através delas não tivesse começado a elaboração do problema do trauma, certamente não teriam passado de um fenômeno sem maior importância conceitual. A consideração do trauma, por sua vez, está no núcleo de mutações conceituais e clínicas fundamentais, e que começam a dar à psicanálise a feição pela qual a conhecemos hoje.

Neste ponto, cabe mencionar uma leitura contemporânea do texto de Freud, que acentua seu interesse clínico: o trabalho de Luis Carlos Menezes, "A técnica em questão".[37] Trata-se de uma leitura certamente diversa da que fizeram os analistas dos anos 1920; mas é interessante mencioná-la brevemente, porque mostra um aspecto do artigo de Freud que habitualmente não é ressaltado, a saber suas consequências para a maneira como concebemos o processo analítico.

O próprio Freud oferece uma pista para essa leitura, quando, no começo do terceiro capítulo do texto, recapitula justamente as fases pelas quais passou a técnica analítica. Ali lemos que ela mudou seus meios, mas procurou sempre o mesmo objetivo. Primeiro era uma técnica de interpretação, no sentido mais intelectual de deciframento das representações. A segunda etapa foi procurar dissolver as resistências, para que o sintoma pudesse se dissolver junto com elas. Isso também não foi suficiente; tornou-se preciso interpretar a transferência, que nada mais é do que a repetição do passado infantil no qual se originaram, longinquamente, as condições da neurose, aí incluídos os sintomas e as resistências. Freud recapitula essas etapas, mostrando como aos poucos a repetição vai se impondo à consideração dos analistas; e daí parte para mais uma espiral do seu argumento em relação à pulsão de morte.

O vínculo entre repetição e trauma não é difícil de perceber: a primeira é uma das formas de elaborar as consequências do segundo. Mas há aqui uma articulação importante, que merece atenção: a concepção do trauma pende para o lado quantitativo-econômico — é uma questão de intensidades relativas —, enquanto a repetição introduz o que chamei de aspecto mais qualitativo, e sobretudo extravasa o âmbito restrito do trauma, passando a ser considerada como uma

---

37. Luis Carlos Menezes, "A técnica em questão". In: Silvia Alonso e Ana Maria Leal (Orgs.). *Freud: um ciclo de leituras*. São Paulo: Escuta; Fapesp, 1997. pp. 261-76.

6. Mudanças do pós-guerra: 1919-23

tendência básica do funcionamento psíquico — de onde a ideia de um *Wiederho-lungszwang*, ou compulsão à repetição. Essa é determinante para compreender as operações fundamentais da ligação e do desligamento, e o interesse da aborda-gem de Menezes é relacionar também ao trauma esta dimensão qualitativa, que no texto de Freud ficava reservada somente à repetição.

Menezes lembra que o trauma não destrói apenas a membrana protetora da vesícula psíquica, mas igualmente a trama de significações de que se constitui a vida psíquica. Em suas palavras:

> este aparelho psíquico que processa as excitações pulsionais, fazendo-as circular numa rede de produções criadoras de finas diferenças, quer dizer, portadoras de sentidos e de representações, sob o impacto do trauma de certa forma se liquefaz, caindo no puro nonsense; ou, para evitar isso, imobiliza-se, premido pela urgência da necessidade agora prioritária de se reconstituir e de sobreviver.[38]

Temos aqui uma ideia muito fecunda. O que é um trauma? É algo que, pelo excesso de intensidade, ou impede alguma coisa de se constituir, ou destrói aqui-lo que já está constituído. E o que é este "já constituído"? Uma rede de vínculos muito sutil, muito densa, entre as representações que produzem sentido. É a organização do sistema psíquico, nos seus vínculos e nas suas ligações entre to-das as partes. É exatamente nessa linha que vai o trabalho de Menezes, ao mos-trar como a questão da ligação e do desligamento, central em *Além do princípio do prazer*, pode ser entendida não só em termos econômico/mecânicos, mas ainda como significando a *gênese do sentido*.

O trauma abre assim um buraco na rede de representações. Se imaginar-mos uma rede de pescar, é como se um peixe demasiado grande rompesse suas malhas: o trabalho da ligação é costurar a rede. Para Freud, esta é uma tarefa que concerne às energias em presença, portanto algo que pertence essencialmente à ordem do *econômico*. Ao que Menezes acrescenta: a reconstrução da rede é tam-bém uma reconstrução de sentidos, das "diferenças finas" a que se refere. Ou então, caso ocorra muito cedo na vida — é toda a problemática abordada no úl-timo período das investigações de Ferenczi —, o trauma paralisa esse processo, e por assim dizer impede as malhas da rede de se fecharem da forma adequada.

38. Menezes, op. cit., p. 270.

284

Quando prevalecem tais condições, o trabalho da análise passa a ser promover a ligação, enquanto até então sua tarefa, como vimos há pouco, era desvincular a libido dos sintomas. Isso, diz Menezes, permite abordar pacientes muito mais lesados do que aqueles que a psicanálise atendia no seu início; com estes, incumbe ao processo analítico a função de reparar os traumas causados pelas contingências nefastas da vida do indivíduo.

A ideia de que o tratamento é um lugar de reparação, de uma experiência ao mesmo tempo mobilizadora e reconstrutiva, vai levar à reavaliação de um parâmetro essencial para a psicanálise freudiana: a abstinência. É bastante claro que, se se atribuir à análise esta nova tarefa, o psicanalista não pode ser tão abstinente quanto prescrevia a técnica clássica. De onde as experiências de Ferenczi no sentido de, por um lado, aguçar e intensificar a experiência transferencial, e por outro colocar-se numa posição mais próxima do "materno" que do "paterno". Um dos aspectos mais sugestivos do artigo de Menezes, neste sentido, é exatamente sua concepção da abstinência, que leva em conta não tanto as recomendações de Ferenczi, mas o que se aprendeu com seus excessos. Para Menezes, a abstinência não é somente, nem principalmente, uma postura cujo objetivo é calibrar a dosagem de frustração libidinal para o paciente: sua função primordial é proteger o paciente do narcisismo do analista.

Por aí se vê de que modo a preocupação com a contratransferência, central nos debates dos anos 1920, decorre das considerações metapsicológicas de *Além do princípio do prazer*. Mas, na época da sua publicação, tais consequências clínicas não podiam ser imediatamente percebidas. O narcisismo encarado como resistência contra o progresso da análise não é tanto o do analista, mas sobretudo o do paciente. Este é o tema de um artigo de Abraham, "Uma forma particular de resistência contra o trabalho analítico". Também atravessa a prática de Ferenczi, conduzindo-o da técnica ativa até as suas posições finais sobre o que é de fato uma análise.

Ou seja: não é apenas a cronologia que nos orienta por onde devemos prosseguir — já que as discussões sobre a técnica povoam toda a década de 1920, iniciando-se com os trabalhos de Ferenczi e continuando com veemência através das intervenções de Glover, Reich, Fenichel, Alexander e outros. Há um laço interno entre a questão metapsicológica do trauma, a ideia de compulsão à repetição que dela decorre, e as importantes mudanças na maneira como se pratica a análise. Para elas devemos agora voltar nossa atenção.

7. Discussões sobre técnica: 1919-39

Na breve história da técnica analítica que encontramos no início do capítulo III de *Além do princípio do prazer*, Freud se dedica a mostrar como, cada vez mais, ela passou a levar em conta as forças que estruturam o processo terapêutico. A compulsão à repetição é uma delas, mas não a única: as pulsões sexuais contribuem para a eclosão da transferência e para o investimento do analista como objeto substitutivo das figuras parentais; do lado das tendências defensivas, diversas formas de resistência se opõem à manifestação dos desejos e das representações inconscientes. Nos artigos da década anterior, a atitude do analista havia sido descrita como uma combinação de benevolência, neutralidade e atenção flutuante, ou seja, um conjunto de posturas destinadas a colocá-lo na posição mais favorável para a escuta do inconsciente. Idealmente, a interpretação adequada e oportuna deveria poder fazer frente às dificuldades inerentes a toda análise, reduzindo os sintomas e liberando a libido do paciente das amarras impostas pela neurose.

Ora, a experiência foi mostrando que as coisas são mais complicadas do que sugere este modelo relativamente simples. Em especial, as resistências se revelam mais tenazes do que se poderia prever, e o fenômeno da reação terapêutica negativa comprova que às vezes elas podem se sobrepor aos esforços do analista no sentido de as dissolver. A reflexão vai então se voltar para o estudo da resistência, que se encontra na conjunção das várias dimensões da psicanálise: é obviamente uma questão técnica (como enfrentá-la), mas também uma questão metapsicológica (*o que* resiste, *ao que* resiste, *por que* resiste), uma questão psicopatológica (suas diversas modalidades, segundo a organização psíquica do paciente — histérica, narcísica, obsessiva, etc.), e uma questão de teoria do desenvolvimento (quando e em quais fases se instalaram os mecanismos cuja ação as produziu e as mantém).

Para estudar o tema da resistência e seus desdobramentos, convém não seguir rigidamente a cronologia, pois neste caso perderíamos de vista o nexo lógico entre as diferentes investigações que o focalizaram. Assim, podemos dizer que essa questão preocupa Freud em *Além do princípio do prazer*, em *O ego e o id*, em "O problema econômico do masoquismo" e em *Inibição, sintoma e angústia*. No "Apêndice A" a este último texto, encontramos cinco formas diferentes de resistência: a compulsão à repetição (resistência do id), o masoquismo moral (resistência do superego) e três modalidades ligadas ao ego — a resistência pelo recalque, pela transferência e pelo benefício secundário da neurose.[1] Essa lista é importante, porque mostra que a resistência não se vincula somente aos mecanismos de defesa do ego, e sim a todo o funcionamento psíquico do paciente.

O que Freud não diz explicitamente, mas é fácil deduzir das suas ponderações, é que talvez a fonte mais fundamental de todos os tipos de resistência seja o narcisismo, que se opõe ao investimento do outro, e portanto também ao investimento da figura do analista e da relação com ele. Com efeito, as diferentes modalidades da resistência são figuras do *mesmo*, da repetição do idêntico e do já constituído, o que é apenas outro modo de dizer que ela é sempre resistência à *mudança*. Concretamente: à mudança das relações dinâmicas entre as instâncias (economia psíquica), de objeto de amor (abandonar ou neutralizar os objetos edipianos), de formas de satisfação da libido (ainda atadas à sexualidade infantil e às fantasias correspondentes), de intensidade ou de natureza dos mecanismos defensivos, e da severidade do superego frente ao ego e aos seus impulsos. *Mudar* exige abandonar traços de caráter ou sintomas construídos às vezes durante anos, uma certa imagem de si, um certo modo de se relacionar com os demais, etc.: todos esses aspectos, cuja vigência psíquica dá a impressão de ser mantida pela mera força da inércia, são na verdade irrigados pela libido narcísica, e formam portanto parte do "patrimônio narcísico" de cada um de nós.

---

1. Freud, *Inibição, sintoma e angústia*, 1926, "Apêndice A", SA VI, p. 287; BN III, p. 2875.

7. Discussões sobre técnica: 1919-39

Ora, como é com este patrimônio que todos ingressamos na análise, ele interferirá decisivamente na maneira pela qual cada paciente organiza a situação analítica. As peculiaridades desta última, contudo, vão muito além desta dimensão; e, dos discípulos mais próximos de Freud, foi Ferenczi o mais sensível às peculiaridades dela. Na medida em que é constituída por duas pessoas em posições assimétricas, pode-se enfatizar ora o aspecto "assimetria", ora o aspecto "par". Freud certamente optou pela primeira possibilidade: a regra da abstinência é a expressão mais eloquente deste viés. Embora reconhecesse que o analista também possui um inconsciente — e seus escritos técnicos insistem na necessidade de moderar os efeitos deste fato sobre a condução do tratamento —, para ele quase toda a constelação dinâmica da análise depende de movimentos cujo foco é o paciente — em especial a transferência e a resistência.[2]

Já Ferenczi (que, contrariamente a Freud, passou pela experiência da análise na qualidade de paciente) acentuará bem mais a participação do analista na organização do processo terapêutico, interessando-se pela "metapsicologia dos processos psíquicos do analista" e pelas consequências clínicas da atitude dele frente a determinados tipos de paciente. Nesta linha, escreverá trabalhos importantes, que chegarão a opor sua prática à chamada "técnica clássica", e ao próprio Freud.

Mas antes disso, e desde o início de sua carreira analítica, Ferenczi também se interessou por aspectos do comportamento do paciente em sessão sobre os quais Freud pouco ou nada havia chamado a atenção. É Michael Bálint que, num amplo estudo sobre a prática ferencziana, nos alerta para este ponto.[3] Para Bálint, Ferenczi tinha por hábito problematizar aquilo que para todo analista é familiar, e por isso deixa de suscitar perplexidade — por exemplo, elementos não verbais nas comunicações do paciente, como ritmo respiratório, tom de voz, sonolência ou tontura — considerando-os "sintomas transitórios", ou "atos sintomáticos". De fato, vários artigos dele descrevem e procuram compreender

2. Para um estudo deste aspecto do pensamento de Freud, cf. Renato Mezan, "A transferência em Freud: apontamentos para um debate". In: *Tempo de muda*. Cf. igualmente Paul Roazen, *How Freud worked: first-hand accounts of his patients*. Northvale, NJ.: Jason Aronson, 1995 (trad. francesa: *Dernières séances freudiennes*. Paris: Seuil, 2005).

3. Michael Bálint, "Experiências técnicas de S. Ferenczi". In: Benjamin Wolman (Org.). *As técnicas psicanalíticas*. Rio de Janeiro: Imago, 1976. v. II. O artigo tem três partes; a terceira foi republicada como um dos prefácios ao quarto volume das *Oeuvres complètes* de Ferenczi, e se encontra disponível na tradução brasileira dessa coleção (Martins Fontes).

estes fenômenos,[4] vinculando-os a conflitos inconscientes mobilizados na e pela transferência.

Por outro lado, é sabido que em sua prática Freud era bem menos neutro do que poderiam fazer supor suas recomendações ao analista principiante.[5] A publicação da história do Homem dos Lobos, escrita durante a época em que Ferenczi se analisou com ele, trouxe à tona o tema da "atividade" do analista (no caso, a fixação unilateral de um término para a análise), e justamente em relação a uma modalidade da resistência apresentada pelo paciente: a análise havia estagnado, sem que surgisse material novo capaz de abrir caminho para a "cura". Em sua comunicação ao congresso de Budapeste, Freud defendia que em certos casos seria apropriado que o analista determinasse ao paciente realizar ou deixar de realizar alguma coisa — por exemplo, a partir de dado momento na evolução da análise de um paciente fóbico, estimulá-lo a enfrentar a situação ansiógena.[6]

A "TÉCNICA ATIVA"

Assim, quando ao analisar um caso de histeria se defronta com uma resistência especialmente tenaz, Ferenczi vem a utilizar a recomendação de Freud de modo bastante original. A história é contada em "Dificuldades técnicas na análise de uma histeria" (1919): trata-se de uma mulher que estava já em seu terceiro período de análise com ele, tendo-a interrompido, nas vezes anteriores, quando o processo atingia determinado patamar. A paciente mobilizava então uma paixão transferencial, cuja função de resistência era evidente. Atento ao caráter expressivo dos elementos corporais, e convicto de que eles são expressivos *porque* veiculam um conflito inconsciente entre a libido e as forças repressoras, ele percebe um dia que a paciente mantinha as pernas cruzadas durante toda a sessão, ao mesmo tempo em que falava de sensações eróticas "em baixo". Ferenczi interpreta essa posição como uma "masturbação larvar", e, depois de muito hesitar, proíbe a moça de cruzar as pernas enquanto estivesse deitada no divã:

---

4. Entre outros, "Construções sintomáticas transitórias durante a análise" (1912).
5. Cf. Paul Roazen, op. cit. Há também diversos relatos em primeira pessoa de pacientes seus.
6. Freud, "Caminhos da terapia analítica", BN III, p. 2461; SA E, p. 247; OCCL, v. 14.

expliquei-lhe que [esta posição] permitia descarregar sub-repticiamente certas moções inconscientes, e só deixava passar para o material associativo fragmentos inutilizáveis. [...] Só posso classificar [o efeito dessa interdição] como fulminante (*foudroyant*). A paciente, a quem este modo habitual de descarga genital ficava proibido, começou a sofrer durante as sessões de uma agitação física e psíquica quase intolerável; não podia mais ficar tranquilamente deitada, e constantemente precisava mudar de posição. Suas fantasias se assemelhavam a delírios febris, dos quais finalmente emergiram fragmentos de lembranças há muito sepultadas, que pouco a pouco se agruparam em torno de certos acontecimentos da infância, e revelaram as circunstâncias traumáticas mais importantes da doença.[7]

Depois desses progressos, a análise estagna novamente, e Ferenczi decide estender a medida a outras situações em que a moça encontrava satisfação autoerótica pressionando as coxas, por exemplo quando cuidava da casa ou do filho. A cada interdição, a paciente reagia com um novo avanço, o que justificava a seguinte conclusão:

essa experiência acabou por a persuadir de que ela dissipava toda a sua sexualidade nestes "maus hábitos" menores, [...] e a renunciar, em proveito do tratamento, a este modo de satisfação praticado desde a infância. Sua sexualidade, à qual todas as formas anormais de escoamento ficavam assim bloqueadas, encontrou por si mesma, sem exigir a menor indicação, o caminho da zona genital que normalmente deveria ser o seu, e do qual havia sido reprimida numa certa época do desenvolvimento, exilada por assim dizer de sua pátria para regiões estrangeiras.[8]

Tal "repatriamento da libido" segue as vias do desenvolvimento sexual infantil: a paciente passa por uma "neurose obsessiva passageira" (fase anal), depois por um período em que sentia urgente necessidade de urinar (fase uretral), e em seguida por uma fase de masturbação genital explícita, até atingir a capacidade de gozo genital.

Este curto artigo de Ferenczi marca o início da chamada "técnica ativa", termo um tanto equívoco, que pede esclarecimento. A atividade em questão é

---

7. Sándor Ferenczi, "Difficultés techniques d'une analyse d'hystérie". In: *Oeuvres complètes*, v. III, p. 18.
8. Id., p. 19.

primeiramente a do analista, que infringe a regra de abstinência para dar uma ordem e enunciar uma proibição; mas é sobretudo uma atividade da paciente, que deve evitar as formas de satisfação autoerótica a que se habituara. A finalidade desta proibição é óbvia: canalizar a libido primeiro para o processo analítico, e em seguida para a zona erógena genital. O fundamento para justificar a proibição é de natureza econômica: se a libido se encontra encastelada nestas formas "larvares" de masturbação, e portanto nas representações e fantasias que as acompanham, não pode investir o processo da análise, de onde a estagnação observada. Ao proibir tais satisfações, o analista repõe em circulação este quantum libidinal, que poderá assim ser utilizado na transferência e na recuperação das lembranças patógenas.

Ao mesmo tempo, existe aqui uma evidente concepção normativa quanto ao desenvolvimento da libido: esta deve abandonar os modos pré-genitais de satisfação e atingir a sua "pátria", ou, como diria Aristóteles, o seu "lugar natural" — os órgãos genitais. As "regiões estrangeiras" de que fala Ferenczi são os sintomas histéricos, alimentados, como diz nas linhas finais do texto, com a libido genital recalcada. Esta concepção do tratamento analítico situa o seu eixo na investigação das fixações e dos destinos da libido, enfatizando o que bem se poderia chamar de "genitalização". Daí a enunciação de uma regra técnica: o analista deve estar atento às manifestações inconscientes da masturbação, e, tendo-as percebido, trabalhar no sentido de as suprimir, pois, "se o paciente perceber que estes modos de satisfação escapam ao analista, ele os investirá com todas as suas fantasias patógenas, permitindo a estas constantes descargas motoras, e poupando-se assim o penoso e desagradável trabalho de as tornar conscientes".[9]

As questões abertas por esse artigo de Ferenczi são de suma importância para todo o debate que se iniciará em torno da técnica. À primeira vista, ele não fez mais do que aplicar, neste caso difícil, uma medida avalizada pelo próprio Freud, a saber: uma intervenção não diretamente interpretativa, mas sem dúvida baseada numa avaliação das forças favoráveis e desfavoráveis ao êxito daquela análise. As razões que o levaram a proceder assim se ancoram numa concepção do que é a terapia analítica que, neste momento pelo menos, não discrepa daquilo que todos pensam: se os sintomas são gerados e mantidos pela libido recalcada, se eles "são a vida sexual do paciente", como diz Freud, nada mais natural que

9. Id., p. 20.

7. Discussões sobre técnica: 1919-39

procurar desvincular a libido das suas formas cristalizadas de satisfação, e "convocá-la" para as finalidades do tratamento. Então, por que tanta celeuma em torno da técnica "ativa"?

Para compreender este ponto, é necessário retomar a questão da abstinência, já que é ela que se encontra posta entre parênteses pelas medidas ativas, quer sejam tomadas por Ferenczi, por Freud ou por outro analista qualquer. Nas "Observações sobre o amor de transferência", lemos o seguinte:

> a técnica analítica requer do médico que negue à paciente ávida de amor a satisfação que ela exige. O tratamento deve ser conduzido na abstinência [...]. Devemos deixar que a necessidade e a aspiração da paciente persistam, de forma a que possam servir como forças que impelem ao trabalho e às mudanças; o analista deve se guardar de aplacá-las através de substitutivos (*Surrogate*).[10]

A mesma tecla é repisada no artigo de 1919, "Caminhos da terapia analítica":

> foi uma frustração (*Versagung*) que fez com que a paciente adoecesse, e que coloca seus sintomas no papel de satisfações substitutivas. Vocês podem observar, durante o tratamento, que toda melhora de seu estado retarda o ritmo da produção [de associações] e diminui a força pulsional (*Triebkraft*) que impele à cura. Mas não podemos renunciar a esta força pulsional; sua diminuição é perigosa para nossa intenção terapêutica. Que consequência inevitável assim se impõe? Por cruel que possa parecer, devemos cuidar para que o sofrimento do paciente, em certa medida eficiente, não termine de modo prematuro. Quando ele se reduz, através da desagregação e da desvalorização dos sintomas, precisamos de algum modo provocá-lo novamente como privação sensível; caso contrário, corremos o risco de obter somente mudanças modestas e passageiras.[11]

Estes textos são eloquentes, e a presença de termos como "*zur Arbeit und Veränderung treibende Kräfte*" (forças que impelem ao trabalho e à mudança), "*die Triebkraft die zur Heilung drängt*" (a força pulsional que impele à cura), bem como

10. Freud, "Observações sobre o amor de transferência" (1915), BN II, p. 1692; SA E, p. 224; OCCL, v. 10, pp. 210-28.]
11. Freud, "Caminhos da terapia analítica", BN III, p. 2459; SA E, pp. 244-5; OCCL, v. 14.

de palavras como "aumentar", "diminuir", "reforçar", e de considerações sobre o ritmo e a "prematuridade" de certos fenômenos, nos indicam como é predominante a visão da terapia em termos econômicos e dinâmicos. Insisto nisso, porque a ideia de trauma se inscreve no mesmo registro (intensidade e magnitude do choque traumático), o que sem dúvida facilita a sua importação da metapsicologia para a teoria do processo analítico.

Mas também é evidente que a libido é entendida como uma força que adere a certas representações ou sintomas. A análise deve desligá-la deles, mas igualmente evitar que este ganho seja desperdiçado, o que poderia acontecer se, uma vez reposta em circulação, ela encontrasse demasiado rapidamente outros refúgios seguros. A função técnica da abstinência é precisamente preservar a mobilidade da libido, e para isso convém não a gratificar com "satisfações substitutivas", por "cruel" que possa parecer tal procedimento. Se a interpretação conseguiu desligar a libido de alguma destas conexões, ela deve permanecer numa condição flutuante, a fim de poder investir tanto o processo de rememoração e de associação quanto o objeto transferencial representado pelo analista. Ora, este último pode ser objeto de investimento como um sintoma, com a mesma adesividade patológica. Eis por que deve evitar qualquer movimento precipitado de gratificação: isso traria como consequência uma nova cristalização da libido, desta vez na sua pessoa — é o caso da paixão transferencial — ou a extinção do impulso para "trabalhar e mudar".

Em suma, toda a questão consiste em — tendo liberado uma parcela de libido da repressão — mantê-la fluida e disponível para o trabalho analítico, evitando que se agarre novamente a um objeto, a uma representação ou a um modo estereotipado de satisfação. Ela tenderia espontaneamente a tal solução, em virtude da compulsão à repetição e também do princípio do prazer, que prescreve evitar situações capazes de se tornar desprazerosas. Por outro lado, o trabalho analítico é visto essencialmente como um movimento de rememoração — Ferenczi diz no trecho citado há pouco que a libido liberada por sua proibição acabou por investir "fragmentos de lembranças há muito sepultadas, que pouco a pouco se agruparam em torno de certos acontecimentos da infância".

A rememoração é, claramente, aquilo para o que tendem as associações "livres" do paciente, e com isso podemos perceber como se fecha o círculo. À libido estagnada — no objeto, na fantasia ou no modo de satisfação impostos pela neurose — corresponde uma estagnação no movimento associativo, que nada

7. Discussões sobre técnica: 1919-39

mais é do que um indício visível daquela outra, mais grave. Portanto, se o paciente para de associar — ou seja, de trazer material novo, capaz de conduzir às recordações patógenas — isso ocorre porque a libido está fixada a certos elementos psíquicos, dos quais é preciso resgatá-la. De onde o interesse em promover esse resgate — pela interpretação tradicional, ou, nos casos em que esta se revelar inoperante, pelas medidas ativas. Entre os elementos que bloqueiam o livre trânsito entre as associações, certas formas do autoerotismo são as mais nefastas, e nisso consiste a descoberta de Ferenczi no trabalho que vimos comentando.

Um artigo de Abraham — "Uma forma particular de resistência neurótica ao método psicanalítico", igualmente escrito em 1919 — focaliza outro aspecto do mesmo fenômeno.[12] Abraham também parte da cessação do fluxo associativo, vendo nela a manifestação de uma resistência. Mas, se na maior parte das vezes tal interrupção se exprime por um "hoje não tenho nada para dizer", a sutileza clínica de Abraham o faz notar o *mesmo* fenômeno sob um tipo de fala abundante e sistemática, porém submetida à crítica e à compulsão por organizar os assuntos de modo hierarquizado. Aparentemente, o paciente traz muito material, porém inútil para o trabalho, porque se apresenta muito elaborado, filtrado pela censura e pelo ego. Ao contrário do que poderia parecer, estes pacientes não estão associando, mas sim evitando temas ou lembranças desagradáveis, com o que buscam "tirar o maior prazer possível da sua análise".

Prossegue Abraham: "esta manifestação, juntamente com outras particularidades, é a clara expressão do seu narcisismo, pois são meus pacientes mais narcisistas que assim se opõem à regra fundamental".[13] Neste tipo de pessoa, a transferência se mostra "insuficiente", sendo substituída o mais das vezes por uma identificação competitiva com o analista: o paciente deseja fazer sua análise sozinho e sem o auxílio do terapeuta.

> Esta "autoanálise" é um gozo narcísico de si mesmo, e simultaneamente uma revolta contra o pai [...]. A necessidade de estar sozinho aproxima este comportamento do onanismo e de seus equivalentes, os devaneios diurnos [...]. A "autoanálise" era um devaneio diurno justificado [...], um substituto autorizado da masturbação.[14]

12. Karl Abraham, "Une forme particulière de résistance névrotique à la méthode psychanalytique". In: *Oeuvres complètes*. Paris: Payot, 1966. v. ii, pp. 83-9.
13. Id., p. 84.
14. Id., p. 86.

Este é o ponto de contato com o texto de Ferenczi sobre a paciente das pernas cruzadas. Embora ela utilizasse a pressão das coxas e os pacientes a que se refere Abraham se masturbem falando, a situação psicodinâmica é a mesma: uma retração autoerótica da libido em prejuízo dos objetivos da análise. As formas diversas de efetuação do autoerotismo se devem, a meu ver, ao fato de que a paciente de Ferenczi era uma histérica, enquanto os de Abraham apresentam fortes traços obsessivos (e não seria de esperar que um obsessivo investisse seu corpo do mesmo modo que um histérico).

É nessa direção, aliás, que o texto continua: após ter descrito pacientes que hoje qualificaríamos como organizações narcísicas, Abraham — que não dispunha deste conceito — enumera os traços anais de sua sintomatologia (meticulosidade no relato, avareza na "entrega" do material inconsciente, tendência a "presentear" o analista com suas elucubrações sobre si mesmos e sobre a análise). No entanto, reconhece que o narcisismo é neles o fator mais importante e, com sua habitual argúcia, chega a descrever o caráter particular do seu padrão transferencial, que denomina "transferência imperfeita", ou seja, pouco objetal, marcada por fortes traços de rivalidade, e ao mesmo tempo por demandas de amor insaciáveis e fadadas à frustração.

Onde Abraham se distingue de Ferenczi é na recomendação técnica com que conclui seu artigo: em vez de sair da abstinência e empregar medidas "ativas", sugere interpretar o sentido da resistência desde o início do tratamento, e analisar exaustivamente todas as formas do narcisismo, "em particular em suas relações com o complexo paterno". Caso se consiga superar a blindagem narcísica desses pacientes, ou, o que dá na mesma, criar uma transferência positiva, as associações começam a surgir e o trabalho pode ter um prognóstico favorável.[15]

Seria a atividade do analista, então, um recurso a ser empregado apenas em casos de histeria? A esta pergunta, Ferenczi responde negativamente no relatório que apresentou em 1920 ao Congresso de Haia, intitulado "Prolongamentos da técnica ativa em psicanálise". Neste texto, o que no caso da paciente das pernas cruzadas fora uma medida de emergência se vê alçado à categoria de instrumento analítico a ser usado com circunspecção, mas sem medo, assim como o obstetra emprega o fórceps. Ferenczi afirma claramente que se trata de um artifício a ser empregado em casos excepcionais, e mesmo assim e em momentos específicos

---

15. Id., pp. 88-9.

7. Discussões sobre técnica: 1919-39

do processo: nunca no seu início, somente quando há indícios seguros da solidez da transferência, etc.

Mas, pondera, talvez se esteja aqui exagerando a novidade do assunto "atividade": embora o elemento mais saliente da técnica usual seja a passividade — tanto o analista como o paciente *se abandonam* às respectivas associações —, a própria comunicação da interpretação é uma ação realizada pelo analista que interfere com a atividade psíquica do paciente, orientando-a numa certa direção. Citando a 28ª das *Conferências de introdução à psicanálise* ("A técnica psicanalítica"), Ferenczi lembra que Freud distingue duas etapas no tratamento: na primeira, a libido se desloca dos sintomas para a pessoa do analista (transferência); na segunda, esta libido transferencial deve desligar-se do analista e dirigir-se para a "vida". Esta segunda derivação da libido é possibilitada pela transformação do ego sob a influência do médico, o que, diz Ferenczi, é outro exemplo de atividade.[16]

É evidente o esforço de Ferenczi para dar um ar ortodoxo à sua inovação, mas é igualmente evidente a distância que a separa das formas mais clássicas de atividade a que se refere. Tanto a comunicação da interpretação quanto a análise da transferência são perfeitamente compatíveis com a regra de abstinência, e com as razões de ordem dinâmica com que Freud a justifica. O que Ferenczi entende por "atividade" é outra coisa: são injunções e proibições acerca de comportamentos concretos, na sessão ou fora dela, cujo objetivo é superar a resistência de maneira por assim dizer direta.

O exemplo que oferece em seu relatório o comprova: a uma musicista que apresentava "fobias e medos obsessivos", sugere que cante na sessão uma determinada melodia da qual havia se lembrado, o que, depois de muitas hesitações, ela faz. Durante algum tempo, a paciente utiliza as sessões para demonstrações de sua habilidade em cantar, até que Ferenczi lhe diga que já basta. Este intermezzo produziu, diz ele, um excelente efeito sobre o trabalho: "ela trouxe lembranças que até então nunca havia mencionado, e que diziam respeito à sua infância [...], quando mostrava todos os seus talentos, cantava para as pessoas, e de modo geral parecia ter um prazer ilimitado em movimentar-se".[17] Ou seja, mais uma vez surgiram *lembranças*, cuja análise teve consequências positivas sobre o andamento da terapia.

16. Sándor Ferenczi, "Prolongements de la 'technique active' en psychanalyse". In: *Oeuvres complètes*, v. III, pp. 118-9.
17. Id., p. 122.

Ferenczi conclui disso que a "atividade" se decompõe em dois momentos. O primeiro é positivo (sugestão de fazer algo até então desagradável) e tem como consequência que o paciente perceba que aquilo que temia era na verdade inconscientemente desejado. O segundo momento é negativo (proibição de continuar praticando aqueles mesmos atos, agora fonte de satisfação libidinal), com o que a libido assim mobilizada "encontra o caminho do material psíquico há muito recalcado e das lembranças infantis". E, assim como para os comportamentos, as incitações e proibições podem ser utilizadas para interferir nas comunicações verbais do paciente, por exemplo em casos similares aos que Abraham descreve no seu artigo.[18] Por outro lado, consciente das dificuldades no manejo da inovação que propõe, Ferenczi encerra sua comunicação com uma advertência quanto às contraindicações da técnica ativa, em especial se for utilizada visando à abreviação do tempo do tratamento, ou se, por uma avaliação equivocada do analista, vier a exacerbar a tal ponto as resistências que a análise se torne interminável.

CRÍTICAS À TÉCNICA ATIVA

Os artigos de Ferenczi foram lidos atentamente por um jovem analista inglês, Edward Glover, que os discute num texto extraordinário do qual devemos tratar agora: *"Active Therapy and Psycho-analysis: A Critical Review"*. Lido na Sociedade Britânica em fevereiro de 1923, o trabalho foi publicado no *International Journal* no ano seguinte.[19]

Glover começa por apresentar a posição de Ferenczi e os motivos que a fundamentam, reconhecendo que não se trata de uma terapia per se, mas de "um procedimento especial imaginado para uma situação analítica especial, a saber: quando a gratificação substitutiva dos impulsos libidinais forma uma

18. Id., pp. 25 ss. Ferenczi não menciona explicitamente o texto de Abraham, mas é evidente que pensa no mesmo tipo de resistência — a *grève du zèle*, ou "operação padrão", pela qual o paciente, pretendendo obedecer à risca a regra fundamental, faz na verdade uma caricatura dela.
19. Edward Glover, "Active Therapy and Psycho-analysis: A Critical Review", *International Journal of Psycho-analysis*, v. v, n. 3, pp. 269-311, 1924. O texto também pode ser encontrado no livro de Martin Bergmann e Frank Hartman mencionado num capítulo anterior: *The Evolution of Psychoanalytic Technique*, pp. 126-43.

7. Discussões sobre técnica: 1919-39

barreira para a investigação das formações inconscientes subjacentes".[20] Esta barreira pode consistir tanto em formas larvares de masturbação quanto em traços narcísicos de caráter.

Isso dito, Glover enuncia suas restrições à solução encontrada por Ferenczi para tais dificuldades: primeiramente, o analista *faz uso* da transferência, em vez de a *analisar*; em segundo lugar, menospreza o papel desempenhado pela compulsão à repetição e pela elaboração dos traumas na situação transferencial. As intervenções ativas, diz ele, perturbam o quadro transferencial como repetição espontânea, já que

> o reconhecimento pelo paciente de que um dado material é de natureza transferencial é muito facilitado pelo papel passivo do analista e pela sua impessoalidade. Quando a imago paterna é revivida por uma figura que não aconselha, não persuade e não ordena, ela é mais facilmente reconhecida *como tal* do que quando se encontra ancorada ao presente por uma situação *real* em que um médico efetivamente aconselha, persuade ou ordena algo a um paciente.[21]

Este ponto é crucial, e vale a pena explicitá-lo. Para o Ferenczi de 1919-20, o essencial é favorecer a livre associação e todos os afetos concomitantes, já que são eles (e ela) que conduzem ao recalcado. É certo que enfatiza o papel da experiência presente, e lhe atribui a maior parte do eventual êxito terapêutico, mas seu objetivo continua sendo atingir as recordações cuja conscienciação e cuja análise podem desfazer os sintomas. Já Glover, como outros participantes dos debates sobre a técnica desse início da década de 1920, não acredita tanto no valor ilimitado da livre associação para atingir os objetivos da análise, preferindo apostar — como Freud em "Recordação, repetição e perlaboração" — no desdobramento da transferência e na organização de uma "neurose de transferência" no sentido definido naquele artigo.

Na verdade, o analista inglês está preocupado com a possibilidade de que a atividade favoreça o que chama de "segunda fixação da libido", desta vez na pessoa do analista, e que poderia resultar numa "transferência inanalisável". Com efeito, para que o caráter de "falsa ligação" da transferência possa ser evidenciado, é necessária alguma distância entre o objeto originário da libido (a imago paterna,

---

20. Edward Glover, op. cit., apud Bergmann e Hartman, p. 135.
21. Id., p. 136.

no seu exemplo) e a figura atual do terapeuta, distância que fica obscurecida pelo papel que ele assume na técnica ativa. De onde sua sugestão de que, ao invés de entrar em colusão com o paciente através das incitações e proibições recomendadas por Ferenczi, o analista *analise repetidamente* o ganho de prazer produzido pelas masturbações larvares ou pelos traços de caráter autocomplacentes.

Quanto à repetição, Glover lembra que — mesmo na neurose "artificial" discutida por Freud em seu trabalho de 1914 — a interpretação da experiência transferencial não produz imediatamente a superação da resistência: o paciente precisa de tempo para perlaborar a compulsão (à repetição).[22] Através de uma fina discussão da questão do narcisismo e das pulsões autoeróticas ao longo do desenvolvimento da libido, Glover ressalta que "as próprias aberrações na maneira como o paciente segue a regra fundamental, seus traços e maneirismos", são também formas da repetição, que pode assim ser encontrada não apenas na relação que ele estabelece com o analista, mas igualmente nas suas reações à técnica da análise.[23] Ou seja: as gratificações pré-genitais disfarçadas — que para Ferenczi justificam a adoção das medidas "ativas" — são inevitáveis; não é tão simples retirá-las da esfera autoerótica e trazê-las para o lado do objeto representado pelo analista, porque toda uma vertente do narcisismo permanece sempre alheia à transferência.

Uma terceira crítica revela em Glover um atento leitor de *Além do princípio do prazer*: a de que a renúncia ao prazer narcísico induzida pela técnica ativa pode constituir um trauma comparável aos que conduziram à repressão do complexo de Édipo — ou até mais intenso do que eles. De onde a questão do tato, e da quantidade e duração das repetições que podem ser necessárias a um dado paciente *sem* que o analista interfira nelas, seja pela interpretação, seja pelos métodos preconizados por Ferenczi. E isso porque, se a fixação narcísica for excessivamente intensa, estes métodos falharão, já que se baseiam na intensidade do vínculo transferencial, ou seja, justamente naquilo que *não* se estabelece a contento em tais casos. No mesmo sentido vai a observação de que o tempo necessário para a perlaboração acaba sendo negado ao paciente pelas proibições que

22. Id., p. 137. Cinquenta anos depois, um argumento semelhante servirá a Piera Aulagnier para recusar com veemência a prática lacaniana das sessões curtas: cf. "Temps de parole et temps de l'écoute" (1973). In: *Un Interprète en quête de sens*. Paris: Éditions Ramsay, 1986.
23. Edward Glover, op. cit., p. 139.

7. Discussões sobre técnica: 1919-39

constituem a segunda fase do procedimento ativo. O critério para decidir sobre estes pontos, diz ele, é a *condição global do ego*, pois do grau de solidez de sua organização depende o sentido das manifestações autoeróticas que a técnica ativa visa a combater. E, por fim, alerta sobre o risco de as proibições gratificarem os impulsos masoquistas do paciente, que as obedeceria movido por um sentimento de culpa que elas tornariam impossível analisar.

Em resumo, Glover levanta problemas centrais para o trabalho analítico, que ainda hoje merecem consideração. Ele próprio sintetiza suas críticas a Ferenczi em torno dos seguintes pontos:

1. a aplicação da técnica ativa pode aumentar as dificuldades para resolver a transferência, porque induz a uma "segunda fixação" da libido — sobre o analista — especialmente nos casos em que há fortes tendências masoquistas;
2. ela afeta as repetições transferenciais, que devem ser distinguidas das vicissitudes autoeróticas da função de repetição: estas, por sua própria natureza, são menos acessíveis à influência da transferência;
3. ela impede a consideração de um problema fundamental: *o tempo para perlaborar*, que varia muito de paciente para paciente. De onde a necessidade de avaliar com cuidado a possibilidade de uma reação terapêutica negativa, que bem poderia ser produzida precisamente pela aplicação da técnica ativa;
4. com a sugestão de que se leve em conta a solidez do ego, Glover abre caminho para uma outra vertente deste debate, que focalizaremos mais adiante, e que se encontra na origem da chamada *ego psychology*.

PRIMÓRDIOS DO "AQUI E AGORA"

Apesar das objeções de Glover, Ferenczi continuou persuadido das vantagens da técnica ativa, como demonstra a publicação, em dezembro de 1923, de um livro escrito juntamente com Otto Rank: *Entwicklungszigle der Psychoanalyse*, ou, na tradução para o inglês feita logo a seguir, *The Development of Psychoanalysis*. O livro compõe-se de três partes: uma breve introdução, um estudo sobre a situação analítica (Rank) e uma "parte crítica" (Ferenczi).[24]

---

24. Sándor Ferenczi e Otto Rank, *The Development of Psychoanalysis*, republicado na série *Classics in Psychoanalysis*. Chicago: The Chicago Institute for Psychoanalysis, 1985. Os capítulos escritos por

Ambos insistem na mesma tônica: na terapia analítica, o fator essencial é a experiência presente, ou seja, as emoções e representações ligadas à transferência. Referindo-se a "Recordação, repetição e elaboração", e sobretudo à compulsão de repetição tematizada em *Além do princípio do prazer*, não se cansam de enfatizar este aspecto:

> do ponto de vista da compulsão a repetir, entretanto, não apenas é absolutamente inevitável que durante o tratamento o paciente repita uma grande parte do seu processo de desenvolvimento, mas também — como mostrou a experiência — trata-se justamente daquelas porções que não podem realmente ser recuperadas pela memória; de modo que o paciente não tem alternativa senão repeti-las, e o analista tampouco dispõe de outros meios para captar o material inconsciente.[25]

De onde a recomendação de não apenas evitar suprimir a tendência à repetição, mas ainda *estimulá-la* na análise, desde que o terapeuta saiba como a dominar. Da mesma forma, a ansiedade e a culpa — principais fontes da resistência — só podem ser superadas pela intervenção ativa do analista. A conclusão se impõe: "chegamos a atribuir o papel principal, na técnica analítica, ao repetir e não ao recordar. [...] Assim ocorre uma gradual transformação do material reproduzido em recordações reais (primeiro permitindo a reprodução, e depois a explicando)".[26]

Para fundamentar esse privilégio da repetição, Otto Rank descreve no seu capítulo o processo da cura segundo as concepções da época: a análise é uma etapa de duração definida no *Libidoablauf* (desdobramento da libido) do paciente; deve-se primeiro desligá-la dos sintomas e concentrá-la na pessoa da analista (transferência), para em seguida desligá-la deste objeto artificial e permitir-lhe encontrar novos empregos na vida concreta (fim da análise, sublimação, gratificação mais ampla dos desejos agora conscientes). Neste processo surgem resistências, das quais as mais importantes são a angústia e a culpa vinculadas aos desejos edipianos.

Ferenczi também podem ser encontrados, sob o título genérico "Perspectives de la Psychanalyse", no volume III das *Oeuvres complètes*, pp. 220-36.

25. Sándor Ferenczi e Otto Rank, *The Development of Psychoanalysis*, p. 3.

26. Id., p. 4.

7. Discussões sobre técnica: 1919-39

Como se trata de re-experienciar e de reproduzir estas situações antigamente recalcadas, o paciente se protegerá desta repetição, que no entanto é indispensável para o sucesso terapêutico: aqui entram as medidas "ativas". Rank insiste no valor da resistência — se corretamente analisada — para o progresso do trabalho: ela atrapalha, mas, se puder ser colocada a serviço do trabalho analítico, revela-se finalmente uma útil aliada.[27] A análise do complexo de Édipo, através da convocação e da gratificação parcial dos desejos incestuosos, via transferência, interpretando suas ramificações, suas expressões atuais e seus vínculos com o infantil: nisso consiste a tarefa terapêutica da análise.

O que Rank faz, assim como Ferenczi mais adiante no livro, é formular de modo resoluto algo que já se sabia, mas que até então não tinha sido dito com tanta ênfase: a importância crucial do fator *experiência*. Discutindo o pouco valor do conhecimento de si que não for adquirido na e pela experiência, mas apenas de modo intelectual (por exemplo, lendo textos de psicanálise), Rank escreve:

> todos os esclarecimentos e explicações são apenas um primeiro auxílio para tornar claro ao paciente o sentido da reprodução que ele deve esperar na experiência analítica. [...] Devemos evitar com cuidado ser excessivamente conscienciosos na interpretação de detalhes [...]. Caso contrário, cairemos no erro desastroso de negligenciar a *tarefa atual* em nome do interesse psicológico. [Esta tarefa] consiste em compreender e interpretar cada expressão do paciente sobretudo como uma reação à situação analítica *presente* (defesa ou reconhecimento do exposto pelo analista, reações emocionais a isto etc.). Ao fazer isso, é importante diferenciar entre o que é *realmente* provocado e a repetição infantil, ou, às vezes, compreender e fazer com que o paciente reconheça o que é comum a ambas.[28]

Aqui começa a se esboçar algo novo, que conduzirá a importantes consequências clínicas e teóricas. Nesse primeiro momento, Rank e Ferenczi leem "Recordação, repetição e perlaboração" enfatizando o elemento *repetição* e claramente minimizando o efeito terapêutico da recordação per se. Freud, me parece, nada teria a objetar a esta ideia. Contudo, o que se vive na análise *não*

27. É interessante observar que aqui Rank aplica à resistência o mesmo raciocínio que Freud fizera, no "Posfácio" ao *Caso Dora*, para a transferência.
28. Sándor Ferenczi e Otto Rank, *The Development of Psychoanalysis*, pp. 24-5. Grifos meus.

necessariamente é uma repetição do infantil. A valorização da experiência emocional como fator capaz de produzir no paciente tanto transformações psíquicas quanto a convicção de que a análise está no caminho certo introduz uma brecha entre o presente e o passado; no momento em que Rank e Ferenczi escrevem seu livro, essa brecha ainda é pequena, mas irá se acentuando com o correr dos anos.

É exatamente sobre a importância a conferir ao presente (entenda-se, ao presente transferencial) que se centram as observações de Ferenczi nos seus capítulos. Assim como ocorre com Rank, esta ênfase é apresentada como reconhecimento do valor clínico da *experiência* da repetição (em suas vertentes transferencial e existencial) e do valor teórico do *conceito* de compulsão à repetição. Ferenczi procede então a uma cerrada crítica dos erros técnicos que, a seu ver, infestam a prática analítica, e que consistem todos em descurar a atualidade da sessão em benefício de outros interesses. Alguns exemplos:

- negligenciar os fatores dinâmicos, permanecendo na descrição fenomenológica do que se passa na sessão;
- colecionar associações por elas mesmas, esquecendo que o seu único interesse é indicar onde estão ocultos os afetos determinantes, e sobretudo omitindo-se de perguntar pelos motivos que levam o paciente a optar por este e não por aquele caminho associativo;
- o fanatismo da interpretação, que consiste em querer descobrir exaustivamente o sentido de cada ideia do paciente, em detrimento da apreensão de conjunto da situação naquele momento;
- perder-se na análise dos sintomas e dos complexos isolados, com o que na verdade se dificulta a descoberta da história infantil do paciente;
- utilizar explicações para vencer as resistências, esquecendo que estas sempre encontram uma maneira de colocar aquelas a seu serviço;
- procurar descobrir e reconstituir sistematicamente todas as etapas do desenvolvimento sexual, com o que se superestima a suposta força erógena de tais e quais zonas ou órgãos;
- superestimar os fatores atuais exteriores à transferência: é necessário esperar, diz Ferenczi, que o paciente viva algo análogo ao seu passado no presente da situação analítica; o passado e o reprimido precisam

7. Discussões sobre técnica: 1919-39

encontrar um representante no presente e na consciência, para poderem ser efetivamente *experienciados*.[29]

- confundir a transferência negativa com uma resistência comum: "a tarefa principal da ação terapêutica é analisar a transferência negativa. Não se devem temer as reações negativas do paciente: elas pertencem ao fundo de reserva de toda análise".[30]

De onde provêm tantos e tão variados erros? Por um lado, do fato de que a técnica evoluiu muito "nestes trinta anos", porém muitos colegas ainda permanecem ligados a fases ultrapassadas dessa evolução. Mas a razão principal é outra:

o *narcisismo do analista* parece próprio para criar uma fonte de erros particularmente abundante, na medida em que por vezes suscita uma espécie de *contratransferência* narcísica, a qual conduz os pacientes a pôr em relevo coisas que lisonjeiam o médico, e a reprimir as associações e manifestações pouco favoráveis a respeito dele.[31]

Esta observação, como sabemos, o conduzirá a insistir na necessidade da análise do analista — a "segunda regra fundamental" — e também na necessidade de "autocrítica", para que o terreno transferencial não fique entulhado com atuações que impedem o profissional de *ouvir* o que o paciente está trazendo, seja com palavras, seja por meio da repetição transferencial.

No capítulo v do livro, Ferenczi extrai as consequências do que acaba de expor:

tal como a concebemos hoje, a terapia analítica tornou-se um método cujo objetivo é fazer *viver plenamente* a relação edipiana na relação do paciente ao médico, a fim de que o conhecimento assim obtido lhe permita chegar a uma solução nova e melhor. Tal relação se estabelece por si só nas condições da análise; a esta incum-

---

29. Neste momento, Ferenczi menciona a pluritemporalidade dos processos psíquicos, ou seja, o fato de que o mesmo elemento remete a momentos diversos do passado — tema importantíssimo, mas do qual não falaremos agora. Para uma discussão atual do tema, cf. Silvia Alonso, *O tempo, a escuta, o feminino*. São Paulo: Casa do Psicólogo, 2011.
30. Sándor Ferenczi, "Retrospectiva histórico-crítica". In: *The Development of Psychoanalysis*, pp. 28-44; Id., "Perspectives de la Psychanalyse". In: *Oeuvres complètes*, v. VIII, pp. 223-34.
31. Id., *The Development of Psychoanalysis*, p. 41; Id., "Perspectives de la Psychanalyse". In: *Oeuvres complètes*, v. VIII, p. 232. Grifos de Ferenczi.

be a tarefa de descobrir a relação edipiana por ligeiros indícios, e de conduzir o paciente a *reproduzi-la plenamente* na *vivência analítica*; por vezes, medidas apropriadas se impõem para fazer com que estes traços se afirmem (*atividade*).[32]

E conclui dizendo que, na sequência das etapas pelas quais passou a evolução da técnica, é chegado o momento de — "em contraste com as anteriores" — introduzir a "fase da experiência".

Apesar dos esforços de Rank e de Ferenczi para acentuar a continuidade entre o que dizem em seu livro e os conhecimentos já familiares a todo analista, é impossível não perceber que estão se encaminhando para uma nova concepção do que é uma análise. Penso que é possível tocar com o dedo o momento da inflexão: "queremos doravante *provocar diretamente*, em função do nosso conhecimento, as *vivências* adequadas, e limitarmo-nos apenas a explicar ao paciente o que está sentindo, que evidentemente também é perceptível para ele".[33] Tais vivências dizem respeito ao complexo de Édipo, cuja repressão teve um efeito traumático que é reanimado na análise. Ora, se assim se faz uma ponte com a problemática do trauma tal como Freud a introduz em *Além do princípio do prazer*, por outro lado se justificam simultaneamente o valor da vivência (aqui, ainda entendida como *revivência*) e o valor da "técnica ativa", instrumento cuja finalidade é exatamente induzir as "vivências adequadas".

A partir deste momento, separam-se as trajetórias de Rank e de Ferenczi. No mesmo ano de 1923, o primeiro escreve *O trauma do nascimento*. De modo muito estranho para um membro do Comitê, Rank não o deu a ler previamente a nenhum dos seus colegas, o que causou mal-estar entre todos. Além disso, o livro defendia uma postura inteiramente nova: a neurose consiste em esforços para lidar com a experiência do nascimento, agora designada como *o* trauma essencial. E como nesta experiência o traumático é a separação da mãe, o motivo para a eclosão da neurose deixa de ser visto na proibição paterna do incesto (Édipo e castração), passando a ser localizado na fixação original à mãe e na angústia decorrente da separação entre o bebê e ela. O prazer fundamental é, para Rank,

---

32. Id., *The Development of Psychoanalysis*, pp. 54-5; Id., "Perspectives de la Psychanalyse", p. 235. Grifos de Ferenczi.

33. Id., *The Development of Psychoanalysis*, p. 56; Id., "Perspectives de la Psychanalyse", p. 235.

7. Discussões sobre técnica: 1919-39

o da vida intrauterina, e todas as formas de angústia decorrem da angústia do nascimento. Por exemplo, na neurose traumática,

> o choque mobiliza diretamente a angústia primitiva, já que o medo exterior da morte provoca uma materialização afetiva da lembrança do nascimento [...] que até então só havia sido reproduzida inconscientemente.[34]

As consequências dessa inovação são de duas ordens: metapsicológicas e técnicas. Do ponto de vista da metapsicologia, sabemos que Freud divergirá de Rank, e que escreverá *Inibição, sintoma e angústia* precisamente para esclarecer suas ideias sobre o que é a angústia. Do ponto de vista da técnica, a ênfase na experiência atual — ao se combinar com a nova importância dada ao nascimento — vai conduzir à ideia de que a cura consiste na revivescência desta situação, para além do Édipo e de todo o laborioso trajeto pelo "material intermediário". Assim, a meta da terapia altera-se por completo: deixa de ser a resolução do Édipo, para consistir na *reparação* do trauma do nascimento. O meio para atingir este objetivo também já não é mais a elaboração dos afetos transferenciais; em seu lugar, aposta-se no valor diretamente terapêutico da experiência enquanto tal, balizada pela revivescência do trauma originário.

É interessante observar que, de início, Freud não ficou tão preocupado como os outros membros do Comitê com as inovações contidas nos livros dos seus discípulos. Em 24 de fevereiro de 1924, escreveu a todo o grupo uma carta circular, que Jones transcreve em sua biografia, e que é um admirável exemplo de sua probidade intelectual:

> Nem a harmonia entre nós nem o respeito que com frequência os senhores me têm demonstrado deveriam atrapalhar qualquer um dos senhores no livre emprego de sua produtividade. Não espero dos senhores que trabalhem numa direção para me agradar, mas sim de modo que esteja de acordo com suas observações e ideias. A concordância completa em todos os detalhes científicos e em todos os novos temas é completamente impossível entre meia dúzia de homens com tem-

---

34. Otto Rank, *El Trauma del Nacimiento*. Buenos Aires: Paidós, 1961. p. 56. Para um excelente comentário deste livro e das diferenças entre Rank e Freud acerca da angústia, da memória e de outros temas, cf. Felipe Lessa da Fonseca, *O pesadelo nas tranças da censura*. São Paulo: PUC, 1998 (Mestrado em Psicologia Clínica), pp. 85 ss.

peramentos diferentes, e tampouco é desejável. A única condição para trabalharmos em conjunto frutiferamente é que nenhum de nós abandone o solo comum das premissas psicanalíticas.[35]

Em seguida, Freud diz o que lhe parece interessante nos livros em questão, e no que discorda da posição de seus discípulos. Mas, aos poucos, vai se persuadindo de que a suposta centralidade do trauma do nascimento não se coaduna com as "premissas psicanalíticas". De fato, com estas ideias Rank se afasta do "solo comum da psicanálise", o que aliás se evidencia em seu livro seguinte, *A técnica da psicanálise* (1926).

A crise que essas publicações abriram no Comitê levou à sua dissolução e ao afastamento de Rank das fileiras freudianas.[36] Não obstante, elas tiveram profundo impacto sobre a psicanálise, se não em sua forma explícita, certamente em suas implicações. Uma delas é, sem dúvida, a acentuação do vínculo com a mãe nas etapas iniciais do desenvolvimento psíquico; outra, no plano técnico, é a ideia de que o papel do analista no processo terapêutico é essencialmente materno. O uso que Rank faz destas ideias foi duramente criticado por Ferenczi na resenha que fez da *A técnica da psicanálise*, mas isto não impediu que ele próprio, e em seguida toda uma estirpe de analistas, viesse a incluí-las em seu arsenal teórico e clínico. Contudo — e esta é uma diferença importante —, Ferenczi jamais fez do trauma o *único* fator explicativo, nem da neurose, nem do eventual sucesso do dispositivo analítico em combatê-la.

Em sua resenha, ele toma todos os cuidados para diferenciar suas concepções das de Rank, certamente porque estava ciente de que tal mal-entendido era perfeitamente possível:

fui um dos primeiros a pedir que se confira maior importância à vivência afetiva, e defendi a ideia de que podemos e devemos acentuar o caráter emocional da análise, atribuindo às vezes ao paciente, além da associação, algumas outras tarefas. Mas, para mim, toda esta vivência na análise só constituía um meio para atacar um pouco mais rápido e um pouco mais profundamente as raízes dos sintomas, e sempre concebi este último trabalho — isto é, a proteção propriamente dita contra

---

35. Ernest Jones, *A vida e a obra de Sigmund Freud*, v. III, p. 74.
36. Cf. Ernest Jones, *A vida e a obra de Sigmund Freud*. Rio de Janeiro: Imago, 1989. v. III, pp. 69-90, e Phyllis Grosskurth, *O círculo secreto*, pp. 171-87.

7. Discussões sobre técnica: 1919-39

a recidiva — como algo intelectual, como um acréscimo da descarga inconsciente no pré-consciente. Se nos contentássemos com a ab-reação na análise, mesmo fracionada, só proporcionaríamos ao paciente acessos e explosões emocionais da própria doença [...]. Na verdade, nesta obra o autor não conseguiu de modo algum invalidar a importância da análise histórica, e portanto podemos interpretar sua concepção como uma regressão sem fundamento científico à maneira pré-psicanalítica de pensar.[37]

A consequência imediata das críticas endereçadas a Rank — no plano que nos ocupa no momento, o da técnica psicanalítica — vai ser, para Ferenczi, uma reavaliação das suas próprias inovações, o que faz no artigo "Contraindicações da técnica ativa", publicado pouco depois do que acabamos de citar. Contudo, embora recuse as consequências extremas tiradas pelo colega do papel que no livro de 1923 ambos atribuíam às vivências emocionais, ele não deixará de investigar o que motivara a inflexão rankiana, a saber: o trauma precoce e seus modos de surgimento no processo analítico. De várias maneiras, é disso que falam os trabalhos dos anos seguintes, alguns dos quais examinaremos mais adiante: "Elasticidade da técnica psicanalítica", "A criança mal acolhida e sua pulsão de morte", "Princípio de relaxamento e neocatarse", "Análise de crianças com adultos", e esse verdadeiro testamento teórico-clínico que leva o nome de "Confusão de línguas entre os adultos e a criança".

Se por um lado os desenvolvimentos apresentados nesses textos dão continuidade a temas já clássicos no horizonte ferencziano, por outro representam intervenções no debate contemporâneo a respeito da técnica, dialogando com autores cujos pressupostos e inquietações não necessariamente convergem com os seus. É para estes que devemos agora voltar nossa atenção, pois estão na origem direta das maneiras de praticar a análise que, dentro de alguns anos e somados a outros fatores, se sedimentarão como "kleinismo" e "psicologia do ego" — as primeiras escolas psicanalíticas propriamente ditas.

---

37. Sándor Ferenczi, "Critique de l'ouvrage de Rank *La Technique de la psychanalyse*", *Oeuvres complètes*, v. III, p. 403. "Análise histórica" quer dizer análise da história do paciente, portanto de *suas* experiências singulares (por oposição às generalidades de uma experiência pela qual todo mundo passa, o nascimento), e também recuperação de *lembranças* acerca dessa história.

CONSEQUÊNCIAS DA SEGUNDA TÓPICA PARA A TÉCNICA

Revendo a evolução da psicanálise desde os primórdios até a época que estamos examinando, escreve Martin Bergmann:

> até 1920, a relação entre técnica e teoria era quase perfeita. A teoria afirmava que [...] o retorno do reprimido era responsável pela formação dos sintomas [...]. Foi um ato de gênio de Freud ter percebido que a mesma via que leva à anormalidade também conduz à cura, desde que [seja percorrida] sob o olhar do analista e na segurança da situação analítica. [...] Esta harmonia simples se dissipa na formulação estrutural. A divisão do aparelho psíquico em superego, ego e id abriu caminho para duas abordagens diferentes quanto à técnica.[38]

A razão para isso é, mais uma vez, o fato de que a resistência já não se deve apenas aos efeitos do recalque, manifestos na situação analítica sob a forma da transferência (= retorno do reprimido), que por isso mesmo permitem acessar os fatos passados na origem da doença, e por meio da interpretação alterar a relação da pessoa com eles. Como vimos, "a" resistência agora se diz no plural, e apresenta faces distintas segundo a instância de que provém; portanto, passa a incumbir ao terapeuta identificar qual delas está operando em cada momento da sessão, ou, dito de outro modo, "quem" está falando nas entrelinhas do discurso do paciente. Daí a considerar que o principal fator patógeno é a severidade do superego, a debilidade ou violência excessiva das defesas do ego, ou a intensidade dos impulsos do id, o passo é curto — e da avaliação que fizer quanto a este ponto dependerá a estratégia do analista na condução global do tratamento.

Seria possível argumentar que as três possibilidades não são mutuamente excludentes: nada impede que em certos casos o problema maior esteja no superego, e em outros em outra instância. Mais: no decorrer do processo, o mesmo

---

38. Martin Bergmann, "Reflections on the history of Psychoanalysis" (1991), *Journal of the American Psychoanalytical Association* (JAPA) 41:4, p. 929, 1993. A mesma ideia é desenvolvida com mais vagar no capítulo 2 do livro que o autor editou com Frank Hartman, *The Evolution of Psychoanalytic Technique* (1976; 2. ed. Nova York: Columbia University Press, 1990). Nesta segunda versão, a ruptura da "harmonia" é ligada ao choque representado pela descoberta da reação terapêutica negativa, que como sabemos está na origem de noções essenciais dos anos 1920, como o superego, a compulsão à repetição e a pulsão de morte.

7. Discussões sobre técnica: 1919-39

paciente pode se ver às voltas com dificuldades oriundas de cada uma das instâncias — e, décadas mais tarde, a grade de Bion visará a detectar essas variações no âmbito não mais do tratamento inteiro, mas sim de uma única sessão.

Não foi esta, no entanto, a opinião dos leitores de *O ego e o id*. Rapidamente se formaram os dois campos a que alude Bergmann: os que consideravam como tarefa principal da análise diminuir a crueldade do superego, e os que apostavam na eficácia das interpretações dirigidas ao ego.[39] Esta se converterá, afirma ele com razão, numa das principais linhas de demarcação no interior do território freudiano, separando de um lado a psicologia do ego e do outro as diferentes contestações dela — o kleinismo, o lacanismo, o pensamento dos independentes britânicos (Bálint, Winnicott...), e a psicologia do self de Kohut, para só mencionar as mais evidentes e influentes.

Antes de nos debruçarmos sobre como se constituíram essas posições antagônicas quanto à técnica, vale completar o quadro dos que tomaram parte nos debates com uma breve menção a dois clínicos de primeira água, que não aderiram nem a uma nem a outra: Wilhelm Reich e Theodor Reik. Entre 1927 e 1933, o primeiro desenvolve uma abordagem original, a "análise do caráter", que suscitará controvérsias tão vivas quanto as que tiveram lugar a respeito da técnica ativa. Já Reik considera que o analista deve desconfiar das teorias aprendidas e abandonar-se à atenção flutuante, deixando-se tomar pela surpresa (termo que em suas mãos se converte num conceito), e a partir dela elaborar suas intervenções.

Como numa orquestra em que os músicos estão ensaiando as respectivas partes, a impressão de quem se aproxima dessa literatura é de cacofonia: para perceber que se trata da mesma sinfonia, seria necessário aguardar a chegada do maestro. A comparação, porém, só é legítima até certo ponto: os autores a que me refiro dialogam (às vezes asperamente) entre si, e, no final, não apareceu maestro algum — aliás, a morte de Freud em 1939 equivaleu à supressão do pódio e ao sumiço da batuta. Os naipes se separaram, e o timbre de cada um será distintamente audível nas décadas posteriores à Segunda Guerra Mundial. Somente nos anos 1970 é que alguns instrumentistas ousarão atravessar as frontei-

---

39. Uma primeira abordagem das questões discutidas a seguir pode ser lida em: Renato Mezan, "Cem anos de interpretação". In: César Brito, Edson Souza e Abrão Slavutzky (Orgs.). *História, clínica e perspectiva nos cem anos da psicanálise*. Porto Alegre: Artes Médicas, 1996. Também in: MEZAN, Renato. *Interfaces da psicanálise*. São Paulo: Companhia das Letras, 2002. pp. 174-95.

ras impostas pela Guerra Fria — mas muita água deverá correr sob as pontes do Tâmisa e do Sena antes que isso aconteça.

Voltemo-nos então para os textos que refletem o impacto da segunda tópica sobre a técnica. O primeiro em data se intitula "Descrição metapsicológica do processo da cura", e foi publicado em 1925 pelo analista de origem húngara Franz Alexander. Seu objetivo é "descrever em termos metapsicológicos as alterações nos sistemas mentais" decorrentes do trabalho analítico, que podem ser resumidas como "a recuperação da saúde a partir de uma condição original de psiconeurose".[40] Haveria uma "fórmula geral" válida, no início do processo, para toda e qualquer neurose? Sim, afirma o autor. O sintoma neurótico é uma tentativa de aliviar a tensão pulsional, que fracassa por três motivos: fuga exagerada da realidade, permanência de modos de defesa arcaicos, inadequados "às novas formas de controle das pulsões exigidas pelo desenvolvimento", e repúdio secundário do próprio sintoma pelo ego. "Isso nos leva ao problema da topografia mental [...],[41] que conduz naturalmente à descrição dos processos curativos."[42]

Para Alexander, uma das funções do superego é manter separados o id e o ego, o que acarreta consequências funestas para ambos. A principal delas é que o ego se vê impedido de usar aspectos da realidade externa para gratificar, na medida do possível, desejos e impulsos originados no id. Este "na medida do possível" depende de uma função egoica essencial, o teste ou prova de realidade, que no vocabulário do autor significa sua capacidade de manter contato com o mundo exterior, ou seja, com os outros indivíduos e com as condições impostas pela civilização para a vida em comum. Ora, como o superego se formou no passado longínquo e não tem acesso à realidade presente, realiza a tarefa de controlar as

---

40. Franz Alexander, "A Metapsychological Description of the Process of Cure", *International Journal of Psychoanalysis* (IJP), v. 6, p. 13, 1925. Como até o final deste capítulo será mencionada com frequência a versão inglesa da *Internationale Zeitschrift für Psychoanalyse*, na qual foram publicados originalmente todos os textos que comentaremos, nós a designaremos pela sigla IJP (*International Journal of Psycho-analysis*).

41. Ao leitor menos familiarizado com o vocabulário psicanalítico anglo-americano, convém recordar que o que chamamos primeira e segunda tópica é conhecido lá como "modelo topográfico" e "modelo estrutural". Contudo, é evidente que para Alexander — que escrevia em alemão — "topográfico" não se refere à tríade consciência/pré-consciente/inconsciente, e sim à divisão do aparelho psíquico *em geral*, seja em "camadas" (primeira tópica, ou modelo topográfico em sentido estrito), ou em "instâncias" (segunda tópica, com a qual, aliás, o autor trabalha nesse texto).

42. Franz Alexander, op. cit., pp. 21-2.

7. Discussões sobre técnica: 1919-39

pulsões "de modo automático e com a monótona uniformidade do reflexo",[43] operando com métodos primitivos de recompensa e de castigo. Age como "um guarda de fronteira estúpido, que prende todo mundo com óculos [ou seja, recusa satisfação a toda aspiração pulsional] porque ouviu dizer que certo delinquente [desejos incestuosos, ou agressivos] os usa".

Da mesma forma que, bloqueado "à frente" pelo ego, o superego não tem acesso à realidade externa, e portanto continua obedecendo a um código penal antiquado, o ego, bloqueado "por trás" pelo superego, não tem acesso direto ao id. Este é o ponto-chave do argumento: nas neuroses, o sujeito permanece preso ao infantil, e, ainda que sob certos aspectos seu ego esteja em sintonia com o mundo externo, é severamente prejudicado em seu funcionamento pelo arcaísmo do superego.

> Vemos portanto que nossos esforços terapêuticos devem ser dirigidos contra este duplo predomínio do superego [frente ao ego e ao id]. [...]. Ele inibe o comportamento ego-sintônico, que está a priori em conformidade com as exigências da realidade [...], e ao mesmo tempo, por meio da punição, permite a gratificação exatamente daqueles desejos condenados.[44]

Não é o caso de nos determos nas sutilezas da ação sádica do superego, que segundo essa visão acaba permitindo ao sujeito um gozo masoquista na e pela ação punitiva; o leitor que se interessar por esta questão pode se dirigir ao próprio texto, acessível em várias coletâneas sobre a história da técnica psicanalítica. Basta compreender que para Alexander o superego é um "anacronismo na mente", o que torna natural definir o objetivo do tratamento psicanalítico como "limitar o funcionamento automático" dele e "transferir para o ego consciente este papel [de controle das pulsões]", como lemos à página 24.

Tal tarefa não é nada simples, em parte por causa da compulsão à repetição, mas principalmente porque o ego resiste a assumir essa nova função, que "aumenta consideravelmente a carga (ou fardo, *burden*) da consciência". Mas o ego não tem alternativa: o sofrimento neurótico faz com que surja o desejo de mudar, e essa mudança só pode se dar em duas direções. Se cessar de repudiar o sintoma, o ego abandona o teste de realidade e cai na psicose; se ao contrário a

43. Id., p. 22.
44. Id., pp. 23-4.

análise começa a influir na vida psíquica do paciente, a mudança se dará na direção oposta, e obviamente mais favorável: abrindo vias de comunicação entre o id e o ego, o que permite a este último discernir se e quais exigências pulsionais podem ser satisfeitas nas condições determinadas pela realidade externa.

Como o analista contribui para essa mudança? Utilizando a transferência para "assumir o papel do superego", isto é, "supervisionar a vida pulsional", e, gradativamente, ir devolvendo ao paciente essa função — porém não mais ao superego, que por assim dizer foi projetado nele, e sim a um ego fortalecido pela elaboração dos conflitos infantis.[45] Em outras palavras, o "drama intrapsíquico" que opunha as pulsões ao superego enquanto representante dos pais da infância é substituído por uma interação entre o id e o analista. A atitude neutra deste faz toda a diferença: não proíbe nada, não ratifica nada, apenas ajuda a compreender, o que equivale a um "novo processo educativo".

Naturalmente, esse movimento não é linear: comporta idas e vindas, regressões, fases de incremento da resistência — mas é exatamente isso que significa "transferência": são reproduções, na atualidade e num ambiente mais favorável, das reações da criança aos conflitos infantis, das suas atitudes frente aos pais, e de modo geral das suas experiências passadas. É precisamente por isso que o analista pode obter uma visão do processo pelo qual o superego se formou naquele indivíduo específico, reconstruir a história da sua neurose, e, graças à influência do seu próprio superego benigno — materializada não em sugestões, mas em interpretações que se atêm ao que o paciente exibe na transferência — contribuir para que este possa aceder a um modo de funcionamento menos determinado pelo passado, e portanto mais adulto e mais livre.

O impacto das formulações de Alexander dificilmente pode ser exagerado: elas pautaram as discussões quanto à técnica por toda a década seguinte. Curiosamente, o "plano terapêutico" sugerido por ele não encontrou grande aceitação: ele se mostrou, nas palavras de Bergmann, "ingênuo. Alexander superestimou a facilidade com que o paciente quereria trocar seu superego primitivo pelo mais benigno que o analista lhe oferecia".[46] O que chamou a atenção no seu texto foi a caracterização do superego como a instância em última análise responsável pela neurose, mas dessa afirmativa foram tiradas consequências bastante

---

45. Id., p. 26.
46. Cf. a nota introdutória ao artigo de Alexander: *The Evolution of Psychoanalytic Technique*, p. 99.

7. Discussões sobre técnica: 1919-39

diferentes. Uns, como Melanie Klein e James Strachey, concordaram em tomá-lo como alvo privilegiado dos esforços terapêuticos, visando com isso a diminuir sua força e sua crueldade. Hermann Nunberg, Richard Sterba e outros considereram que o melhor caminho para a modificação da economia psíquica do paciente passava pela análise das defesas do ego, e ao procurar justificar essa opção acabaram lançando as bases para a futura *ego-psychology*.

Dez anos depois, ao voltar ao tema da técnica ("O problema da técnica analítica"), o próprio Alexander ignora largamente suas ponderações de 1925, alinhando-se com a posição de Hermann Nunberg sobre a função sintética do ego, da qual falaremos mais abaixo. Mas naquele momento o debate estava bem mais avançado do que na época da "Descrição", a ponto de no ano seguinte os organizadores do Congresso de Marienbad terem reservado espaço para um "Simpósio sobre a Teoria da Técnica", no qual puderam confrontar-se as diferentes posições. Por sua vez, Freud considerou o que foi dito nessa ocasião um tanto supérfluo ("em vez de investigar como se realiza uma cura pela análise, o que considero já suficientemente esclarecido, a pergunta deveria ser: quais obstáculos se erguem no caminho da cura"),[47] e, em "Análise terminável interminável", preferiu concentrar-se no que lhe parecia merecer atenção: os limites da ação terapêutica da psicanálise.

Retomemos o fio da nossa exposição. Na parte metapsicológica desse segundo artigo, Alexander menciona a ligação por assim dizer direta entre o superego e o id, de cujas pulsões provém a energia com a qual aquele leva a cabo sua missão de vigiar e punir; mas não entra em detalhes sobre a forma como se dá essa transfusão, e de modo geral sua descrição da origem do superego nada acrescenta ao que já se sabia. Quem mais inovou nesse aspecto foi Melanie Klein, cujas investigações sobre a mente infantil a levaram a atribuir ao superego um papel muito mais proeminente na vida psíquica do que até então se acreditava, o que terá consequências de grande alcance na prática clínica, inclusive na realizada com adultos.

O ponto de partida para essa ampliação está na dupla tese a que a levou a experiência clínica com crianças muito pequenas: 1) o complexo de Édipo tem início não ao redor dos quatro anos, como Freud postulara, mas com o desmame,

47. "Die endliche und die unendliche Analyse" [Análise terminável e interminável], SA, *Ergänzungsband* [volume complementar], p. 362; BN III, p. 3342.

e 2) a introjeção das figuras paternas da qual se origina o superego não sucede à dissolução do complexo, mas começa na mesma época que ele. Como ambos os processos são coloridos por sentimentos de frustração e de raiva pela perda do seio, os mesmos aderem aos objetos internos nos quais, paulatinamente, se convertem as imagos dos genitores. Surgem assim fantasias nas quais a criança ataca ou destrói esses objetos, e é por sua vez alvo da vingança deles. Essas fantasias infiltram e determinam as relações que ela estabelece com o mundo externo, que na pequena infância se reduzem praticamente aos pais, a outros familiares e aos adultos com os quais convive.

A primeira consequência técnica dessas concepções aparece na polêmica com Anna Freud quanto à análise infantil: a criança é capaz de efetuar transferências, pois estas nada mais serão do que a aplicação a um novo objeto (o analista) da mesma modalidade de relação fantasiada que ela já entretém com os pais. E, como a imagem introjetada destes forma o núcleo do superego, ele passa a ameaçá-la com as mesmas agressões e a mesma violência, numa espécie de Lei de Talião psíquica que é fonte de grande angústia. Esta se exprime em fantasias persecutórias, mas também na inibição intelectual ou afetiva, em condutas destinadas a provocar castigo (variante da ideia freudiana dos "criminosos por sentimento de culpa"), e, é claro, nos sintomas, cuja função é proteger a criança da agressão alheia, mas sobretudo do contato com sua própria agressividade.

Nos artigos dessa época, Melanie Klein se declara impressionada com a intensidade da angústia dos seus pequenos pacientes. Segundo ela, a origem deste sentimento não está no temor do ego frente aos impulsos sexuais do id, mas na tensão entre aquele e um superego que age como porta-voz dos objetos atacados, ameaçando-o e punindo-o com a energia derivada das pulsões agressivas do próprio sujeito. O mecanismo pelo qual estas alimentam o superego não pode ser o recalque, pois este pressupõe um superego já organizado: é na projeção e na introjeção que ela verá o modo de formação dessa instância. Projeção e introjeção do quê? Essencialmente da agressividade, ao menos até o surgimento da ideia de reparação, que só entra em seu sistema em 1932, com *A psicanálise da criança*.

Como assinala Jean-Michel Petot,[48] boa parte do esforço teórico de Klein nesses anos iniciais do seu percurso é dedicada a repertoriar as fantasias sádicas da primeira infância, derivadas dos desejos de morte no contexto edipiano, porém

---

48. Jean-Michel Petot, *Mélanie Klein: premières découvertes, premier système*. Paris: Dunod, 1982.

7. Discussões sobre técnica: 1919-39

cujo modus operandi provém da zona erógena mais ativa em cada etapa do desenvolvimento — oral, anal ou uretral. Longe de serem superadas na sequência da evolução psíquica, elas se somam umas às outras, em cenários de horror mais e mais aflitivos — bombardeios de fezes explosivas, inundações de urina incendiária, devoração canibal, e assim por diante. Ora, se o núcleo do superego é formado por objetos simultaneamente assustadores e vingativos, sua característica não será mais a severidade, mas a *crueldade*, e se explica que na transferência o analista venha a ser temido como mais uma encarnação desses objetos primitivos.

É por razões diferentes das de Alexander, portanto, que Melanie Klein atribui ao superego o papel de principal adversário da análise, e isso se estende ao tratamento de adultos, pois no âmago da realidade psíquica destes se oculta a criança que foram (e que continuam a ser). Daí sua recomendação de que o terapeuta identifique rapidamente a angústia predominante na sessão, e a interprete o mais ampla e detalhadamente possível — no que ela também se separa do seu predecessor: o caminho para a remoção dos sintomas não passa, segundo ela, pela identificação do paciente com o superego benigno do analista, mas pelo contato com as fantasias destrutivas onipresentes na sua psique.[49]

A ênfase no polo agressivo das pulsões e no aspecto maciço das defesas primitivas contra elas a sensibilizou para a dimensão quase psicótica dos primeiros tempos da vida humana. Não é de admirar, assim, que as mesmas ideias a orientem na abordagem de uma questão à primeira vista distante das que vimos examinando, mas na verdade bastante relacionada com elas: a da psicose *tout court*. Se concordarmos que os transtornos psicóticos são mais graves que os neuróticos, porque mais devastadores e incapacitantes, perceberemos aqui um ponto de contato entre as preocupações de Klein e de Ferenczi, que também se dedicava aos casos "difíceis". Mas a similaridade acaba aí: para seu ex-analista, o sofrimento dessas pessoas provém sobretudo de traumas efetivamente sofridos em idade precoce — e nada mais distante da postura clínica de Klein que as liberdades tomadas por ele com o *setting* clássico, em nome da indulgência necessária para não os repetir na análise.

---

49. Não cabe aqui uma exposição detalhada da técnica kleiniana definitiva, que leva em conta desenvolvimentos teóricos muito posteriores. Uma excelente apresentação dela pode ser encontrada no capítulo "A clínica kleiniana: estilo, técnica e ética". In: Elisa Maria de Ulhoa Cintra e Luis Claudio Figueiredo, *Melanie Klein: estilo e pensamento*. São Paulo: Escuta, 2004.

A questão da psicose merece ser abordada aqui ainda por outro motivo: Melanie Klein está longe de ser a única a se preocupar com ela. Embora de início as investigações sobre a psicose não tenham impacto direto sobre a técnica, o fato de que ela afeta a relação do ego com a realidade levará os autores a estudar mais de perto o funcionamento dessa instância tanto em geral quanto na situação analítica, e por esta via a contribuir para o surgimento, alguns anos depois, da chamada "psicologia do ego". E tampouco podemos esquecer que a própria ideia de tratar psicóticos ia contra a opinião de Freud, que desaconselhava a psicanálise a estes pacientes, porque seriam incapazes de investir a realidade externa, da qual faz parte o analista, e portanto não desenvolveriam a transferência necessária para um processo analítico.

Nos anos 1920, com o acúmulo de descobertas sobre os inícios da vida psíquica (nos quais a teoria afirma que se estruturam as psicoses), essa opinião começa a ser questionada. Um dos primeiros a contestá-la foi Robert Waelder, que publica em 1925 um artigo seminal intitulado "Psicoses: seus mecanismos e sua acessibilidade à influência". Deste trabalho, reteremos no momento o que diz respeito às questões técnicas, pois, como se verá, ele vai na contramão das posturas kleinianas, permitindo assim compreender por onde passam os primórdios da escola rival.

Waelder está interessado nos fatores que levam à eclosão de uma psicose, ou, ao contrário, a evitam, mas de modo tal que o indivíduo vive numa situação fronteiriça, apresentando sintomas que o aproximam de um funcionamento psicótico. Seu guia no esclarecimento da questão não é a agressividade, mas a tese clássica de Freud sobre a regressão libidinal.[50] Da extensão desta última depende se a psicose será "regressiva", como a catatonia, ou "restitutiva", como a paranoia: nas primeiras, a libido retorna ao ego e ali permanece, enquanto nas outras é reprojetada no mundo externo sob a forma do delírio.

O autor relata o caso de um jovem matemático, cujas perturbações tinham a ver com uma hostilidade mal resolvida contra o pai. Sua disposição, porém, não levou à organização de uma neurose, mas a uma potencialidade psicótica da qual escapou por meio da sublimação do seu narcisismo, que "ligou grande parte da libido narcísica de um modo perfeitamente compatível com a realidade".[51]

50. Robert Waelder, "Psychoses: their Mechanisms and Accessibility to Influence", IJP, v. 6, p. 261, 1925.
51. Id., p. 269.

7. Discussões sobre técnica: 1919-39

Há aqui o esboço de uma teoria do pensamento, que Waelder desenvolverá no ano seguinte com interessantes reflexões sobre a ideação esquizofrênica e o pensamento criativo,[52] e por extensão do ego, que é a sede da linguagem e da razão. Segundo ele, a base para a estruturação de um ego funcional reside na capacidade de sublimar a libido narcísica, a qual — por representar um investimento considerável nos próprios processos mentais — está igualmente na origem da criatividade. Por isso, não se pode dizer que a simples retração da libido para o ego seja responsável pela ruptura com a realidade que caracteriza o funcionamento psicótico.[53] Deve haver outros fatores, concomitantes e agravantes, para a organização de uma personalidade desse tipo — em particular, o grau em que se verifica a *Verletzung des Ich*,[54] que se poderia traduzir como ruptura dos limites do ego, e a "objetivação" de experiências pessoais, que levam o indivíduo a considerá-las como provindo do mundo externo e a proteger essa versão da sua história de qualquer dúvida (no que se distingue do obsessivo).

Para o tema que nos ocupa, a consequência dessa postura é que o terapeuta que se defronta com um paciente deste tipo deve procurar favorecer os movimentos sublimatórios: "na sublimação do narcisismo, parece que a libido não apenas muda de objeto, como no caso da libido objetal, mas os objetos internos do sujeito precisam ser modificados, e ao mesmo tempo, provavelmente, o modo de ligação do narcisismo com esses objetos".[55] No caso do matemático, este processo teve êxito porque o autoconhecimento que ele obtinha na análise ocasionava um grande prazer narcísico. Como tal autoconhecimento dependia de um investimento transferencial na figura do analista, foi possível criar um novo objeto libidinal no interior do ego.[56] Ou seja: o analista pôde trabalhar com as partes

52. Id., "Schizophrenic and Creative Thinking", ijp, v. 7, pp. 366 ss, 1926. Embora não seja este o nosso assunto, vale mencionar uma observação que encontramos na p. 373 deste texto, na qual talvez Lacan tenha se inspirado para falar da *connaissance paranoïaque*: "o mecanismo da formação do pensamento paranoide pode ser considerado um protótipo do mecanismo do pensamento criativo. E, em geral, dos processos normais de pensamento".
53. Id., p. 270.
54. A rigor, *verletzen* significa ferir, lesar, e *Verletzung* designa o ferimento ou a lesão. O contexto, porém, sugere que Waelder tem em mente os sentidos derivados de *ofensa* ou *violação*, assim acentuando o aspecto da vulnerabilidade do ego. Seja como for, nessa situação se verifica o rompimento das suas fronteiras.
55. Id., p. 273.
56. Id., p. 278.

saudáveis do ego, aquelas que não tinham sofrido fixações narcísicas irreparáveis, e que portanto estavam disponíveis para investir objetos externos à psique.

Em contraposição, no artigo do ano seguinte se pode ver como a combinação de uma regressão excessiva e de uma projeção igualmente excessiva determinam uma variação demasiado ampla nos limites do ego, com o que o narcisismo invade todo o funcionamento psíquico. Essa situação pode levar à mania de grandeza e à convicção de ser o salvador do mundo (Schreber). A conclusão é que entre o pensamento criativo, o obsessivo e o delirante não há diferença de natureza, mas de grau: todos têm como pressuposto a regressão da libido ao ego, mas não na mesma intensidade. Nas palavras de Waelder:

a projeção é função da regressão ao período mais antigo do desenvolvimento, no qual numerosas pulsões parciais do ego ainda não tinham sido unificadas por pulsões egoicas mais desenvolvidas, e quando, correlativamente, as fronteiras do ego eram vagas.[57]

Vemos (e esta era a finalidade desse excurso) como o estudo de certos processos psicóticos inflete a teoria na direção da análise do ego, obviamente mediada pelo atendimento a pacientes que apresentam esses transtornos. Waelder pode assim ser considerado como um dos ancestrais da *ego-psychology* — e o curioso é que a investigação dos mesmos fenômenos levará Melanie Klein a conclusões bastante diferentes.

Voltemos um momento aos artigos que ela publicou no final dos anos 1920, nos quais o tema da psicose vai ganhando mais e mais destaque. Segundo Petot, é do encontro com a psicose infantil que resultaram, "direta ou indiretamente", suas contribuições mais originais, em especial a ideia de uma fase de apogeu do sadismo (*Hochstblüte des Sadismus*).[58]

A análise da pequena Erna — relatada em "Estágios iniciais do conflito edipiano", de 1928 — revelara que os sintomas obsessivos podiam ocultar uma paranoia latente. Karl Abraham estabelecera — em termos libidinais — que a fase anal expulsiva é sucedida pela retentiva; a versão kleiniana dessa tese, filtrada por

57. Id., p. 374.
58. Petot, op. cit., p. 262. O que se segue é baseado na obra do comentador francês, que me parece resumir de maneira muito adequada o desenvolvimento das noções kleinianas.

7. Discussões sobre técnica: 1919-39

suas concepções sobre o superego e o sadismo, é que as defesas obsessivas protegem contra ansiedades paranoicas. Prosseguindo na exploração das formas da agressividade infantil, Klein descobrirá com o menino Dick (o herói de "A importância da formação dos símbolos para o desenvolvimento do ego", 1929) que o fracasso do ego em dominar pulsões sádicas de grande violência pode resultar numa psicose infantil, cuja fenomenologia difere em pontos importantes da das psicoses adultas, mas cuja estrutura é similar à destas.

Isso se deve a que "a qualidade das relações do sujeito com a realidade depende da qualidade da sua relação com os objetos internos introjetados [...] e no final das contas da relação com suas próprias pulsões sádicas". No caso de Dick, o bloqueio praticamente total da agressividade impediu qualquer elaboração do seu sadismo, levando a uma completa ruptura com a realidade e à organização do modo autista com que ele se defendia do medo de "destruir o mundo e ser por ele destruído".

O que diferencia a saída psicótica da neurótica — numa linha de raciocínio que lembra a de Waelder sobre os tipos neurótico e psicótico de pensamento — não é o conteúdo das fantasias, que é o mesmo para todos, mas a estratégia defensiva utilizada pelo sujeito, a qual é uma função do ego. Mesmo sem a nomear, Klein aceita a distinção entre psicoses regressivas e restitutivas, acrescentando — na qualidade de experiente analista de crianças — que nas primeiras a extensão da retração narcísica pode dar a impressão de retardo mental.

A novidade da sua abordagem, porém, está no modo como vincula as psicoses deficitárias à agressividade desmesurada, que ataca não somente os objetos internos, mas ainda o próprio pensamento, em particular no que se refere à formação dos símbolos. As consequências dessa ideia são numerosas: mencionemos apenas que ela dará origem a um estudo original do pensamento e da linguagem, entendidos como processos simbólicos,[59] abrirá o caminho para o tratamento de psicóticos adultos, e será retomada por autores tão diferentes quanto Piera Aulagnier (hipótese da simultaneidade das representações pictográfica, fantasmática e racional) e Wilfred Bion (teoria dos elementos alfa e beta).

Dick sofre de uma aguda privação simbólica, tanto no plano da linguagem quanto no da manipulação das coisas — dificilmente se poderia dizer que ele

---

59. Sobre esse ponto, ver Hanna Segal, "Notas a respeito da formação de símbolos (1957). In: *A obra de Hanna Segal*. Rio de Janeiro: Imago, 1982, e o verbete "Symbol Formation". In: R. Hinshelwood, *A Dictionary of Kleinian Thought*. Londres: Free Association Books, 1991.

"brinca". Não é o caso aqui de detalhar o curso da análise: basta assinalar que a ausência de fantasias estruturadas determina um estilo de interpretação bastante cru, que muitos criticaram, mas que a autora justifica com o argumento de que era preciso dar palavras ao que não as tinha, sem o que o garoto permaneceria sem contato com as angústias avassaladoras que o subjugavam.[60]

Embora a pobreza da fala pertença aparentemente ao registro egoico, a estratégia seguida por Melanie Klein se afasta bastante da proposta por Waelder: no lugar do estímulo à sublimação da libido narcísica, o que vemos é uma escuta sintonizada com a virulência do sadismo, que neste caso, segundo ela, assumia proporções calamitosas. Assim, embora no plano manifesto não se possa falar propriamente de um "debate" entre ela e os adeptos de interpretações voltadas para o ego — o que só ocorrerá mais tarde — penso estar claro como as considerações metapsicológicas se imbricam com a prática clínica para organizar estilos de trabalho diferentes, que, combinados com outros fatores, acabarão por se sedimentar nas escolas de que vimos falando.

EGO, SUPEREGO E TÉCNICA: AS DIVERGÊNCIAS SE AMPLIAM

Historicamente, as duas linhas se desenvolveram simultaneamente durante a década que vai de 1925 a 1935, e só depois de muitas voltas vieram a se separar: ou seja, não há a princípio intenção de constituir tendências individualizadas. O que os autores buscam é compreender as consequências teóricas e clínicas das inovações freudianas dos anos 1920: a pulsão de morte e a segunda tópica. Que a primeira tenha algo a ver com a agressividade, e portanto com o funcionamento do superego, é evidente; já a reunião no ego de duas funções diversas — a defesa contra os impulsos do id e a conexão do sujeito com a realidade exterior — leva a indagar como isso se dá, e se a localização de ambas na mesma instância se deve a alguma afinidade intrínseca entre elas.

Além de Melanie Klein e de Robert Waelder, vários analistas se interessaram por essas questões, que em tese poderiam ser tratadas cada uma per se, mas

---

60. O argumento não convenceu muitos dos seus leitores, em especial Edward Glover, que acabou por se converter num adversário tenaz das teses e do modo de interpretar da Grande Dama. Para uma discussão mais recente do mesmo tópico, ver Maurice Dayan, "Mme. K interpréta". In: *L'Arbre des styles*. Paris: Aubier-Montaigne, 1980.

7. Discussões sobre técnica: 1919-39

que no trabalho cotidiano se revelam estreitamente vinculadas. Nada há de espantoso nesse fato: pacientes em análise — como aliás qualquer ser humano — padecem de dificuldades derivadas tanto do jogo pulsional quanto de conflitos entre as instâncias do seu psiquismo. Assim, não é pelo elemento ou pelo processo que abordam, mas pela valoração maior de tal ou qual aspecto de uma situação por natureza complexa, que as elaborações reflexivas vão se diferenciando, até resultarem em tendências clínico-teóricas divergentes. Dito de outro modo, tanto aqueles que acabarão por se perfilar à psicologia do ego quanto os que adotarem a perspectiva kleiniana precisam falar do ego *e* do superego, sopesar a parte de cada um no funcionamento psíquico, e dessa análise extrair o que tem implicações diretas na condução de um tratamento psicanalítico.

Para dar corpo a essa maneira de ver, convém agora retomar o exame dos escritos por meio dos quais foram se estabelecendo as balizas do debate. Em 1926, Herman Nunberg — que mais tarde será um dos principais expoentes da *ego-psychology* — dedica um trabalho à distinção que a seu ver se impõe entre o sentimento de culpa e a necessidade de punição. Para efetuá-la, recorre à nova teoria das pulsões: o primeiro seria em última análise uma manifestação de Eros, porque diz respeito aos objetos de amor, enquanto a necessidade de ser castigado (pelo superego) tem como origem os impulsos agressivos do id. O ponto de contato entre as duas condições reside no caráter ambivalente do amor, sempre infiltrado por seu antagonista, o ódio, e o melhor exemplo disso está, como já notara Karl Abraham, na maneira pela qual é introjetado o objeto perdido, tal como se dá a ver na melancolia:

> o sentimento de culpa [...] está baseado no impulso inibido a expelir da mente um objeto que foi incorporado [...]. Na regressão, as tendências pulsionais à expulsão são mais uma vez sexualizadas [...]. Em outras palavras, o paciente tenta ressuscitar no mundo externo o objeto [perdido], de modo a poder amá-lo na realidade, como antes.[61]

O tema é retomado dois anos depois num artigo denso e bem argumentado de Sándor Radó, "O problema da melancolia".[62] Para compreender os meandros desta afecção, Radó leva em conta tanto os aspectos ligados ao ego — em parti-

---

61. Herman Nunberg, "The Sense of Guilt and the Need for Punishment", IJP, v. 7, p. 427, 1926.
62. Sándor Radó, "The Problem of Melancholia", IJP, v. 9, pp. 420-38, 1928.

cular o "forte anseio por prazer narcísico, e uma considerável intolerância narcísica às insuficiências do objeto"[63] — quanto aqueles vinculados à agressividade e ao superego ("a depressão é também uma forma de buscar o amor do superego, num ambiente de indignada rebelião contra o objeto").[64] Consequentemente, a constelação psíquica do melancólico se caracteriza por um fato singular: "o ego se sente culpado porque julga que a perda do objeto se deveu à sua atitude agressiva para com ele".[65]

A melancolia é um bom terreno para explorar as relações interinstâncias, porque nela a identificação com o objeto atual — e também com os pais, que no passado foram os modelos para a construção do superego — desempenha o papel que se sabe. Tanto Nunberg quanto Radó enfatizam que a culpa é o primeiro passo para a "expiação", com isso antecipando — ou talvez abrindo o caminho para — o estudo da reparação, que ganhará relevo com *A psicanálise da criança*, e estará na base do conceito de posição depressiva, com o qual se pode dizer que nasce a escola kleiniana propriamente dita. Radó não chega a formulá-lo, porém mostra claramente como o que denomina "ciclo agressão / culpa / expiação / perdão" reproduz a experiência de raiva impotente do bebê contra o seio ausente, "protótipo de todas as reações agressivas frente à frustração".[66]

Segundo o analista húngaro, paralelamente à expiação melancólica tem lugar outro processo, que se origina na hostilidade sádica contra o objeto: as "reações de rebeldia", fadadas ao fracasso porque supõem uma disponibilidade constante e inesgotável por parte dele. Tal fracasso tem por consequência que as tendências agressivas se concentrem no superego, e acabem "se derramando sobre o ego enquanto objeto com a mesma fúria com que o ego teria feito sofrer o objeto". Isso já havia sido apontado por Freud em "Luto e melancolia"; dez anos depois desse texto, porém, a discussão sobre as relações entre as instâncias e entre estas e as pulsões avançara o suficiente para que Radó pudesse sintetizar a situação num parágrafo lapidar:

o ego não pode escapar à força esmagadora (*overpowering*) da pulsão agressiva [...]. Essa capitulação total do ego ao sadismo do id seria incompreensível se não perce-

63. Id., p. 421.
64. Id., p. 424.
65. Id., p. 429.
66. Id., p. 429.

7. Discussões sobre técnica: 1919-39

bêssemos que aquele é apenas vítima da indestrutível ilusão infantil segundo a qual
é somente cedendo e expiando [sua culpa] que pode ser aliviado do seu sofrimento
narcísico.[67]

Estes trechos bastam, creio, para substanciar o que afirmei há pouco sobre
a impossibilidade de isolar as vicissitudes do ego das dos seus antagonistas, a saber o id e o superego. Mas o interesse do artigo de Radó não se limita a esse
ponto: ao discutir a ideia de "incorporação no ego", ele faz diversas observações
das quais Melanie Klein tirará consequências de grande peso, e cujas implicações
no plano da técnica serão sistematizadas por James Strachey no seu famoso artigo de 1934, "A natureza da ação terapêutica da psicanálise".

Radó parte da ideia de que a princípio o bebê não tem como se dar conta de
que as características satisfatórias e frustradoras do seio pertencem à *mesma* entidade. Isso origina representações isoladas e conflitantes, que apenas ulteriormente virão a coalescer no que Melanie Klein denomina "objeto total". Daí decorre o desejo de que os pais fossem sempre "bons". O superego, continua ele,
surge desse desejo,[68] e o ego se impõe a tarefa de o amar como amou os pais
"bons". Mas não pode permitir-se odiá-lo como odiava os pais "maus"; essas imagos são recalcadas para o id, onde se combinam com as tendências sádicas igualmente recalcadas.[69] O melancólico é, assim, um indivíduo no qual uma ambivalência excepcionalmente intensa conserva "fortes resíduos" desse "modo infantil
de pensar"; nele, a ambivalência "perde os freios" e se dissocia: o "bom" acaba se
instalando no superego, e o "mau" no ego, de onde as autoacusações típicas dessa patologia.

Não é preciso nos determos nos detalhes desse movimento. O importante
é a meu ver a ênfase na dissociação e na projeção/reintrojeção da agressividade,
na qual Strachey — na esteira de Klein, cujo livro é dois anos anterior ao seu
artigo — fundamentará sua minuciosa leitura do que ocorre numa análise. Este
ponto é crucial: para a formação de uma escola, que necessariamente envolve
uma concepção específica do funcionamento mental, é passo indispensável a
generalização de mecanismos e processos originalmente observados na escala

67. Id., p. 430.
68. Id., p. 433.
69. Id., p. 434.

mais modesta de determinada patologia, que por isso mesmo se converte na sua "matriz clínica".

Do artigo de Strachey, mais uma vez destacarei as observações de maior relevo para nosso tópico atual, a saber: os impactos da segunda tópica sobre a prática clínica, e o papel desta última na progressiva constituição das escolas psicanalíticas. O autor começa por lembrar que no início a técnica freudiana visava a "dissolver as resistências", porque sem esse movimento prévio os impulsos inconscientes contra os quais o paciente se protege não podem ser admitidos na consciência, e portanto permanecem imunes à influência do psicanalista. Ora, as forças que mantêm as resistências "são parte do ego, que está cooperando conosco, e portanto são mais acessíveis [que os impulsos]".[70] Tal "cooperação" tem por base o desejo do paciente de se livrar dos seus sintomas, mas para que se possa "tornar consciente o inconsciente" é necessário que as interpretações encontrem eco na mente dele, o que depende um tanto da habilidade do analista em mostrar-lhe o sentido e a função das defesas, e em parte muito maior de um fator que nada tem a ver com o intelecto, mas sim com a dimensão dos afetos: a transferência.

Vem então um retrospecto sobre a questão da transferência, que em resumo destaca suas duas variedades (positiva e negativa), e a liga aos cinco tipos de resistência mencionados em *Inibição, sintoma e angústia* —, porém introduzindo uma ideia nova e decisiva: independentemente de em qual instância se manifestem, todas têm como origem última o "medo ao superego".[71] É combinando essa assertiva com uma leitura das passagens dedicadas à hipnose em *Psicologia das massas e análise do ego* que Strachey formula um ponto essencial do seu argumento:

> o hipnotizador, assim como o objeto amado, veio a ocupar o lugar do ideal do ego [...]. Ora, como a sugestão é uma forma parcial de hipnose, e como é por meio da sugestão que o analista produz modificações na atitude do paciente,[72] parece seguir-se que o analista deve sua eficácia, ao menos em certos casos, ao fato de ter vindo a ocupar o lugar do superego do paciente. Assim, essas duas linhas conver-

---

70. James Strachey, "The Nature of the Therapeutic Action of Psycho-Analysis", IJP, v. 15, p. 130, 1934.

71. Id., p. 133.

72. A aparente incongruência de dizer que "é por meio da sugestão que o analista produz modificações" tem por base uma semelhança decisiva entre a hipnose e a transferência: ambas são análogas ao estado de apaixonamento, ou, o que dá no mesmo, são manifestações de um vínculo libidinal.

7. Discussões sobre técnica: 1919-39

gentes de argumentação apontam para o superego como ocupando uma posição-
-chave na terapia analítica: é uma parte da mente do paciente na qual uma alteração favorável provavelmente levará a uma melhora geral, e é uma parte da mente
do paciente particularmente sujeita à influência do analista.[73]

Ao leitor que se admirasse com essa conclusão — pois algumas páginas
antes a "cooperação" vinha do ego, "mais acessível" ao trabalho terapêutico porque opera no registro da consciência e está voltado para a realidade externa, da
qual faz parte o analista — Strachey poderia responder que o superego é, afinal,
uma "parte do ego" que no passado, por razões bem conhecidas, se diferenciou
do restante dele, e agora o vigia etc. Ora, contrariamente ao que poderia parecer,
não se trata de mera questão de terminologia, e sim de um ponto crucial no debate ao mesmo tempo metapsicológico e clínico no qual ele pretende intervir.

Em todos os trabalhos que estamos examinando, há uma parte dedicada à
origem do superego, que Freud vinculara à introjeção das figuras paternas. Não
há aqui divergência; esta surge quando se trata de saber se os objetos internos
resultantes dessa introjeção reproduzem de maneira mais ou menos fiel os traços dos genitores reais (sua "voz", seus ideais), ou se o peso dos impulsos agressivos os deforma e reconforma, como pretende Melanie Klein. Strachey adota
esta tese,[74] e dela se serve para descrever o "círculo vicioso" da neurose: a projeção da agressividade sobre o objeto externo torna este último perigoso, e, ao ser
introjetado à maneira de um superego (*"in the manner of a superego"*), leva consigo esta característica. Com isso, o ego do neurótico — que permanece preso a
este modo infantil de funcionamento — "fica exposto à pressão de um id brutal
(*"savage id"*), e de um superego correspondentemente brutal (*"savage superego"*),
assim perpetuando o círculo vicioso".[75]

O termo-chave nessa formulação é *"correspondentemente"*, que explica a simetria entre a brutalidade das duas instâncias pelo fato de o superego ser o herdeiro
de objetos já impregnados com a agressividade do id. É compreensível, então, que
Strachey defina o processo da análise como a paulatina substituição do círculo
vicioso por um "círculo virtuoso", no qual a diminuição do temor aos objetos
superegoicos favoreça uma menor projeção de hostilidade sobre os objetos exter-

73. Id., p. 134.
74. Id., p. 136.
75. Id., p. 137.

nos. Isso fará com que na reintrojeção subsequente eles venham carregados com menos perigo, sendo portanto sentidos como menos ameaçadores, e por este motivo tornando possível uma diminuição na "ferocidade dos impulsos do id".[76]

Mas como abrir uma brecha no círculo vicioso, de modo a propiciar a instauração de um mais benigno? Aqui Strachey avança um peão fundamental no seu xadrez metapsicológico:

> na situação analítica, o paciente tende a aceitar de algum modo o analista como substituto do seu superego [...]. De modo geral, os objetos de fantasia do neurótico no mundo externo serão predominantemente perigosos e hostis. O efeito do encontro de um novo objeto na análise, porém, é criar uma situação diferente [...]. Devido às peculiaridades das circunstâncias analíticas, e ao comportamento do analista, a imago introjetada deste tende a ser separada de modo relativamente claro ("*rather definitely*") do restante do superego do paciente.[77]

Assim se constitui o que o autor chama de "superego auxiliar". A característica mais importante desta nova entidade psíquica é que os conselhos ("*advice*") que dá ao ego são "consistentemente baseados em considerações *atuais* e *reais*, e isso, por si só, serve para a diferenciar da maior parte do superego original".[78] É este fato — que nada mais é do que um aspecto da transferência — que coloca "ao alcance do analista" o seu principal instrumento de trabalho, a saber a interpretação.

Colocadas estas bases teóricas, Strachey pode enunciar a tese que defenderá no restante do artigo: a ação terapêutica da psicanálise não se deve à interpretação "em geral", mas a um tipo preciso de interpretação, a que denomina "mutativa". Nada há de tautológico nessa afirmação, e seria um contrassenso lê-la como se fosse um dito do conselheiro Acácio. O que confere eficácia à interpretação mutativa não é que opere modificações — isso é o seu *efeito* —, mas sim *onde* e *como* atua. Descritivamente, ela introduz a necessária cunha no círculo vicioso da

---

76. Id., p. 138.
77. Id., pp. 139-40.
78. James Strachey, "The Nature of the Therapeutic Action of Psycho-Analysis", p. 140. Grifos no original. A ideia de um superego "auxiliar" resulta de uma modificação feita por Strachey no conceito de "superego parasita", proposto por Sándor Radó em sua comunicação ao Congresso de Salzburgo (1924), cujo tema era a técnica. A versão inglesa deste texto — "The Economic Principle in Psycho-Analytic Technique" — pode ser encontrada no IJP, v. 6, 1925.

7. Discussões sobre técnica: 1919-39

neurose, contrapondo à fantasia de ser agredido pelo analista o comportamento "atual" e "real" dele, ou seja, a neutralidade benevolente com que acolhe as comunicações do paciente, a atenção que presta a elas, e sua disponibilidade para ser alvo dos impulsos pulsionais mobilizados pelo tratamento.

A primeira etapa da interpretação mutativa consiste em fazer o analisando perceber *que* está atacando o analista, ao que se segue a explicitação de quão pouco conforme à situação presente é tal ataque. Tendo se dado conta disso, ele poderá ter acesso ao material infantil que está sendo reencenado na transferência.[79] Estamos de volta, então, à *"falsche Verknüpfung"* (falsa ligação") em que Freud discernia, quatro décadas antes, o essencial da transferência? Sim — e não. Não, porque no intervalo a metapsicologia da ligação se sofisticou consideravelmente: o transferido é de natureza preponderantemente agressiva, e não mais libidinal, sua origem não é apenas "o passado edipiano" de modo indefinido, mas um momento pré-genital específico, com angústias e defesas características, etc. Mas também sim, porque — embora Strachey não use este termo — a ligação continua a ser vista como "falsa". E de novo não, porque o "equívoco" não é primordialmente de objeto ("eu não sou a sua mãe"): ele reside na inadequação do impulso ao objeto atual.

Ora, para que seja possível ao paciente perceber tal inadequação, é necessário que seu "sentido da realidade" esteja ao menos em parte preservado. Como o sentido de realidade é uma função do ego, é deste que Strachey trata nas páginas seguintes, em particular da "estreiteza", ou relativa debilidade, do dito sentido de realidade, determinado precisamente pela preponderância das fantasias na relação do neurótico com as pessoas e situações com que se depara na vida "real".

Como veremos ao discutir o artigo de Richard Sterba, este é um ponto crucial no trajeto que desembocará na constituição das escolas rivais. Em virtude da leitura que fazem das relações entre as instâncias, os kleinianos sublinharão as insuficiências do ego e, logicamente, não farão depender o sucesso da análise de nenhum tipo de parceria com um aliado tão pouco confiável. Ao contrário, procurarão enfraquecer o que o torna frágil — e, a esta altura, não nos surpreenderemos de ver Strachey apostar todas as fichas na redução da "pressão brutal" do superego, já que é esta a principal responsável pela fraqueza do ego.

Desta posição decorre a radicalidade com que insiste na identificação do "ponto de urgência" sobre o qual, para ser mutativa, a interpretação deve incidir.

79. James Strachey, "The Nature of the Therapeutic Action of Psycho-Analysis", p. 149.

Este ponto é por definição o presente transferencial — e com isso o "aqui e agora" enfatizado por Ferenczi e Rank em seu livro de 1924 ganha uma significação inédita: as vivências, que eles privilegiavam em contraposição às lembranças, devem agora ser captadas e analisadas *exclusivamente* sob o ângulo da transferência. Strachey é cético em relação ao valor terapêutico de quaisquer interpretações que visem o "extratransferencial", seja este relativo ao presente (relações do analisando com outras pessoas que não o analista), ou relativo a fatos da infância, necessariamente remotos e distantes do presente imediato. Em seu vocabulário, elas não são eficazes porque lhes falta *immediacy* (conexão com o atual, mas também vivacidade e colorido), e portanto jamais podem atingir o "ponto de urgência". Da mesma forma, desaconselha o "reasseguramento", que poderia — a exemplo da "interpretação ligeiramente inexata" discutida por Edward Glover em seu artigo sobre o assunto[80] — reforçar as defesas em vez de contribuir para as dissolver.

A interpretação mutativa deve igualmente evitar a "vagueza", isto é, ser "específica" e "concreta".[81] Isso quer dizer que o analista não deve temer apresentar-se como alvo dos impulsos agressivos em atividade naquele dado momento da sessão, até porque, como Strachey sugere numa importante nota de rodapé, "é possível que a própria possibilidade de oferecer interpretações mutativas dependa do fato de que na situação analítica quem dá a interpretação e quem é visado pelo impulso do id sejam uma só e mesma pessoa".[82] E é com o resumo que oferece da sua posição nessa mesma nota que podemos encerrar a discussão do seu trabalho:

> o processo da análise pode ser visto como uma infiltração do superego original, rígido e inadaptável, pelo superego auxiliar, que está mais em contato com o ego e com a realidade. Essa infiltração resulta das interpretações mutativas, e consiste em repetidas introjeções de imagos do analista — que é uma figura real, e não uma projeção arcaica e distorcida — de modo que a qualidade original do superego vá gradativamente se alterando.

Se agora nos voltamos para o texto de Richard Sterba, que talvez não por acaso foi publicado imediatamente antes do de Strachey, na mesma edição do

80. Edward Glover, "The Therapeutic Effect of Inexact Interpretation", IJP v. 12, pp. 397-411, 1931.
81. James Strachey, "The Nature of the Therapeutic Action of Psycho-Analysis", p. 151.
82. Id., p. 157.

7. Discussões sobre técnica: 1919-39

International Journal deparamos com uma visão bastante diferente do processo analítico. A divergência é evidente desde as linhas iniciais:

> o conhecimento que temos dos estratos mais profundos do aparelho psíquico nos é proporcionado por meio do ego, e depende da medida em que este o admite, em virtude dos derivativos do inconsciente que ainda tolera. [...] Se queremos [...] produzir uma modificação numa constelação pulsional neurótica, é para o ego, e somente para o ego, que podemos nos voltar.[83]

Strachey também começa o seu texto dizendo que o ego é mais acessível à influência do terapeuta. Por que, então, falar aqui em divergência? Porque o psicanalista inglês provavelmente concordaria com a primeira sentença do parágrafo que citei, mas de modo algum com a segunda: como acabamos de ver, o ego que fala na situação analítica contém "derivativos do inconsciente", mas para alterar a "constelação neurótica" é necessário expor sua origem por meio das interpretações mutativas, que se dirigem ao superego, e nunca ao ego.

Voltemos a Sterba. Se é ao ego que dirigimos nossas explicações (*"explanations"*), convém ter uma ideia clara do que é essa instância, e de como opera. O ego tem três funções básicas: ser o "órgão executivo" do id, atender às exigências do superego, e ser o "lugar da experiência" (*"the site of experience"*), ou seja, regular a descarga da energia psíquica constantemente produzida (*"poured forth"*) pelo id.[84] Como é da "fome de objetos" do id que provém a transferência, o ego — na qualidade de órgão executivo dele — investirá o único objeto disponível nas sessões, a saber o analista. E aqui encontramos outra diferença capital frente a Strachey: o transferido não é, como para aquele, a agressividade selvagem do superego, mas algo de natureza *libidinal*. A expressão "fome de objetos", com

---

83. Richard Sterba, "The Fate of the Ego in Analytic Therapy", IJP, v. 15 (2-3), pp. 117-26, 1934. A primeira frase está redigida de modo um tanto canhestro: *"Such knowledge as we possess of the deeper strata of the psychic apparatus reaches us by way of the ego, and depends on the extent to which the ego admits it, in virtue of such derivatives of the unconscious as it still tolerates"* (p. 117). No que precede, o único elemento no singular é o "conhecimento", e convenhamos que é estranho supor que o ego tenha "conhecimento" dos "estratos mais profundos" da psique, ou mesmo dos seus derivativos. Se se trata desses "estratos", o texto deveria dizer *"admits them"*. Cochilo do tradutor britânico, lapso do autor, ou ambiguidade deliberada? O texto alemão poderia esclarecer a dúvida, mas não tive acesso a ele.

84. Id., p. 118.

efeito, seria bastante inadequada se Sterba tivesse em mente impulsos predominantemente destrutivos.

Há mais, porém. A própria transferência envolve, segundo o autor, aspectos ligados ao ego e ao superego, na forma de tendências que se opõem ao investimento libidinal do analista:

> contrainvestimentos são mobilizados como defesa contra impulsos libidinais que provêm do inconsciente e são revividos na transferência [...]. A ansiedade é ativada como sinal de perigo contra a repetição de alguma experiência infeliz que se seguiu a um impulso pulsional, e é usada como defesa contra a análise. As forças repressoras jogam seu peso do lado da transferência, porque a revivescência (*"revival"*) da tendência reprimida torna imperativo para o sujeito defender-se dela, e assim impedir a temida revelação (*"laying bare"*) do inconsciente.[85]

O ego se apresenta na análise, assim, como tomado por um conflito cuja explicação reside na dupla face da transferência: enquanto órgão executivo do id, está encarregado de encontrar objetos para os impulsos libidinais, e vem a investir a figura do analista; porém, também está encarregado de impedir a repetição do sofrimento causado anteriormente por investimentos deste tipo. O "sinal de angústia" — que serve para bloquear uma *explosão* de angústia — desencadeia os contrainvestimentos, que nada mais são que as defesas quando as abordamos sob o ponto de vista econômico. Como quem o recebe é o ego, a transferência passa a oscilar entre um tanto de investimento libidinal e um tanto de recuo, numa espécie de *stop and go* que pode prejudicar consideravelmente todo o processo.

Se essas são as circunstâncias em que se desenvolve o processo analítico, como pode o analista intervir nelas? Responde Sterba: dirigindo-se à parte do ego que, por estar em contato com a realidade externa, é capaz de se distanciar um tanto das fantasias e avaliar o grau de inadequação delas frente à situação que as mobilizou. Mas essa capacidade não se põe em movimento espontaneamente: se assim fosse, a transferência não se estabeleceria. Para ativá-la, é necessária a introdução de um elemento novo, que por definição o ego não pode produzir nas condições em que o coloca a situação analítica. Tal elemento é precisamente a interpretação da transferência, que consiste, segundo esta linha de pensamento,

85. Id., p. 118.

7. Discussões sobre técnica: 1919-39

em "opor os elementos egoicos voltados para a realidade àqueles investidos com energia pulsional ou defensiva".[86]

O que se obtém com esse recurso é o "destino" a que alude o título do artigo, a saber uma dissociação no ego. Ela oferece ao analista uma oportunidade para se aliar ao ego, e, com o auxílio de uma parte dele, tentar vencer as forças que operam no sentido contrário, ou seja, buscam bloquear a "revelação do inconsciente". A noção de aliança terapêutica será central na escola da *ego-psychology*, e sua possibilidade é vinculada explicitamente à "dissociação terapêutica":

> [esta] é uma necessidade para que o analista tenha alguma chance de atrair para o seu lado parte do ego, conquistá-la, reforçá-la por meio de uma identificação com ele mesmo, e opô-la na transferência às partes investidas com energia pulsional e defensiva.[87]

É perfeitamente claro que tanto Strachey como Sterba consideram indispensável introduzir uma cunha nas condições que determinam o funcionamento neurótico, e que esta cunha consiste em servir-se da transferência para, interpretando-a, promover alguma identificação do paciente com o analista. Contudo, como têm ideias diferentes sobre como se dá o conflito psíquico, divergem sobre qual parte da mente é acessível à influência terapêutica, e portanto sobre qual parte virá a se identificar com o analista. Em consequência, divergem igualmente sobre o meio mais eficaz para a consecução desse intento: para um, o essencial do processo se dá no nível do superego, enquanto para o outro ele ocorre no plano do ego.

As recomendações técnicas de Sterba decorrem da concepção que acabamos de delinear, e que, não custa repetir, estabelece um estreito laço entre a metapsicologia e a teoria do processo analítico. Elas vão do uso constante do pronome "nós" nas comunicações ao analisando — "nós" sendo o analista e o ego do paciente, na sua função de contato com a realidade externa — à exposição do conteúdo da transferência e da inadequação dele à situação presente. Com isso, segundo o autor, "a consciência do paciente passa do centro de experiência afetiva para o da contemplação intelectual".[88]

86. Id., p. 119.
87. Id., p. 120.
88. Id., p. 121.

O emprego de um vocabulário que já não é o nosso não nos deve impedir de compreender o que está sendo descrito: claramente, a neutralização do "primordial afetivo" por uma operação de tipo cognitivo, ou, em outras palavras, o uso da razão para intervir no "caos do comportamento determinado pela pulsão e do comportamento que visa a inibir a pulsão".[89] É porque o pensamento e a linguagem são capazes de se interpor entre os impulsos/fantasias/defesas e o "comportamento", isto é, a materialização deles/delas em atos psíquicos (ataques ao analista, exigências de amor incondicional por parte dele...) ou físicos (atuações em consonância com os sintomas) que se torna possível o exercício da função-chave do ego no tratamento: a prova de realidade. Se traduzirmos a terminologia do autor para uma mais contemporânea, veremos que está falando do que hoje se denomina "simbolização" — e, mesmo sem aderir por completo à sua concepção do processo analítico, nos dias de hoje continuamos a contar com este tipo de movimento para obter mudanças duradouras na economia psíquica dos nossos analisandos.

Sterba resume assim o essencial da sua tese:

contra o comportamento do paciente condicionado pela pulsão ou pelas defesas, a interpretação repetidamente instaura nele um princípio de cognição intelectual, princípio este firmemente apoiado pelo psicanalista e fortalecido pelos insights que vão se produzindo à medida que prossegue a análise.[90]

Para completar a "equação terapêutica" proposta pelo autor, resta-nos verificar como ele inclui nela o superego. Como seria de esperar, não é atribuindo a ele qualquer função significativa nas transformações operadas pela psicanálise: Sterba limita-se a atribuir à maneira pela qual se formou essa instância na infância remota — por diferenciação da massa original do ego, via identificação de uma parcela desta com as figuras parentais — o papel de "protótipo" da dissociação terapêutica. Mas, adverte, a dissociação atual não deve ser considerada "uma etapa no desenvolvimento do ego" — vale dizer, não resulta numa modificação da mesma ordem que a construção do superego, o que seria um contrassenso na perspectiva que defende: "como ela [a dissociação] ocorre num ego já

89. Id., p. 121.
90. Id., p. 121.

7. Discussões sobre técnica: 1919-39

maduro [...], representa mais ou menos a oposição de um elemento a outro no mesmo plano".[91]

Na verdade, entre a dissociação atual e a antiga existem duas diferenças e uma semelhança. A primeira diferença — crucial — é a maior maturidade do ego; a semelhança reside na aceitação de uma exigência (*demand*); e a segunda diferença está na natureza desta exigência, que no caso da formação do superego é das restrições morais e, no trabalho analítico, de uma "atitude revista, adequada à situação de uma personalidade adulta". Atitude em relação a quê? Aos impulsos, fantasias e defesas infantis. Ao ser repetido muitas vezes no decorrer da análise, o movimento induzido pelas interpretações vai reduzindo o investimento pulsional e defensivo do ego, em favor da "contemplação intelectual, da reflexão e da correção pelo parâmetro da realidade".[92]

A absorção dessa "atitude" na trama do ego — objetivo último da análise — é realizada pela função "sintética" dele, descrita num artigo já então clássico de Hermann Nunberg, que Sterba cita com aprovação,[93] e pela interpretação sistemática dos fatores transferenciais provenientes dos "investimentos pulsionais e defensivos". Tal interpretação não se dá, porém, separadamente das que se dirigem ao ego, e sim ao mesmo tempo. Com esta observação, Sterba toma partido em outro debate, do qual nos ocuparemos logo mais.

Para concluir o exame do seu artigo, cabe ressaltar um último aspecto: a constante equiparação, do lado das resistências, dos dois tipos de investimento mencionados. Que durante a análise as defesas operem como resistências nada tem de surpreendente; quanto aos investimentos libidinais (*instinctual*, no vocabulário do autor), o motivo para isso foi explicitado acima: a "fome de objetos" do id induz o ego, seu "órgão executivo", a buscá-los a qualquer preço, incorrendo em riscos tanto do lado da realidade externa quanto do lado do superego, que não tolera tal temeridade.

Contra essas resistências, o analista nada pode fazer senão prestar a máxima atenção ao sistema defensivo do analisando, e é isso, em conjunto com a capaci-

---

91. O texto inglês diz: "*rather it represents more or less the opposition of one element to others on the same level*" (Id., p. 122).

92. Id., p. 122.

93. Herman Nunberg, "The Synthetic Function of the Ego", IJP, v. 12, pp. 123-40, 1931. Em resumo, Nunberg sustenta que uma das principais funções do ego é mediar os conflitos entre as várias partes da mente, e que, na análise, é esta função a responsável por incluir na consciência as tendências até então mantidas no inconsciente pelos mecanismos defensivos.

dade do ego de ao menos em parte se distanciar das fantasias, que explica a prioridade concedida a esta instância pelos analistas que se alinharão sob a bandeira da *ego-psychology*. No momento em que Sterba redige seu artigo, eles ainda não se constituíram como "escola": nos debates que estamos acompanhando, representam uma posição entre outras, e predominam nas Sociedades de Berlim e de Viena. A ela se opõe a de Melanie Klein e seus seguidores londrinos, cuja concepção da vida psíquica dá mais relevo às pulsões e à angústia provocada pela ação do superego, não apenas defensiva, mas ainda — e principalmente — ameaçadora e punitiva.

Contudo, um dos efeitos dessa ação é produzir o oposto do que pretendia o superego, ou seja, mais angústia, o que pode levar o sujeito a um estado crônico de ansiedade flutuante, pois, como observa Martin Bergmann, o conflito entre as três instâncias não foi solucionado em favor de nenhuma delas. Em outros casos, o ego conseguiu construir um aparato defensivo razoavelmente eficaz, porém mantê-lo funcionando exige tamanho dispêndio de energia, que ele se torna um "fardo pesado".[94] Ora, nada nos impede de pensar que os analistas que veem no trabalho com o superego a ferramenta clínica mais eficiente tenham em mente indivíduos do primeiro tipo, enquanto os que enfatizam a necessidade de interpretar as defesas visem os do segundo. Ou seja, as matrizes clínicas das escolas psicanalíticas se revelam mais uma vez diferentes.

Os futuros analistas do ego não foram os únicos a se preocupar com o problema das defesas: ele esteve em pauta durante todo o período que estamos examinando. Um dos que o tomaram pelos chifres foi Wilhelm Reich, a cujas ideias dedicaremos a próxima seção deste capítulo.

REICH E A ANÁLISE DO CARÁTER

Recordando em 1953 os tempos em que frequentava o Instituto de Viena, Richard Sterba evoca a perplexidade dos estudantes frente à tarefa clínica: como se orientar em relação ao material trazido pelo paciente, como discernir o que nele é importante e o que é secundário, e, em particular, como lidar com resistências tão numerosas e tenazes como as descritas em *Inibição, sintoma e angústia*?

94. Martin Bergmann, *The Evolution of Psychoanalytic Technique*, p. 36.

7. Discussões sobre técnica: 1919-39

> Para o neófito na terapia, pareceu uma enorme ajuda a teoria esquemática da neurose e da personalidade neurótica que Wilhelm Reich estabeleceu a partir da sua técnica de análise sistemática das resistências [...]. Nós, estudantes, ficamos muito impressionados: a abordagem técnica sistemática que ele preconizava parecia ser a resposta ao nosso principal problema técnico, e a saída da nossa confusão terapêutica.[95]

A repetição do termo "sistemática" não é casual: ela aponta para a característica mais saliente do procedimento recomendado por Reich, que se tornou conhecido como "análise do caráter", e que o autor apresentou numa série de textos publicados entre 1927 e 1933. Neste ano, foram coligidos no livro *Análise do caráter*; na tradução americana de 1945, a obra recebeu acréscimos a partir da teoria orgônica, que Reich desenvolvera no entretempo, mas as partes antigas não sofreram alterações significativas. Por isso, continuam a ser um documento precioso para compreender como ele via o funcionamento psíquico, e portanto as razões metapsicológicas das suas sugestões técnicas.

No capítulo IV do livro original, intitulado "Sobre a técnica da análise do caráter", Reich começa por recapitular a história da terapia analítica, que segundo ele teria evoluído de uma época que privilegiava a interpretação das fantasias e pulsões para outra, centrada no "enfrentamento das resistências". Estas se apresentam em "camadas sucessivas",[96] que espelham a estrutura da psique de cada indivíduo, e por este motivo exigem ser abordadas de modo "lógico" e "sistemático", segundo a ordem em que se apresentam no trabalho clínico. A ideia de estratificação é central no pensamento de Reich, e fundamenta sua opinião de que o terapeuta deve seguir a geografia (e a geologia) dos diferentes sedimentos psíquicos; caso contrário, ficará perdido no "caos" do material, condenado à con-

---

95. Richard Sterba, "Clinical and therapeutic aspects of character resistance", conferência feita na Sociedade Psicanalítica de Nova York e publicada em *The Psichoanalytic Quarterly*, n. 22, pp. 1-20, 1953. A citação acima se encontra na p. 275 da versão reimpressa em Bergmann, *The Evolution of Psychoanalytic Technique*, pp. 273-86. Um bom estudo sobre a época em que Reich trabalhou como psicanalista *stricto sensu* pode ser encontrado em: Cláudio M. Wagner, *Freud e Reich: continuidade ou ruptura?* (São Paulo: Summus, 1995).

96. Wilhelm Reich, *L'Analyse caractérielle*. Paris: Petite Bibliothèque Payot, 1971. p. 61, e também *Análisis del Carácter*. Buenos Aires: Paidós, 1957. p. 53. A citação está na página 232 da versão reimpressa em: M. Bergmann, *The Evolution of Psychoanalytic Technique*, pp. 231-70.

fusão e à ineficiência, e a raiva contratransferencial o levará a atribuir à má vontade do paciente as dificuldades que ele próprio criou.

O que Reich entende por "caráter"? "É o modo de ser específico de cada indivíduo, uma expressão do seu passado total [...], e, na análise, aparece como um mecanismo de defesa *compacto* contra nossos esforços terapêuticos".[97] O fato de ser "compacto" se deve a que o caráter é uma "couraça" que protege a pessoa tanto contra os estímulos do mundo exterior (entre os quais o analista e a análise) quanto contra os anseios e impulsos libidinais internos: "o caráter é a couraça do ego".[98]

O que distingue os traços de caráter dos sintomas neuróticos propriamente ditos é que os primeiros estão profundamente entranhados na personalidade, o que faz com que o indivíduo não os considere patológicos, e sim seu "modo de ser". Compreende-se que hesite em modificá-los, e por esta razão as "resistências de caráter" são o adversário mais tenaz dos "nossos esforços terapêuticos". De onde a necessidade de analisá-las a fundo; se isso não for feito com constância e método, as interpretações não surtirão efeito algum, e o processo se imobilizará num impasse — aquele mesmo que, baseados em considerações diversas das de Reich, Freud chamará de "análise interminável", e Melanie Klein de "conluio" entre analista e paciente.

Vem então uma observação que talvez constitua o que Reich tem de mais original a oferecer: se o caráter é o modo de ser do indivíduo, as resistências que dele derivam se manifestarão mais na *forma* que no *conteúdo* das suas comunicações. Este "selo específico" as diferencia das demais resistências, e aparece na maneira como o paciente fala ou silencia, no seu jeito de sorrir ou de se deitar no divã, nos seus gestos — em suma, em todos os aspectos do discurso, do comportamento e da atitude corporal durante as sessões.[99] A atenção prestada aos modos variados com que apresentam esses fatores é um dos meios para distinguir os

---

97. Id., p. 236, grifo no original.

98. Id., p. 251.

99. Reich não foi o primeiro a falar disso: Freud já assinalava, no *Caso Dora*, que gestos e tiques permitem a um bom observador inferir algo do inconsciente, e em 1912 Ferenczi dedicou um artigo aos "sintomas transitórios", como a tontura ao levantar do divã, dores súbitas em certas partes do corpo, o fato de corar, sensações misteriosas de frio ou calor durante a sessão, etc. A originalidade de Reich está em vincular esses fenômenos a um tipo especial de resistência, e a tirar dessa ideia consequências técnicas de grande alcance.

7. Discussões sobre técnica: 1919-39

diversos "tipos de caráter" elencados no livro — impulsivo, histérico, obsessivo, fálico-narcísico, e assim por diante.

Dessa leitura resulta a principal recomendação técnica de Reich: interpretar primeiro as resistências/defesas, em especial as de caráter, e nunca o "material", isto é, as fantasias e impulsos contra os quais elas foram instituídas. À primeira vista, esta posição parece coincidir com a dos partidários da análise preferencial do ego, mas tal impressão é desmentida quando nos voltamos para a maneira como Reich entende a natureza desses impulsos, e a forma pela qual eles moldam a transferência.

Para ele, toda neurose resulta do congelamento da libido nos sintomas, o que torna improvável que o erótico apareça no início da análise. A transferência ligeiramente positiva, que tanto os adeptos da aliança terapêutica quanto os da introjeção de um superego mais benigno consideram como expressão da confiança no terapeuta, e portanto de um vínculo em última instância libidinal, é tida por Reich como "hipócrita": nada mais ilusório que a "fase da lua de mel" da qual falava Freud nos seus escritos técnicos. O conteúdo da transferência nessa etapa inicial só pode ser de tipo agressivo, já que o analista é inconscientemente equiparado a um invasor do espaço psíquico, e sua proposta de alterar significativamente a configuração dele soa como ameaça de desorganização, mobilizando por conseguinte as mais intensas resistências.

A elas o terapeuta deve responder com um combate sem tréguas, "confrontando" o paciente com seus traços de caráter — pois, na qualidade de resistência, estes estão presentes em todas e cada uma das suas comunicações — "até que ele comece a considerá-los objetivamente, e a vivenciá-los como um sintoma doloroso".[100] Quando isso acontece, a resistência cede, o que permite a emergência do impulso que, na infância remota, originou o traço de caráter em questão, e que na atualidade aparecia como antagonista da análise. Reich enfatiza repetidamente o quanto este procedimento é trabalhoso para o analista e penoso para o analisando; a persistência de ambos, porém, é recompensada pelo surgimento de "experiências analíticas carregadas de emoção", e por isso liberadoras. É assim que, pouco a pouco, podem ocorrer mudanças importantes na economia psíquica, num movimento que lembra o preconizado por Ferenczi e Rank no livro que comentamos atrás. Contudo, somos advertidos de que essas mudanças não

---

100. Id., p. 240.

advêm somente da descarga afetiva: é preciso analisar a fundo as "fontes infantis" da neurose.[101]

Embora Reich apresente essas propostas como decorrência lógica da metapsicologia aceita na época, a maioria dos seus colegas não as entendeu assim. Para este ceticismo contribuíram vários fatores. O primeiro é de ordem teórica: o papel nulo da segunda tópica na maneira reichiana de compreender o funcionamento psíquico. Basta ler os textos para percebermos que neles prima pela ausência a cuidadosa distinção das instâncias e da expressão de cada uma na análise — ou seja, justamente aquilo que motivou os desenvolvimentos técnicos estudados nas seções anteriores deste capítulo. No lugar dela, temos as ideias de estratificação em camadas horizontais, na superfície das quais se encontra a couraça caracterial, e de impulsos inconscientes, o que pareceu a muitos uma simplificação incapaz de dar conta da complexidade e da sutileza do trabalho analítico.

A combinação dessa tendência ao esquematismo com a recusa de qualquer aliança com a parte "saudável" do ego — que para ele simplesmente inexiste no "caráter neurótico" — afastou Reich dos futuros *ego-psychologists*; a regra inviolável de interpretar as defesas antes das angústias o opôs aos futuros kleinianos. Assim, isolado apesar do interesse que suas ideias clínicas despertaram, e ainda mais por suas posições políticas, ele se demite da Associação Internacional de Psicanálise em 1933, quase simultaneamente à publicação do seu *opus magnum* até então — e sem dúvida não é casual que *Análise do caráter* tenha sido editado *à compte d'auteur*.

Alguns anos depois, em seu retrospecto dos debates técnicos da época, Otto Fenichel dirá que as contribuições da obra são muito notáveis (*"most noteworthy"*), e que merecem acordo completo quanto ao "essencial"; contudo, "o livro exibe tão extensamente algumas características pessoais do autor, em especial a inclinação para simplificar esquematicamente, que o trabalho como um todo fica prejudicado".[102] Outra dessas características é a preferência por "crises", "erupções" e "emoções teatrais", que faz pensar numa "traumatofilia" enraizada no "amor pela magia" (sic).

As críticas de Fenichel, que no entretempo se convertera num dos principais porta-vozes da psicologia do ego, não se limitam a argumentos *ad hominem*. A

---

101. Id., p. 253.

102. Otto Fenichel, *Problems of Psychoanalytic Technique*. Nova York: The Psychoanalytic Quarterly, 1941, p. 105.

7. Discussões sobre técnica: 1919-39

mais severa delas é à agressividade com que Reich trata a couraça caracterial, visando a "estilhaçá-la" (*shattering*). Tal atitude acaba por produzir reações hostis da parte do paciente, que ele toma então como provas de que a transferência dele era mesmo desde o início negativa. Como se isso não fosse suficientemente grave, com certos analisandos tal atitude pode excitar tendências masoquistas, cuja presença na transferência passaria despercebida devido à surdez seletiva do analista que seguisse as recomendações reichianas.

Essas restrições são ecoadas por Sterba na conferência para os analistas nova-iorquinos, quando destaca quatro "erros básicos" na abordagem do seu antigo professor de técnica: não dá valor ao aspecto genuíno da transferência positiva no início da análise, de onde a postura "beligerante" para com o paciente; ignora a ambivalência presente em todas as manifestações psíquicas (ou seja, o lado libidinal, e mesmo carinhoso, delas); supõe na mente uma estratificação rígida, e leva essa ideia a extremos injustificáveis; por fim, tem do caráter uma noção demasiado limitada, restringindo-o ao ego que resiste e deixando de fora o papel do id e do superego na constituição dele.[103]

Teria sido Reich, então, apenas um cometa no sistema solar da psicanálise, brilhante por algum tempo, mas em seguida desaparecendo sem deixar rastros? Apesar de desaprovarem o caminho que acabou por tomar, não é esta a opinião nem de Fenichel nem de Sterba. Para ambos, ele foi mais um catalisador, porque a controvérsia em torno das suas ideias conduziu a avanços significativos, que ajudaram a consolidar a psicologia do ego. Nas palavras de Fenichel,

> um dos estímulos para o desenvolvimento da assim chamada psicologia analítica do ego foi a percepção de que a análise das resistências é o verdadeiro agente terapêutico, e que perseguir o objetivo de analisar as resistências tem como pré-requisito a minuciosa investigação analítica especialmente de atitudes crônicas de resistência ancoradas no caráter do indivíduo.[104]

Sterba acrescenta a esse comentário uma indicação de como Reich foi por assim dizer incorporado pelo avesso no tecido teórico-clínico da escola a que ele mesmo pertence:

103. Richard Sterba, "Clinical and therapeutic aspects of character resistance", pp. 280-3.
104. Fenichel, op. cit., p. 106.

em minha opinião, o resultado mais importante da comoção criada por Reich foi o livro de Anna Freud, *O ego e os mecanismos de defesa*. [...] A concepção que Anna Freud tem do caráter é muito mais ampla [...]. É o modo como o ego de cada indivíduo lida com o conflito entre as necessidades pulsionais provenientes do id, os perigos vindos do mundo exterior, e as ameaças do superego. [...] Cada ego se caracteriza pela escolha que faz entre as necessidades pulsionais que busca satisfazer [...] e aquelas que rejeita, e pelos métodos de defesa que emprega contra as forças que o ameaçam de fora e de dentro.[105]

É inegável o interesse dessas observações para reconstituir o caminho que levou à consolidação da psicologia do ego como escola individualizada, e que passa, como a esta altura deve estar claro, pela localização do "verdadeiro agente terapêutico" na análise do sistema defensivo do indivíduo. Os argumentos de Reich foram portanto assimilados "no essencial", abandonando-se o que parecia excessivamente esquemático, ou seja, sua leitura do caráter, julgada reducionista frente à abordagem mais completa e mais complexa proposta por Anna Freud. Para Sterba, o mérito dela foi ter colocado em foco o conjunto das atividades defensivas do ego, ampliando o "gargalo terapêutico" representado pela ênfase exclusiva na sua função de resistência à "revelação do inconsciente". Esta última passa a ser vista como *um* dos aspectos da montagem defensiva, superando assim a simplificação que para seus críticos tisnava a perspectiva de Reich.

O ego e os mecanismos de defesa foi o presente de Anna Freud para os oitenta anos de seu pai. Naturalmente, o trajeto pelo qual amadureceu suas concepções não foi percorrido em poucos meses; se Sterba tem razão ao afirmar que a obra faz parte da "comoção" em torno de Reich, isso só foi possível porque a autora vinha se ocupando dessas questões desde a polêmica com Melanie Klein acerca da análise infantil, dez anos antes.[106]

Para a formação da escola da qual ela foi uma das líderes, mostrou-se igualmente essencial outra linha de questões, ligadas ao ego na sua função de órgão executor dos desejos do id, ou seja, ao fato de ser ele a superfície de contato da psique com o mundo exterior, no qual se situam os objetos e meios para satisfazer

105. Richard Sterba, op. cit., p. 284.
106. Ao leitor que se interessar por este percurso, recomendo o excelente livro de Richard Dyer, *Her Father's Daughter: The Work of Anna Freud*. Nova York: Jason Aronson, 1983, em especial o capítulo III, "Defense theory of the ego".

tais desejos. Isso requer levar em conta tanto a natureza das coisas quanto as regras da sociedade, isto é, discriminar o possível do impossível e o lícito do proibido: é a problemática da adaptação, abordada em particular por Heinz Hartmann em *Psicologia do ego e o problema da adaptação* (1939). Retraçar este desenvolvimento excede nosso propósito atual; por isso, não trataremos dele, limitando-nos a assinalar sua relevância para o tópico mais amplo da formação das escolas.

A fim de completar o exame das discussões clínicas dos anos 1920 e 1930, devemos agora nos voltar para outro tópico, que está na origem da terceira grande corrente do pós-guerra, a escola das relações de objeto: a evolução das ideias de Ferenczi.

A REGRESSÃO REPARADORA:
FERENCZI, BALINT E A "CRIANÇA NO ADULTO"

Enquanto se acirravam as divergências entre Londres e Viena, aquele de quem Freud dizia que "equivalia sozinho a uma Sociedade de Psicanálise inteira" continuou o percurso do qual tratamos nas primeiras seções deste capítulo. Seu ponto de partida havia sido a tenacidade de certas resistências, e a solução "ativa" então proposta envolvia considerações de ordem econômica e dinâmica, com o fito de redirecionar para o trabalho analítico as forças bloqueadas pelo encastelamento da libido nos sintomas. O problema de Ferenczi é portanto o mesmo sobre o qual se debruçam os autores que vimos acompanhando, mas sua forma de o tratar se distancia em pontos fundamentais das abordagens que conduzirão à psicologia do ego e ao kleinismo.

O que as ordens e proibições produziam no paciente? Um aumento de tensão — mas ao longo da década de 1920 a crença de Ferenczi nas virtudes dele foi diminuindo, até se converter no seu oposto. Num primeiro momento, a ênfase neste ponto o aproxima de Reich, mas já aí se nota entre ambos uma diferença crucial: se o húngaro concorda que o caráter é um "automatismo protetor", que na análise é preciso remontar às origens da sua constituição, e "descristalizá-lo" no que tem de rígido, a fim de o tornar mais apto a exercer sua função de proteção,[107] para ele isso não pode ser feito a golpes de martelo. Ao contrário, argumenta,

---

107. Sándor Ferenczi, "O problema do final da análise", *Oeuvres complètes*, v. IV, pp. 46 ss. Como no início deste capítulo, essa edição será referida pela sigla OC.

a remoção eficaz das resistências só pode se dar num ambiente amistoso, porque depende da paciência e da benevolência do terapeuta, da sua capacidade de tolerar as manifestações da agressividade do analisando, de poder atender às expectativas razoáveis dele — em suma, do que Ferenczi chama a "confiabilidade" do analista frente às provocações de que é alvo. E isso porque, nesta fase do tratamento, o paciente se comporta como uma criança que desafia constantemente a autoridade dos adultos "incompreensivos".

Nessa afirmação encontram-se implícitas duas importantes ideias de Ferenczi: na estruturação da situação analítica, o analista participa de modo muito mais intenso do que até então se pensava; e a cura passa necessariamente pelo acesso à criança traumatizada que continua a viver no adulto. Para poder suportar os ataques do paciente (ou suas tentativas de sedução), é preciso que o profissional esteja preparado por sua própria análise, mas também que compreenda o que se passa com ele durante a sessão: de onde a "metapsicologia dos processos psíquicos do analista" que propõe no artigo de 1928, "Elasticidade da técnica psicanalítica".

O tema desse texto é a questão do tato, isto é, de quando e como comunicar ao paciente algo que o analista julga ter descoberto a respeito dele. Em parte, isso depende da "equação pessoal", ou seja, de um fator individual e largamente variável. De modo um tanto otimista, Ferenczi acredita que a obrigatoriedade da análise prévia estaria diminuindo a amplitude das diferenças técnicas na comunidade freudiana, pois "o conhecimento e o domínio das próprias fraquezas e peculiaridades acabarão por levar observadores independentes do mesmo objeto de investigação às mesmas constatações objetivas, e portanto às mesmas medidas táticas e técnicas".[108] Na verdade, como vimos, foi o contrário que ocorreu.

O tato é definido como a faculdade da empatia (*Einfühlung*, sentir-com). Como o analista está menos sujeito que o paciente às forças da resistência, tem condições de se formar uma ideia dos pensamentos e emoções que ele não expressa; porém isso não o autoriza a comunicá-la tal e qual. É preciso levar em conta a resistência, para não a estimular "inútil e inoportunamente". Daí a comparação com a fita elástica: "ceder às tendências do paciente, mas sem abandonar a tração" na direção que considera apropriada para o progresso da análise. Só pode fazer isso o terapeuta capaz de controlar seu narcisismo e suas reações afetivas — em suma, a sua contratransferência.

108. Id., "Elasticidade da técnica psicanalítica", OC IV, p. 55.

7. Discussões sobre técnica: 1919-39

Ao sentir-com junta-se portanto a auto-observação constante, e também a atividade intelectual, ou seja, a avaliação da pertinência da interpretação que lhe ocorreu. É a oscilação entre esses três polos que define a atitude analítica. Cabe assinalar como Ferenczi é enfático no peso que atribui ao "nosso saber", isto é, ao raciocínio clínico baseado no conhecimento da teoria: a postura acolhedora que defende em nada impede o analista de pensar. Como para Kant, que sustentava ser cega a intuição sem o conceito, e este vazio sem a intuição, é na combinação sensível e inteligente dos dois fatores que reside a chave da capacidade analítica.

Torna-se assim supérfluo o emprego de recursos "ativos" para favorecer o progresso da análise: refletindo sobre o que se passa do lado do paciente, Ferenczi formula sua concepção em termos que demonstram seu conhecimento dos textos que naquele momento — 1928 — eram os mais atuais quanto à "metapsicologia da técnica": os de Franz Alexander e de Wilhelm Reich, que comentamos atrás. Diz ele:

> o processo da cura consiste em grande parte em que o paciente coloca o analista (o novo pai) no lugar do pai verdadeiro, que ocupa tanto espaço no seu superego […]. Uma verdadeira análise de caráter deve colocar entre parênteses, ao menos temporariamente, qualquer espécie de superego, inclusive o do analista […]. Somente essa espécie de desconstrução do superego pode propiciar uma cura radical; resultados que consistissem apenas na substituição de um superego [severo] por outro [benigno] devem ser considerados ainda transferenciais. Não correspondem ao objetivo final do tratamento: livrar-se também da transferência.[109]

A nota caracteristicamente ferencziana, contudo, está nas consequências que extrai dessa "desconstrução do superego", que no fundo é a mesma coisa que a "descristalização do caráter" do artigo sobre o final da análise. A flexibilização das restrições e ameaças superegoicas faz com que apareçam as "provocações", e estas permitem vislumbrar um cenário infantil no qual ocupam posição proeminente as atitudes dos adultos com os quais a criança teve de se defrontar. É neste movimento que Ferenczi se dá conta de que a técnica ativa não era apenas desnecessária, mas ainda contraproducente, porque impunha ao analisando

109. Id., p. 63.

344

o mesmo tipo de exigência outrora proveniente dos adultos — não fazer isso ou aquilo — e portanto impedia o encontro de *outra* solução, mais saudável, para os conflitos agora revivenciados na transferência.

O princípio econômico subjacente à técnica ativa era a frustração (*Versagung*) dos impulsos libidinais autoeróticos, como ilustra o caso da paciente das pernas cruzadas. Efeito do que Freud chamava "abstinência", o mesmo princípio presidia à técnica clássica,[110] que valorizava a reserva e o não atendimento das demandas do paciente, coloridas como estavam pela tintura transferencial. Ora, diz Ferenczi, essa reserva pode ser vivida pelo paciente como frieza, dogmatismo arrogante e pedantismo — e tudo isso constitui um poderoso empecilho para o sucesso da análise. Daí sua proposta de introduzir um novo princípio técnico: o da indulgência (*Nachgiebigkeit*), que não deve substituir o anterior, mas ser usado em conjunção com ele.

O tema da indulgência é abordado num texto que, ao lado do célebre "Confusão de línguas", sintetiza as últimas e mais radicais ideias de Ferenczi: "Princípio de relaxamento e neocatarse" (1930). Após um retrospecto tanto da evolução da técnica em geral quanto do seu próprio percurso, e da confissão de que nos seus trinta anos de prática violou o princípio da abstinência de todas as maneiras possíveis (por exemplo, prolongando ocasionalmente a sessão além do tempo regulamentar, atendendo sem cobrar, por telefone etc.), ele se pergunta se "às vezes não infligimos ao paciente mais sofrimento do que é necessário".[111] Além do sentido evidente, a indagação recoloca o problema da participação do analista no processo, e desta vez, sem rodeios, Ferenczi afirma que ela pode ser simplesmente iatrogênica: "o paciente vive a reserva severa e fria do analista como o prosse-

---

110. Ver o parágrafo das "Observações sobre o amor de transferência" citado na nota 10 deste capítulo.

111. Sándor Ferenczi, "Princípio de relaxamento e neocatarse", oc iv, p. 91. As traduções americana (em Bergmann, *Evolution of Psychoanalytic Technique*, pp. 288-303) e francesa (no volume iv das *Oeuvres complètes*, pp. 82-97) apresentam algumas diferenças de terminologia, e mesmo de redação. A primeira fala de indulgência numa frase onde o termo falta na segunda ("*to knock this weapon out of his hands by indulgence*", p. 294, "*à leur faire tomber l'arme des mains*", p. 88). Em outro passo, o próprio princípio é chamado de "*principe de laissez-faire*" e de "*principle of indulgence*" (p. 91, *Evolution of Psychoanalytic Technique*, p. 297). Ainda num terceiro, ambos "*should govern analysis*" (Id., p. 297), enquanto na mesma frase das oc lemos "*comment jouer du principe de frustration et du principe de laissez-faire*" (p. 91).

7. Discussões sobre técnica: 1919-39

guimento da luta infantil contra a autoridade dos adultos, e repete as reações caracteriais e sintomáticas que estiveram na origem da sua neurose".[112]

Para evitar qualquer mal-entendido, ele sublinha que isso não significa abandonar a atitude de observação e a interpretação do material em favor de efusões de carinho, nem de tolerância ilimitada. O objetivo do novo procedimento é mais uma vez vencer as resistências, porém num sentido oposto ao que tomavam tanto a técnica ativa quanto as recomendações de Reich: em vez de aplicar uma contraforça, aposta na diminuição da necessidade de se proteger estimulando o desenvolvimento da confiança na benevolência do analista. Ferenczi fala numa atmosfera mais distendida, em "união de forças" entre paciente e terapeuta para elaborar "com menos confrontos" as resistências "objetivas", ou seja, provenientes das defesas intrapsíquicas, sem as incrementar "inútil e inoportunamente" pela frieza do analista.

Tudo isso converge para a noção de relaxamento (*Relaxation*), pela qual se entende uma maior liberdade dos pacientes — sobretudo os mais graves — para manifestar reações agressivas, ou de qualquer outro tipo, num ambiente impregnado de acolhimento e tolerância. E o que acontece quando Ferenczi cria tais condições é de fato impressionante: sintomas histéricos corporais como parestesias e cãibras, movimentos expressivos violentos, bruscas variações do estado de consciência, que vão da vertigem ligeira ao desmaio, estados auto-hipnóticos que, ao despertar, o paciente sequer recorda ter vivido, transes...[113] O leitor contemporâneo não pode deixar de imaginar o quanto um Fenichel desaprovaria semelhantes "erupções". Para Ferenczi, trata-se de variantes da catarse, porém diferentes daquela, fragmentária e de efeitos passageiros, com a qual se defrontavam Freud e Breuer na época da terapia hipnótica. O caráter espetaculoso dos fenômenos de "neocatarse" não deve induzir a engano: devemos ver neles "uma confirmação, vinda do inconsciente, de que nosso laborioso trabalho de construção analítica, nossa técnica da resistência e da transferência, conseguiu finalmente atingir a realidade etiológica".[114]

A expressão "realidade etiológica" é das mais fortes que um psicanalista poderia empregar: significa, simplesmente, que se atingiu a causa real da neurose, as vivências que no passado a originaram, e que, como vimos, têm a ver com

112. Sándor Ferenczi, "Princípio de relaxamento e neocatarse", OC IV, p. 90.
113. Id., p. 91.
114. Id., p. 92.

346

a relação da criança com os adultos. Encaixa-se assim mais uma peça desse quebra-cabeça técnico-teórico: a catarse resulta de uma regressão ao passado mais remoto, tão remoto que não pode ser lembrado em palavras, e tem de se expressar em "símbolos mnésicos corporais", ou, como dirá Melanie Klein, como *"memories in feelings"* (recordações sob a forma de sentimentos).

No entanto, falar em regressão exige alguns cuidados. Do ponto de vista estritamente temporal, não existe regressão, mas repetição do que está profundamente entranhado no inconsciente: modos de funcionamento, necessidades, desejos, anseios e emoções característicos do infantil. É para permitir a emergência e a expressão *disto* que servem as medidas técnicas baseadas na *Nachgiebigkeit*, que talvez devesse ser traduzida como "concordância": *ich gebe dir nach* significa "concordo com você". Mas não concordância no sentido intelectual de opiniões coincidentes, e sim no de aceitação ou acolhimento: "aceito suas reações infantis para que você possa se livrar delas". É por isso que, no prefácio ao volume IV das *Oeuvres complètes*, Balint define o alcance do princípio como "aquilo que uma criança pode esperar de um adulto afetuoso",[115] e é por isso que Ferenczi excluía dele a tolerância com desejos sexuais explícitos, ou abertamente agressivos.[116]

Se a regressão permite alcançar a "realidade etiológica", segue-se que é ela aquilo a que Fenichel chamará de "verdadeiro agente terapêutico", e disso derivam consequências de peso. Uma delas é a confirmação do papel eminente do analista na estruturação da situação analítica, que, se hoje é uma visão corrente, na época de Ferenczi suscitou muita polêmica — e com certeza esteve na origem do diferendo que o opôs a Freud no quesito técnica. Na perspectiva clássica, mantida posteriormente pela psicologia do ego, o comportamento do paciente é essencialmente determinado por conflitos intrapsíquicos, e mesmo o que ele narra das relações com seus próximos deve ser "traduzido" em termos desses conflitos.[117] Ora, na vertente ferencziana, ele é em medida nada desprezível um conjunto de reações ao que o analista instaura como "ambiente", o que equivale a salientar o caráter *relacional* do processo.

Uma segunda consequência, ressaltada pelo próprio Ferenczi, é voltar a atribuir ao "fator traumático" uma importância considerável, pois a criança que

---

115. Id., p. 21.

116. Sándor Ferenczi, "Princípio de relaxamento e neocatarse", OC IV, p. 95.

117. Ver a este respeito a detalhada análise oferecida por Bergmann dos pressupostos implícitos na definição de "psicanálise" segundo Anna Freud: *Evolution of Psychoanalytic Technique*, capítulo I ("What is Psychoanalysis?"), pp. 13 ss.

7. Discussões sobre técnica: 1919-39

finalmente consegue se expressar na neocatarse sofreu da parte dos adultos uma série de violências, que podem ir da mera incompreensão das suas necessidades de ternura ou da negligência com sua dor psíquica até à dureza espartana na educação, para não falar da hiperestimulação erótica ou do franco abuso sexual. São choques e conflitos reais que dão o impulso inicial para as "direções anormais do desenvolvimento", mesmo que posteriormente sejam encobertos por defesas "puramente psíquicas".[118] Ferenczi *ne mâche pas ses mots* (não recua diante das palavras):

> o trauma é bem menos raramente consequência de uma hipersensibilidade constitucional da criança que do tratamento realmente impróprio, pouco inteligente, caprichoso, sem tato, ou mesmo abertamente cruel [...]. As fantasias histéricas não mentem quando nos contam como genitores e adultos podem ir muito longe na paixão erótica por seus filhos, e como podem [...] infligir à criança inocente — se ela se prestar a este jogo em parte inconsciente — punições e ameaças graves, que têm para ela o efeito de um choque devastador, e lhe são completamente incompreensíveis.[119]

Assim se justifica que, dentro dos limites do princípio de indulgência, a regressão assuma um caráter reparador dos traumas infantis: ela permite ao paciente usufruir pela primeira vez de uma infância "normal", restaurando a "harmonia perdida" e corrigindo a distribuição anormal de energia entre as várias forças intrapsíquicas. Prossegue Ferenczi:

> mas estas forças são apenas representantes do conflito que, na origem, *opôs o indivíduo ao meio ambiente*. Após ter reconstruído a história do desenvolvimento do id, do ego e do superego, muitos pacientes repetem assim, na experiência neocatártica, o combate original com a realidade, e a transformação dessa repetição em lembrança (*remémoration, recollection*) poderia oferecer uma base ainda mais sólida para a vida ulterior do sujeito.[120]

118. Sándor Ferenczi, "Princípio de relaxamento e neocatarse", OC IV, p. 93.
119. Id., p. 93, exceto a primeira sentença, que cito conforme a versão mais detalhada de Bergmann (*Evolution of Psychoanalytic Technique*, p. 299).
120. Sándor Ferenczi, "Princípio de relaxamento e neocatarse", OC IV, p. 97; Martin Bergmann e Frank Hartmann, *Evolution of Psychoanalytic Technique*, p. 303. Grifos de Ferenczi.

Ferenczi afirma aqui o mesmo que já dissera em "A criança mal-acolhida e sua pulsão de morte" (1929), e no que insistirá em "Análises de crianças com adultos" (1931), onde lemos que "não convém nos satisfazermos com nenhuma análise que não tenha permitido a reprodução real dos processos traumáticos do recalque originário, sobre o qual repousa... a formação do caráter e dos sintomas".[121] Contudo, para que essa reprodução resulte em algo diverso do que ocorreu na infância, é preciso que exista uma diferença substancial entre o "então" e o "agora", capaz de ser percebida pelo paciente e utilizada por ele para virar a página dos traumatismos que o "devastaram" quando criança.

Tal diferença, é claro, não pode provir dele, visto que está a revivê-los. Ela procede do ambiente, moldado pelo analista da forma como acabamos de ver: "não se pode esperar solução alguma se a vivência não for agora diferente do que foi primitivamente. Uma intervenção é aqui necessária [...]. A confiança é este 'algo' que estabelece um contraste entre o presente e o passado traumatogênico e insuportável".[122]

No que se pode verificar que a regressão foi de fato reparadora? A resposta tem a ver com o que Ferenczi julga ser o objetivo do tratamento: se o indivíduo se tornou capaz de aceitar a cota de desprazer que a vida impõe a todos nós, e de "buscar a felicidade lá onde ela é possível", isto é, no convívio com outros seres humanos. Considerar estes últimos como fonte de amor, e não só de sadismo, implica ter vencido o pavor de os ver repetir a crueldade e a hipocrisia dos adultos do passado, ter perlaborado (*durchgearbeitet*) as cicatrizes dos traumas, o que é o mesmo que ter concluído a análise.

O conjunto das últimas contribuições de Ferenczi justifica, assim, considerá-lo como o ponto de partida de uma corrente que irá valorizar o ambiente familiar e social no qual se desenvolve o sujeito, e, do ponto de vista técnico, recomendar uma postura conforme a essa perspectiva genética, diferente da clássica, que seria demasiado rígida: a escola das relações de objeto. O fundamento para ambas essas posições radica numa visão segundo a qual a psique se constitui a partir de um núcleo relacional, e não mais pulsional: como dirá Fairbairn, a libido

---

121. Id., "Análises de crianças com adultos", oc iv, p. 102.
122. Id., "Confusão de línguas entre os adultos e a criança", oc iv, p. 310.

7. Discussões sobre técnica: 1919-39

busca objetos, não prazer (*"libido is object-seeking, not pleasure-seeking"*). A diferença é considerável, e a meu ver conduz a falar de um novo paradigma na psicanálise, como procurei mostrar no capítulo 2 deste livro.

Mas não seria correto ver no analista húngaro um representante integral dessa tendência. O primeiro a ocupar esse lugar foi um discípulo seu, Michael Balint, em cujos trabalhos dos anos 1930 se encontra parte das bases para as teses dela. Foi a junção dos seus resultados com as pesquisas do escocês Douglas Fairbairn que serviu de cimento para a constituição, na década seguinte, de um grupo independente tanto das teses kleinianas quanto das da psicologia do ego, cujo teórico mais eminente foi Donald Winnicott. Conhecida pelas designações de Independentes (preferida por eles), *Middle Group*, ou escola das relações de objeto, essa corrente terá papel importante na segunda metade do século xx, e parte considerável das suas ideias acabou sendo assimilada pela maioria dos psicanalistas contemporâneos — mas esses desenvolvimentos já não pertencem ao tema deste capítulo.

São de Balint dois conceitos fundamentais na nova abordagem: os de novo começo (*Neubeginn*) e falha básica (*Grundstörung*). Aprofundando uma indicação de Ferenczi em *Thalassa*, ele sustenta que o anseio mais profundo do ser humano não é descarregar suas pulsões para atingir o nirvana da tensão zero, mas ser amado incondicionalmente.[123] A esta finalidade indiscutivelmente libidinal, mas de índole passiva, porque própria do bebê recém-nascido e dirigida aos que dele cuidam, Balint denomina "amor primário". Ora, a tese implica que desde o início existam na mente infantil tendências para um objeto, e portanto uma crítica cerrada do conceito de narcisismo primário, então prevalecente na teoria analítica sobre os começos da vida psíquica. Para Balint, essa concepção — útil como hipótese enquanto a psicanálise não conseguia ir além do complexo de Édipo — tornou-se um peso morto, e deve ser abandonada assim como os biólogos descartaram o "mito da ameba".[124]

123. Sobre o papel de Ferenczi e de Balint nas controvérsias técnicas dos anos 1920 e 1930, pode-se consultar com proveito o livro de André Haynal, *La Technique en question* (Paris: Payot, 1982), que contém um esboço biográfico dos dois autores, e analisa com detalhe o contexto das divergências entre Freud e Ferenczi.

124. M. Balint, "Early developmental stages of the ego. Primary love" (1937). In: *Primary Love and Psychoanalytic Technique*. Londres: Maresfield Books, 1985. pp. 49-72. A questão do narcisismo primário ocupa boa parte do livro de Jean Laplanche *Vida e morte em psicanálise*, em que recebe uma

Como grau zero da vida afetiva, o narcisismo primário corresponderia a uma fase de clausura absoluta da mente, que se apresentaria desligada de qualquer contato com o mundo exterior. Nela, a rigor, não existiriam objetos: estes só surgiriam com a ruptura da mônada autoerótica, postulada pela teoria como devendo ocorrer em algum momento dos primeiros meses, porém certamente não na aurora da vida. Ao contrário, sustenta Balint, mesmo a análise mais profunda não atinge nenhuma camada na qual inexistam relações objetais. Tão longe quanto se possa chegar por meio da regressão, o que aparece como "fundo dos fundos" é a região do amor primário, que, naturalmente, não pode ser satisfeito de forma integral porque a condição de ser amado incondicionalmente e em qualquer circunstância, independentemente do que se faça ou deixe de fazer, é irrealizável.

Por isso, impõem-se rodeios para tentar chegar a algo ao menos próximo do alvo original, que permanece como horizonte de todos os anseios eróticos e amorosos. Um deles é o narcisismo: "se o mundo não me ama o suficiente, tenho de amar e gratificar a mim mesmo". Outro é o amor ativo pelo objeto: "amamos e satisfazemos nosso parceiro para que em troca ele nos ame e nos satisfaça".[125]

De modo coerente com sua filiação ferencziana, para Balint a escolha do "rodeio" depende dos métodos com os quais a criança foi educada. Do ponto de vista que nos ocupa, porém, o mais importante nesses textos iniciais da sua obra é que todos os argumentos de que lança mão são derivados de um detalhado estudo do processo analítico conduzido segundo os princípios do seu mestre, isto é, criando condições para que se instale a regressão e acompanhando passo a passo as diversas etapas do seu desenrolar. Instalado na Inglaterra a partir de 1939, Balint veio a ser conhecido, na maturidade, como o especialista da regressão, e seus trabalhos exploraram inúmeros aspectos dela como instrumento terapêutico.

Talvez seja apropriado concluir nosso sinuoso trajeto pelos debates clínicos e teóricos do entreguerras com um olhar mais detido sobre o artigo acerca dos estágios iniciais no desenvolvimento do ego, pois ele nos permite avaliar o estado a que haviam chegado as controvérsias na véspera do aniquilamento da psicaná-

---

solução simples e elegante: ele é o primeiro momento da vida erótica, mas isso não implica que seja o primeiro na vida psíquica em geral. Cf. *Vie et mort en psychanalyse*.
125. Id, "Critical Notes on the Theory of Pregenital Organizations of the Libido" (1935). In: *Primary Love and Psychoanalytic Technique*, pp. 63-4.

7. Discussões sobre técnica: 1919-39

lise centro-europeia pela barbárie hitlerista, e afirmar com tranquilidade que bastariam mais alguns passos para que elas desaguassem na constituição de escolas rivais. Trata-se de uma conferência proferida no quadro do II Encontro dos Quatro Países (Áustria, Alemanha, Inglaterra e Hungria), que teve lugar em maio de 1937 na capital magiar.

Balint começa por reconhecer a existência de teorias conflitantes sobre o assunto, distribuídas "geograficamente": trata-se de correntes de opinião predominantes respectivamente em Londres, em Viena e em Budapeste. Como "o estado inicial da mente humana não deve ser muito diferente" nas três cidades, propõe-se a investigar como e por que se originaram perspectivas tão diversas: sua hipótese é que os pesquisadores partem de pontos de vista diferentes, têm expectativas diferentes, e usam conceitos-chave de modo diferente.

Citando as conferências de Robert Waelder e de Joan Rivière no quadro dos intercâmbios Londres/Viena — uma tentativa não muito bem-sucedida de fechar o já crescente fosso entre o que em breve serão o kleinismo e a psicologia do ego — ele mostra como os ingleses foram sensíveis a algo que Freud já apontava em seu artigo sobre a sexualidade feminina: a aparente insaciabilidade das crianças, sua queixa de que não foram amamentadas — e portanto amadas — suficientemente. A frustração dessas demandas causa as manifestações de agressividade repertoriadas por Melanie Klein, mas a explicação de tamanha avidez por fatores "constitucionais" e o peso que ela atribui ao ódio, ao sadismo e às fantasias assassinas não satisfazem os vienenses, que além disso criticam o que lhes parece ser um emprego confuso e impreciso dos conceitos de projeção e introjeção. No entanto, por mais razão que possam ter nesse ponto, nada têm a oferecer para dar conta dos fenômenos que atraem o interesse dos britânicos: "um caso típico de *talking at cross-purposes* (monólogos cruzados)".[126]

O motivo para este diálogo de surdos está num postulado que ambos os lados tomam por evidente: o de narcisismo primário. Balint dirige suas baterias contra essa ideia, criticando-a por ser negativa (é a fase do "ainda não..."), e "escorregadia", já que qualquer argumento no sentido de que no recém-nascido "já existe" x, y ou z é refutado com a tautologia de que, se tal fenômeno ou reação for real, isso mostra que o bebê já superou a fase do narcisismo absoluto, na qual ele é por definição impossível. Em suma, não existe porque a teoria afirma que não pode existir, ponto final.

Frente a isso, Balint promove sua tese do amor primário, mostrando como abolir a noção de um solipsismo absoluto em *qualquer* etapa da vida psíquica

126. Id., p. 105.

352

permite explicar com simplicidade um sem-número de fatos que na visão oposta permanecem enigmáticos, ou exigem contorções teóricas injustificáveis. Menciona ainda as pesquisas de Imre Hermann, que estudara a fundo a vida dos primatas e concluíra pela existência de uma necessidade instintiva de contato físico entre a macaca e seu filhote. A quem objetasse que tal fato não se aplica a seres humanos, os trabalhos de sua esposa Alice Balint sobre o amor materno bastariam para comprovar que isso não é verdade. Deste modo, por vias independentes, os investigadores húngaros estariam convergindo para uma visão dos inícios da vida psíquica na qual tem papel relevante o contato entre a mãe e o bebê, o que explicaria — pela interrupção demasiado precoce desse contato na sociedade moderna — as queixas infantis de que falava Freud.

Mesmo o rápido resumo desse texto, cuja clareza, verve e uso judicioso do que revelam as análises conduzidas até o momento do "novo começo" tornam um clássico da psicanálise, me parece suficiente para realçar o ponto que quis sublinhar neste capítulo: às vésperas da Segunda Guerra Mundial, o cenário estava quase pronto para a emergência de três das grandes escolas pós-freudianas (a lacaniana requererá condições que no momento ainda não existiam). Nesse trajeto centrífugo, as discussões sobre técnica tiveram um papel fundamental. Elas surgiram das inovações metapsicológicas aportadas por Freud nos anos 1920, e cada corrente privilegiou um ou alguns dos elementos em jogo no tratamento, dele(s) deduzindo consequências de amplo alcance quanto à natureza da psique humana.

Se não cedermos à tentação de ver na divisão do legado freudiano em escolas um destino escrito nas estrelas, ou a recuperação da "verdadeira" psicanálise frente aos desvios supostamente injustificados dos adversários, e em vez disso procurarmos acompanhar o laborioso e por vezes contraditório movimento pelo qual elas efetivamente se constituíram, poderemos perceber a sabedoria das palavras com que Martin Bergmann o caracteriza no livro de que tanto nos servimos ao longo das páginas precedentes:

> muitos dos que ansiavam por uma direção mais firme e mais autoritária nos assuntos da técnica psicanalítica acharam difícil aceitar essas controvérsias: consideravam que elas diminuíam o valor da psicanálise. Contudo, para os que veem este desenvolvimento em perspectiva histórica e se interessam pela evolução das ideias, elas aparecem não apenas como inevitáveis, mas — o que é mais importante no longo prazo — como tendo levado a uma compreensão mais profunda do processo analítico.[127]

127. Martin Bergmann, *Evolution of Psychoanalytic Technique*, p. 35.

PARTE II
FREUD

8. De Sartre a Huston: *Freud, além da alma*

Em 1958, John Huston encomendou a Jean-Paul Sartre o roteiro para um filme sobre Freud. Não uma biografia completa: queria mostrar o processo que levou à invenção da psicanálise, ou seja, a sucessão de descobertas dos anos 1890. Tampouco seria preciso manter fidelidade total aos fatos: estes deviam ser incluídos numa narrativa ficcional, que prendesse a atenção do espectador e o levasse a se interrogar sobre essa estranha entidade que singulariza o humano — o inconsciente.

Por que um festejado diretor de Hollywood, em cujo currículo constavam sucessos como *O falcão maltês*, *O tesouro de Sierra Madre* e *The African Queen*, pediria semelhante coisa a um filósofo francês, além do mais adversário conhecido da psicanálise? É que Huston nada tinha de provinciano: na sua movimentada juventude, havia estudado pintura em Paris, portanto conhecia a língua francesa, e acompanhara — um tanto de longe, é verdade — o surgimento do existencialismo nos anos 1940. Também se interessava pela psicoterapia: embora não chegasse a ser exibido, seu documentário de 1946 sobre os soldados traumatizados pela Segunda Guerra Mundial (*Let There Be Light*) se detinha no tratamento deles por meio da hipnose, e a experiência deixou-lhe um fascínio pelos recônditos da alma humana que certamente está na origem do projeto Freud.

8. De Sartre a Huston: *Freud, além da alma*

Sartre se entusiasmou pela ideia; documentou-se lendo as cartas a Fliess e o primeiro volume da biografia de Jones, que acabavam de sair em francês, e também alguns textos de Freud (em particular os *Estudos sobre a histeria* e o *Caso Dora*) aparentemente deixados de lado na sua primeira abordagem da psicanálise, que resultara na impiedosa crítica que encontramos em *L'Être et le néant* (*O ser e o nada*, 1942). Em dezembro de 1958, entregou ao cineasta uma sinopse de noventa e cinco páginas; Huston gostou do texto, o contrato foi firmado, e Sartre passou boa parte do ano seguinte redigindo o roteiro.

Contudo, surgiram dificuldades inesperadas: o calhamaço, "grosso como minha coxa", segundo a autobiografia do americano, daria um filme de sete horas, e ele pediu que fosse encurtado. Sartre concordou, mas, à medida que revisava o material, foi acrescentando novas cenas no lugar das suprimidas, o que obviamente não resolvia o problema. As divergências foram se tornando insuperáveis, e, aborrecido com o que lhe parecia uma mutilação inaceitável do seu trabalho, o filósofo se desligou do projeto, deixando inacabada essa segunda versão. Huston não desistiu, porém: chamou dois roteiristas profissionais, participou ativamente na confecção do script final, e o filme estreou em 1962, com o título *Freud* — logo emendado para *Freud, The Secret Passion*, que os produtores consideravam mais chamativo. Sartre exigiu que seu nome não constasse nos créditos, e é voz corrente que sequer se deu ao trabalho de assistir à película, quando em junho de 1964 ela chegou às telas parisienses.

Embora elogiado por alguns críticos americanos e ingleses, e indicado para dois Oscars — melhor roteiro original e melhor partitura original[1] — o filme fracassou nas bilheterias, para grande decepção do diretor, que em 1961 havia obtido êxito com *Os desajustados*. Depois de uma curta carreira em cartaz, seu *Freud* mofou por décadas nas prateleiras das distribuidoras, das quais saía de vez em quando para uma exibição em salas de arte, ou na televisão. Quanto aos psicanalistas, de quem se poderia supor que comentassem o filme, a reação foi a mesma: ignoraram-no por completo, inclusive na França — em parte, como sugere Elizabeth Roudinesco, por ter o lançamento coincidido com a fundação da Escola Freudiana de Paris (assunto bem mais candente na época), mas também porque "não conseguiram encontrar no filme o herói da sua imaginação".[2]

---

1. Não ganhou em nenhuma: os prêmios foram atribuídos respectivamente a *Divórcio à Italiana* e a *Lawrence da Arábia*.

2. Elizabeth Roudinesco, *Jacques Lacan & Co: A History of Psychoanalysis in France, 1925-1985*. Chicago: University of Chicago Press, 1990. p. 166. Cf. *Wikipedia*, verbete "Freud: the secret passion", item "Reception in Sartre's circle".

Talvez a obra tivesse permanecido nessa imerecida obscuridade se, em 1984, Jean-Bertrand Pontalis — então editor da *Nouvelle Revue de Psychanalyse* — não houvesse publicado o material escrito por seu ex-professor de filosofia. Os tempos eram outros, e a cuidadosa edição, enriquecida com um prefácio no qual Pontalis relata as circunstâncias do encontro entre o cineasta e o filósofo-drama-turgo, e analisa a forma como este retratou o fundador da psicanálise, veio se acrescentar a uma série de estudos franceses dedicados à relação de Freud com sua descoberta. E foi sob a forma de um pedido de Conrad Stein para comentar alguns deles que tomei conhecimento de *Le Scénario Freud*.[3]

FREUDOLOGIA

"Six auteurs en quête d'un personnage" saiu no número 29 de *Etudes Freu-diennes*.[4] Uma observação de Victor Smirnoff — um dos autores estudados — forneceu o fio condutor para o artigo: "Na França, o texto freudiano tornou-se de certo modo o objeto idealizado ou fetichizado da pesquisa analítica".[5] Com efeito, chamava a atenção o contraste entre a figura de Freud segundo Sartre, Smirnoff e Monique Schneider, e a que emergia dos livros de Pierre Eyguesier, Gérard Haddad e Eliane Lévy-Valensy: para estes, os escritos de Freud consti-tuem *a* via de acesso privilegiada, se não exclusiva, para compreender o que é a psicanálise. A meu ver, tratava-se de um equívoco: sem descurar a importância da obra freudiana, nem o evidente vínculo entre suas ideias e sua vida, eu consi-derava errado (e perigoso) reduzir a psicanálise a Freud, e Freud ao seu texto, como se este não estivesse vinculado a um conjunto de condições sem as quais simplesmente não poderia ter sido produzido.

Condições *históricas* em sentido geral — a época em que viveu; condições *epistemológicas* — o que eram a ciência e o método científico, o ideal de cientifi-cidade e a psicologia/psiquiatria no momento em que se dedicou à histeria; con-

3. Jean-Paul Sartre, *Le Scénario Freud*. Paris: Gallimard, 1984.
4. Renato Mezan, "Six auteurs en quête d'un personnage", *Etudes Freudiennes*, n. 29, Paris, 1987. Versão brasileira em *A vingança da esfinge* (1987), atualmente na Casa do Psicólogo (2005): "Seis autores em busca de um personagem", tradução de Lúcia Pereira.
5. Victor N. Smirnoff, "De Vienne à Paris: sur les origines d'une psychanalyse 'à la française'", *Nouvelle Revue de Psychanalyse*, n. 20, Paris, p. 21, 1979.

8. De Sartre a Huston: *Freud, além da alma*

dições *biográficas* — entre as quais a de ter se convertido no chefe de um movimento que começa com meia dúzia de discípulos, e ao longo da sua vida evoluiu no sentido da diversificação de que vimos falando neste volume; mas sobretudo condições *clínicas* — pois o que Freud pensou tinha por base e por horizonte seu trabalho de psicanalista: criando o vácuo em torno da obra, aqueles a quem chamei de "freudólogos" viam-se obrigados a ver na psicanálise uma emanação da pessoa do seu inventor, e, como procurava mostrar no artigo, a reduzir essa pessoa ao inconsciente de Freud.

Consequência inesperada do retorno a Freud promovido por Lacan nos anos 1950 — "o sentido do retorno a Freud é um retorno ao sentido de Freud", como lemos em "La chose freudienne"[6] — o resultado dessas operações não poderia ser mais paradoxal: se a psicanálise tivesse com seu fundador esse tipo de relação, ele não teria sido apenas o primeiro psicanalista; seria também o único e o último. Ninguém mais poderia pretender sê-lo — inclusive aqueles que liam as *Gesammelte Werke* à luz das cartas de Freud para seus alunos e dos dados biográficos contidos nos textos mencionados há pouco.

Em particular, a situação analítica — que pode perfeitamente ser estabelecida por qualquer terapeuta que tenha passado por uma formação adequada — é esvaziada como espaço no qual surgem questões a ser trabalhadas no plano teórico, de novo por quem quer que se tenha preparado para a tarefa, seja psicanalista ou de outro métier. É esta, creio, a origem da idealização da qual fala Smirnoff, e para tal movimento cabe até melhor o seu segundo termo, "fetichização". De fato, se o fetiche serve para proteger da angústia de castração, erigir o texto freudiano como falo materno vem obturar o imenso buraco deixado pela remoção de tudo o que torna a psicanálise inteligível como prática, como teoria e como fato de cultura.

Julgue o leitor: para Eyguesier, a psicanálise estaria virtualmente contida nos estudos de Freud sobre a cocaína, visto que ele *"s'est trouvé"* (achou-se) diante do problema da sexualidade — como se um belo dia tivesse acordado e o encontrado ao pé da cama, ao lado do penico — e uma observação de passagem sobre as influências psíquicas que podem fazer um homem perder muito peso "permite supor" (!) que ele "dispõe, desde este momento, da alavanca

---

6. Jacques Lacan, "La chose freudienne", p. 405.

de uma teoria que levaria em conta a linguagem, portanto o sintoma".[7] Já Haddad vê no pensamento de Freud a ressurreição da arte de interpretar desenvolvida pelos rabinos do Talmud, que este judeu "marcado sem o saber pelo efeito midráshico" teria resgatado do recalque a que a condenara a civilização ocidental.[8]

Mme. Valensy concorda com a ideia de que a psicanálise é o judaísmo sem a lei rabínica, mas para ela a fonte de Freud não é o Talmud, e sim um fragmento do *Zohar*, que aludiria à origem egípcia de Moisés ("um egípcio nos salvou, disseram as filhas de Jetro"). Para a professora, mesmo que nada indique ter Freud alguma vez folheado o clássico da Cabala, a reminiscência "oculta" em seu inconsciente teria voltado à tona por ocasião da escrita de *Moisés e o monoteísmo*, e, caso ele a tivesse levado a sério, teria sido obrigado a redefinir nada menos que o papel do pai no complexo de Édipo. Mas, já velho e doente, não teria se sentido com forças para efetuar tamanha reviravolta em sua teoria, que implicaria "um possível alargamento de todas as teses psicanalíticas".[9]

Frente a absurdos desse quilate, o roteiro de Sartre era uma bem-vinda lufada de sensatez: retrata o percurso de Freud rumo às ideias de inconsciente, sexualidade e Édipo como uma busca repleta de idas e vindas, de dúvidas e tateios, ancorada na vida de um homem de carne e osso, às voltas com as neuroses dos seus pacientes e com a sua própria. O período focalizado vai de 1885, quando ele parte para Paris a fim de estudar a histeria junto a Jean-Martin Charcot, ao outono de 1897, época das dramáticas cartas que relatam a Fliess o abandono da teoria da sedução e os primeiros vislumbres do triângulo edipiano. Cobre, portanto, os embates iniciais com a medicina oficial de Viena, a colaboração com Breuer, da qual resultaram os *Estudos sobre a histeria*, a "revelação do segredo dos sonhos", a lenta e laboriosa formulação dos conceitos de libido, inconsciente e

---

7. Pierre Eyguesier, *Comment Freud devint drogman*. Paris: Navarin, 1983. p. 68.

8. Gérard Haddad, *L'Enfant illégitime — sources talmudiques de la psychanalyse*. Paris: Hachette, 1981. p. 105. *Midrash* é o nome dado à interpretação de um aspecto da lei ou das narrativas bíblicas, sob a forma de uma história atribuída a um personagem prestigioso do passado. Segundo o autor, "significa aproximadamente interpretação, no sentido dado por Freud e por Lacan a este termo, ou seja, formulação beirando o enigma." (op. cit., p. 59). Em sua missão recuperadora, Freud teria sido ajudado pelas histéricas vienenses, "que faziam *Midrash* sem saber" (p. 65). Francamente...

9. Eliane Lévy-Valensy, *Le Moïse de Freud ou la référence occultée*. Mônaco: Éditons du Rocher, 1984. pp. 71-2 e 131-2.

8. De Sartre a Huston: *Freud, além da alma*

defesa, e a aventura da autoanálise, desencadeada pela depressão que se seguiu à morte do pai, em 1896.[10]

Para sorte do filósofo, o retorno a Freud — que em 1958 estava no auge — ainda não tinha parido os desvarios freudológicos: nada encontramos em seu texto do misterioso "desejo de Freud", que segundo uma das frases de efeito de Haddad sustentaria toda a psicanálise,[11] nem da identificação sem resto das ideias dele às de Lacan, uma constante do gênero que complementa a abolição da história da descoberta freudiana e da evolução subsequente das suas ideias com a supressão da história da disciplina entre a morte de Freud e o início dos Seminários, na década de 1950 — omitindo nada menos que a escola inglesa e a psicologia do ego, assimiladas a "desvios" dos quais a epifania lacaniana a teria resgatado. Tampouco há em *Le Scénario Freud* fetichização alguma do inconsciente de Freud, como fonte da qual emanaria como por geração espontânea uma teoria tão complexa e sutil: do talento de dramaturgo de Sartre surge um retrato bastante fidedigno do que foi o processo *real* de criação dela por Freud (e não *em* Freud), e isso apesar de certas entorses à veracidade dos fatos, como veremos a seguir.

OS FREUDS DE SARTRE

Freuds?, talvez se espante o leitor. Sim, porque são ao menos três: o de *O ser e o nada*, o do roteiro, e o da *Crítica da razão dialética* — este, a julgar pela meticulosa leitura de Camila Salles Gonçalves,[12] quase invisível, embora sua sombra perpasse o método que o filósofo apresenta naquela obra.

Dada sua formação como fenomenólogo, o interesse do jovem Sartre se concentra na atividade da consciência. Era portanto inevitável que viesse a se

10. Uma apresentação sumária dessa época pode ser encontrada em "Um trabalho de civilização: Freud e a psicanálise", neste volume. Para o leitor que desejar mais detalhes, permito-me remeter aos dois primeiros capítulos de *Freud, pensador da cultura* (4. ed., Companhia das Letras, 2005), e a "Explosivos na sala de visitas". In: *A sombra de don Juan e outros ensaios* (3. ed., Casa do Psicólogo, 2005).
11. A ideia enquadra todo o desenvolvimento de *L'Enfant illégitime — sources talmudiques de la psychanalyse*: aparece à p. 20, e, já no final, à p. 266.
12. Camila Salles Gonçalves, *Desilusão e história na psicanálise de J. P. Sartre*. São Paulo: Nova Alexandria, 1996, originalmente uma tese de doutorado em filosofia na Universidade de São Paulo. Nas páginas que se seguem, as frases entre aspas — exceto quando indicada outra fonte — são de Camila, a quem agradeço os comentários com os quais enriqueceu o presente estudo.

defrontar com o que a psicanálise sustenta sobre o funcionamento psíquico — e sua atitude em relação a ela não tinha como ser favorável: seria impossível conciliar a noção de inconsciente com uma perspectiva na qual a consciência, embora por vezes opaca a si mesma, é o fundamento último e indivisível do humano.

Mas, se ao se debruçar sobre a imaginação e o imaginário o filósofo podia de certo modo ignorar as teses freudianas, simplesmente oferecendo deles uma descrição que lhe parecia mais adequada, o esforço de construir uma ontologia fenomenológica o conduziu a uma crítica bem mais precisa da visão psicanalítica. Assim, em *O ser e o nada* encontramos uma "psicanálise existencial", cuja tarefa seria proporcionar acesso a algo que não podia ser examinado no plano no qual se move a ontologia: o indivíduo.

Para compreender a leitura sartriana, convém dar uma ideia do que eram seus pressupostos. A realidade humana se distingue do em-si — a ordem da Natureza e das coisas — pelo *factum* da consciência, ou, no seu vocabulário, do para-si. Este nasce de um "jorro de liberdade", que nega o compacto do Ser e nele introduz um ente que se caracteriza simultaneamente pela presença *e* pela distância a si: a consciência, pela qual vem ao mundo o Nada. Caracterizado pela "falta de ser", o para-si encontra-se na necessidade de se determinar, o que faz por meio de suas escolhas: nestas, se expressam simultaneamente sua existência, sua liberdade e seu "projeto".

A ontologia focaliza, portanto, as estruturas *gerais* que constituem o para-si; quando se trata de compreender a *singularidade* de cada um deles, porém, é necessário um método que alcance o caráter contingente, até aleatório, das condições nas quais esta ou aquela consciência materializará aquelas estruturas em sua vida. É essa a função da psicanálise, que será "existencial" na medida em que puder esclarecer os motivos da ação individual e relacioná-los com o projeto igualmente individual que nelas se exprime e se realiza.

Por que chamar de "psicanálise" tal investigação? Tudo indica que pela ênfase no singular, pelo interesse por aquilo que faz de cada pessoa o que ela é, e que, por mais avesso que se seja ao freudismo, não se pode negar que seja um elemento essencial nele. Ocorre que o termo já tem dono — e Sartre se vê obrigado a explicar no que a sua psicanálise difere das "psicanálises empíricas": a de Freud, claro, mas também a de... Nietzsche. O inusitado da aproximação talvez se deva à forma como ele compreende a noção nietzschiana de genealogia, que,

8. De Sartre a Huston: *Freud, além da alma*

a seu modo, também é um método para alcançar a "significação fundamental" dos atos e ideias humanos.[13]

Seja como for, ambas essas "psicanálises" são inaceitáveis para o filósofo, porque, segundo ele, ao realizar aquilo a que se propõem perdem de vista a irredutibilidade de cada projeto individual, reduzindo-o a "abstrações" como o inconsciente, a libido e a vontade de potência. Neste ponto, é intransigente: o singular deve ser explicado pelo singular, e em nenhum momento a contingência radical do sujeito pode ser anulada referindo-a a uma ordem universal. O objeto da psicanálise existencial será, portanto, a série de escolhas, sem que se procure atribuí-la a um princípio "geral e abstrato de todos os comportamentos".

Ela procederia efetuando "leituras da relação global com o mundo, pela qual o sujeito se constitui como um si mesmo". Tal relação não é postulada, e sim *construída* pela comparação de condutas sempre parciais e incompletas, cuja sobreposição permitiria vislumbrar uma "plenitude individual" que se expressa em "cada inclinação e cada tendência".[14] Assim seria descoberto o "projeto fundamental", que — outro ponto-chave — é sempre e por definição consciente.

O postulado da consciência integral é necessário para sustentar a responsabilidade do indivíduo por suas escolhas: a filosofia da liberdade deve desembocar numa ética. Mas seria errôneo supor que Sartre afirme uma consciência sempre coincidente consigo mesma, sempre total e transparente. Ao contrário, sua temporalidade intrínseca implica que seja habitada por uma distância interna, e é pela "falta a ser" que está em seu âmago que ela se transcende continuamente na direção dos seus possíveis.

Feita essa ressalva, o fato é que para Sartre a ignorância desses possíveis não pode ser assimilada ao inconsciente. É para dar conta dela que recorre à distinção entre "tomar consciência" e "tomar conhecimento":

> a iluminação do sujeito é um fato. [...]. Isso só é verdadeiramente compreensível se o sujeito jamais deixou de ser consciente das suas tendências profundas, ou me-

---

13. Cf. Scarlett Marton, *Nietzsche: das forças cósmicas aos valores humanos*. São Paulo: Brasiliense, 1990, em especial o capítulo "O procedimento genealógico: vida e valor". Diz a autora: "se inicialmente Nietzsche concebe a psicologia como o estudo da origem e da história dos sentimentos morais, quando introduz a noção de valor passa a identificá-la ao procedimento genealógico [...]. Não é por acaso, pois, que nos textos do último período da obra insiste em autodenominar-se psicólogo" (p. 88).
14. Cf. Camila Salles Gonçalves, op. cit., p. 156.

lhor, se elas não se distinguem da sua consciência. A interpretação psicanalítica não o faz tomar consciência do que ele é: ela o faz tomar conhecimento disso.[15]

Entra então em cena o movimento pelo qual o sujeito evita admitir como suas as ditas tendências: a má-fé. Como este é o instrumento privilegiado da crítica sartriana ao inconsciente, vale nos determos um instante no conceito. A má-fé é mentira a si, e, dada a identidade entre tendências profundas e consciência, só pode ser consciente, portanto deliberada. Para se efetivar, ela recorre a uma série de ardis, dos quais o principal é um uso desvirtuado da dupla condição do para-si, constituído simultaneamente por "facticidade" e "transcendência":

transcendência é superar-se na direção de algo superior; facticidade é a condição de fato do homem. A má-fé nega quem sou: visa a estabelecer que não sou o que sou [...]. É um projeto original de se representar as próprias disposições de maneira ambígua: "o ato primeiro da má-fé é para fugir daquilo de que não se pode fugir, para fugir daquilo que se é".[16]

A má-fé nega a temporalidade apoiando-se na liberdade (na formulação concisa de Camila Gonçalves, afirmando que "sou o que fui e continuo a ser o mesmo"), ou nega que o que sou hoje seja consequência das escolhas que fiz no passado ("sou outra pessoa, nada mais daquilo que fui permanece em mim"). Também recorre a outros subterfúgios, como ver-se na perspectiva de outrem, ou servir-se da noção — para Sartre essencialmente ilusória — de "sinceridade".[17]

Por que a ideia de má-fé serve para afastar a de inconsciente? Porque, segundo Sartre, é para elucidar os efeitos dela que Freud utiliza seu conceito princeps, assim como o de censura. Além de supérfluos, considera-os confusos: ao dividir a consciência em "ego" e "id", introduzem um não eu no cerne do eu, e com isso obrigam seu inventor a imaginar "uma mentira sem mentiroso". Ora, a mentira supõe um enganado e um enganador, que de modo algum podem ser substituídos por um *"moi"* e um *"ça"*.

Seria, porém, um contrassenso supor que o inconsciente seja apenas um nome equivocado para a má-fé: para o Sartre de 1942, simplesmente *não há in-*

15. Jean-Paul Sartre, *L'Être et le néant*, p. 662, citado por Camila Salles Gonçalves, op. cit., p. 156.
16. Jean-Paul Sartre, *L'Être et le néant*, p. 111. Cf. Camila Salles Gonçalves, op. cit., pp. 159 e 175.
17. Camila Salles Gonçalves, op. cit., pp. 163 ss.

8. De Sartre a Huston: *Freud, além da alma*

consciente, e as condutas para as quais Freud o invoca podem ser explicadas sem recorrer a tal monstrengo teórico.[18] As resistências na terapia e a censura do sonho, por exemplo, não precisam se originar nele, nem os "complexos", outra ideia inaceitável pelo vício de origem de ser uma abstração. O conceito de censura é particularmente repugnante para o rigor filosófico, pois designa um mecanismo ao mesmo tempo impessoal (exerce-se como uma "força") e antropomórfico (ela tem finalidades, se "disfarça", é ludibriada pelo aspecto anódino do material onírico, e assim por diante).

Ou seja: condenada por ser mecanicista e substancialista, por decompor a totalidade do para-si em uma parte consciente e outra inconsciente, por crer que atinge a singularidade quando opera essencialmente com abstrações, por supor que o homem é movido por forças que ignora e assim arruinar a ética da responsabilidade, a psicanálise freudiana é inútil para compreender a realidade humana. "Filósofo medíocre, chefe de escola doutrinário e um tanto limitado (*borné*), cujos conceitos não resistem ao exame": assim Pontalis caracteriza a visão que Sartre tinha de Freud quando Huston o convida a redigir o script para o filme.[19]

Esta opinião é consideravelmente modificada no decorrer das leituras a que nos referimos, em especial as cartas a Fliess e os *Estudos sobre a histeria*, dos quais ele se servirá em seu trabalho. O Freud que ele descobre nesses textos tem qualidades pessoais que o tornam bem mais digno de admiração: desassombro, tenacidade, determinação, busca incessante da verdade, intolerância total ao que poderia ser sua própria má-fé — por exemplo, em vez de se escorar na sua autoridade de médico, dispõe-se a ouvir as histéricas, e reconhece a semelhança de alguns dos seus sintomas com os delas.

Do ponto de vista conceitual, a noção de má-fé — tão laboriosamente construída no texto de 1942 — se mostra insuficiente quando confrontada com as histórias clínicas: Sartre se vê forçado a admitir a existência do inconsciente, e,

---

18. "A psicanálise existencial rejeita o postulado do inconsciente; para ela, o fato psíquico é coextensivo à consciência." Cf. Christian Descamps, "Os existencialismos". In: François Châtelet (Org.). *História da filosofia*. Rio de Janeiro: Zahar, 1974. v. 8: O século XX, p. 188. (Infelizmente, o autor não menciona a página de *L'Être et le néant* da qual retirou a frase citada.)

19. Jean-Bertrand Pontalis, Prefácio a: Jean-Paul Sartre, *Le Scénario Freud*, p. 15. Profundo conhecedor da obra e da vida de Sartre, Pontalis tem observações argutas sobre aspectos mais pessoais da relação dele com a psicanálise, e sobre sua fantasia de "não ter pai". Mas elas não cabem neste estudo; o leitor que se interessar pelo assunto pode consultar o prefácio mencionado.

numa saborosa carta a Simone de Beauvoir, conta como é impossível lidar com Huston, o qual afirma que no seu "não existe nada". Segundo Pontalis, ele teria mesmo cogitado submeter-se a uma análise, mas não levou adiante a ideia.

O Freud do roteiro é antes um exemplo das suas próprias teorias, e não por acaso Sartre se detém na identificação dele com seus pacientes: *"mais dites-moi"*, observou um dia a seu antigo aluno, *"votre Freud, il était névrosé jusqu'à la moëlle* [vamos e venhamos, esse seu Freud era neurótico até o último fio de cabelo]!". Veremos logo mais como o retratou no *Roteiro*; para completar este rápido quadro da sua relação com a psicanálise, nos voltaremos agora para a imagem que dela surge nas obras dos anos 1960.

Após o interlúdio do roteiro, Sartre se dedica à *Crítica da razão dialética*, a cujo texto introdutório ("Question de méthode") presta homenagem o título do primeiro capítulo do presente livro.[20] Para nossa finalidade atual, merecem destaque dois pontos: a radical revisão da psicanálise existencial, que passa a ser parte do método progressivo-regressivo, e o tom bem mais ameno das referências à psicanálise *tout court*.

O tema da *Crítica* não é mais a consciência individual às voltas com suas escolhas, mas a práxis histórica vista contra o horizonte da "filosofia insuperável do nosso tempo", o marxismo. A análise parte do grupo e das formas como ele se inscreve na totalização histórica em curso, porém mais adiante retorna a preocupação com o singular. Este não é mais abordado com os recursos da fenomenologia; a má-fé desaparece do cenário, substituída pelo conceito de alienação. E surge um novo problema: na relação do indivíduo com a sociedade (e não apenas com "os outros"), é preciso levar em conta a mediação da classe a que pertence. É neste contexto que serão retomadas as observações sobre a psicanálise.

Mais uma vez, é preciso complementar as determinações gerais (agora tomadas da análise marxista do social) por uma abordagem do indivíduo que não perca de vista a sua irredutível especificidade, aqui chamada de "concreto singular". Sartre encontrará nas biografias o material para essas análises, e certamente não é por acaso que à *Crítica* se seguem a sua própria (*As palavras*, cujo texto inicial de 1954 foi remanejado para a publicação em 1963), e o estudo sobre Gustave Flaubert. Na *Crítica*, forja os instrumentos de que se servirá nesses textos,

---

20. Tradução brasileira por Bento Prado Júnior: Jean-Paul Sartre, *Questão de método*. São Paulo: Difusão Europeia do Livro, 1967.

8. De Sartre a Huston: *Freud, além da alma*

buscando determinar o "ponto de inserção" do indivíduo na sua classe. Onde o encontra? Na *família*. E é por essa via que algo da psicanálise pode ser resgatado:

a psicanálise não tem princípios, não tem base teórica. No máximo ela se acompanha — em Jung e em certas obras de Freud — por uma mitologia perfeitamente inofensiva. De fato, é um método que se preocupa antes de tudo em estabelecer a maneira pela qual a criança vive suas relações familiares, no interior de uma sociedade dada. E isso não quer dizer que ela ponha em dúvida a prioridade das instituições. Muito pelo contrário, seu objeto depende, por sua vez, da estrutura de *tal* família particular, e esta é apenas uma certa singularização da estrutura familiar própria a tal classe, em tais condições.[21]

De nociva e confusa, a psicanálise passa agora a ser — desde que despida da sua mitologia "inofensiva" — preciosa auxiliar do marxismo. Há portanto verdade nela — e sem dúvida esta convicção resulta do trabalho de Sartre no roteiro. No que consiste tal verdade? Na percepção de que a criança é determinada pelo meio familiar, este por sua vez uma "singularização" das condições de classe próprias àquela sociedade específica, em tal momento da sua evolução. A grande descoberta de Freud seria, assim, a de que o pequeno ser humano vivencia a família como um absoluto, "na profundeza e na opacidade da infância".

O termo central aqui é *opacidade*, porém não mais como produto da má-fé, e sim das condições objetivas da infância. Pois é durante os primeiros anos que se organiza o modo específico de pertinência do sujeito à sua classe, processo em parte responsável pelo formato do projeto individual, e no qual têm peso considerável os "preconceitos familiares":

só a psicanálise permite, hoje, estudar a fundo o processo pelo qual uma criança, no escuro, tateante, vai tentar desempenhar, sem compreendê-lo, o personagem social que os adultos lhe impõem, só ela nos mostrará se a criança sufoca em seu papel, se procura fugir dele ou se o assimila inteiramente. Apenas ela permite encontrar o homem inteiro no adulto, isto é, não somente suas determinações presentes, mas também o peso da sua história.[22]

21. Jean-Paul Sartre, *Questão de método*, p. 54. Uma tradução ligeiramente diferente é citada por Camila Salles Gonçalves, op. cit., p. 198.
22. Jean-Paul Sartre, *Questão de método*, p. 53.

Se compararmos os meios propostos em *O ser e o nada* e na *Crítica* para alcançar a singularidade, notamos que naquele o método da psicanálise existencial é descrito repetidamente em termos gerais: é um programa cuja realização concreta fica para trabalhos futuros. Não encontramos ali nenhum exemplo de comparação sistemática de "condutas parciais" do mesmo sujeito, a partir do qual se pudesse extrair a "significação fundamental" do seu projeto. Essa ausência — grave — não ocorre no método progressivo-regressivo do qual ela faz parte na segunda obra. Já em *Questão de método* encontramos esboços da sua aplicação:

o marxismo mostra, por exemplo, que o realismo de Flaubert está em relação de simbolização recíproca com a evolução social e política da pequena burguesia do Segundo Império. Mas ele *nunca* mostra a gênese desta reciprocidade de perspectivas. Não sabemos nem por que Flaubert preferiu a literatura a tudo o mais, nem por que viveu como um anacoreta, nem por que escreveu estes livros [...]. É [...] na particularidade de uma história, através das contradições próprias *desta* família, que Gustave Flaubert fez obscuramente o aprendizado de sua classe. [...]. A criança torna-se esta ou aquela porque vive o universal como particular.[23]

É em *L'Idiot de la famille*, a monumental — e inacabada — biografia de Flaubert — que podemos ver como Sartre põe em prática a nova versão da psicanálise existencial, embora sem a mencionar por este nome. Um exemplo basta: depois de uma minuciosa reconstituição dos conflitos de classe na sociedade francesa na época do nascimento do escritor (1825, quando reinava Luís XVIII), da posição social dos seus pais e das consequências dela para a ideologia familiar, assim como da maneira como ambos organizaram a vida afetiva do casal e da família — tudo isso complementado pelo exame dos textos de juventude de Gustave —, chega-se à conclusão de que ele não se sentia amado, e que essa falta de amor estaria na base de uma característica essencial da sua personalidade: a passividade, o desejo de ser uma "coisa inerte", a sensação dolorosa de não passar de um "mínimo ser".

23. Id., capítulo "O problema das mediações e das disciplinas auxiliares", pp. 51-2. Grifos de Sartre. Pouco antes, critica a insuficiência da análise marxista típica no caso de Paul Valéry: "este sistema de correspondências entre universais abstratos é construído propopositalmente para suprimir o homem ou o grupo que se pretende considerar". E conclui sarcasticamente: "Quanto a Valéry, evaporou-se" (pp. 48-9).

8. De Sartre a Huston: *Freud, além da alma*

Já em *Questão de método*, o vínculo preferencial com o pai ou com a mãe é valorizado como chave interpretativa, diferenciando por exemplo Flaubert, "fixado no pai", de seu contemporâneo Baudelaire, cuja "fixação" se deu na figura da mãe. Características como essa terão consequências decisivas tanto na vida como na obra romanesca de Flaubert: liga-se por exemplo à "mistura explosiva de cientificismo ingênuo e de religião sem Deus que constitui Flaubert, e que ele tenta ultrapassar pelo amor da arte formal", como lemos na sequência do parágrafo citado anteriormente.

Assim se materializa a ideia de que o projeto individual nasce na e da infância, e que se expressará em algumas das maneiras possibilitadas pela História tal como esta configura os possíveis de um determinado indivíduo na sociedade de que faz parte, ao mesmo tempo em que é — em certa medida — configurada pelas ações daquele mesmo indivíduo.

Seria excessivo ver no *Roteiro Freud* a prefiguração desse tipo de análise, até porque em 1959 os conceitos da *Crítica* não estavam formulados por extenso. Mas é inegável que o trabalho para construir seu personagem serviu a Sartre como ocasião de se deter num momento especialmente denso e fecundo de uma vida, de inseri-la no contexto histórico (ainda que apenas na dimensão profissional), e de procurar extrair das "condutas" específicas do sujeito em questão algo próximo de uma "significação fundamental".

Mais ainda: como aponta Pontalis, o estudo da histeria sem o preconceito de que se tratasse de mais uma manifestação insidiosa da má-fé o colocava diante de uma questão crucial, que seu antigo conceito não era suficiente para responder: "como a transparência pode escolher a opacidade? Como um ator-agente pode escolher cair na passividade, como uma liberdade [...] pode se deixar cativar pelo imaginário até se perder por completo nele?".[24]

É plausível supor que esse enigma tenha tido alguma influência no curso posterior dos interesses de Sartre. Se assim for, a reavaliação da psicanálise em *Questão de método* e na *Crítica da razão dialética,* e também o estudo sobre Flaubert, seriam consequências indiretas do que começou como um *divertissement*, acabou como ruptura estrepitosa, mas deixou marcas fecundas no pensamento do filósofo-dramaturgo.

---

24. Jean-Bertrand Pontalis, Prefácio a: Jean-Paul Sartre, *Le Scénario Freud*, pp. 16-7.

A DESCIDA AOS INFERNOS

Da longa vida de Freud, Huston escolhera contar a fase mais decisiva: a época da descoberta da psicanálise. Via nele um "aventureiro" do espírito: "queria me concentrar nesse episódio, como se fosse uma intriga policial", diz em sua autobiografia. Tal opção distinguiria seu filme de outros em que se falava de psicanálise, quer abertamente — como o primeiro de todos, *Segredos de uma alma* (G. W. Pabst, 1926), ou *Spellbound* (*Quando fala o coração*, 1952), em que Hitchcock põe em cena um tratamento freudiano — quer de modo mais sutil, a exemplo do que fizera Orson Welles em *Cidadão Kane*.

Sartre adota esta perspectiva: "o assunto do roteiro é: um homem decide compreender os outros, porque vê nisso o único meio de conhecer a si próprio, e se dá conta de que deve realizar simultaneamente sua investigação sobre os outros e sobre si mesmo".[25] Sua primeira ideia é fazer Freud contar a um grupo de jovens colegas a história da autoanálise. *Flashback*: 1896, a morte de Jakob Freud, o sonho "pede-se fechar os olhos/um olho". Em off, ele comenta: "eu me sentia culpado. Mas do quê?". Uma sucessão de lembranças fragmentárias, como imagens num caleidoscópio: a casa de Freiberg, o pai recolhendo o chapéu de pele que um antissemita atirara à lama, a gravura de Amílcar fazendo seu filho Aníbal jurar que vingará a derrota dos cartagineses para Roma. A série se detém numa imagem do jovem Freud, dez anos antes da morte do pai.

É daqui — 1885 — que parte a narrativa propriamente dita. Prestes a viajar para Paris, ele discute asperamente com um primo da noiva, Martha Bernays, de quem sentia ciúmes. Irascível, arrogante, no fundo inseguro — eis a primeira imagem que o espectador teria do "aventureiro". Cenas com as histéricas de Charcot, retorno a Viena, penúria econômica, que o obriga a aceitar empréstimos de Josef Breuer ("eu o amava como a um pai", confessa aos discípulos). Recepção fria da conferência que faz na Sociedade Médica sobre seu estágio na Salpêtrière, em particular por parte da principal autoridade psiquiátrica da época, seu ex-professor Meynert — outra figura paterna, cuja influência tinha sido decisiva para que recebesse a bolsa de Paris.

Decepcionado, tendo de ganhar a vida, Freud deixa de lado — ao menos publicamente — suas ideias sobre a histeria, e passa alguns anos aplicando às suas

---

25. Jean-Paul Sartre, *Le Scénario Freud*, Sinopse, p. 531.

8. De Sartre a Huston: *Freud, além da alma*

pacientes os métodos que condenara como inócuos. Em 1892, porém, Breuer lhe conta sobre o tratamento catártico que está realizando com Anna O. (na verdade, este ocorrera bem antes, mas do ponto de vista dramático era preferível situá-lo neste momento, o que permite ao Freud sartriano ver a paciente e posteriormente cuidar dela). Diante de ambos, a jovem encena sob hipnose uma série de movimentos incompreensíveis, como se estivesse levantando um corpo pesado. Mais adiante se verificará que seria o do pai, caído do leito ao morrer, mas naquele dia ela não quer falar do assunto.

Breuer a diagnosticara como um caso de dupla personalidade: ora em plena posse das faculdades intelectuais, ora criança caprichosa e insuportável. Expõe a Freud a tese que defenderá no capítulo teórico dos *Estudos sobre a histeria*: a doença se origina numa espécie de transe, o "estado hipnoide". Freud discorda: para ele, os sintomas provêm de sentimentos penosos, dos quais a pessoa se defende expulsando-os da consciência (repressão). Esta ideia se confirma quando aplica no consultório o método catártico, e, para sua surpresa, muitas das lembranças que ouve se referem à sexualidade. Breuer não acredita que esta tenha algo a ver com a histeria, mas Fliess, que ele apresentara a Freud (outra invenção de Sartre, cuja função dramática é criar um laço entre os três personagens), o encoraja a prosseguir na direção que tomou: "não se deixe abater por Breuer, ele não é seu pai".[26]

O trabalho com Anna O. se interrompe bruscamente quando ela pretende estar dando à luz "o bebê do dr. Breuer". Já incomodado com os ciúmes da esposa frente a essa moça a quem tanto se dedica, o doutor parte com ela numa "segunda lua de mel". "Este método é terrível", diz a Freud, assustado com o que desencadeara: "ficamos remexendo na lama".[27]

Salto para o outono de 1895. Freud se corresponde com Fliess, que voltou a Berlim. O tom é íntimo: "confio-me totalmente a você". Mas as divergências não tardam a surgir. Freud sustenta sua teoria da sedução — a histeria deriva de um abuso sexual na infância, geralmente envolvendo o pai — enquanto para Fliess está ligada a combinações dos períodos feminino e masculino, cujo interjogo postula como base para toda uma série de condições patológicas.

Fiel às regras do método científico no qual fora formado, Freud resolve testar sua teoria num *experimentum crucis*: vai rever Anna O., e descobre que a

26. Id., p. 549.
27. Id., p. 552.

versão dela sobre a morte do pai (a mímica no hospital, anos antes) era apenas "um sonho". A continuação do tratamento, porém, desemboca na cena em que ela se oferece aos clientes de um café; Freud a leva para casa, e se verifica que a tentativa de se prostituir significava uma autopunição "por ter caluniado o pai". No que consistia a calúnia? Na lembrança de ter sido seduzida por ele...

Fortalecido em sua convicção, Freud faz uma segunda conferência na Sociedade Médica (é "A etiologia da histeria", de 1896). Novo escândalo, nova frustração, agravada pelo fato de Breuer não aceitar a devolução dos empréstimos que lhe fizera. Furioso, tem um sonho (baseado no *"Non vixit"* da *Traumdeutung*) em que vê Meynert, Breuer e Fliess desaparecerem como por encanto. Outra pequena infidelidade aos fatos, em prol da fluidez narrativa: teria sido a interpretação deste sonho que lhe revelou que a "inocente psicose onírica" é uma realização de desejo.

Depois da cena com Anna no café, Freud retorna à Berggasse e fica sabendo que seu pai acaba de morrer. Vemos novamente a tabuleta onde se pede fechar os olhos, agora em conexão com o fato de ter chegado atrasado ao enterro.[28] Aos discípulos, confessa que foi neste dia que decidiu empreender uma autoanálise (o que é factualmente verdadeiro). Numa nova condensação, Sartre se serve das cartas 70 e 71 a Fliess para construir as associações do sonho: Freud se vê pequeno, tentando espreitar os pais no ato sexual, e depois no trem que o levou para viver em Viena, quando viu a mãe nua. Angustiado, escreve a Fliess: "será que meu pai era culpado (de ter abusado das filhas)? Ou sou eu que acredito na culpa dos pais, porque detestava o meu?".[29]

Mais uma vez, é Anna O. quem lhe mostra o caminho: na sessão do dia seguinte, conta um sonho que evidencia "flagrante hostilidade contra a mãe". Outro sonho de Freud o mostra fazendo avanços à sua própria filha. Insight: "o véu se descerra", escreve ao amigo. "Eu preciso que os pais cometam agressões contra as filhas [...]. Devo nutrir estranhos sentimentos contra meu pai... e, justamente, há pouco Anna O. abrigava tanta hostilidade contra a mãe...".[30]

---

28. Ao leitor que se interessar pelo significado deste sonho, sugiro a leitura da análise feita por Conrad Stein: "Sobre a escrita de Freud". In: *O psicanalista e seu ofício*. São Paulo: Escuta, 1988. pp. 124 ss. A maneira como Sartre o trata apoia a afirmativa de Pontalis de que as leituras que fez para o *Roteiro* contribuíram para modificar sua opinião negativa da psicanálise: ele seria ideal para ilustrar o conceito de má-fé (fechar um olho = autoenganar-se), mas não há sombra disso no texto que estamos examinando.

29. Jean-Paul Sartre, *Le Scénario Freud*, Sinopse, p. 567.

30. Id., pp. 567-8.

8. De Sartre a Huston: *Freud, além da alma*

O complexo de Édipo é assim descoberto ao mesmo tempo na paciente e nele próprio. A cena do hospital se esclarece: representava os desejos de evitar que o pai "caísse na ruína", e de ser aquela a quem ele amava, em vez da mãe. Desses devaneios infantis nascera a fantasia de ter sido seduzida[31] por ele. Freud lhe explica que sente o mesmo quanto aos seus pais, apenas com os gêneros trocados. "Então o senhor era um monstro!" No filme definitivo, a réplica dele resume sua descoberta: "Não. Eu era uma criança".

Última cena: Freud conversa com Fliess à margem de um lago alpino. Expõe-lhe as grandes linhas do que chamei em outro capítulo "primeiro sistema de psicanálise": o método analítico, as noções de inconsciente, defesa e libido, a interpretação dos sonhos, o Édipo. O berlinense se irrita; quer impor sua teoria numerológica, recomenda estabelecer com exatidão as datas dos sintomas. Sereno, Freud se despede dele na estação do lugarejo. Está subindo no trem quando um jovem médico se aproxima: leu seus escritos, quer aprender com ele. Voz em off: "Eu estava com 41 anos. Tinha chegado minha vez de desempenhar o papel do pai".[32]

Mesmo esse breve resumo do texto enviado a Huston em dezembro de 1958 permite perceber quanto dele permaneceu no filme a que podemos assistir: além de cenas inteiras, a estrutura geral, a ênfase na questão do pai, o paralelismo entre o trabalho de Freud com os pacientes e as descobertas que faz sobre si mesmo. Haverá no entanto uma série de alterações, que podemos acompanhar no roteiro entregue meses depois, pois Pontalis o publicou na íntegra em *Le Scénario Freud*. A principal é o abandono da conversa entre Freud e seus discípulos (e dos comentários em off) em favor de uma ação em sequência diretamente cronológica. Outra é a desaparição de Anna O., substituída por Cecily Körtner, uma invenção de Sartre baseada na Elizabeth von R. dos *Estudos*. Também vemos Freud às voltas com Dora, cujo papel será ainda mais acentuado na segunda versão do roteiro, e que Huston eliminou do script final.

---

31. Em parte, a celeuma despertada pela teoria da sedução se deve a uma peculiaridade linguística: no alemão, *Verführung* significa apenas desvio malévolo (vem de *führen*, conduzir, como no título que Hitler se outorgou). Não tem, como "sedução" nas línguas latinas, a conotação de encanto ou charme: estes são designados pelo termo *Reiz*, que também significa "excitação".

32. Jean-Paul Sartre, *Le Scénario Freud*, p. 570.

Assim como Anna O., Cecily criou uma fantasia sobre a morte do pai: teria ocorrido no convento onde se hospedavam quando de uma viagem à Itália. É Breuer quem a trata de uma paralisia na perna, injustificável do ponto de vista orgânico, mas que a impede de caminhar. Com pequenas modificações, as sequências que descrevem o método catártico são mantidas, inclusive a gravidez histérica e a "deserção" de Breuer, substituído por Freud.

As esposas de ambos têm papel de destaque, tanto como porta-vozes do ciúme em relação à paciente como para mostrar um pouco da vida doméstica dos dois casais (jantares, conversas íntimas, etc.). Fliess é não apenas ouvinte do curso que Freud ministra na universidade, mas também um amigo que frequenta a família, e chega a cuidar de uma de suas filhas quando esta adoece. De modo geral, sua presença é mais ampla e mais decisiva que a de Breuer, o qual, apesar de generoso em relação ao colega mais jovem, opõe-se — é verdade que de modo menos agressivo que o irredutível Meynert — cada vez mais às ideias heterodoxas dele. O previsível rompimento entre ambos acontece quando Freud não cede a seus apelos para cancelar a conferência sobre a teoria da sedução.

A sequência da prostituição é mais vívida que na sinopse: Cecily se pinta e se veste como uma meretriz, e está a ponto de se atirar ao Danúbio quando Freud a encontra. A sessão seguinte revela a verdadeira história da morte de Herr Körtner: cliente habitual das damas da noite, tivera uma síncope num bordel italiano, e a filha fora chamada para reconhecer o corpo. Sua fantasia surgira da ideia de que, para ser amada pelo pai, precisava ser uma prostituta. Também aqui a descoberta do Édipo se dá ao mesmo tempo na paciente e no médico, pois é um elemento essencial na recriação sartriana: ilustra convincentemente a ideia enunciada no início da sinopse, de que o conhecimento de si (e portanto a cura da neurose) se dá pelas mesmas vias que o conhecimento dos outros.

Quanto à cena final, não se dá entre Freud e Fliess, mas é uma reconciliação com Breuer. O conflito com este substituto do pai se resolve ao mesmo tempo que o com o pai interno de Freud, num local apropriado para enterrar figuras paternas: o cemitério judaico de Viena, onde se encontram porque Breuer perdeu um irmão. "Agora o pai sou eu", diz Freud em sua última fala.

Caso Huston tivesse aceitado o trabalho, comenta Pontalis, Sartre o teria deixado na forma que acabamos de descrever. O pedido de cortes o levou a redigir uma segunda versão, que suprimia algumas cenas, mas as substituía por outras, incluía mais exposições didáticas, etc. Do material — inacabado — o editor

8. De Sartre a Huston: *Freud, além da alma*

escolheu publicar as cenas novas, e, para nós, elas têm importância, pois representam um elo relevante na cadeia que resultou em *The Secret Passion*.

Assim como entre a sinopse e a Versão I, também aqui há mudanças de peso, que no entanto deixam inalterada a linha geral da trama. Em parte impostas pela necessidade de dar mais coesão à narrativa, em parte para oferecer à identificação de Freud com seus pacientes um suporte masculino, elas consistem basicamente na supressão da figura de Fliess — agora, apenas Breuer acompanha Freud na "aventura" — e na ampliação considerável do papel de um personagem até então secundário, aliás o único paciente homem que o vemos atendendo, tanto nas diferentes etapas do roteiro quanto no filme definitivo.

Na Versão I, trata-se de um obsessivo de quarenta anos, que ele vê em 1886, logo após regressar de Paris. Das demonstrações de Charcot, concluiu que os fenômenos de sugestão pós-hipnótica — ao acordar, a pessoa executa as ordens dadas enquanto dormia, mas não se lembra de as ter recebido — exigem supor a existência na mente de um lugar onde estejam armazenadas: assim chega à noção de inconsciente. Mas está a léguas de suspeitar que a neurose tenha algo a ver com a sexualidade, e muito menos com o Édipo. Assim, quando sob hipnose Karl chama seu pai de *vieux salaud* (velho cafajeste), e fala em estrangulá-lo com um barbante, Freud se assusta: tudo o que pode fazer é afirmar que tais ideias são "bobagens", porque "nenhuma criança é desnaturada a ponto de desrespeitar seus pais",[33] e ordenar que as esqueça.

Naturalmente, recusa-se a cuidar do paciente, e na mesma noite anuncia a Martha que vai abandonar o método hipnótico: não está *au point* (pronto), "só consegui fazer meu paciente dizer tolices enormes [...]. Serei um médico de bairro".[34] Ou seja: o encontro com Karl serve para mostrar o aprendiz de feiticeiro se dando conta de que não consegue lidar com aquilo que o tratamento no qual depositava tantas esperanças pode suscitar. De certo modo, antecipa o que Breuer lhe dirá ao desistir da terapia com Anna O. ("ficamos remexendo na lama"), e tem a mesma atitude cautelosa que ele: *primum non nocere* (antes de mais nada, não prejudicar o paciente).

Na Versão II, Karl é visto em 1896, no contexto do método catártico; tem vinte anos em vez de quarenta, é um esquizofrênico a ponto de ser internado

33. Id., Ibid, p. 122.
34. Id., Ibid, p. 127.

376

porque agrediu o pai com uma faca. Sua função é exibir nua e cruamente as fantasias edipianas, que por aquela época Freud começa a vislumbrar em si mesmo. Na primeira das duas cenas dedicadas ao personagem,[35] ele — que leu no jornal o resumo de "A etiologia da histeria" — confessa que "sempre quis matar meu pai"; a ideia lhe provoca pavor, sente-se culpado, e sob hipnose afirma que o atacou porque "queria me cortar as orelhas e o nariz". Freud interpreta a alusão à castração, e, ao lhe entregar uma faca, o ouve dizendo: "quis matar aquele velho porco porque tentou violar uma garota".

Até este ponto, o que Karl diz cabe na teoria da sedução — mais um pai abusador, em suma —; porém, a sequência da sessão traz algo novo. Ainda adormecido, o jovem se aproxima de um manequim feminino, coberto com um uniforme militar — "minha mãe *au naturel*" — e beija um seio dele: "o seio que me alimentou!". O delírio se apodera dele: balbuciando frases desconexas, tenta penetrar o manequim, e tem um orgasmo. Horripilado, perplexo com essa atuação, bem diferente de uma mera lembrança, Freud só quer encerrar a sessão e sair dali o mais rápido possível. Assim, não induz a catarse, que de todo modo parece já ter ocorrido; muito conservadoramente, ordena ao rapaz que esqueça seus impulsos assassinos, e tudo o que acaba de acontecer.

À noite, tem um pesadelo — mantido por Huston, o que prova que recebeu a segunda versão do roteiro — no qual se vê como alpinista. Está preso a Karl por uma corda, e usa o mesmo traje tirolês que este. Uma caverna, em cuja entrada encontram Meynert: Karl o arrasta para dentro, a distância entre ambos se reduz a quase nada — e subitamente, ao fundo da gruta, Freud vê sua mãe, vestida à egípcia. Aproxima-se do trono no qual, impassível, ela o aguarda, acaricia-lhe sensualmente os braços e ombros — e desperta aos gritos, para espanto de Martha.

A identificação é evidente, e o horror que ela lhe causa é igual ao que Karl diz sentir por causa dos seus pensamentos. Por outro lado, nesta versão as pacientes femininas têm mais destaque que na primeira — além de Dora, vemos Magda, que a um certo momento se lembra de ter sido violada pelo pai. Ou seja, a clínica de Freud é mostrada com mais detalhes, sugerindo que — embora equivocada na sua pretensão à generalidade — a hipótese da sedução nada tem de absurda.

Não dispomos do script a que chegaram Huston e seus colaboradores, mas isso não é grave, pois o filme mostra como ele tratou a Versão II. Basica-

---

35. Id., Ibid, pp. 440 ss.

8. De Sartre a Huston: *Freud, além da alma*

mente, enxugou-a até onde pôde, eliminando sonhos e pacientes, com vistas à fluidez da narrativa:

> era uma história de suspense intelectual, e nenhum passo na sua lógica podia ser removido sem afetar o conjunto. A plateia precisava ser educada no decorrer do filme, mas o processo educativo tinha de estar integrado com o fluxo da história [...]. Tornar claro um conceito tão difícil quanto o de inconsciente requereu um pouco de esforço (*"took some doing"*). Sem uma compreensão da natureza dele, porém, a história não faria sentido.[36]

Há outros exemplos desse procedimento "compressivo". Um deles aparece na cena em que Freud explica à esposa o que é a transferência: Cecily talvez se apaixone por ele, mas apenas na qualidade de representante de alguém do passado. Martha se espanta: então o amor do marido por ela também tem a ver com alguém do *seu* passado? Freud desconversa, a toma nos braços — e o faz *na mesma posição* em que Karl abraçara o manequim da sua mãe. Outro é a sutileza com que Huston sugere a hostilidade de Freud frente ao pai, sem necessidade de cenas explícitas entre os dois: no momento em que vai entrar no trem que o conduzirá a Paris, Jakob lhe dá um relógio que estava há muito tempo na família — e ele o deixa cair no espaço entre a plataforma e o vagão.

No essencial, a narrativa adota as três partes em que Sartre dividira o roteiro, que culminam na descoberta do complexo de Édipo e numa exposição esquemática das principais ideias da psicanálise. Como numa boa história de suspense, era preciso mostrar como se atina com a solução do mistério, mas, segundo as regras do gênero, esta tinha de ser deduzida de fatos "honestamente colocados diante do leitor"[37] — no caso, do espectador.

Assim, a primeira parte introduz os personagens do drama, o ambiente médico da época, a questão da histeria, e o método catártico. Como este é uma invenção de Breuer, é ele quem o apresenta a Freud, e o convida a acompanhá-lo no trabalho com Cecily, que forma o essencial da parte intermediária. Mas rapidamente as ideias dele se afastam das do seu mentor, de onde a ruptura, e a

---

36. Cf. a autobiografia de Huston, *An Open Book*. Nova York: Vaybrama, 1980. pp. 303-4. Citado por Norman Holland, "Huston's Freud", <http://www.clas.ufl.edu/users/nholland/huston.htm>.
37. P. D. James, citada por H. Keating, *Writing Crime Fiction*. Londres: A & C Black, 1994. p. 4.

confusão na qual se vê lançado à medida que prossegue em seu caminho: será o pai sempre culpado? A questão é respondida na parte final, graças à autoanálise: às vezes sim, às vezes não (existe abuso sexual), mas, independentemente disso, a mulher fantasia ter tido algum contato com o pai porque assim o desejou na infância (Édipo).

Ora, no inconsciente não existe índice de realidade — ou melhor, como dirá Jean Laplanche, não existe índice de *irrealidade*: tudo aparece como real, especialmente o desejo. Em suma, o axioma da fantasia pode ser enunciado como "penso, logo existe". Essa descoberta — que Freud anuncia a Fliess na célebre carta 69, de 21 de setembro de 1897[38] — é o que lhe permite admitir que também abrigue sentimentos condenáveis em relação aos seus pais, e postular que de modo geral "todos fomos na infância pequenos Édipos".

Mas não foi só para mostrar por meio de imagens os conceitos freudianos que Huston precisou de "algum esforço": a exemplo dos desentendimentos quanto ao roteiro, a filmagem esteve repleta de incidentes. Na carta a Simone de Beauvoir que mencionamos atrás, Sartre descreve com palavras atrozes o clima em St. Clerans:

> que história! ah, que história! Quantas mentiras aqui. Todo mundo tem seus complexos, vai-se do masoquismo à ferocidade. Mas não creia que estejamos no inferno. Antes, num grande cemitério. Todo mundo está morto, com complexos congelados. Pouca vida, pouca, pouca.[39]

Ao contrário do que ocorreu com a imagem que o filósofo tinha de Freud, modificada para melhor quando se inteira dos dados biográficos com os quais irá trabalhar, Huston — que admirava o *autor* Sartre, cuja peça *Entre quatro paredes* dirigira nos Estados Unidos — se decepciona ao conviver com ele:

> nunca trabalhei com ninguém tão teimoso e categórico [...]. Impossível ter uma conversa com ele. Sem parar para tomar fôlego, me afogava numa torrente de pa-

---

38. Um estudo desta carta, e da breve identificação de Freud com o rei David que ela sugere, pode ser encontrado em: Renato Mezan, "As filhas dos filisteus". In: *Figuras da teoria psicanalítica* (2. ed. ampliada. São Paulo: Casa do Psicólogo, 2010).

39. Jean-Bertrand Pontalis, Prefácio a: Jean-Paul Sartre, *Le Scénario Freud*, p. 11.

8. De Sartre a Huston: *Freud, além da alma*

lavras. [...] Esgotado pelo esforço, de vez em quando eu deixava a sala. O zumbido da voz dele me seguia, e, quando voltava, não tinha sequer percebido que eu saíra.[40]

Com os atores, o diretor não teve problemas menores: para dar um exemplo, sua relação com Montgomery Clift, que vive o papel de Freud, foi marcada pela ambivalência. Por um lado, elogia a atuação dele, especialmente a capacidade para expressar coisas com o olhar: "era impossível não se maravilhar com seu talento. Os olhos de Monty se acendiam, e você podia ver literalmente uma ideia brotando na mente de Freud". Por outro, vivendo um drama pessoal a partir do acidente de carro que lhe desfigurara o rosto — motivo pelo qual sempre é visto de perfil —, o ator mergulhara no álcool e nas drogas. Esquecia com frequência suas falas, a ponto de Huston precisar colá-las no rótulo de garrafas colocadas na mesa, na lombada de livros, e até nas portas do cenário (obviamente, nada disso é mostrado no filme). Do alto de seus onze anos de divã, pretendia-se um perito em psicanálise, e criticava o que o script o mandava dizer; era preciso refazer as cenas, e houve algumas que necessitaram de dezenas de tomadas.

Quanto a Susannah York (que faz Cecily), escolhida por seu aspecto angelical — que supostamente diminuiria o impacto das partes mais abertamente eróticas, pouco palatáveis para o Código Hays —, Huston a qualifica de "personificação da arrogância ignorante da juventude". Em suma: a filmagem foi um "ordálio".[41]

No entanto, gostou do resultado final, e se surpreendeu com o fracasso comercial do filme. A atuação de Clift despertou polêmicas: o *New Yorker* a arrasou, e uma crítica inglesa se refere com sarcasmo aos "olhos de basilisco", que seriam "exatamente como o cinema comercial imagina o olhar de um visionário". Outros críticos, como o da revista *Time*, a aprovaram, mas o fato é que a maneira como ele transmitiu nervosismo e agitação, pontos essenciais tanto no roteiro de Sartre como na forma como Huston concebia a *quest* de Freud, contribuiu para tornar a película — já estranha pelo preto e branco, em plena era do technicolor — indigesta para o público americano.

40. Id., p. 11.

41. Fatos narrados por Holland a partir da autobiografia do cineasta. Os problemas de Clift o impediram de filmar por quatro anos: nenhuma companhia aceitava assumir o risco de fazer um seguro profissional para ele, e foi preciso que Elizabeth Taylor o pagasse para que ele pudesse voltar aos sets.

O cineasta a define como uma viagem "a uma região escura como o inferno" (ouve-se sua voz em off dizendo isso na abertura), metáfora para o inconsciente que assimila seu herói a um Dante sem Virgílio — ou melhor, a um Dante cujos Virgílios (em especial Breuer) mais atrapalham que ajudam. Norman Holland sugere que *The Secret Passion* materializa a ideia que o diretor tinha da psicanálise: ela mostraria que o meio pelo qual o inconsciente governa nossas vidas é o deslocamento, a substituição permanente de uma coisa por outra.[42] Seu texto termina assim:

> temos de abandonar a ilusão de que só existe uma única satisfação. Temos de substituir. Temos que deslocar. Temos de aceitar outras satisfações, a contragosto, para aquilo que valorizamos como central para nós mesmos. Tudo o que pensamos ser importante é um deslocamento de algo que não conhecemos.

Mais do que uma hipótese sobre o que Huston pensava, essa observação merece atenção porque abre caminho para uma discussão do filme não mais do ponto de vista do enredo, como fizemos até aqui, mas do ponto de vista propriamente cinematográfico. Como Huston resolveu *tecnicamente* o problema que "requeria um pouco de esforço", a representação do inconsciente por meio da imagem? Ninguém menos que o próprio Freud duvidava de que isso fosse possível, e por esta razão se opôs ao projeto de G. W. Pabst de realizar o que viria a ser *Segredos de uma alma*.

FIGURAR O INCONSCIENTE

A objeção de Freud à proposta da UFA — então uma das mais importantes produtoras do mundo — de realizar um filme sobre a psicanálise tinha por base uma ideia que Pontalis enuncia em toda a sua radicalidade: a "coisa psicanalítica" é rebelde por natureza a qualquer representação visual. "Não me parece possível dar das nossas abstrações uma representação plástica minimamente respeitável",

---

42. Para comprovar sua tese — "o deslocamento está presente em todo o filme, permeando tomada após tomada, cena após cena" —, o crítico analisa detalhadamente as dez primeiras cenas. Cf. o texto mencionado na nota 36.

8. De Sartre a Huston: *Freud, além da alma*

escreve a Abraham, que se entusiasmara pelo projeto.[43] Pergunta-se o psicanalista francês: o que entendia Freud por "abstração"? O ego, o superego, operações mentais como a projeção e o recalque? Claro, mas não somente: "é preciso estender o alcance do termo ao conjunto da 'coisa psicanalítica' [...]. O inconsciente, como o ser dos filósofos, não se dá a ver".[44]

Mas, poderia questionar o leitor, o sonho não é justamente uma sequência de imagens? Não é, como afirma a *Traumdeutung*, uma alucinação do desejo? Sim, responde Pontalis — mas é um caso único. A *Darstellbarkeit* (figurabilidade) é uma coerção imposta aos pensamentos inconscientes porque o sonhador está dormindo: não se encontra nas outras formações do inconsciente, como o ato falho, a piada e o sintoma.

A palavra-chave aqui é "pensamentos". O processo primário trabalha com representações verbais, e mais particularmente com a polissemia delas, isto é, com sua riqueza de denotações e conotações, que são como ganchos nos quais as associações se prendem umas às outras para formar cadeias. Numa nota, Pontalis dá um exemplo dos "longos desvios" que seriam necessários para que um termo como *court* ("ele corre", "curto", "quadra" — mas também, por homofonia, "pátio" e "corte", tanto no sentido de séquito real como de ritual erótico) pudesse transmitir sua carga semântica por meio de imagens. Millôr Fernandes não discordaria: "uma imagem vale por mil palavras. Agora diga isso com uma imagem".

Ora, o cinema *é* representação por imagens, e o desafio do cineasta é contar sua história recorrendo tão pouco quanto possível a elementos verbais. No tempo dos filmes mudos, cabia à expressão facial e à gestualidade transmitir o essencial da informação, e sabemos quanta engenhosidade foi empregada para reduzir ao mínimo indispensável a intercalação de cartazes para suprir a ausência do diálogo, ou para explicar o enredo. O mesmo princípio vale para o cinema falado: se o diálogo pode veicular muito sobre o caráter dos personagens, sobre a trama, ou sobre qualquer outro aspecto da história, continua a ser prova de competência usar a imagem de preferência às palavras para obter tais efeitos.

Como Huston tomou como paradigma os filmes de suspense, não é descabido mencionar um exemplo tirado do mestre supremo do gênero. Em *Suspeita*

---

43. Carta de 9/6/1925. In: Sigmund Freud-Karl Abraham, *Correspondance 1907-26*.
44. Jean-Bertrand Pontalis, Prefácio a: Jean-Paul Sartre, *Le Scénario Freud*, p. 21.

(1941), de Hitchcock, o personagem de Cary Grant quer assassinar a esposa. Ela lhe pede um pouco de leite: vemos Grant na cozinha, vertendo o líquido num copo. Corte para ele subindo a escada. É de noite, o copo brilha contra o fundo escuro: inquieto, o espectador agarra os braços da poltrona — terá Grant colocado veneno nele? Na verdade, não, mas por alguns segundos temos a impressão de que sim. O diretor explica como obteve o resultado que queria (apavorar o espectador): uma simples lâmpada dentro do copo. "Tinha de ser extremamente luminoso. Cary Grant sobe a escada, e era preciso que só se olhasse para aquele copo."[45]

Suponhamos que, em vez deste truque sensacional, víssemos o ator se perguntando: "será que ponho veneno no leite dela? Não, é melhor matá-la de outro jeito... ou talvez sim... mas quanto?". Ou, pior ainda, uma voz em off dizendo "e então o médico pensou em envenenar sua mulher, mas desistiu da ideia". Não é preciso discorrer sobre as consequências...

Embora simples, o exemplo serve para avançarmos no argumento. A arte do cineasta, diz Truffaut na introdução que escreveu para *Entrevistas*, consiste em inventar formas, e estas, longe de apenas embelezarem o conteúdo, o criam.[46] Apesar de sua argúcia costumeira, tudo indica que Freud não tinha noção das possibilidades que o cinema oferece à inventividade visual, e por isso duvidava de que pudesse "representar" os conceitos psicanalíticos — no que, aliás, é seguido por muitos analistas, para os quais seria impossível fazer justiça na tela à miríade de textos e subtextos presentes numa simples sessão, quanto mais num tratamento completo.

Falando de *Segredos de uma alma*, por exemplo, Patrick Lacoste — que em outros momentos elogia os "bons achados" de Pabst, assim como a edição e o uso judicioso da iluminação para transmitir o que se passa na mente do personagem central — lamenta que "o filme não dê meios para captar a natureza inconsciente da proibição, nem da escolha de objeto [...]. O cinema não podia esperar representar o que releva unicamente do tratamento pela linguagem, sob pena de abandonar seu princípio de inteligibilidade".[47]

Não seria exigir demais? Quem quiser estudar os conceitos de inconsciente ou de transferência (da qual Lacoste está falando na segunda frase citada), tem

---

45. François Truffaut e Helen Scott, *Hitchcock-Truffaut: Entrevistas*. Trad. de Rosa Freire d'Aguiar. São Paulo: Companhia das Letras, 2008. p. 143.
46. Id., p. 27.
47. Patrick Lacoste, *L'Étrange cas du Professeur M. — Psychanalyse à l'écran*. Paris: Gallimard, 1990. p. 49.

8. De Sartre a Huston: *Freud, além da alma*

meios mais eficazes que assistir a um filme: precisa apreendê-los nos textos que os definem, comentam e ilustram. Disso não se segue, porém, que o cinema seja por natureza incapaz de dar uma ideia razoavelmente precisa do que quer que seja, *inclusive* das "abstrações" freudianas. Elas podem ser representadas no enredo — pelas relações passionais entre os personagens, cujos motivos podem residir, digamos, em traumas infantis, em ameaças à integridade narcísica, em fantasias que a moral convencional condena, ou nas defesas erigidas contra elas — mas também pela *forma* do filme, e isso de inúmeras maneiras.

Uma delas é a repetição variada, da qual Pabst se serve para mostrar que o professor Mathias tem medo dos seus impulsos agressivos, derivados do ciúme (pensa que a esposa o trai). Na história, eles são recalcados, e aparecem pelo avesso, sob a forma de uma fobia dos instrumentos cortantes. No início de *Segredos*, o vemos barbeando-se à navalha; a mulher lhe pede que remova uma mecha de cabelo. Corte para o exterior: um brutal assassinato acaba de ocorrer na casa vizinha. Distraído pelos gritos, o professor se dá conta de que fez um pique na nuca dela: um filete de sangue mancha a lâmina. "A navalha se torna portadora de uma ameaça... Formação de sintoma", comenta Lacoste.[48] Mais adiante, um cortador de cartas, uma faca na mesa, um sabre japonês reforçarão a mensagem, pois o professor se assusta a cada vez que aparece um objeto capaz de ferir.

Mais sutil — e por isso mesmo mais poderoso — é o recurso ao que poderíamos chamar de "esquema visual". Trata-se de um procedimento que metaforiza o conteúdo na e pela forma, e Norman Holland mostra o partido que Huston tira de algo desse gênero. Para mostrar o caráter "escuro" do inconsciente, joga com o contraste entre a luz e a obscuridade: desorientado pelos problemas teóricos e pessoais que precisa resolver, Freud é mostrado sistematicamente caminhando de noite, enquanto Cecily, que ignora a existência do inconsciente, aparece vestida com roupas claras e numa varanda iluminada pela luz do dia. Quando começa a intuir o que se passa nos desvãos da sua mente, nós a vemos à noite (no convento italiano, na tentativa de suicídio, e no bordel onde encontra o pai morto).

Mais até que a ideia de escuridão — metáfora cuja chave é fornecida na abertura do filme, quando Huston fala sobre uma região *"as dark as hell"* —, a analogia da análise com uma viagem para dentro de si é visualmente exposta pela

48. Id., p. 10.

movimentação constante dos personagens: Freud e Breuer discutindo conceitos enquanto vão de caleche para algum lugar, caminhadas solitárias e junto com o amigo, Freud andando para lá e para cá em recintos fechados, como seu consultório ou a sala dos Breuer (está perplexo, "sem saída"). Um fato da sua vida — a fobia que tinha dos trens — é empregado no modo da repetição variada: o trem que o leva a Paris, o que o trouxe de Freiberg, e até um de brinquedo, que ele manuseia quando vai perguntar à mãe sobre aquela viagem, aos três anos de idade, na qual suspeita tê-la visto nua.

A inventividade visual de *Freud, além da alma* é imensa, e só limitada pela autocensura então imposta pelo Código Hays: em vez de o menino ver *matrem nudam* na cabine, como sabemos por uma carta a Fliess, a cena se passa no quarto de um hotel — ela está colocando a camisola, vemos suas costas, e o marido vem buscá-la para levá-la a *outro* quarto, apenas sugerindo que se entregarão ao ato sexual.

A ideia de penetrar num lugar oculto é indicada pela quantidade de portas e portões presentes no filme: logo na primeira cena, Meynert é visto passando por uma, e Freud fica para trás — não "segue" as ideias estreitas do seu professor. Mais adiante, a identidade de desejos que tanto o assusta ao vê-los enunciados cruamente por Karl é sublinhada quando Huston o mostra diante do portão fechado da casa do rapaz — ele se suicidou, é impossível saber o que havia "dentro da casa". O mesmo recurso está presente nos arcos sob os quais tem o insight decisivo quanto à repressão, ou quando desmaia frente ao portão do cemitério onde está enterrado seu pai.

Por outro lado, é certo que às vezes o cinema simplifica demasiado. É o caso, entre outros, de muitos sonhos em filmes, que apresentam o conteúdo edipiano de modo direto: apesar da arte de Salvador Dali, é o que ocorre no que desenhou para *Quando fala o coração*, e também no do alpinista amarrado à corda do qual falamos atrás. Aqui, nem Sartre nem Huston levaram em conta o que o filósofo anotara logo no início da Sinopse:

os sonhos analisados por Freud [...] parecem absurdos ou despropositados antes da análise, mas *permanecem muito cotidianos*; o fantástico ou o misterioso são raros neles. Parece assim necessário mostrá-los *ainda com mais realismo* que as cenas da vida desperta. É pelo absurdo dos comportamentos, e pelo conflito visível entre

8. De Sartre a Huston: *Freud, além da alma*

esse absurdo e o realismo dos lugares e dos objetos, que transmitiremos a *surrealidade* particular e a "sobredeterminação dos sonhos relatados por ele".[49]

A questão do realismo, aliás, remete à atuação de Montgomery Clift, cujo olhar frequentemente esgazeado lembra a teatralidade dos filmes expressionistas alemães. É interessante observar que em *Segredos de uma alma* Pabst preferiu evitá-la, e isso apesar de estar fazendo uma película muda: Lacoste mostra com detalhes como ele optou pelo estilo mais sóbrio dos *Kammerspiele*, um tipo de filme mais parecido com os dramas burgueses. "O estilo realista no cinema — uma figuração de realidade contínua — não indica melhor uma realidade psíquica que um expressionismo geralmente supérfluo?", pergunta-se à página 120.[50]

Seja como for, tanto Sartre quanto Huston conseguem dar da invenção da psicanálise um retrato bastante verossímil, e isso, como disse no início deste estudo, apesar das ocasionais licenças que tomam com a verdade factual. Agora nos damos conta de que talvez este resultado se deva *precisamente* a tais licenças: nem o roteiro nem o filme pretendem ser biografias exatas, e criações como Cecily ou o sonho da montanha cumprem melhor a função de informar o espectador sobre o que Freud estava desenvolvendo do que a sucessão de pacientes em ambas as versões do roteiro. O mesmo se pode dizer da condensação de Breuer e Fliess no personagem do médico mais velho, assim como da cena em que Freud expõe como se fossem de 1897 um conjunto de ideias que levou dez anos para elaborar — tanto faz que seja a Fliess no lago alpino, a Breuer no cemitério, ou na conferência que faz à Sociedade Médica ao final de *Além da alma*.

Se Holland tem ou não razão ao sustentar que a obra do cineasta americano reflete sua visão da psicanálise, deixo aos especialistas decidirem. O que se pode afirmar com certeza é que sem ela o mundo seria mais pobre — e que, tanto para quem se inicia na psicanálise como para quem já a conhece bem, é um deleite assistir aos embates de Freud consigo mesmo e com os mistérios da psique humana.

49. Jean-Paul Sartre, *Le Scénario Freud*, p. 532. Grifos no original.
50. Patrick Lacoste, op. cit., p. 120.

9. "E daí — o que apareceu de tão interessante?" Freud e Dora

Ontem ficou pronto *Sonhos e histeria*, e hoje já sinto falta de um narcótico. É um fragmento da análise de uma histeria, na qual as explicações se agrupam em torno de dois sonhos. É a coisa mais sutil que já escrevi, e terá um efeito ainda mais desconcertante que de costume. [1]

O leitor terá reconhecido a referência ao *Caso Dora*, que Freud redigiu nas primeiras semanas de janeiro de 1901. Uma carta não incluída na primeira edição da correspondência, porém disponível na versão integral, conta que estava "mentalmente animado": escrevia o texto ao lado da *Psicopatologia da vida cotidiana*, iniciada algum tempo antes.[2] Seu projeto era divulgar ambos os trabalhos no outono, e na carta de 25 de janeiro diz que Ziehen, o editor da *Monatschrift für*

1. Carta 140 a Fliess (25/01/1901). In: *Los Orígenes del Psicoanálisis*, BN III, p. 3646. Também em Jeffrey Masson (Org.). *A correspondência completa de Sigmund Freud para Wilhelm Fliess 1887-1904*, p. 434. Em ambas, lê-se que o texto "horrorizará as pessoas ainda mais que de costume". Contudo, o original — que se pode consultar na versão alemã da Introdução de James Strachey ao *Fragmento* (SA VI, p. 84) — diz que ele *"wird noch abschreckender als gewöhnlich wirken"*, sem mencionar pessoas. *Abschrecken*, segundo os dicionários, é "desalentar", "intimidar", "desconcertar"; *abschreckend* é "espantoso". Por isso optei pela tradução acima.
2. Carta a Fliess de 10/01/1901. In: Masson, op. cit., p. 433.

9. "E daí — o que apareceu de tão interessante?" Freud e Dora

Psychiatrie und Neurologie, já o aceitara, "sem suspeitar que em breve lhe impingi-rei a *Psicopatologia*".

No entanto, como sabemos, só o segundo livro saiu naquele ano: *Dora* ficou inédito até 1905. O motivo habitualmente aduzido para tanta demora é que, in-satisfeito com seu manejo da transferência, Freud teria precisado desse tempo para poder formular as teses do Posfácio, em que apresenta uma compreensão bem mais fina dos fenômenos transferenciais que aquela da qual dispunha na época das sessões com a moça. Sem dúvida, é verdade: com o *Caso*, completa-se o que em outros capítulos deste volume chamei "primeiro sistema de psicanáli-se". Mas é só uma parte da verdade, e, graças à perspicácia de alguns estudiosos modernos, que se debruçaram com lupa sobre as pistas deixadas no escrito, po-demos ter uma ideia do que pode haver se passado entre a redação dele e sua chegada ao público.

Os fatos são realmente intrigantes. Ainda "animado", em fevereiro de 1901 Freud diz a Fliess que em breve terminará a *Psicopatologia*, e então a revisará jun-to com o outro artigo (15/02/1901). Em março, mostrou-o a Oscar Rie — o "amigo Otto" do sonho da injeção em Irma, e médico da família — que ficou "horrorizado". Essa reação de alguém tão próximo o afetou: comunica ao amigo que "resolveu não fazer mais nada para romper seu isolamento" (03/03/1901). Pede então a Ziehen que devolva o manuscrito, e, em maio, "ainda não se resol-vera a despachá-lo" (08/05/1901). Um mês depois, porém, anuncia que o artigo aparecerá no outono "a um público atônito" (09/06/1901). E então — silêncio por quatro longos anos.

Segundo o Prefácio do *Caso Dora*, isso se deveu a "razões de discrição profis-sional". Embora Jones admita essa explicação,[3] Peter Gay é mais cético: a reserva de Freud seria efeito de "motivos íntimos, sem dúvida ligados a algum sentido peculiar, vagamente sinistro", que a experiência teria para ele.[4]

Ao finalmente tirá-lo da gaveta, Freud revisou o texto, inserindo aqui e ali referências à concepção da transferência que expõe no Posfácio, e provavelmente reescrevendo alguns trechos à luz dos conhecimentos que adquirira desde 1900. Comete então um lapso: antecipa em um ano o tratamento, situando-o em 1899. Repete-o na *História do movimento psicanalítico*, e também na longa nota acrescen-

3. Ernest Jones, *A vida e a obra de Sigmund Freud*. Rio de Janeiro: Imago, 1989. v. i, p. 365.
4. Peter Gay, *Freud: A Life for Our Time*, p. 247.

tada à reedição do *Caso*, em 1923. Um dos leitores contemporâneos menciona-dos atrás, Steven Marcus, conclui deste festival de hesitações e equívocos: "de algum modo, ele ainda não tinha acertado as contas (*had still not done*) com Do-ra".[5] A expressão é forte: por que um analista capaz de escrever um texto dessa envergadura, de exibir uma compreensão tão ampla e sutil dos sintomas da sua jovem paciente, precisaria "acertar contas" com ela?

Comecemos, então, pelo começo. Ida Bauer — o verdadeiro nome de Dora — pertencia a uma família judaica de origem tcheca, mas assimilada à cultura alemã. Era filha de um rico industrial do ramo têxtil; nasceu em 1882, e morreu em Nova York em 1945. Phillip e Käthe Bauer tinham outro filho, Otto, um pou-co mais velho, que se tornou dirigente do Partido Socialista Austríaco e um dos principais teóricos do "marxismo ocidental", que é nada menos que uma das raízes da Escola de Frankfurt. Autor de numerosos artigos e livros, foi deputado no Parlamento, e, depois da anexação da Áustria pela Alemanha, exilou-se em Paris, onde faleceu em 1938.

Devido à tuberculose do pai, a família mudou-se em 1888 para uma cidade de clima mais ameno que Viena. Ali conheceram os K. A saúde de Phillip conti-nuou frágil: em 1892, teve um descolamento de retina, e em 1894 procurou Freud após um "ataque confusional e outros pequenos distúrbios mentais". No capítulo "O quadro clínico", este conta que se tratava de consequências de uma infecção sifilítica contraída na juventude; o sucesso do tratamento fez com que, quatro anos depois, Herr Bauer marcasse uma consulta para a filha, que apresen-tava uma série de sintomas inquietantes.

Apesar de "indiscutivelmente neurótica", na ocasião ela não iniciou uma análise, mas em outubro de 1900, após um agravamento da sua condição, o pai voltou a Freud, pedindo-lhe que "trouxesse a moça a caminhos melhores".[6] E, mesmo contra a vontade, Dora passou a frequentar o divã da Berggasse.

---

5. Steven Marcus, "Freud and Dora: story, history, case history" (In: Charles Bernheimer e Clare Kahane, (Orgs.) *In Dora's Case*. Londres: Virago Press, 1985), que apresenta uma versão ligeiramente condensada do texto original, publicado em 1974.

6. Freud, *Fragmento de uma análise de histeria*, SA VI, p. 104. Neste capítulo, ao lado da tradução de Ballesteros, usaremos a versão americana da Collier Books, publicada em 1963 aos cuidados de Phillip Rieff, na qual esta passagem se encontra às páginas 33-4: *"please try and bring her to reason"*. Sobre as ligeiras discrepâncias entre o texto de Freud e a edição Collier, ver mais adiante: algumas não são tão ligeiras assim...

9. "E daí — o que apareceu de tão interessante?" Freud e Dora

Fora uma menina problemática: ao longo da infância e da adolescência, sofrera de dispneia, tosse nervosa, enxaquecas e outros males. As dificuldades mais graves, porém, se deviam ao *imbroglio* entre as famílias Bauer e K: com a conivência dos esposos, o pai dela e Frau K. eram amantes havia muitos anos, e Herr K. não escondia seu interesse pela jovem. Quando Dora estava com catorze anos, abordara-a na sua loja, dando-lhe um abraço e um beijo; apavorada, ela saíra correndo, mas não contara o fato a ninguém. Data desta época um sonho recorrente, que Freud analisa em detalhes quando ela o sonha novamente durante o tratamento (é o "primeiro sonho").

Dois anos depois, na "cena do lago", ele lhe diz que "já não obtém nada da esposa", e faz uma proposta, que Dora entende como um avanço sexual. Indignada, dá-lhe uma bofetada, e desta vez os pais ficam sabendo do sucedido. Chamado às falas, Herr K. nega tudo, e, para escândalo da moça, o pai dá crédito a essa versão — "acho que essa história de sugestões imorais é uma fantasia que se impôs a ela", diz a Freud na entrevista preliminar. Acusada por Herr K. de só se interessar por coisas sexuais (a esposa lhe teria dito isso, e que na casa deles Dora lia às escondidas livros sobre sexo), ela se torna irritadiça, deprime-se, e passa a sentir muita raiva do pai, que a estaria tacitamente entregando ao amigo como compensação para que continuasse a se mostrar complacente quanto ao affaire com a esposa dele.

O *Fragmento* é bem conhecido: por isso, não resumirei os vários momentos da análise, que Freud descreve com maestria, reconstituindo a história da neurose, discutindo a origem e o sentido dos sintomas, expondo de permeio suas hipóteses sobre o papel determinante da sexualidade na causação das perturbações mentais (é no Posfácio que encontramos a célebre frase "os sintomas são a vida sexual dos neuróticos"), e, apesar das repetidas desculpas por não entrar em detalhes quanto ao raciocínio que fundamenta as interpretações, mostrando em estado prático muito da sua técnica naquele momento, em especial ao deslindar os sonhos em torno dos quais constrói a narrativa.

Em vez disso, parece-me mais interessante investigar duas coisas: de que forma o trabalho com Dora se inscreve no primeiro modelo metapsicológico freudiano, que estudamos no capítulo III, e quais poderiam ser os "motivos íntimos" que levaram Freud a redigir com tanta rapidez um escrito tão complexo, a sentir-se tão satisfeito com o resultado ("a coisa mais sutil que já escrevi"), e em seguida deixá-lo num canto durante quatro anos.

A primeira tarefa nos ocupará nas páginas seguintes. Quanto à segunda, uma leitura atenta mostra que as sessões mobilizaram em Freud poderosos afetos contratransferenciais. Por isso, fica surpreso e perplexo quando, depois de exibir todos os seus poderes intelectuais na interpretação do segundo sonho, Dora se limita a um comentário desdenhoso: *"was ist denn da viel herausgekommen?"* — "e daí: o que apareceu de tão interessante?"[7] — e na vez seguinte avisa que não voltará após o ano-novo. Assim, o *Fragmento* seria também uma resposta à frustração que ela lhe impôs, abandonando um tratamento no qual depositava "altas esperanças", pois confirmava ponto por ponto suas hipóteses mais ousadas.

O *caso* NO CONTEXTO DO PRIMEIRO MODELO METAPSICOLÓGICO

Recapitulemos então os principais elementos desse modelo, cuja matriz clínica é a histeria. Na forma completa, ele articula firmemente uma teoria do aparelho psíquico, uma teoria da libido e uma teoria do processo analítico. A primeira apresenta uma geografia da mente, baseada na distinção entre processos primários (inconscientes) e secundários (no pré-consciente e na consciência). No inconsciente, alojam-se impulsos e desejos, alguns dos quais condenáveis do ponto de vista moral; do conflito defensivo que os recalca surgem os sintomas, os quais representam simultaneamente os conteúdos reprimidos e a defesa que sobre eles se exerceu.

Na época em que cuidou de Dora, Freud tem claro todo este conjunto de processos. A teoria da sexualidade se encontra num estágio avançado de construção, mas só será sistematizada nos *Três ensaios*. Entre os elementos já firmemente estabelecidos, figuram o conceito de zonas erógenas, a capacidade da libido de se deslocar tanto de uma área do corpo para outra quanto entre representações mentais, seu papel como alvo privilegiado da repressão, e outros, a que vemos Freud recorrer quando interpreta os sintomas da paciente.

---

7. Id., SA VI, p. 171. Embora o sentido dessa expressão seja claro, parece impossível traduzi-la ao pé da letra. Eis as versões que encontrei: *"why, has anything so very remarkable come out?"* (Collier, p. 126); *"no veo que haya salido a luz nada de particular"* (BN I, p. 962); *"ce n'est pas sorti grand-chose"* (Lacan, em "Intervention sur le transfert", *Écrits*, p. 224). A fórmula que sugiro me parece soar natural, tanto em português quanto na boca de uma adolescente.

9. "E daí — o que apareceu de tão interessante?" Freud e Dora

Quanto à teoria da técnica, a situação é mais complexa. Na versão definitiva do modelo, ela opera com o par resistência/transferência, mas em 1900 apenas o primeiro desses fatores está bem entendido: é justamente à insuficiência na compreensão do segundo que Freud atribui seu insucesso, e somente depois de concluir o Posfácio passa a dispor de uma teoria relativamente satisfatória da transferência — que no entanto será continuamente revisada nos anos seguintes.

O *Fragmento* pode assim ser visto como uma etapa decisiva na elaboração dos aspectos até então menos desenvolvidos das suas hipóteses: com toda a evidência, os dissabores com Dora o alertaram para a necessidade de aprofundar sua reflexão sobre elas. A maneira como conduz as sessões, no entanto, revela um momento na construção do modelo sobre o qual não falamos ao abordá-lo anteriormente, e que sem dúvida traz a marca dos resultados obtidos na *Traumdeutung*. Refiro-me à função de paradigma que o sonho parece assumir em relação à psicopatologia, como que invertendo o que perpassa toda aquela obra, a saber a prioridade epistemológica da neurose sobre a "inocente psicose onírica". Entre outros exemplos dessa precedência, podemos lembrar a passagem do capítulo vii que discute as semelhanças e diferenças entre o sintoma histérico e o sonho:

> Se queremos conservar nosso direito a empreender tão amplas especulações psicológicas partindo do estudo dos sonhos, estaremos obrigados a demonstrar que elas nos permitem incluir o sonho num conjunto capaz de conter outros produtos psíquicos. [...] Assim é, com efeito, pois a teoria de todos os sintomas psiconeuróticos culmina no princípio de que *também eles devem ser considerados como realizações de desejo do inconsciente*. [...]. Pelas investigações às quais tantas vezes aludi neste estudo, averiguei que para a formação de um sintoma histérico precisam colaborar as duas correntes da vida anímica [a consciente e a inconsciente].[8]

O texto prossegue com considerações sobre o sintoma, e com a exposição de um exemplo (vômitos histéricos), do qual se conclui que, embora na formação de ambos entrem um fator inconsciente e outro pré-consciente, o sintoma é mais complexo que o sonho, pois nele coincidem *duas* realizações de desejo, cada qual provindo de um dos sistemas. Seria fácil mencionar outros momentos em

---

8. *A interpretação dos sonhos*, cap. vii, seção C, sa ii, pp. 541-2, bn i, p. 692. Grifos de Freud.

que, ao estudar os processos oníricos, Freud tem presente o que aprendeu com as neuroses, e lamenta não poder oferecer mais detalhes sobre as "investigações às quais aludi tantas vezes", porque isso o afastaria demasiado do tema em pauta naquele momento.

Ora, o imenso trabalho intelectual que realiza no livro parece ter reverberado sobre sua concepção das neuroses, até porque, depois de concluí-lo, pouco resta de misterioso quanto ao fenômeno onírico, enquanto no campo da psicopatologia os enigmas permanecem numerosos. Não por acaso, o título que pretendia dar ao *Caso Dora* era *Sonhos e histeria*, e não *Histeria e sonhos*; a carta de 25 de janeiro de 1900 afirma que o texto seria uma "continuação do livro dos sonhos". Mais do que apenas ilustrar a utilidade da arte de interpretá-los para recuperar material reprimido, como lemos no Prefácio e no Posfácio, penso que naquele momento *o modelo do sonho orienta a sua compreensão da psicopatologia*, ao menos em parte, e que este fato é — igualmente em parte — responsável pelos caminhos que a análise tomou. Para averiguar se essa ideia pode se sustentar, convém nos determos um instante nas diversas maneiras como as descobertas da *Traumdeutung* aparecem no *Caso*.

Uma primeira indicação de que a analogia entre os métodos para interpretar sonhos e para tratar neuroses é bem mais que casual reside no emprego de termos praticamente idênticos para falar dos objetivos da terapia e do resultado a que chega a interpretação adequada de um sonho:

> Em minha *Interpretação dos sonhos* […], demonstrei que os sonhos em geral podem ser interpretados, e que, uma vez completado o trabalho de interpretação, podem ser substituídos por pensamentos corretamente construídos, que podemos interpolar numa posição reconhecível do contexto psíquico.

> Se o objetivo prático do tratamento consiste em suprimir todos os sintomas e substituí-los por pensamentos conscientes, podemos atribuir-lhe outra tarefa, agora teórica: sanar todas as falhas da memória do paciente.[9]

---

9. A fim de melhor ressaltar a semelhança entre as duas passagens, transcrevo-as no original: *"Träume in allgemeinen deutbar sind, und nach vollendeter Deutungsarbeit sich durch tadellos gebildete, an bekannter Stelle in der seelischen Zusammenhang einfügbare Gedanken sich ersetzen lassen"* (Fragmento, SA VI, p. 94; BN I, p. 938; Collier, p. 28); *"wenn das praktische Ziel der Behandlung darin geht, alle möglichen Symptome aufzuheben und durch bewusste Gedanken zu ersetzen, so kann man als ein anderes, theoretisches Ziel die*

9. "E daí — o que apareceu de tão interessante?" Freud e Dora

Em ambos os casos, trata-se de substituir pensamentos conscientes ou coerentes (*tadellos*, sem defeitos) àqueles trazidos pelo paciente, quer sejam enigmáticos e aparentemente absurdos (o que lembra do sonho), quer incompletos ou confusos (as *Gedächtnisschäden*, literalmente "danos de memória", presentes na história que ele conta ao começar o tratamento). Assim como ao terminar a interpretação o que era incompreensível no sonho se encaixa sem dificuldade nas preocupações ou nos anseios do indivíduo, uma vez concluído o tratamento os sintomas de início misteriosos encontram lugar na história da sua vida: foram a solução que pôde dar a certos conflitos emocionais. Solução agora dispensável, porque ele ganhou acesso a motivos antes ignorados, mas nem por isso menos atuantes, e graças a esse conhecimento pôde reorganizar sua economia psíquica. E isso porque tanto o absurdo do sonho quanto a estranheza do sintoma têm a mesma causa: a repressão de ideias e sentimentos, repelidos da consciência por causarem angústia e desprazer.

É com esses pressupostos que Freud aborda as falas de Dora. No mais das vezes, usa o que sabe da neurose para decifrar os pensamentos e desejos presentes nos sonhos que ela relata; em outras, emprega ideias presentes na *Traumdeutung*, que podem ou não ter se originado no trabalho clínico; em outras ainda, interpreta os sintomas à luz do que descobriu sobre os mecanismos de constituição do sonho.

Os exemplos da primeira situação são numerosos. No primeiro sonho, encontramos entre outros a dedução de que o fogo é uma alusão à enurese infantil, e a interpretação da "fuga com o pai" como significando uma "fuga para o pai" (Édipo). Nas associações do da galeria de Dresden, um sentimento de piedade por ele sugere que a "fachada do sonho" (as andanças pela cidade e pela floresta) poderia simultaneamente exprimir e ocultar uma fantasia de vingança; a análise do "subir uma escada" — que poderia ter sido entendido como símbolo típico do ato sexual — se escora na teoria da formação dos sintomas histéricos, o que conduz à hipótese de que ela acabou dando um "uso neurótico" às sequelas da sua apendicite (o andar coxo); etc.

Quanto ao uso de ideias baseadas no trabalho com seus pacientes e utilizadas na *Traumdeutung* para elucidar determinadas particularidades do sonho,

---

Aufgabe aufzustellen, alle Gedächtnisschäden des Kranken zu heilen." (SA VI, p. 97; BN I, p. 940; Collier, p. 32). No Posfácio, isso é dito explicitamente: "a técnica de interpretar sonhos, que é similar à da psicanálise...". Cf. SA VI, p. 179; BN I, p. 997; Collier, p. 135.

podemos lembrar o momento em que Dora, contando como Frau K. ficava doente a cada vez que o marido voltava de uma viagem, recorda-se subitamente de que as suas próprias enfermidades cessavam exatamente nessas ocasiões. Aqui Freud recorre ao princípio da condensação, que vale tanto num campo quanto no outro: "é uma regra técnica da psicanálise que uma conexão interna ainda desconhecida anuncie sua presença por meio de uma contiguidade temporal [...], exatamente como na escrita um *a* e um *b* colocados lado a lado formam a sílaba *ab*". Se em meio ao relato sobre os males de Frau K. Dora faz alusão aos seus, "isso me levou a suspeitar que seus estados de saúde podiam depender de outra coisa, exatamente como os de Frau K.".[10] A metáfora da sílaba aparece duas vezes na *Traumdeutung*, como "algo que aprendemos numa análise".[11]

Em outros casos, o vetor vai claramente da teoria do sonho para a leitura de algum aspecto da vida psíquica de Dora, por exemplo quando Freud deduz do extenso uso da inversão no primeiro sonho que o ódio de Dora por Herr K. oculta o sentimento oposto, ou seja, que o ama, e tem medo de se entregar a ele (oferecer-lhe sua "caixa de joias"). É certo que esse esquema de interpretação procede também da concepção que então tinha do complexo de Édipo, mas a maneira como escolhe comunicá-la está codeterminada pelo que descobriu sobre os meios de representação no sonho.

Outro exemplo dessa situação surge no segundo contado por Dora, a propósito das palavras *Bahnhof* (estação), *Friedhof* (cemitério) e *Vorhof* (vestíbulo): a suspeita de Freud de que o conjunto aponta para os genitais femininos é confirmada pelo adendo dela sobre o quadro visto na exposição da *Sezession* (ninfas na frente de um bosque espesso). "Ninfas" é um termo médico para designar os lábios menores; da superposição dessas associações, Freud infere a presença de uma fantasia de defloração, e que ela podia ter tomado conhecimento da palavra erudita lendo sobre assuntos sexuais em alguma enciclopédia, este "refúgio frequente da curiosidade sexual das crianças". Ou seja: a depender do fio do novelo que tem em mãos, tanto faz partir da estrutura da neurose como das regras para interpretar um sonho.

Minha impressão, porém, é que a teoria dos sonhos opera nessa terapia de modo mais fundamental do que simplesmente fornecendo chaves interpretativas

10. Id., SA VI, p. 115; BN I, p. 953; Collier, p. 55.
11. Cap. V, seção D ("Sonhos típicos", SA II, p. 253; BN I, p. 498), e cap. VI, seção C ("Meios de representação no sonho", SA VI, p. 313; BN I, p. 537).

9. "E daí — o que apareceu de tão interessante?" Freud e Dora

pontuais. A maneira absolutamente segura com que Freud lida com os de Dora sugere que *não vê diferença significativa entre interpretar sonhos de pacientes ou os seus próprios*, porque nos dois casos o que vem à tona é um conteúdo reprimido de natureza sexual, e "não se faz mais que traduzir em linguagem consciente o que eles já sabem no inconsciente".[12]

Na verdade, como veremos adiante, ele faz muito mais do que isso, porém o que nos interessa agora é ressaltar como essa convicção contribui para que desconsidere o impacto emocional das suas interpretações sobre a jovem: manifestamente, acredita que a lógica "sem falhas" delas bastaria para persuadi-la de que são corretas. Afinal, essa mesma evidência não lhe fora suficiente durante a autoanálise?

Os comentadores do *Caso* são unânimes neste ponto: Freud se desdobra para provar a Dora (e ao leitor) que tudo aquilo que lhe diz é verdadeiro *porque faz sentido*, porque "preenche as lacunas" da memória com "pensamentos perfeitamente construídos", que, interpolados nos lugares certos, dão conta da causa e do sentido dos sintomas — ao menos daqueles que puderam ser analisados no curto espaço de tempo em que a viu. Em diversos momentos do relato, expressa a certeza de que, se fosse possível investigar a fundo cada sintoma de uma neurose, todos e cada um poderiam ser completamente esclarecidos, e que tal esclarecimento acarretaria a cura. Porém — assim como no sonho existe um "umbigo" pelo qual ele mergulha no desconhecido —, também na prática analítica há um limite para a "solução" (*Lösung*, termo onipresente na *Traumdeutung*) dos sintomas, e portanto para a influência positiva do médico sobre o paciente (Posfácio).

Seja como for, Freud exibe uma confiança inabalável nas virtudes do método indutivo-dedutivo cuja fecundidade demonstrou no livro dos sonhos. No trabalho clínico, ele o aplica ao que Dora lhe conta — quer sejam associações a partir dos sonhos, quer lembranças ou comentários sobre outros assuntos — e submete esse material ao princípio do determinismo psíquico formulado na década anterior. O procedimento lembra o dos romances policiais no estilo de Conan Doyle: um mistério deve ser desvendado, seguindo as pistas disponíveis (observação de todas as minúcias) e inferindo delas, assim como de informações obtidas verbalmente, os fatos na sequência e no modo como se deram.[13] O resul-

12. SA VI, p. 124; BN I, p. 959; Collier, p. 66.
13. Para um estudo mais detalhado desse tema, cf. Renato Mezan, "Por que lemos romances policiais?".

tado é a reconstrução da história psíquica de Dora desde a época em que chupava o dedo até o momento em que inicia o tratamento, e mesmo um pouco durante o mesmo — por exemplo, deduzindo do primeiro sonho sua intenção de o abandonar (a casa pegando fogo).

Essa perspectiva socrática, ou iluminista, conduz Freud a minimizar o ceticismo dela quanto a algumas das suas interpretações: seriam resistências passageiras, devidas ao "espanto provocado por tudo o que é novo" (Prefácio), e por desvendarem fantasias e sentimentos que ela se dera grande trabalho para ocultar de si mesma. Mas cederiam lugar ao assentimento, tão logo percebesse que as coisas eram, e tinham sido, como o Professor dizia.

Ora, se há algo que Dora lhe ensinou, foi que o analista precisa levar em conta a aptidão do paciente para assimilar o que aquele acredita ter descoberto. Na deliciosa carta que Octave Mannoni a faz escrever a Frau K. depois de ler o *Fragmento*, ela se queixa exatamente disso: "ele gosta de explicar demais, é cansativo", "escreve sobre coisas pouco importantes, de que não me lembro, e de outras, que me parecem importantes, não fala nada".[14]

Entre o supostamente "pouco importante", cabe contar outro aspecto do modelo metapsicológico então vigente: a versão direta do complexo de Édipo, ou seja, o desejo pelo genitor de sexo oposto e a hostilidade frente ao do mesmo sexo. Freud a assinala no comportamento dos irmãos nas disputas familiares, cada um agindo segundo este roteiro, e nela se baseia para a direção geral da sua leitura do caso, que procura por todos os meios levar Dora a aceitar: na qualidade de substituto paterno, Herr K. é o principal objeto do desejo dela.

À sua argúcia, contudo, não escapa a "corrente ginecofílica" dos investimentos amorosos da jovem — sua atração homossexual por Frau K. — mas no decorrer do tratamento literalmente não sabe o que fazer com tal descoberta. É plausível supor que foi refletindo sobre sua omissão deste aspecto — que no entanto não lhe era desconhecido, pois a bissexualidade é um tema frequente na

---

In: Yudith Rosenbaum e Cleusa Rios Passos (Orgs.). *Escritas do desejo*. São Paulo: Ateliê Editorial, 2011. A quem achasse exagerada a comparação, podemos lembrar o que Freud escreve ao interpretar o ato sintomático de Dora brincando com sua bolsinha: "quem tem olhos para ver e ouvidos para ouvir se convence facilmente de que os mortais não podem manter segredo algum. Aquele cujos lábios calam tagarela com a ponta dos dedos; de todos os seus poros, escorre a traição". (SA VI, p. 148; BN I, p. 976; Collier, p. 96). Holmes não poderia ter dito o mesmo a Watson?

14. Octave Mannoni, "Vienense". In: *Ficções freudianas*. Rio de Janeiro: Taurus, 1983. pp. 10 e 11.

9. "E daí — o que apareceu de tão interessante?" Freud e Dora

correspondência com Fliess — que tenha sido levado a construir a versão completa do complexo, a qual inclui a ambivalência em relação aos dois genitores.[15]

Um terceiro elemento do modelo baseado na histeria — a mobilidade da libido — não necessita maiores discussões: é patente na análise dos sintomas ligados à sexualidade oral (tosse, afonia, catarro), e também no da pressão sobre o tórax, que Freud vincula ao "deslocamento para cima" de uma possível percepção táctil do membro ereto de Herr K. quando este abraça Dora na loja.[16] É neste momento que enuncia uma das ideias mais escandalosas presentes da narrativa, não apenas para seus leitores vitorianos, mas também para um psicanalista contemporâneo:

> Nesta cena [...], o comportamento dessa criança de catorze anos já é inteira e completamente histérico. Não hesito em considerar histérica uma pessoa na qual uma ocasião sexualmente excitante provoca sentimentos preponderante ou exclusivamente desprazerosos. [...] A elucidação do mecanismo dessa inversão de afetos continua a ser uma das mais importantes, mas também mais difíceis, tarefas da psicologia das neuroses. Em minha própria opinião, estou ainda distante de ter alcançado tal objetivo; e, no quadro da presente comunicação, só poderei mencionar uma parte daquilo que já sei a respeito do tema.[17]

É evidente que Freud só pode escrever isso baseado na convicção de que a histeria resulta do recalque da sexualidade, e que num indivíduo saudável toda e qualquer excitação erótica deve ser prazenteira, independentemente das circunstâncias em que ocorre. Por chocante (e errada) que pareça hoje, tal asserção faz perfeito sentido no contexto do modelo vigente na época, que, como vimos no capítulo III, não tem lugar para a subjetividade na acepção global: esta só surgirá mais tarde, com a introdução do narcisismo a partir da matriz clínica das psicoses.

De uma vertente que nesse primeiro modelo está apenas esboçada — a teoria do desenvolvimento — pouco há a dizer: embora trabalhe com a distinção

15. A este respeito, ver o excelente estudo de David Calderoni, "Édipo e transferência a partir de Dora: um percurso em Freud", Revista *Percurso*, n. 9, pp. 36-46, 1992. O autor menciona, entre outras referências, a carta 140 a Fliess (30/01/1901), na qual Freud reconhece que em Dora o conflito essencial se dava "entre uma inclinação para os homens e outra para as mulheres". Cf. Masson, op. cit., p. 435.

16. SA VI, pp. 106-7 ; BN I, p. 948; Collier, p. 46.

17. SA VI, p. 106; BN I, p. 947 ; Collier, p. 44. Voltaremos a esse trecho na seção seguinte deste capítulo.

entre sexualidade infantil e adulta, naquele momento Freud ainda não dispunha do conceito de fases psicossexuais, que faz sua aparição somente na segunda edição dos *Três ensaios*.

Com essas observações, podemos concluir o exame do que o trabalho com Dora deve às teorias do inconsciente e da sexualidade tais como se apresentam no modelo calcado sobre a histeria. Resta-nos ver como a visão ainda parcial dos fenômenos transferenciais deriva das concepções metapsicológicas que se encontram na base dele.

Para isso, convém deixar por um momento entre parênteses o que Freud escreve no Posfácio, e nos atermos ao que está no corpo do texto, a fim de averiguar como aquela visão da transferência se manifesta na técnica da época. Essa técnica confere destaque particular ao racional/intelectual, pois repousa sobre o pressuposto de que o fator decisivo para alcançar as alterações psíquicas desejadas é o conhecimento dos motivos inconscientes. Graças a ele, o paciente pode rever (e abandonar) as soluções neuróticas a que precisara recorrer no passado, vencendo as forças que originaram e mantiveram os sintomas, e passando a dispor da energia que os sustentava para finalidades mais saudáveis e prazenteiras. Em consequência, *interpretar* é encontrar conexões, e a frequente presença nos textos da época de termos como *Verknüpfung*, *Verbindung* (ambos significando "ligação"), *Zusammenhang* (contexto, literalmente "estar pendurado junto com"), *Aufbau* (estrutura) e outros do mesmo gênero dá provas suficientes disso.

Nessa perspectiva, é natural pensar que o efeito das interpretações depende essencialmente da consistência lógica das cadeias causais e de sentido estabelecidas durante a análise. Um sinal da importância técnica desse fator é a preocupação de Freud com a evidência das conclusões a que chega, tanto para o paciente como para o leitor. E é compreensível que assim seja, pois sem ela não se produz no analisando a convicção de que são verdadeiras as construções acerca da sua história e da sua maneira de ser. Na ausência de tal convicção, as descobertas do analista são anuladas pela resistência, ou seja, não têm força suficiente para remover as repressões.

Ora, o atributo "ser evidente" não figura no mesmo grau em todas as interpretações: por exemplo, nem a origem do ato sintomático de Dora com a bolsinha (na masturbação infantil) nem seu sentido (que se recriminava por ter feito

9. "E daí — o que apareceu de tão interessante?" Freud e Dora

isso) podem ser estabelecidos "de modo conclusivo",[18] e tampouco a inferência de que, certo dia, ela tinha desejado que Freud a beijasse.[19] Já os indícios de que a dita masturbação infantil sustenta vários dos seus sintomas lhe parecem *lückenlos* (sem lacunas), e portanto toma como sólida essa hipótese; a conclusão de que a tosse representava uma cena de "gratificação sexual *per os*" entre seu pai e a amante é qualificada de *unausweisbar* (inevitável, que se impõe),[20] assim como a de que precisava se proteger do amor que sentia por Herr K. acreditando que o odiava recebe uma "prova decisiva" (*entscheidende Beweis*) por ocasião do segundo sonho.[21]

Por que algumas deduções são consideradas incontestáveis, e outras não? Os exemplos acima sugerem uma hipótese: por paradoxal que possa parecer a um leitor contemporâneo, Freud considera como seguro o que pode ser inserido numa reconstrução do *passado*, mas entende que a interpretação de um fato isolado no *presente* — mesmo fundada em boas razões — escapa à demonstração integral. O paradoxo diminui bastante, contudo, quando nos damos conta de que a diferença consiste na possibilidade — ou não — de incluir o deduzido num *Zusammenhang* lógico e sem falhas: em outras palavras, de interpolá-lo na textura psíquica "num lugar determinado e conhecido", precisamente como faz o intérprete com os pensamentos e imagens do sonho.

Se assim for, o "intelectualismo" do método se apresenta como consequência da identificação do trabalho clínico à interpretação de um sonho: o critério da verdade é a congruência das associações em relação ao desejo latente. Frente a isso, a negativa do paciente, fundada na dimensão afetiva, tem somente o valor de uma resistência, compreensível como efeito atual da repressão que originariamente se exerceu sobre o conteúdo agora revelado. Quase se poderia dizer que, naquela época, o lema de Freud era "contra argumentos (bem construídos) não há fatos (ou afetos) que se sustentem"...

Com isso em mente, podemos retornar ao problema da transferência. Em 1900, ela é entendida essencialmente como manifestação da resistência; será preciso esperar o Posfácio para que se torne também o "mais precioso aliado" da análise. Freud a limita à esfera das resistências porque consiste no evitamento de

18. SA VI, p. 147; BN I, p. 975; Collier, p. 95.
19. SA VI, p. 144, BN I, p. 973; Collier, p. 92.
20. SA VI, p. 122; BN I, p. 961; Collier, p. 65.
21. SA VI, p. 132; BN I, p. 965; Collier, p. 77.

400

uma recordação penosa ligada a uma pessoa significativa do passado. Por alguma particularidade presente em ambos, o afeto ou desejo correspondente àquela pessoa se desloca para o analista, com o que se cria uma "falsa ligação". Isso Freud sabe desde os *Estudos sobre a histeria*, e sabe também que a maneira de lidar com essa resistência é restabelecer a "verdadeira ligação", isto é, descobrir a quem se endereça aquilo que foi defensivamente deslocado.[22] Uma vez "adivinhada" e "traduzida" (notem-se os termos do registro intelectual) ao paciente, a transferência deixa de ser uma boa máscara para o que se pretendia ocultar, e o trabalho pode prosseguir.

Tal concepção situa o fenômeno transferencial no mesmo plano que o sonho e o sintoma. Como no primeiro, é criada uma ponte entre um fato antigo e a circunstância atual, a fim de "conformar o presente segundo o modelo do passado [...], e corrigir o presente segundo a infância";[23] como o segundo, ela "verte vinho novo em odres velhos".[24] Esta, aliás, é a maneira como se forma um sintoma — utilizando caminhos já estabelecidos para o escoamento da excitação —, o que justifica considerar as transferências (no plural, pois elas surgirão repetidas vezes) como sintomas semelhantes a quaisquer outros, e lidar com elas de forma idêntica ao que deve ser feito com eles: revelando seu significado e esperando que o paciente assimile a informação.

Não é de admirar, assim, que o conceito ocupe na teoria do processo analítico um lugar "periférico", como diz Joel Birman. Este autor sugere um segundo motivo para essa posição secundária: enquanto o discurso do analisando se mantém fluente e relativamente coerente, não há por que supor a presença de resistências de grande magnitude, cuja manifestação típica é a interrupção das associações.[25] No Posfácio, Freud reconhece o erro dessa postura, referindo explicitamente a ele a razão do seu insucesso com Dora:

---

22. "Resolver uma transferência é simplesmente operar um contradeslocamento, relacionar o afeto com a representação que lhe convém [...]. A substituição [...] permite o levantamento do recalque que pesava sobre o afeto." (François Roustang, "Transfert: le rêve". In: *Elle ne Lâche Plus*. Paris: Payot, 1980. pp. 104-5). Este artigo examina com detalhe a técnica freudiana, particularmente no período que nos ocupa.

23. SA VI, p. 142; BN I, p. 972; Collier, p. 89.

24. SA VI, p. 128; BN I, p. 962; Collier, p. 71.

25. Joel Birman, "Repensando Freud e a constituição da clínica psicanalítica", *Tempo Brasileiro*, n. 70, Rio de Janeiro, 1982, p. 87. Cf. igualmente Renato Mezan, "A transferência em Freud: apontamentos para um debate". In: *Tempo de muda*, pp. 251-72.

9. "E daí — o que apareceu de tão interessante?" Freud e Dora

devido à solicitude (*Bereitwilligkeit*) com que ela colocava à minha disposição uma parte do material patogênico, esqueci a precaução de atentar para os primeiros indícios da transferência, que ela preparava em outra parte — desconhecida para mim — do mesmo material.[26]

Este ponto é crucial. "Atentar" não significa aqui "perceber", mas "dar importância": Freud se deu conta desses "primeiros indícios", e mais, compreendeu que eles indicavam uma transferência do tipo que mais tarde chamará de negativa ou hostil. A ocasião para isso foi o adendo de Dora ao primeiro sonho: ao contá-lo, ela se esquecera de mencionar que a cada vez que acordava desse sonho recorrente sentia um cheiro de fumaça. Aplicando as descobertas da *Traumdeutung*, Freud infere desse esquecimento que o tal cheiro devia aludir a pensamentos reprimidos com particular intensidade. No caso, eram nada menos que o motivo fundamental para o sonho: a "tentação de ceder ao homem". Não se entregando a ele, porém: "desejando receber um beijo, que, no caso de um fumante, necessariamente cheiraria a tabaco". Ora, Herr K. lhe dera um — na cena da loja, aos catorze anos. A lembrança dele estaria portanto ligada aos "pensamentos de tentação", e o sonho seria uma tentativa de se defender deles, pondo em imagens a catástrofe que ocorreria se os realizasse (a casa pegando fogo).

Como tanto ele quanto Herr K. eram fumantes inveterados (a "particularidade" que favorece a transferência), Freud pensa que o tópico alude também a ele. Numa espécie de regra de três, deduz que Dora teria em algum momento desejado que ele a beijasse. "Esta seria a causa que a levou a repetir o sonho de advertência, e a tomar a decisão de abandonar o tratamento."[27]

Por que então ele não se deteve sobre essa ameaça, e em vez disso preferiu continuar investigando a masturbação infantil, os sintomas orais, o amor dela pelo pai, e assim por diante? Penso que a explicação está na frase com que

26. SA VI, p. 182; BN I, p. 1000; Collier, p. 140. A parte facilmente comunicada do material eram as relações entre Frau K. e seu pai, que ocuparam muitas das sessões. A respeito delas, a percepção de Dora era "implacavelmente aguda", e sua memória não apresentava "lacuna alguma" (SA VI, p. 109; BN I, p. 949; Collier, p. 48).

27. SA VI, p. 144; BN I, p. 973; Collier, p. 92. No último parágrafo do capítulo dedicado a analisar este sonho, Freud volta a afirmar que ele continha "uma referência ao tratamento", e correspondia à resolução de "evitar um perigo". Note-se que, assim como o sintoma se estrutura segundo "caminhos anteriormente estabelecidos", para se defender do que sente ser um risco Dora se serve de um sonho já formado, que se presta bem a figurá-lo.

conclui sua dedução: "Tudo se encaixa muito bem (*stimmt sehr gut zusammen*), mas, devido às características da transferência, não há como provar isso (*entzieht es sich dem Beweis*)".

A sentença é ambígua: se tudo se encaixa — as premissas levam claramente à conclusão — que tipo de prova Freud teria em mente? Ele parece ter julgado que a consistência lógica da analogia era insuficiente para acarretar uma evidência capaz de levar Dora a se persuadir de que a interpretação era verdadeira; ou então, que a resistência a admitir que estivesse "tentada a ceder" — o que ela negou enfaticamente, aliás — se espraiara para a peça seguinte da demonstração, a saber o corolário da "tentação" no plano transferencial. Ou talvez as duas coisas — não podemos saber.

Em todo caso, no Posfácio Freud dá uma ideia do que teria dito caso tivesse "atentado" para o que se anunciava no sonho:

> Agora foi de Herr K. para mim que você fez uma transferência. Notou alguma coisa que a levasse a suspeitar que tenho más intenções [...] semelhantes às dele? [...] A atenção dela teria se voltado então para algum detalhe em nossa relação, ou na minha pessoa, ou em minhas circunstâncias, atrás da qual estaria escondido algo análogo, mas imensamente mais importante, relativo a Herr K. [...] Mas fiquei surdo a essa primeira nota de advertência, pensando que dispunha de muito tempo, pois a transferência não se desenvolveu além disso, e continuava a haver material para a análise.[28]

Ou seja: teria sido necessário (e suficiente) desfazer a falsa ligação, remetendo a mensagem ao seu verdadeiro destinatário. Não é, pois, que — como lemos no Prefácio — a transferência não tinha surgido à luz (*nicht zur Sprache kam*). Freud a identificou, interpretou-a segundo a concepção que então tinha do processo analítico, e comunicou a Dora o que pensava a respeito.[29] Simplesmente, com base naquela concepção, não havia motivo para ir mais adiante no assunto.

---

28. SA VI, p. 183; BN I, p. 1000; Collier, p. 141. No segundo sonho, havia igualmente várias alusões à transferência, mas devido ao pouco tempo de trabalho com ele não chegaram a ser mencionadas como tais.

29. É o que se lê na nota aposta à continuação do diálogo sobre o sonho: cf. SA VI, p. 141; BN I, p. 971; Collier, p. 88.

9. "E daí — o que apareceu de tão interessante?" Freud e Dora

Se agora nos voltamos para o que o Posfácio diz sobre a transferência, verificamos que a retificação *après coup* do seu erro não modifica essencialmente esse aspecto da teoria: as transferências são novas edições de relações significativas do passado, e, se o fato de as tornarem visíveis ao analista as converte em "aliado precioso", isso em nada altera seu caráter pontual, nem sua função de obstáculo à rememoração. O que é novo no Posfácio — e soa o dobre de finados para a crença freudiana em que o conhecimento dos motivos inconscientes bastaria para produzir a cura, assim como na ideia de que não há diferença significativa entre a autoanálise e a análise de outrem — é a descoberta de que a "convicção" do analisando quanto à validade das conexões construídas no e pelo trabalho analítico só se instala após a *"Lösung"* da transferência. A palavra, neste caso habitualmente traduzida como "resolução", ao pé da letra quer dizer "solução". Mas agora ela parece ter adquirido uma conotação "química" (dissolver um sólido), que passa a conviver com a que já possuía, de índole mais matemática ou lógica (resolver um problema ou uma charada).

De resto, ela permanece como uma fonte — a principal — de empecilhos ao progresso da terapia, e, por necessária que seja "segundo a teoria do processo analítico", deve ser "combatida" da mesma forma que as demais "criações da neurose" (pelo que visivelmente Freud continua a entender *sintomas*). Será preciso aguardar "Repetição, recordação e elaboração" (1914) para que *a* transferência (e não mais *as* transferências) seja percebida como envolvendo e banhando a análise do começo ao fim, porque reitera a forma pela qual o paciente estrutura todas as suas relações, inclusive a terapêutica.

A esta altura, espero que o leitor concorde com a afirmação feita atrás: a visão parcial da transferência que o Posfácio começa a modificar determina a maneira como Freud trabalhou com Dora, porque se limita ao aspecto "falsa ligação", e busca remover a resistência numa perspectiva basicamente intelectual. Mas isso não dá conta do segundo ponto que desejávamos esclarecer — as razões que o levaram a se aborrecer tanto com a interrupção do tratamento, a redigir cem páginas em menos de três semanas, e depois a conservá-las *in petto* por tanto tempo. Podemos suspeitar que essas razões sejam mais profundas que as declaradas no Prefácio, e não estaremos errados: o *Fragmento* deixa entrever que a análise transcorreu num clima em nada condizente com um tratamento "socrático".

DO INTELECTUAL AO EMOCIONAL: SEXUALIDADE, TRANSFERÊNCIA E CONTRATRANSFERÊNCIA

E no entanto as coisas pareciam ter começado bem: na carta 139 (14/10/1900), Freud conta a Fliess que tem uma nova paciente, "uma jovem de dezoito anos. O caso está se abrindo suavemente à minha atual coleção de gazuas".[30] Escuta com atenção a narrativa dessa moça de "feições atraentes e olhar inteligente" sobre as relações entre sua família e os K., e a considera mais verdadeira que a versão do pai, sobre a qual já na entrevista preliminar decidira "suspender o juízo". Em consequência, concorda com a opinião de Dora de que existe um veio de falsidade no caráter dele, acha no essencial justas as recriminações que lhe endereça, e (com algumas restrições) aceita a ideia dela de que tinha sido entregue a Herr K. como prêmio por ele fazer vista grossa às relações da esposa com Herr Bauer.

Momentos assim, porém, vão se fazendo raros à medida que se desenrolam as sessões. São numerosas as passagens em que Freud expressa impaciência, para não dizer hostilidade, em relação a certas características de Dora: além de ela não querer se tratar, vindo apenas por pressão do pai, e de ter se tornado fonte de intensa preocupação (*schwere Sorge*) para a família, qualifica seu comportamento de "intolerável", duvida de que seu *tedium vitae* "seja inteiramente genuíno", irrita-se com a tendência dela a recriminar todo mundo, "não deixa de usar contra ela" um fato ligado ao mau humor que demonstrava certo dia, e assim por diante. Na exposição do quadro clínico, avalia o caso como uma "comuníssima *petite hystérie*, que em princípio não seria digno de ser comunicado", e afirma que só o publica porque um exemplo desse gênero pode contribuir para fazer avançar o conhecimento sobre uma doença tão misteriosa.

Por corretas que tais avaliações possam ter sido, o tom em que são formuladas nada tem de "benevolamente neutro". É nítido que Freud se aborrece com o ceticismo da moça quanto às interpretações que lhe oferece. O modo como lida com ele é dá-las em grande número, e com muitos detalhes, esperando que, ao se reforçarem umas às outras, acabem por vencer as resistências. Vários comentadores assinalam o tom autoritário, por vezes agressivo, de que elas se revestem: David Calderoni ressalta "a assertividade dos argumentos, a soberania

---

30. BN III, p. 3645; Masson, op. cit., p. 428.

9. "E daí — o que apareceu de tão interessante?" Freud e Dora

demonstrativa, a cadeia de certezas que se reduplicam nas interpretações cuja exatidão Freud visa a provar";[31] para Peter Gay, "as interpretações volúveis e vigorosas que Freud despejava (*lavished*) sobre Dora têm um ar ditatorial"[32] — e não seria difícil citar outros que vão no mesmo sentido. Em resumo, sente-se desafiado por ela, e isso transparece tanto no que lhe diz como em comentários destinados ao leitor.

Uma das razões para isso é que tem da histeria uma ideia bastante clara e sofisticada, e o que Dora conta lhe parece comprová-la. Outra, ligada a esta, é apontada por Purificacion Barcia Gomes ao comentar o trecho sobre a cena na loja, no qual Freud afirma que a reação "dessa criança de catorze anos" já é "indiscutivelmente histérica": "não mostra em momento algum continência para a confusão, o recato e o medo da jovem".[33] Por mais que, como vimos atrás, a tese esteja fundada na concepção de que a histeria resulta da repressão da sexualidade, qualquer psicanalista contemporâneo concordará que Gomes tem toda a razão.

Referindo-se à mesma passagem, Steven Marcus observa que nela Freud exibe ao mesmo tempo uma "dogmática certeza" quanto ao que deve ser a resposta "normativa" de uma mulher jovem a uma situação de excitação erótica, e deixa entrever uma "completa incerteza" quanto à etapa do desenvolvimento psicossexual em que Dora se encontra: chama-a ora de "criança", ora de "moça" (*Mädchen*), e fala com ela como se fosse uma adulta com experiência suficiente nesses assuntos para compreender (e concordar com) sua opinião.[34] Uma confirmação curiosa dessa flutuação entre segurança e insegurança nos vem da passagem em que Freud se justifica perante o leitor por ter tratado tão abertamente de temas sexuais com uma moça de dezoito anos: logo depois de afirmar que fala deles de modo "seco e direto", recorre duas vezes a expressões estrangeiras — "*j'appelle un chat un chat*", e "*pour faire une omelette, il faut casser des oeufs*".[35] O leitor não pode deixar de sorrir: em matéria de discurso "seco e direto", facilmente compreensível a falantes do alemão, de fato não se poderia pedir mais...

31. David Calderoni, "Édipo e transferência a partir de Dora: um percurso em Freud", p. 39.
32. Peter Gay, *Freud: a Life for our Times*, p. 251.
33. Purificacion Barcia Gomes, "Noventa anos depois: Dora e a psicanálise", Revista *Percurso*, n. 14 (1/1995), p. 29.
34. Steven Marcus, op. cit., p. 78.
35. SA VI, p. 123; BN I, p.959; Collier, pp. 65-6: "chamo as coisas pelo seu nome", e "para fazer uma omelete é preciso quebrar ovos".

A reconstrução do que se passou na loja de Herr K. e a correspondente interpretação do asco (*Ekel*) de Dora ao ser beijada são para Marcus centrais para compreender o diálogo de surdos que vai se estabelecendo entre os dois protagonistas da análise: Freud está convencido de que as coisas se passaram como pensa, "mas essa realidade permanece muito mais a de Freud do que a de Dora, pois ele nunca conseguiu convencê-la de que a reconstrução era plausível".[36] Por conseguinte, tende a tomar a falta de concordância dela como prova inequívoca de que está no caminho certo.

O que se evidencia aqui é que ele não leva em conta as dimensões efetivas da sua própria participação no processo analítico, que se limitaria a "traduzir em linguagem consciente aquilo que o paciente já sabe no seu inconsciente". É dessa ideia que deriva a compreensão das negativas como indicando sempre a presença de uma resistência. Ora, nota Serge Viderman, Freud faz muito mais do que isso, especialmente ao interpretar os sonhos de Dora. De modo algum, diz, ela poderia ter percebido que a caixa de joias do primeiro representava os genitais femininos, que o incêndio fazia alusão à incontinência urinária, ou que sua dispneia infantil era determinada pela visão furtiva de uma relação sexual entre seus pais. "Todas essas descobertas, sem exceção, representam bem mais, e bem outra coisa, que a tradução pelo analista daquilo que os pacientes sabem no inconsciente [...]. Dora não poderia jamais aceder ao sentido dado por Freud ao seu sonho: ele é criação unicamente de Freud."[37]

Ou seja: ele assume a posição do cientista que *sabe* (e do narrador onisciente, acrescenta Marcus, que é um crítico literário); em termos lacanianos, do *maître* (mestre/senhor). Num extenso e importante artigo sobre Dora, Chaim Samuel Katz concorda com essa visão:

> Freud [...] tinha um *parti pris* a respeito da sua síndrome, e procura encaixá-lo no caso [...]. Por isso, [sua] construção teórica sofre pelo fato de se pôr no lugar

---

36. Steven Marcus, op. cit., p. 79.

37. Serge Viderman, *"Wir stehen in der Klarheit einer plötzlichen Erkenntnis"* ("estamos na claridade de um súbito conhecimento", uma frase de Freud na *Traumdeutung*), in: *La Construction de l'espace analytique*, Paris: Gallimard, 1970, p. 200. O mesmo vale ainda hoje, prossegue ele, para as camadas mais profundas das fantasias inconscientes, ou seja, as que vão além do Édipo e das lembranças capazes de ser figuradas verbal ou visualmente.

9. "E daí — o que apareceu de tão interessante?" Freud e Dora

daquele que já sabe as coisas previamente [...], e pensa que o analisando deve "chegar" ali em algum momento (idealizado) do tratamento.[38]

Se tal atitude pode ter alguma base na visão que na época possui da neurose e do processo analítico, com Dora esta se exacerba muito além do que seria esperado de um terapeuta "benevolente". Nas entrelinhas do martelamento interpretativo, podemos perceber uma forte contratransferência, cuja expressão mais imediata é a vontade de ter razão, porém que com certeza procede de fontes mais profundas. Antes de investigá-las, contudo, convém nos perguntarmos sobre o que, na transferência organizada por Dora, poderia motivar essa reação. Não se trata de "supervisionar" Freud, muito menos de psicanalisá-lo, mas de nos servirmos do que hoje se sabe sobre a implicação pessoal do analista no trabalho clínico para tentar compreender por que ele age como age, e por que escreveu um texto com as características retóricas que o *Fragmento* exibe a cada página.

Além de uma adolescente da *Belle Époque*, Dora é uma histérica. Purificacion Gomes assinala que "a histeria mimetiza o observador, através de captar seus interesses com imediatez, e espelhá-los. O alvo é fazer o interlocutor sentir-se inteligente ou interessante, ou seja, premiá-lo em seu narcisismo".[39] A isso é preciso acrescentar que tal interesse não é estimulado para ser satisfeito, mas sim frustrado: se Dora desperta a curiosidade de Freud trazendo um sonho recorrente, se sua história o faz felicitar-se por lhe ter caído nas mãos exatamente aquilo de que precisava para complementar o livro dos sonhos (a exposição da "estrutura fina" de uma histeria), ela também abala sua autoimagem como "aquele que sabe". Daí que, como observa Peter Gay, tenha visto nela menos uma jovem que precisava de ajuda que um desafio a ser vencido (*mastered*, literalmente "dominado").[40]

Falaremos num instante no importantíssimo tema do poder nessa análise; de momento, cabe notar que o desafio não é somente intelectual, pois Dora vive sua sexualidade no modo histérico. Entre os comentadores que estamos utilizando, Purificacion é uma das mais sensíveis a este aspecto:

---

38. Chaim Samuel Katz, "Freud, o *Caso Dora* e a histeria". In: C. S. Katz (Org.). *A histeria — o caso Dora: Freud, Melanie Klein, Jacques Lacan.* Rio de Janeiro: Imago, 1992. pp. 51-2. Uma resenha da obra, por Wilson Klain e Maria Inês Giora, pode ser encontrada em Revista *Percurso*, n. 10 (1/1993), pp. 94-5.
39. Purificacion B. Gomes, "Noventa anos depois: Dora e a psicanálise", p. 28.
40. Peter Gay, *Freud: a Life for our Times*, p. 250.

408

quem deseja dentro de Dora? Trata-se de libido, impulso reprimido, como quer Freud, ou estará ela apenas cegamente obedecendo a uma programação superegoica? Não se sente de fato sexuada, mas simula isso para si própria e para os demais [...]. Esparrama em volta de si uma sexualidade que de fato não sente: seu prazer consiste em ser desejável.[41]

Na carta que "escreve" a Frau K., Octave Mannoni a faz dizer que de fato é essa a sua estratégia: "existe em mim uma contradição: tenho sempre vontade que os homens me façam propostas, mas para recusá-las, e os esbofetear".[42] E Luiz Meyer, num excelente estudo, observa que ela "constrói um campo excitatório que mantém o objeto como fonte para a sua satisfação narcísica".[43]

Para este autor, o "comportamento tantalizador" de Dora deriva da organização esquizoparanoide do seu mundo interno. Nela predominam relações de objeto marcadas por violência, sadismo e ataques dirigidos ao e vindos do objeto, e pela identificação a um "modo de proceder do objeto" que consiste num convite seguido de frustração. Esse modelo se transforma, em suas mãos, num modo de "controle triunfante sobre o objeto. Dora se empenha então em fazer Freud sentir que é ele que está de fora, por mais que tente 'penetrar'". Comentando a hipótese de que esta *Lutscherin* (chupadora de dedo) teria desejado ser beijada por ele, escreve:

mais do que "receber um beijo de Freud", Dora necessita que *ele a deseje*, isto é, que ele queira beijá-la e sugá-la, manifestando, como Herr K., a sua excitação. A fantasia masturbatória de Dora passa por essa figuração de ter o poder de tornar o outro excitado; e mais ainda: confuso e frustrado. [...]. O elemento central que emerge na transferência é a necessidade que ela tem de "brincar", isto é, de enredar Freud num jogo cujas regras quer estabelecer.[44]

---

41. Purificacion B. Gomes, op. cit., p. 29. Birman pensa algo semelhante: "uma adolescente povoada pelo erotismo e pela volúpia, mas simultaneamente sucumbida pelo terror dos seus próprios desejos". Cf. "Ensaio sobre o estilo em psicanálise". In: Chaim S. Katz (Org.). *A histeria — o caso Dora: Freud, Melanie Klein, Jacques Lacan*, p. 107.

42. Octave Mannoni, *Ficções freudianas*, p. 12.

43. Luiz Meyer, "Dora: uma perspectiva kleiniana". In: *Rumor na escuta*. São Paulo: Editora 34, 2008. p. 41. O mesmo artigo pode ser encontrado na coletânea organizada por Chaim S. Katz.

44. Luiz Meyer, op. cit., pp. 43, 47-8. Grifos no texto.

9. "E daí — o que apareceu de tão interessante?" Freud e Dora

Veremos logo mais como Freud responde a essa oferta. De momento, vale assinalar o efeito que segundo Meyer tem essa atitude dela para com o analista: tomada por fantasias de ataque ao pênis paterno, e pelo temor de que esse pênis estragado a infecte, ela "termina por dar projetivamente à *fala* de Freud, ao contato oral vigente na transferência, um significado contaminante e invasivo".[45] Seria este o motivo principal da sua recusa em aceitar as interpretações, e também para querer abandonar o tratamento.

A essa perspectiva kleiniana, é interessante confrontar o que os autores lacanianos convidados por Chaim Katz têm a dizer sobre o que se passou naquelas tardes do outono de 1900. O próprio Lacan delineara, na "Intervenção sobre a transferência", uma compreensão do *Caso*, indicando as "inversões dialéticas" que o "escandem", e apontando — com grande argúcia — a contratransferência de Freud, que foi o primeiro a ressaltar. Mas esse texto, de 1951, pertence à fase do imaginário, anterior portanto aos desenvolvimentos propriamente lacanianos, cuja certidão de batismo é "Função e campo da palavra". Dentre os textos que figuram na coletânea de Katz, destacarei dois.

Ari Roitman se detém nas características do funcionamento histérico, mas na óptica do lacanismo "maduro": "o equilíbrio histérico precisa de um mestre castrado, no imaginário, para manter seu desejo insatisfeito e prosseguir na oscilação identificatória". No que se refere a Dora, "ela se identifica com Herr K., como 'emblema fálico' (ideal do ego), e, simultaneamente, desafia o homem pela rivalidade imaginária".[46]

Apesar do vocabulário diferente, sua interpretação não diverge da sugerida por Purificacion, nem da adotada por Meyer. Já Diana Mariscal propõe uma leitura da sexualidade de Dora que conduz a uma conclusão diametralmente oposta quanto ao que ela faz com Freud:

> nessas importunas palavras ("minha mulher não é nada para mim"), o sr. K. lhe oferece seu gozo fálico, o que não lhe interessa: ela não quer o falo, é de outro gozo que se trata. E deste gozo o mestre não sabe nada, é o que ela aponta a Freud: "não vejo que se tenha esclarecido nada de particular". [...] Recusa o falo que lhe

---

45. Id., p. 51.
46. Ari Roitman, "Procura, Dora". In: Chaim Katz (Org.). *A histeria — o caso Dora: Freud, Melanie Klein, Jacques Lacan*, pp. 180 e 183.

oferece o homem, e recusa-se a ocupar o lugar de objeto *a*, a causa do desejo do Outro. Este é o drama de Dora. Prefere a insatisfação ao risco do desejo.[47]

Curiosamente, a expressão "drama de Dora" é também a que Meyer escolhe para finalizar seu artigo, que enfatiza bastante o esforço dela para seduzir Freud:

> o drama de Dora parece residir na inexistência da concepção de um objeto integrado, percebido na sua inteireza e na multiplicidade sincrônica de seus aspectos. Girando a chave por dentro, ela fica impossibilitada de captar o discurso freudiano na sua globalidade intrusiva e curativa.[48]

Decida o leitor qual dessas análises lhe parece mais adequada. O fato é que Dora desiste do seu intento, e na véspera do ano-novo anuncia que não retomará suas sessões em 1901. Freud decide dedicar aquela última hora a avançar na compreensão do segundo sonho, que era o assunto em pauta naqueles dias. Sua tese é que ele põe em cena uma fantasia de vingança contra o pai (está morto, e a filha se instala placidamente no seu quarto para ler um livro grande). As recriminações contra ele pontilham todo o tratamento, mas a mais amarga diz respeito à sua incredulidade quanto ao que ela conta que se passou à beira do lago. "Ela ficava fora de si só de pensar na ideia de que pudesse ter então imaginado algo", diz Freud na seção sobre o quadro clínico.[49]

Se nos lembrarmos do manto de silêncio ("conspiração", nos termos de Steven Marcus) que envolvia o affaire de Herr Bauer com Frau K., das denegações e histórias para boi dormir a cada viagem dele para encontrá-la, do descaso quase cúmplice dos adultos frente às atenções do "amigo da família" para com ela — além de presentes caros, durante um ano envia-lhe flores todos os dias, sem que nem os pais nem a esposa dele manifestem qualquer estranheza, para não dizer preocupação —, se nos lembrarmos disso tudo, não será difícil aproximar a reação de Dora do que Ferenczi descreve em "Confusão de línguas": o

---

47. Diana Mariscal, "Dora e o discurso histérico". In: Chaim Katz (Org.). *A histeria — o caso Dora: Freud, Melanie Klein, Jacques Lacan*, pp. 217-8.
48. Meyer, op. cit., p. 53.
49. SA VI, p. 121, BN I, p. 957; Collier, p. 63.

9. "E daí — o que apareceu de tão interessante?" Freud e Dora

sentimento de estar sozinha, a perplexidade causada pela denegação por parte do adulto de que o ato praticado sobre a criança tenha um significado erótico são tão ou mais traumáticos que aquela própria violência.

É certo que ela tampouco se queixou do comportamento de Herr K., por quem nutria afeição e provavelmente mais do que isso, como acabou por admitir (relutantemente, e só em parte); é certo também que na cena do lago estava com dezesseis anos, já bem distante da infância. Mas é evidente que a negativa do pai em acreditar nela teve o efeito de um trauma "ferencziano", do qual não se recuperou. São consequências dele a transformação da figura paterna de adorada em odiada e desprezada, e a convicção de que ele a estava usando como moeda de troca para atingir seus próprios objetivos com Frau K.

Essa é a razão da vingança posta em cena no segundo sonho. Ora, Freud escreve que Dora também queria se vingar dele. Nos termos do que pensava na época, é lícito inferir que, assim como com Herr K., "alguma particularidade da sua pessoa, ou das suas circunstâncias", tenha sido responsável por essa transferência. Qual poderia ser? Embora procurasse distinguir-se do escorregadio e mentiroso Herr Bauer — "sempre fui honesto com ela" —, é possível que, na perspectiva da jovem, ele tenha feito algo parecido com o que lhe despertava tanta indignação. Não, é claro, duvidando da veracidade do seu relato — diz explicitamente que ele "deve corresponder à verdade em todos os aspectos"[50] — mas oferecendo outra versão da sua história, que a punha em contato precisamente com aqueles desejos, sentimentos e fantasias que ela recalcara com vigor.[51]

Não — ela não tinha "terminado" com Herr K. a cena do lago continuava a

---

50. SA VI, p. 121; BN I, p. 957; Collier, p. 63. O tradutor americano verte *Wahrheit* (verdade) por *"the facts"*. Não é a única vez em que opta por termos que discrepam — às vezes mais, às vezes menos — dos do original. Entre outros exemplos, vejam-se os seguintes: p. 27, o fator da transferência *did not succeed in developing* / *nicht zur Sprache kam* (não foi mencionado, SA p. 92); p. 32, o paciente fornece *the facts kept back* / *trägt der Kranke nach, was er zurückgehalten* (o que ele tinha retido, SA p. 96); p. 31, *patients keep back* uma parte do que deveriam contar / *hält die Kranke einen Teil* (a paciente retém, SA p. 96); p. 64, a fonte desse conhecimento *was once more untraceable* / *war ihr wieder unauffindbar* (mais uma vez *ela* não a pôde encontrar, SA p. 122); o *bring her to reason* em vez de *trazê-la para caminhos melhores* mencionado na nota 3; etc. De modo geral, há uma "empirização" do que Freud prefere deixar mais vago ou mais abstrato; e também uma generalização do que por vezes é específico de Dora. Tirando estes pequenos senões, a tradução é excelente.

51. É também a opinião de Steven Marcus. Cf. "Freud and Dora: story, history, case history ", op. cit., pp. 86 ss.

412

assombrar suas noites. *Não* — ela não tinha feito "todo o possível" para separar seu pai de Frau K. ao contrário, contribuíra inconscientemente para os manter juntos. *Não* — ela não apenas admirava a beleza do "corpo tão branco" de Frau K.: estava também apaixonada por ela, e simultaneamente a detestava por amar seu pai em vez de a ela, Dora (a "corrente ginecofílica" dos seus investimentos amorosos). *Não* — ela não se limitava a desprezar a mãe por infernizar a vida da família com a obsessão de limpeza: também se identificava com ela — ambas tinham sido prejudicadas pela "sujeira" do pai, Käthe Bauer sendo infectada com sífilis, e ela tornando-se alvo das suas manobras e mentiras.

Nada mais natural, então, que procurasse excitar/dominar/controlar o analista com os meios que a histeria colocava à sua disposição, e a partir de certo momento formasse a resolução de "escapar do homem importuno". Sob esse aspecto, para ela Herr Bauer, Herr K. e Herr Professor são equivalentes e intercambiáveis. Que isso significasse também perder a possibilidade de melhorar era menos doloroso — e menos perigoso — que enfrentar os fantasmas convocados pela análise: ela se tranca por dentro, ouve o que Freud lhe comunica na última sessão, faz o comentário depreciativo que usei para nomear este capítulo — e desaparece da cena.

Como Freud lidava com a sedução de Dora, colorida por essa hostilidade e pelas "constantes contradições" ao que lhe diz? Vimos como o método que então adotava o conduz a dar interpretações extensas e detalhadas. Contudo, nessa "batalha de inteligências", para usar a expressão de Philip Rieff, não estão em jogo somente razões teóricas. Na introdução à edição Collier, ele atribui grande importância ao fato de a jovem ter opiniões próprias sobre os males que a acometem, baseadas no que Freud reconhece como "perspicácia" e "agudeza de espírito". Contudo, prossegue, tais insights não a ajudaram a sair do labirinto de desejos contraditórios em que se encontrava, nem da armadilha na qual a hipocrisia dos adultos a havia aprisionado. Freud é implacável na demolição paulatina da sua visão dela mesma, das "verdades morais com que protegia sua doença, e que eram parte da própria doença. Por as ter destruído, Dora se vingou dele".[52]

Para Rieff, a inteligência de Dora ao mesmo tempo fascinava e surpreendia seu analista. Daí que a terapia tenha tomado a forma de um duelo intelectual:

52. Philip Rieff, "Introdução" à versão Collier, p. 11.

9. "E daí — o que apareceu de tão interessante?" Freud e Dora

nas páginas seguintes do texto, ele fala de *"intellectual sparring"*, *"private war"*, *"adversary"*, *"victory"*. De fato, não é raro encontrar sob a pena de Freud termos militares: Dora abandonou a terapia antes que alguns enigmas do caso tivessem sido "atacados"; os pensamentos aparentemente coerentes, com os quais o neurótico quer ocultar outros, condenáveis, não podem ser "atacados" pela análise; não era possível contestar (*bestreifen*) a caracterização que ela fazia do pai.[53] Tal beligerância, reforçada pela tese de que toda negativa indica uma resistência, fez com que Freud, no entender de Rieff, "deixasse de lado o insight da paciente quanto à podridão do seu ambiente humano [...], quando este era o fato mais importante de toda a questão: suspeitava dessa percepção como sendo um instrumento da neurose, em vez de uma promessa de cura".[54]

É lícito supor que essa atitude seja em parte responsável pela "falta de continência" apontada por Purificacion Gomes. Peter Gay vai mais longe: para ele, no tom insistente, na exigência "quase zangada" de que ela endossasse suas opiniões, reside a parte de Freud no insucesso do tratamento:

> A inabilidade de Freud para entrar nas sensibilidades de Dora fala de uma falta de empatia que marca sua condução do caso como um todo. Recusou-se a reconhecer a necessidade dela — enquanto adolescente num mundo de adultos cruelmente interessados somente em si mesmos — de uma orientação confiável.[55]

Na carta "enviada" por Dora a Frau K., Octave Mannoni a faz exprimir uma queixa semelhante: "o Professor compreendeu, e se representou muito bem, o conjunto da situação [...]. Mas o assombroso é que não se dê conta do efeito que isso produzia em mim".[56]

O tema é embaraçoso, e Freud não deixa de tocar nele, obviamente não com um vocabulário atual. Ao concluir o relato da última sessão, indaga-se se poderia ter mantido a jovem no divã caso tivesse "abrandado" sua postura como médico,

---

53. Cf. respectivamente SA VI, pp. 91 e 111 (para as duas últimas referências); BN I, pp. 936, 951 e 950; Collier, pp. 26, 51 e 50. Incidentalmente, na terceira é Ballesteros, e não o tradutor americano, que se serve de uma paráfrase: *no era posible defender al padre de estos reproches*, em vez de *eu não podia contestar a caracterização que ela fazia do pai.*

54. Rieff, op. cit., p. 18.

55. Peter Gay, *Freud: a Life for our Times*, p. 251.

56. Octave Mannoni, op. cit., p. 17.

e manifestado interesse na sua permanência, o que equivaleria a "oferecer um substituto da afeição pela qual ela ansiava". Sua resposta confirma a impressão dos autores mencionados: isso seria "desempenhar um papel", "exagerar a importância, para mim, de que ela permanecesse", e contrário aos seus princípios:

> sempre evitei desempenhar papéis, e me contentei em praticar a arte menos pretensiosa da psicologia. [...] Há limites necessários para a influência psíquica, e respeito como tais o desejo e a compreensão (*Einsicht*) dos pacientes.[57]

Sabemos que ele manteve até o final a opinião de que o analista não deve atender às "necessidades de afeição" de quem o consulta: foi este o motivo da desavença com Ferenczi, que advogava uma posição mais flexível e mais "continente". Aqui não se trata, porém, de uma questão teórica, nem técnica. A passagem se segue imediatamente à declaração de que a partida "tão inesperada" de Dora, justo quando "minhas expectativas de um final exitoso para o tratamento atingiam o ápice", constituiu um "indubitável ato de vingança", e "aniquilou" as ditas expectativas. E, entre os dois trechos, intercala-se uma grandiloquente autojustificativa: "quem como eu desperta os piores dos semidomesticados demônios que habitam o peito humano, para com eles lutar, deve saber que não escapará ileso desse embate".

Ou seja: por mais que se tenha protegido com uma couraça intelectual/racional, por mais que seu estilo de trabalho estivesse fundado em princípios que julgava sólidos, nessa identificação com o Jacó bíblico Freud reconhece sua vulnerabilidade aos "demônios" de Dora. Como não se pode pensar que ela se refira à capacidade de raciocinar — nele obviamente superior à de uma moça de dezoito anos, por ser quem era, e por ter adquirido seus conhecimentos sobre a mente vencendo seus próprios demônios graças à autoanálise (Rieff) —, só resta concluir que se sentiu atingido em outra parte de si, uma parte que mesmo seus extraordinários dotes e toda a experiência de que dispunha não lhe permitiam alcançar.

Tal parte é o que mais adiante ele chamará de contratransferência, caracterizando-a como o mais insidioso inimigo da inteligência analítica, pois o terapeuta

---

57. SA VI, p. 175; BN I, p. 995; Collier, p. 131. O termo *Rolle* alude ao que faz o ator no teatro; a implicação é que adotar a mesma postura seria artificial, e provavelmente mais do que isso (Ballesteros traduz *ich habe immer vermieden, Rollen zu spielen* como *he huído constantemente de toda insinceridad*).

9. "E daí — o que apareceu de tão interessante?" Freud e Dora

não pode jamais ir além dos limites impostos por suas resistências internas. Os ecos do que viveu com Dora são aqui perfeitamente audíveis, e devemos creditar a ela, em última análise, a origem da exigência de que o candidato a analista se submeta a uma análise prévia (a "segunda regra fundamental", como dizia Ferenczi).

É patente que nem enquanto a escutava, nem ao redigir o Posfácio, Freud tinha acesso a esse componente essencial da relação analítica. No entanto — e, justamente por ignorá-lo, à sua revelia — ele domina o palco. No plano manifesto, é corresponsável pelo estilo contundente das suas intervenções, e, na "outra cena", permite — com toda a cautela, é claro — inferir algo do script que codetermina tanto o que diz a Dora quanto certas particularidades retóricas do texto que apresenta ao leitor.

Um combate, seja físico ou intelectual, deve terminar com a derrota de um dos lados, ainda que a vitória do outro seja de Pirro. Refletindo sobre por que perdeu a luta com Dora, Freud reconhece que seu erro foi a "falta de atenção aos primeiros indícios da transferência". Os termos em que o faz, porém, revelam um elemento essencial do imaginário que presidia às sessões: *es gelang mir nicht, rechtzeitig der Übertragung Herr zu werden*" — ao pé da letra, "não me foi dado tornar-me a tempo senhor da transferência".[58]

Tanto o tradutor espanhol (*no conseguí adueñarme a tiempo de la transferencia*)[59] quanto o americano (*I did not succeed in mastering the transference in good time*)[60] transformam em ativa a voz passiva da primeira frase, com o que desaparece uma ambiguidade a meu ver essencial para captarmos esse imaginário. É bem diferente, com efeito, dizer que "*eu* não consegui dominar, ou assenhorear-me", e escolher uma forma gramatical na qual o sujeito é *es*, e o *objeto* da ação desse *es* é *mir* (mim). A ambiguidade, porém, não está aí: está em que, mesmo atribuindo a "*es*" a responsabilidade pelo fato, Freud continua seu pensamento afirmando imperturbavelmente que se a tivesse percebido a tempo *poderia* ter dominado (*dominus* = senhor = *Herr*) a transferência. Com isso, chegamos a um ponto crucial da nossa leitura do *Fragmento*: a questão do poder.

Tanto Purificacion Gomes quanto David Calderoni se detêm nela, e, como logo mais veremos, Steven Marcus a toma como um dos fios condutores da sua leitura. A analista brasileira a aborda mais pelo lado teórico:

58. SA VI, p. 182.
59. BN I, p. 999.
60. Collier, p. 140.

o uso do poder na interpretação simularia e se contraporia ao uso do poder pelo neurótico, na sessão e na vida. Talvez Freud tenha, mais uma vez, em parte aderido e em parte refletido a respeito do objeto que começava a formar-se perante seu olhar: a agressividade sexualizada do neurótico.[61]

De sua parte, observa Calderoni:

atentando ao colorido afetivo da descrição de Freud ("não consegui dominar a tempo a transferência/fui surpreendido pela transferência"), é possível observar que os poderes referidos à transferência variam conforme perspectivas antagônicas específicas: na direção médico-paciente, trata-se de dominar; na direção Dora-Freud, trata-se de surpreender. Dominar o que surpreende! — eis como daí parece operacionalizar-se a estratégia de converter a transferência de inimiga em aliada.

E mais adiante: "o termo *dominação*, mais do que força de expressão, revela-se expressão das forças em jogo".[62]

Calderoni associa o tema da dominação ao que, na carta de 15 de outubro de 1897, Freud escreve a Fliess acerca do *packende Macht* (poder arrebatador) da lenda de Édipo. Embora demonstrada com maestria, acompanhar sua argumentação — que culmina na hipótese de que na época do *Caso* Freud efetua um "parelhamento heurístico" entre os conceitos de Édipo e transferência — nos afastaria do nosso tema, razão pela qual temos de deixá-la de lado. No entanto, no percurso desse autor encontramos finas observações sobre algo que outros comentadores também notaram: as sessões com Dora parecem ter conduzido Freud não apenas a completar sua ideia inicial sobre a constelação edípica (a versão "direta") com a introdução da versão "invertida", mas ainda a se defrontar com o que descobrira sobre seu próprio complexo de Édipo, fonte imediata da "versão direta" dele.

Freud estava a par da sua inclinação pela mãe, assim como da hostilidade que sentia por seu pai. Isso era conforme ao que um menino deveria sentir — mas não abria espaço para a feminilidade desse mesmo menino, que desde a

---

61. Purificacion Gomes, "Noventa anos depois: Dora e a psicanálise", p. 30.
62. David Calderoni, op. cit., pp. 38-9.

9. "E daí — o que apareceu de tão interessante?" Freud e Dora

correspondência com Fliess ele reconhecia no plano teórico, porém só relutantemente admitia em si próprio. O *furor sanandi* de que Peter Gay o vê possuído,[63] o
"demônio interpretativo" de que fala Steven Marcus,[64] a necessidade de "vencer,
por um discurso (masculino) de domínio científico, uma narrativa (feminina)
duplicitous (enganosa) de fantasias culpadas e desejos reprimidos" que Charles
Bernheimer assinala no texto do *Fragmento*[65], são traduzidos em linguagem mais
clara (e mais pitoresca) por Luiz Meyer: "genitalidade científica".[66]

É o imaginário fálico em ação, como resposta inconsciente à ameaça que
situa em Dora — a quê, se não à sua virilidade, aspecto essencial da sua autoimagem, indissociavelmente mesclada aos do investigador incansável, que persegue
seus fins doa a quem doer (Marcus), ao do "conquistador", como se descreve ao
amigo alemão,[67] e ao do médico que acompanha com simpatia os meandros do
discurso histérico? Não esqueçamos as conotações — supérfluo dizer quais — da
maneira como anuncia a Fliess a chegada da paciente: "o caso parece abrir-se
suavemente à minha coleção atual de gazuas". Se o leitor julgar necessário comprovar o que significa a metáfora, peço-lhe que se dirija à seção sobre o segundo
sonho, e releia o que Freud tem a dizer sobre a chave e a fechadura que ela menciona nas associações.[68]

O termo "situa" no parágrafo anterior talvez exija um esclarecimento. Embora na prática ambas se potencializem reciprocamente, do ponto de vista teórico creio ser útil distinguir da contratransferência a(s) transferência(s) do analista
sobre seu paciente. A primeira consiste na reação ao que este projeta no terapeuta, as segundas ao que, independentemente do conteúdo da transferência, é mo-
bilizado nele em virtude da sua própria organização psíquica. Suponhamos que
uma psicanalista se sinta atraída por determinado tipo de homem: se algum for
tratar-se com ela, é possível que lhe desperte desejo, independentemente do que
surgir nas sessões. Já se o analisando for, digamos, preconceituoso em relação ao

63. Peter Gay, *Freud: a Life for our Times*, p. 255.
64. Steven Marcus, op. cit., p. 85.
65. Charles Bernheimer, Introdução a *In Dora's Case*, p. 18.
66. Luiz Meyer, *Rumor na escuta*, p. 30.
67. "Não sou um cientista, nem um observador, nem um experimentador, ou um pensador. Não
sou nada mais que um temperamento de conquistador [*ein Conquistadorentemperament*], um aventureiro, como quiseres traduzir…" Carta de 1º de fevereiro de 1900, não incluída na edição inicial
da correspondência. Cf. Masson, op. cit., p. 399.
68. SA VI, p. 175; BN I, p. 987; Collier, p. 117.

grupo nacional, racial ou religioso a que ela pertence, tal preconceito de algum modo se manifestará em suas falas, e a eventual reação a ele (surpresa, raiva, desprezo, vontade de refutá-lo...) fará parte do que considero contratransferencial.

No trabalho de Freud com Dora, penso ser possível perceber a existência desses dois componentes. A modalidade de transferência que ela estabelece, como vimos, envolve hostilidade e sedução histérica, com as características hoje bem conhecidas desta última. É dela que Freud se defende — o que indica que a vivenciou, pois caso contrário não seria preciso mobilizar defesa alguma. Qual é a ferida que a exige, e como se manifesta?

À frustração pela reticência da paciente em aceitar suas interpretações, ele responde multiplicando-as, e se instalando no lugar do pai ideal, não castrado (Diana Mariscal). À isca que lhe estende, oferecendo "um dedo para ser chupado" e retirando-o antes que o alcance (Luiz Meyer), reage atuando sua fantasia de *conquistador* — não no sentido donjuanesco, mas no que convém a um chefe militar (Cortés, Pizarro — o termo aparece em espanhol na carta de 1º de fevereiro de 1900 a Fliess).

Aqui se entrelaçam os dois aspectos que distingui, pois se a fantasia preexiste ao encontro com Dora — faz parte da organização psíquica de Freud, e portanto a incluo entre as "transferências do analista" — é nas sessões com esta que ela se evidencia — e, neste caso, o fato de estar analisando uma mulher deve tê-la colorido com alguma tintura sexual, que visivelmente não possui nos casos do Pequeno Hans, do Homem dos Ratos e do Homem dos Lobos. Outros aspectos do que Freud vivencia com ela também me parecem provir do seu próprio universo interior, sem se relacionar diretamente ao trabalho com *esta* jovem: o desejo de suplementar o livro dos sonhos com um tratado sobre as neuroses, ou o de validar suas ideias sobre a histeria, que buscaria confirmar com qualquer paciente desse gênero. No que se refere a ambos, Dora vem a calhar: são transferências do analista, no sentido definido acima.

Voltemos então ao tema da contratransferência. Como assinala Luiz Meyer, "Freud vê, mas, sem ter meios para compreender, sente-se excitado e atraído, e precisará aguçar sua percepção para alcançar o sentido do seu próprio envolvimento".[69] Essa falta de compreensão não foi, nem poderia ter sido, compensada pela estratégia defensiva que empregou — o uso "torrencial" (Peter Gay) das

---

69. Cf. Luiz Meyer, *Rumor na escuta*, p. 45.

9. "E daí — o que apareceu de tão interessante?" Freud e Dora

brilhantes deduções que ia fazendo à medida que Dora falava: "para não se deixar vencer pela sensibilidade, procurará vencer pela racionalidade", observa David Calderoni.[70]

O êxito aparente dessa estratégia o ofuscou. *Après-coup*, a mordaz Dora de Mannoni aponta ironicamente:

> ele não corria nenhum risco de encontrar as "transferências". Estava contente demais consigo mesmo para isso. [...] O Professor é certamente muito perspicaz, enfim bastante, mas não no que me diz respeito. Isso não era suficiente, se não o era também no que diz respeito a ele.[71]

Uma prova cabal dessa cegueira está no fato de, mesmo tendo percebido e comunicado a Dora a intenção dela de "escapar dessa casa pegando fogo", Freud esquece o que disse, e se declara surpreso pela sua partida "tão inesperada". A notícia o abala, e a calma com que sugere continuarem o trabalho é apenas aparente. Nessa última sessão, fala quase o tempo todo, expondo a Dora um resumo do seu caso, e complementando a interpretação da cena no lago com uma série de hipóteses sobre por que ela reagira de modo tão violento à proposta de Herr K. As palavras que escolhe se aplicam a ele mesmo: "Você não o deixou acabar de falar, e não sabe o que ele queria dizer". E prossegue sugerindo que ela imaginara casar-se com o homem; o plano, "de modo algum inexequível" (pois era perfeitamente possível que os K. se divorciassem), "seria a única solução possível para todas as partes".[72]

Nem uma palavra, portanto, sobre o que Dora anunciara tão "inesperadamente", mas reiteração do que fizera desde o início — e talvez uma atuação ligeiramente histérica, deixando o provável desejo de Dora de o ver reagir mais afetuosamente tão insatisfeito quanto ela deixara o seu, de "curá-la por completo".

Podemos imaginar o que foi, para Freud, o réveillon de 1901... No início de janeiro, senta-se à escrivaninha, e em vinte dias conclui o que se chamaria *Sonhos e histeria*. É para o texto enquanto tal que agora voltaremos nossa atenção, a fim

---

70. David Calderoni, op. cit., p. 43.
71. Octave Mannoni, op. cit., pp. 17 e 18.
72. SA VI, p. 174; BN I, p. 994; Collier, p. 130.

de comprovar a presença nele dos sentimentos que, se o que afirmei acima estiver correto, não podem ter deixado de se infiltrar nas entrelinhas (e também nas linhas) do que apresenta ao leitor.

Não é preciso insistir sobre as qualidades literárias do *Fragmento*: a maestria com que descreve a complexidade da vida psíquica de Dora, o brilho das demonstrações, a clareza com que Freud explica suas teorias, e assim por diante. Com *Dora*, ele inventa um novo gênero: a história clínica, misto de ciência e de romance, no qual os modelos que deixou são até hoje difíceis de igualar.

E no entanto, apesar de ter se saído galhardamente desse *tour de force*, nota-se quão incomodado ele está. O sinal mais evidente disso são as frequentes passagens em que se desculpa com o leitor por apresentar um texto tão "incompleto". Dos comentadores que citamos, é Steven Marcus quem mais se aprofunda nesse aspecto, assinalando que o caráter fragmentário aparece nas mais variadas ocasiões: o relato se refere a uma análise interrompida precocemente, a narrativa inicial da histérica é lacunar e confusa, o processo pelo qual Freud chega às interpretações não é exibido, diversos pontos ficam obscuros na elucidação dos sintomas, a *petite hystérie* em questão é apenas parte do grande todo da doença...

Esse tom apologético, contudo, é complementado por outro, diametralmente oposto. Peter Gay chama a atenção para a "veemência um tanto gratuita" do Prefácio, no qual Freud se antecipa às críticas que, tem certeza, os leitores da época não deixarão de fazer: imagina-os ao mesmo tempo ávidos por se inteirar de detalhes picantes (*"roman à clef* para seu deleite pessoal") e hipócritas na condenação de que tenha ousado falar abertamente de assuntos sexuais com uma moça tão jovem. Não é difícil perceber que, em seu espírito, a figura do leitor se sobrepõe à de Dora, e, que assim como procedeu com ela, buscará vencer as resistências do público com suas afiadas armas intelectuais.

Para isso, nota Purificacion Gomes, é preciso que — como um paciente — o leitor confie nele e se deixe guiar pelos ensinamentos da *Traumdeutung*. Qualquer discrepância será tomada como resistência: o caráter fantástico do que se vai ler não resulta da imaginação do autor, mas dos fenômenos da neurose, e quem pensar o contrário estará projetando a sua sobre o dito autor (Prefácio). Purificacion conclui dessa passagem algo que vem ao encontro do que descrevi como "imaginário fálico": "Freud recorre à metáfora da consulta ginecológica, ou seja, entrará em nossas mentes, em nossas almas, pela via dos genitais, à maneira de uma invasão consentida".[73]

---

73. Cf. "Noventa anos depois: Dora e a psicanálise", p. 28.

9. "E daí — o que apareceu de tão interessante?" Freud e Dora

Esse misto de humildade e certeza atravessa todo o relato — mas, à medida que ele avança, a certeza vai tomando proporções cada vez maiores. A figura de Freud, conclui Marcus depois de uma detalhada leitura que toma boa parte do seu artigo, se agiganta:

> Vai ficando claro que Freud, e não Dora, se tornou o personagem central na ação. Freud, o narrador, faz na escrita o que Freud, o primeiro psicanalista, parece ter feito na realidade. Começamos a perceber que é a história dele que está sendo escrita, e não a dela [...]. O acerto de contas de Freud com Dora tomou as proporções de um empreendimento heroico, tanto interior quanto intelectual.[74]

A quantidade de detalhes, calculada para produzir convicção no leitor, oculta assim a falha essencial, que não é a desatenção à transferência, mas sim à contratransferência, ao envolvimento pessoal de Freud com seu trabalho e com a paciente. Esse envolvimento se dá, como vimos, a partir da posição fálico / masculina, e uma das suas manifestações é a identificação de si mesmo com os homens da história — o pai de Dora e Herr K. Um indício pitoresco dessa constelação transparece na maneira como Freud se refere a duas coisas em aparência muito diferentes: que Herr Bauer lhe tenha confiado a filha, e a ideia de Dora de que não passava de um peão no jogo entre o pai e o marido da amante. Vejamos:

> devo a essa afortunada intervenção minha [o tratamento de Herr Bauer em 1894] que quatro anos depois ele me tenha apresentado sua filha, e dois anos mais tarde *sie zur psychotherapeutischen Behandlung übergab* (a entregou a mim para tratamento psicoterápico).[75]

> quando estava de humor amargo, impunha-se a ela a ideia de que *sie Herrn K ausgeliefert worden sei* (tinha sido entregue a Herr K.) como preço por ele tolerar as relações entre o pai de Dora e sua esposa.[76]

Apesar de essa identificação ser de modo geral reasseguradora, há nela um aspecto inquietante, e não é o que Dora pressente — que Freud a esteja usando

---

74. Steven Marcus, op. cit., pp. 85 e 63.
75. sa vi, p. 98; bn i, p. 941; Collier p. 34.
76. sa vi, p. 111; bn i, p. 950; Collier, p. 50. O tradutor americano acentua a semelhança entre os verbos usados por Freud, traduzindo ambos por *"handed over"*.

para suas próprias finalidades (científicas), assim como o pai a usava para as dele (comprar a anuência de Herr K.). Está no fato de Herr Bauer ser provavelmente impotente, tema que ocupou algumas sessões, a propósito da fantasia de felação de Dora. É óbvio que nenhuma falicidade pode sobreviver em tais condições, e, se ela está presente no desejo de Freud de dominar (a transferência, as resistências de Dora e as possíveis objeções do leitor), deve haver algum indício disso no que escreve.

É no tema do fragmento e da incompletude que o vamos encontrar, ou melhor, na enfática asserção de que "se o trabalho tivesse continuado, sem dúvida teríamos obtido o mais completo esclarecimento possível sobre cada aspecto do caso" (Prefácio). Em sua parte da Introdução a *In Dora's Case*, a coeditora Claire Kahane nos dá uma preciosa indicação do que pode significar esse "fantasmático *sem dúvida*":

> Toril Moi [uma das autoras da coletânea] levanta a questão do desejo obsessivo de Freud por um conhecimento completo, e sugere que para ele um conhecimento incompleto implicava impotência, que a angústia de castração domina sua busca epistemológica de onipotência fálica. Assim, onde existiam lacunas, ele confessa que "restaurou o que faltava", tentando criar uma totalidade que contradizia seus próprios insights. Como Herz, Moi revela o protesto masculino de Freud contra as implicações da sua própria feminilidade.[77]

Assim se fecha o círculo. Desafiado por Dora num ponto tão sensível, Freud emprega seus poderes intelectuais para neutralizar a ameaça, mas ela permanece no horizonte. Deslocando a potência do sexo para o conhecimento, ele ao mesmo tempo procura exorcizá-la (tanto com a jovem como com o leitor), porém deixa pistas que permitem entrever toda a carga de angústia que ela comporta.

Apesar desse clima emocional conturbado, o texto que escreveu para — em parte — se livrar da sombra de Dora não é apenas uma catarse: é também uma elaboração relativamente bem-sucedida das vivências dolorosas ligadas a ela. A hesitação em publicá-lo se esclarece se pensarmos que tal resultado não é imediato: foram necessários quatro anos para que, tendo afinal encontrado uma expli-

---

77. Claire Kahane, Introdução a *In Dora's Case*, p. 27. Nathan Herz é outro dos autores que contribuíram para o livro.

9. "E daí — o que apareceu de tão interessante?" Freud e Dora

cação plausível para o que via como erro fatal, se sentisse em condições de apresentar ao público o que era capaz de fazer com sua "coleção de gazuas".

Transformando — como fizera com a *neurotica* descartada em 1897, sugere Peter Gay — um fracasso terapêutico em fonte de "descobertas teóricas de grande alcance", Freud responde por antecipação ao comentário com o qual o biógrafo conclui seu estudo do texto: "o espantoso quanto à história clínica de Dora não é que Freud tenha adiado a publicação por quatro anos: é que a *tenha* publicado".

Aos leitores que, como eu, não cessam de aprender com ela, só resta dizer: *Vielen Dank, Herr Professor!*

10. A "ilha dos tesouros": relendo *A piada e sua relação com o inconsciente*

UM POUCO DE HISTÓRIA

Escrevendo a Ferenczi para cumprimentá-lo por seu quadragésimo aniversário, Freud comenta:

> Sua carta me comoveu bastante, primeiramente porque me lembrou de quando eu mesmo fiz quarenta anos: depois disso, já mudei de pele várias vezes, pois isso ocorre a cada sete anos [...]. Para mim, as coisas boas acontecem, realmente, a cada sete anos: em 1891, comecei com a afasia, em 1898-9 foi a *Interpretação dos sonhos*, em 1904-5 o *Witz* e a teoria sexual, em 1911-2 meu assunto do *Totem* [...]. Se isso continuar, e se eu ainda estiver por aqui, posso esperar um novo surto criativo por volta de 1918-9.[1]

De fato, o ano de 1905 representa um marco no percurso freudiano, e por isso mesmo na história da psicanálise. Freud se refere a duas "coisas boas" que o assinalaram — o livro da piada, ao qual dedicaremos este artigo, e os *Três ensaios*

---

1. Sigmund Freud-Sándor Ferenczi, *Correspondance 1908-14*. Paris: Calmann-Lévy, 1992, carta 409F (09/07/1913), p. 529.

10. A "ilha dos tesouros": relendo *A piada e sua relação com o inconsciente*

para uma teoria sexual —, mas a importância daquele *annus mirabilis* vai muito além da publicação dessas obras, por maior que seja o seu destaque no interior do corpus analítico. Em 1905, sai também o *Caso Dora*, redigido em 1901 — e que Freud manteve na gaveta por um tempo excepcionalmente longo: na verdade, só se decidiu a divulgá-lo quando por fim compreendeu o mecanismo da transferência e escreveu o "Posfácio", que coroa suas reflexões e tira de um retumbante fracasso terapêutico uma nova conquista no plano da teoria.

Qualquer pesquisador se orgulharia de semelhante fecundidade num prazo tão reduzido: três livros! É claro que eles materializam um conjunto de investigações iniciado muito tempo antes, mas, de qualquer modo, apareceram praticamente juntos. No entanto, tratar-se-ia de uma coincidência fortuita, se com esses trabalhos Freud não tivesse alcançado algo muitíssimo mais relevante: o acabamento do que costumo denominar "primeiro sistema da psicanálise". Com efeito, os três textos cujo centenário comemoramos em 2005 vêm consolidar uma concepção revolucionária acerca da psique humana, a qual compreende uma teoria das suas partes e do seu funcionamento normal, um retrato (ou filme) satisfatório das etapas do seu desenvolvimento desde a primeira infância até a condição adulta, uma classificação coerente das principais maneiras pelas quais ela se desarranja, e uma série de técnicas para intervir terapeuticamente nesses vários quadros psicopatológicos.

Visto do nosso momento atual, pode parecer que não é tanto assim; mas seria uma ilusão de óptica. A façanha de Freud é das maiores, e o que se completava com os textos de 1905 (entre os quais o livro do *Witz*) era simplesmente o primeiro sistema de psicologia a extrapolar o quadro da descrição literária e permitir o tratamento das perturbações neuróticas. Desde os trágicos e poetas da Grécia antiga, os autores de ficção tinham examinado a fundo as paixões humanas, suas causas e relações recíprocas: onde encontrar um estudo mais exato do ciúme que no *Otelo*, da loucura que no *Quixote*, da ambição que em Balzac e Stendhal? Freud, porém, vai além: ao conceber a psique como campo de forças (metapsicologia), ao descrever a gênese dessas forças (teoria das pulsões) e as suas resultantes (quadros clínicos), tornou possível a intervenção com conhecimento de causa no universo mental/emocional (a técnica analítica).

São estes quatro segmentos, estreitamente articulados e reforçando-se uns aos outros como o travejamento de um edifício, que formam o "primeiro sistema" de psicanálise, no qual figuram as noções centrais de inconsciente, aparelho psíquico, defesa, pulsão, objeto, conflito, sintoma, interpretação e transferência. Foi aliás por ter conseguido completar este quadro sutil, lógico e claro que Freud atraiu um seleto grupo de simpatizantes e discípulos, o qual começa a se congregar ao seu redor nos anos imediatamente posteriores a 1905 (Jung, Ferenczi, Abraham, Rank, Eitingon e toda a primeira geração de analistas que conhecemos bem). Não é difícil perceber o que aos olhos deles tornava tão interessante a psicanálise: a coerência interna do sistema, sua fundamentação rigorosa, e seu caráter aberto, permitindo que novas descobertas viessem se acrescentar ao edifício e eventualmente modificá-lo em determinados aspectos — o que de fato aconteceu, e constitui a história da disciplina freudiana.

Pois bem: se os alicerces dessa construção estão no capítulo VII da *Traumdeutung* (a anatomia do aparelho psíquico) e nos artigos sobre as neuroses de defesa (a sua fisiologia, ou seja, a teoria do conflito e de seus componentes, os impulsos e as defesas), os *Três ensaios* apresentam o combustível que move o aparelho, a saber a libido, suas peripécias e transformações; o *Caso Dora* explica como funciona um tratamento analítico, tanto empiricamente (o relato do caso) como teoricamente (o "Posfácio", que elucida o processo transferencial); textos como o *Witz* e a *Psicopatologia da vida cotidiana* exploram dimensões da vida psíquica nos quais operam os mesmos mecanismos descobertos no estudo sobre os sonhos, e que predominam no inconsciente. Ou seja: durante os primeiros anos do século XX, Freud se dedica a investigar a lógica do inconsciente, mostrando que ela está presente não apenas nos sintomas e nos sonhos, mas ainda na vida "normal" — atos falhos, piadas, logo mais nas práticas e crenças religiosas, na criação artística, e assim por diante. Universalidade e onipresença do inconsciente: psicanálise, em suma.

É deste conjunto que faz parte o livro sobre o *Witz*, e, assim como sem o ter em mente não é possível compreender o argumento que Freud apresenta nessa obra, sem as peças que encontramos nela aquele conjunto permaneceria singularmente incompleto. Justifica-se, portanto, um exame em profundidade daquele que Jones dizia ser "o menos lido dos livros de Freud",[2] e com o qual o próprio autor manteve por toda a vida uma relação ambivalente. Ambivalente? Sim: se escrevendo a Ferenczi Freud o inclui entre as "coisas boas" da sua vida, em outros momentos parece não lhe dar muito valor — por exemplo, na *Autobiografia*:

2. Ernest Jones, *A vida e a obra de Sigmund Freud*. Rio de Janeiro: Imago, 1989. v. II, capítulo 1, p. 27. Jones acrescenta: "talvez porque seja o mais difícil de ser adequadamente apreendido".

10. A "ilha dos tesouros": relendo *A piada e sua relação com o inconsciente*

"considero mais importantes do que este estudo as minhas contribuições à psicologia da religião, iniciadas em 1907".[3]

Contrariamente ao hábito freudiano de incorporar às novas edições dos seus trabalhos inúmeros acréscimos, notas e correções, este permaneceu praticamente intocado nas três vezes em que foi republicado durante a vida de Freud (em 1912, 1921 e 1925). E seu autor voltou a estudar um tema semelhante apenas uma vez, na pequena (porém importante) comunicação ao x Congresso de Psicanálise (1927), intitulada *"Der Humor"*.

Tudo se passa como se, após despender enorme esforço para elucidar os processos psíquicos envolvidos no *Witz*, Freud se tivesse desinteressado do assunto, ao menos do ponto de vista teórico — e não porque já estivesse suficientemente esclarecido: o livro dos sonhos não sofre nenhuma alteração essencial nas sucessivas reedições, mas a cada uma delas Freud se preocupa em atualizá-lo, incluindo desde seções inteiras (sobre o simbolismo, por exemplo) até notas de rodapé que variam de duas linhas a meia página. O mesmo acontece com a *Psicopatologia da vida cotidiana*, que entre a primeira e a última edição triplicou de tamanho graças à inclusão de centenas de exemplos — que nada acrescentam ao argumento principal. E isso sem falar dos *Três ensaios*, praticamente escritos de novo a cada edição, tantas e tão fundamentais são as alterações introduzidas no cerne mesmo do texto. Não: deve haver outro motivo para que ele não tocasse mais no livro do *Witz*, e quem sabe nosso estudo permita adiantar uma hipótese a esse respeito.

O interesse de Freud pelos jogos de palavras decorre do peso que tem a linguagem no tratamento analítico: é por meio dela, que tanto expressa quanto oculta ou deforma o pensamento, que se pode ter acesso ao inconsciente. Fino clínico, Freud percebe que a abertura da linguagem para o equívoco, para o duplo sentido e para a alusão sutil é um dos meios pelos quais as fantasias inconscientes podem se manifestar; mas, de início, ele apenas registra o fato, sem ainda atinar com sua explicação. Assim, na nota final ao caso de Elizabeth von R., lemos que a arquitetura do sintoma daquela jovem — a paralisia na perna por medo de um "passo em falso" — encontra um paralelo interessante na alucinação de outra paciente, que vê Freud e seu colega Breuer enforcados em duas ár-

---

3. Freud, *Selbstdarstellung*. Frankfurt: Fischer Verlag, 1971. p. 92. Tradução castelhana por Luis López-Ballesteros y de Torres. Madri: Biblioteca Nueva, 1975. v. iii, p. 2795. (Esta edição tem sido aqui indicada pela sigla bn.) [Ed. bras.: *"Autobiografia"* (1925). In: occl, v. 16.]

vores do seu jardim. Ela se irritara com a recusa deles em lhe prescrever determinado medicamento, e havia pensado: "merecem o mesmo castigo (ser enforcados, *pendus*), porque um é o *pendant* do outro", são farinha do mesmo saco, diríamos em português.[4]

Mas é no contexto da investigação sobre os sonhos que se acentua esse interesse. Freud gostava de ouvir e de contar piadas, especialmente de judeus, e em junho de 1897 comunica a Fliess que havia começado a colecioná-las. Num momento de grande tensão emocional, retratado na carta 69 (sobre o abandono da teoria da sedução), recorre a uma delas para descrever como se sente — "Rebeca, tire este vestido, você já não é mais noiva", ou seja, a festa acabou, voltemos ao cinzento dia a dia.[5] O que até então não passava de um gosto pessoal ganha feições de problema teórico, contudo, quando Fliess lhe chama a atenção para o fato de que suas interpretações de sonhos parecem brincadeiras, têm um quê de humorístico. Freud leva a sério este comentário, e se defende dizendo que não é a interpretação, mas o próprio sonho que é *witzig* (espirituoso), "e não pode ser de outro modo, porque está sob pressão, e o caminho direto (de expressão) está barrado para ele [...]. O caráter claramente jocoso de todos os processos inconscientes está estreitamente relacionado com a teoria do *Witz* e do cômico".[6]

Freud se ocupa detalhadamente deste aspecto da formação dos sonhos no capítulo vi da *Traumdeutung*, "O trabalho do sonho" (ou "A elaboração onírica", *Die Traumarbeit*), ao falar da condensação (sonho *Autodidasker*, e outros), e depois, na seção *F* deste capítulo, ao estudar o cálculo e o discurso oral. Na edição de 1909, acrescenta à discussão de um sonho baseado num trocadilho (*Urmensch*, homem primitivo / *Uhrmensch*, homem do relógio) uma nota na qual se refere ao comentário de Fliess e ao estímulo que dele proveio para que escrevesse o livro sobre o *Witz*.[7]

---

4. Id., *Estudos sobre a histeria*, BN I, p. 137, nota 64b.

5. *As origens da psicanálise: correspondência de Freud com Wilhelm Fliess*, respectivamente cartas 65 (12/06/1897) e 69 (21/09/1897), BN III, pp. 3576 e 3580.

6. Carta 118 a Fliess (11/09/1899), BN III, p. 3629. Freud conta este episódio na *Autobiografia*, relacionando-o diretamente com o livro do *Witz*: "o único amigo que na época se interessava por meu trabalho havia observado que minhas interpretações de sonho lhe pareciam muitas vezes demasiado espirituosas [*oft zu witzig*]. Para esclarecer esta questão, empreendi a investigação das piadas". Cf. Freud, *Selbstdarstellung* [*Autobiografia*], p. 92; BN III, p. 2795; OCCL, v. 16.

7. Id., *Die Traumdeutung* [A interpretação dos sonhos], *Studienausgabe* [Edição de estudos]. Frankfurt: Fischer Verlag, 1972. tomo II, p. 299; BN I, p. 528. (A edição alemã tem sido aqui indicada pela sigla SA.)

10. A "ilha dos tesouros": relendo *A piada e sua relação com o inconsciente*

Terminada a *Interpretação dos sonhos*, Freud se dá conta de que muito resta a explorar a partir do que ali fora estabelecido. Não tanto sobre o sonho — a esse respeito, sua exaustiva investigação praticamente esgotara o tema — mas sim acerca do inconsciente, para cujo estudo aquele constituía a "estrada real". Três pontos precisavam ser esclarecidos, e a eles serão dedicados os anos seguintes. O primeiro era o vínculo entre a teoria do sonho e a teoria das neuroses; Freud alude a ele repetidas vezes na *Traumdeutung*, sempre dizendo que os mesmos mecanismos dão conta do sonho e do sintoma, mas sem entrar mais a fundo na questão. A ocasião para fazê-lo surge quando o tratamento de Dora se revela estruturado em torno de dois grandes sonhos, e, ao redigi-lo, ele o intitula precisamente "Sonhos e histeria".[8] O segundo problema é o caráter erótico dos pensamentos latentes de muitos sonhos, outro ponto de contato com a questão das neuroses, nas quais a sexualidade e seus destinos ocupam lugar central. Freud percebe a necessidade de estudar mais a fundo o tema da sexualidade, e escreve sobre isso a Fliess — entre outras, nas cartas 121 (11/10/1899: "é possível que uma teoria da sexualidade seja o sucessor do livro dos sonhos") e 128 (26/01/1900: "estou reunindo material para a teoria da sexualidade, e esperando que alguma faísca venha inflamar todo o material já coligido").[9] O fruto dessas pesquisas, como sabemos, serão os *Três ensaios*.

O terceiro problema é a operação do processo primário na vida desperta, ponto fundamental para consolidar a ideia central da psicanálise: a existência e a eficácia do inconsciente dinâmico. Descoberto no domínio da psicopatologia, o inconsciente se revelara ativo num produto da vida psíquica "normal", o sonho; todos, neuróticos ou não, sonhamos à noite. Mas, por suas próprias características, o sonho apresenta um aspecto aberrante, absurdo, aparentado às alucinações e delírios: Freud mesmo o chama, por vezes, de "inocente psicose onírica". Era preciso encontrar outros terrenos nos quais o funcionamento do processo primário pudesse ser demonstrado, e que pertencessem à vida psíquica consciente: é esta a função da *Psicopatologia da vida cotidiana* e de *A piada e sua relação com o inconsciente*.

---

8. Carta 140 a Fliess (25/01/1901): "Ontem terminei 'Sonhos e histeria' [...]. Trata-se de uma parte da análise de uma histeria, na qual as interpretações se agrupam ao redor de dois sonhos, de forma que na realidade constitui uma continuação do livro sobre os sonhos" (*As origens da psicanálise*, BN III, pp. 3645-6). Cf. o capítulo 9 do presente livro.
9. Cf. *As origens da psicanálise*, BN III, pp. 3631 e 3636.

No entanto, há uma diferença importante entre esses dois livros: o segundo vai muito mais fundo na investigação dos processos psíquicos, descrevendo-os com minúcia às vezes aborrecida — fato que segundo Jones constitui um dos motivos pelos quais o livro foi relegado a segundo plano — mas sobretudo explorando aspectos até então não abordados pela investigação analítica. É isso que, a meu ver, o torna precioso, bem mais do que a demonstração (esperável e confirmada) de que a condensação e o deslocamento operam a todo vapor na construção da piada. E é ao exame do que o *Witz* contém de novo, daquilo que nele é iniciado e que continuará a ser explorado em outros territórios — em particular no domínio da sublimação e na problemática do prazer — que dedicaremos, após esta introdução destinada a situar o livro no seu contexto histórico e teórico, o essencial deste artigo.

Antes, porém, uma palavra sobre o título do livro, *Der Witz und seine Beziehung zum Unbewussten*. A tradução de *Witz* por "chiste" é uma das escolhas mais infelizes da *Edição Standard Brasileira* das obras de Freud, que, como sabemos, é pródiga em opções equivocadas. Obviamente calcado no espanhol *chiste*, ela ignora que no Brasil ninguém conta ou ouve "chistes", e sim piadas. O problema é que, para nós, a palavra "piada" evoca imediatamente uma anedota ou história engraçada, enquanto Freud faz um esforço considerável para distinguir o *Witz* das outras coisas que nos fazem rir. Esta é uma das teses centrais do livro: por estranho que isto possa parecer a um leitor contemporâneo, o que faz de um *Witz* um *Witz* não é o seu conteúdo.

Foi esta consideração que me levou a optar, tanto em *Freud: a trama dos conceitos* quanto em *Freud, pensador da cultura*, pela tradução "frase de espírito".[10] Queria com isso diferenciar o dito mordaz do meramente cômico, como os gestos do palhaço: Millôr Fernandes faz *Witze*, mas os Trapalhões não. Contudo, esta solução já não me satisfaz. Além do seu caráter um tanto forçado — não dizemos que fulano "fez uma frase de espírito" — o galicismo passou a me incomodar: com efeito, a expressão que havia escolhido é um decalque de *mot d'esprit*, termo corrente em francês, assim como *bon mot*, que significa a mesma coisa. Mas essas designações remetem a três séculos de conversação brilhante nos salões, "nos lares e nos bares", como diria Joelmir Beting, e este patrimônio nacional gaulês nada tem a ver com nosso humor tupiniquim.

10. Cf. Renato Mezan, *Freud: a trama dos conceitos*, pp. 112-26, especialmente a nota 64 da página 112; *Freud, pensador da cultura*. Companhia das Letras, 2006, p. 252-62 e 267-73.

10. A "ilha dos tesouros": relendo *A piada e sua relação com o inconsciente*

Frente à dificuldade, procurei investigar qual é o sentido da palavra alemã, independentemente do uso que Freud faz dela como conceito. *Witz* provém do antigo termo *witan*, que quer dizer "compreensão", "entendimento", e cuja raiz é *wiss-*, presente em *wissen* (saber), *Wissenschaft* (ciência), *Gewissen* (consciência moral), *Bewusstheit* (consciência no sentido de estar ciente de algo) e naturalmente em *das Unbewusste* (o inconsciente). Por sua vez, *wiss-* remete ao latim *video* (ver), ao grego *eido* (igualmente ver), e à mãe de todas essas palavras, o sânscrito *veda* (conhecimento, como no título do clássico hindu). Em todo este campo semântico, predomina a ideia de inteligência, irradiando-se para as de visão (meio para conhecer) e daquilo que visão e inteligência produzem: conhecimento, saber.

A psicanalista gaúcha Karen Wondrachek acrescenta que a palavra *Witz* tem basicamente três acepções. Em primeiro lugar, é uma qualidade da mente, o "espírito" ou habilidade para perceber o lado pitoresco das coisas, algo como o *sense of humour*; mas esta qualidade só existe em quem é arguto, rápido no pensamento, inteligente, portanto. Quem a possui em alto grau é dito *gewitzt*, "espirituoso". Em seguida, *Witz* é o ponto essencial, o *x* da questão (*der Witz der Sache*), aquilo, precisamente, que é captado por quem é *gewitzt*. Por fim, aquele que tem o dom do *Witz* e com ele intui o *Witz* do assunto é capaz de expressar o que percebe por meio de uma sentença *witzig* — jocosa, bem-humorada, certeira, *to the point, à propos*. O termo, portanto, se refere simultaneamente ao sujeito, ao objeto e à natureza da frase pela qual o sujeito enuncia algo acerca do objeto. Existem expressões como *mach kein Witz davon!* (não brinque com isso!), ou *soll das ein Witz sein?* (por acaso isso é uma brincadeira?, expressando desagrado).[11]

Se vamos ao inglês, encontramos algo semelhante: *wit* é a agudeza ou finura de espírito, o engenho, e por extensão a habilidade ou destreza. Aparece em expressões como *to be out of one's wits* (estar fora de si, encolerizado), ou *to be at one's wit's end* (estar desorientado, não saber o que fazer). No mesmo sentido de qualidade mental, emprega-se também *wittiness*. A pessoa que a possui é dita *witty* ou *ready-witted* (de espírito pronto, espirituosa, *gewitzt*) por oposição a quem é *dull-witted* (simplório, estúpido). A frase espirituosa é um *witticism* ou um *witty saying*, um dito mordaz: Oscar Wilde era mestre em produzi-los. Assim

---

11. Cf. Arthur Koestler, *The Act of Creation*. Nova York: Dell Books, 1964, p. 50 (nota), e Karin Wondrachek, apud Abrão Slavutzky, "As ressonâncias continuam", Revista *Percurso*, n. 33, São Paulo, Instituto Sedes Sapientiae, p. 162, 2004.

como no alemão, *wit* e seus derivados se aplicam à pessoa e ao que ela diz; parece, porém, faltar o sentido ligado ao objeto (o *x* do problema), para o qual o inglês usa *point* (*"what is the point of resisting"*, qual é o sentido de resistir, implicando que é nenhum).

Em nossa língua, não temos um termo único que concentre tamanha riqueza de denotações e de conotações: portanto, é inútil procurar uma palavra que as evoque todas. À qualidade psíquica, chamamos *espírito* ("fulano tem espírito"), seguindo o modelo do francês *esprit*. Para a essência da coisa, empregamos a letra que em álgebra designa a incógnita da equação — o *x*; antigamente, usava-se o latim macarrônico *busílis* ("aí é que está o busílis da questão"). E para a combinação de palavras — *Witz* ou *witticism* — usamos "frase espirituosa", "dito espirituoso", ou outros sinônimos.

Então: de volta à estaca zero? Não. Relendo o livro de Freud, dei-me conta de que ele chama por *Witz* tanto as tiradas ferinas de Heine e do juiz N., que têm a forma de uma sentença sarcástica, quanto as anedotas em forma de historieta: por exemplo, as que têm como personagens mendigos, casamenteiros e outros tipos do folclore ídiche, e outras, como a do sujeito que pergunta o que vai fazer com o cavalo na cidade às seis da manhã, ou a do camponês que retruca ao príncipe que não foi sua mãe, mas seu pai, quem trabalhou no palácio. Ou seja, *tanto a língua alemã quanto Freud empregam* Witz *também no sentido de piada*: assim como eles têm seus *jüdische Witze* (piadas de judeu), nós temos as de português (e, mais recentemente, as de argentino ou de loira).

Mas o que me convenceu foi a lembrança da expressão "perde o amigo, mas não perde a piada", na qual "piada" não é uma história com começo, meio e um fim que faz rir, e sim um dito mordaz, cujo caráter ofensivo é apenas levemente recoberto por seu invólucro espirituoso — ou seja, exata e precisamente, um *Witz*. O que significa que podemos traduzir, em certos casos, tanto *Witz* por "piada" quanto "piada" por *Witz*: embora não seja uma fórmula corrente, um falante de alemão entenderia perfeitamente a frase *Er kann einen Freund verlieren, aber nie einen Witz* — ele pode perder um amigo, mas jamais a piada. Desse modo, decidi traduzir o título de Freud como *A piada e sua relação com o inconsciente*, e assim me referirei a ele no decorrer deste artigo.

Com esta digressão etimológica, porém, já entramos no vivo da questão: a natureza do *Witz*. Faremos agora um resumo comentado do trajeto de Freud, para avivar a memória dos que já não o têm presente ao espírito (!), e em seguida discutiremos alguns dos intrincados problemas que o livro nos apresenta.

10. A "ilha dos tesouros": relendo *A piada e sua relação com o inconsciente*

O QUE TORNA *witzig* UM *witz*?

A piada é um texto extenso: cabe-lhe todo o oitavo volume da *Standard Edition*, e, na *Studienausgabe*, ocupa 210 páginas do tomo IV. Isso indica a importância que, na época em que a estava escrevendo, Freud atribuiu à investigação que empreendera. Mencionei atrás alguns dos motivos que ele mesmo oferece para justificar ter gastado tanto tempo e esforço no estudo de um tema "menor", e também o curioso fato de que uma vez concluído o tenha deixado de lado, como se fosse um patinho feio que jamais se converteu em cisne. Na 15ª das *Conferências de introdução à psicanálise*, Freud diz que a semelhança entre o jogo de palavras e certos sonhos "me levou *a afastar-me um pouco do meu caminho*, na medida em que me colocou na necessidade de submeter o próprio *Witz* a uma minuciosa investigação";[12] e vimos como, na *Autobiografia*, ele o valoriza menos do que outros trabalhos seus.

Sejam quais forem os motivos dessa avaliação posterior, o fato é que durante boa parte do ano de 1904 ele se entregou com afinco à redação da obra. Prova disso são as numerosas leituras que considerou necessárias para se documentar, e que, a exemplo do que ocorre na *Interpretação dos sonhos*, são comentadas na "Introdução". Dentre elas, a mais útil foi *Komik und Humor*, do filósofo Theodor Lipps.[13] Outra prova de interesse é a quantidade de piadas que coletou para ilustrar suas ideias: o índice ao final do volume elenca mais de 150. Por fim, o grau de detalhe com que discute os complicados processos psíquicos envolvidos na construção e na fruição da mais simples piada demonstra suficientemente que não considerava o tema em absoluto "menor". Nada há de fútil num *Witz*, e, além disso, "a íntima conexão entre todos os acontecimentos psíquicos garante

---

12. Freud, *Vorlesungen zur Einführung in die Psychoanalyse* [Conferências introdutórias à psicanálise], SA I, p. 238; BN II, p. 2269 (grifo meu).
13. As cartas a Fliess mostram o respeito de Freud pelas ideias de Lipps, que em seu livro *Die Grundtatsachen des psychischen Lebens* [Os fatos fundamentais da vida psíquica, 1893] admitira a existência de processos psíquicos inconscientes (cf. *As origens da psicanálise: correspondência de Freud com Wilhelm Fliess*, cartas 94, 95 e 97, de agosto e setembro de 1898, BN III, pp. 3607 ss.). A primeira nota de rodapé do *Witz* afirma que foi a leitura de *Komik und Humor* que o encorajou a empreender sua própria investigação sobre o assunto. Cf. *Der Witz und seine Beziehung zum Unbewussten* [A piada e sua relação com o inconsciente], SA IV, p. 13; BN I, p. 1029; por comodidade, designaremos o livro daqui por diante simplesmente como *Der Witz*. Não sendo possível reproduzir neste trabalho os inúmeros exemplos de que se serve Freud para apoiar sua argumentação, pode ser conveniente — para melhor acompanhar o que se segue — que o leitor tenha em mãos o texto.

que a luz lançada sobre qualquer problema psicológico ajudará a compreender outros, ainda que aparentemente muito distantes daquele".[14]

O livro se apresenta dividido em três partes: "analítica", "sintética" e "teórica". A parte analítica compreende a "Introdução" e dois capítulos, um sobre a técnica das piadas — o modo como são construídas — e outro sobre as tendências ou propósitos, bem mais importantes do que o simples rir, a cujo serviço elas se colocam. Os dois capítulos da parte sintética estudam o mecanismo do prazer e a origem do *Witz* nos jogos de palavras infantis, o que conduz à constatação de que ele constitui um "processo social", ou seja, é feito para ser contado, implicando portanto o destinatário num circuito que só se completa quando ele ri. Na parte teórica, um capítulo discute as semelhanças e diferenças entre o *Witz* e o sonho, bem como as funções (diferentes, o que é importante) que o inconsciente e o pré-consciente desempenham na elaboração de uns e de outros; o capítulo final retoma a distinção entre o *Witz* e o cômico, estuda detalhadamente as variedades deste último, e conclui com uma breve discussão do *sense of humour*.

Essa maneira de organizar o livro lembra inevitavelmente a *Traumdeutung*. Também aqui, o primeiro passo é apresentar a "literatura científica" sobre o tema. Os estudos dos filósofos e psicólogos situavam o *Witz* na esfera da estética, devido à sua evidente aptidão para provocar prazer;[15] mas nenhum deles havia sido capaz de explicar como as características nele apontadas — brevidade, estabelecimento de relações entre coisas disparatadas, efeito de surpresa, nonsense, etc. — se combinavam de maneira a produzir, precisamente, um *Witz*. Freud compara a situação à de "membros espalhados" (*disjecta membra*) com os quais não se consegue montar um corpo. Por que seriam estas, e não outras, as características do *Witz*? Seriam todas sempre necessárias, ou só algumas, e quando? A exigência freudiana é mais radical: é necessário encontrar as conexões (*Zusammenhänge*) entre estas diversas determinações, e, em suma, explicar o que faz de uma frase lacônica um "*richtiger* [verdadeiro] *Witz*".

Assim como na *Traumdeutung*, um primeiro exemplo é analisado em profundidade (o *familionär* de Heine), e dele se extrai uma conclusão: o que torna engraçado o pensamento é a sua *forma*, a qual no caso provém da mistura de

---

14. *Der Witz* [A piada], SA IV, p. 19; BN I, p. 1033.

15. Sobre esta perspectiva — que pode parecer curiosa a um leitor contemporâneo —, ver: Renato Mezan, *Freud, pensador da cultura*, (São Paulo: Companhia das Letras, 2005, p. 253 ss.), onde se mostra como ela provém de Kant e como marcou toda a filosofia alemã no que se refere à estética.

10. A "ilha dos tesouros": relendo *A piada e sua relação com o inconsciente*

duas palavras ("familiar" e "milionário") que resulta num neologismo insólito ("familionário"). Pergunta-se Freud: seriam todas as frases espirituosas construídas deste modo, isto é, combinando ideias ou palavras e produzindo um composto desconcertante? Este exemplo cumpre exatamente a mesma função atribuída, no livro dos sonhos, ao da injeção em Irma: é a amostra, o caso exemplar, cuja análise abre caminho para um movimento de generalização. Seguem-se outros exemplos construídos da mesma maneira: os feriados de Natal são os *alcoholidays*, o romance de Flaubert *Salammbô* é uma *"carthaginoiserie"*, alguém conversou com outra pessoa em *"tête-à-bête"*. A brevidade do *Witz* deriva em suma da condensação, mecanismo já estudado na *Traumdeutung*, e que no dito espirituoso opera por meio da *alusão*. Freud conclui que uma característica importante de toda piada é a economia de meios, a capacidade de veicular o implícito, o que nesses casos se dá graças ao duplo sentido de determinadas palavras.

Outros *Witze*, porém, trabalham com técnicas diferentes, que ao fim e ao cabo se revelam como variantes do deslocamento. Alguns apresentam uma fachada lógica, como o do mendigo que recebe uma generosa esmola e vai ao melhor restaurante da cidade para degustar um salmão com maionese. Repreendido pelo ricaço que lhe dera o dinheiro — como o gastava em algo tão fútil? — ele responde: "Espere aí! Se não tenho dinheiro, não *posso* comer salmão com maionese; se tenho dinheiro, não *devo* comer salmão com maionese; *quando* então vou comer salmão com maionese?". A lógica aqui é a do gourmet que deseja saborear uma iguaria, ignorando o fato de que sua condição econômica não lhe permite ser um gourmet. Outros ditos espirituosos operam com o nonsense (o sargento, desesperado por não conseguir fazer do recruta judeu um bom soldado prussiano, grita enfurecido: "*Herr* Cohen! Quer saber de uma coisa? Compre um canhão e estabeleça-se por conta própria!"); há os que usam a representação pelo contrário, os que exploram alguma analogia superficial entre ideias distantes, etc. Freud procede então a uma primeira classificação dos *Witze* em onze tipos e subtipos, o que exige "procurar a unidade nessa multiplicidade".[16]

Todo esse capítulo está construído, como vemos, de modo indutivo: multiplicando os exemplos de cada uma das "técnicas" usadas para construir um *Witz*, o próprio acúmulo sugere a possibilidade (e a necessidade) de alguma generalização. E Freud afasta com mão de mestre a mais poderosa objeção contra o método indutivo — que a enumeração não seja suficiente para garantir a solidez da conclusão:

16. Freud, *Der Witz* [A piada], SA IV, p. 42, BN I, p. 1049.

estamos seguros de que nenhuma das possíveis técnicas do *Witz* escapou à nossa investigação? Naturalmente, não; mas, se prosseguirmos o exame com novos materiais, podemos nos convencer de que já conhecemos os mais importantes e frequentes meios técnicos do *Witzarbeit* [trabalho do *Witz*]; pelo menos, o suficiente para formar um juízo sobre a natureza deste processo psíquico. Até agora não chegamos a formulá-lo; mas por outro lado possuímos uma pista importante quanto à direção da qual podemos esperar mais esclarecimentos sobre o problema.[17]

Ou seja, depois de analisar algumas dezenas de exemplos, verifica-se que os padrões começam a se repetir; podemos então dar o passo seguinte, que é tentar uma definição geral do *Witz* ("formar um juízo sobre a natureza deste processo psíquico"). Tal definição ainda não está ao nosso alcance, porque faltam certas determinações essenciais; mas ao menos quanto a um ponto a enumeração é suficiente para uma conclusão parcial: o efeito *witzig* depende dos "meios técnicos" — condensação e deslocamento — e estes meios são idênticos aos que produzem os sonhos. Por isso Freud pode cunhar o termo *Witzarbeit*, enfatizando a semelhança com a *Traumarbeit* (trabalho do sonho). Ora, todo sonho é a "realização disfarçada de um desejo reprimido". Será o *Witz*, em sua esfera própria, também uma realização de desejo?

O capítulo seguinte vai mostrar que não se trata exatamente disso, mas de algo bem parecido: muitas piadas satisfazem uma *Tendenz* ou intenção (*Absicht*, *purpose*). Quando isso não ocorre, elas podem ser ditas "inocentes": produzem prazer apenas pela engenhosidade da forma, como no caso dos trocadilhos ou dos epigramas leves à maneira de Lichtenberg, cuja graça nos faz sorrir, mas não gargalhar. Nas piadas de maior efeito, porém, a forma engenhosa veicula pensamentos ofensivos, imorais, obscenos, preconceituosos — em suma, tudo o que hoje chamaríamos "politicamente incorreto". A análise mostra que estes pensamentos derivam basicamente das esferas sexual e agressiva: a forma alusiva ou indireta permite que se digam coisas que a censura bloquearia, caso o sujeito procurasse expressá-las sem esta máscara.

Passo seguinte: se as piadas inocentes comprovam que o *Witz* visa a "obter prazer com o funcionamento dos processos mentais, intelectuais ou de outra natureza", as "tendências", como Freud as chama, proporcionam uma satisfação bem mais intensa, e a prova disso é que são acolhidas com um riso muito mais solto. Por quê? Precisamente, porque gratificam intenções proibidas: a vestimen-

---

17. Id., SA IV, p. 85; BN I, p. 1076.

ta inocente ou engenhosa engana a censura, e, quando a piada é entendida, a inibição que pesava sobre tais ideias passa a ser supérflua — o inconsciente se torna consciente. O prazer deriva, portanto, da *economia de um dispêndio psíquico*, aquele que era necessário para manter a inibição — o que, em termos dinâmicos, equivale ao levantamento de uma repressão.

Essa análise pode ser comparada a um dominó: um dos quadrados aponta para a *Interpretação dos sonhos*, o outro para os *Três ensaios*. No sonho, o resto diurno se vincula por algum elemento fortuito aos desejos reprimidos, e, como um ímã, os atrai para si; o trabalho do sonho consiste precisamente em disfarçá--los para que possam penetrar na consciência, e, graças à regressão formal, ali se estruturem como sequência de imagens. No *Witz*, semelhanças fônicas entre palavras ou analogias inesperadas entre ideias desempenham função idêntica à do resto diurno para o sonho: as "tendências" condenadas pela censura tomam por assim dizer carona naquelas semelhanças e analogias, o que é possibilitado pela condensação e pelo deslocamento operantes tanto na "técnica" quanto no "curso dos pensamentos" (*Witzarbeit = Traumarbeit*).

Mas, sendo o *Witz* um processo psíquico apenas verbal, não precisa da "consideração pela representabilidade", e não resulta em imagens visuais; além disso, destinando-se a ser comunicado e compreendido — ao contrário do sonho, cujo conteúdo latente deve permanecer oculto — a distância entre a formulação verbal e o que nela está implícito não pode ser nem muito pequena (pois neste caso a censura não poderia ser enganada) nem muito grande. O que encadeia as duas pontas do processo é a *alusão*, por sua vez possibilitada pelo jogo de analogias e correspondências próprio ao sistema lexical de cada língua. Fica claro que o binômio "conteúdo manifesto/conteúdo latente" é reproduzido, à sua maneira, pelo *Witz*: o primeiro é a própria piada, e o segundo é a intenção ou fantasia que, graças à forma *witzig*, pode aceder à consciência. Se o conteúdo latente for igual a zero ou próximo disso, a piada será inocente, e o prazer em fazê-la ou em compreendê-la relativamente pequeno: sorriso. Correlativamente, quanto mais proibida a tendência inconsciente que constitui o conteúdo latente, maior será o prazer proporcionado pela piada: riso ou gargalhada.

A referência ao prazer forma o quadrado do dominó que aponta para os *Três ensaios*: aqui também, o intenso prazer sexual final (orgasmo, equivalente à gargalhada) é suscitado por uma série de movimentos e processos que produzem prazer "preliminar" — a excitação das zonas erógenas, como no beijo ou nas carícias. Repare o leitor que estamos diante do mesmo mecanismo de gatilho: o ligeiro prazer engendrado pela visão do objeto sexual ou pelo toque da pele é como o fósforo que inflama um barril de pólvora, detonando a explosão do prazer orgástico. Voltaremos, numa seção subsequente deste capítulo, a tratar dessa questão; mas é evidente que o mesmo princípio governa o sonho, a piada e a pulsão sexual, e podemos formulá-lo da seguinte maneira: *a consequência é muitíssimo mais intensa do que o estímulo que a faz surgir*. O resto diurno está para os pensamentos do sonho assim como a forma jocosa está para o pensamento censurado, e como o prazer preliminar para o prazer sexual final: essa "regra de três" mostra suficientemente como os diversos planos estão interligados, e por que se pode dizer, sem medo de errar, que tanto o livro do *Witz* quanto a teoria sexual se inscrevem na direta posteridade da *Traumdeutung* — são, como diz Jones, a sua "prole".

Voltemos à exposição de Freud, que havíamos deixado no ponto em que, do exame inicial das piadas tendenciosas, é extraída a tese de que estas devem proporcionar acesso a fontes de prazer às quais não chegam as simplesmente inocentes, fontes que devem estar ligadas aos "propósitos" inconfessáveis e não apenas à forma inteligente da frase espirituosa ou ao desfecho inesperado da anedota bem contada.

Freud examina então a *Zote*[18] ou brincadeira obscena, utilizando ideias que também encontramos nos *Três ensaios* (que, segundo conta Jones, ele escrevia ao mesmo tempo que o *Witz*, mantendo os manuscritos em mesas contíguas e

18. Nesta passagem, os tradutores brasileiros se superam na inabilidade: confessam que não conseguiram encontrar um termo vernáculo para *Zote*, e optam por manter o inglês *smut*, produzindo esta pérola involuntariamente cômica: "Sabemos o que se entende por *smut*" (*Edição Standard Brasileira*, VIII, p. 117). Francamente… A tradução desse livro apresenta dificuldades consideráveis, como Strachey reconhece no "Prefácio do editor inglês", mas esta seguramente não é uma delas. A versão brasileira é de modo geral deselegante, e muitas vezes simplesmente errada; exemplos das duas coisas podem ser encontrados a cada página, mas às vezes os tradutores exageram, até mesmo em relação a seus padrões habitualmente displicentes. A certa altura, a propósito da tradução de uma piada americana, discordam (equivocadamente) de Freud (p. 48); do alto de sua sapiência, consideram "confusa" uma referência à estética kantiana (p. 115); inventam um primeiro-ministro austríaco chamado Bürger, porque não se deram ao trabalho de investigar o que era o *Bürgerministerium* de 1867 — o "ministério burguês", ao qual Freud alude numa passagem da *Interpretação dos sonhos* (p. 154); não reconhecem uma menção à forma alemã da "língua do pê" (*Zittersprache*, p. 148). Muitas vezes, sequer entendem o inglês de Strachey: "ingenuidade" por *ingenuity*, p. 18; "faça sua independência" por "estabeleça-se por conta própria", *make yourself independent*, p. 74; "apoderar-se da Casa de Orléans" por "apoderar-se *dos bens* da Casa de Orléans", p. 52; a impagável "peça de *smut*" por *piece of smut*, p. 121; etc. etc. etc. Sem mais comentários.

10. A "ilha dos tesouros": relendo *A piada e sua relação com o inconsciente*

avançando ora num, ora noutro, conforme a inspiração do dia).[19] Esse tipo grosseiro de provocação não é propriamente um *Witz*, porque enuncia cruamente a ideia sexual ("ei, gostosa, já deu hoje?", ou algo assim). A pretexto de excitar a mulher manifestando interesse por seu corpo, na verdade o objetivo desse tipo de frase é humilhá-la, e portanto os "propósitos" satisfeitos são os dos componentes sádicos da pulsão sexual.

A *Zote* se converte em *Witz* quando a repressão impede a manifestação direta do pensamento indecente, por exemplo entre pessoas de melhor nível social, que não ousariam dizer tais coisas na presença de uma dama. Freud tira desta observação duas conclusões da maior importância: primeiro, que a pessoa a quem é dirigido o *Witz* obsceno não é tanto a mulher (esta é o seu alvo, o que é diferente), e sim o *ouvinte* (outro homem); segundo, que a piada tendenciosa atinge sua finalidade "tornando possível a satisfação de uma pulsão (hostil ou erótica) frente a um obstáculo, contornando-o e extraindo prazer de uma fonte que o obstáculo havia tornado inacessível",[20] o que é outra maneira de dizer que ela produz prazer porque suprime uma inibição.

As páginas em que Freud discute as piadas hostis apresentam a primeira análise da agressividade que encontramos em sua obra. De momento, ela ainda não é explicada metapsicologicamente, nem possui o estatuto de uma pulsão independente; vincula-se à pulsão sexual como um de seus componentes, o sádico, estudado ao mesmo tempo nos *Três ensaios* como pulsão parcial. Freud envereda por outro caminho: destaca que a piada ofensiva constitui o único meio socialmente aceitável para agredir outrem, precisamente porque o invólucro jocoso disfarça a intenção de machucar e garante o prazer de vencer o adversário sem temer retaliação. Mas a piada ofensiva se dirige a outra pessoa, além daquela a quem ataca: o ouvinte, o "terceiro", como Freud o chama — sendo o "primeiro" o autor da piada, e o "segundo" o objeto dela. Ela atrai o ouvinte para o lado do piadista, subornando-o (a palavra é forte, *bestechen*) com o ganho de prazer proporcionado pela frase ferina que acaba de escutar.

O "PONTO DE VISTA ECONÔMICO" E A PRÉ-HISTÓRIA DO *witz*

Pois o prazer de quem faz a piada é um, o de quem ri dela é outro. Todo o capítulo v do *Witz* está montado sobre a ideia de que a piada *poupa um dispêndio*

---

19. Ernest Jones, *A vida e a obra de Sigmund Freud*. v. ii, capítulo i, p. 27.
20. Freud, *Der Witz* [A piada], sa iv, p. 95 e 96; bn i, pp. 1083 e 1084.

psíquico, porque torna supérflua a repressão ou inibição que pesava sobre um pensamento inaceitável. Mas a economia não se dá do mesmo modo em quem a cria e em quem a escuta: prova disso é que não podemos rir das nossas próprias piadas, e precisamos contá-las aos outros. É o chamado "ponto de vista econômico" que vemos surgir aqui, outra das ideias fundamentais da psicanálise formuladas graças ao estudo dos processos psíquicos envolvidos no *Witz*.

Freud explica que manter uma inibição exige um gasto de energia psíquica, e que, se esta inibição for contornada, o montante de energia até então imobilizado para mantê-la se torna supérfluo, portanto disponível, e pode ser *descarregado*. É essa diminuição da tensão que sentimos como prazer, e, quando ela ocorre de modo súbito e intenso, toma a forma de riso. "O ganho de prazer corresponde ao dispêndio de energia assim economizado", *assim* significando aqui "até então empregado para inibir um impulso".

O princípio da economia governa tanto a técnica quanto a dinâmica do *Witz*. No plano da técnica, o jogo com as palavras economiza o esforço de pensar seriamente, e essa economia será tanto maior quanto mais distantes os campos de ideias postos em relação pela piada, que portanto será mais sofisticada e produzirá um prazer maior.

Freud dá um bom exemplo disso. Estava jantando com amigos, e alguém elogia o *roulard* (rocambole) servido na sobremesa. O dono da casa é rápido: "claro, é um *home-roulard*!". A alusão é ao que na época estava em todos os jornais, a luta dos irlandeses pela autonomia (*"home rule"*, literalmente "governo doméstico"). Ao justapor duas esferas de ideias — culinária e política — que nada têm a ver uma com a outra, o *Witz* opera um curto-circuito (*Kurzschuss*, diz Freud) do qual brota a faísca do riso.[21]

Contudo, para o argumento freudiano é muito mais importante o efeito dinâmico representado pela suspensão da inibição sobre um pensamento condenável. A piada do *home-roulard* é claramente inocente; já os sarcasmos do juiz N. — como dizer de um jornalista que "a vaidade é um dos seus quatro calcanhares de Aquiles", ou de um ministro que se aposentara e voltara a viver em sua fazenda no interior da Áustria que, "como Cincinnatus, ele retomou seu lugar à frente do arado" — são verdadeiras bofetadas, que só podem ser expressas de modo

---

21. Arthur Koestler denomina "bissociação" a este encontro entre duas "matrizes de pensamento" distantes, e utiliza o conceito para compreender todo o processo criativo, cuja primeira e mais simples realização é precisamente o humor. Cf. *The Act of Creation*, p. 35.

10. A "ilha dos tesouros": relendo *A piada e sua relação com o inconsciente*

indireto. Nesses epigramas, o princípio da economia opera tanto na forma — ligando no primeiro o reino animal à mitologia grega e à doutrina dos vícios, esferas bem afastadas uma da outra, e no segundo a modéstia do general romano à estupidez do ex-ministro, que retoma o "seu lugar" ali onde se atrela o boi — quanto no conteúdo, ao permitir ao juiz que insulte de "quadrúpedes" aqueles a quem despreza.

A economia pode se referir tanto a um montante de energia já empregado para bloquear uma inibição, quanto a uma quantidade dela que poderia vir a ser utilizada para a mesma finalidade, mas ainda não foi empregada. A censura contra a agressividade é de natureza moral; mas há outro tipo de coerção, que também exige um gasto de energia, e cujo estudo conduz, no capítulo IV, à elucidação da "psicogênese" do *Witz*. Trata-se da coerção imposta pela lógica aos pensamentos, ou seja, das exigências da racionalidade, que vêm bloquear o prazer infantil de brincar com as palavras.

Freud descreve as brincadeiras que as crianças pequenas fazem com os sons do seu idioma, acentuando o enorme prazer que elas tiram disso. Mas, com o crescimento, sobrevém uma crítica que silencia esses jogos; eles são substituídos pelos gracejos (*Scherze*), que já utilizam técnicas semelhantes às do *Witz* — aproximação de coisas disparatadas por meio de alusões, nonsense, etc. — mas dele se distinguem porque o pensamento assim engendrado não precisa ser inteligente ou original. Basta que tenha escapado à crítica da razão para que possibilite um prazer. Um ótimo exemplo de gracejo é a definição do ciúme oferecida por Schleiermacher: "*Eifersucht ist eine Leidenschaft, die mit Eifer sucht, was Leiden schafft*" — o ciúme é a paixão (*Leidenschaft*) que procura com afinco (*Eifer*) aquilo que produz sofrimento (*Leiden*).[22]

O gracejo torna-se um *Witz* quando o pensamento que ele exprime possui "substância" e "valor", ao que se acrescenta a engenhosidade formal (*Witzverkleidung*, "vestimenta jocosa"), que confunde ou suborna (mais uma vez, *bestecht*) a crítica. A piada torna-se então um excelente meio para manifestar propósitos fundamentais da vida psíquica: exibição narcísica ou sexual, agressão contra pessoas, instituições ou crenças que exigem respeito, ou contra as exigências da razão — ou seja, os quatro tipos de *tendenziöse Witze* a que chegara a seção 5 do capítulo III (sexuais, hostis, cínicos e céticos).

22. Freud, *Der Witz* [A piada], SA IV, p. 122; BN I, p. 1101.

O que Freud demonstra com a análise da "psicogênese" do *Witz* é a permanência no adulto de certos modos infantis de obter prazer. Se lembrarmos que ele estava escrevendo este livro ao mesmo tempo em que redigia os *Três ensaios*, compreenderemos no que consiste o vínculo mais fundamental entre os dois textos: a "criança sempre viva com todos os seus impulsos", à qual ele se refere na *Interpretação dos sonhos*, começa aqui a ganhar as determinações que fazem do *infantil* um dos conceitos centrais da psicanálise.

Com efeito, tanto na esfera do pensamento quanto na da sexualidade existe uma linha ininterrupta que vai da primeira infância até a fase adulta: no primeiro caso, dos jogos de linguagem ao gracejo e deste ao *Witz*; no segundo, das pulsões parciais até a unificação delas sob a primazia do genital.[23] Em ambos, uma coerção proveniente da inserção do sujeito na ordem social impõe-se a formas "auto" de obter prazer. Esta força representa, do ponto de vista da tendência à gratificação imediata, um obstáculo: a repressão das pulsões parciais e a aquisição das formas racionais de pensamento envolvem um sacrifício contra o qual o sujeito está sempre pronto a se rebelar.

Por outro lado, a coerção unificadora não implica o desaparecimento do que a antecedeu: na vida sexual, as pulsões parciais sobrevivem sob a forma de impulsos que buscam satisfação (como preliminares do coito, como substitutos dele nas perversões, como base para a sublimação, como agente motor em inúmeros comportamentos aparentemente não sexuais, etc.); no sonho, os desejos reprimidos voltam a se manifestar; no universo da linguagem, o jogo da razão é periodicamente posto em xeque pelo retorno das formas infantis de associar ideias — e, no tratamento analítico, a livre associação se baseará precisamente na suspensão das normas do pensar adulto (a regra fundamental).[24]

Dado o paralelismo entre o "complicado desenvolvimento da libido" e o "complicado desenvolvimento do pensamento e do jogo", como diz Ernest Jones,[25] não nos admiraremos de encontrar num livro referências ao outro, e vice-versa. No terceiro *Ensaio*, após explicar o mecanismo do prazer preliminar,

---

23. Lembremos que, na sua primeira edição, os *Três ensaios* não incluíam a ideia das fases pré-genitais da libido: a sexualidade infantil passa da "anarquia das pulsões parciais autoeróticas" à sua unificação no plano genital, que coincide, na puberdade, com o "encontro do objeto".

24. Ver a esse respeito o belo artigo de Fernando Aguiar, "O humor analítico: o modelo *witzig* de interpretação" (Revista *Percurso*, n. 33, São Paulo, Instituto Sedes Sapientiae, 2004), no qual se demonstra o interesse das análises contidas no livro que estamos examinando para a prática clínica.

25. Ernest Jones, *A vida e a obra de Sigmund Freud*, v. ii, p. 287.

10. A "ilha dos tesouros": relendo *A piada e sua relação com o inconsciente*

Freud diz que "há pouco tempo pude explicar outro exemplo, pertencente a um setor totalmente diferente da vida psíquica, no qual um efeito maior é obtido por meio de uma sensação menor de prazer, que atua como *Verlockungsprämie* (bônus de sedução)".[26] Trata-se, é claro, do laço entre a técnica da piada e o levantamento da inibição. No livro do *Witz*, além das explicações sobre a sexualidade no contexto da discussão sobre a brincadeira obscena e da referência aos componentes sádicos da libido para explicar as piadas agressivas, uma nota de rodapé vincula o mecanismo do riso à satisfação do bebê que acabou de mamar, situação que, como sabemos, é para Freud o protótipo de todas as satisfações sexuais ulteriores.[27]

O RISO E O CIRCUITO DO PRAZER

Este último ponto nos leva à questão do riso. Por que o prazer conseguido por meio da piada se expressa precisamente desta forma? Como explicar que um processo puramente verbal possa desencadear um reflexo nervoso-muscular, que pode variar do mais ligeiro sorriso até a gargalhada contagiosa? Freud discute esta questão juntamente com outra, na aparência diferente, mas na realidade vinculada internamente com a do riso: a necessidade do terceiro, o ouvinte a quem precisamos contar a piada que inventamos. "É possível", diz ele, "que minha necessidade de comunicar a piada a mais alguém esteja de algum modo conectada com o efeito hilariante que me é negado, mas que aparece no outro."[28]

O que se anuncia aqui é uma das mais finas análises de toda a obra freudiana; podemos chamar o que agora nos vai ser apresentado de "circuito do prazer". Em resumo, o mecanismo do riso é explicado como consequência da suspensão da inibição: uma certa cota de energia psíquica torna-se assim "livre", e pode encontrar uma via de descarga (*Abfuhr*)[29] no reflexo da risada. Freud explica neste contexto (capítulo v do *Witz*) sua teoria da energia livre e ligada, ou seja, o

---

26. Freud, *Drei Abhandlungen zur Sexualtheorie* [*Três ensaios para uma teoria sexual*], III, seção 1, SA V, p. 115; BN II, p. 1218. López-Ballesteros traduz *Prämie* como *cebo* (isca), o que, embora não seja muito exato, dá uma boa ideia do que Freud quer dizer. Ver, mais abaixo, a nota 34.

27. Id., *Der Witz* [A piada], SA IV, p. 138; BN II, p. 1111.

28. Id., SA IV, p. 135; BN I, pp. 1109-10.

29. Sobre este termo, ver Luiz Alberto Hanns, *Dicionário comentado do alemão de Freud*. Rio de Janeiro: Imago, 2001. pp. 129 ss.

investimento de representações e a circulação de algo como uma "carga de afeto" entre elas. Desde o *Projeto* de 1895, o "princípio de inércia" postula que a tendência básica do aparelho mental é a busca do nível mínimo de tensão, se possível igualando-o a zero. A tendência à eliminação da tensão é tão natural na psique quanto a queda de um corpo em virtude da lei da gravidade: é necessário ter isso em mente para poder acompanhar o argumento freudiano.

A descarga da energia assim liberada será sentida como prazer: o "princípio do prazer" é apenas outro nome da tendência ao esvaziamento. O terceiro, ou ouvinte, ri portanto com a exata quantidade de energia que a compreensão da piada tornou disponível em sua mente; e aquela será necessariamente *maior* do que a que se liberou no autor dela, pelo simples motivo de que este gastou alguma porção de energia psíquica para a construir ou fabricar. A piada é "presenteada" ao ouvinte, que despendeu apenas a energia necessária para compreendê-la, isto é, para restabelecer *in extenso* as ligações que na própria piada se encontram implícitas, e que ele teria de criar por si mesmo se não viessem por assim dizer embaladas em papel transparente: "o ouvinte ri com a cota de energia psíquica liberada pela remoção do investimento na inibição. Podemos dizer que ele o gasta rindo".[30]

Já a situação de quem inventa o *Witz* é mais complicada. Também nele, o investimento na inibição deve ter sido suspenso, ou ele não o teria inventado, "pois para construir a piada é necessário vencer aquela resistência. [Se isso não tivesse ocorrido] seria impossível à primeira pessoa experimentar o *Witzlust* [prazer na piada], que devemos derivar da supressão da inibição".[31] Ou seja, o prazer procede do alívio de uma tensão. Mas o que tornou possível vencer a inibição? O simples jogo de forças não pode explicar isso, porque se reduz a somas e subtrações de intensidade; é necessário fazer intervir o que a *Metapsicologia* chamará de "ponto de vista tópico", ou seja, a descrição do processo em termos das instâncias nas quais ou entre as quais ele se dá.

Por enquanto, embora não se tenha explicado como a inibição foi removida, o problema é saber o que acontece com a cota de energia até então empregada para mantê-la no lugar, aquela mesma que, no ouvinte, produz a risada. A observação nos mostra que quem faz a piada não ri dela: portanto, aquela cota

30. Freud, *Der Witz* [A piada], SA IV, p. 140; BN I, p. 1113.
31. Id., SA IV, p. 141; BN I, 1113.

10. A "ilha dos tesouros": relendo *A piada e sua relação com o inconsciente*

deve ter tido outro destino. Qual poderia ser este destino? Ora, responde Freud, ela foi empregada na construção da própria piada! Leiamos:

> Mas talvez, apesar da bem-sucedida suspensão do investimento na inibição, não tenha sido liberada qualquer cota de energia capaz de se exteriorizar. Na primeira pessoa, verifica-se o trabalho de elaborar a piada (*Witzarbeit*), ao qual deve corresponder certa magnitude de dispêndio psíquico. A própria pessoa produz assim a força que remove a inibição [...]. Em todo caso, o dispêndio exigido pela elaboração da piada deve ser subtraído do ganho [gerado] pelo afastamento da inibição.[32]

A ideia da subtração é simples de entender, mas convenhamos que a frase "a própria pessoa produz assim a força que remove a inibição" não é nada clara. *Assim*, como? A mera subtração não explica de onde provém tal força. É que, a rigor, não se trata de uma força, de intensidade superior e de sentido contrário: a inibição é contornada, como que enganada por uma isca. Esta consiste, precisamente, no ganho de prazer proporcionado pelo *Witzarbeit*, pelo reencontro com o jogo de palavras que tanta satisfação nos causou quando éramos pequenos. Freud formula isso da seguinte maneira:

> a própria pessoa produz assim a força que remove a inibição; disso resulta para ela, com certeza, um ganho de prazer, que no caso da piada tendenciosa é considerável: pois o próprio prazer preliminar obtido por meio do *Witzarbeit* toma a seu cargo (*übernimmt*) a remoção do restante da inibição.[33]

Não estamos diante de um círculo, mas de uma espiral, e o que a faz girar no sentido ascendente é o mecanismo de gatilho descrito há pouco. Freud emprega o termo *Prämie* em compostos como *Lustprämie* ou *Verlockungsprämie*, frequentemente associados a *Vorlust* (prazer preliminar). *Prämie* é o prêmio, não tanto no sentido de algo merecido (o que seria um *Preis*), mas de bônus: "bônus de prazer" ou "bônus de sedução" seriam boas traduções para os termos acima.[34]

---

32. Id., SA IV p. 141; BN I, p. 1113.
33. Id., SA IV, p. 141; BN I, p. 1113.
34. O termo tornou-se comum em nossa língua para designar os "extras" que vêm nos DVDs: entrevistas com atores ou diretores, explicação de como foram realizados os efeitos especiais, jogos com o tema do filme, etc. — sentido bastante similar àquele em que Freud emprega *Prämie*.

O mecanismo de gatilho consiste em utilizar o prazer relativamente moderado que estas noções evocam como detonador de um efeito incomparavelmente maior: aqui, isso ocorre quando a técnica da piada abre o acesso a fontes de prazer até então bloqueadas pela censura. É deste modo que entendo a frase "o prazer preliminar toma a seu cargo a remoção do restante da inibição".

O mesmo tipo de processo se verifica na relação sexual: ao estimular as zonas erógenas, carícias, beijos e toques produzem um prazer "preliminar"; mas este não se basta a si mesmo, e, em vez de saciar o desejo, estimula-o ainda mais, num movimento cuja aceleração leva ao orgasmo ou prazer "final", ao qual se segue um estado de relaxamento condizente com o abaixamento da tensão.

Além disso, é preciso contar com a permanente pressão dos pensamentos e tendências reprimidos — por assim dizer de baixo para cima — contra a inibição que pesa sobre eles. Se no caso do sonho tais pensamentos são inconscientes e necessitam da regressão formal (e da consideração pela representabilidade) para se tornarem presentes à consciência na forma das imagens que vemos dormindo, no caso da piada eles são pré-conscientes — e esta diferença, bastante considerável, dará a Freud a chave para definir o *Witz*.

Ao escrever seu livro, ele já conhecia os mecanismos do sonho, enquanto o território da pulsão sexual, praticamente desconhecido, ainda estava sendo explorado. Esta circunstância se soma ao fato de que o *Witz* é um processo ideativo, portanto relativamente próximo do sonho; daí a decisão de buscar neste último, e não no exame das pulsões sexuais, o paradigma com o qual investigá-lo. Temos aqui um exemplo do que o parágrafo inicial de "Pulsões e destinos de pulsão" — este verdadeiro manifesto epistemológico de Freud — indica como característico de toda teoria nos momentos iniciais de sua construção: começa-se descrevendo os fenômenos com o auxílio de "representações encontradas aqui e ali, e que selecionamos por sua conveniência com o que queremos descrever". Se os meios técnicos da piada são os mesmos que os encontrados no sonho, "não ficamos sob a impressão de que o *Witzarbeit* e o *Traumarbeit* devem ser, ao menos num ponto, idênticos?".[35]

Mais adiante, ele se preocupa com outra possível crítica: tendo conhecimento anterior do mecanismo dos sonhos, teria escolhido no novo objeto de estudo justamente aquilo que se conforma a esse modelo, e deixado de lado

---

35. Freud, *Der Witz*, SA IV, p. 155; BN I, p. 1123. O ponto em questão é sua origem no inconsciente.

10. A "ilha dos tesouros": relendo *A piada e sua relação com o inconsciente*

eventuais características que contradissessem a opinião já preconcebida. Se assim fosse, a forma indutiva do primeiro capítulo — para a qual chamamos a atenção anteriormente — não passaria de uma fachada destinada a tapear o leitor e fazê-lo pensar que se tratava de uma descoberta, quando na verdade o autor apenas estaria tirando da manga a carta que lá escondera antes de começar a escrever. A resposta de Freud é que a "redução" da piada — a transcrição do mesmo pensamento em outras palavras — elimina o efeito de surpresa e de graça; portanto, ele deve estar relacionado com a *forma* daquele pensamento, isto é, provém do *Witzarbeit*.

A passagem em que Freud reitera que sua teoria foi construída por inferência culmina com a afirmação de uma regra técnica que vale para toda interpretação, e em particular para a interpretação na psicanálise aplicada: "[a hipótese obtida por inferência] pode apenas ser considerada provada se pudermos atingir o mesmo resultado por outro caminho, e (se for possível) apresentá-la como o ponto nodal de outras conexões".[36] Mas o raciocínio indutivo não se dá a esmo: ele é guiado pela percepção de semelhanças entre o sonho e o *Witz*.

Poderíamos esquematizar assim o processo de raciocínio: *observação de um fato* (os *Witze* utilizam muitas vezes as técnicas do absurdo), *relacionamento deste fato com outro* (os sonhos, que parecem absurdos, são frequentemente engraçados), *formulação de uma hipótese* (poderiam ser mecanismos semelhantes os responsáveis por ambos os efeitos), *análise detalhada do primeiro fato* (mostrando em muitos exemplos no que consistem as tais técnicas), *utilização de "representações auxiliares"* para dar conta deste fato (o que já se sabe sobre a formação do sonho), *conclusão parcial* (o efeito do *Witz* depende da sua forma, que por sua vez resulta dos mecanismos do processo primário).

Depois dessas considerações metodológicas, o capítulo VI irá apresentar as semelhanças e diferenças entre as duas "formações do inconsciente". O processo

---

36. Id., SA IV, p. 166; BN I, p. 1130. O mesmo princípio é reiterado na *Gradiva*: "mas, se desejos eróticos constituem o conteúdo não deformado deste sonho, poderia se exigir com razão que sejamos capazes de mostrar onde se oculta, no sonho já formado, ao menos um resto reconhecível dos mesmos". Cf. SA X, p. 58; BN I, p. 1317. Estas passagens deveriam ser lembradas por aqueles que acusam levianamente a psicanálise de ser um vale-tudo no qual reina a arbitrariedade, e qualquer interpretação passa por correta se assim pensar o analista. Por outro lado, o risco de circularidade — que na prática assume a forma da projeção contratransferencial — é real, e precisa ser considerado sempre que houver chance de que possa ter-se insinuado no raciocínio analítico.

448

de construção do *Witz* na primeira pessoa é — está claro a essa altura — análogo à elaboração de um sonho: "um pensamento pré-consciente é por um momento abandonado à elaboração inconsciente, e o resultado disso é captado imediatamente pela percepção consciente".[37] "Elaboração inconsciente" é outro nome para o processo primário, no qual têm lugar as condensações e deslocamentos indispensáveis à fabricação da piada.

Freud encontra assim, finalmente, o fator que unifica as várias características — brevidade, efeito de surpresa, descoberta de sentido no absurdo, semelhanças com o modo infantil de pensar — apontadas pelos autores mencionados na Introdução, sem que nenhum deles explicasse por que são estas e não outras as que especificam o *Witz* (os *disjecta membra*). Eles estão todos relacionados entre si por uma razão muito simples: o *Witz* se forma no inconsciente, e este imprime a todos os seus produtos a marca registrada do processo primário.[38]

E com isso se esclarece tanto a natureza do *Witz* — no que ele consiste: um produto híbrido engendrado como acabamos de explicar — quanto a sua função — preservar o modo infantil de pensamento, e com isso usufruir, sempre que possível, das fontes infantis de prazer. Sabemos pelos *Três ensaios* que estas são fundamentalmente autoeróticas; o estudo do *Witz* mostra que existe algo semelhante ao autoerotismo no plano do pensamento, a saber o próprio funcionamento deste último sem as peias da razão crítica. A piada serve simplesmente para "manter inalterado o jogo com as palavras ou com o absurdo (*Unsinn*, nonsense), utilizando para isso as ocasiões em que pode ser admissível (gracejo) ou inteligente (*Witz*) explorar as possibilidades do jogo ou do disparate".[39] O *Witz* é, em outros termos, um "jogo desenvolvido", e, nessa medida, "a mais social das atividades mentais que visam à consecução do prazer".[40]

Esclarece-se assim o processo de criação da piada na "primeira pessoa", e de que modo ela lhe proporciona prazer. Este se revela, porém, como mais complexo do que uma simples sensação de alívio produzida quando se suprime uma inibição (ou se levanta uma repressão, o que dá no mesmo). Acabamos de ver que nele existe um componente autoerótico, e a menção ao "caráter social" do

---

37. Freud, *Der Witz* [A piada], SA IV, p. 155; BN I, p. 1123.

38. Id., SA IV, p. 157; BN I, p. 1125.

39. Id., SA IV, p. 161; BN I, p. 1127.

40. Id., SA IV, p. 167; BN I, p. 1131. É nesta passagem, inserida no final do capítulo VI, que Freud enumera as diferenças — a seu ver também importantes — entre o sonho e a piada.

10. A "ilha dos tesouros": relendo *A piada e sua relação com o inconsciente*

Witz repõe na liça o problema do ouvinte, agora não mais no que se refere ao prazer deste último, e sim na medida em que sua presença é indispensável para que o prazer do primeiro complete seu ciclo. Por que tem de ser assim?

Freud responde lembrando que no primeiro faltam as condições para a descarga: o autor da piada não ri dela. Isso o leva a dizer que o riso do terceiro "complementa" o prazer do primeiro, que acaba rindo *par ricochet*, por tabela, aproveitando a risada que conseguiu provocar no ouvinte: "quando, contando-lhe minha piada, levo o outro a rir, estou de fato utilizando-o para despertar o meu próprio riso, e podemos observar que a pessoa que contou a piada com uma expressão séria se reúne depois, com um riso moderado, à gargalhada do outro".[41] Deste fato, ele conclui que a comunicação ao outro da piada que fiz serve a várias finalidades, em especial a de me garantir que se trata de uma boa piada, que sou inteligente o bastante para a ter feito, e com isso provocar prazer no outro. Trata-se aqui de um prazer claramente narcísico, ligado à imagem que faço de mim mesmo — e que dificilmente pode ser explicado em termos da variação das quantidades de energia. Voltaremos a esta questão, muito mais importante do que parece à primeira vista, na seção final deste capítulo.

Antes de passar a um breve exame das "variedades do cômico", tema do último capítulo de *Der Witz*, vale notar que mais uma vez a referência ao terceiro aparece imbricada com a questão do riso. E não deixa de nos intrigar, como observei há pouco, que o prazer produzido por um processo que se efetua unicamente no plano do pensamento esteja tão intimamente ligado ao rir, que é um fenômeno essencialmente corporal.

O riso consiste num reflexo que põe em jogo nada menos que quinze músculos faciais, associado além disso a impulsos nervosos e a modificações na respiração. Mesmo entre os reflexos, ele ocupa um lugar à parte: todos os outros estão a serviço da sobrevivência, como fica claro se pensarmos na utilidade de dilatar as pupilas no escuro, ou no gesto automático de tirar a mão se algo a ferir. A causa e o efeito são nestes casos da mesma ordem, pois se dão exclusivamente no plano do corpo. Já o riso, quer se trate de um ligeiro sorriso ou de uma gargalhada homérica, é despertado — exceto no caso das cócegas — por um estímulo mental. Como isso acontece? Que processos interligam o físico e o psíquico para produzir tal efeito no plano propriamente fisiológico, que a hipótese de Freud sobre a energia psíquica e o levantamento da repressão não contempla?

41. Id., SA IV, p. 146; BN I, p. 1117.

450

É na obra de Arthur Koestler *The Act of Creation* que encontramos uma resposta, que aliás leva em conta (em certa medida) as ideias expostas por Freud no seu estudo. Diz Koestler que o riso tem como função eliminar excitações que se tornaram supérfluas — o que não é, para nós, uma novidade; mas *por que* elas se tornaram supérfluas? E por que são descarregadas precisamente pela risada, e não por outro reflexo qualquer, como o choro, ou movimentos dos dedos do pé?[42]

A análise de Koestler parte da ideia de que no humor — que para ele é o mais comum dos atos criativos — encontramos sistematicamente a colisão de duas matrizes ou esferas de pensamento: as "ideias muito distantes uma da outra" de que falava Freud. (Se o resultado do encontro das duas matrizes não for uma colisão, mas uma confrontação, teremos uma experiência estética; se for uma fusão, uma nova síntese, teremos uma invenção ou descoberta.) A colisão será, como é fácil compreender, tanto mais intensa quanto mais afastados forem os contextos que vêm a se defrontar.

Mas todo *train of thought*, ou processo de pensamento, é acompanhado por uma carga emocional. Koestler distingue duas classes de emoções: as assertivas ou agressivo-defensivas, e as participativas ou transcendentes. As primeiras — entre as quais se contam o medo, a raiva e a hostilidade — estão ligadas às funções de ataque e defesa, e são comandadas pelo ramo simpático do sistema nervoso autônomo, enquanto as segundas, governadas pelo ramo parassimpático, vinculam-se à solidariedade, à identificação com o outro, ao arrebatamento que sentimos diante da grandeza de uma obra artística ou de um espetáculo natural, etc. Para o estudo do humor, interessam mais as primeiras, o que mais uma vez condiz com a leitura freudiana, a qual — com o nome de "tendências" — liga ao *Witz* precisamente a sexualidade e a agressividade.

As emoções assertivas envolvem importantes modificações fisiológicas: ativação de glândulas que produzem secreções como a adrenalina e a noradrenalina, sudorese, aceleração do ritmo cardíaco, alterações respiratórias, dilatação pupilar, sensações térmicas, entre outras. Uma vez acionados, esses processos corporais são bem difíceis de serem interrompidos; possuem, diz Koestler, uma inércia peculiar, um ritmo muito mais lento que o dos processos ideativos. Quando — como ocorre no *Witz* — o pensamento funciona com rapidez estonteante,

---

42. Arthur Koestler, *The Act of Creation*, capítulo II: "Laughter and Emotion", no qual me baseio para o que se segue.

10. A "ilha dos tesouros": relendo *A piada e sua relação com o inconsciente*

passando velozmente de uma matriz para outra graças à alusão e às outras técnicas desvendadas por Freud, a carga afetiva que acompanhava cada um dos contextos não consegue se movimentar com a mesma rapidez que as representações: o processo de pensamento consiste fisiologicamente em minúsculas cargas eletroquímicas, sem proporção com os maciços eventos físicos desencadeados em conexão com as emoções.

Ocorre então um divórcio entre as representações ou ideias, que seguem seu curso associativo, e a emoção, que se vê "desertada" pelo pensamento e perde subitamente sua razão de ser. É esta carga afetiva tornada inútil que vai ser descarregada no e pelo riso:

> a súbita bissociação de duas matrizes habitualmente incompatíveis resulta na transferência abrupta de um contexto emotivo para outro. A carga emocional que acompanhava a narrativa não pode ser transferida dessa maneira, devido à sua maior inércia e persistência: descartada pela razão, a tensão encontra uma saída no riso.[43]

Justamente por seu caráter maciço, as emoções desta categoria são lentas, enquanto, como diz Lupicínio Rodrigues, "o pensamento pode ser uma coisa à toa/ mas como é que a gente voa/ quando começa a pensar". É fácil entender que possam "ficar para trás", tornando-se supérfluas. Mas por que elas devem "encontrar uma saída no riso"?

A resposta, Koestler vai buscar na nota de *Der Witz* sobre o sorriso do bebê, que surge quando ele foi alimentado e adormece. Escreve Freud:

> a contração das comissuras labiais que caracteriza o riso aparece pela primeira vez na criança de peito, quando, saciada e farta, abandona o seio materno e adormece. [...] Este sentimento primitivo de satisfação prazerosa pode ter proporcionado o elo entre o sorriso — o fenômeno fundamental subjacente ao riso — e suas subsequentes conexões com outros processos de distensão que geram prazer.

Em outras palavras, comenta Koestler, "as contrações musculares do sorriso, sendo a primeira manifestação do alívio da tensão, tornar-se-iam posterior-

43. Id., p. 59.

mente vias de menor resistência".[44] É uma hipótese plausível, pois sabemos pelo estudo do hábito que um gesto ou desempenho repetido muitas vezes tende a tornar-se automático. Ou seja: como em todo comportamento complexo, é necessário fazer intervir não somente o circuito fisiológico, mas também a *memória*, que pode ter uma dimensão corporal: o que são "vias de menor resistência" senão aquelas que, por terem sido palmilhadas muitas vezes por determinado tipo de excitação, tenderão a ser selecionadas a cada vez que esta se apresentar? Este é o caso aqui: o conjunto de reflexos da risada associa-se à sensação de prazer, e posteriormente a determinados estímulos mentais, na medida em que estes também se vinculam a sensações do mesmo tipo.

Estímulos *mentais*, acabo de dizer, e não apenas *verbais*: porque também rimos em circunstâncias nas quais o *Witz* está ausente, em particular naquelas ligadas ao cômico. Para justificar sua tese de que este último não é um elemento indispensável ao *Witz*, embora muitas vezes apareça associado a ele, Freud precisa examinar em que consiste a *Komik* — e é o que faz no último capítulo do seu livro.

A primeira e fundamental diferença entre a piada e as diversas espécies do cômico consiste em que aquela exige a presença da terceira pessoa, enquanto nas situações meramente cômicas esta não desempenha papel algum. O cômico não é produzido para fazer rir o "terceiro"; eu o *constato* em outra pessoa, e tal constatação é que produz — obviamente em quem a percebe, ou seja, no "primeiro" — o riso. A economia do processo é assim totalmente diferente num caso e no outro, a começar pelo fato de que bastam dois para que se produza o cômico, enquanto o *Witz* exige, para completar seu circuito, três pessoas (mesmo que a segunda só esteja presente na imaginação dos outros dois).

Freud começa examinando a ingenuidade, que é um frequente motivo do riso. O ingênuo torna-se cômico quando diz, com toda a seriedade, algo absurdo: o efeito cômico nasce da comparação entre o que seria apropriado dizer ou fazer naquela circunstância — o que eu mesmo, observador, teria dito ou feito — e o que vejo o outro — objeto do meu riso — dizer ou fazer. O mesmo ocorre com a comicidade dos movimentos (pantomima, palhaço, etc.): eles são percebidos como exagerados, excessivos, diante da tarefa a realizar. Já no caso das bobagens, como as que encontramos ainda hoje nas "pérolas do vestibular", o que nos parece ridículo é a falta de proporção entre a resposta correta e o que o candidato

---

44. Freud, *Der Witz*, SA IV, p. 138; BN I, p. 1111. Cf. Koestler, op. cit., p. 59.

10. A "ilha dos tesouros": relendo *A piada e sua relação com o inconsciente*

efetivamente escreve. "Como sobrevivem os moluscos fora da água? Como podem." "Por que os egípcios construíram as pirâmides? Para que as múmias pudessem viver em paz." "Quais as características das estações do ano em São Paulo?" "No inverno faz frio, no verão faz calor, na primavera mais ou menos, e quando chove tem inundação." Estas respostas (todas de fato apresentadas por estudantes em exames) nos parecem engraçadas porque nelas percebemos a ignorância ou a preguiça de quem as deu — ou seja, a falta de algo, no caso o empenho em raciocinar para responder com um mínimo de coerência à questão proposta.

Em todos estes casos, assim como no cômico do embaraço — por exemplo, quando alguém que precisa fazer algo importante é acometido por uma necessidade corporal (espirros, vontade de ir ao banheiro) — há uma comparação entre o que vemos e o que seria adequado fazer ou declarar. Desta comparação brota "uma gratificante sensação de superioridade em relação àquela pessoa; nosso riso é a expressão da superioridade, sentida como prazerosa, que nos atribuímos frente a ela".[45] O fenômeno, que um psicanalista contemporâneo vincularia à dimensão narcísica da personalidade, é compreendido por Freud — que em 1905 não dispunha ainda do conceito de narcisismo — nos termos da sua teoria econômica: para efetuar uma ação ou dizer algo numa conversa, é necessário um dispêndio de energia. O cômico ocorre quando esse dispêndio é "a mais" (em relação aos movimentos corporais) ou "a menos" (em relação ao desempenho mental), tomando como parâmetro a quantidade de energia que eu mesmo empregaria naquela circunstância.

Tendo encontrado este critério, Freud o utiliza para compreender situações semelhantes — o cômico nas características físicas ou mentais de outra pessoa, o que surge quando uma expectativa é frustrada e no lugar do logicamente esperado aparece algo absurdo, os *practical jokes* (que colocam alguém, deliberadamente, numa situação embaraçosa para rir da sua atrapalhação), o exagero da caricatura ou da sátira, etc. Em todos estes casos, a "comparação entre dois dispêndios" engendra uma diferença energética que vai ser descarregada no riso — sempre que a quantidade de energia não encontrar imediatamente outro emprego, como fazer uma piada, ou condoer-se da situação difícil em que o outro está. Agressividade (piada) e identificação empática (sentir-se como aquela pessoa se sente e ter o impulso de ajudá-la) são incompatíveis com o cômico.

---

45. Freud, *Der Witz*, SA IV, p. 182; BN I, p. 1141.

Freud não pretende esgotar o tema da comicidade, mas apenas esclarecer a relação entre esta e a piada; esta pode em certos casos ostentar uma fachada cômica, mas isso está longe de ser indispensável. Quando acontece, é uma forma de *distrair a atenção* do ouvinte a fim de melhor contornar a censura. Contudo, a mais importante diferença entre o *Witz* e o cômico está no fato de que o prazer do primeiro provém do inconsciente (levantamento da inibição), enquanto "a fonte do prazer cômico é a comparação de dois dispêndios, ambos os quais devemos atribuir ao pré-consciente. *Witz* e *Komik* diferenciam-se antes de tudo pela localização psíquica; o *Witz* é por assim dizer a contribuição para o cômico que provém do território do inconsciente".[46]

A penúltima seção do capítulo VII trata do *sense of humour*, que, sem se confundir com o cômico, é no entanto bem próxima das condições que o engendram. Freud observa que um dos obstáculos para percebermos como engraçada uma situação é a emergência de afetos aflitivos:

> tão logo o movimento inútil cause um dano, a estupidez leve à desgraça, ou a decepção produza dor, cessa a possibilidade de um efeito cômico [...]. O humor é um meio de obter prazer apesar dos afetos penosos que poderiam surgir (em tal situação); substitui-se ao desenvolvimento deles, coloca-se no seu lugar.[47]

Isso fica claro se pensarmos que, frente a alguém que experimenta afetos deste tipo, podemos em certas circunstâncias sentir um prazer mórbido (por exemplo, na *Schadenfreude*, ou prazer diante do embaraço em que se coloca alguém que nos ofendeu ou magoou) que se aproxima do que experimentamos diante de algo cômico; mas a própria pessoa que vivencia tal situação jamais pode ver-se como cômica. O que ela pode fazer é economizar o dispêndio de afetos penosos e, num movimento defensivo, diminuir a importância das agruras pelas quais está passando: isso pode resultar numa negação, mas também numa tirada de humor. O condenado à morte que, ao raiar a segunda-feira na qual deve ser executado, se sai com esta — "pois é: a semana começa bem!" — está se poupando da angústia que poderia sentir sabendo que aqueles são seus últimos momentos de vida.

46. Id., SA IV, p. 193; BN I, p. 1149.
47. Id., SA IV, p. 212; BN I, p. 1162.

10. A "ilha dos tesouros": relendo *A piada e sua relação com o inconsciente*

O humor negro (*Galgenhumor* ou "humor da forca", que os tradutores brasileiros convertem em *humor patibular*, contribuindo assim para aumentar a lista dos exemplos de comicidade no livro de Freud) fornece uma boa pista para compreender a metapsicologia do humor. O que economizamos com a história do condenado, explica Freud, é o afeto da compaixão (*Mitleid*, "sofrer-com"): se ele próprio não se preocupa com o que lhe sucederá, nós, que já tínhamos preparado nossa compaixão, tampouco precisamos mobilizá-la; ela se torna inútil, e podemos descarregá-la rindo.

Os afetos penosos aos quais se pode substituir o humor são variados: raiva, dor, medo, compaixão, etc. Na pessoa que produz a frase humorística, o movimento é claramente defensivo: significa um evitamento do desprazer. Poderíamos dizer que ele converte um desprazer *in statu nascendi* em prazer.[48] Freud fala, nesse contexto, em *exaltação do ego*, como se este se dissesse: "sou bom demais, ou grande demais, para me sentir atingido pelo que está me acontecendo". Mais uma vez, seria ao narcisismo que hoje atribuiríamos tal pensamento; no seu texto, porém, Freud se atém à explicação pela economia, no caso poupança da energia dos afetos geradores de desprazer.

Ele tem assim em mãos a chave para encerrar seu laborioso percurso: o mesmo princípio lhe permite explicar os três tipos de prazer, derivados respectivamente da piada, do cômico e do humor. Vale a pena concluir nosso comentário de *Der Witz* citando o seu trecho final, pois ninguém melhor que o próprio Freud para expor uma ideia de modo claro e preciso:

> O prazer do *Witz* nos pareceu provir de um dispêndio economizado na inibição, o do cômico da economia do dispêndio do investimento nas representações, e o do humor da economia no dispêndio de sentimentos. Nestas três modalidades do nosso trabalho psíquico, o prazer procede de uma economia; todos coincidem em ser métodos para reconquistar prazer com a atividade psíquica, prazer que havia se perdido precisamente em virtude do desenvolvimento dessa mesma atividade. Pois a euforia que nos esforçamos para atingir por estes caminhos nada mais é do que o estado de ânimo (*Stimmung*) de uma época da vida na qual podíamos realizar nosso trabalho psíquico com muito pouco dispêndio: o estado de ânimo da nossa infância, quando não conhecíamos o cômico, não éramos capazes de fazer piadas, e não precisávamos do humor para nos sentirmos felizes na vida.[49]

48. Id., SA IV, p. 217; BN I, p. 1166.
49. Id., SA IV, p. 219; BN I, p. 1167.

NOVAS PERSPECTIVAS

Agora que concluímos o comentário do percurso de Freud, creio que o leitor concordará com o título que escolhi para este capítulo. Vimos na primeira parte dele que o *Witz* permaneceu como que isolado na obra freudiana, pouco valorizado por seu autor e pouco aproveitado por seus seguidores. Não é descabido, assim, compará-lo a uma ilha; mas as seções anteriores, espero, terão mostrado que essa ilha encerra coisas das mais interessantes, verdadeiros tesouros, que talvez só um século depois de terem ali sido depositados por quem os conquistou podemos apreciar em todo o seu valor. E, visto que Freud insiste no caráter infantil do prazer que temos com a piada, com o cômico e com o *sense of humour*, tampouco está fora de lugar a alusão a um romance que encantou tantos leitores mirins, entre os quais me incluo: *A ilha do tesouro*, de Robert Louis Stevenson.

Mas por que tanto apreço por *Der Witz*? Nesta seção final, gostaria de mostrar por que ele não me parece exagerado. O livro se situa, como deve ter ficado claro, na posteridade da *Interpretação dos sonhos*: sendo os mecanismos que engendram a piada a condensação e o deslocamento, o *Witzarbeit* é irmão gêmeo do *Traumarbeit*. Poderia parecer pequena a novidade dessa aproximação, mas pensar assim seria ceder a mais uma ilusão de óptica: depois de Colombo ter pousado seu ovo sobre a mesa dos reis da Espanha, de fato parece simples fazê-lo ficar em pé. Nada, na tradição filosófica ou psicológica, sugeria tal aproximação; todos os autores citados na Introdução colocam o *Witz* na esfera do cômico ou, no máximo, da estética. O ângulo adotado por Freud para sua abordagem é totalmente novo: a descrição a que procede no capítulo I o leva a uma exigência genética, a saber, determinar *como* se produz uma piada, e não apenas a uma coleção de traços "fenomenológicos" sem conexão uns com os outros. Aproximar o *Witz* dos sonhos era tão imprevisível quanto destes os atos falhos, e somente porque "do alto destas pirâmides cem anos (de psicanálise) nos contemplam" é que nos parece natural situar todos eles entre as "formações do inconsciente".

"Está bem, está bem", dirá o leitor. "Concedido: para os contemporâneos, foi uma enorme surpresa o caminho que Freud seguiu. Mas para ele próprio, não: tanto que se defende da acusação de que o vínculo que encontra entre

10. A "ilha dos tesouros": relendo *A piada e sua relação com o inconsciente*

sonhos e *Witze* seja um mero corolário da sua teoria do sonho." Esta nova objeção, porém, tampouco se sustenta. Procurei mostrar atrás que, longe de ser um demérito, usar uma teoria como parâmetro para investigar fenômenos aparentemente remotos em relação a ela é um fato corriqueiro: inscreve-se na lógica da invenção, como tantas outras bissociações criativas.

Mas o *Witz* não apenas prolonga de modo brilhante as descobertas anteriores. Freud desbrava nessa obra território novo — *tão novo, que ele próprio não foi capaz de aproveitar alguns dos* insights *que foi tendo ao escrevê-la*. O que se segue pretende trazer alguns argumentos a favor dessa tese, que talvez soe um tanto estranha a quem me acompanhou até aqui.

O que há de verdadeiramente novo no livro? Em primeiro lugar, um avanço considerável na compreensão do pensamento infantil, a partir do prazer obtido com os jogos de palavras, e, num ponto que não chegamos a tocar, nas passagens em que fala do desamparo da criança (a propósito do cômico, no último capítulo). A "criança sempre viva com todos os seus impulsos" já havia feito sua aparição na *Traumdeutung*; agora, juntamente com o estudo da sexualidade infantil a que Freud se dedica nos *Três ensaios*, ela ganha contornos mais precisos, e nos anos seguintes isso se acentuará ainda mais. O caso do Pequeno Hans, a enérgica condenação da hipocrisia sexual no "Nervosismo moderno", o delicado estudo das "Duas mentiras infantis" são alguns dos textos que comprovam o novo entendimento da criança ao qual Freud chega a partir do que enuncia aqui.

Em segundo lugar, temos a descrição dos sentimentos de hostilidade, que na formação do *Witz* ocupam lugar tão evidente. Freud não havia ainda tratado com esta minúcia da agressividade, que considerava secundária em relação à sexualidade: não seria mais do que o "componente sádico" da libido. Aqui também isso ocorre, mas claramente o que ele avança excede os quadros do sistema conceitual com que trabalha. Muitas das tiradas e piadas maldosas analisadas no livro nada têm de sexual ou de sádico: são manifestações de agressividade por assim dizer em estado puro. Freud, contudo, não dispõe ainda de *conceitos* para pensar isso, e anexa toda tendência agressiva à libido sádica. Como vimos num capítulo anterior, é a análise do Homem dos Ratos, em 1908, que o porá na pista do papel primordial que o ódio exerce na vida psíquica. Ele descobrirá que o ódio é irredutível a qualquer tendência da libido, e somente com a segunda teoria das pulsões encontrará um lugar para ele na arquitetura conceitual da psicanálise, como tendência à destrutividade e parte da pulsão de morte. O *Witz* contém as sementes desse desenvolvimento; mais do que isso, traz descrições precisas do funcionamento das pulsões agressivas, porém sem que estas encontrem uma individualidade própria no plano conceitual.

Terceiro: o "ponto de vista econômico", que faz sua *entrée* no contexto da economia de dispêndio psíquico. Freud o emprega como chave para compreender toda a dinâmica do *Witz*, do cômico e do humor; servir-se-á amplamente desta ideia, tanto nos casos clínicos quanto no exame dos fenômenos estéticos (em especial no estudo da sublimação), mas ela só encontra seu lugar definitivo em 1915, ao ser acoplada aos outros dois "pontos de vista", tópico e dinâmico, nos textos da *Metapsicologia*. Em *Der Witz*, porém, o *uso* do ponto de vista econômico padece de certo excesso, que impede a justa avaliação do seu potencial. Freud parece tão entusiasmado com sua descoberta que a emprega a torto e a direito, impondo-a como um leito de Procusto a todos os fenômenos com os quais se depara em seu trajeto. Serão necessários dez anos para que aprenda a servir-se corretamente, e por isso mesmo de modo mais eficaz, dessa ferramenta heurística.

Quarta pepita da qual Freud não consegue ainda extrair o metal precioso: os vislumbres sobre o funcionamento narcísico que pontilham o livro, dos quais os exemplos mais evidentes são o prazer que o riso do outro provoca em mim e a sensação de exaltação do ego que detectamos no *sense of humour*. Na falta do conceito de narcisismo, formulado no *Caso Schreber* (1911), mas cuja extensão só será percebida em *Para introduzir o narcisismo*, Freud é levado a forçar as coisas, fazendo entrar na rubrica da economia de energia psíquica fatos que pouco têm a ver com ela. Aqui também, a profundidade da análise atinge fenômenos dos quais a teoria ainda não pode dar conta, e que só ganharão plena inteligibilidade bem depois.

O livro do *Witz* apresenta assim, ao leitor que conhece os desenvolvimentos posteriores da psicanálise — e isso vale já para os anos seguintes à sua publicação — um aspecto ligeiramente *démodé*, diríamos talvez precocemente envelhecido. As análises particulares são de um vigor extraordinário; poucas vezes o próprio Freud igualou a precisão com que aqui descreve complicadíssimos processos psíquicos. Isso é notado por Jones, ao sugerir que um dos motivos de o livro ter sido pouco lido residia na dificuldade de apreender seu conteúdo,[50] e Strachey diz algo semelhante no "Prefácio do editor inglês". Mas esta agudeza de análise não en-

---

50. Ver nota 2.

10. A "ilha dos tesouros": relendo *A piada e sua relação com o inconsciente*

contra uma teorização à altura, e o resultado é um texto um pouco "torto", em que uma das pernas é curta demais para a outra.

O ENIGMA DO PRAZER

Entre as ideias fecundas que borbulham em *Der Witz*, há uma que me parece de importância especial, mas que dá origem a um problema particularmente espinhoso: o estatuto do prazer. Freud trabalha neste livro com sua teoria oficial do prazer, a que chamarei teoria "explícita", mas os fenômenos que aborda exigem *outra* teoria desse sentimento. E talvez este fato tenha algo a ver com o relativo abandono a que ele relegou o livro, depois de ter despendido tanto esforço para escrevê-lo: como se intuísse que, apesar de todo aquele trabalho, a solução encontrada ainda deixava a desejar. Não conseguindo atinar com algo melhor, teria deixado de lado o assunto, para só voltar a ele vinte anos mais tarde, na curta comunicação sobre o humor que enviou ao x Congresso de Psicanálise.

A teoria explícita se vincula ao ponto de vista econômico. O prazer, diz Freud, é uma sensação que nasce e morre no interior da psique, e consiste na percepção interna de que uma tensão foi eliminada. O argumento da economia de energia, como vimos, repousa sobre este pressuposto. Já aqui surgem dificuldades: o prazer preliminar — que encontramos tanto na técnica do *Witz* quanto, segundo os *Três ensaios*, nas carícias que precedem o ato sexual — combina mal com a ideia de que todo prazer nasce da descarga. No livro que estamos examinando, Freud não trata desse problema, mas nos *Três ensaios* sim — e a solução que aponta, como veremos a seguir, não convence.

Como se isso fosse pouco, a teoria oficial sobre o prazer encerra outro problema: na medida em que trabalha apenas com o que acontece no interior da psique, é inteiramente solipsista. Acontece que boa parte de *Der Witz* é dedicada a compreender um fenômeno — o "circuito do prazer" — incompatível com qualquer abordagem solipsista. O que Freud descreve nesse contexto continua sendo a sensação subjetiva chamada "prazer", mas suas condições de engendramento envolvem a interação de duas pessoas, e não uma só. Mais uma vez, a teoria quantitativa do prazer rateia, agora porque, por mais que Freud tente provar sua tese, é impossível convencer o leitor de que o prazer do ouvinte produza no autor da piada um *abaixamento* da tensão. Trata-se de algo completamente diferente, que exigiria outra teoria do prazer, capaz de contemplar o aspecto intersubjetivo dessa experiência. Além disso, na própria análise do vínculo entre o primeiro e o terceiro entrevemos aspectos que apontam para *outro tipo* de prazer, que nada tem a ver com oscilações no nível de tensão: refiro-me aos prazeres narcísicos, como sentir-se inteligente ao fazer um bom *Witz*, superior diante do cômico, e invulnerável no caso do *sense of humour*.

Ou seja, na questão do prazer — central no argumento freudiano — encontramos dificuldades de monta, das quais ele não trata explicitamente. Torna-se, portanto, necessário examinar com calma a questão; veremos que ela é bem mais complexa do que parece à primeira vista, ou melhor, bem mais fundamental: o que está em jogo é a visão mesma do homem que subjaz à doutrina freudiana.

Comecemos com o caso do prazer preliminar. No terceiro dos *Três ensaios*, sob a rubrica "A tensão sexual", Freud escreve:

ao caráter da excitação sexual liga-se um problema difícil de resolver, mas importante para a compreensão dos processos sexuais. Apesar da diversidade de opiniões reinante na psicologia atual sobre esta questão, devo sustentar que uma sensação de tensão deve trazer consigo um caráter de desprazer. Para mim, é decisivo que tal sensação acarrete um impulso a modificar a situação psíquica, pressione nesta direção (*treibend wirkt*), o que é completamente estranho à essência da experiência de prazer. Mas, se incluímos a tensão da excitação sexual entre as sensações desprazerosas, tropeçamos em seguida com o fato de que ela é indiscutivelmente sentida como um prazer. A tensão provocada pelos processos sexuais é sempre acompanhada de prazer [...]. Como convivem então a tensão desprazerosa (*Unlustspannung*) e a sensação de prazer?[51]

Freud reconhece, portanto, que existe ao menos um caso em que a tensão é vivida como prazer, e que isso coloca uma dificuldade considerável para sua teoria. Tenta solucioná-la no quadro da hipótese quantitativa, utilizando a ideia do movimento em espiral a que denominei atrás "mecanismo de gatilho". No caso da tensão sexual, o gatilho é representado pela ativação sucessiva das zonas erógenas (olhar, toques, etc.), que produz a cada vez uma sensação de prazer *e*

---

51. Id., *Três ensaios*, SA V, p. 114; BN II, p. 1217.

10. A "ilha dos tesouros": relendo *A piada e sua relação com o inconsciente*

simultaneamente um certo grau de tensão. Esta, assim incrementada, converte-se em desprazer "quando não lhe é permitido provocar mais prazer", isto é, quando o processo é interrompido. A tensão estagnada é então sentida como desprazer; mas, se a espiral continua, o acúmulo de tensão acaba por fazer surgir a "energia motora" necessária para completar o ato sexual. É por esta razão que Freud chama *Vorlust* (prazer preliminar) a tudo o que precede a descarga, e *Endlust* (prazer final, ou "de satisfação"), àquilo que extingue a tensão libidinal e produz o estado de relaxamento previsto pela teoria.

Por engenhosa que seja esta explicação, permanece o fato de que nas etapas preliminares do ato sexual a tensão é sentida como prazerosa. A teoria dá conta de que ela induza à continuação do ato, e mesmo que isso tenha um caráter peremptório, mas continua misterioso o fato de a excitação própria a cada uma das etapas preparatórias, embora associada a um incremento de tensão, ser sentida como prazer. E Freud admite sua perplexidade: "como o prazer experimentado faz surgir a necessidade de um prazer maior — este é exatamente o problema".[52]

Quase vinte anos depois, em "O problema econômico do masoquismo", ele retorna ao enigma, tentando resolvê-lo por outro meio. Reconhecendo que existem tensões prazenteiras e distensões desagradáveis, e que o caso da excitação sexual oferece o melhor exemplo ("mas seguramente não o único") desta situação, Freud conclui que prazer e desprazer

> não podem ser assimilados ao aumento e à diminuição de uma quantidade à qual chamamos "tensão de estímulo" (*Reizspannung*), embora claramente tenham muito a ver com este fator. Parece que não dependem [completamente] deste fator, mas de um aspecto dele, o qual só podemos caracterizar como qualitativo [...]. Talvez seja o ritmo, o decurso temporal das modificações, dos aumentos e diminuições da quantidade de estímulo: não sabemos.[53]

Este texto coloca, a meu ver, a lápide definitiva sobre qualquer tentativa de explicar o prazer somente em termos quantitativos. Freud percebe que é necessária alguma coisa diferente, um elemento de outra natureza — a que chama

---

52. Id., SA V, p. 115; BN II, p. 1218. O mistério consiste precisamente nisto: segundo a teoria, a sensação de prazer *não* deveria exigir mais prazer, e sim ser seguida por um estado de calma, correspondente à eliminação de um montante de energia.

53. Id., *Das Ökonomische Problem des Masochismus* [O problema econômico do masoquismo], SA III, p. 344; BN III, pp. 2752-3.

"algo qualitativo" — para dar conta da experiência de prazer. Mas o que poderia ser isso? Apelar para o ritmo não resolve o problema, pois este é claramente de ordem quantitativa, tanto que pode ser medido pelo metrônomo. Somos nós que associamos a ritmos lentos (poucas pulsações por unidade de tempo) o caráter de solenidade, de tristeza ou de circunspecção, e aos ritmos animados (muitas pulsações por unidade de tempo) o sentido de alegria ou vivacidade (*allegro, allegretto*...).[54]

A verdade é que a dificuldade está em outro lugar, e é dupla: por um lado, existem vários tipos de prazer, e por outro este não consiste simplesmente num processo interno, que nasce e morre no interior da psique. E o mais extraordinário é que o próprio Freud descreve, nos *Três ensaios*, experiências de prazer que envolvem outra pessoa, não na posição de objeto (como é o caso do parágrafo citado acima), mas na de *indutor* daquilo que o sujeito sente em seu corpo.

É Monique Schneider quem, em seu livro *Freud et le plaisir*, chama a atenção para este fato. Com extrema finura, ela nota que a teoria oficial do prazer evoca uma fantasmática anal, tanto por enfatizar a expulsão da excitação quanto porque só deixa ao sujeito a opção de dominá-la ou controlá-la. Esta perspectiva é uma constante na obra freudiana, das cartas a Fliess e do *Projeto* ("princípio de inércia neurônica") aos *Três ensaios*, aos "Dois princípios do funcionamento psíquico" e a "Pulsões e destinos de pulsão" ("princípio de prazer"), até *Além do princípio de prazer* e "O problema econômico do masoquismo" ("princípio do nirvana"). É por este motivo que, no parágrafo dos *Três ensaios* mencionado atrás, Freud escreve "devo sustentar (*ich festhalten muss* — literalmente, manter firme) que toda tensão traz consigo um caráter de desprazer", e faz tantos malabarismos para diminuir a importância do fato que se opõe à sua visão, a saber que a tensão sexual é vivida como prazer. Nessa perspectiva, qualquer estímulo é incômodo, invasivo, ameaçador, e deve ser eliminado; se isso não for possível,

---

54. Luiz Alberto Hanns me chamou a atenção para recentes estudos neurológicos que associam as sensações de prazer a certos padrões rítmicos da atividade elétrica do cérebro, o que poderia dar razão a Freud. Contudo, o ritmo — elétrico, cardíaco, respiratório ou musical — é um fenômeno quantitativo, pois equivale a um certo *número* de pulsações por unidade de tempo (normalmente o minuto). Freud quer dissociar certos tipos de prazer da mera oscilação da quantidade de estímulo, mas fazer intervir o ritmo apenas torna o funcionamento da quantidade mais sutil, sem escapar da tirania do "mais" e do "menos". Aliás, agradeço também a este colega por ter dirimido algumas dúvidas minhas sobre o sentido exato de certos termos alemães que aparecem no texto de Freud.

10. A "ilha dos tesouros": relendo *A piada e sua relação com o inconsciente*

a alternativa menos ruim é dominá-lo (*bewältigen*), submetê-lo, controlá-lo, "ligá-lo" — ou seja, precisamente aquilo que caracteriza uma fantasia anal.

Frente a esta posição reafirmada a cada passo da obra, diz Monique Schneider, os *Três ensaios* tomam outra via:

> embora a investigação das componentes pulsionais anime os *Três ensaios*, eles seguem um caminho mais empírico e descritivo; exploram uma cartografia corporal, as superfícies de afloramento do prazer, os limites exteriores do dinamismo pulsional. Aliás, o conceito de zona erógena nasce de uma conjunção completamente diversa daquela que engendra o conceito de pulsão.[55]

Qual é esta "conjunção"? É a receptividade, a abertura a experiências inesperadas de contato com o outro, cujo paradigma não é mais a analidade, e sim a oralidade. Na mesma seção sobre o prazer preliminar, Freud fala no caso da mulher a quem se toca o seio: a carícia faz surgir a vontade de ser tocada em outras partes do seu corpo — "um prazer experimentado suscita a necessidade de um prazer maior". O movimento pulsional, nota com razão Monique Schneider, não é aqui ativo, mas se manifesta por uma atitude receptiva, vulnerável, oferecendo-se à excitação ao invés de querer dominá-la:

> é certamente difícil derivar de uma finalidade de não excitação o desejo de que a excitação aumente. É todo o quadro teórico [...] que precisaria ser transformado para dar conta desta abertura ávida, solidária de uma experiência que desperta, que revela zonas sensoriais (até então) adormecidas e silenciosas. Este é o poder que pode exercer aquilo que possui a potência de *Reiz* (estímulo/encanto).[56]

Aqui está o "algo qualitativo" que Freud buscava em vão no ritmo das alterações no estímulo: tal variação nada tem de qualitativo, mas "ativo" ou "receptivo" são obviamente qualidades — e é porque essa experiência de prazer escapa ao modelo da catarse que difere radicalmente de outras, que podem de fato ser descritas sob aquela rubrica, ou seja, como esvaziamento que conduz ao repouso.

55. Monique Schneider, *Freud et le plaisir*. Paris: Denoël, 1980. p. 175.
56. Id., pp. 184-5.

Existem certos prazeres, inclusive sexuais, que de fato correspondem ao modelo "anal"; mas há outros que surgem da inscrição de uma diferença sensível, e não por acaso Monique Schneider fala aqui em oralidade: além da abertura e da receptividade próprias à boca, é *outro modo de apreender o objeto* que vemos desenhar-se. Talvez um bom exemplo deste tipo de prazer seja o que experimentamos ao provar um novo sabor: quando degustamos algo que nos agrada, deixamo-nos invadir pelas sensações táteis que o alimento produz em nossas papilas, pelos odores que dele se desprendem, pela textura ou pela temperatura daquilo que estamos comendo. O mesmo acontece quando ouvimos música: dizemos que ela nos envolve, nos toca, nos comove, e nos entregamos ao seu encanto. A disposição receptiva é aqui condição necessária para o prazer, e nada tem de semelhante a um controle ou a uma expulsão: pelo contrário, o som nos chega de todos os lados, não podemos nos furtar à sua entrada em nossos ouvidos, e, longe de tentar afastar o estímulo, a ele nos abandonamos, inclusive permitindo que o que ouvimos determine movimentos no nosso corpo (balançamos, tamborilamos com os dedos, batemos o pé).

Agora: o extraordinário é que, no próprio livro do *Witz*, Freud tenha descrito uma experiência deste gênero, sem se dar conta de que ela poderia abrir caminho para outra compreensão do prazer. Refiro-me ao que acontece com quem ouve a piada: ele é surpreendido por algo que lhe chega de fora, e, em vez de proceder à eliminação do "invasor" que aumenta a sua tensão mental — pois a frase espirituosa, num primeiro momento, desconcerta por sua estranheza —, deixa-se impregnar por aquela excitação. Seu riso é prova suficiente de que experimentou prazer, *e a condição deste prazer é precisamente a receptividade a algo que se apresenta como um aumento de tensão.* Quem detém o papel ativo é o autor da piada, aqui semelhante a quem tocou o seio da mulher e nela fez surgir o desejo de experimentar "mais" daquilo: ambos atuam precisamente como um *sedutor*. Se o terceiro reagisse como postula a teoria oficial do prazer, deveria defender-se da sua surpresa tapando os ouvidos (literal ou metaforicamente), e em seguida tentar livrar-se da fonte da sua excitação. Ora, é o oposto que acontece — como é o oposto que acontece com o bebê quando aceita os carinhos da mãe e abre os lábios para receber o mamilo.

Disse atrás que o ponto de vista econômico fornece a Freud o fio condutor para abordar o fenômeno estético; devemos agora retificar um pouco essa afirmação. O que me levou a fazê-la é o fato de que o mecanismo de gatilho que

10. A "ilha dos tesouros": relendo *A piada e sua relação com o inconsciente*

vincula prazer preliminar e prazer final opera tanto na mente de quem ouve (e compreende) um *Witz* quanto na fruição de uma obra de arte ou de ficção. É o que lemos em "O poeta e a fantasia": o autor nos apresenta os frutos da sua imaginação, cuja fonte última são fantasias sexuais ou egoístas, embalados numa forma agradável, e com isso nos seduz (prazer preliminar), permitindo-nos gozar delas e das nossas próprias sem sentir culpa (prazer final).[57]

O modelo construído no *Witz* começa assim sua fecunda carreira como chave para compreender o prazer estético: mas não o modelo da economia no dispêndio psíquico, e sim aquele ao qual chamei "circuito do prazer". A obra de arte, literária ou outra, é um *analogon* da piada: esta também é uma construção bissociativa, para usar o termo proposto por Arthur Koestler, e Freud falará a esse respeito de sublimação das pulsões sexuais. O mecanismo de gatilho importado dos *Três ensaios* ganha assim uma vigência muito mais ampla do que poderíamos suspeitar: já no *Witz* ele desempenha papel central, e aquilo que Freud formula a partir dele — o circuito do prazer — vai ser em seguida aplicado à arte em geral. Pois esta também só faz sentido num contexto intersubjetivo, do qual o destinatário — aquele em vista de quem se escreve, pinta, esculpe ou compõe — é parte integrante e indispensável.

O prazer de ser seduzido enquanto espectador ou leitor de uma obra artística aparece em outros textos de Freud, como na abertura de "O Moisés de Michelangelo":

tive assim minha atenção despertada para o fato aparentemente paradoxal de que algumas das maiores e mais poderosas obras artísticas permanecem obscuras para nosso entendimento [...]. Não tenho leitura suficiente para saber se isso já foi observado, ou se algum especialista em estética descobriu se essa perplexidade (*Ratlosigkeit*) da nossa inteligência é mesmo uma condição necessária para os mais poderosos efeitos que uma obra de arte pode suscitar.[58]

---

57. Freud, *Der Dichter und das Phantasieren* [O poeta e a fantasia], SA x, p. 179; BN II, p. 1348.

58. Id., *Der Moses des Michelangelo*, SA x, p. 197; BN II, p. 1876. [Ed. bras.: "O Moisés de Michelangelo" (1914). In: OCCL, v. 11. pp. 373-412.] Como de hábito, Freud entrevê outra possibilidade para a experiência de prazer — a *déroute* da inteligência *begreifend*, literalmente "que agarra", portanto domina ou controla — e imediatamente antepõe a tal ideia uma salvaguarda: "mas não posso aceitar que seja assim [...]. Uma disposição racionalista, ou talvez analítica, me impede de fruir uma obra de arte se não consigo discernir o que me comove, nem por onde isso produz o seu efeito".

O efeito em questão é o de se sentir emocionado, e mesmo profundamente emocionado; ora, de onde ele pode surgir, se não de uma atitude receptiva da qual está afastada qualquer intenção de soberania? O espectador da obra de arte ocupa, no circuito do prazer, a mesma posição que o ouvinte do *Witz*: é surpreendido por algo inesperado e que o desconcerta, algo que lhe é "presenteado" (como Freud diz da piada) pelo artista; este está na posição do primeiro, aquele que inventa a frase espirituosa (aqui correspondendo à obra), com a qual seduz o terceiro e lhe permite experimentar prazer. É claro que a intensidade deste último é muito maior na experiência estética, tanto pela sutileza e complexidade dos meios técnicos empregados pelo artista na sua construção (a *ars poetica*, diz Freud), quanto pela quantidade e variedade das fantasias que a obra evoca para o destinatário. Mas a estrutura de todas estas situações é a mesma.

Monique Schneider escreve páginas admiráveis sobre a experiência estética, utilizando em especial o "Leonardo", texto no qual Freud revela muito de si mesmo (particularmente nas passagens em que mostra quão grande é o sacrifício libidinal envolvido quando a sublimação toma feições de vocação científica). Não podemos, a esta altura do nosso estudo, entrar mais a fundo nessa questão; basta lembrar que o "conquistador" — papel que Freud gostava de se atribuir — também sucumbiu "ao encanto do grande Leonardo", deixando entrever o que a atitude receptiva pode trazer em termos de ganho de prazer:

o abandono a uma potência exterior apreendida como transbordante permite a quem admite que esta ação seja exercida sobre si reencontrar aquilo que, em si mesmo, é igualmente experimentado como outro e como obscuro; é o abandono a uma sedução dotada de um poder de iniciação.[59]

Incidentalmente, é por esta via que podemos compreender a referência de "*Der Humor*" ao superego benigno. Longe de se opor à ação desta instância, o ego neste caso se abre a ela e, simultaneamente à sensação de grandeza e invulnerabilidade ("sou mais forte do que o que me acontece, posso portanto rir disso"), experimenta novamente o sentimento infantil de confiança num pai afável, que nos contava histórias, nos pegava nos ombros e brincava conosco. O superego, que tantas vezes encarna a voz ameaçadora do pai castrador, assume aqui uma

---

59. Monique Schneider, op. cit., p. 203.

10. A "ilha dos tesouros": relendo *A piada e sua relação com o inconsciente*

função benévola, que também encontrávamos no pai da infância — ou não o teríamos amado a ponto de introjetar as restrições que ele nos impôs, e nas quais devemos ver tanto a gênese quanto a essência do superego.

O prazer tem, assim, aspectos que excedem aqueles dos quais a teoria quantitativa pode dar conta. Falamos até aqui na sua dimensão intersubjetiva, impossível de ser apreendida numa perspectiva solipsista e quantitativa. É este tipo de experiência que corresponde, digamo-lo mais uma vez, àquilo que Freud quis atribuir ao ritmo em "O problema econômico do masoquismo". Mas é preciso mencionar outro tipo de prazer — o que provém da dimensão narcísica — que Freud também vislumbra no *Witz*, e para cuja compreensão, àquela altura, sua teoria ainda não dispunha de instrumentos.

Trata-se da sensação de contentamento consigo mesmo, que pode surgir em ocasiões muito variadas. A criança que consegue realizar algo difícil nos fornece um bom ponto de partida para compreender do que se trata: atividades como subir numa árvore, dizer sem errar uma parlenda, aprender a assobiar ou a tocar algo num instrumento proporcionam a ela um prazer indiscutível, que se traduz na expressão de alegria estampada em seu rostinho. O sentimento de vitória corresponde aqui à coincidência, ou pelo menos à aproximação, entre o ego e o ideal do ego: esta situação engendra um estado de euforia, simétrico à breve crise depressiva que se instala na situação oposta — a do fracasso. A criança se sente *capaz de*; seu olhar cintilante ou uma franca risada comprovam a felicidade que tais momentos lhe permitem experimentar.

Outra ocasião para o prazer narcísico emerge da comparação com outros em contextos de rivalidade ou competição: é o caso daquele que se sente superior a quem se coloca em situação ridícula, mas também daquele que vence uma prova e é aplaudido pelos que assistem a ela. Não é preciso ser muito sagaz para perceber, na alegria de ser admirado, o eco de um dos mais profundos anseios do ser humano: o de ser amado pelos pais da primeira infância. E o motivo desse amor reside, com toda a clareza, em que fizemos algo que lhes agradou; mais precisamente, em algo que lhes proporcionou, igualmente, um prazer narcísico — "*meu* filho fez ou disse tal coisa...". Quando alguém conta a um amigo a última gracinha ou proeza de seu rebento, é frequente percebermos uma motivação desse gênero, implicando que "graças ao bom pai que sou, meu filho ou filha", etc., etc. A proeza infantil repercute sobre o narcisismo dos pais, e estimula a criança a realizar de novo aquilo que tanto aplauso suscitou: instala-se assim um círculo virtuoso que, sem sombra de dúvida, tem muito a ver com a sublimação.

Freud situa esta última como um destino pulsional, mas ele permanece obscuro se o referirmos somente à satisfação da libido em termos quantitativos. Pois justamente, no caso da sublimação, é a descarga que se encontra inibida: o investimento em finalidades "socialmente valorizadas" — que Freud frequentemente identifica com a arte ou com a investigação científica — tem a peculiaridade de proporcionar um intenso prazer, cuja dinâmica nada tem a ver com a supressão de uma tensão. Ao contrário, é muitas vezes a própria atividade — e não a obtenção de um produto final — que proporciona o prazer: *estar caçando*, e não só capturar a presa ou mostrar o troféu.

Aqui encontramos excitação, expectativa, investimento nos gestos e movimentos necessários, espicaçamento da atenção — fenômenos claramente associados a tensões, e de forma alguma a um estado de calma. O mesmo acontece quando sentimos prazer em aprender algo, em brincar, na exploração tátil, visual ou sonora de algo novo. É este prazer, aliás, que dá conta do esforço para vencer os obstáculos que se antepõem nesse percurso: dificuldades motoras (no caso da criança que aprende a escrever, ou de alguém que quer tocar um instrumento, dirigir, usar o mouse do computador, etc.), intelectuais (no aprendizado de matérias escolares ou de idiomas), econômicas, afetivas — pouco importa: todas elas seriam motivo de decepção e levariam a abandonar o projeto, se não fossem contrarrestadas pelo investimento no próprio ato e pela satisfação que produz a reiteração deste ato, mesmo que parcialmente fracassado, até que se consiga fazer o que se queria.

Ora, aqui também a expectativa de sermos amados por aqueles *para quem* fazemos algo difícil tem um papel nada desprezível. Mais uma vez, o circuito narcísico entra em ação: investimos aquilo que, imaginamos, dará prazer aos "outros significativos" — que podem ser desde os pais da primeira infância até o público numa performance artística ou esportiva — e, por sua vez, a manifestação daquela alegria nos incentiva a prosseguir, mesmo que à custa de muito desprazer nas etapas de treinamento. Esta é uma das chaves da psicologia do autor, que se impõe um esforço nada desprezível para produzir uma obra ou um desempenho capaz de atrair sobre si o amor pelo qual anseia.

Com estas últimas considerações, parecemos ter-nos afastado muito do livro de Freud. Mas apenas na aparência: pois fazer um *Witz* é, claramente, uma das muitas maneiras de sublimar nossa libido ou nossa agressividade. O que

10. A "ilha dos tesouros": relendo *A piada e sua relação com o inconsciente*

estou chamando de prazer narcísico se manifesta com toda a evidência quando a risada do outro me contagia; tenho então a certeza de que fiz uma boa piada, e, como diz Freud, utilizo o prazer do ouvinte para complementar o meu próprio. Há aqui descarga, *e* outra coisa, mais complexa. É por isso que o *Witz* servirá como modelo para toda a estética freudiana, que se preocupa com as fontes da criação e da fruição: modos diversos de sublimar, jogo de espelhos entre criador e destinatário, *identificação*, em suma.

Mas esse tema nos levaria ainda mais longe do que já fomos. É tempo de concluir este estudo, que, espero, terá mostrado ao leitor por que *Der Witz* merece uma leitura atenta. Outras implicações haveria a tratar, entre as quais a da importância dos processos que envolvem o prazer e o riso na própria prática da psicanálise: colegas como Daniel Kupermann chamaram a atenção para este aspecto,[60] dos mais importantes para a renovação da clínica analítica. Da mesma forma, o estudo da sublimação envolve questões difíceis, que terão de esperar outra ocasião para serem abordadas.

Gostaria apenas de justificar o que disse atrás acerca da visão freudiana do homem, que a meu ver precisaria de alguns retoques caso ele tivesse prosseguido a investigação do prazer na direção que suas teses sobre o *Witz* parecem indicar. Penso que Freud não voltou a tocar no seu livro por duas razões: uma delas, como já afirmei, é que alguns dos fenômenos que a golpes de martelo ele fez entrar no quadro da "hipótese da economia" receberam explicações melhores em momentos posteriores do seu trajeto, tornando um tanto caducas as laboriosas análises nos termos daquela hipótese.

A segunda me parece mais grave: o *homo freudianus* é um ser movido a pulsões, que buscam descarga e tropeçam com as defesas que conhecemos. O *outro* é, na versão extrema deste paradigma, aquele ou aquilo graças ao qual a pulsão pode encontrar satisfação (definição do objeto em "Pulsões e destinos de pulsões"). Ora, a análise das modalidades de prazer não catártico a que procedemos nas páginas anteriores mostra que no próprio texto de Freud se encontram as sementes do mais importante desenvolvimento na psicanálise pós-freudiana: o *paradigma objetal*, que situa o objeto não apenas como alvo da pulsão, mas como núcleo im-

60. Ver o belo livro deste autor: Daniel Kupermann, *Ousar rir: humor, criação e psicanálise*. Rio de Janeiro: Civilização Brasileira, 2003, e também o estudo de Abrão Slavutzky, *O humor é coisa séria*, Porto Alegre: Ed. Arquipélago, 2014.

plantado de fora para dentro na psique infantil, e em torno do qual ela se constituirá. Teorias como a do bom objeto em Melanie Klein, da sedução originária em Laplanche, da *rêverie* em Bion, da mãe suficientemente boa em Winnicott, da fase do espelho em Lacan, extrapolam o quadro primeiro da teoria pulsional — e, sem abandonar a concepção freudiana das forças que pressionam por descarga, tornam mais complexo o quadro da vida psíquica que a psicanálise nos apresenta.

A riqueza da obra de Freud aparece aqui sob um de seus aspectos mais instigantes: pois é com conceitos forjados por ele, como a teoria da identificação, que esses autores criarão instrumentos para ir além — e mesmo contra — alguns dos seus pressupostos.[61] A imagem de um psiquismo permanentemente tenso e hiperexcitado, necessitando descarregar um excesso pulsional sempre renovado ou proteger-se de estímulos por natureza ameaçadores e invasivos, sofreria com certeza alterações importantes se Freud tivesse dado mais atenção ao "circuito do prazer". Pois nas suas malhas, a começar pela satisfação do bebê que mamou, e prosseguindo até a sublimação no adulto, se desenha uma outra figura: a do outro como aliado, cujos gestos induzem ao prazer e a cujas carícias, reais ou metafóricas, é bom se abandonar.

Mas, como dizia Júlio Gouveia ao fechar aquele enorme in-fólio no encerramento do *Teatro da juventude* — programa que tanto prazer proporcionou aos jovens espectadores da tv Tupi, aí pelos idos de 1960 —, "esta é uma outra história, que fica para uma outra vez".

---

61. Cf. os comentários sobre Ferenczi e Balint, no final do capítulo 7 do presente livro.

11. "Um trabalho de civilização": Freud e a psicanálise

Boa noite a todos. Quero começar agradecendo ao Instituto Goethe o convite para participar deste ciclo, que nos incita a reexaminar a contribuição dos pensadores alemães do século xx para entender o mundo em que vivemos.

Sem dúvida, um dos mais importantes deles é Sigmund Freud. Para falar deste gigante do pensamento, cuja obra modificou tão profundamente a visão que temos de nós mesmos, escolhi partir da afirmação que encerra a Conferência 31 da *Neue Folge der Vorlesungen zur Einführung in die Psychoanalyse*:

> [*Die Absicht der Psychoanalyse*] *ist ja, das Ich zu verstärken, es vom Über-Ich unabhängiger zu machen, sein Wahrnemungsfeld zu erweitern und seine Organisation auszubauen, so das es neue Stücke des Es aneignen kann. Wo Es war, soll Ich werden. Es ist Kulturarbeit etwa wie die Trockenlegung der Zuydersee.*[1]

Como em tantas ocasiões, Freud utiliza um fato então atual para ilustrar suas ideias — aqui, a recuperação pelos holandeses de uma parte do mar, com a

---

1. "[A finalidade da psicanálise] é fortalecer o ego, torná-lo mais independente do superego, ampliar seu campo de percepção e desenvolver sua organização, de modo que possa apropriar-se de novas partes do id. Onde era id, que haja ego. Trata-se de um trabalho de civilização, um pouco como a drenagem do Zuydersee." Freud, "A dissecção da personalidade psíquica", Conferência 31 da *Neue Folge der Vorlesungen zur Einführung in die Psychoanalyse* [occl, v. 18, pp. 192-223].

finalidade de transformá-la em terra cultivável. Qual é a base para a metáfora? Se o id — a parte da nossa personalidade que abriga as pulsões, as paixões, os desejos e as fantasias — pode ser comparado ao mar do Norte, o ego não é mais do que uma pequena parte dele, digamos como o território da Holanda. E a análise anexa a esse território uma área de alguns quilômetros quadrados, semelhante em proporção a um *polder*. Mas não se pense que este "trabalho de civilização" é sem importância: ele amplia as capacidades do ego, tanto porque coloca à sua disposição um tanto de "solo fértil" conquistado ao mar do inconsciente, quanto porque aumenta — ainda que em medida limitada — o controle dele sobre as pulsões.

Assim, embora a psicanálise enfatize o aspecto pulsional ou instintivo do ser humano, as paixões que nos governam à nossa revelia, é importante lembrar o complemento dessa afirmação, a saber a vantagem de poder utilizar essas energias em nosso próprio benefício. O que Freud nos lembra é que existe uma dialética entre o lado obscuro do ser humano — paixões, violência, sexualidade, agressividade, ódio pelo seu semelhante — e aquilo que possibilita não sermos determinados apenas por essas características. Um melhor entendimento entre a porção racional da nossa mente e as vastas áreas de irracionalidade que a cercam: é este o objetivo da análise. E as implicações disso não se limitam à vida pessoal: como o alvo das pulsões é invariavelmente o outro (ou os outros), a vida em sociedade também depende da forma como cada um é capaz de controlá-las.

ASPECTOS BIOGRÁFICOS

Convém não esquecer que as *Novas conferências* foram redigidas num período muito conturbado: a década de 1930, que precede a tragédia da Segunda Guerra Mundial. Em 1932, Freud já é um homem idoso, e também doente, devido a um câncer na mandíbula com o qual lutou por dezesseis anos, até morrer dele em setembro de 1939. Para bem situar o horizonte contra o qual se recorta a imagem do Zuydersee, convém lembrar alguns fatos históricos que enquadram a vida e as ideias do fundador da psicanálise.

Como nasceu em 1856, boa parte da sua existência transcorreu numa época muito mais tranquila. Em sua autobiografia, *Die Welt von Gestern*, Stefan Zweig — que nasceu em 1881 — descreve o que era a vida em Viena quando ele era jovem, ou seja, na virada do século XIX para o XX. No capítulo inicial, intitulado

11. "Um trabalho de civilização": Freud e a psicanálise

"Die Welt der Sicherheit" [O mundo da segurança], lemos o seguinte: "tudo na nossa monarquia austríaca quase milenar parecia feito para durar. Tudo tinha sua norma, sua medida certa e seu peso": instituições políticas que preservavam os direitos dos cidadãos, moeda estável, garantindo um futuro tranquilo para quem seguisse as leis e soubesse poupar para a velhice, uma clara hierarquia social, cujo cume era ocupado pelo velho imperador — mas, "caso ele morresse, sabia-se (ou se pensava) que viria um outro, sem que nada se alterasse naquela ordem tão bem calculada. Ninguém acreditava em guerras, revoluções ou cataclismas...".[2]

Essa impressão de solidez, como sabemos, era superficial, pois o "mundo da segurança" ruiu como um castelo de cartas quando os disparos de um estudante contra o herdeiro da monarquia "quase milenar" acionaram o mecanismo das alianças militares entre potências rivais, mergulhando a Europa no horror da Primeira Grande Guerra. Mas é verdade que os primeiros dez ou quinze anos do século XX — a época eduardiana, assim chamada porque em 1901 sobe ao trono inglês o rei Eduardo VII — foram marcados pela sensação de que o novo século levaria a progressos tão importantes quanto os do anterior — e que o fim da "era vitoriana" acarretaria maior liberdade de costumes.[3] Mais tarde, este período tornou-se conhecido por um nome que mostra a nostalgia que as pessoas sentiam por ele — a Belle Époque.

Os anos de juventude de Zweig foram justamente estes. Freud pertence à geração anterior: na sua juventude, consolida-se o capitalismo no Império Austro-Húngaro, no qual ele vivia, e na Alemanha. Também se realizam progressos científicos — em particular na física e na química — extremamente importantes: Pasteur cria a vacina conta a raiva, Koch isola o bacilo da tuberculose, Maxwell formula as equações do eletromagnetismo, inicia-se a batalha pela aceitação das teorias de Darwin, e assim por diante.

Invenções como a bicicleta, o pneu de borracha e o trem de ferro permitiram às pessoas uma mobilidade sem precedentes; o telégrafo, e a partir de 1851 os cabos submarinos, tornaram possível a circulação de notícias e informações

2. Stefan Zweig, Die Welt von Gestern. Frankfurt: Fischer Taschenbücher, 1977, p. 14. Traduzida em português com o título de O mundo que eu vi.
3. Esse tipo de impressão costuma predominar após o término de um longo reinado: é como se com o corpo do monarca fossem também enterradas as restrições que sua presença impunha. Pense-se no período da Regência, que na França se seguiu à morte de Luís XIV (1715), ou na República de Weimar, iniciada com a abdicação do Kaiser em virtude da derrota na Primeira Guerra Mundial.

474

em escala jamais vista. Enquanto antes se levavam meses para saber o que estava acontecendo em outros países, agora a imprensa diária trazia o mundo para sala de estar: Hegel disse certa vez que a leitura do jornal diário tinha se tornado a "oração matinal do burguês". O mundo começa a ficar menor — mas a mentalidade das pessoas não acompanha necessariamente os progressos técnicos.

Temos um contraste interessante com o livro de Zweig num artigo que Freud escreveu em 1908, portanto na mesma época que aquele descreve em suas memórias: "O nervosismo moderno e a moral sexual civilizada". Aqui ele diz, em resumo, que o preço a pagar pela moral vitoriana era elevado demais: a hipocrisia em relação à sexualidade estava produzindo neuroses em escala sem precedentes, porque a grande maioria das pessoas não era apta a suportar um código moral tão rigoroso. Resultado: desobedeciam a ele. Por trás da fachada moralista, o que existia era o adultério, a dupla moral para homens e mulheres, a exploração sexual das moças pobres (empregadas, costureiras, vendedoras…), e a difusão epidêmica de doenças venéreas, em particular a sífilis. Ainda não haviam sido descobertos os antibióticos, e portanto a possibilidade de comprometer a saúde tendo relações com alguém desconhecido era bastante grande.[4]

A *Belle Époque* presencia o surgimento da psicanálise, mas a rigor a formação de Freud se deu no período imediatamente anterior, digamos de 1870 a 1890. Em 1873, aos dezessete anos, ele ingressa na Faculdade de Medicina de Viena, na época uma das melhores do mundo, e ali absorve os elementos fundamentais do método científico: observação cuidadosa, verificação das hipóteses, eliminação de variáveis que não interessassem, cautela na formação de teorias, e assim por diante. O rigor da ciência se materializou para ele na figura de Ernst Brücke, o professor de fisiologia mencionado em vários momentos da *Interpretação dos sonhos* por causa dos seus "terríveis olhos azuis", que fulminavam o jovem Sigmund a cada vez que este chegava atrasado ao laboratório.

O primeiro trabalho de que Brücke o encarregou foi descobrir onde ficavam os órgãos sexuais da enguia macho. Freud vai para Trieste, na época uma possessão austríaca, e passa algumas semanas examinando as enguias que os pescadores traziam, até encontrar a localização exata das gônadas do peixe — sua primeira descoberta no campo da sexualidade. Como sabemos, o inventor da psicanálise não se deteve nela…

---

4. Schubert, por exemplo, morreu de sífilis, e a loucura de Nietzsche provavelmente tem a mesma causa.

11. "Um trabalho de civilização": Freud e a psicanálise

Os anos passados no laboratório de Brücke marcaram a visão de Freud, não só como pessoa, mas sobretudo como pensador. Como tantos jovens promissores, ele desejava se notabilizar por alguma descoberta que o tornasse famoso e garantisse a sua independência econômica. Sabemos disso porque, desde Adão e Eva, talvez tenha sido ele o ser humano sobre o qual mais documentos existem. Foram conservadas centenas de cartas à sua noiva Martha, que morava em Hamburgo, e, na década de sessenta do século xx, um filho do casal publicou uma boa seleção delas.[5] Assim, sabemos praticamente dia por dia o que se passava na faculdade, na residência, no laboratório, etc.

Em 1886, Freud se casa e abre seu consultório médico. Um ano depois, enceta uma correspondência com Wilhelm Fliess, um colega que vivia em Berlim e cujas ideias muito o impressionavam. Entre outras coisas, Fliess é o criador da noção de biorritmo. Supôs que o ser humano era governado por ciclos de 23 dias para os homens e de 28 dias para as mulheres, e a partir daí criou uma numerologia fantástica, que permitia calcular datas para vários eventos na vida de uma pessoa, como doenças ou momentos de particular fragilidade.

O mais espantoso é que, apesar da sua rigorosa formação de cientista, Freud aceita essas teorias sem pestanejar. Infelizmente, só dispomos do seu lado da correspondência, pois quando brigaram ele destruiu tudo o que Fliess lhe remetera. Se vocês lerem essas cartas, verão — entremeadas por relatos sobre as descobertas que ia fazendo — páginas e páginas em que o inventor da psicanálise calcula quando os filhos de ambos vão ter sarampo, quando será seu próximo período criativo, e outras coisas do gênero.[6]

Cito este fato porque penso que é muito importante não idealizar a figura de Freud. Foi sem dúvida um homem da maior importância — prova disso é que setenta anos depois de ele morrer estamos aqui reunidos para falar da sua obra —, mas também teve fraquezas e defeitos. Levá-los em conta evita que se torne objeto de veneração religiosa — o que é a forma mais segura de o embal-

---

5. Cf. Freud, *Epistolario 1873-1890*. Barcelona: Plaza y Janet, 1975. A tradução brasileira, pela Imago, parece estar esgotada.

6. A primeira edição dessas cartas deu-se em 1950, simultaneamente em alemão e inglês (*Die Geburt der Psychoanalyse*, *The Origins of Psychoanalysis*), sob os cuidados de Anna Freud e de Ernst Kris. Os editores avisavam que haviam mantido apenas as partes referentes a assuntos científicos, omitindo quase todas as que tratavam da vida pessoal dos dois amigos. A versão completa só foi publicada nos anos 1980. Em português, pode ser consultada na edição Imago: Jeffrey Masson (Org.). *Correspondência completa de Sigmund Freud para Wilhelm Fliess*.

samar, e junto com ele as suas ideias. Freud foi um acerbo opositor da religião, e temia que a psicanálise se convertesse numa espécie de idolatria, com seus crentes e seus rituais — um receio nada absurdo, quando se pensa na virulência das paixões (pró e contra) que ela suscitou.

A HISTERIA

O que aproximou Freud de Fliess foi o interesse pela histeria, que acarretou uma grande mudança no percurso profissional do primeiro. Como se deu isso? Em 1885, já com alguns anos de prática científica, Freud ganha uma bolsa de estudos, e decide usá-la numa viagem a Paris. É lá que descobre as histéricas. No final do século XIX, por uma série de motivos — entre os quais o excesso de silêncio sobre a sexualidade, principalmente entre as mulheres — a doença da moda é a histeria. Mas não devemos pensar que este termo designava o que hoje se chama popularmente "comportamento histérico" (gritos descontrolados, escândalos públicos, etc.). Na verdade, a histeria era uma das formas que o "mal-estar na cultura" assumia no apogeu da civilização burguesa.

Assim como hoje com a depressão, discutia-se muito a origem dessa doença: seria algo orgânico, o que na época significava originado por lesões cerebrais, ou algo mental? O professor com quem Freud estuda em Paris, Jean-Martin Charcot, alinhava-se com os partidários da segunda opção: embora a histeria se manifestasse por sintomas corporais bastante espetaculares — contrações, desmaios, tremedeiras, paralisias, cegueiras parciais ou totais —, ele sustentava que sua origem era psíquica, pois o exame anátomo-patológico de doentes de ambos os sexos não revelava qualquer tipo de lesão.

Para apoiar sua opinião, Charcot tinha um forte argumento: demonstrara que por meio da hipnose — até então uma técnica apenas utilizada em espetáculos teatrais, parques de diversão ou feiras populares, e à qual ele foi dos primeiros a conferir dignidade científica — era possível tanto provocar quanto remover temporariamente os sintomas histéricos. Todas as terças-feiras, procedia no auditório do hospital da Salpêtrière a uma *présentation de malade* (apresentação de doente), na qual a paciente contava sua história, e todos podiam ver que seus sintomas eram tais e quais. Em seguida ela era hipnotizada, e Charcot lhe dizia para fazer aquilo que minutos atrás era incapaz de fazer: por exemplo, se tivesse

11. "Um trabalho de civilização": Freud e a psicanálise

uma paralisia dos membros inferiores, que andasse normalmente. Para surpresa da plateia, composta por estudantes, mas também por pessoas que simplesmente quisessem assistir à aula, a paciente realizava o que lhe era pedido; mas, ao acordar do transe hipnótico, já não lhe era possível repetir o que acabara de fazer.

Ainda mais espetacular era a demonstração contrária — suscitar por meio da hipnose um sintoma até então inexistente. Por exemplo, alguém sem problemas na fala recebia sob hipnose a ordem de, ao acordar, só falar gaguejando; a um estalar de dedos do médico, porém, a gagueira desaparecia. A isso se chamava "fenômeno pós-hipnótico".

As demonstrações de Charcot provavam que era possível suscitar um fenômeno corporal por meio de influência sobre a mente, e do mesmo modo o eliminar (ainda que, no caso dos verdadeiros sintomas histéricos, apenas por um curto período de tempo). Até então, a teoria aceita era que o corporal podia produzir efeitos psíquicos — uma lesão cerebral originando uma afasia, a "degeneração dos nervos" levando à demência senil, etc. —, mas o inverso era tido por impossível. O mental era visto pelos médicos e cientistas como uma espécie de espuma produzida pelo funcionamento do cérebro, um epifenômeno de algo invariavelmente de ordem física — exatamente como hoje alguns imaginam que todo acontecimento mental tenha causas orgânicas: busca-se o "gene da homossexualidade", o "gene da depressão", etc. Trata-se do mesmo princípio, apenas traduzido em linguagem compatível com o estado atual da biologia.

Certa vez, Freud observou a Charcot que aqueles fenômenos eram inexplicáveis pelas teorias existentes. O professor respondeu com uma frase que ele nunca esqueceu: *"la théorie, c'est bon, mais ça n'empêche pas d'exister"* (é bom ter teorias, mas isso não impede que algo exista). No necrológio que escreveu para o seu mestre, Freud diz que estas palavras o estimularam a observar com atenção, e a não negar a realidade daquilo que se vê em nome da crença numa teoria, por mais prestigiosa que esta seja.

Charcot pertencia a uma espécie de clínicos dotados de grande poder de observação, cuja capacidade de diagnosticar com precisão suscitava o espanto dos que o viam atuar. Um deles, aliás da mesma geração, foi o dr. Alexander Bell, professor de Conan Doyle na faculdade de medicina de Edimburgo. Talvez vocês saibam que Bell serviu de modelo para a criação de Sherlock Holmes. Aqui uma nota marginal: existe um filme interessantíssimo, *The Seven-Per-Cent Solution*, no qual, tendo lido em *The Lancet* que um certo dr. Freud estava investigando os efeitos da cocaína, Watson leva seu amigo — que, como sabemos pelas histórias, era usuário constante do alcaloide — para se tratar com ele em Viena. (Sete por cento era a concentração de cocaína no preparado que Holmes injetava na veia.) Segundo o filme, foi o detetive inglês que ensinou Freud a *observar*.

Lembro-me de uma cena hilariante: simplesmente olhando com atenção o consultório, ele deduz sobre a vida do médico detalhes dos quais obviamente não tinha conhecimento anterior — por exemplo, que era um homem de princípios e que devia ter formulado alguma teoria escandalosa, a qual o indispusera com seus pares. De queixo caído, Freud lhe pergunta como podia saber isso.

"Elementar!", responde Holmes, impaciente.

Olhe para os espaços vazios entre os diplomas e certificados profissionais que adornam a sua parede. É claro que o senhor retirou diversos outros. E por que fez isso? Porque deve ter brigado com as instituições que os conferiram. Isso sugere que o senhor defende ideias que elas repudiam — com certeza porque são inovadoras e audaciosas. Quanto aos princípios firmes e à honestidade — o senhor fez isso em seu próprio consultório, com o que evita que seus pacientes pensem que ainda pertence a elas. É portanto um homem correto.

De fato, quando, ao voltar de Paris, Freud começa a defender a hipótese de que a histeria tem origem psíquica, provoca escândalo e indignação no ambiente rigidamente positivista da medicina vienense. A hipótese de Charcot era vista ali como mais uma tolice francesa, inaceitável para profissionais formados na boa tradição germânica. A reputação de Freud, que nos anos anteriores à viagem para a França se dedicara a estudar os efeitos da cocaína, ficou ainda mais abalada por sua adesão à teoria "mentalista" da histeria.

A cocaína acabava de ser descoberta, e ainda não conheciam os efeitos da dependência a ela. Supunha-se que pudesse ter utilidades médicas, inclusive como antídoto contra a morfinomania. Freud adquire uma certa quantidade do produto, e para observar o que acontecia a quem o tomasse passa a consumi-lo em pequenas doses, com os efeitos euforizantes que vocês podem imaginar. Escreve artigos sobre isso, e defende o uso da substância como estimulante (o que na época não era nada absurdo — no início, a coca-cola continha uma pequeníssima dose dela, de onde o nome da bebida). Esses artigos lhe granjearam o apelido de "doutor Coca", e, quando a nocividade da droga foi ficando patente, sua

11. "Um trabalho de civilização": Freud e a psicanálise

competência como médico e pesquisador chegou a ser questionada. As coisas pioram quando, para ajudar um colega a se livrar da dependência à morfina, ele lhe receita injeções de cocaína — e o amigo vem a morrer de overdose.

Na verdade, a única serventia da cocaína para fins médicos está no seu uso como anestésico em cirurgias oculares, descoberto por Carl Koller, que por este trabalho veio posteriormente a receber o prêmio Nobel de medicina. Freud havia iniciado estudos neste sentido, mas, ansioso por ir a Hamburgo visitar a noiva, deixou-os incompletos, encarregando seu colega de verificar o assunto. Aperfeiçoando o método sugerido por Freud, Koller conseguiu demonstrar as vantagens do uso oftalmológico da cocaína. Foi desta forma que o futuro Herr Professor perdeu sua primeira oportunidade de se tornar famoso. Ou seja: estava sempre envolvido com coisas um tanto escabrosas — e o interesse pela histeria, vindo logo após essas pesquisas com a cocaína, não ajudava muito a consolidar seu prestígio.

O SURGIMENTO DA PSICANÁLISE

Voltando de Paris, Freud se estabelece como *Nervenarzt* (especialista em doenças nervosas). Começa a tratar seus pacientes com os métodos então aceitos para estas moléstias — eletroterapia, curas termais, etc. — e logo percebe sua completa ineficácia. É então que decide recorrer ao procedimento que vira funcionar tão bem nas mãos de Charcot. A ideia era que, sob hipnose, a pessoa se lembrasse dos acontecimentos que teriam provocado seus sintomas, e, revivendo-os, pudesse "ab-reagir" o que então ficara sufocado, com o que os sintomas perderiam sua razão de ser.

Por sorte, porém, ele não era bom hipnotizador, e um dia uma paciente lhe disse que podia muito bem falar do que ele queria sem ser hipnotizada. Freud concorda, e assim nasce o método "catártico", antecessor da livre associação. Além de não conseguir hipnotizar com facilidade, Freud tinha outra razão para abandonar a hipnose: o efeito da sugestão pós-hipnótica desaparecia rapidamente, e os sintomas voltavam com intensidade ainda maior.

O objetivo do tratamento era encontrar as *causas* da doença, fazendo o paciente se lembrar das circunstâncias em que esta havia surgido. A hipnose era apenas um meio para isso; quando encontra outro melhor, ele a abandona sem grandes lamentações. Aqui aparece a influência da formação científica de que falei há pouco: por mais espetaculares que fossem, os sintomas histéricos eram para ele apenas a ponta de um iceberg, e era necessário mergulhar mais fundo para descobrir o que os produzira.

Freud se coloca uma questão aparentemente simples: se é possível provocar ou suprimir determinados comportamentos apenas falando com a pessoa, *onde* ficam as ordens do hipnotizador quando ela acorda do transe? E por que o hipnotizado não se lembra de que as recebeu, quando todos na plateia ouviram o médico dá-las?

Para responder a esta pergunta — em que região da mente ficam armazenadas as instruções recebidas sob hipnose — ele se servirá de uma ideia da qual está longe de ter sido o inventor: a noção de *Unbewvusste* (inconsciente). Este conceito era corrente tanto na corrente artística do Romantismo alemão quanto nos escritos de filósofos como Schopenhauer e Herbart, bem conhecidos na época. O que é novo é a interpretação que Freud lhe dá: em vez de se limitar a supor que certas ideias podiam escapar à percepção do sujeito, ele sugere que o inconsciente é uma *localidade psíquica* na qual ficam armazenadas as instruções do médico. Dela não sabemos nada, mas sem uma suposição desse tipo é impossível dar conta dos fenômenos pós-hipnóticos. E, uma vez admitida a existência na mente de uma tal região, é necessário investigá-la com os recursos do método científico — pois a alternativa seria acreditar em bruxaria.

Esta decisão audaciosa foi o grande momento da vida de Freud, e está na origem direta da psicanálise: supor a existência de algo ainda desconhecido como forma de dar conta do visível, e partir em busca deste "algo" com os recursos da ciência. Tal atitude tinha dois precedentes, o que ajuda a compreender por que Freud aceitou correr os riscos epistemológicos nela implicados.

O primeiro é a tabela periódica, criada pelo químico russo Mendeleyev. Quando ele a concebeu, conheciam-se apenas cinquenta e poucos elementos. Metade das casas estavam vazias, o que levou muitos a acharem que Mendeleyev tinha cometido um grande engano: como poderia haver "lugares" para elementos inexistentes? Mas ele não se abalou: disse que os tais elementos existiam, sim — apenas não eram ainda conhecidos. De fato, nas últimas quatro décadas do século XIX se descobrem os que faltavam, ao ritmo impressionante de um ou dois por ano — e exatamente com os pesos atômicos e propriedades previstos pelo modelo: o polônio, o germânio, o rádio, etc.

Chamo a atenção de vocês para a enormidade deste fato: a capacidade da mente humana de propor um modelo teórico para o qual ainda não existe

11. "Um trabalho de civilização": Freud e a psicanálise

conteúdo empírico. Isso permite buscar algo preciso — um elemento com as características necessárias para ocupar *aquele* lugar na sequência — e portanto se torna muito mais simples encontrar o que se procura. *Onde* estavam esses elementos até então? Claro que na natureza — só que ninguém ainda os tinha visto.

Da mesma forma, diz Freud, as histéricas são incapazes de explicar seu comportamento aparentemente absurdo porque os verdadeiros motivos dele escapam à sua consciência — mas nem por isso são menos determinantes. Dito de outro modo, o absurdo é ilusório: uma vez encontradas, as causas dele são proporcionais aos efeitos observados, exatamente como em qualquer ramo da ciência.

O segundo exemplo é a descoberta de Urano, em 1842, pelo astrônomo Wilhelm Herschel — outra aventura fascinante do espírito humano. Nos anos anteriores, graças ao uso de telescópios mais potentes, vinham sendo observadas certas irregularidades na órbita de Netuno — às vezes, ele não estava na posição em que, de acordo com as leis de Newton, deveria aparecer no céu. De início, pensou-se que as observações haviam sido malfeitas, mas, quando outros astrônomos constataram os mesmos desvios, foi preciso reconhecer que o fato era real: Netuno em lugares do céu onde em princípio não devia aparecer.

Como um planeta não pode desafiar as leis da mecânica celeste, das duas uma: ou a lei da gravitação estava errada — algo difícil de acreditar, dada a imensa quantidade de fatos que ela explica — ou existia um corpo celeste ainda desconhecido, cuja atração sobre Netuno ocasionava as irregularidades na trajetória deste. Mais: para produzi-las *daquela* forma e não de outra qualquer, o astro em questão devia ter tais e quais características — densidade, massa, órbita, e assim por diante. Os astrônomos se põem então à espreita de um corpo celeste que as apresentasse — e Herschel o encontra! Urano é exatamente como a teoria newtoniana diz que devia ser — o que comprova a veracidade e a utilidade dela, pois permite "prever" o que ainda não se conhecia.

Voltemos a Freud. Havia assim pelo menos dois exemplos — um na astronomia, outro na química — para apoiar a ideia de que era possível existirem efeitos cujas causas permanecem ocultas, mas *devem* ser reais, visto que produzem os efeitos observados. Freud a transporta para o domínio da psique, e postula a existência do inconsciente. É nessa época que começa a corresponder-se com Fliess, de modo que pelas cartas podemos acompanhar passo a passo a evolução das suas investigações — como se fossem um diário de bordo, ou o *making of* de um filme. A correspondência se estende de 1887 até 1904, e se intensifica a partir de 1893, quando a psicanálise começa realmente a ser gestada — num vo-cabulário e com ideias ainda incipientes, mas já no caminho que conduzirá à sua feição definitiva.

Freud conta a Fliess sobre os tratamentos que realiza, fala sobre a morte do seu pai, comunica-lhe a interpretação de inúmeros sonhos seus e de seus pacien-tes, relata as hipóteses que vai formulando e as primeiras aplicações delas a fenô-menos não patológicos, por exemplo aos lapsos. Neste último caso, supor a exis-tência de desejos inconscientes é a única maneira de dar conta do que ocorreu. Também começa a refletir sobre o *Witz*, que vai servir de base para um dos seus livros mais interessantes: *A piada e sua relação com o inconsciente*.[7] Para se docu-mentar, Freud reuniu cerca de 150 anedotas dos mais variados tipos, a partir de cuja análise propõe uma teoria bastante elaborada sobre o efeito cômico e sobre os processos psíquicos que o originam. Tudo isso acompanhamos nessas cartas, que obviamente não eram destinadas à publicação. Por isso digo que constituem um verdadeiro *making of* da psicanálise — o bônus do DVD, se vocês quiserem.

Também aprendemos nelas como Freud ficou surpreso com a frequência de temas sexuais nos relatos das suas pacientes. Num primeiro momento, ele se sente tão chocado com isso quanto qualquer burguês com uma formação seme-lhante à sua; mas, fiel aos seus princípios científicos, põe-se a investigar os moti-vos desse fato — e descobre que por baixo da superfície polida da consciência havia um "mar de lama", para usar uma expressão que conhecemos bem. Mas talvez essa não seja a forma adequada de se referir ao conteúdo do inconsciente, porque nada é menos moralista do que os escritos de Freud. Digamos com mais precisão: ele se dá conta de que a sexualidade é muito mais importante na vida psíquica do que se havia suspeitado até então — é uma das grandes forças motri-zes dos nossos desejos e fantasias.

UMA TEORIA CIENTÍFICA DA ALMA

Na década que vai de 1895 a 1905, Freud publica uma série impressionante de textos: a *Interpretação dos sonhos*, *A psicopatologia da vida cotidiana*, o primeiro relato

---

7. As razões pelas quais traduzo Witz como "piada" são expostas em "A 'ilha dos tesouros': relendo *A piada e sua relação com o inconsciente*", capítulo 10 deste volume.

11. "Um trabalho de civilização": Freud e a psicanálise

de um caso de histeria tratado pela psicanálise (o *Caso Dora*), os *Três ensaios para uma teoria sexual*, e diversos outros, que formam os alicerces da psicanálise como sistema de pensamento. No que consiste ele? Imaginem uma laranja que tem quatro gomos. A laranja é a psicanálise, e os gomos são as suas principais divisões.

O primeiro corresponde à teoria da mente, que Freud chama *metapsicologia*. Se a psicologia é a ciência que estuda os nossos processos mentais, a metapsicologia é a construção teórica destinada a explicar como eles são possíveis, e por que acontecem dessa maneira e não de outra. A metapsicologia trabalha com uma noção central: a divisão da mente em três grandes regiões, a saber o inconsciente, o pré-consciente e a consciência.

A consciência nos dá a percepção de nós mesmos e do que está acontecendo no momento presente. No pré-consciente estão os conteúdos psíquicos facilmente acessíveis: nesse exato momento, espero, nenhum de vocês está pensando na chapa do seu carro, mas se eu perguntar qual é, certamente não terão dificuldade em responder. E, se não o conseguirem, estaremos diante de um lapso de memória: Freud diria que algo se opôs ao desejo de lembrar aquele conteúdo — um *Gegenwunsch*, um desejo contrário — e a contenda foi vencida por este último. Por isso, uma psicanalista que conheci na França costumava dizer que não existe *acte manqué* (ato falho) — na verdade, devíamos dizer que se trata de um *acte réussi* (bem-sucedido), porque o desejo inconsciente triunfou.

O inconsciente, por sua vez, contém dois tipos de elementos: tudo o que fomos recalcando ao longo da vida, e os *Triebe* — instintos ou pulsões — que são as forças que nos movem. Algumas delas empurram para este lado, outras puxam para aquele, e esse jogo produz uma espécie de vetor, ao longo do qual transita aquilo que chega até a nossa consciência — e eventualmente passa para o plano da ação.

Usando uma metáfora facilmente compreensível para os seus contemporâneos, Freud fala de um "aparelho psíquico", que compara a um telescópio com suas lentes. A ideia é hoje corriqueira, mas na época era bastante audaciosa, porque propunha submeter a alma humana a *leis* como as da óptica — ela que até então fora o território dos poetas e dos romancistas, que sempre souberam que o homem é movido por suas paixões.

Esta parte da metapsicologia pode ser comparada à anatomia, pois descreve os elementos estáticos de que se compõe a psique, assim como a anatomia descreve os elementos de que se compõe o corpo. Além disso, ela compreende algo semelhante à fisiologia, que estuda os processos orgânicos (respiração, circulação, digestão): a descrição do aparelho em funcionamento.

Como isso se dá? Freud afirma que as pulsões buscam descarregar-se, o que ilustra com outra metáfora bem escolhida: a da corrente elétrica. O conteúdo da nossa mente consiste em ideias, lembranças, imagens e outras representações. Quando investidas pela energia pulsional, que lhes confere uma espécie de "densidade", elas ganham força suficiente para atravessar certas barreiras psíquicas e chegar até a consciência. Mas pode ocorrer que determinadas representações ofendam nosso senso moral ou estético, e, neste caso, para evitar que se tornem conscientes, precisam ser bloqueadas por outras, de sentido contrário. O esforço do sujeito para cercear a expressão delas implica um desgaste na verdade inútil, pois, impedidas de passar pela porta, elas simplesmente entram pela janela — mas sob um aspecto irreconhecível, o que engana os guardiões encarregados de zelar pela nossa decência interna.

O que chega à consciência, diz Freud, pode ser comparado a um jornal tesourado pelos censores russos: as partes de um artigo inconvenientes para o regime são cortadas, e o que sobra fica incompreensível. É dessa forma que explica que tantos sonhos pareçam absurdos, que os sintomas neuróticos não façam sentido para quem os apresenta, que nos escape a significação de um esquecimento ou de uma gafe: parte da cadeia psíquica que conduziu a tais resultados tornou-se inacessível pela ação das defesas, mas permanece ativa no inconsciente, de onde — como se dispusesse de um controle remoto — codetermina o comportamento da pessoa.

O que é um sonho, finalmente? Uma sucessão de imagens, que na maior parte das vezes parecem desprovidas de significação. Quando formam uma "história", é sinal de que ocorreu algo a que podemos chamar *elaboração secundária*: como se os censores se envergonhassem do trabalho que tiveram de fazer, e tentassem costurar os pedaços uns aos outros para formar uma sequência. Assim, o absurdo do sonho se torna um forte argumento em favor da tese de que existem conflitos entre os impulsos que provêm do inconsciente e as forças que os repudiam. Essa é a ideia básica da psicanálise. Com notável persistência, Freud a aplica ao estudo dos sonhos, dos lapsos, das piadas, dos sintomas neuróticos, da criação artística e científica, de fenômenos sociais como o comportamento das multidões, os rituais religiosos ou a violência da guerra — em suma, ao conjunto da vida humana.

11. "Um trabalho de civilização": Freud e a psicanálise

Tomemos um exemplo simples: o das piadas. Vocês sabem que não existe boa anedota que seja politicamente correta. Por quê? Porque o humor consiste em apresentar de modo socialmente aceitável um pensamento que, sem essa forma jocosa, ofenderia nossos valores morais, políticos ou estéticos. Considerem o seguinte exemplo: na casa da vovó, a família se reúne para o almoço de domingo. O vovô propõe que, antes de comer, todos façam uma oração. "Eu não vou fazer oração nenhuma", diz o Jacozinho. A mãe o repreende: "Mas como? Na nossa casa, sempre rezamos antes das refeições. Por que não na casa da vovó?". E o menino: "Porque ela sabe cozinhar!".

Reparem que o garoto está dizendo algo pesado: na casa dele, é preciso rezar antes de comer porque sabe-se lá o que a mãe preparou — provavelmente, nada de gostoso. Mas por que, em vez de o criticarmos por ser malcriado, rimos do que ele disse? Porque, explica Freud, sempre temos alguma reclamação contra a nossa mãe. Quando ouvimos o que o Jacozinho disse à sua, nos identificamos com ele e, já que *ele* falou em voz alta o que não ousaríamos expressar, sentimo-nos autorizados a acolher um pensamento que, sem o admitir, já abrigávamos em nossa mente — e o riso manifesta o alívio por poder fazer isso sem culpa.

Nem todas as tiradas humorísticas satisfazem impulsos agressivos, mas algumas das melhores o fazem, e nisso reside o motivo do seu efeito. A necessidade de contornar a censura, no caso de o alvo da agressão ser uma figura que exige respeito, leva ao *deslocamento* do ataque para outras, próximas dela, porém menos capazes de gerar culpa: é o caso das piadas de sogra. Ocorre uma cisão: as qualidades simpáticas da mãe ficam com a própria, e as antipáticas são atribuídas a *outra* mãe, o que tem a grande vantagem de poupar a nossa da crítica.

Dizem que um cidadão levou toda a família para conhecer Jerusalém: esposa, filhos, a babá — e a sogra. No segundo dia da visita, a senhora tem um mal súbito, e parte desta para melhor. Muito embaraçado, o homem vai até uma agência funerária, onde o encarregado lhe diz que tem duas opções: enterrar a falecida lá mesmo, o que custaria 5 mil dólares, ou repatriar o corpo, o que sairia por 25 mil dólares. Depois de pensar um pouco, ele escolhe a segunda opção. Um tanto espantado, o funcionário pergunta por que o cliente prefere gastar cinco vezes mais para resolver o seu problema. Resposta: "Porque aqui já houve um caso de ressurreição".

Por que vocês riram muito mais desta anedota do que da primeira? Porque ela é mais ferina — ou seja, contém mais agressividade, ofende mais, e ao mesmo

486

tempo faz isso de modo engenhoso, sem dar a impressão do que se trata de uma maldade. Este ponto é importante: se o homem apenas dissesse que tem medo de que a sogra retorne do além, isso não teria graça alguma. É a *alusão* que produz o efeito, pois nos surpreendemos com a referência (velada, mas facilmente decodificável) a um dos dogmas centrais do cristianismo — ou seja, a pilhéria faz troça de várias instituições respeitáveis por meio do *mesmo* recurso.

Essa forma de matar dois coelhos com uma só cajadada é o que Freud chama de *condensação*, que, juntamente com o deslocamento, constitui um mecanismo típico da lógica do inconsciente. Ele estuda estes processos, como disse, em várias esferas — o sonho, o lapso, o sintoma, a criação intelectual — e assim demonstra como nosso pensamento consciente é apenas a parte visível de um conjunto bem mais complexo de operações psíquicas.

O segundo gomo da laranja é uma teoria do desenvolvimento, ou seja, das etapas pelas quais passa a psique desde que nascemos até a idade adulta. Aqui é importante destacar a evolução da sexualidade — as famosas fases oral, anal, etc. Freud mostra como cada uma delas se instala, e, ao ser sucedida pela próxima, não o faz sem deixar vestígios, que influenciarão determinados comportamentos do adulto.[8] Também fazem parte desta evolução o complexo de Édipo, e a superação/repressão dele quando a criança entra na fase dita de latência, ao cabo da qual ocorre a "escolha de objeto", que determinará se o indivíduo será homo- ou heterossexual.

Esta mesma ideia de etapas no desenvolvimento está na base do terceiro gomo: a psicopatologia. Em resumo, Freud vinculou as várias espécies de problemas mentais e emocionais a transtornos ocorridos em fases específicas do desenvolvimento psicossexual: dependendo de em qual delas ocorre a falha, o resultado será uma esquizofrenia, uma paranoia, uma neurose obsessiva, etc. Quanto mais cedo ocorrer a perturbação, mais grave será a condição resultante, que consiste simplesmente numa saída infeliz para o conflito entre as forças pulsionais e aquelas que as recalcam.[9]

---

8. Por exemplo, o hábito de fumar e a voracidade alimentar ou intelectual são formas facilmente reconhecíveis da libido oral, que predominou na época em que éramos lactentes.

9. Essa ideia, que ainda hoje é aceita (embora numa forma diferente da que lhe foi dada originalmente) serve de eixo para o trabalho mais importante de um dos discípulos de Freud, o psicanalista alemão Karl Abraham, que a expôs num livro intitulado *História da libido à luz dos transtornos mentais* (1924).

11. "Um trabalho de civilização": Freud e a psicanálise

Por fim, quarto gomo da laranja: como é possível intervir no funcionamento psíquico? Aqui encontramos hipóteses sobre como e por que opera o processo analítico, e quais podem ser as causas do seu eventual fracasso. Fazem parte deste segmento da teoria noções como as de livre associação, interpretação, transferência, resistência, insight, elaboração, e assim por diante. Em resumo, Freud diz que a pessoa adoece na tentativa de controlar sua angústia; a neurose consegue fazer isso porque, por meio da condensação e do deslocamento, canaliza para os sintomas grandes volumes de energia psíquica, que de outro modo avassalariam o sujeito. É menos incômodo ter uma fobia que um ataque de angústia: por estranho que possa parecer, ao desenvolvê-la estamos obedecendo ao princípio do prazer — neste caso, ao princípio de evitar o desprazer.

O que é o desprazer? É a sensação de mal-estar que sentimos quando nossos impulsos e fantasias são frustrados pela realidade exterior, condenados pela moral ou por nosso senso estético, ou nos fazem ter medo de perder o amor daqueles a quem queremos bem. Se eu fizer tal coisa, o que mamãe vai dizer? O que papai vai fazer? E como vários desses impulsos são incestuosos, a punição caso fossem satisfeitos seria extremamente severa.

Os romancistas, dramaturgos e poetas sabiam perfeitamente que o amor e o sexo são forças fundamentais na vida do ser humano, assim como o ódio, o ciúme, a inveja, a agressividade ou a violência. Também sabiam que esses impulsos entram em choque com as normas que a sociedade impõe para que possamos conviver civilizadamente uns com os outros. Pensem em Romeu e Julieta: eles se amam, mas não podem se casar porque pertencem a famílias inimigas. Têm que seguir a regra do sistema no qual vivem; como tentam burlá-la, são castigados. Na tragédia *Le Cid*, de Racine, Ximène se apaixona pelo homem que matou o seu pai, algo sumamente condenável pelo código de honra da nobreza medieval. O tema do amor proibido ilustra bem o conflito entre as pulsões e as normas, e por isso é tão frequente na literatura de todas as nações.

O que Freud faz é dar a esse antigo conhecimento uma forma científica, e mostrar como ele pode ser utilizado para reverter os efeitos nefastos do que chamei há pouco "saída infeliz". Ao reconhecer a força das paixões, ele é um herdeiro do Romantismo, que na Alemanha teve a importância que se sabe. Mas, ao postular que a tomada de consciência das forças obscuras que nos movem tem o poder de alterar o equilíbrio entre elas e a razão, obviamente em favor desta última — ou seja, ao apostar no poder libertador do conhecimento —, ele é herdeiro do Iluminismo. Romantismo temperado por Iluminismo, ou vice-versa — essa bem poderia ser uma síntese das suas concepções.

Contudo, ao criar a chamada "situação analítica", Freud vai além: inventa a psicologia clínica. O essencial aqui é que, sozinho, ninguém pode avançar no conhecimento de si mesmo além de certo ponto. Por quê? Porque a esse conhecimento se opõem exatamente as defesas, tão inconscientes quanto aquilo contra o que nos protegem. Por isso é que se torna necessária a figura do analista: uma espécie de espelho para quem falamos, e que nos devolve, através do esclarecimento dos processos que estão ocorrendo na sessão, uma imagem mais nítida da nossa própria vida emocional. Na análise, aprendemos a falar a nossa própria língua, por meio de uma experiência intersubjetiva com alguém em quem confiamos, e que, justamente por ser neutro, reservado, de certa forma distante — embora acolhedor —, nos possibilita esse mergulho em nós mesmos.

Nesse ponto, Freud é um partidário das Luzes, e as metáforas da luz pontilham cada página dos seus escritos. Uma delas compara a neurose a uma casa fechada, cheia de morcegos e teias de aranha. A experiência da análise equivale a abrir as janelas; assustadas pela luz e pelo ar fresco, as criaturas da escuridão fogem por todos os lados. Pela luz do quê? Do conhecimento — mas de um conhecimento que não é doutrinação, e sim *descoberta*.

Mas, alguém poderia perguntar, por que ir atrás das coisas dolorosas? Não é melhor deixá-las quietas, protegidas pelos sintomas que ao mesmo tempo as exprimem e as ocultam? Não é melhor deixar os cães dormindo? Num texto chamado *Análise terminável e interminável*, Freud responde: se há sintomas, angústia, sofrimento, é sinal de que os cães *não* dormem: apenas estão rosnando baixo. Mais cedo ou mais tarde vão latir — e o prejuízo será muito maior: ataques de angústia, depressões, doenças psicossomáticas, loucura — ou essa atividade à qual nos entregamos com tanto deleite: infernizar a vida do próximo.

Isso é de importância fundamental. Gostaríamos de imaginar, escreve Freud em *O mal-estar na cultura*, que o ser humano é essencialmente bom e generoso. Mas na verdade, se observarmos com atenção a História e o comportamento das pessoas, veremos que são dotadas de uma dose extraordinária de agressividade, que "não hesitam em agredir o próximo, em explorar sem retribuição a sua

11. "Um trabalho de civilização": Freud e a psicanálise

capacidade de trabalho, usá-lo sexualmente sem seu consentimento, provocar-lhe dor, humilhá-lo, torturá-lo e matá-lo. *Homo homini lupus*".[10]

Frente a esse diagnóstico sombrio, qual é a única esperança que se pode acalentar? Exatamente, a drenagem de uma pequena parte do oceano pulsional, e a sua anexação à parte consciente da personalidade; mas não seguindo sem crítica os ditames da ideologia, e sim adquirindo mais liberdade interna, o que envolve conhecer e aceitar tanto nossas limitações quanto os recursos de que a natureza e a civilização nos dotaram. Muitas vezes, isso envolve alguma crítica da ideologia dominante: a análise nos ensina a não converter o desejo de ser como os outros em mais um sintoma neurótico. Isso não significa, é claro, que estimule a delinquência: apenas nos faz perceber que forças nos determinam, quais são os nossos verdadeiros anseios, e ter melhores condições de decidir quais deles podemos tentar satisfazer.

Em outros termos, ela contribui para aumentar nossa capacidade tanto de nos autocontrolar, renunciando à realização de alguns desejos e fantasias, quanto de extrair mais prazer daqueles de que a realidade nos permite desfrutar. E, como é evidente, tal "realidade" depende também — não só, mas também — daquilo que fazemos na vida. É isso, penso, que Freud tem em mente quando diz que a análise é, como a drenagem do Zuydersee, um "trabalho de civilização". O que lhes apresentei é também uma espécie de *polder* — alguns hectares desse vasto território, o pensamento de Freud. Se esta pequena amostra da riqueza dele os motivar a prosseguir no seu estudo, poderei me dar por satisfeito.

Muito obrigado pela sua atenção.

EXTRATO DO DEBATE[11]

Pergunta 1: Por que Freud deixou de lado a primeira tópica e propôs a segunda? E você poderia falar um pouco sobre a teoria freudiana da cultura?

10. Freud, *Das Unbehagen in der Kultur* (1930), *Studienausgabe* [Edição de estudos], Band ix, capítulo v, p. 240. Cf.: tradução espanhola de Luis López-Ballesteros. Madri: Biblioteca Nueva, 1977. tomo iii, p. 3046; occl, v. 18.

11. As perguntas da plateia permitiram abordar tópicos que, devido ao tempo limitado da exposição, não haviam sido mencionados. Por isso, incluo aqui algumas delas. Também apresento um breve histórico, solicitado pelo diretor do Instituto Goethe, sobre a recepção de Freud no Brasil, e algumas sugestões de leitura para quem quiser se aprofundar num ou noutro aspecto da obra freudiana.

Renato Mezan: "Tópica", para os que não estão familiarizados com este vocabulário, é o nome que Freud deu à geografia da mente, que como vimos faz parte da metapsicologia. A primeira tópica é a tríade consciência/pré-consciente/inconsciente; a segunda, mais conhecida, a tríade id/ego/superego. Por que ele criou esta última? De maneira resumida: porque acabou descobrindo que muitas partes do próprio ego eram inconscientes.

Até então, aquilo que chamamos de "eu" estava basicamente identificado à consciência. No entanto, por uma série de motivos que não cabe esmiuçar aqui, Freud se dá conta de que existem partes do ego que são inconscientes, em especial as *defesas*. Estas são o que se opõe aos impulsos: projeção, recalque, cisão, racionalização, identificação com o agressor — uma série de mecanismos que utilizamos com a finalidade de impedir o desenvolvimento da angústia.

Freud percebeu que o fato de algo ser consciente não era tão importante como até então havia julgado, e que era preferível reagrupar as instâncias psíquicas levando em conta a maneira como cada uma lida com os impulsos fundamentais. O id é o reservatório deles; o ego busca controlá-los e lidar com a realidade exterior; o superego incorpora as leis sociais e morais, mas, como em boa parte é também inconsciente, se conecta por trás dos bastidores com as forças sediadas no id, alimenta-se delas, e as volta contra o próprio indivíduo. A tarefa do ego, finalmente, é bem complicada, pois precisa conciliar umas com as outras as exigências de três patrões: o id, que impõe a satisfação dos desejos, o superego, que proíbe a satisfação desses desejos, e a realidade externa — os outros, a polícia, os pais, a família — que ora os estimulam, ora os dificultam. E com isso chego à sua segunda pergunta.

Frequentemente se faz uma leitura da teoria freudiana psicanalítica da cultura como se ela fosse apenas uma crítica das renúncias que a civilização impõe ao indivíduo. No entanto, as coisas são mais complicadas: Freud foi um crítico acerbo do excesso de repressão, mas jamais defendeu a liberação total dos instintos, na qual veria apenas barbárie e violência.

Uma boa imagem para caracterizar essa posição foi proposta por um de seus biógrafos, Peter Gay. Diz Gay que Freud "passou a vida fabricando explosivos na sala de visitas". Usei essa metáfora como título de um artigo, ao qual me permito remeter quem tiver interesse em saber como ele se tornou o que se tornou.[12] Por

---

12. "Explosivos na sala de visitas". In: Renato Mezan, *A sombra de don Juan e outros ensaios*.

11. "Um trabalho de civilização": Freud e a psicanálise

que *explosivos*? Porque a teoria psicanalítica é dinamite pura: fala do inconsciente, da sexualidade, da agressividade, das forças primitivas que habitam em nós. E *na sala de visitas*, porque poucas pessoas foram tão pacatas e ordeiras quanto o Herr Professor, que trabalhava dez horas por dia, tirava férias regularmente, ia sempre para os mesmos lugares, passava as noites escrevendo, e, embora fosse bastante famoso, empenhava-se em proteger sua vida privada da curiosidade do público. Para vocês terem uma ideia de a que ponto chegava essa preocupação, basta dizer que em toda a sua vida não concedeu mais que meia dúzia de entrevistas.

Recentemente, reli um ótimo estudo sobre a questão da cultura em Freud: *Eros e civilização*, de Herbert Marcuse, autor que também figura neste ciclo. Trata-se de um clássico que deveria ser mais estudado nos dias que correm. E por quê? Porque mostra que a liberalização dos costumes, especialmente na esfera sexual, pode ter efeitos opostos ao que parece — em vez de levar à emancipação e à felicidade, produzir mais alienação e mais dominação. Marcuse forjou o conceito de *dessublimação repressiva*, um aparente paradoxo — pois, se a libido até então empregada em sublimações volta a ficar disponível para a satisfação direta, por que falar em repressão? O que ele e seus colegas da Escola de Frankfurt mostram é que a libido assim liberada pode ser facilmente colocada a serviço da dominação, que para esses pensadores não é uma entidade abstrata, e sim a subordinação dos indivíduos aos interesses do capital. A forma pós-industrial do capitalismo é a sociedade de consumo — e, ao investir ingenuamente nele as energias liberadas pela dessublimação, as pessoas apenas reforçam as cadeias da alienação. Por isso esta espécie de dessublimação é dita "repressiva".

O "sexo administrado" é um exemplo disso,[13] mas nem de longe o único. O culto ao corpo, as cirurgias plásticas sem necessidade, o imperativo de ser belo, jovem e magro — lindamente estudados por Maria Rita Kehl em seu artigo "Corpos estreitamente vigiados"[14] —, a transformação do automóvel num símbolo de poder e às vezes numa arma letal, a violência das cidades atuais, são outras tantas provas de que os instintos sempre encontram objetos — e que estes são oferecidos pela própria civilização.

---

13. Cf. Renato Mezan, "Existe um erotismo contemporâneo?". In: R. Volich et al (Orgs.). *Psicossoma* v. São Paulo: Escuta, 2010.

14. Maria Rita Kehl, "Corpos estreitamente vigiados". *O Estado de S.Paulo*, São Paulo, 1º jan. 2007. Caderno Aliás.

Em resumo: se a sociedade patriarcal tinha suas mazelas, a civilização atual também tem as suas — e Freud, relido por Marcuse, nos convida a não nos cegarmos diante delas, imaginando que os inegáveis avanços na liberdade pessoal obtidos nas últimas décadas não têm o seu preço.

Pergunta 2: Como foram recebidas as ideias de Freud sobre a sexualidade?

Renato Mezan: A princípio, com sarcasmo. Quando, ao voltar da França, ele dá uma conferência sobre a existência da histeria em homens, levanta-se um senhor e diz: "A sua conferência contém ideias novas e ideias verdadeiras. Mas as ideias novas não são verdadeiras, e as ideias verdadeiras não são novas. *Auf Wiedersehen!*". E também com escândalo, porque de certa maneira ele tirou a tampa de uma panela de pressão que todos os estudiosos da humanidade sabiam que existia, mas da qual poucos tinham ousado falar em voz alta: a sexualidade.

Freud não foi o primeiro a tratar da sexualidade. Mas foi o primeiro a ampliar o território dela, que até então se considerava restrito à esfera da reprodução (e, no caso das perversões, da patologia), demonstrando o sentido sexual de inúmeras manifestações humanas aparentemente muito distantes do erótico, aí incluídas a vida emocional e as relações interpessoais. Isso chocou a hipocrisia dominante, ainda mais pela importância que atribuiu à sexualidade infantil. Mas aos poucos as teses psicanalíticas foram sendo aceitas, se não pelos médicos, ao menos na cultura geral, como o comprovam a literatura e o cinema do século xx e, hoje em dia, aqui mesmo no Brasil, a presença da psicanálise nos meios de comunicação.

Na difusão das ideias de Freud, além da sua obra propriamente dita, foi muito importante o fato de ele ter dado ao movimento psicanalítico a forma de instituições organizadas (as Sociedades de Psicanálise) e fundado diversas revistas, que atingiam tanto os profissionais da medicina e da psicologia quanto o público em geral. Seus discípulos — a princípio poucos, depois em maior número — participaram intensamente dessas sociedades, publicaram artigos nos periódicos, debateram em congressos científicos — uma verdadeira "tropa de choque", de cujas atividades temos ecos nas cartas que trocaram com o mestre e entre eles mesmos.

11. "Um trabalho de civilização": Freud e a psicanálise

Mas a principal razão pela qual Freud se tornou tão influente — alguém disse certa vez que o século xx foi o século da psicanálise[15] — é que suas teorias são no essencial *verdadeiras*. Quer isso nos agrade ou não, o ser humano *é* como a psicanálise o descreve — e saber disso já é um grande avanço. Na vida cotidiana, ela acabou por triunfar — por exemplo, influiu de modo decisivo na educação das crianças. Basta comparar uma escola de hoje com uma do tempo de nossos avós para nos darmos conta de como as ideias de Freud afetaram um número muito maior de pessoas do que as que se deitaram no divã da Berggasse 19.

Pergunta 3: A função da psicanálise é apenas vislumbrar algo do funcionamento psíquico, ou há algo mais?

Renato Mezan: Sem dúvida, algo mais. Além de um conjunto de teses sobre a psique, a psicanálise é um método investigativo e uma ferramenta de transformação. É isso que a distingue de uma teoria filosófica ou de uma prática artística.

Uma ótima apresentação desses tópicos pode ser encontrada num texto que Freud redigiu em 1926 para ajudar na defesa de um aluno seu, Theodor Reik, acusado de prática ilegal da medicina: *Die Frage der Laienanalyse* (*A questão da análise por não médicos*).[16] Ali Freud explica a um "interlocutor imparcial" no que consiste a terapia analítica e de que modo, apenas conversando, ela mobiliza processos psíquicos extremamente intensos. Isso porque o paciente vai estruturar a relação com o analista segundo os seus padrões de funcionamento afetivo — que outra coisa ele poderia fazer?

Desse modo, o terapeuta pode perceber — e mostrar ao paciente — quais são estes padrões. Este reviverá seus antigos conflitos, que permaneceram não resolvidos, mas agora com a possibilidade de solucioná-los — até certo ponto — de modo que gerem menos sofrimento: graças à compreensão e às experiências que ocorrem na análise, alguns sintomas deixam de ser necessários para garantir a estabilidade psíquica.

15. A rigor, deveríamos mencionar também, como influência determinante para a feição que a cultura tomou no século xx, o marxismo — mas este não é o nosso tema de hoje.
16. Freud, *Studienausgabe* [Edição de estudos], Band x. Prefiro traduzir *Laie* por "não médico", pois o núcleo do argumento é precisamente que sem uma formação específica em psicanálise o médico é tão leigo nela quanto a quitandeira da esquina.

Pergunta 4: Como se pode passar de um caso único, ou de poucos casos, para uma generalização que valha para outros?

Renato Mezan: Essa é uma questão complicada, que envolve aspectos epistemológicos ligados à indução de maneira geral. A meu ver, a resposta passa pela natureza deste "objeto" tão particular: a psique humana. Dito de modo rápido, ela contém três níveis diferentes de generalidade: o singular, o particular e o universal.

Comecemos pelo universal, o próprio da espécie. Todos os seres humanos compartilham algumas características: somos seres falantes, andamos em pé, sofremos angústias, passamos por um período de desamparo quando pequenos, tivemos de crescer e nos tornar independentes dos nossos pais, etc. Essas experiências são universais. Não importa que tenha vivido no tempo de Homero, que seja um tupinambá, um cavaleiro medieval ou um habitante da São Paulo contemporânea: todo *Homo sapiens* tem de passar por elas.

Entre esse nível de universalidade e o da singularidade, existe um plano a que se pode chamar o da *particularidade*. O universal se refere a todos; o singular, a um só; o particular abarca *alguns*. Certas pessoas se protegem da angústia criando sintomas obsessivos, outras desenvolvendo um sistema paranoico, outras ainda uma fobia. A esfera do particular é múltipla: cada um faz parte de vários grupos — étnico, religioso, político, profissional, linguístico, etc. Por fim, o singular diz respeito unicamente àquela pessoa determinada: sua biografia, suas experiências, seus anseios.[17]

No decorrer de uma psicanálise, aparecem aspectos ligados a esses três planos do funcionamento humano. A generalização é possível graças à existência do nível que estou chamando de *particular*. A experiência clínica mostra que certas características — defesas, fantasias, maneiras de organizar a transferência — se repetem em pessoas que apresentam as mesmas afecções: todos os paranoicos se sentirão perseguidos, quem acha que está sendo desprezado vai entender o atraso do analista como uma imperdoável ofensa narcísica, etc. É isso que permite estudar em profundidade alguns casos daquela variedade, e postular hipóteses que valem para todos os que apresentarem a mesma estrutura psíquica.

Quanto aos aspectos universais, são abordados pelas teorias mais amplas das quais lhes falei: que o ser humano é movido a paixões, que existem impulsos

17. Um tratamento mais extenso e preciso dessa questão pode ser encontrado em: "Sobre a epistemologia da psicanálise". In: Renato Mezan, *Interfaces da psicanálise*.

11. "Um trabalho de civilização": Freud e a psicanálise

e defesas, que o sonho se forma de tal ou qual maneira. Nada disso depende de fulano, sicrano ou beltrano se deitar no divã; ao contrário, é porque são humanos que sua mente funciona assim.

Um bom exemplo disso está no livro de Freud sobre o Homem dos Ratos, um paciente atormentado pela ideia obsessiva de que, se pensasse ou fizesse determinadas coisas, um rato entraria no ânus da noiva (e também do pai dele, que no entanto havia morrido alguns anos antes).[18]

Na sua primeira sessão, ele conta a Freud que, durante as manobras militares de que havia participado no verão anterior, ouvira contar sobre um suplício chinês que consistia em enfiar um rato no ânus do condenado, com as consequências que vocês podem imaginar. Só que vários outros oficiais escutaram a mesma história — e não lhe deram maior importância. Que *este* indivíduo tenha ficado impressionado com o relato, e usado o que ouviu para construir uma ideia compulsiva, é algo específico dele — ou seja, se situa no plano da singularidade.

Mas a sua obsessão tem em comum com outras uma série de aspectos, que justamente definem o que é o pensamento obsessivo: por exemplo, a necessidade de controlar o que se sente como ameaçador. Em escala reduzida, isso nada tem de patológico; porém, no obsessivo esta necessidade é particularmente imperiosa, e, se não puder realizar o ato compulsivo, ele se desorganiza completamente. O que torna neurótico o seu comportamento é a falta de flexibilidade para se adaptar às circunstâncias que a vida vai apresentando. Em relação às suas ideias compulsivas, o Homem dos Ratos tem exatamente essa atitude — e por esse motivo a análise delas revela no que consiste o modo obsessivo de pensar. É por isso que a generalização é legítima: *generalizar* nada mais é do que ampliar para o gênero do qual o caso faz parte aquilo que se descobre neste último.

Mas Freud vai além: utiliza sua análise dos mecanismos obsessivos para compreender algo novo sobre o pensamento em geral (nível da universalidade). Na terceira parte do livro, trata da magia, da crença na onipotência do pensamento, da superstição, etc. Aqui temos mais um passo na generalização: se antes era do *um* para o *vários*, agora é do *vários* para o *todos*. Não é preciso ser obsessivo para acreditar na onipotência do pensamento, ou para agir ou deixar de agir em virtude de uma superstição — e é o estudo da *Zwangsneurose*

18. Freud, *Bemerkungen über einen Fall von Zwangsneurose*, Studienausgabe [Edição de estudos], Band VII. [Ed. bras.: "Observações sobre um caso de neurose obsessiva" (1909). In: OCCL, v. 9, pp. 13-112.]

que permite compreender a origem e o sentido desses comportamentos *também* nos não obsessivos.

Pergunta 5: O que você pensa sobre as ideias de Elizabeth Roudinesco acerca da psicanálise atual?

Renato Mezan: Você deve estar se referindo ao livro *Por que a psicanálise?*,[19] no qual ela critica algo que sem dúvida afeta uma parte do movimento freudiano na atualidade: o peso da herança. Quando se tem como ancestral alguém como Freud, e na nossa família intelectual gente como Melanie Klein, Lacan, Winnicott, Bion e tantos outros que construíram um sólido corpo de conhecimentos, a tendência a se acomodar com o já estabelecido é muito grande. Roudinesco lamenta que a curiosidade dos analistas tenha diminuído, e que muitos tentem responder aos desafios colocados pela sociedade contemporânea com os mesmos instrumentos de cinquenta anos atrás. Por que não ter hoje a mesma audácia que tiveram Freud e seus seguidores no começo do século XX?

Um bom exemplo de como o sucesso anestesia e acaba por favorecer o declínio é o que ocorreu com a psicanálise americana. Durante as décadas de 1940 a 1970, ela desfrutou de imenso prestígio, e se tornou quase sinônimo de "psiquiatria" ou de "terapia": o que chamamos de *lapso* é conhecido nos Estados Unidos como *Freudian slip* — prova de que algo da psicanálise entrou até na linguagem cotidiana. Isso sem falar nos filmes (exemplo: Woody Allen) e na enorme influência de livros como o do dr. Spock, que ensinaram milhões de mães a prestar atenção na vida emocional dos seus filhos.

Pois bem. A partir dos anos 1960, com a introdução dos neurolépticos e dos antidepressivos, verifica-se uma volta às teorias organicistas para explicar as doenças mentais. A psicanálise, ali praticada quase exclusivamente por médicos, se vê questionada pela eficácia dos novos métodos. Na verdade, o que houve foi a substituição de um fetiche por outro: o fato de certos transtornos poderem ser aliviados por meios químicos em nada altera o fato de que existe uma vida psíquica, para cuja compreensão a psicanálise continua a ser tão útil quanto sempre

---

19. *Por que a psicanálise?*, de Elisabeth Roudinesco, traduzido para o português por Vera Ribeiro, pela editora Jorge Zahar, 1999.

11. "Um trabalho de civilização": Freud e a psicanálise

foi. As novas drogas certamente diminuem o sofrimento, mas não está no seu poder esclarecer o sentido daquilo que elas ajudam a controlar.

Há lugar para a psiquiatria moderna, e também para os métodos clínicos baseados na herança de Freud. Nenhuma pílula fará alguém passar incólume pelo complexo de Édipo, como bem sabia aquela senhora nova-iorquina que, preocupada com certas atitudes do seu filho, o levou a um psiquiatra.

"Este menino não tem nenhum problema orgânico", diz o médico. "Apenas está passando por um Édipo muito conturbado."

"Ah, então é isso!", diz ela, aliviada. "Édipo, *shmédipo* — contanto que ele goste da mamãe..."

ANEXO I: A RECEPÇÃO DE FREUD NO BRASIL

As primeiras referências às ideias de Freud por parte de psiquiatras brasileiros são contemporâneas da publicação dos seus artigos em revistas científicas alemãs, ou seja, datam dos anos iniciais do século XX. Isso porque, dado o prestígio da medicina germânica, muitos faziam seus estudos na Alemanha ou em Viena e se mantinham atualizados assinando os periódicos lá editados. A partir de uma exposição sobre o novo método feita em 1899 por Juliano Moreira, da faculdade do Rio de Janeiro, pouco a pouco vão surgindo menções aos trabalhos de Freud, porém sem destaque especial: é mais um entre os psiquiatras citados, assim como Krafft-Ebing, Bleuler ou Kraepelin. Aqui e ali, temos notícias do emprego das técnicas freudianas na prática clínica, mas sempre isoladamente e sem continuidade.

Na década de 1920, a influência das vanguardas europeias sobre os modernistas abre outra via para a penetração das ideias psicanalíticas: no *Manifesto antropofágico*, Oswald de Andrade se serve de algumas delas, e Mário de Andrade chegou a sugerir o termo *sequestro* para verter o nome do principal mecanismo de defesa proposto por Freud (*Verdrängung*, depois traduzido como repressão ou recalque). Sai um ou outro artigo na imprensa, ouve-se uma ou outra conferência, do mesmo modo como se fala do surrealismo ou do tango: a psicanálise é mais um assunto para as conversas de salão, sem prejuízo do emprego de tal ou qual aspecto dela em determinado caso atendido por um profissional.

É com Durval Marcondes que tem início um esforço mais consequente para que as ideias freudianas deixem de ser apenas mais um item no cardápio intelectual. Ele se põe em correspondência com Freud, funda uma *Revista Brasileira de Psicanálise* (que teve um único número, em 1926),[20] organiza em São Paulo a Sociedade Brasileira de Psicanálise (igualmente em 1926) e busca trazer para a cidade um analista didata, capaz de realizar tratamentos segundo as regras da arte, e assim formar um primeiro grupo de psicanalistas locais.[21]

Com a chegada da dra. Adelheid Koch à capital paulista no ano de 1937, encerra-se a fase diletante da psicanálise brasileira, e tem início um novo período, que a meu ver se estende até meados da década de 1970. Durante esses anos, quem deseja se tornar psicanalista lê os escritos de Freud, mas a forma desse estudo é tributária dos desenvolvimentos mais amplos da psicanálise.

Depois de 1945, muitos latino-americanos vão se formar na Inglaterra,[22] onde tomam contato com o círculo de Melanie Klein, e acabam adotando o estilo clínico que ela inaugurou. O kleinismo torna-se assim a corrente predominante nas Sociedades brasileiras; Freud vai aos poucos se convertendo numa espécie de Pai Fundador, um vulto venerado a cujo retrato na parede se fazem as reverências de praxe, mas sua obra passa a ser considerada como algo de importância "histórica", com que se tem a mesma relação que com os clássicos da arte e da literatura. Na clínica, porém, empregam-se as ideias de Klein, particularmente o modo como ela trabalha a relação transferencial.

Durante as décadas de 1950 e 1960, a metrópole psicanalítica para os brasileiros é Londres. A publicação dos três volumes da biografia de Freud escrita por Ernest Jones, assim como dos primeiros volumes da nova tradução inglesa dos *Gesammelte Werke* por James e Alix Strachey — empreendimento que consumiu muitos anos de trabalho e resultou nos 24 tomos da *Standard Edition of the Complete Works of Sigmund Freud* —, estimulou alguns analistas do Rio de Janeiro a

20. O número 2 da *Revista Brasileira de Psicanálise* só foi publicado em 1967, mas desde então a revista vem tendo edições regulares.

21. Esta "importação" de especialista(s) é semelhante à que na mesma época ocorre na recém-fundada Faculdade de Filosofia, Ciências e Letras da USP, para cujas cátedras são convidados jovens professores franceses, como Claude Lévi-Strauss, Roger Bastide, Fernand Braudel, e cientistas que as perseguições fascistas obrigavam a deixar a Alemanha e a Itália.

22. Além do prestígio da psicanálise inglesa e dos atrativos de passar alguns anos em Londres, o Brasil e a Argentina tinham saído da guerra em situação bem melhor do que a Grã-Bretanha: a relação de câmbio favorecia suas moedas, o que baratcava a formação.

11. "Um trabalho de civilização": Freud e a psicanálise

verter para o português os escritos do mestre. Mas a opção de traduzi-los da *Standard*, e não do original, resultou num trabalho incoerente na terminologia, e repleto de equívocos na compreensão do próprio inglês.

O fato de a *Edição Standard Brasileira* — realizada com boa vontade, porém sem qualidade literária nem científica — ter sido recebida sem críticas diz bastante sobre a posição secundária de Freud nas referências dos analistas brasileiros de então: se os textos da escola kleiniana tivessem sido traduzidos com a mesma displicência, com certeza a reação teria sido outra. Somente com as novas condições mencionadas mais adiante é que se percebeu como era ruim o texto disponível na nossa língua.

Nas mesmas décadas, mas ainda sem impacto sobre a psicanálise em nosso país, Jacques Lacan estava empreendendo na França o chamado "retorno a Freud". O estudo minucioso dos textos, frequentemente no original alemão, resultou para os discípulos de Lacan numa grande familiaridade com o pensamento do mestre de Viena, e na transformação dele num interlocutor tanto para a teorização quanto para a prática clínica, o que não era o caso nos países de língua inglesa.

A partir de 1970, as doutrinas lacanianas começam a ser divulgadas na América Latina, em especial na Argentina. Os profissionais platinos que vinham para cá — primeiro como conferencistas visitantes, e após o golpe de 1976 como emigrados políticos — traziam na bagagem uma nova visão da obra freudiana, influenciados como estavam pelo prestígio de que ela passara a desfrutar na França. Por outro lado, durante a década de 1980, retornam ao Brasil vários analistas formados no ambiente gaulês, ou na universidade belga de Louvain, então um importante centro lacaniano. Eles traziam consigo um conhecimento e uma valorização de Freud que também contribuíram para a maior difusão do seu pensamento nas plagas tropicais. Em alguns novos cursos de formação para psicanalistas — como o do Instituto Sedes Sapientiae, em São Paulo — o corpus freudiano se torna o eixo central dos estudos, o que ainda hoje contrasta com o currículo de corte mais britânico em uso nas Sociedades de Psicanálise.

Por fim, para compreender a situação atual de Freud na cultura brasileira é preciso mencionar três outros processos ocorridos nos últimos trinta anos. Em primeiro lugar, a crescente solicitação por parte da mídia para que psicanalistas expressem sua opinião acerca de comportamentos, atitudes, declarações de autoridades políticas e científicas, crimes particularmente hediondos, e outros fatos da vida social. Nesses comentários, frequentemente é citada alguma ideia do fundador da disciplina, e isso contribui para que o grande público se familiarize com conceitos como "inconsciente", "complexo de Édipo", e assim por diante.

Em segundo, a crescente presença da psicanálise nos cursos de pós-graduação em psicologia deu origem a muitas teses de ótima qualidade, que por sua vez — terceiro processo — vêm sendo publicadas por editoras especializadas. Em virtude do que expus anteriormente, tanto na forma de tese quanto na de livro são frequentes as referências a Freud, e discussões das implicações delas para o assunto tratado.

Sinal de uma exigência congruente com o novo papel da obra freudiana no pensamento dos analistas brasileiros é a decisão da editora Imago de encetar uma nova tradução dela, desta vez com critérios adequados e a partir do original alemão. Sob a coordenação de Luiz Alberto Hanns, até o momento (janeiro de 2009) já saíram três dos dez volumes projetados. As excelentes notas explicativas e a qualidade da tradução com certeza farão dela um instrumento de trabalho utilíssimo para os psicanalistas, pesquisadores e demais interessados em conhecer o que Freud realmente disse.

A partir de 2010, outra excelente tradução, a cargo de Paulo César Souza, vem sendo publicada pela Companhia das Letras. Sem o projeto de realizar uma versão integral, a L&PM também vem editando alguns textos importantes, com comentários por analistas brasileiros que muito contribuem para a sua compreensão.

Para concluir: além das constantes citações em artigos, livros e conferências, esse contato mais íntimo com a obra fundadora da psicanálise vem influindo no modo como os profissionais conduzem seu trabalho clínico. A capacidade dos escritos de Freud para inspirar reflexões sobre os mais variados aspectos da vida psíquica, assim como para fornecer pistas que permitem compreender fenômenos dos quais ele não tratou explicitamente, parece dar razão ao psicanalista francês André Green, o qual, questionado certa vez sobre o que havia de novo em psicanálise, respondeu sem hesitar: "Freud".

ANEXO 2: SUGESTÕES DE LEITURA

Entre os muitíssimos livros disponíveis em português acerca de Freud e da sua obra, eis alguns que podem interessar tanto aos marinheiros de primeira viagem quanto aos que já possuem algum conhecimento da psicanálise:

11. "Um trabalho de civilização": Freud e a psicanálise

— sobre a vida e a pessoa, assim como a época em que viveu:

Peter Gay: *Freud: uma vida para o nosso tempo.* Trad. de Denise Bottmann. São Paulo: Companhia das Letras, 1989; 2. ed.: 2012.

Lúcio Roberto Marzagão: *Freud: sua longa viagem morte adentro.* Belo Horizonte: Ophicina de Arte & Prosa, 2007.

Carl Schorske: *Viena fin-de-siècle.* Trad. de Denise Bottmann. São Paulo: Companhia das Letras, 1993.

— sobre sua obra:

Inês Loureiro: *O carvalho e o pinheiro: Freud e o estilo romântico.* São Paulo: Escuta, 2002.

Silvia Leonor Alonso e Ana Maria Siqueira Leal (Orgs.). *Freud: um ciclo de leituras.* São Paulo: Escuta, 1997.

Renato Mezan: *Freud, pensador da cultura.* São Paulo: Companhia das Letras, 2005.

— sobre sua prática clínica:

Patrick J. Mahony: *Freud e o Homem dos Ratos.* São Paulo: Escuta, 1991.

Paul Roazen: *Como Freud trabalhava: relatos inéditos de seus pacientes.* Trad. de Carlos Eduardo Lins da Silva. São Paulo: Companhia das Letras, 1999.

— sobre sua relação com o judaísmo:

Yosef Hayim Yerushalmi: *O Moisés de Freud: judaísmo terminável e interminável.* Rio de Janeiro: Imago, 1992.

Renato Mezan: *Psicanálise, judaísmo: ressonâncias.* Rio de Janeiro: Imago, 1995.

— sobre o movimento psicanalítico e os autores pós-freudianos:

Abrão Slavutzky, César de Souza Brito e Edson Luiz André de Sousa (Orgs.). *História, clínica e perspectiva nos cem anos da psicanálise.* Porto Alegre: Artes Médicas, 1996.

Daniel Kupermann: *Transferências cruzadas: uma história da psicanálise e suas instituições.* Rio de Janeiro: Revan, 1996.

Roberto Girola: *A psicanálise cura? Uma introdução à teoria psicanalítica.* São Paulo: Ideias e Letras, 2004.

— sobre a psicanálise no Brasil:

Elisabete Mokrejs: *A psicanálise no Brasil: as origens do pensamento psicanalítico.* Rio de Janeiro: Vozes, 1993.

Josiane Cantos Machado: *A história da psicanálise no Brasil nas primeiras décadas do século xx e sua influência na concepção e constituição de saúde mental no país.* São Paulo: puc, 2013 (Mestrado em Psicologia Clínica).

Renato Mezan: "Figura e fundo: notas sobre a psicanálise no Brasil, 1977-97". In: _____. *Interfaces da psicanálise.* São Paulo: Companhia das Letras, 2002.

PARTE III
DA ATUALIDADE

12. Fronteiras da psicanálise

Boa tarde a todos. Quero iniciar agradecendo aos colegas da Sociedade Brasileira de Psicanálise de Brasília o honroso convite para abrir este colóquio, e em particular as palavras elogiosas do dr. Luciano Lírio e da dra. Maria Silvia Valladares.

O termo "fronteiras" evoca um território para além de cujos limites se encontram outros, como províncias num país ou Estados num continente. A metáfora é congruente com a do campo, esta fazendo pensar num terreno a ser arado, no qual germinam plantas cujas sementes originam outras colheitas. Ambas as imagens são aptas a figurar a nossa disciplina, tanto no sentido de algo extenso quanto de algo frutífero, que para produzir o que dele se espera necessita de trabalho e de tempo.

"Fronteiras" significa então linhas de partilha, naturalmente entre o que se encontra dentro deste território e o que lhe é exterior. A palavra não tem, contudo, apenas acepção geográfica: sabemos que os limites entre dois países quaisquer variaram ao longo da história, tal cidade ou região pertencendo ora a este, ora àquele. Também houve momentos em que eles representaram barreiras intransponíveis, marcadas por arame farpado, minas e soldados dispostos a disparar seus fuzis contra quem se aventurasse a cruzá-las sem permissão: não por

12. Fronteiras da psicanálise

acaso, falava-se até poucos anos atrás em "Cortina de Ferro", e mesmo hoje, entre os Estados Unidos e o México, ou entre Israel e os territórios sob controle da Autoridade Palestina, a fronteira é assinalada por muralhas e guaritas.

Felizmente, o traçado dos campos do saber não é deste tipo: assemelha-se mais a acidentes geográficos como rios e montanhas, que permitem a travessia nos dois sentidos — às vezes com mais facilidade, às vezes com menos, porém sem impedir quem deseja saber o que há do outro lado de se pôr a caminho, e eventualmente atingir seu objetivo.

Frente à vastidão do que se poderia dizer sobre o território que Freud foi o primeiro a desbravar, optei por tratar somente de alguns aspectos, e tomar o termo "fronteiras da psicanálise" em quatro de seus possíveis significados:

a) geográfico: as partes do mundo onde existe a psicanálise não são muitas, e a grande maioria se situa na área de influência da chamada civilização ocidental.

b) teórico-clínico: aqui o que singulariza a disciplina freudiana é o seu objeto, aquilo de que trata, e que podemos definir de modo sumário como a vida psíquica do ser humano, em particular na sua dimensão inconsciente. Ora, ao longo do século xx esse objeto foi se ampliando e se enriquecendo, e consequentemente modificando a disposição das suas fronteiras. Dito de outro modo, a psicanálise acumulou conhecimentos sobre mais e mais aspectos da dita vida psíquica, tornando-se por isso mais eficaz para intervir nos processos patológicos que a podem afetar.

c) epistemológico: são as interfaces com saberes que abordam a mente por vieses diferentes do psicanalítico, como as outras correntes da psicologia dinâmica (junguiana, reichiana, etc.), a psiquiatria e a neurologia. Também se situa neste capítulo o que temos em comum com a filosofia: trabalhamos com conceitos e argumentos, cuja consistência é examinada (e por vezes questionada) por filósofos de várias tendências.

d) sociocultural: a vida psíquica não se dá num corpo desencarnado, nem no espaço interestelar. Ela envolve, ao menos em parte, representações e elementos oferecidos pela sociedade na qual vive o sujeito: interesses, ideais, valores, normas, grupos de pertinência e assim por diante. Tais elementos são metabolizados pelo aparelho psíquico, que os transforma em objetos internos, fantasias, desejos e outras "entidades" sobre as quais a psicanálise obviamente tem algo a dizer. Por outro lado, as pessoas interagem umas com as outras, curvam-se (e desobedecem) a leis, inventam seres imaginários, figuram-nos por meios artísticos, criam biografias para eles e acompanham suas peripécias em diversos gêneros de ficção, que vão do mito ao desenho animado. Tudo isso, sustenta a psicanálise, está impregnado pelas marcas do inconsciente, e portanto constitui assunto legítimo para a sua investigação. Esta se serve de materiais oferecidos por disciplinas que focalizam outras dimensões da cultura, como a história, a sociologia, a etnologia, a linguística, a teoria literária, etc. Com cada uma delas, pode-se falar em "fronteiras", mas quando as examinamos mais de perto elas se revelam bastante porosas: pense-se em *Totem e tabu*, ou no emprego que faz Lacan das categorias de Saussure e Lévi-Strauss.

Feito este primeiro levantamento, vamos então abordar os diversos sentidos da expressão que nos serve de mote.

FRONTEIRAS GEOGRÁFICAS

Sabemos que Freud se considerava um cientista alemão, e esta identificação nos dá uma pista para iniciar nosso trajeto. A psicanálise nasceu em Viena, que nos finais do século XIX era um centro médico de primeira grandeza, comparável ao que hoje são Boston ou Nova York. A medicina que ali se praticava, e na qual se plasmou o estilo de investigação do jovem cientista, era de cunho positivista, termo que tinha então conotação bem menos pejorativa do que hoje em dia. Os professores de Freud consideravam que as doenças, inclusive as mentais, tinham causas exclusivamente naturais, o que queria dizer físico-químicas. O adversário contra o qual defendiam esta posição não era, como atualmente, a ideia de que o psicológico tem autonomia e densidade próprias, mas a chamada "filosofia da natureza" de inspiração romântica.

12. Fronteiras da psicanálise

Freud formou-se neste ambiente.[1] Quando começa a se interessar pela histeria, traz consigo a convicção de que os fenômenos que ela comporta deviam ter causas discerníveis, e que descobri-las era o primeiro passo para a cura das (e dos) pacientes que sofriam desse mal. O *Projeto de uma psicologia para neurólogos* testemunha seus esforços para oferecer uma descrição dos processos psíquicos que coubesse no figurino de Brücke, Helmoholz e Du Bois-Reymond.

Mas o período passado na França, estudando com Charcot e depois estagiando junto a Bernheim, o persuadira de que os estados histéricos não podiam ser explicados unicamente por causas orgânicas. O fenômeno da sugestão pós--hipnótica provava que elas eram de natureza psicológica: mediante o hipnotismo, era possível tanto remover momentaneamente aqueles sintomas bastante espetaculares quanto fazer com que pessoas saudáveis os apresentassem durante algum tempo.

O golpe de gênio de Freud consistiu em levar a sério este fato, inexplicável pelas teorias vigentes, e procurar construir uma concepção do psiquismo que os pudesse explicar e ao mesmo tempo obedecesse aos princípios da ciência. Ele jamais perdeu de vista este objetivo: na última das *Novas conferências* de 1932 o vemos defendendo a ideia de que a vida mental é um "fragmento da realidade", e como tal deve ser estudado com o único método que permite conhecer a realidade — o científico.

Ora, um dos requisitos desse método é respeitar a estrutura daquilo que se quer investigar, e, no caso da vida psíquica, tal estrutura é feita de elementos imateriais — mas nem por isso menos reais, no sentido de que determinam pensamentos, atitudes, comportamentos e assim por diante. A bem dizer, esta não é uma descoberta de Freud: ele mesmo diz que aprendeu mais a respeito da alma com os escritores que com os psiquiatras, e, em suas referências, Shakespeare, Goethe e Balzac ocupam lugar mais eminente do que Meynert ou Krafft-Ebing. Isso porque desde a Antiguidade um dos principais temas da literatura são as paixões humanas, em sua grandeza e em sua miséria: em todas as culturas antigas, encontramos poemas e relatos nos quais desempenham papel central, assim

---

1. Ao longo deste texto, farei referência a trabalhos, meus e de outros autores, nos quais o leitor pode encontrar mais informações, ou análises mais detalhadas, sobre o tema em questão. Para o do ambiente no qual se formou Freud, ver o capítulo I de *Freud, pensador da cultura*. São Paulo: Companhia das Letras, 2005, e os títulos mencionados no item 1 das "Sugestões de leitura", ao final do capítulo precedente deste volume.

como tentativas de explicar por que são tão poderosas e de que modo comandam as ações dos homens.

Afastemos um possível mal-entendido: disse há pouco que Freud era um cientista alemão, e agora o coloco como leitor dos clássicos. Não haveria aí uma contradição? De modo algum: a ciência moderna é uma parte da cultura ocidental (não existe entre os esquimós, nem entre os indígenas sul-americanos ou nas tribos da África central), e esta engloba outros segmentos, como a religião, a filosofia e as artes. Não é o caso de entrar aqui nos detalhes das suas relações recíprocas, mas basta lembrar que o axioma "tudo o que existe tem uma causa inteligível" foi primeiramente formulado pelos filósofos, que a arte da argumentação, essencial nas demonstrações científicas, provém da retórica, e que a noção de prova se originou na geometria, para percebermos que a ideia de razão — base de todas as ciências, matemáticas, naturais e humanas — permeia o modo ocidental de pensar.

Antes de entrar na faculdade de medicina, Freud se educou no *Gymnasium*, cujo currículo era constituído essencialmente por disciplinas humanísticas, a começar pelo grego, pelo latim e pelas respectivas literaturas. Estudavam-se ali também o alemão, o francês e o inglês, o que abria o caminho para ler o que se escrevia nesses idiomas, e naturalmente existiam traduções de obras escritas em outros, europeus ou não. Freud também adquiriu na escola um extenso conhecimento de história, e, já adulto, interessou-se por disciplinas que então experimentavam um grande desenvolvimento: a arqueologia e a etnologia, cujas informações utiliza amplamente em suas obras.

A aplicação do método científico às questões da alma não se fez sem percalços, dos quais falarei logo mais. O que importa ressaltar agora é que, tendo chegado, por volta de 1905, a estabelecer o que costumo chamar de "primeiro sistema de psicanálise", o fato de escrever em alemão (e não em finlandês ou croata) lhe assegurou ampla audiência, tanto nos países da Europa Central quanto no estrangeiro, onde o prestígio da medicina germânica era bastante grande. Esse prestígio se estendia à física e à química, graças ao grande número de descobertas realizadas nessas áreas pelos cientistas da Alemanha e do Império Austro-Húngaro.

Foi assim que se formou ao redor de Freud um círculo de discípulos, entre os quais posteriormente se destacaram Abraham, Jung, Ferenczi e Rank. Da Inglaterra veio Ernest Jones, cuja importância na direção do movimento analítico

12. Fronteiras da psicanálise

nos anos que se seguiram à Segunda Guerra Mundial é bem conhecida. Mas durante as primeiras décadas do século xx, com exceção da distante Grã-Bretanha e de alguns postos avançados nos Estados Unidos, na França, na Itália e na Rússia,[2] as "fronteiras" da psicanálise coincidiam com as da área cultural germânica: seus centros eram Viena, Berlim e Budapeste, os livros e revistas saíam quase todos nessa língua, o vocabulário psicanalítico se servia dos recursos dela, e a grande maioria dos analistas vivia naquelas regiões.

A hecatombe nazista veio modificar profundamente este panorama. Perseguida como "ciência judaica", portanto por natureza vil e maléfica, a psicanálise teve de abandonar seu solo natal e se exilar em outras terras.[3] Este fato não teve consequências apenas para os profissionais que foram se estabelecer na Inglaterra, nos Estados Unidos, na Argentina e em outros países latino-americanos: as ideias e práticas que eles levavam consigo foram confrontadas com outras realidades sociais, culturais e clínicas, fazendo com que surgissem estilos nacionais, e mesmo "escolas", numa disciplina até então notavelmente homogênea.

Três exemplos ilustrarão esta afirmativa. Boa parte dos refugiados encontrou abrigo nos países de língua inglesa, nos quais a filosofia predominante era de cunho empirista. Nada havia nos Estados Unidos ou na Grã-Bretanha de comparável aos grandes sistemas filosóficos "continentais", que de Descartes, Espinosa e Leibniz até Kant, Hegel, Husserl e Heidegger apresentavam feições marcadamente racionalistas. Os interlocutores da psicanálise nestes países tinham outras concepções do humano, e foi preciso dialogar com eles, o que determinou importantes inflexões na teoria e na prática. Tanto a psicologia do ego americana quanto as ideias de Winnicott e Bion devem parte do seu conteúdo a este fato histórico-geográfico, sobre o qual não me estenderei, mas cuja importância dificilmente pode ser exagerada quando nos interessamos pelo panorama atual da psicanálise.

O segundo exemplo vem da França, onde existia uma psiquiatria autóctone, que começa com Pinel e Esquirol e vem desembocar em Clérambault, Henri Ey

---

2. Sobre a admiração de Freud por Moshe Wulff, seu principal discípulo no império do czar, ver a introdução de Decio Gurfinkel ao artigo dele publicado no número 40 da Revista *Percurso*, 1. sem. 2008: "Fetichismo e escolha de objeto na primeira infância".

3. Cf. Frederick Wyatt, "The Severance of Psycho-Analysis from its Cultural Matrix". In: Edward Timms and Naomi Segal (Orgs.). *Freud in Exile: Psychoanalysis and its Vicissitudes*. New Haven: Yale University Press, 1988.

e outros autores já do nosso tempo. Também existia, além da forte tradição filo-sófica do Iluminismo (que teve papel fundamental na Revolução Francesa), um vivo interesse por pensadores como Marx, Hegel, Husserl e Heidegger, cujas ideias pareciam aos intelectuais franceses da geração de Sartre, Merleau-Ponty, Lévi-Strauss e Raymond Aron trazer um sopro de renovação frente às ideias até então hegemônicas.[4] O pensamento de Lacan deve muito a esses autores, natu-ralmente temperados à moda gaulesa; embora ele esteja longe de ser o único psicanalista criativo a escrever em francês, sua pessoa e sua obra tiveram imensa influência, não só sobre os que as adotaram, mas também sobre seus opositores. Sem elas, a psicanálise francesa não seria o que conhecemos hoje.

Na Argentina, por motivos que têm a ver com o clima cultural e político do país, também se formou um estilo bastante característico. A república dos pam-pas era, antes da Segunda Grande Guerra, o país mais adiantado da América Latina; o peronismo o dotou de um sistema de assistência médica no qual havia espaço para a saúde mental. A comunidade analítica local, enriquecida por imi-grantes do quilate de Heinrich Racker e Marie Langer, logo assumiu posição de destaque no cenário internacional. Um traço característico da psicanálise argen-tina foi (e continua a ser) a atenção aos fatores sociais e políticos na organização psíquica, que sem dúvida tem sua parte no interesse dos profissionais de lá em estender os limites da clínica para além das paredes do consultório.[5]

Quando, repetindo as perseguições dos nazistas — agora porque os analis-tas seriam inimigos do regime, já que atendiam muitas pessoas envolvidas com a oposição a ele —, a ditadura dos generais provocou uma nova diáspora freudia-na, as ideias gestadas à beira do Prata se espraiaram para outros lugares, entre os quais o Brasil, onde tiveram um papel fecundador de primeira importância.

Estas breves notas dão uma ideia do que pode significar a expressão "fronte-i-ras da psicanálise" se a tomamos num sentido geográfico. Antes de passar ao pró-ximo item, porém, quero dizer uma palavra sobre outro aspecto que também faz parte deste capítulo. Refiro-me às condições para o exercício da psicanálise, que só se encontram atualmente na área cultural do Ocidente, aí incluídos os setores ocidentalizados de países como o Japão, a Índia e mais recentemente a China.

---

4. Cf. Vincent Descombes, *Le Même et l'autre: quarante-cinq ans de philosophie française, 1933-78*. Paris: Minuit, 1979.

5. Não por acaso, foi Enrique Pichon-Rivière, um psicanalista radicado em Buenos Aires, que de-senvolveu a ideia dos grupos operativos. Sobre a história da psicanálise na Argentina, cf. Jorge Ba-lán, *Cuéntame tu vida*. Buenos Aires: Planeta, 1971.

12. Fronteiras da psicanálise

O primeiro deles é o caráter laico da mentalidade dominante, sem o que as pessoas não pensariam — como não pensam nos setores mais tradicionais da sociedade brasileira — em se dirigir a um profissional como o psicanalista em busca de alívio para seu sofrimento emocional: iriam conversar com o padre, com o pastor ou com o aiatolá. Por sua vez, a ideia de que esse sofrimento não resulta do pecado ou do destino, mas sim de motivos ao alcance de uma terapia — ou seja, embora ligados à maneira como a pessoa conduz sua vida, de cunho natural e não sobrenatural — é fruto de um longo percurso, que começa no Renascimento, passa pelo Iluminismo e pelas revoluções burguesas, assim como pelo Romantismo e pelo advento da ciência positiva, e vem culminar numa série de ideias e valores que não encontram paralelo em outras culturas. Elas se materializam na noção de direitos do indivíduo, entre os quais sobrelevam o de expressão e de sigilo, e, entre outras coisas, na relativa liberdade sexual conquistada nos anos 1960. Basta ler os escritos de Ayaan Hirsi Ali, a ativista somali ameaçada de morte pelos integristas islâmicos, para percebermos como no mundo muçulmano, para só falar dele, nada disso existe — e não é por acaso que a psicanálise não fincou raízes por lá.[6]

Ela é um dos frutos da modernidade, e, nestes tempos ditos pós-modernos, fala-se muito no seu declínio, e mesmo no seu iminente desaparecimento. Voltaremos a este ponto no final desta conferência; de momento, creio que já falamos o suficiente das fronteiras geográficas. Resumindo, podemos afirmar que, no interior de um território limitado no espaço e no tempo pelas conquistas modernas, a psicanálise as exprime a seu modo. De início restrita à área cultural germânica, e constituída essencialmente pela obra de Freud e de seus primeiros seguidores, ela veio a se dividir na segunda metade do século XX em escolas teórico-clínicas e em estilos nacionais. Estes dois eixos se cruzam, permitindo que se possa falar em lacanianos argentinos, bionianos paulistas, kleinianos ingleses, e assim por diante, o que dá ao nosso campo a diversidade que conhecemos. Mas esta também tem seus limites: não é qualquer coisa, de qualquer jeito, que cabe nela. Para explicar por que penso as-

---

6. Cf. Ayaan Hirsi Ali, *A virgem na jaula*. São Paulo: Companhia das Letras, 2008, e o comentário de algumas passagens deste livro em: Renato Mezan, "Nasrah e seus irmãos". In: Gunther Axt; Fernando Luis Schüler; Edgar Morin; et al. *Fronteiras do pensamento: ensaios sobre cultura e estética*. Rio de Janeiro: Civilização Brasileira, 2010.

sim, convém agora voltarmo-nos para a segunda acepção do termo "fronteiras da psicanálise".

FRONTEIRAS TEÓRICO-CLÍNICAS

Referi-me há pouco ao primeiro sistema de Freud, que levou dez anos para se estruturar e que atinge sua feição definitiva por volta de 1905. Trata-se de um conjunto integrado de conceitos de hipóteses sobre a vida psíquica, que funda a psicologia como hoje a conhecemos. Nada semelhante existia até então, nem na psiquiatria, nem na psicologia acadêmica, que então dava seus primeiros passos. Estes tomaram duas direções: a experimental e a *Völkerpsychologie*, ou psicologia dos povos, antecessora do que hoje chamamos psicologia social. Autores como Wundt e Fechner tentaram estabelecer leis quantitativas para os fenômenos psíquicos, e logo mais Pavlov descobriria o reflexo condicionado, mas nenhum deles conseguiu criar, como fez Freud, um sistema de pensamento que desse conta simultaneamente do normal e do patológico. Os primeiros esboços de psicologia social, por sua vez, eram pouco mais que racionalizações dos preconceitos etnocêntricos então vigentes: falava-se de "mentalidade primitiva", de "clínica latina" e de outras tolices, que hoje nos fariam sorrir se não tivessem alimentado atitudes e práticas racistas, xenófobas e genocidas.

Quanto à psiquiatria, ela buscava distinguir quadros psicopatológicos e formular hipóteses sobre sua gênese, às vezes de tipo organicista, às vezes levando em conta determinações que atualmente chamaríamos de psicológicas. Contudo, nenhum dos autores — entre os quais se contavam figuras da estatura de Kraepelin, Krafft-Ebing e outros — pôde vincular estes quadros a uma visão do psiquismo que pudesse oferecer diretrizes para o trabalho terapêutico.

O que Freud tinha para oferecer era muito superior em complexidade e sutileza. Aos que gostam dos bônus que vêm com os DVDs atuais, recomendo a leitura das cartas que ele trocou com seu amigo Wilhelm Fliess durante o período de gestação da psicanálise, grosso modo a década de noventa do século XIX.[7] Elas constituem um verdadeiro *making of* da sua constituição, acompanhando

---

7. Publicadas na íntegra por Jeffrey Masson, *The Complete Letters of Sigmund Freud to Wilhelm Fliess, 1887-1904*. Boston: Harvard University, Belknap Press, 1985 (ed. bras.: Imago).

12. Fronteiras da psicanálise

quase dia por dia a emergência das ideias de Freud e suas tentativas de as organizar num conjunto que fizesse sentido.

Por que situar em 1905 a maturidade desse sistema? Porque nesse ano vêm à luz três textos que, juntamente com a *Traumdeutung*, formam sua base e boa parte do seu conteúdo: os *Três ensaios para uma teoria da sexualidade*, *A piada e sua relação com o inconsciente* e o *Caso Dora*. Para termos uma ideia do que Freud realizou durante os dez anos que separam estes escritos dos de 1895, imaginemos a teoria psicanalítica como uma laranja constituída por vários "gomos" articulados entre si: a metapsicologia, a teoria do desenvolvimento psicossexual, a psicopatologia e a teoria do processo analítico.

Esta sistematização tem apenas finalidades didáticas: é claro que os conceitos e hipóteses foram surgindo de modo mais disperso, segundo os interesses do momento e tomando por base (ou às vezes retificando) o que já pudera ser estabelecido. O que torna sólido o sistema é o modo pelo qual as diversas partes convergem umas para as outras e se apoiam reciprocamente, formando um edifício coerente para o qual não existia paralelo em outros arraiais.

A metapsicologia é a teoria da mente e do seu funcionamento, visando a explicar como e por que nela podem ocorrer fenômenos tanto normais quanto patológicos. Comporta uma "anatomia", ou seja, uma descrição do aparelho psíquico, e uma "fisiologia", isto é, um conjunto de hipóteses sobre os processos que nele têm lugar. Fazem parte da metapsicologia noções como a de lugares psíquicos (consciência, pré-consciente e inconsciente), de pulsões (na época, sexuais e de autoconservação), de defesas contra os derivados destas pulsões, que por motivos diversos precisam ser repudiados (neste primeiro sistema, elas são essencialmente o recalque e a projeção), de processos primário e secundário, etc. Em suma, o bê-á-bá da psicanálise — mas, como para o famoso ovo, era preciso que algum Colombo o pusesse de pé.

Ao lado da metapsicologia, encontramos uma teoria do desenvolvimento, que procura dar conta das etapas pelas quais passa o bebê até se tornar adulto. Aqui encontramos as fases psicossexuais, a noção de escolha de objeto, do infantil (a "criança sempre viva no adulto"), de sexualidade infantil, e outras bem conhecidas. O texto canônico a este respeito é evidentemente o dos *Três ensaios*, mas em outros livros e artigos publicados nos primeiros anos do século xx Freud faz referência a inúmeros fatos da infância e ao seu destino ulterior — ciúmes, pequenas mentiras, angústias, sonhos — que vai situando numa sequência em cujo ápice se encontram uma relativa maturidade e a capacidade de funcionar de maneira autônoma.

Dados o quadro sincrônico da metapsicologia e o filme diacrônico do desenvolvimento, o passo seguinte é postular que as maneiras pelas quais a mente pode emperrar estão de algum modo ligadas a esses dois eixos. Tomando como base as classificações psiquiátricas então vigentes, a psicopatologia freudiana busca organizar um panorama das várias perturbações, mas, ao contrário daquelas, não se limita a correlacionar sintomas para formar síndromes: concebendo o sintoma como solução relativamente estável para um conflito, quer determinar de *quais* impulsos e fantasias *aquelas* defesas protegem o indivíduo *daquela* maneira. Tanto umas quanto outras, afirma Freud, estão ligadas a determinados momentos da evolução (noções de fixação e regressão) e põem em jogo partes e funções específicas do psiquismo.

A conhecida tríade neuroses/psicoses/perversões encontra assim uma base nos conceitos e hipóteses que apreendem as várias dimensões do funcionamento mental/emocional. Que os detalhes da classificação tenham sido revistos inúmeras vezes é aqui irrelevante: importa perceber que o princípio dela não é mais o da botânica de Lineu (classificação das espécies uma ao lado das outras), mas algo semelhante ao evolucionismo darwiniano (cada espécie tem seu lugar numa sequência que vai do mais arcaico ao mais diferenciado e complexo). Também é de extrema importância, a meu ver, que os mesmos mecanismos deem conta da operação normal e das disfunções da mente, variando apenas a intensidade das forças em conflito e a ação mais ou menos incapacitadora das defesas.

Por fim, levando em conta que o psiquismo é como é, que se desenvolve da forma mencionada, e que pode se desarranjar dos jeitos descritos pela psicopatologia, a teoria do processo analítico procura explicar como é possível intervir nos processos patológicos de modo a neutralizá-los e eventualmente revertê-los. Aqui encontramos as noções de resistência, transferência e interpretação, com suas várias modalidades e nuances.

O centro do sistema é constituído pela ideia de complexo de Édipo, pois para ela convergem as quatro dimensões. Do ponto de vista metapsicológico, trata-se de um conjunto de fantasias e defesas envolvendo os objetos primários de amor (pai e mãe); na sequência do desenvolvimento, situa-se no fim da primeira infância e a separa da fase de latência; dependendo da forma como se constituiu e do destino que lhe é dado, o indivíduo se organizará de modo neurótico, psicótico ou perverso; e isso determinará até que ponto é influenciável pela terapia psicanalítica. Não é de admirar que Freud o considere como o *Kernkomplex* (complexo nuclear), e deste ponto de vista ele representa a "fronteira interna" tanto do psiquismo — o ponto mais profundo que é possível vislumbrar no seu interior — quanto da própria psicanálise enquanto teoria.

A evolução posterior da disciplina irá empurrando esta fronteira para mais e mais longe: nos anos 1920, Melanie Klein explorará as etapas pré-genitais (às vezes chamadas de pré-edipianas), e o próprio Freud, seguindo os passos da sua discípula, falará da "ligação pré-histórica com a mãe". Para isso, será crucial uma descoberta realizada por volta de 1910: a do narcisismo, que ajudará a compreender as psicoses e uma série de outros aspectos da mente até então pouco explorados pela psicanálise.[8]

A partir da década de 1920, com a maturidade clínica dos primeiros discípulos de Freud e com a institucionalização da formação nos moldes definidos pelo Instituto de Berlim, surgem novas vozes no campo psicanalítico, e nem sempre elas falarão em uníssono com a do fundador. Chamo o período entre as duas guerras mundiais de "a era dos debates", pois nele se travam importantes discussões a respeito dos mais variados temas: a pulsão de morte, a sexualidade feminina, a técnica, o alcance da ação terapêutica da psicanálise, a formação do superego, e outros mais.

Toda esta efervescência empurra as fronteiras da disciplina para um pouco mais longe e para um pouco mais "fundo": Paul Federn e Sándor Radó adentram o universo das psicoses, Helen Deutsch descreve a "personalidade como se", que hoje conhecemos como organizações borderline, Melanie Klein se aventura pelos meandros da psique infantil, Franz Alexander dá início aos estudos de psicossomática, Wilhelm Reich trata dos diversos tipos de caráter, e assim por diante. A publicação em 1935 do artigo "O luto e sua relação com os estados maníaco-depressivos", no qual Melanie Klein introduz a noção de posição depressiva, é uma baliza fundamental: marca o início de algo até então desconhecido no campo, a saber uma corrente de pensamento ao mesmo tempo psicanalítica *e* baseada numa visão do funcionamento psíquico bastante diferente da proposta por Freud.

O triunfo do nazismo, que como vimos acarreta o fim da hegemonia centro-europeia no mundo analítico, trará outra consequência de peso: a formação

---

8. Freud fala dele, pela primeira vez, no *Caso Schreber* (1909). Cf. occl, v. 10.

518

de escolas divergentes. Acres controvérsias, acusações recíprocas de traição ao legado de Freud, expulsões, cismas e dogmatismo caracterizarão as décadas seguintes, grosso modo de 1943 (*"controversial discussions"* em Londres) até 1981 (morte de Lacan). Nesse período, podemos falar de fronteiras *internas* ao campo psicanalítico, tão eriçadas e impenetráveis quanto as que na esfera política se instalaram durante a Guerra Fria.

Quatro grandes correntes se estruturam durante a era das escolas:

a) a kleiniana, com base em Londres e forte influência na América Latina;

b) a *ego-psychology*, na verdade a psicanálise berlinense / vienense transplantada para os Estados Unidos pelos fugitivos do nazismo, e temperada com alguns acréscimos da lavra de Heinz Hartmann e outros;

c) o grupo independente inglês, também chamado de "escola das relações de objeto", cujos principais nomes são Douglas Fairbairn, Michael Balint (este um húngaro formado por Ferenczi), Donald Winnicott e Massud Khan;

d) na França, os discípulos de Lacan, congregados em torno da bandeira do "retorno a Freud".

Apesar de encerrados cada um nas próprias muralhas, esses grupos — até pela necessidade de comprovar sua razão de ser — fazem avançar a psicanálise em muitos aspectos. A evolução dos costumes traz novas demandas de terapia, fato que se acentuará no período seguinte (de 1980 para cá), mas que já se nota na época das escolas. Para fazer frente a elas, surgem novos conceitos e teorias, em particular voltadas para os estados psíquicos mais arcaicos ou mais regredidos: da posição esquizoparanoide (Klein) ao estádio do espelho (Lacan), da falha fundamental (Balint) ao desamparo e ao colapso psíquico (Winnicott), do continente para as identificações projetivas (Bion) aos objetos perseguidores (Klein, Fairbairn), o elenco de entidades psicanalíticas vai tomando a forma que hoje conhecemos.

A partir de meados dos anos 1970, as barreiras entre as escolas começam a ser rompidas, inaugurando o que considero a "nossa" época. Esta se caracteriza por maior circulação de ideias entre analistas, a princípio timidamente, depois de modo mais e mais desimpedido. Também atingem a maturidade pensadores que se abeberam nas diversas fontes disponíveis, e com elas constroem obras de grande força e consistência, mas que não dão origem a novas escolas: permanecem como referência para a clínica e para a reflexão, abertas à apropriação de quem quiser pensar com elas e a partir delas.

12. Fronteiras da psicanálise

Refiro-me a nomes que todos conhecemos e respeitamos: Conrad Stein, André Green, Piera Aulagnier, Joyce McDougall, Pierre Fédida, Jean Laplanche e tantos outros, em particular na França. Nos Estados Unidos, a hegemonia da *ego-psychology*, que não chegara a ser ameaçada pelos culturalistas (Erich Fromm, Karen Horney), se vê contestada por Heinz Kohut (psicologia do self) e pelos críticos da metapsicologia (Roy Shafer, George Klein e outros). Em Londres, os "novos kleinianos" aprofundam e desenvolvem o legado da Grande Dama, com frequência servindo-se de ideias originalmente lançadas pelos "independentes" do *Middle Group*: entre eles, destaca-se a obra de Bion, mas também a de analistas como Robert Caper, John Steiner e outros.

O resultado de todos estes movimentos é o panorama atual da nossa disciplina, diversificado porém não caótico. Suas fronteiras teórico-clínicas, como podemos observar, são bem mais amplas do que quando Freud morreu. As barreiras interescolas foram quase todas derrubadas: com exceção de alguns ultradogmáticos, os analistas perderam o medo do "ecletismo" e trafegam entre as várias correntes, inclusive buscando o que formaria um *common ground* para a psicanálise, ou seja, aquilo que — embora com visões e linguagens diferentes — todos compartilham.[9] As elaborações de ponta, como afirma Luís Cláudio Figueiredo,

> fazem justiça à pulsão *e* às relações de objeto, levam em conta o desamparo *e* o desejo, pensam em termos de conflito *e* de déficit, investigam as dimensões da fantasia *e* do trauma, vale dizer, dão atenção ao intrapsíquico e ao intersubjetivo. A partícula *e* no lugar do *ou* aponta para o caráter complexo e paradoxal das teorizações e estilos que então se forjam, desconstruindo as velhas oposições paradigmáticas.[10]

FRONTEIRAS EPISTEMOLÓGICAS

Se no campo psicanalítico vigora hoje um clima de diálogo e não mais de confronto, em relação aos saberes conexos a situação é um pouco mais complicada. Mencionei no início desta conferência três tipos de interface, que consti-

9. O termo foi lançado por Robert Wallerstein em seu "Presidential Address" a um congresso da IPA (Roma, 1987), e dá título a uma coletânea posteriormente editada por ele: *The Common Ground of Psychoanalysis*. Northvale: J. Aronson, 1992.
10. Luís Claudio Figueiredo, "A psicanálise e a clínica contemporânea. Uma introdução". In: *As diversas faces do cuidar*. São Paulo: Escuta, 2009. p. 18.

520

tuem as fronteiras com as outras correntes da psicologia dinâmica, com a psiquiatria/neurologia e com a filosofia.

Quanto às teorias e práticas da psicologia não dinâmica — comportamentalista e cognitiva — talvez não se possa falar de *fronteiras*, pois estas requerem ao menos algo em comum, mesmo que atravessado por uma linha mais ou menos rígida. As concepções da mente destas duas escolas se baseiam em pressupostos filosóficos, científicos e metodológicos tão distantes dos nossos, que me parece difícil entabular um diálogo com elas. Talvez esteja enganado, mas no momento sou dessa opinião; se entre vocês houver quem pense de modo diferente, terei prazer em ouvir seu ponto de vista.

As tendências não analíticas da psicologia dinâmica nasceram de dissidências no movimento freudiano, motivadas pela recusa de algum ou alguns aspectos centrais das teorias então vigentes. Começando com Adler (1911) e Jung (1913), passando pelo psicodrama de Jacob Moreno (Viena, anos 1930), pela terapia corporal de Wilhelm Reich (idem), e por outras inovações, elas se desenvolveram em paralelo à psicanálise, angariando prestígio e seguindo seus próprios caminhos. Depois de décadas de indiferença de parte a parte — ainda resíduo dos ressentimentos e mágoas transferenciais que marcaram aquelas violentas rupturas — analistas e praticantes dessas outras correntes vêm iniciando contatos, que espero se revelem profícuos. Embora bem-vindos, são relativamente raros, e se contam nos dedos os seus resultados relevantes.[11]

A situação é bem diversa nas outras duas arestas, a com a filosofia e a com a medicina. Desde que Freud começou a publicar, seus escritos foram objeto de exame por parte dos filósofos; nada há nisso de extraordinário, visto que a filosofia se interessa por todas as esferas da cultura — e a psicanálise, com sua revolucionária visão do humano e sua complexa e sutil maquinaria conceitual, não podia deixar de excitar o apetite reflexivo dos herdeiros de Platão.

Sem pretender qualquer tipo de completude, é possível distinguir duas grandes linhas na abordagem filosófica da psicanálise. A primeira é de cunho "continental", e se desenvolveu particularmente na França; a segunda, mais voltada para o exame da consistência conceitual da disciplina, floresceu nos países anglo-saxônicos.

---

11. Um deles é o trabalho de Cláudio Mello Wagner, que tive o privilégio de orientar na PUC-SP: *A transferência na clínica reichiana*, publicado pela Casa do Psicólogo (São Paulo, 2005).

12. Fronteiras da psicanálise

Muito sumariamente, os franceses — no bojo da apropriação do pensamento germânico que resultou no marxismo gaulês, no existencialismo e na versão parisiense da fenomenologia — quiseram pensar com Freud e a partir de Freud, buscando extrair da obra dele o que se acomodava ao seu próprio pensamento, e fazendo cerradas críticas ao que nela lhes parecia equivocado, quer isso consistisse no "materialismo", no "realismo ingênuo" ou no "positivismo".[12] Georges Politzer, Jean-Paul Sartre, Paul Ricoeur, e em certa medida Claude Lévi-Strauss (entre outros) exemplificam este estilo de ler Freud, que, sem ser psicanalítico, e apesar de alguns mal-entendidos flagrantes, sem dúvida contribuiu para fazer trabalharem as ideias que ele nos legou.

A abordagem dos anglo-saxônicos costuma ser bem menos simpática a Freud e aos seus seguidores. Fundada nas correntes predominantes na Inglaterra e nos Estados Unidos — o empirismo e a filosofia analítica, que apesar do termo homônimo nada tem a ver com a psicanálise —, ela toma por base uma determinada visão da ciência e a aplica aos procedimentos argumentativos da disciplina freudiana, à sua maneira de criar e validar conceitos e hipóteses, à avaliação da sua eficácia como método terapêutico, e assim por diante. O resultado é previsível: com maior ou menor severidade, somos reprovados na maioria dos quesitos em discussão. Começando com o painel organizado em 1957 por Ernst Nagel, e continuando com as críticas de Karl Popper à suposta impossibilidade de falsear as proposições psicanalíticas, este tipo de questionamento culmina nos anos 1980 com a fuzilaria de Adolf Grünbaum, ao que eu saiba o mais contundente entre os filósofos que se especializaram na epistemologia da psicanálise.[13]

Os analistas têm procurado responder a estas críticas de modo mais inteligente do que dando de ombros a uma suposta "resistência à análise". Quer buscando validações empíricas para as teses que defendem, quer recusando a estreiteza do que os adversários entendem por "ciência", quer ainda refletindo a fundo sobre as dificuldades (e as possibilidades) do *single case study*, autores como Thomä na Alemanha, Michèle Porte na França e Marshall Edelson[14] nos Estados

---

12. Cf. Renato Mezan, "A recepção da psicanálise na França". In: *Interfaces da psicanálise*.

13. Cf. *The Foundations of Psychoanalysis* (1984; tradução francesa: *Les Fondements de la psychanalyse*. Paris: PUF, 1996). Discuto os argumentos de Grünbaum no capítulo seguinte deste volume.

14. De Marshall Edelson, recomendo vivamente a leitura de *Hypothesis and Evidence in Psychoanalysis*. Chicago: The University of Chicago Press, 1984. O tema do *single case study* foi abordado no número 41 da revista *Percurso*, 2. sem. 2008: cf. Hal Reames, "Uma tese e uma interpretação", precedido de uma introdução de Ana Cecília Carvalho.

Unidos, para só citar alguns, procuram demonstrar que as questões podem ser colocadas de outra forma, e que, se se aceitarem suas premissas fundamentais, a psicanálise se mostra tão consistente quanto as demais ciências humanas.

Com a psiquiatria, os embates se situam em outro plano. A partir dos anos 1950, a produção de medicamentos eficazes no tratamento de delírios, e mais recentemente no das depressões e dos problemas ligados à ansiedade, fez com que ela se alinhasse aos demais ramos da medicina. Até então, os psiquiatras não dispunham de meios para intervir eficazmente nos processos psicopatológicos; restritos à terapia verbal e a procedimentos hospitalares, como a internação e os choques elétricos e insulínicos, apoiavam-se fortemente na psicanálise, em especial nos Estados Unidos. Na França, os continuadores de Pinel e Esquirol desenvolveram formas particulares de combinação entre as duas disciplinas, exemplificadas nas ideias do grupo *Évolution Psychiatrique*, e também na tese de doutorado de Lacan (*Da psicose paranoica em suas relações com a personalidade*, 1933).

Este vínculo com a nossa disciplina se rompeu a partir da década de 1960, inclusive no que se refere às denominações pelas quais passaram a ser conhecidas as perturbações mentais. As sucessivas edições do DSM[15] difundiram a noção de *transtorno*, que difere profundamente da concepção analítica do funcionamento psíquico. Um transtorno — como as antigas síndromes — é um conjunto correlacionado de sintomas, que perduram por um certo tempo e apresentam uma frequência específica: se tais e tais da lista ocorrem tantas vezes em x meses, o indivíduo é "portador" do transtorno em questão; caso contrário, não o é.

Não interessam os motivos pelos quais surgem e perduram os sintomas, nem a dimensão subjetiva de que se revestem: importa identificar o transtorno e corrigi-lo com a medicação adequada, exatamente como faz o endocrinologista, ou o especialista em rins. O padecimento é atribuído a desequilíbrios bioquímicos na produção de substâncias como a serotonina, a dopamina e outras; o problema é encontrar a dose adequada do remédio, e minorar os efeitos colaterais da sua ingestão.[16]

15. *Diagnostic and Statistical Manual of Mental Disorders*, atualmente em sua quinta edição. Para uma ideia geral do conteúdo deste manual, cf. *Wikipedia*, artigo "DSM".
16. A este respeito, ver (entre outros textos) a resenha de Pedro Mascarenhas sobre o livro organizado por Maria Lucia Violante, *O (im)possível diálogo psiquiatria-psicanálise*: "Um convite ao impossível diálogo?", Revista *Percurso*, n. 30, 1. sem. 2003.

12. Fronteiras da psicanálise

Os indiscutíveis progressos que levaram à identificação dessas substâncias e à compreensão de como agem, bem como a descoberta de outros processos que têm lugar no cérebro e em outras partes do sistema nervoso, acabaram assim por enrijecer a fronteira entre a psicanálise e a psiquiatria, que durante certo tempo — ao menos em certos setores desta última — fora bastante porosa. Correlativamente, entraram em declínio formas mais humanísticas da pesquisa psiquiátrica, como a fenomenológica (Karl Jaspers).

Haverá meio de reparar este hiato entre psiquiatras e analistas? Talvez, mas não me parece ser a tendência dominante. O mais comum é ver os analistas censurando a abolição da dimensão subjetiva do sofrimento psíquico, isto é, seu enraizamento na história de vida da pessoa, e recusando a ideia de que são possíveis mudanças de fundo pela mera ação dos remédios, sem que o indivíduo se disponha a refletir acerca do que vive. A isso, retrucam os psiquiatras que não objetivam "mudanças de fundo": sua tarefa é remover os sintomas, agindo sobre o que acreditam ser as causas deles — os desequilíbrios bioquímicos. A terapia analítica é descartada como excessivamente demorada e custosa, e no fundo inútil: um caminho longo demais para resultados tidos por pífios.

É certo que nem todos os psiquiatras pensem assim, e nem todos os analistas têm reflexos fóbicos ao ouvir o termo *psiquiatria*. Apesar das diferenças de enfoque, que em última análise remetem a concepções filosóficas muito divergentes acerca do que é o humano, e em particular o mental, a necessidade de cuidar dos pacientes por vezes impõe alguma colaboração entre analistas e psiquiatras, estes recomendando a busca de uma terapia, e aqueles admitindo que para tal ou qual caso pode ser útil um acompanhamento médico. A boa notícia é que esse tipo de colaboração vai além dos atendimentos do consultório, pois vem se tornando mais e mais frequente a participação de analistas em equipes multiprofissionais ou interdisciplinares que atuam nas mais diversas instituições.

FRONTEIRAS SOCIOCULTURAIS

A referência à inserção de muitos colegas em atividades nas quais o *setting* clássico não pode ser mantido (nem caberia fazê-lo) nos leva a considerar o último dos nossos quatro tipos de fronteira: as que nos situam em relação às outras ciências humanas, e aos fenômenos exteriores à prática clínica *stricto sensu*. Aqui convém distinguir duas grandes áreas: a da cultura em sentido estrito e a dos processos coletivos e sociais.

Por "cultura em sentido estrito" entendo as produções artísticas e científicas sobre as quais o analista pode se debruçar: livros, peças de teatro, filmes, obras das artes plásticas, teorias surgidas nos diversos campos da ciência e da filosofia. É o terreno da chamada psicanálise aplicada, ou seja, do emprego dos nossos conceitos para desvendar dimensões desses objetos que de outro modo permaneceriam na sombra.

A utilidade de tal procedimento pode ser maior ou menor, segundo a maneira como é realizado: da simples interpretação de atitudes e comportamentos dos personagens, que ilustra com um material acessível ao leitor os mecanismos postulados pela psicanálise, até a tentativa de compreender os processos em jogo na criação em qualquer dos seus aspectos, o campo de estudo se estende a perder de vista.

A esfera do que estou chamando fenômenos coletivos ou sociais é igualmente vasta: cobre as crenças, os costumes e os comportamentos, em particular na atualidade. Exemplos deste tipo de assunto são a violência em todas as suas formas,[17] o ressurgimento — se é que alguma vez se eclipsou — da religiosidade[18] (e não somente em suas versões fundamentalistas), as novas formas de conjugalidade e de sociabilidade, inclusive pela rede mundial,[19] a evolução dos costumes e das práticas sexuais, a difusão em massa da pornografia eletrônica, a onipresença da imagem e as formas de relação com ela surgidas nos últimos decênios,[20] e assim por diante.

---

17. Um bom panorama do que a psicanálise tem a dizer sobre a violência pode ser encontrado na coletânea organizada por Magda Guimarães Khouri, Jassanan Amoroso D. Pastore, Inês Zulema Sucar, Raquel Plut Ajzemberg e Reinaldo Morano Filho: *Leituras psicanalíticas da violência*. São Paulo: SBPSP; Casa do Psicólogo, 2004. Cf. a discussão deste livro em: Renato Mezan, "Homens ocos, funesto desespero: a psicanálise diante da violência". In: *Intervenções*, São Paulo: Casa do Psicólogo, 2011.

18. Cf. Sophie de Mijolla-Mellor, *Le besoin de croire: mépapsychologie du fait religieux*. Paris: Dunod, 2004.

19. Um dado interessante a este respeito é a quantidade de artigos publicados sobre a internet nos últimos números da revista *Percurso*, que podem ser conferidos no site da revista: <www.uol.com.br/percurso>, tanto nos sumários de *Percurso* quanto no Índice temático.

20. Uma instigante análise da imagem televisiva pode ser encontrada no livro de Luiz Meyer, *Rumor na escuta*.

12. Fronteiras da psicanálise

Tornou-se comum pintar a nossa época com tons sombrios: fala-se na velocidade estonteante das mudanças econômicas e culturais, no fim das utopias, no individualismo, na perda de profundidade da experiência subjetiva, na angústia generalizada e nas consequências nefastas da sua constante denegação. Tudo isso resultaria tanto em formas empobrecidas da subjetividade quanto em modos inéditos de sofrimento, as chamadas "novas patologias" (pânico, anorexia, bulimia, drogadições...).

Cabem aqui duas observações. Sem negar a extensão e a intensidade da alienação na existência contemporânea, não se podem deixar de lado os inegáveis avanços que ela trouxe e traz em seu bojo — e não somente nas inovações tecnológicas. A maior consciência em relação ao meio ambiente, a exigência de respeito pelos humanos diferentes de nós — cujo paroxismo ridículo na cultura do politicamente correto não deve nos levar a jogar fora a criança com a água do banho —, as iniciativas em favor dos deficientes físicos e mentais, a ampliação dos limites da liberdade individual e da mobilidade geográfica, o acesso relativamente fácil a um inacreditável volume de informação — tudo isso são conquistas nada desprezíveis.

Basta comparar nosso tempo e o dos nossos avós: tornaram-se inaceitáveis crimes como os das ditaduras fascistas e comunistas, o extermínio de populações inteiras em nome da homogeneidade racial, a tortura, a invasão da privacidade por polícias secretas, a intimidação dos oponentes políticos, e outras práticas outrora corriqueiras. É evidente que tais horrores não foram banidos do planeta; o que afirmo é que deixaram de ser tolerados, e quem os pratica pode se ver punido de um modo jamais imaginado por Hitlers, Stalins *et caterva*.

Por outro lado, as ditas novas patologias podem não ser tão novas quanto se afirma. Boa parte delas foi descrita nos anos 1940 — por exemplo, as que dependem de falhas graves na estruturação narcísica; outras parecem corresponder a modificações mais ou menos amplas na forma com que se apresentam males conhecidos de longa data. Não está excluído que as transformações sociais engendrem patologias realmente inéditas, mas a meu ver convém ir devagar com o andor, e antes de reconhecê-las como tais verificar se não se trata do *déjà-vu*, apenas revestido com a roupagem da moda.

De qualquer forma, a sociedade contemporânea é extremamente complexa, e seria absurdo imaginar que os instrumentos da psicanálise fossem suficientes para dar conta de todas as suas engrenagens. Isso não lhe retira o significado, tanto clínico como teórico e de crítica social, mas impõe o diálogo com as ciências sociais: a sociologia, a antropologia, a história em todas as suas modalidades — das ideias, das mentalidades, dos costumes — e outras mais.

As fronteiras com estes saberes são fluidas, e eles também se beneficiam das descobertas psicanalíticas, que muitas vezes incorporam ao seu aparelho conceitual. Dois exemplos entre muitos: o uso por Lévi-Strauss de certas noções freudianas, que lhe permitiram designar na proibição do incesto a linha divisória entre natureza e cultura, e a análise que, em *Eros e civilização*, Herbert Marcuse propõe da sociedade de consumo como regulada pela dessublimação repressiva.

No sentido inverso, para não nos restringirmos ao clássico caso de Lacan, que deve a Lévi-Strauss (e antes dele a Ernst Cassirer) a ideia de sistema simbólico, a Ferdinand de Saussure a de significante, e aos matemáticos as noções topológicas com as quais procura pensar o Real, conceitos como os de sociedade do espetáculo (Guy Debord) permitem a psicanalistas como Jurandir Freire Costa e outros ancorarem em processos macrossociais os fenômenos mais salientes da clínica contemporânea.

É tempo de concluir este breve sobrevoo do nosso tema. Espero que ele nos ajude a ter uma ideia do que pode significar a expressão "fronteiras da psicanálise", e a avaliar com alguma precisão a riqueza do campo que elas delimitam.

Muito obrigado por sua atenção, e vamos ao debate.

13. Pesquisa em psicanálise: algumas reflexões

Boa tarde a todos. Quero iniciar agradecendo a Magda Khouri e aos demais organizadores desta mesa-redonda a oportunidade de refletir novamente sobre um tema que me toca de perto. O que vou submeter à consideração de vocês são ideias que resultam de uma já longa experiência como orientador de teses na PUC de São Paulo, e também de um questionamento da maneira como a noção de "pesquisa" tem sido utilizada no nosso meio.

PEQUENO HISTÓRICO DO PROBLEMA

O contexto em que se vem falando de pesquisa em psicanálise me parece diferir em alguns aspectos importantes do que era o caso no passado. Sabemos que Freud considerava o trabalho com seus pacientes simultaneamente como tarefa terapêutica e como investigação científica: "houve em psicanálise, desde o começo, uma conjunção entre *curar* e *investigar*", diz ele em *A questão da análise por não médicos*; igualmente, no verbete "psicanálise" que escreveu para a *Enciclopédia Britânica*, afirma que "em psicanálise pesquisa (*Forschen*) e esforço terapêutico (*Heilen*) se recobrem".[1] Entendia ele que a clínica propiciava descobertas

---

1. Freud, "Die Frage der Laienanalyse" (1926), SA X, p. 347; BN, 1977, v. III, p. 2957; "Psicoanálisis y Teoría de la Libido", BN III, p. 2661; OCCL, v. 15.

que não se restringiam àquele determinado paciente, mas podiam ser integradas a uma teoria geral da psique, de seu funcionamento e de seus transtornos.

No entanto, desde que Freud formulou suas hipóteses elas foram contestadas — e não apenas devido aos preconceitos vitorianos quanto ao papel da sexualidade na vida psíquica. Objeções metodológicas e epistemológicas foram levantadas contra a forma pela qual eram obtidos os dados que fundamentavam suas inferências — associação livre por parte do paciente, interpretação por parte do analista — e contra o caráter "especulativo" das teorias que com base nesses dados ele foi construindo.

Freud dedicou-se inúmeras vezes a responder a estas objeções, como bem sabem os leitores da sua obra. Começando com "Sobre a crítica da neurose de angústia" (1896), em que debate com o psiquiatra Leopold Loewenfeld acerca da síndrome que havia destacado da neurastenia e batizado com aquele nome, até escritos bem tardios ("Construções em análise" e "Análise terminável e interminável", ambos de 1937), vemo-lo ocupado com os problemas que surgem na passagem do trabalho clínico para o plano da teoria. Na abertura de "Pulsões e destinos de pulsão", explica como concebe o procedimento científico; em "O método psicanalítico de Freud" (1904), na conferência "A terapia analítica" (1917), e em seus escritos técnicos, para só citar uns poucos textos, vai fundo no exame dos processos psíquicos em ação numa análise, buscando diferenciá-los dos que dependem da sugestão. Isso porque, se fossem idênticos, dois problemas insolúveis se apresentariam: do ponto de vista terapêutico, os efeitos da análise cessariam ao cessar a influência do médico, e do ponto de vista epistemológico os resultados teóricos obtidos a partir da clínica teriam valor igual a zero. Sem usar este termo, Freud, em suma, instaura, examina e defende o que se convencionou chamar de "método clínico".

Ora, é precisamente o questionamento deste método que se encontra na raiz da discussão atual sobre pesquisa em nossa disciplina. As contestações da psicanálise têm a mesma idade que ela, mas nos últimos vinte ou 25 anos tomaram proporções bem mais sérias, em especial as provenientes da filosofia da ciência. Num pequeno mas interessantíssimo livro,[2] o analista americano Marshall Edelson menciona três momentos-chave no debate que opõe à psicanálise os profissionais da razão:

---

2. Marshall Edelson, *Hypothesis and Evidence in Psychoanalysis*, 1984.

13. Pesquisa em psicanálise: algumas reflexões

1) a crítica dos positivistas lógicos, formulada entre outros por Ernest Nagel num simpósio organizado em 1959,[3] e da qual falarei logo mais;

2) a crítica de Karl Popper, apresentada em diversos artigos e livros, dos quais os mais significativos são *The Logic of Scientific Discovery* (1959) e *Conjectures and Refutations* (1963). Neles Popper sustenta que os enunciados da psicanálise não são científicos porque não podem ser falseados, já que nenhum comportamento humano daria margem a refutá-los;

3) a crítica de Adolf Grünbaum, professor na Universidade de Pittsburgh, que desde os anos 1980 tem sido o mais consistente e virulento adversário do estatuto científico da psicanálise. Seus livros, entre os quais *The Foundations of Psychoanalysis* (1984) e *Validation in the Clinical Theory of Psychoanalysis* (1996), tiveram e têm enorme influência entre os filósofos, mas também entre os psicanalistas. A conferência do então presidente da IPA, Robert Wallerstein, proferida em 1986 e intitulada "Psicanálise como ciência: resposta a novos desafios",[4] foi explicitamente concebida como resposta ao primeiro livro de Grünbaum. Foi ela que, a meu ver, deu impulso à atual preocupação com a pesquisa por parte dos nossos colegas. A obra de Edelson é igualmente uma tentativa de responder ao filósofo americano, e as impressionantes bibliografias de ambos os volumes mostram como o assunto vem despertando paixões e controvérsias.

A crítica de Grünbaum à psicanálise não é somente mais cáustica e contundente que as emanadas do positivismo lógico e de Popper. É também mais grave, porque não visa como aquelas a enquadrá-la numa definição abstrata de ciência (da qual, em ambos os casos, ela estaria muito distante), mas *a aniquilar a crença na validade do método clínico para produzir conhecimento*. Infelizmente para nós ana-

3. Ernest Nagel, "Methodological Issues in Psychoanalytic Theory" (1959). As comunicações do colóquio foram publicadas: Sidney Hook (Org.). *Psychoanalysis, Scientific Method and Philosophy.* Nova York: New York University Press, 1959.

4. Robert Wallerstein, "Psychoanalysis as a Science: a Response to New Challenges", Freud Anniversary Lecture (1986), publicada no *Journal of the American Psychoanalytic Association* em 1988 (36: 6). Na introdução ao livro de 1996, Grünbaum cita com evidente satisfação esta e outras reações de psicanalistas eminentes ao seu trabalho.

listas, não se trata de um adversário desprezível: seu conhecimento de Freud e da literatura analítica é vasto e preciso, ele monta seu raciocínio com argúcia, escreve com clareza e uma ponta de ironia. Em resumo, não é fácil desmontar sua argumentação.

Para vermos como sua crítica é muito mais radical do que as anteriores, convém resumir brevemente estas últimas. Segundo Nagel, a psicanálise não é uma ciência porque seus conceitos não são "operatórios", o que significa que são mal definidos e confusos. Com base neles, são formuladas teses que, por sua vez, sofrem do defeito de serem inverificáveis por quaisquer procedimentos que respeitem as normas do bom método científico, ou seja, o experimental.

Já para Karl Popper, o que torna científico um enunciado é a possibilidade de ser falseado, o que significa que a hipótese não apenas deve estabelecer uma relação (de causa e efeito, concomitância, dependência, etc.) entre A e B, mas ainda permitir imaginar meios por meio dos quais ela mesma poderia ser desmentida. Caso se realize o experimento assim concebido e a relação *não* seja invalidada, a hipótese que a afirma pode ser tida por verdadeira, porém sempre provisoriamente. Hipóteses que resistem a seguidas tentativas deste tipo são consideradas mais consistentes do que as suas rivais. No caso da psicanálise, porém, isso é impossível, porque uma afirmação como "todo comportamento humano é codeterminado por motivações inconscientes" é tão geral que simplesmente não tem como ser contradita: o idealizador e o executor do *experimentum crucis* poderiam estar motivados por determinações inconscientes, como a clássica tese da resistência à psicanálise não se cansa de lembrar.

Os ataques do positivismo lógico e da filosofia popperiana — que desprezam nossa disciplina por não ser experimental — causaram pouca impressão nos psicanalistas, seguros de que o método clínico garantiria a validade das suas teorias. Embora já em 1960 David Rapaport tivesse observado que seria preciso fundamentá-las melhor, estabelecendo princípios e refletindo a fundo sobre o que chamou de *"single subject research"* (pesquisa do caso único),[5] o fato é que pouco se fez nesse sentido. Foi preciso que Grünbaum desencadeasse seu devastador ataque ao método clínico para que os psicanalistas começassem a se preocupar com os problemas *reais* da pesquisa em nossa área.

---

5. David Rapaport, *The Structure of Psychoanalytic Theory* (1960). Tradução brasileira: *A estrutura da teoria psicanalítica*. São Paulo: Perspectiva, 1982.

13. Pesquisa em psicanálise: algumas reflexões

MÚLTIPLOS SENTIDOS DO TERMO "PESQUISA"

Mas aqui começam outros problemas. De modo geral, surgiram dois tipos de reação às objeções do filósofo. A primeira consistiu em reafirmar a validade do método clínico, mas sem responder aos argumentos dele, pressupondo veladamente que, como não é psicanalista, não sabe do que está falando (o velho argumento da resistência à psicanálise, devidamente *aggiornato* mas igualmente ineficaz). A outra foi procurar meios extraclínicos, experimentais ou não, para confirmar a veracidade das afirmações da psicanálise: tratamento estatístico do discurso em sessão (como fazem na Alemanha Thomä e seus colaboradores), tentativas para comparar a eficácia dos resultados da psicanálise com os de terapias rivais, redefinição do que significa *pesquisa*, e outros.

A meu ver, nada disso é muito útil, e frequentemente vem embalado num misto de autodepreciação e de idealização do "método científico" que faz pensar no que Nelson Rodrigues, falando do caráter nacional brasileiro, chamou "complexo de vira-latas". Impressiona-me o tom defensivo que muitas vezes adotamos ao falar com estes críticos, quer protestando que só quem conhece por experiência pessoal a psicanálise é que pode dizer coisas sensatas sobre ela, quer proclamando as excelências do método clínico, mas sem dizer exatamente no que consistem, quer ainda ampliando de tal modo a noção de "pesquisa" que ela acaba por perder qualquer significado relevante.

Assim, talvez não estejam fora de lugar algumas precisões. Minha filha de seis anos me perguntou recentemente se as abelhas sentem dor no seu pequeno bumbum quando aferroam alguém, e acrescentou, muito séria: "Eu quero saber porque estou *pesquisando* as abelhas". É claro que ela se referia a procurar informações sobre este inseto, no contexto das suas atividades na pré-escola. Não sorriam: é neste sentido banal que muitas vezes nos referimos à pesquisa, querendo com isso aludir à mera diminuição da nossa ignorância sobre um dado assunto ("Pesquise na internet, lá há muita informação sobre o que você quer saber"). Não é este o sentido científico do termo, assim como não o satisfaz o fato de alguém se documentar para preparar uma aula ou um artigo ("Vê--se que este texto foi bem pesquisado"). Pesquisa em ciência refere-se *exclusivamente* à tentativa de obter conhecimento novo e de apresentá-lo de modo que possa se incorporar ao já existente, seja como complemento, seja como nova perspectiva.

Diz-se que o analista "pesquisa" com seu paciente o significado inconsciente das suas palavras, fantasias, desejos e atitudes. De fato, procedemos assim, mas é preciso reconhecer que não é a isso que se refere a expressão *pesquisa científica*. Na melhor das hipóteses, estamos fazendo o que Thomas Kuhn denomina "ciência normal", ou seja, encontrando novos exemplos que confirmam a validade global da psicanálise, ou de determinadas hipóteses que ela sustenta. Os problemas colocados pela pesquisa — ontológicos, metodológicos e epistemológicos — não se reduzem à atividade habitual do analista, e, a meu ver, se não reconhecermos esta diferença, não teremos condições de compreender do que estão falando os que nos criticam. Dizer isso não implica diminuir o valor do trabalho clínico, nem menosprezar suas dificuldades ou seus praticantes, entre os quais me incluo. Apenas, não é este o ponto em questão.

Fala-se em diversos tipos de investigação possíveis em psicanálise, como a pesquisa conceitual, a pesquisa por entrevistas não estritamente clínicas, a pesquisa histórica, etc. É importante não confundir coisas que são por natureza diferentes. Interessar-se por um problema e descobrir o que já foi dito a respeito é pesquisa, mas não *psicanalítica*, embora o tema possa sê-lo (digamos, a contratransferência ou a anorexia). O termo "pesquisa conceitual" me parece bastante nebuloso: se significa traçar a evolução de um conceito, ou discutir sua esfera de aplicação, será uma pesquisa histórica ou epistemológica, mas não psicanalítica. Não é porque um texto fala sobre Freud ou sobre Lacan que é psicanalítico: há excelentes obras de filósofos, biógrafos e historiadores das ideias que nos ensinam muito sobre eles e sobre seus escritos, sem nada acrescentar à psicanálise. Já criar um conceito novo é algo bem diverso, envolvendo condições das quais não é possível tratar aqui com o detalhe necessário.

Por outro lado, na universidade — em particular na pós-graduação — vêm sendo realizados trabalhos a que se pode chamar sem medo "pesquisa psicanalítica". Eles poderiam perfeitamente ser apresentados nas Sociedades, Círculos e associações semelhantes para conferir a seus autores este ou aquele grau: em nada diferem dos que costumam servir a este propósito, exceto talvez por um rigor maior. A universidade interessou-se pela questão por uma razão muito simples: para escrever dissertações e teses *em* psicanálise e *de* psicanálise, é necessário pesquisar no sentido forte deste termo. E a prova de que tais trabalhos são úteis para o psicanalista não acadêmico está no fato de que hoje se tornou comum estudar em livros gestados nas incubadoras da pós-graduação.

13. Pesquisa em psicanálise: algumas reflexões

Por motivações e caminhos diferentes — as associações filiadas à IPA seguindo o programa traçado por Wallerstein, os cursos de pós-graduação refletindo sobre o que seria uma tese de psicanálise —, o tema foi-se tornando frequente em nossos debates. Já em 1989, o XVIII Congresso Latino-Americano no Rio de Janeiro tomou como mote "A investigação em psicanálise"; pela mesma época, no Programa de Pós-Graduação em Psicologia Clínica da PUC-SP, Maria Emília Lino da Silva organizou um colóquio cujos trabalhos foram publicados no ano seguinte.[6] Em 1991 e 1992, novos simpósios foram realizados no mesmo Programa; os textos então apresentados se encontram disponíveis nos números 1 e 2 da revista *Psicanálise e Universidade*. E desde então não faltam contribuições, vindas dos mais diversos quadrantes, ao tópico que hoje nos reúne.

Vinte anos orientando dissertações e teses me mostraram que os assuntos sobre o quais é possível realizar pesquisas são os mais variados. Num artigo publicado em *Interfaces da Psicanálise*,[7] procurei organizá-los em algumas categorias, seguindo o eixo principal de cada investigação. Eis as que encontrei:

a) teses predominantemente teóricas, focalizando em especial questões metapsicológicas (exemplo: Bernardo Tanis, *Memória e temporalidade: um estudo sobre o infantil em psicanálise*, publicado pela Casa do Psicólogo em 1996);

b) teses sobre questões de psicopatologia (exemplo: Cassandra Pereira França, *Ejaculação precoce e disfunção erétil: uma abordagem psicanalítica*, Casa do Psicólogo, 2001);

c) teses sobre fatores operantes no processo psicanalítico (exemplo: Myriam Uchitel, *Além dos limites da interpretação*, Casa do Psicólogo, 1997);

d) teses sobre a atividade terapêutica em âmbito institucional (exemplo: Yanina Otsuka Stasevskas, *Contar histórias no hospital-dia Butantã: a circulação do sentido e o efeito da palavra*, 1998);

---

6. Maria Emília Lino da Silva (Org.). *Investigação e psicanálise*. São Paulo: Papirus, 1990. Dele participei com a conferência "Que significa 'pesquisa' em psicanálise?", republicada em *A sombra de don Juan e outros ensaios*.

7. Renato Mezan, "Psicanálise e pós-graduação: notas, exemplos, reflexões". In: *Interfaces da psicanálise*. Um complemento a este artigo, dando notícia de 31 livros de orientandos e colegas publicados nos últimos anos, pode ser encontrado em: Renato Mezan, "Caleidoscópio". In: *Figuras da teoria psicanalítica*. 2. ed. rev. e ampl. São Paulo: Casa do Psicólogo, 2010. Eles comprovam que as pesquisas universitárias continuam a abordar os mais variados assuntos.

e) teses sobre as interfaces psique/sociedade (exemplo: Márcia Bacha, *Psicaná-lise e educação: laços refeitos*, Casa do Psicólogo, 1998);

f) teses sobre as interfaces arte/cultura/psique (exemplo: Camila Pedral Sam-paio, *Ficção literária: terceira margem na clínica*, 2000);

g) teses sobre autores ou momentos importantes na história da psicanálise (exemplo: Teresa Elisete Gonçalves, *A psicanálise na Inglaterra e o "Middle Group"*, 2001).

Vê-se que o território da pesquisa em psicanálise é bastante heterogêneo, indo do estudo aprofundado de uma história de vida à análise de condições que afetam determinado grupo, selecionado por faixa etária ou por algum tra-ço comum (militantes políticos, homens vasectomizados, pacientes terminais, etc.). Alguns trabalhos examinam conceitos centrais da nossa disciplina; ou-tros abordam mais diretamente a prática clínica, do lado do analista ou do pa-ciente; outros ainda focalizam estruturas psicopatológicas, relações socialmen-te importantes (professor/aluno, médico/paciente) ou a clínica em instituições. Na vertente "Psicanálise aplicada", temos estudos sobre literatura, teatro e artes plásticas, enquanto na vertente histórica são discutidos autores e/ou es-colas importantes.

Por outro lado, sob a variedade dos temas, existe um solo comum: todos os autores identificam uma *questão* e a investigam com os meios conceituais ofere-cidos pela psicanálise. Com frequência, as noções empregadas para estudar o problema escolhido saem revigoradas do embate com aquilo que foram convo-cadas a esclarecer: assim, o estudo das condições psíquicas do militante político clandestino permite a Maria Auxiliadora Arantes estabelecer uma hipótese auda-ciosa sobre a relação entre desgaste narcísico e ideal do Eu.[8] Poderíamos imagi-nar as diversas áreas em que se desdobram as investigações como raios de uma roda cujo centro é a clínica *stricto sensu*, a qual se encontra presente mais explici-tamente em algumas, mais indiretamente em outras. Pois é nela e dela que sur-gem os conceitos cardeais da psicanálise, os instrumentos com que opera qual-quer pesquisa em nossa disciplina.

---

8. Maria Auxiliadora da Cunha Arantes, *Pacto re-velado: abordagem psicanalítica de fragmentos da vida militante clandestina*. São Paulo: Escuta, 1996.

13. Pesquisa em psicanálise: algumas reflexões

O ARGUMENTO DE GRÜNBAUM

Ora, é precisamente a clínica *stricto sensu* o objeto da crítica de Adolf Grün-baum. Como ela recusa ao método clínico qualquer validade epistemológica, convém examinar — mesmo que brevemente — como está articulada.

Grünbaum começa por refutar a tese de Popper, segundo a qual os enuncia-dos psicanalíticos são infalsificáveis e por isso não científicos. De fato, existem no *corpus* freudiano diversos exemplos mostrando que Popper está equivocado, e o professor de Pittsburgh reconhece que Freud procurou enfrentar os problemas epistemológicos suscitados por suas teorias. Assim, um enunciado como "a para-noia resulta de uma defesa por projeção contra conflitos inconscientes ligados a fantasias homossexuais" é perfeitamente falsificável: ele tem a forma lógica $P \rightarrow Q$ (*P* implica *Q*, o conflito a respeito da homossexualidade é a causa da paranoia), e portanto pode ser refutado se encontrarmos casos em que *P não* implica *Q* (con-flitos homossexuais causando outros resultados que não a paranoia, paranoicos que exibem *também* comportamentos homossexuais, etc.). Conclui o filósofo, de-pois de examinar outros casos do mesmo tipo: "é uma tese central do presente estudo que o método clínico da psicanálise e as inferências causais fundadas sobre ele são essencialmente falhos do ponto de vista epistemológico, mas por razões que nada têm a ver com falsificabilidade ou não falsificabilidade".[9]

Os capítulos seguintes do livro discutem tais "falhas". Segundo Grünbaum, a defesa por Freud da validade do método clínico repousa sobre o *"Tally Argu-ment"*, ou argumento da adequação (*tally* significa *corresponder a*). A formulação mais completa deste argumento encontra-se na conferência de 1917 "A terapia analítica", na qual Freud combina duas afirmações basilares: 1) a análise é eficaz para remover os sintomas e produzir uma reorganização da economia psíquica; 2) isso se deve a que as causas às quais se atribuem os problemas do paciente *de fato* correspondem a (*tally with*) traumas e conflitos que ele experimentou no passado. As interpretações, que se baseiam nas associações do paciente e em seu modo de vivenciar a transferência, equivalem a asserções causais do tipo $P \rightarrow Q$ (tal conflito determina em última instância tal sintoma ou traço de caráter).

9. Adolf Grünbaum, *The Foundations of Psychoanalysis* (1984); trad. francesa: *Les Fondements de la psychanalyse*. Paris: PUF, 1996. p. 184.

Tudo depende, portanto, do grau de confiança que se possa atribuir às associações, no sentido de estarem livres de qualquer sugestão por parte do analista; do mesmo modo, a aceitação pelo paciente daquilo que lhe diz o terapeuta (que $P \rightarrow Q$) desemboca na compreensão dos seus conflitos, e na convicção de que estes eram a causa dos seus sofrimentos. Grünbaum não confunde "compreensão" com "intelectualização", e dá o devido peso à ideia freudiana da elaboração ou perlaboração como momento capital do processo de cura.

Ocorre, porém, continua o filósofo, que a situação analítica é inevitavelmente viciada pela sugestão. Freud procurou mostrar que não, mas estava enganado, e ele mesmo oferece o serrote para cortar o galho no qual está sentado: a transferência, induzida pela compulsão à repetição, coloca o paciente em situação infantil e o analista como "substituto da autoridade paterna". A análise da transferência não pode emancipá-lo desta condição (apesar do que assevera Freud), porque tudo gira em círculo: o efeito supostamente liberador da interpretação transferencial depende da crença do paciente na veracidade das palavras do analista, exatamente como para qualquer outra. Grünbaum compara a situação à do chamado efeito placebo: como o que garante o "progresso" do paciente é sua aceitação do que diz o analista, *aceitação induzida pelo próprio dispositivo analítico*, não importa o que ele diga — aos olhos de quem está no divã, o terapeuta terá sempre razão.

Grünbaum sabe que Freud discute exatamente este problema em "Construções em psicanálise", e enfrenta este texto com galhardia. O argumento de Freud é sutil, mas, segundo o filósofo, falacioso. Diz Freud, em síntese, que nem a aceitação nem a recusa do paciente significam grande coisa, porque ambas podem provir de fatores inconscientes ainda não descobertos (desejo de agradar ou de rivalizar, medo da autoridade do pai, etc.). Portanto, o analista espera por confirmações independentes, como novas associações ou a emergência de novas lembranças.

Ora, dispara Grünbaum, se o paciente está permanentemente sob o efeito da sugestão, não existem confirmações *independentes*; tudo o que lhe ocorrer estará contaminado por sua vulnerabilidade aos efeitos sugestivos da transferência. Portanto, embora *pareçam* indiretas relativamente ao conteúdo da interpretação, as associações ou lembranças que a ela se seguem provêm do mesmo solo e se encontram sob as mesmas condições que quaisquer outras. Este vício de origem torna impossível testar no interior dela mesma as afirmações causais produzidas

13. Pesquisa em psicanálise: algumas reflexões

na situação clínica. Portanto, todas as hipóteses baseadas no método clínico — por mais plausíveis que pareçam — não têm qualquer valor no que se refere ao quesito veracidade: podem até acertar o alvo, mas por casualidade, não porque sejam epistemologicamente consistentes.

Fica assim invalidado o argumento da adequação: *se* a psicanálise cura, *não é porque* encontra pela interpretação as causas reais dos problemas que afligem o paciente. A retrodição (atribuição retrospectiva de valor causal a acontecimentos ou fantasias do passado) não pode ser testada por meio de hipóteses alternativas, e isso vale tanto para aquele caso específico ("o Homem dos Ratos desenvolveu suas obsessões porque na sua infância...") quanto para as formulações mais e mais gerais baseadas em inferências obtidas pelo método clínico ("a neurose obsessiva tem sua origem em conflitos ligados à analidade", ou "o sintoma resulta de um conflito entre a pulsão e a defesa", ou, no limite, "o inconsciente dinâmico existe"). Xeque-mate:

> as exigências [científicas] em matéria de validação das asserções causais não podem ser satisfeitas intraclinicamente, a menos que o método psicanalítico seja apoiado por um potente substituto do Argumento da Adequação. [...] Na ausência deste substituto, a descontaminação epistêmica da massa das produções do paciente no divã, relativamente aos efeitos sugestivos das comunicações do analista, parece inteiramente utópica. [...] [Trata-se de] uma sugestão proselitista, tanto mais insidiosa quanto opera sob a máscara de uma terapia não diretiva.[10]

Em consequência, Grünbaum recomenda que as "teses cardeais" da psicanálise sejam submetidas a outros tipos de teste que não o clínico.[11] Eis aí, a meu ver, a raiz do interesse dos analistas pelas modalidades extraclínicas de pesquisa — para as quais infelizmente estamos muito mal preparados por nossa formação profissional e por nosso modo de pensar. De onde o mal-estar de que falei atrás, e o surgimento de uma literatura que, aberta ou veladamente, veste a carapuça

---

10. Id., pp. 191 e 194.
11. "A validação das hipóteses cardeais de Freud deve vir — se vier — principalmente de estudos *extra*clínicos bem concebidos, epidemiológicos ou até experimentais." (Id., p. 410, grifo do autor). Mesmo assim, o filósofo se mostra cético: "Mesmo quando os dados experimentais disponíveis até agora foram favoráveis, não conseguiram confirmar *nenhuma* das hipóteses principais de Freud" (Id., grifo do autor).

que Grünbaum nos oferece. Por outro lado, bater no peito e urrar à moda de Tarzan que o método clínico é bom, ou dar de ombros dizendo que ele não fez análise e portanto não experimentou os benefícios do método que ataca, tampouco leva a grandes resultados: o nervo do seu argumento permanece intocado, e nós paralisados frente ao desafio que ele nos lança.

E ENTÃO?

É óbvio que o único modo de refutar as posições de Grünbaum consiste em mostrar que a sua tese central — os dados em que se baseiam nossas teorias são viciados *ab ovo* pela sugestão — está errada. Não é o caso de empreender aqui essa tarefa, mas podemos ao menos, para concluir, indicar algumas direções possíveis.

No livro de Marshall Edelson a que me referi encontramos algumas ideias que merecem extrema atenção. Em primeiro lugar, discutir a tese de que a sugestão pervade de tal modo a situação analítica que tudo o que dela provém se encontra "contaminado" (e, diria eu, resistir à tentação de interpretar a analidade mal resolvida ou as fantasias paranoides possivelmente subjacentes a tal metáfora). Em segundo, discutir os complicadíssimos problemas epistemológicos ligados à ideia de testar as asserções psicanalíticas com grupos de controle. E não porque essas asserções sejam "vagas" ou "metafóricas" (embora fosse recomendável, diz Edelson, depurar nossas formulações para reduzir tanto quanto possível o seu grau de ambiguidade), mas porque a *reprodução exata* no grupo B das condições vigentes no grupo A encontra dificuldades de monta, que ele examina detalhadamente.

Eu acrescentaria que pode ser muito útil uma reflexão global sobre a afinidade dos métodos científicos (no plural, pois são vários) com os diversos tipos de ser, numa versão contemporânea do dito de Aristóteles, "o Ser se diz de muitas maneiras": o que convém a um objeto físico pode não convir a uma entidade matemática ou a um romance. Se a psique constitui um tipo particular de ser, a forma de investigá-la não pode ser a mesma que para outros — em particular, o método experimental pode ser singularmente inadequado a este objeto específico.[12]

12. Desenvolvo mais amplamente esta ideia, que me parece fundamental para discutir com Grünbaum *e* para determinar o que pode significar a expressão "pesquisa em psicanálise", em "Sobre a

13. Pesquisa em psicanálise: algumas reflexões

Mas é sobretudo por uma reavaliação rigorosa do estudo de casos singulares que o desafio epistemológico de Grünbaum pode ser neutralizado. O singular pode ser aqui uma pessoa, um par (analítico ou não), uma família, uma instituição — um universo *self-contained*, em suma. Sustenta Edelson que o método clínico, corretamente manejado, é adequado para investigar *este* tipo de ser, e que os temores de Grünbaum quanto à sugestão são largamente exagerados. Sendo um analista bem informado sobre filosofia da ciência, Edelson debate com o professor de Pittsburgh em seu próprio território — mostrando, por exemplo, que o método experimental não é, como pensa nosso adversário, o único a satisfazer aos cânones do "indutivismo eliminativo" — nome complicado que designa a postura epistemológica de Grünbaum.[13] Uma *single study research* criteriosamente conduzida, afirma, também pode preencher os exigentes requisitos dela.

Uma precisão importante é que o estudo de um caso singular *não* é necessariamente equivalente à narrativa teoricamente comentada de um tratamento (o que chamamos "estudo de caso", por isso o risco de equívoco). Este será o caso se o "singular" em pauta for um paciente em análise; em vários dos que mencionei atrás, porém, o objeto é de outra natureza (grupos específicos, trabalhos institucionais, etc.): Fabio Herrmann denominava tal trabalho "psicanálise em extensão", e Laplanche *"psychanalyse extramuros"*. Nessas situações, a investigação pode se desenvolver da maneira que for mais apropriada à natureza do tema, e dar origem a hipóteses capazes de ser examinadas em profundidade, confirmadas ou refutadas. Isso porque nele opera o que André Green chama, com muita propriedade, de "pensamento clínico".[14] Não podemos, a esta altura, examinar com o cuidado necessário esta noção, mas nos pequenos trechos que se seguem é possível perceber todo o interesse que ela encerra:

---

epistemologia da psicanálise", in: *Interfaces da psicanálise*. Grünbaum aborda esse problema no seu capítulo sobre a aplicabilidade do método experimental à "teoria freudiana da personalidade", mas não podemos, nesta comunicação, examinar com o cuidado necessário as suas afirmações. Não me pareceram nada convincentes; mas a discussão delas precisará esperar outra oportunidade.

13. O indutivismo eliminativo opõe-se ao indutivismo enumerativo, que admite que uma hipótese pode ser considerada verdadeira enquanto a enumeração de exemplos confirmadores não for interrompida pelo surgimento de um contraexemplo — ou seja, falseada, no sentido de Popper. Já a versão eliminativa do indutivismo sustenta que "um dado só pode ser considerado probatório para a hipótese $H1$ se for obtido de modo tal, que elimina a possibilidade de explicações alternativas $H2$, $H3$, ..., que de outro modo poderiam ser consideradas como dando conta daquele dado". Cf. Edelson, op. cit., p. 5, e todo o capítulo 3 da parte I.

14. André Green, *La pensée clinique*. Paris: Éditions Odile Jacob, 2004.

Sustento que existe em psicanálise não somente uma teoria da clínica, mas um pensamento clínico, isto é, um modo original e específico de racionalidade originado da experiência prática. [...] A elaboração pode ser levada a um nível de reflexão relativamente distante da clínica; no entanto, mesmo quando não se faz referência explícita aos pacientes, *o pensamento clínico sempre faz pensar neles*.[15]

O pensamento clínico forja conceitos que dizem as razões do inconsciente, a diversidade de respostas que suscitam os avanços dele, as transformações destas respostas em "realizações" alucinatórias, em atuações, em somatizações, em racionalizações, sob o efeito dos contrainvestimentos, colocando em ação o desinvestimento, etc.[16]

Quaisquer que sejam a diversidade e a abundância das soluções propostas, permanecerá sempre uma "distância teórico-prática" insanável. Dito de outro modo, jamais a teoria poderá aderir integralmente à clínica nem recobrir toda a extensão do seu campo, jamais a clínica será uma aplicação sem resto da teoria, inteiramente esclarecida por ela. O pensamento clínico deve ter sempre presente ao espírito este hiato e este resíduo inelimináveis, aceitar que eles não possam ser preenchidos por completo. Não há domínio em que o peso da incerteza seja maior do que na psicanálise.[17]

A ideia de um "modo específico de racionalidade, porque originado da experiência prática" é evidentemente imprescindível para responder com eficácia à argumentação de Grünbaum. Ela está de acordo com a noção de que existem vários tipos de ser, a psique sendo um deles, e com uma visão menos simplista do método científico que a defendida pelo filósofo de Pittsburgh. Pois toda epistemologia repousa sobre uma ontologia, explícita ou implícita — por ontologia entendendo-se uma teoria do que é o Ser, ou a realidade, ou como se queira chamar o que existe por si mesmo, independentemente das nossas opiniões e concepções.

Este modo "original e específico de racionalidade" reproduz com relativa fidelidade a estrutura daquela região do ser chamada "psique" — *relativa*, porque é da natureza do pensamento científico construir modelos aproximados (e não decalques idênticos ponto por ponto) daquilo que constitui seu objeto. A aproximação visa idealmente à reprodução completa, no elemento do pensamento, das arti-

15. Id., p. 11.
16. Id., p. 12.
17. Id., p. 13.

culações relevantes daquela região do ser, mas tal reprodução é justamente um ideal, um objetivo que guia as elaborações parciais que partem da observação ou da prática e chegam até um "nível de elaboração relativamente distante" delas — outra ideia fundamental para compreender a estrutura de *qualquer* teoria científica, psicanalítica ou não. Nenhuma pode aderir por completo àquilo de que é teoria: é insanável *por natureza* a "distância teórico-prática", o intervalo entre a realidade e as hipóteses que construímos para compreender as leis que a governam.

Por outro lado, é evidente que em psicanálise — como em qualquer outra disciplina — certas hipóteses estão mais próximas de um fenômeno singular ("seu sonho indica que você tem medo do seu pai"), enquanto outras visam tipos ou classes de fenômenos ("a histeria mantém uma relação peculiar com o complexo de castração"), outras ainda aludem a características essenciais do campo ("o funcionamento psíquico tende a evitar o desprazer"), etc., etc. O próprio objeto tem níveis diversos de organização, aos quais se referem hipóteses de diferentes níveis de abstração — o que Green reconhece ao aludir à "diversidade de respostas aos avanços do inconsciente": somatizações, alucinações, angústias, e assim por diante. Ou seja, a tarefa é muito mais formidável do que suspeita Grünbaum, que reduz a golpes de martelo a complexidade da prática analítica ao problema da sugestão na situação terapêutica, e daí deriva toda a sua argumentação.

É na companhia de autores como Edelson e Green que me parece possível pensar a pesquisa em nossa disciplina de modo a evitar tanto a ingenuidade ("viva o método clínico!") quanto o servilismo ("vamos fazer pesquisas empíricas para mostrar a eles como é consistente a nossa teoria e eficaz a nossa prática"). Ataques como o do filósofo devem nos fazer refletir mais sobre o que fazemos e sobre como elaboramos nossos conceitos e hipóteses, de modo a descrever nosso trabalho e o que daí resulta em termos menos esquemáticos que os utilizados por ele. A situação analítica envolve, sim, o perigo da sugestão, mas há meios de neutralizá-lo; a circularidade entre dados e inferências "intraclínicos" também é um risco, mas não necessariamente temos de cair nesta armadilha. Ou seja: não enterremos a cabeça na areia, não desqualifiquemos de modo arrogante um oponente do quilate de Grünbaum. Mas, sem enfrentar sua crítica, de nada valerá macaquearmos os procedimentos das *hard sciences*, pensando que com isso estamos fazendo "pesquisa em psicanálise".

Como escreveu Freud ao concluir "O futuro de uma ilusão": "não, nossa ciência não é uma ilusão. Mas seria uma [ilusão] procurar alhures o que ela não nos pode oferecer".[18]

18. Freud, "Die Zukunft einer Illusion" [O futuro de uma ilusão], SA IX, p. 189; BN III, p. 2992.

14. Que tipo de ciência é, afinal, a psicanálise?

A questão da cientificidade da psicanálise vem sendo levantada, nos últimos tempos, no contexto de uma crítica generalizada à nossa disciplina. Esta crítica apresenta duas vertentes: a mais comum diz respeito à suposta pouca eficácia do tratamento analítico quando comparado a outras terapias (geralmente, mas não só, à cognitiva) e/ou à ação de ansiolíticos, antidepressivos e demais medicamentos psiquiátricos. A outra vertente questiona o rigor da teoria psicanalítica, acusando-a de se basear numa série de pressupostos não comprováveis, de formular hipóteses impossíveis de verificar e que portanto dão sempre razão a quem as enuncia, e de permitir a mais completa arbitrariedade nas interpretações em sessão. Os mais coerentes destes críticos juntam as duas bordoadas numa só: seria *porque* a psicanálise nada tem de científico que sua eficácia terapêutica deixa tanto a desejar.

Tudo se passa, assim, como se o "pensamento cruel" — que desfaz ilusões e desconstrói falácias — atingisse a disciplina freudiana no seu âmago. Parafraseando a tirada de Karl Kraus — "a psicanálise é a própria doença que ela pretende curar" —, poderíamos dizer: "a psicanálise é a própria ilusão que ela supõe poder dissipar". Ora, é evidente que os psicanalistas não podem concordar com semelhante veredicto; e meu propósito, aqui, é mostrar que ele é completamente injustificado. Para isso, seguiremos um caminho um tanto tortuoso, mas indis-

14. Que tipo de ciência é, afinal, a psicanálise?

pensável para situar corretamente o problema: pois ele é complexo, e não admite soluções apressadas. Mais vale ir com calma, examinando as suas diversas facetas e tecendo passo a passo nosso argumento.

FREUD: "a PSICANÁLISE É UMA CIÊNCIA DA NATUREZA"

Comecemos com o que o próprio Freud diz quanto à natureza da sua invenção. Em vários textos, ele examina os fundamentos das suas teorias — o início do artigo "Pulsões e destinos de pulsão" (1915), a *Autobiografia* (1925), a defesa que redigiu para o processo contra Theodor Reik por prática ilegal da medicina, intitulada "A questão da análise por não médicos" (1926), e outros. A argumentação mais completa encontra-se na última das *Novas conferências de introdução à psicanálise* (1932), cujo título é "Sobre uma *Weltanschauung*". Como se trata de um texto já da sua velhice, podemos pensar que o que ali expõe representa a opinião definitiva de Freud sobre o assunto.

Weltanschauung significa concepção ou visão de mundo, e Freud quer responder à pergunta: da psicanálise se depreende, ou não, uma concepção de mundo específica? Parece evidente que, neste caso, "mundo" se refere ao homem e à sua vida psíquica, tanto individual quanto em sociedade. A pergunta poderia ser assim compreendida: a psicanálise envolve, ou não, uma concepção filosófica do homem, da sua mente e do seu comportamento?

Mas, para nossa surpresa, não é em absoluto este o caminho que toma Freud. Ele começa por definir o que entende por *Weltanschauung*:

uma construção intelectual que resolve de modo unitário todos os problemas da nossa existência (*"unseres Daseins"*) a partir de uma suposição fundamental (*"übergeordneten Annahme"*), construção na qual, portanto, não permanece em aberto interrogação alguma, e tudo que nos interessa encontra seu lugar determinado".[1]

A vantagem de dispor de semelhante construção é que ela nos proporciona segurança, oferecendo critérios claros tanto para compreender o que nos rodeia,

1. Freud, "Über eine Weltanschauung", 35ª Conferência, *Neue Folge der Vorlesungen zur Einführung in die Psychoanalyse* (1932). SA I, p. 486; BN III, p. 3191; OCCL, v. 18.

544

quanto — ao definir ideais de conduta convergentes com sua "suposição fundamental" — para orientar nossas ações.

Nessa maneira de definir uma concepção do mundo, três coisas chamam a atenção: o aspecto sistemático ("tudo o que nos interessa encontra seu lugar *determinado*"); o aspecto abrangente (*"tudo* o que nos interessa encontra seu lugar determinado"); e o aspecto arbitrário (pois a "suposição fundamental" pode ser qualquer uma). Desde que consiga obter o assentimento dos homens, que passam a acreditar nela e a ver o mundo pelo prisma que ela lhes oferece, a "suposição fundamental" não precisa de mais nada para se sustentar: a crença faz com que se torne autoevidente, não necessitando de qualquer prova. Torna-se assim a premissa absoluta para qualquer afirmação sobre o mundo, e o princípio absoluto para qualquer norma moral ou jurídica: o aspecto abrangente e o aspecto sistemático derivam, portanto, da evidência do fundamento. Ora, se este for frágil, todas as consequências que implica também o serão: de onde a necessidade de protegê-lo de qualquer dúvida, o que acaba por eliminar toda possibilidade de questionar o que dele deriva. É, pois, com a força de um sentimento primordial — a necessidade de se sentirem seguros — que os homens defendem suas visões de mundo, recusando considerar a sério qualquer objeção contra elas.

Antes de prosseguir, lembremos que estas três características são invariavelmente invocadas quando Freud fala da filosofia.[2] Aqui também, na "Conferência 35", é deste modo que ele a menciona, citando o epigrama de Heine: "Com seu gorro de dormir e com os farrapos do seu camisolão/ ele remenda os buracos da estrutura do mundo".[3] É inegável a conotação pejorativa desta visão, que em nada corresponde à filosofia da época de Freud — pois são seus contemporâneos, entre outros, Wittgenstein, os membros do Círculo de Viena, fenomenólogos como Husserl e o Heidegger de *Ser e tempo*, o pensador das formas simbólicas Ernest Cassirer, etc. Desde Platão e Aristóteles, e mesmo no apogeu do Grande Racionalismo, para usar a expressão de Merleau-Ponty, os filósofos que criaram sistemas do mundo (Descartes, Espinosa, Leibniz, mais tarde Hegel e Schopenhauer, entre tantos) levaram em conta as dificuldades e objeções que se poderiam

---

2. Sobre a forma surpreendentemente superficial com que Freud costuma tratar da filosofia, cf. Renato Mezan, *Freud, pensador da cultura*. 7. ed. São Paulo: Companhia das Letras, 2006, especialmente p. 667 ss.

3. *"Mit seinem Nachtmützen und Schlafrockfetzen/ Stopft er die Lücken des Weltenbaus"*. Heine, "Die Heimkehr" ("O regresso ao lar").

14. Que tipo de ciência é, afinal, a psicanálise?

levantar contra eles: basta ler a série de respostas de Descartes às "Objeções" contra suas *Meditações de filosofia primeira*, ou a correspondência de Espinosa, em que ele esclarece dúvidas de leitores amistosos e debate incansavelmente com os críticos, para ver que a imagem proposta por Freud para a filosofia é de uma superficialidade desconcertante.

Mas não é este o nosso assunto de hoje. Claramente, o objetivo de Freud é demarcar o que faz tanto da ridícula tarefa do remendão do universo quanto da crença ingênua do adepto de uma visão de mundo em seu vade-mécum. Esse objetivo é alcançado logo nos parágrafos seguintes da conferência, mediante dois movimentos convergentes. O primeiro é caracterizar a psicanálise como um ramo da psicologia, e portanto como uma ciência especial (*Spezialwissenschaft*): por isso, ela "é absolutamente inadequada para desenvolver uma concepção própria do universo, e precisa aceitar a da ciência". *Especial* aqui não quer dizer privilegiada ou de exceção, mas simplesmente específica, com um território próprio que é sua missão investigar: o "terreno psíquico", "as funções intelectuais e emocionais dos homens", como se lê na página seguinte do texto.

O segundo movimento é caracterizar a *Weltanschauung* da ciência de modo tal, que ela pouco guarda de semelhante com o conceito definido linhas antes: a ciência, é certo, "aceita a unidade da explicação do universo, mas só como um programa a ser realizado no futuro". Aqui Freud parece referir-se à eventual *completude* da explicação científica, à resolução de todos os enigmas e à integração das respostas num todo coerente: se este é o horizonte ideal da pesquisa científica, aquilo para o que ela tende, na atualidade ainda existem enormes lacunas no quadro do universo que a ciência nos oferece.

Além disso, ela apresenta sobretudo características negativas: o que é cognoscível são apenas os fenômenos e as leis que os regem, e este saber só pode ser obtido pela "elaboração intelectual de observações cuidadosamente comprovadas — o que se chama investigação — afastando-se qualquer outra fonte de conhecimento, como a revelação, a intuição ou a adivinhação. Estas supostas fontes de conhecimento são estranhas à ciência, e esta as recusa resolutamente".[4] Ou seja, limitação da pesquisa à esfera do observável — nesta esfera, obviamente, sendo incluído tudo o que pode ser inferido de modo legítimo como fundamento do observável, ainda que não possa ser diretamente observado, como as ideias

4. Freud, op. cit., SA I, pp. 586-7; BN III, pp. 3191-2.

546

de força em física, de elemento em química e de inconsciente em psicanálise — e também caracterização da ciência por seu método — observação cuidadosa, elaboração de hipóteses, prova matemática, lógica ou experimental como critério para decidir entre hipóteses rivais, etc. Em resumo, o uso da razão como instrumento para pensar, e a disposição para aceitar críticas pertinentes, indo até o abandono de determinada teoria se outra melhor se apresentar.

Freud acrescenta ainda, nesse início da conferência, que a ciência não é "uma" entre várias formas de adquirir conhecimento, que por também serem esferas da atividade espiritual do homem (*"Gebiete menschlicher Geistestätigkeit"*) se igualariam a ela em dignidade. Religião e filosofia podem aspirar à verdade, mas não a alcançam, e a ciência não tem por que acatar suas pretensões; ela é intolerante com o erro, não admite compromissos ou restrições, e estende sua interrogação a todo e qualquer setor da atividade humana.

O leitor atento não pode, aqui, deixar de levantar as sobrancelhas e manifestar duas surpresas. A primeira diz respeito à aparente ausência de pressupostos na atividade científica; a segunda, à súbita aparição dos tais "setores da atividade humana" no argumento freudiano. Mas tem nosso leitor realmente o direito de franzir a testa ao se deparar com este passo no argumento de Freud?

Primeiramente, toda *Weltanschauung* se caracteriza por uma "suposição fundamental", e a da ciência também comporta uma, embora Freud não a mencione explicitamente: trata-se da crença na racionalidade do real, ou seja, na existência de leis que governam os fatos e de causas que os determinam segundo essas leis. Esta crença tem um corolário: o de que está, em princípio, ao alcance da inteligência humana descobrir tais causas e formular tais leis. Pouco importa se isto se deve a que o espírito humano é parte da realidade e pode por este motivo se conectar ao restante dela (como pensava Espinosa, e, numa outra perspectiva, também Hegel), ou a que os fenômenos são uma construção das nossas categorias intelectuais a partir dos dados de percepção (à maneira de Kant): o conhecimento é possível porque a natureza apresenta *regularidades* observáveis, cuja formulação em termos abstratos produz o enunciado das suas leis, e porque os fatos têm causas, ou seja, outros fatos em cuja ausência eles jamais se produzem, e em cuja presença — *ceteris paribus*, excluídas eventuais intercorrências — eles regularmente se produzem. O *determinismo* é assim o pressuposto oculto da *Weltanschauung* científica, como Einstein expressou numa bela metáfora: "O Senhor é sutil, mas não maldoso; Ele não joga dados com o universo".

14. Que tipo de ciência é, afinal, a psicanálise?

É isso que torna possível a descoberta de leis verdadeiras, isto é, em correspondência com "o que é, como é", e, portanto, a aplicação destas leis em artefatos tecnológicos que as instrumentalizam. Mais para o fim da conferência, refutando o ceticismo — o qual afirma que, visto que no fundo a ciência se baseia numa crença, tanto faz que seu conteúdo seja este ou aquele, pois nenhuma teoria pode alcançar a verdade —, Freud invoca precisamente este argumento: a prova de que a ciência oferece um acesso seguro ao real é a tecnologia. Diz ele, de modo pitoresco:

> se realmente fosse indiferente o que opinamos, se não houvesse entre nossas opiniões conhecimentos que se caracterizam por sua coincidência com a realidade, poderíamos construir tanto pontes de pedra quanto de papelão, injetar num doente um decigrama de morfina em vez de um centigrama, e usar para anestesia gases lacrimogêneos em vez de éter. Mas com certeza os anarquistas intelectuais recusariam energicamente tais aplicações de suas teorias.[5]

Diferentemente das crenças arbitrárias que sustentam a religião ou a filosofia, portanto, a crença na existência de leis naturais e na nossa capacidade de descobri-las se revela fundamentada, tanto mais que, a partir deste princípio básico, é possível corrigir erros nas teorias vigentes e propor outras melhores, mais próximas do que realmente *é*, por conseguinte mais aptas a predizer com sucesso o comportamento dos objetos que estudam e a permitir aplicações tecnológicas mais e mais complexas.

A primeira surpresa é, assim, apenas consequência de que Freud, no seu argumento, tenha dado por evidente o que acabamos de explicitar; a omissão não o invalida, embora seja útil, para compreender bem sua posição, enunciar com clareza tanto o que a ciência tem em comum com as demais *Weltanschauungen* (uma "suposição fundamental") quanto aquilo que distingue o pressuposto científico dos seus congêneres na religião e na filosofia (seu caráter fundamentado, e a teoria da verdade que torna legítimo tal fundamento: essencialmente, uma teoria de tipo realista, que afirma a correspondência entre o que pensamos — quando pensamos racionalmente, sem nos deixar levar por nossos desejos e aspirações — e o que é).

5. Id., op. cit., SA I, p. 603; BN III, p. 3202.

A segunda surpresa, porém, não pode ser afastada tão facilmente: ela diz respeito à súbita aparição das "atividades humanas" como objeto da investigação científica. O que tem isso de surpreendente? As "atividades humanas", mais conhecidas como civilização ou cultura, eram estudadas pelas *Geisteswissenschaften* ou ciências do espírito, e havia uma nítida distinção entre elas e as *Naturwissenschaften* ou ciências da natureza. Ora, Freud não leva em conta esta distinção, porque, como veremos a seguir, para ele ambos os territórios são homogêneos. Quando diz que a psicanálise, como "psicologia das profundezas", é uma parte da psicologia, e esta uma "ciência especial" que obedece aos cânones da ciência *tout court*, é evidente que para ele só existe um tipo de ciência, e não dois, humanas e naturais. Determinados ramos dessa ciência unitária podem se ocupar das "atividades espirituais dos homens", enquanto outros tratam da matéria inanimada ou dos organismos vivos; o objeto da psicologia é claramente recortado contra o pano de fundo da natureza ("as funções afetivas e intelectuais dos homens" — e, acrescenta Freud, "dos animais"). Portanto, a parte da psicologia que investiga as "profundezas" (o inconsciente, suas leis, seus efeitos sobre o comportamento dos homens, etc.) é também uma ciência natural.

Esta posição de Freud não deixa de nos parecer estranha: pois o que seria mais humano do que a mente humana, com sua infinita complexidade, que justamente a psicanálise ajudou a desvendar? Para compreender por que Freud a situa entre as ciências naturais, é preciso agora abrir outra janela, e investigar o que significava no contexto alemão a oposição entre ciências da natureza e ciências "do espírito", como se dizia então.

A QUERELA DOS MÉTODOS

Aqui recorreremos à análise que propõe Paul-Laurent Assoun em seu livro *Introduction à l'épistémologie freudienne.*[6] Discutindo o que denomina "fundamento monista" da psicanálise — a crença de Freud num único tipo de ciência, cujo método é válido para qualquer ramo dela, seja qual for seu objeto —, Assoun se

6. Paul-Laurent Assoun, *Introduction à l'épistémologie freudienne*. Paris: Payot, 1981. Uma discussão mais ampla do argumento de Assoun, do qual extrairemos aqui apenas o que ele relata sobre a *Methodenstreit*, pode ser encontrada em: Renato Mezan, "Sobre a epistemologia da psicanálise". In: *Interfaces da psicanálise*, pp. 499 ss.

14. Que tipo de ciência é, afinal, a psicanálise?

refere à "querela dos métodos" (*Methodenstreit*), que teve lugar na Alemanha no final do século xix e no início do xx. Em síntese, trata-se do seguinte: haveria basicamente dois tipos de objeto para o saber, os naturais — existentes sem que o homem tenha parte em seu surgimento e em seu *modus operandi* — e os históricos ou culturais, ou seja, tudo aquilo que resulta da vida em sociedade e caracteriza a existência humana. Disciplinas como a história, a economia, a filologia ou a etnologia lidam com realidades culturais, qualitativamente diversas dos corpos físicos ou dos organismos vivos que são o assunto da astronomia, da física, da química e da biologia. Há entre o "humano" e o "natural" uma diferença ontológica, e, para a respeitar, é necessário o emprego de métodos diversos no estudo de cada uma dessas regiões do real.

No caso dos seres naturais, é indiferente que seja examinado este ou aquele indivíduo: a investigação o toma como exemplo da sua categoria, e o que descobre sobre aquele indivíduo ou grupo de indivíduos vale para toda a classe de seres a que pertence(m). O relevante não é a singularidade ou individualidade do espécime, mas aquilo que nele há de universal, considerando-se universal o próprio da classe em questão, seja ela uma espécie, um gênero, uma ordem (em biologia), ou um tipo de matéria (um gás em química, uma rocha em mineralogia, uma onda em física). O estudo deste tipo de objeto visa a subsumir o particular no universal, através de procedimentos no essencial indutivos, e a formular leis das quais seja possível deduzir outras propriedades ou comportamentos, verificáveis em seguida por observações, experimentos, etc. A isto, os filósofos da época chamavam *erklären* (explicar). O modelo deste tipo de investigação é a física de Galileu e de Newton, considerada como cânon das demais disciplinas pelos espetaculares resultados que seus princípios e métodos haviam propiciado desde o século xviii, e em especial durante o xix.

Mas no domínio propriamente humano — o das ciências da cultura ou do espírito — tais procedimentos não são adequados, porque cada "objeto" apresenta uma individualidade própria, irredutível a uma classe no sentido anteriormente definido. Exemplos de realidades assim são as civilizações, seus rituais, crenças e valores, as obras da arte e da imaginação, as normas religiosas, éticas e jurídicas, os sistemas políticos e econômicos. Investigar este tipo de objeto não é incluí-lo na classe a que pertence — *ça va de soi*, e nada nos diz sobre o que ele *é* em sua singularidade. É necessário *compreendê-lo* (*verstehen*), o que significa penetrar em seu sentido, revelar sua significação, desvendar o que o torna irredutivelmente "aquilo" e não outra coisa. Assim, estudar a Revolução Francesa, o barroco ou o romance russo exige obviamente definir o que é uma revolução, um estilo artístico ou um romance, mas este é apenas o primeiro passo; cada uma daquelas entidades apresenta características próprias, mesmo dentro de sua classe, e é *isto* que importa salientar.

Bem, dirão vocês, mas um rato também apresenta, na classe dos mamíferos, características próprias, que distinguem sua espécie dos felinos, caninos ou equídeos, e o aproximam de outros roedores. É certo; contudo, a compreensão como método quer ir além da mera classificação. Ela quer discernir o espírito que anima aquelas produções: não apenas o que elas são, mas ainda o que *querem dizer*, o que revelam sobre a nação ou o indivíduo que as criou — e um rato não "quer dizer" coisa alguma, como tampouco uma rocha ou um gás.

Foi o filósofo Wilhelm Dilthey que, em sua *Introdução às ciências do espírito* (1883) sistematizou esta oposição e lhe conferiu o estatuto de uma teoria bem argumentada, embora os termos *explicar* e *compreender* tivessem sido introduzidos trinta anos antes pelo historiador Theodor Droysen. O método compreensivo, também chamado "hermenêutico", consistia, portanto, em *interpretar* as realidades sobre as quais era aplicado, esclarecendo sua significação e os meios através dos quais ela se expressava, ou seja, sua articulação interna, sua relação com outras facetas de um mesmo sistema cultural, e suas diferenças em relação a equivalentes em outros sistemas culturais. *A origem da tragédia*, de Nietzsche, é um exemplo deste tipo de trabalho, assim como *A civilização do Renascimento na Itália*, de Jakob Burckhardt, a *Paideia*, de Wilhelm Jaeger, *Os conceitos fundamentais da história da arte*, de Heinrich Wölfflin, e inúmeros outros.[7]

Assoun aponta duas características importantes do método compreensivo e das disciplinas que o empregam: sua origem distante na hermenêutica teológica — partindo da qual, sobretudo via filologia, o método conquista os demais territórios da cultura — e a presença de juízos de valor nas interpretações a que ele dá lugar, isto é, na avaliação (implícita ou explícita) de que as obras e fatos culturais examinados são grandiosos, sublimes, superiores ou inferiores a outros, etc. Por isso mesmo, preconceitos ideológicos se infiltram inevitavelmente nessas análises, refletindo o europeucentrismo da época, e mesmo determinadas atitudes xenófobas de certas nações em relação a outras.

---

7. Uma boa apresentação deste ponto de vista, no que se refere à história da arte, pode ser encontrada em: Arnold Hauser, *Introducción a la Historia del Arte*. Madri: Guadarrama, 1973. pp. 160 ss.

14. Que tipo de ciência é, afinal, a psicanálise?

Assim, as culturas não ocidentais (com exceção de algumas asiáticas, como as da China ou da Índia) são consideradas "primitivas", e seu estudo "revela" a clara superioridade da raça branca sobre os "selvagens"; o estudo da cultura alemã tem frequentemente o resultado de "demonstrar" a superioridade da nação germânica sobre os povos latinos ou eslavos (a *Kulturkampf* tem aí um de seus elementos propulsores). Não podemos generalizar, é claro, mas o fato é que a "significação" que se busca evidenciar é muitas vezes expressa em termos que hoje chamaríamos de racistas, e que mesmo na época tinham como um de seus efeitos confortar os preconceitos daquele determinado público em relação aos vizinhos, ou aos povos a ele subordinados no contexto da colonização.

Compreendida então a oposição entre ciências da natureza e ciências do espírito, voltemos a Freud. Não é comum encontrar, em seus escritos, a expressão *Geisteswissenschaften*, até porque a psicanálise é para ele uma *Naturwissenschaft*. É necessário então tentar compreender por que ele pensa assim; tanto mais que não terá escapado a vocês que há pouco utilizei a palavra "interpretação", vinculando-a ao contexto das ciências do espírito. Ora, não é a interpretação aquilo que singulariza a psicanálise, na busca do sentido inconsciente de nossas produções mentais? Como então compreender a enfática posição de Freud quanto ao caráter de ciência natural da psicanálise? Como incluir numa ciência deste gênero a prática da interpretação, própria de um campo cuja especificidade Freud faz questão de não levar em conta? — não que a ignorasse, pois os debates da *Methodenstreit* lhe são contemporâneos.

Uma pista pode ser encontrada numa passagem da *Autobiografia* (1925) que apresenta uma das raras ocorrências do termo *Geisteswissenschaften* na obra freudiana. Freud está, mais uma vez, enunciando sua convicção de que é injusto deduzir da pouca clareza de seus conceitos fundamentais (especialmente a doutrina das pulsões) que a psicanálise não seja uma ciência:

> escutei muitas vezes a ideia depreciativa de que nada se pode pensar de uma ciência cujos conceitos principais são tão imprecisos como os de libido e pulsão na psicanálise. Mas a esta crítica subjaz um total desconhecimento da situação. Conceitos fundamentais claros e definições com contornos precisos só são possíveis nas *Geisteswissenschaften*, na medida em que estas querem incluir um domínio de fatos no quadro de uma construção intelectual sistemática. Nas *Naturwissenschaften*, entre as quais se conta a psicanálise, esta clareza dos conceitos básicos é supérflua, e

552

mesmo impossível. A zoologia e a botânica não começaram com definições corretas e abrangentes de "animal" e de "planta"; a biologia ainda hoje não sabe como preencher com um conteúdo seguro a noção de "ser vivo". Até a física teria renunciado a todo o seu desenvolvimento, se tivesse de ter esperado até que seus conceitos de matéria, força e gravitação alcançassem a clareza e a precisão desejáveis.[8]

Freud prossegue retomando uma observação que já fizera em "Pulsões e destinos de pulsão", cujo parágrafo inicial é de certo modo seu manifesto epistemológico: nas ciências da natureza, as representações básicas são de início pouco nítidas, e a escolha delas é determinada por sua razoável adequação aos fenômenos do campo que se começa a explorar; somente a análise posterior do material coletado em muitas e rigorosas observações é que irá conferindo maior precisão a estas *Grundvorstellungen*.

Ora, sendo a psicanálise uma ciência fundada sobre a observação, só lhe resta refletir sobre seus resultados do modo como eles se apresentam, isto é, necessariamente fragmentados (*stückweise*), resolvendo passo a passo os problemas que vão se colocando.[9] É nessa mesma veia que, na "Conferência 35", ele compara o trabalho do analista com o do cientista, implicando evidentemente que o motivo da semelhança entre ambos é que o analista *é* um cientista:

o progresso do trabalho científico se dá de modo muito semelhante ao da análise. Iniciamos o trabalho com certas expectativas, mas devemos afastá-las. Com a observação, aprendemos ora aqui ora ali algo novo, mas as partes não formam de início um conjunto coerente. Criamos então suposições, construímos hipóteses

---

8. Freud, *Selbstdarstellung* [*Autobiografia*, 1925]. Frankfurt: Fischer Verlag, 1981. capítulo 5, p. 85; OCCL, v. 16. Vale notar que Ballesteros traduz *Geisteswissenschaften* por "disciplinas científicas", obscurecendo precisamente a oposição que Freud quer destacar. Já Assoun, carregando nas tintas — como frequentemente faz quando se trata de defender a originalidade absoluta da "identidade epistêmica freudiana" —, transforma a *"intellektuelle Systembildung"* (construção intelectual sistemática) numa *"construction intellectuelle inventée de toutes pièces"* (inventada de cabo a rabo). *Traduttore...*

9. Freud diz que a psicanálise não pode fazer outra coisa exceto *ihre Ergebnisse herauszuarbeiten*, literalmente "elaborar a partir dos seus resultados", deles extraindo — o que é marcado pelo prefixo *heraus* — hipóteses e conceitos. Enfatiza, assim, que as ditas hipóteses estão contidas, de modo virtual, nos "resultados" (ou seja, nos fatos estabelecidos pela psicanálise), mas também sugere uma valorização da capacidade imaginativa do cientista, que o habilita a *arbeiten* — trabalhar — estes resultados para deles extrair conceitos e hipóteses. Voltaremos a este ponto essencial ao falar, mais adiante, do modo como Darwin monta seu argumento em *A origem das espécies*.

14. Que tipo de ciência é, afinal, a psicanálise?

auxiliares, que abandonamos quando não se confirmam. É necessário ter paciência e disposição para avaliar todas as possibilidades, renunciando às nossas primeiras convicções; pois, dominados por elas, deixaríamos de perceber fatores novos e inesperados. E no final, todo o nosso esforço se vê recompensado: as descobertas isoladas se organizam num conjunto bem ajustado, e tem-se a visão de uma parte do acontecer psíquico; a tarefa está concluída, e estamos prontos para a seguinte.[10]

Notem o contraste entre esta descrição e o que diz a passagem da *Autobiografia* sobre as ciências do espírito: o analista/cientista não se priva de "criar suposições e hipóteses auxiliares" para compreender o que lhe é dado observar, mas está pronto a abandoná-las ou retificá-las se elas "não se confirmarem". Já quem pratica o outro método "quer fazer entrar um domínio de fatos no quadro de uma construção intelectual sistemática". A implicação é clara: nestas disciplinas, o pressuposto prevalece sobre a observação, o "espírito de sistema" sobre o "espírito de *finesse*", para falar como Pascal; e, "dominado pelas suas primeiras convicções", o estudioso não se dispõe a considerar de outra maneira o que por algum motivo não entrar em sua construção. Resultado: não atenta para os "fatores novos e inesperados", não aguarda com paciência até que as peças do quebra-cabeça se encaixem, e, de modo geral, permite que seus desejos e fantasias levem a melhor sobre o rigor exigido pelo verdadeiro trabalho científico.

Pois não terá escapado a vocês que, no trecho que estamos examinando, aquilo que Freud denomina *"Geisteswissenschaften"* é exatamente o mesmo que, na Conferência 35, recebe o nome de *Weltanschauung*: uma construção na qual os fatos devem ser incluídos nas posições que lhes correspondem, ainda que neles haja elementos que resistam a tal operação. O "a priori" prevalece sobre a observação, o desejo de completude sobre a tolerância ao não saber, e, para dizê-lo de uma vez, a arrogância sobre a humildade frente aos fatos que caracteriza o espírito científico.

Não é de admirar que Freud fuja de semelhante companhia! Tanto mais que, como vemos na seção central da Conferência 35, é à onipotência do pensamento, e portanto a uma característica da mente infantil, que deve ser atribuída a atitude anti-investigativa do adepto de uma "concepção de mundo". Ela é responsável pelo surgimento das religiões, que visam a minorar o sentimento de desamparo — igualmente de origem infantil — mediante a suposição de que

10. Freud, Conferência 35, SA I, p. 601; BN III, p. 3201.

554

entes superiores e benfazejos velam por nós. Não é o caso de discutir agora a concepção freudiana da religião, mas é evidente que, para ele, tanto esta quanto as "construções intelectuais sistemáticas" — quer se chamem *Geisteswissenschaft* ou *Weltanschauung* — estão do mesmo lado da fronteira, enquanto é no lado oposto que se situa a ciência, e portanto a psicanálise.

INTERPRETAÇÃO E TEORIZAÇÃO

Resta a questão da interpretação. De fato, a *Deutung* visa a encontrar a *Bedeutung* (significação) de um acontecimento mental, mas esta operação (como bem mostra Assoun em seu livro) *não* é de tipo hermenêutico. Não se trata de atribuir o sentido de um sonho ou de um ato falho a "algo" que neles se exprime, "algo" equivalente a um princípio que deve ser captado através de suas manifestações — como em *A origem da tragédia*, na qual o teatro grego é visto como derivando da luta e da integração dos princípios apolíneo e dionisíaco —, mas de encontrar a causa que dá origem àquela produção específica.

Interpretar um sonho é encontrar o seu sentido — o desejo inconsciente e as fantasias em que ele se incorpora —, mas este desejo é igualmente uma das *causas* daquele sonho, sendo a outra a "potência psíquica" que se opõe à realização dele (responsável portanto pela censura). Ao elucidar o sentido, a interpretação revela também as causas, tanto materiais (o desejo inconsciente) quanto formais (as operações do processo primário que incidiram sobre o material original). O mesmo vale para as "tendências" cujo choque produz o ato falho, a piada ou o sintoma neurótico: tendências, desejos e pulsões são causas eficientes, forças que determinam aquilo que aparece na consciência.

Vemos que o que orienta a investigação de Freud é o princípio do determinismo, princípio que compartilha com aqueles que situa no território das *Naturwissenschaften*. Partindo da observação — no caso da psicanálise, o que há para ser observado é o discurso do paciente em sessão —, o analista coleta dados e reflete sobre eles, da forma como Freud descreve na passagem da Conferência 35 que citei há pouco. É deste vaivém entre observação e teorização que surgem as hipóteses sobre o que determina tais fatos — tipicamente, conflitos inconscientes opondo pulsões/desejos/fantasias a defesas — hipóteses que por sua vez orientam as intervenções do analista. Estas visam a modificar o equilíbrio entre

14. Que tipo de ciência é, afinal, a psicanálise?

esses fatores no sentido de uma maior mobilidade psíquica ("levantar repressões", "restituir a capacidade de amar e de trabalhar" e formulações semelhantes que encontramos a cada passo sob a pena de Freud).

Pois não devemos esquecer que a psicanálise começou como um ramo da medicina, portanto objetivando não apenas *compreender* o mundo psíquico, mas ainda e principalmente *intervir* nele, desfazendo constelações nocivas e favorecendo rearranjos — não tenhamos medo das palavras — mais saudáveis. Para fazer isso com conhecimento de causa, era preciso criar uma teoria que explicasse como funciona a mente e como ela adoece; desde o início, esta teoria tem de ser abrangente, isto é, dar conta também do funcionamento normal da psique. É o que Freud tenta no *Projeto* de 1895, e depois, com mais sucesso, no capítulo VII da *Traumdeutung*, criando um modelo metapsicológico que será incessantemente retificado ao longo da sua obra (em textos como *Introdução ao narcisismo* e *O ego e o id*, entre outros).

A bem dizer, a psicanálise tal como Freud a concebe teoriza em dois níveis diferentes. O primeiro é este mais geral, em que surgem as grandes hipóteses sobre o inconsciente, as pulsões, o conflito defensivo, a angústia e outros elementos do "acontecer psíquico". Aqui estamos no domínio da universalidade ou da generalidade, e o que a teoria apresenta é uma visão do ser humano como movido por forças que desconhece, tendo ao mesmo tempo que lhes oferecer alguma gratificação e restringir tal gratificação aos limites do permitido pela vida em sociedade. A repressão dos desejos mais intensos e primordiais provocará efeitos deletérios, que vão do "nervosismo comum" até as mais graves psicoses. A enorme complexidade da construção freudiana não deve nos fazer perder de vista que ela põe em jogo um número muito limitado de fatores (basicamente, pulsões, angústias e defesas) e um número relativamente pequeno de operações que incidem sobre eles (os processos primário e secundário): é o caráter eficiente, *propulsor*, diríamos, desses fatores que determina as combinações variadíssimas a que chamamos "vida psíquica".[11]

Freud tem razão quando, no quadro da oposição entre ciências do espírito e ciências da natureza, situa sua disciplina entre estas últimas. Com efeito, não é em relação ao objeto "espírito", mas em relação à metafísica deste objeto —

11. Sobre este tópico, ver: Renato Mezan, "Metapsicologia: por que e para quê", em *Tempo de muda*. São Paulo: Companhia das Letras, 1998.

556

visto como produto determinado de causas em princípios cognoscíveis — e em relação ao método — procura sistemática destas causas, e disposição para retificar incessantemente a teoria à luz dos "fatores novos e inesperados" — que se dá a partilha. Lemos na Conferência 35:

> a contribuição da psicanálise à ciência consiste precisamente em ter estendido a investigação ao território do psíquico. [...] Mas esta incorporação do estudo das funções intelectuais e emocionais dos homens (e dos animais) à ciência não modifica de modo algum a posição geral desta última, porque não surgem novas fontes de conhecimento nem novos métodos de investigação. A intuição e a adivinhação, se existissem, poderiam constituir tais métodos, mas podemos tranquilamente contá-las entre as ilusões, [pois são] realizações de impulsos de desejo (*Wunscherregungen*). [...] A ciência leva em conta que a vida psíquica humana cria tais exigências e está disposta a buscar suas fontes, mas não tem o menor motivo para as reconhecer como justificadas. [...] A ciência está disposta a pesquisar quais satisfações estes desejos conquistaram nas realizações artísticas e nos sistemas religiosos e filosóficos; mas não se pode deixar de ver quão injustificado, e em alto grau inconveniente, seria admitir a transferência destas aspirações ao território do conhecimento.[12]

O círculo se fecha: é com os instrumentos da razão que a ciência, no caso a psicanálise, investigará as "fontes" (= causas) dos desejos humanos, entre as quais se conta a capacidade de criar ilusões — algumas benéficas, como a arte; outras inócuas, como a filosofia; outras ainda, como a religião, que podem se tornar perniciosas, especialmente quando pretendem disputar com a ciência o terreno do conhecimento. As religiões o fazem ao criar suas cosmogonias e ao pretender que tais mitos tenham valor de verdade,[13] e ao pretender que a revelação seja uma "fonte" do conhecimento, igual ou até superior em dignidade à trabalhosa porém segura forma científica de pensar.

Resumindo: o "espírito" — tanto no sentido de alma ou psique quanto no de cultura, aqui entendida como tudo aquilo que os homens criam ao viver em

---

12. Freud, op. cit., SA p. 587, BN III pp. 3191-2. Note-se quantas vezes aparecem aqui os termos "injustificado", referindo-se às pretensões de verdade da filosofia e da religião, e "disposta", referindo-se à prontidão da ciência em cumprir com o que dela se espera.

13. Aqui a referência à polêmica entre criacionistas e partidários do darwinismo é sutil, mas inequívoca.

14. Que tipo de ciência é, afinal, a psicanálise?

sociedade — é um objeto legítimo da ciência, a ser investigado com os mesmos métodos e com o mesmo cuidado que os demais objetos sobre os quais ela se debruça. Que isso valha para a psicologia individual é bastante claro — trata-se, como disse, de descobrir as causas das produções psíquicas e intervir no sentido de modificá-las, ou eventualmente removê-las, graças ao conhecimento da sua natureza e da sua forma de ação.

Ora, Freud opera exatamente da mesma forma quando aborda questões históricas ou culturais, entrando assim no território das ciências "humanas": boa parte do que escreveu trata da religião, da vida social e de obras de arte, da escultura à pintura, ao teatro e à literatura de ficção. Cada "objeto" desses é considerado como produto de causas discerníveis — a religião como resposta ao desamparo infantil, as normas morais como consequência do assassinato do pai primitivo, as obras de arte como fruto da sublimação e das particularidades psíquicas dos seus criadores, etc. Todos esses produtos da "atividade espiritual" derivam das "funções intelectuais e afetivas" próprias aos humanos, existindo portanto continuidade entre a psicologia individual e a psicologia social.

Ao abordar fenômenos sociais ou culturais, o psicanalista emprega os mesmos conceitos e hipóteses construídos no estudo do indivíduo; mas não pretende *modificá-los* por sua ação. Cuida apenas de os explicar, e espera que essa explicação contribua, a longo prazo e com o auxílio de outros fatores, para que os homens possam transformar suas condições de vida. É o que vemos em textos como "O nervosismo moderno" (a respeito da moral sexual), "O futuro de uma ilusão" (a respeito da religião), "Psicologia coletiva e análise do ego" (a respeito das "massas artificiais"), "O mal-estar na civilização" e "O porquê da guerra" (a respeito da agressividade), etc.

Tudo isso refere, porém, ao plano da universalidade, ou seja, à teoria geral sobre o homem que constitui a parte mais abstrata da psicanálise. No entanto, há no programa freudiano um outro plano de teorização, mais próximo da prática terapêutica: é o que visa a construir uma teoria específica sobre *aquele* indivíduo, o paciente que busca tratamento. Essa teoria se baseia no que ele relata sobre sua vida e no que dela manifesta nas condições da transferência: são estes os dados sobre os quais vai operar a imaginação do analista. Cabe a ele não apenas interpretar um a um os elementos que vão surgindo, mas ainda reconstruir a cadeia provável de eventos que resultou *naqueles* sistemas, *naquelas* fantasias e demais particularidades *daquela* pessoa. O trecho da Conferência 35 que compara o trabalho do analista ao do cientista menciona ambas as atividades: a interpretação de aspectos isolados ("aprendemos ora aqui, ora ali, algo novo, mas as partes não formam um conjunto coerente"), e a reconstrução que situa cada elemento no seu lugar ("as descobertas isoladas se organizam num conjunto bem ajustado, e tem-se a visão de uma parte do acontecer psíquico").

De certa maneira, esse trabalho se aproxima do que realizam as ciências do espírito, na medida em que para elas o que conta é a especificidade individual do objeto — por isso Dilthey as chamava de "idiográficas", do radical grego *idio* (próprio, específico, único, como em *idiossincrasia*). Aqui também o objetivo é construir uma hipótese "idiográfica", de modo a dar conta de por que o Homem dos Ratos é obcecado por ratos e não por moscas, da razão por que o Pequeno Hans teme os cavalos e não as aranhas, do motivo pelo qual Schreber delira como delira e não de outra forma ou com outros conteúdos. A originalidade de Freud consiste em realizar esta tarefa com os recursos da explicação, e não com os da compreensão, no sentido que definimos atrás para estes conceitos: é combinando as teorias gerais da psicanálise (inconsciente, conflito psíquico, papel do Édipo, ação das defesas) com as circunstâncias únicas *daquela* vida (experiências infantis, traumas, fixações evolutivas, intensidade das forças em presença) que chega a uma reconstrução plausível.

Além dos cinco grandes casos clínicos, encontramos este tipo de teorização nas "Epicrises" colocadas depois de cada relato dos *Estudos sobre a histeria*, e em escritos como "A disposição à neurose obsessiva" (em que estuda uma paciente que apresentava de início sintomas histéricos, para em seguida os substituir por uma florida neurose obsessiva), "Observações sobre um caso de paranoia que parecia contradizer a teoria psicanalítica desta afecção" (o título fala por si mesmo), ou "Sobre a psicogênese de um caso de homossexualidade feminina" (o conhecido caso da "jovem homossexual"). E é importante perceber que, apesar da diferença dos níveis de explicação — a mente humana em geral, no primeiro tipo, e a realização das suas potencialidades numa dada pessoa, no segundo —, os procedimentos empregados são os mesmos: essencialmente, a busca das causas e do modo como elas se combinam para produzir seus efeitos.

A recusa de Freud em adotar o método "compreensivo" se justifica tanto pelas suas opções metafísicas e epistemológicas quanto por um outro fator, que convém mencionar brevemente: a impregnação daquele método pelos juízos de valor. Sabemos quanta importância ele atribui à neutralidade, isto é, à recusa de

14. Que tipo de ciência é, afinal, a psicanálise?

proferir julgamentos morais sobre os desejos e fantasias do paciente. A explicação no estilo das *Naturwissenschaften* prescinde de juízos morais: fantasias assassinas ou coprofílicas, como as que aparecem na análise do Homem dos Ratos, são estudadas com a mesma isenção que quaisquer outras, e vinculadas a causas consideradas invariavelmente apenas sob o ângulo da sua eficácia para produzir tais efeitos.

Isto é especialmente visível quando Freud aborda temas tratados pelas *Geisteswissenschaften*, como em *Totem e tabu*. Nada encontramos neste livro dos juízos depreciativos na época habituais sobre a inferioridade intelectual ou moral dos "primitivos"; ao contrário, o argumento parte precisamente das *semelhanças* entre a vida mental dos selvagens e a dos neuróticos e crianças ocidentais. Pouco se tem notado esta posição quanto aos preconceitos do seu tempo, francamente progressista, na medida em que recusa qualquer racismo e afirma a unidade do gênero humano.[14]

A PRESENÇA DO MODELO DARWINIANO

Esclarecidos os motivos pelos quais Freud considera a psicanálise uma ciência da natureza, restam duas questões interessantes, que gostaria de abordar com vocês antes de concluir estas observações. A primeira diz respeito aos modelos do que é "ciência da natureza" presentes no discurso freudiano; a segunda se refere ao que *hoje* consideramos ciências humanas e ciências naturais, pois, apesar das razões aduzidas por Freud, continua a nos parecer estranho incluir a psicanálise entre as segundas.

Em relação ao modelo de *Naturwissenschaft*, é curioso notar que para Freud este é invariavelmente o da física, ao menos no manifesto dos seus escritos: é daí que deriva a ideia de forças psíquicas, assim como o constante emprego do termo *mecanismo* e as inúmeras metáforas mecânicas, hidráulicas e elétricas que pontilham

14. O mesmo pode-se dizer de sua atitude frente à homossexualidade: ao considerá-la como resultado da fixação em fases pré-genitais do desenvolvimento, ele a retira do catálogo dos crimes (como era capitulada no Código Penal alemão, a exemplo do que ocorria em outros países — lembremos o caso Oscar Wilde) para a situar no terreno das possibilidade naturais abertas à pulsão sexual. Ela se inclui entre as perversões, mas este termo não tem a conotação de *perversidade*; trata-se do caráter infantil da vida sexual, e é por isso que Freud pode falar da criança como "perversa polimorfa", significando com esta expressão a pluralidade e a plasticidade das tendências eróticas durante a infância.

560

suas descrições do "acontecer psíquico". Nisso ele não se distingue dos seus contemporâneos: era imenso o prestígio daquela disciplina, cujos progressos pareciam confirmar a cada novo desafio a veracidade da doutrina newtoniana.

Contudo, desde a *Crítica da faculdade de julgar* se impõe a ideia de uma diferença essencial entre o mundo do inanimado e o dos organismos vivos, diferença que funda a biologia como disciplina autônoma. Durante boa parte do século xix, o nome dessa disciplina era "história natural"; ela se interessava pelos animais e pelas plantas, descrevendo-os e classificando-os. Havia diversos temas em discussão entre os naturalistas, um deles sendo a questão da origem das espécies atualmente encontradas no planeta. Como sabemos, foi Charles Darwin quem resolveu a questão, ao propor a teoria da seleção natural.

Freud leu com atenção as obras de Darwin, o que é comprovado pelo número de vezes em que o cita: nada menos do que treze, ao longo dos *Gesammelte Scriften*.[15] Sua admiração pelo naturalista inglês só tem paralelo na que tributa a Goethe; o que talvez se tenha notado menos é quanto o modelo de ciência que informa o pensamento de Darwin — e que diverge em pontos importantes do modelo newtoniano — está também presente na maneira pela qual Freud teoriza. O assunto é complexo, e merece que o abordemos com algum detalhe.

Em primeiro lugar, em que os organismos diferem dos seres inanimados? É Kant quem responde: o organismo não pode ser explicado apenas por leis mecânicas. Nele, todas as partes são simultaneamente meios e fins, e o conjunto é mais do que a mera adição das partes; a vida não é uma *soma*, mas um *sistema* de funções, hierarquicamente organizadas e interdependentes.

Em particular, isso implica que o funcionamento do organismo não é determinado apenas por causas no sentido eficiente, mas ainda pela existência de finalidades — alimentar-se, defender-se, reproduzir-se — em suma, *sobreviver*. O comportamento dos seres vivos exige assim a reintrodução de algo que o racionalismo do século xvii e o materialismo do xviii haviam banido como superstição: a chamada *causa final*, que Aristóteles definira como "aquilo em vista do que algo é feito".[16] A causa final tem um sentido óbvio no universo da técnica, onde

---

15. Cf. José Luiz Petrucci, "Isaac Newton e Charles Darwin". In: *Freud e seus filósofos*. Porto Alegre: Sociedade Brasileira de Psicanálise de Porto Alegre, 2004. p. 112. Entre outras ocorrências, Freud cita Darwin a propósito das "feridas" infligidas ao narcisismo humano (em três textos diferentes); retira dele a ideia da horda primitiva; menciona sua teoria das emoções; e assim por diante.

16. Aristóteles, *Física*, 194b, ii, 3. Tradução inglesa por R. P. Hardie e R. K. Gaye, *The Great Books of the Western World*. Londres; Chicago, 1952, v. 8.

14. Que tipo de ciência é, afinal, a psicanálise?

designa a função de um objeto: uma cama é construída para que alguém se deite nela, um calçado para proteger os pés, etc. Mas, durante a Idade Média, a finalidade havia sido atribuída também aos fenômenos naturais — por exemplo, dizia-se que a chuva existe para fecundar a terra e permitir o crescimento das plantas. É contra esta ideia que, desde Descartes, os filósofos combatem, porque veem nela uma projeção indevida de qualidades humanas sobre a natureza — o que chamamos hoje de antropomorfismo. O programa do racionalismo envolvia a abolição das causas finais, e talvez tenha sido Espinosa o pensador que mais radicalmente as denunciou como ilusórias.

A reintrodução da causa final no pensamento biológico não reata com a ideia de que a natureza está a serviço do homem: as vacas não existem para nos dar leite, nem os carneiros para nos dar lã. O conceito recupera a sua validade ao ser referido ao bem não do ser humano, mas do organismo vegetal ou animal: assim, se é a necessidade de oxigênio que faz as plantas desenvolverem os processos da fotossíntese, é correto dizer que elas os desenvolvem *para* obter o oxigênio de que necessitam. O *locus* em que a causa final volta a ser admitida é a *adaptação*, ou seja, os processos pelos quais os organismos se modificam em situações que poderiam ameaçar sua sobrevivência. Mas admitir que seres vivos se adaptam a novas circunstâncias implica repudiar a crença de que tenham sido criados por Deus tais como são hoje em dia: além de ser um problema científico, essa questão envolvia aspectos religiosos. Entende-se então que tenha sido um dos temas que, desde meados do século XVIII, mais provocaram disputas entre os naturalistas: os criacionistas, para os quais as espécies eram fixas e se originavam num ato especial de criação por Deus, opunham-se aos partidários da evolução, para os quais elas tinham surgido umas das outras ao longo do tempo.

O que ninguém sabia explicar, no campo dos evolucionistas, era por qual meio as transformações haviam se dado, e foi precisamente este o enigma que Darwin resolveu ao propor a teoria da seleção natural. Não é o caso, a esta altura, de estudar com detalhe a aventura intelectual que culminou com a redação de *A origem das espécies*. Contudo, é necessário mencionar alguns pontos, para que fique claro o que pretendo expor acerca do fazer científico em Darwin e de sua presença nas entrelinhas do texto de Freud.

Darwin não foi o inventor da ideia de que as espécies haviam evoluído umas das outras, assim como Freud não foi o inventor da ideia de inconsciente. A "Notícia histórica" aposta à edição de 1875 de *A origem das espécies* enumera os autores que o precederam no estudo da questão, e mostra com o que cada um deles contribuiu para o debate. Mas foi ele — ao mesmo tempo que Alfred Wallace, numa das mais extraordinárias coincidências da história da ciência — quem propôs as ideias-chave para explicar a evolução, a saber a luta pela existência e a seleção natural. Seu percurso para chegar a elas é assim resumido por Arthur Koestler: "No que consiste a grandeza de Darwin, a originalidade de sua contribuição? Em ter tomado, poderíamos dizer, os fios soltos, em tê-los reunido para formar uma trança, e em seguida ter tecido um enorme tapete em torno dela".[17]

O primeiro desses fios, segundo Koestler, foi a ideia de que as várias espécies vegetais e animais não haviam sido criadas independentemente, mas "descendem, como variedades, umas das outras", como Darwin afirma logo no início do seu livro.[18] O segundo foi o estudo das variações estimuladas pelos criadores de animais e plantas para melhorar seus produtos, através da seleção e do cruzamento dos indivíduos que apresentavam em grau maior as características desejadas: esta prática, amplamente disseminada na Inglaterra vitoriana, equivalia — diz Koestler — a uma "evolução por seleção artificial". Darwin coletou um sem-número de informações junto a criadores de todos os tipos: horticultores, jardineiros, donos de aviários e de rebanhos (bovinos, suínos, ovinos e caprinos), e chegou a criar pombos domésticos, a fim de verificar como se processava a transmissão das características valiosas.

Contudo, prossegue Koestler, se o estudo da seleção artificial demonstrava a possibilidade de surgirem determinadas características, e de seus portadores se diferenciarem dos ancestrais até o ponto de se tornar uma nova raça ou tipo, a causa dessas transformações era óbvia: a ação do homem. Mas o que equivaleria a ela, no caso das plantas e animais não domesticados? É aqui que entra o terceiro "fio" da trança: após um ano e meio tateando com as mais variadas explicações e não ficando satisfeito com nenhuma, Darwin deparou-se com o *Essay on the Principle of Population* escrito por Malthus em 1797. Foi uma revelação: Malthus argumentava que, devido à insuficiência de alimentos para todos os membros da espécie humana (pois os nascimentos se dão em progressão geométrica, contra a progressão meramente aritmética em que crescem os recursos alimentares), havia uma "luta pela existência", na qual somente os "mais aptos" podiam sobreviver. Deixemos o próprio Darwin contar como aproveitou essa ideia:

17. Arthur Koestler, *The Act of Creation*, p. 137.
18. Charles Darwin, Introdução a *The Origin of Species*, v. 49 de The Great Books, p. 6.

14. Que tipo de ciência é, afinal, a psicanálise?

Como em cada espécie nascem muito mais indivíduos do que os que têm possibilidade de sobreviver, e consequentemente uma luta pela existência se repete com frequência, segue-se que qualquer ser que, sob as complexas e variadas condições da vida, varie — mesmo que minimamente — de modo útil para si mesmo, terá uma chance melhor de sobreviver, e portanto será *naturalmente selecionado*. Assim, as variações favoráveis tenderiam a ser preservadas, e as desfavoráveis a ser destruídas. Aqui, finalmente, eu tinha uma teoria com a qual trabalhar.[19]

O princípio da seleção natural é, portanto, que, "sob as complexas e variadas condições da vida" (mudanças de clima, surgimento de predadores, rarefação do alimento ou simplesmente proliferação excessiva daquela espécie), a luta pela existência se torna mais aguerrida. Aqueles indivíduos que puderem desenvolver características que os favoreçam (os "mais aptos") sobreviverão, e transmitirão tais características aos seus descendentes — por exemplo, garras mais afiadas, chifres ou dentes mais fortes, possibilidade de digerir novos alimentos, etc. Os outros, incapazes de fazer frente às novas condições, perecerão. Assim, ao longo de uma escala de tempo incomensuravelmente longa, o acúmulo de variações favoráveis produzirá novas variedades naquela espécie, e eventualmente novas espécies a partir daquela. A ideia de uma escala de tempo na casa dos milhões de anos tinha sido admitida pela geologia a partir da obra de Lyell; a paleontologia havia começado a se desenvolver, estudando os fósseis recentemente descobertos. Darwin utiliza estas e outras ideias para apoiar seu argumento, incluindo nele uma quantidade imensa de fatos sobre as mais diversas espécies de plantas, insetos, peixes, pássaros e mamíferos. É esta massa de dados que, apresentada com clareza e precisão ao longo dos quinze capítulos de *A origem das espécies*, apoia a teoria da seleção natural: Koestler a compara às sólidas pilastras que sustentam uma frágil ponte.

19. Darwin, op. cit., p. 7 (itálico no original). O interessante, segundo Koestler, é que Darwin entendeu ao contrário a tese de Malthus: para este, a luta pela existência nada tinha a ver com o aperfeiçoamento da espécie, mas era uma causa do seu declínio (os homens morreriam de fome se não controlassem a explosão demográfica). Muito se poderia aprender sobre a psicologia da criação se nos detivéssemos neste simples fato — que o cruzamento de uma leitura equivocada com uma pergunta insistente tenha resultado numa descoberta desse porte. E, para completar, Alfred Wallace também se serviu de Malthus — lendo-o sob a mesma óptica invertida — para formular, independentemente de Darwin e praticamente ao mesmo tempo, a mesma hipótese sobre a seleção natural. Cf. Koestler, op. cit., p. 136.

Por que frágil? Porque, ao contrário do que ocorre com a seleção artificial, a evolução por seleção natural não pode ser *provada* à maneira de uma hipótese da física ou da química. Como ela exige intervalos de tempo imensos, muito superiores à duração de uma vida humana, é impossível realizar experimentos que produzam uma "evidência empírica imediata e conclusiva".[20] Só podemos *inferir* os processos pelos quais a evolução se realizou, e todo o livro, como o próprio Darwin reconhece ao iniciar o capítulo final, é um "longo argumento", baseado em conjeturas que se somam umas às outras. É claro que elas estão lastreadas na miríade de fatos elencados no livro, mas isso não lhes retira o caráter de conjeturas. Nada é mais frequente, sob a pena de Darwin, do que a palavra "provável"; ele mesmo menciona as objeções de todos os tipos que se podem levantar contra sua hipótese, dedicando a elas especificamente os capítulos VI e VII. O que, então, torna aceitável a teoria da seleção natural?

A filósofa gaúcha Ana Carolina Regner responde a esta pergunta num artigo extremamente informativo, que utilizarei no que se segue (é o texto mencionado na nota 20). Nele, a autora examina as "estratégias argumentativas" de que se serve Darwin — e que, para dizê-lo de uma vez, são impressionantemente semelhantes às que Freud emprega para defender a *sua* teoria. Pois ambas — a de Darwin e a de Freud — enfrentam o mesmo problema: a impossibilidade de comprovar, por meio de "evidências imediatas e conclusivas", a veracidade das inferências que extraem dos seus dados. O que produz a convicção de que aquilo "deve ser verdade" é a consistência interna do argumento, somada à simplicidade e plausibilidade da hipótese central (ação da seleção natural em Darwin, existência e eficácia de um inconsciente dinâmico em Freud) e ao enorme poder explicativo da teoria tomada em seu conjunto. Vejamos então quais são estas estratégias.

Em primeiro lugar, diz Regner, Darwin emprega os procedimentos usuais na prática científica: observação meticulosa, comparação de dados de fontes diferentes, subsunção de fatos a uma regra geral, estudo das variações e exceções, inferências primeiro rente aos fatos e em seguida mais e mais abrangentes, refutação de outras possíveis interpretações para aqueles dados, etc.[21] A adesão do leitor vai assim sendo obtida passo a passo; mas Darwin emprega ainda outros

20. Ana Carolina Regner, "Darwin, Newton e o conceito de ciência no século XIX". In: *Freud e seus filósofos*, p. 90 ss.
21. Id., pp. 90-2.

14. Que tipo de ciência é, afinal, a psicanálise?

meios para a reforçar, meios que, como veremos a seguir, também são usados por Freud:

a) a ideia de uma *causalidade múltipla*: atento à infinita complexidade da natureza, e ao fato de que ela é um sistema em que cada espécie depende de muitas outras para sobreviver, Darwin faz intervirem diversos fatores convergentes para explicar as adaptações exitosas. Um exemplo, logo no início do livro, é o caso do visgo, que se alimenta parasitariamente de certas árvores, cujas sementes precisam ser transportadas por certos pássaros, cujas flores têm sexos totalmente separados e requerem a ação de certos insetos para o transporte do pólen entre elas: "seria ridículo", escreve ele, "atribuir a estrutura deste parasita, com suas relações com diversos outros organismos, apenas a efeitos de causas externas, ou à vontade da própria planta".[22]

b) o estudo de *casos exemplares*: como mesmo a mais extensa enumeração de fatos seria sempre incompleta, a teoria é testada com mais detalhe em alguns casos específicos. Ela os explica satisfatoriamente, e mais satisfatoriamente do que qualquer teoria rival; assim, seu valor heurístico "local" serve como elemento de convicção — ela poderá explicar outros casos, diz o leitor, quando se dispuser de observações suficientes. O exemplo dos pombos domésticos, no capítulo I, cumpre esta função: Darwin demonstra como a hipótese de que todas as variedades conhecidas descendam do mesmo tronco — o pombo selvagem das rochas — é muito mais lógica do que a contrária (que cada variedade tenha origem independente), e dá conta adequadamente de todas as variações morfológicas observadas em muitos exemplares de cada raça. O mesmo raciocínio pode então ser estendido para outros animais e plantas, mesmo que os dados nesses casos sejam menos numerosos.

c) o jogo do *atual e do possível*: partindo do atual — as variações observadas — Darwin reconstrói o que poderiam ter sido as formas intermediárias entre a espécie original e as que existem hoje, assim como os mecanismos pelos quais podem ter sido adquiridas as características atuais.[23] Inúmeros fatores

22. Darwin, op. cit., p. 7.

23. É importantíssimo aqui o papel da imaginação do cientista, não como instrumento para criar ficções, mas enquanto o capacita a criar suposições consistentes com os fatos e com o arcabouço geral da teoria. O mesmo se requer do analista, tanto na atividade de reconstrução quanto, mais amplamente, na de engendrar conceitos e hipóteses.

são assim colocados em relação uns com os outros, o que permite incluir como "fatos explicáveis" a distribuição geográfica de uma espécie, as variações entre machos e fêmeas, as diferenças individuais, a transmissão por hereditariedade, e outros aspectos relevantes.

Regner sintetiza assim suas conclusões:

> O eixo central da explicação [...] passa por dois pontos mutualmente remissivos. Um é o apelo ao poder explicativo da teoria como um todo (ao invés de medi-lo pelo seu desempenho em situações isoladas), a partir do que é difícil supor que uma teoria com tal poder não seja verdadeira. O outro é a determinação deste poder por uma comparação de visões explicativas — os fatos podem ser vistos de diferentes maneiras, e o acesso aos mesmos depende de suposições, como se depreende das palavras do próprio Darwin. À luz desta comparação, a teoria darwiniana desponta como a melhor alternativa possível, e, por fim, como a única explicação racional.[24]

Ou seja: o jogo da indução e da dedução ganha conotações específicas, ausentes do procedimento usual nas ciências do inanimado. Há poucas generalizações indutivas; predomina o estudo de casos exemplares. Quanto às deduções, continua Regner, "fogem ao padrão estrito de dedução, exibindo uma dependência interna das premissas entre si e destas em relação à conclusão". E, *last but not least*, o emprego da categoria de causalidade não se restringe às relações lineares, "abrindo-se a uma causalidade em termos de funções, metas e propósitos, e a uma análise em termos de estrutura e rede causal".[25]

É assim o "peculiar movimento todo-parte" que acaba conferindo às "razões" de Darwin o seu "peso", sempre segundo Ana Carolina Regner. Como não reconhecer, neste tipo de argumentação, o que nos é familiar nos escritos de Freud? A causalidade "em termos de metas", para dar um exemplo, é o que vemos em ação no princípio do prazer: "evitar o desprazer" é obviamente uma causa final, ainda que funcione como causa eficiente na criação dos mecanismos de defesa. A "rede causal" nada mais é do que a conhecida sobredeterminação, a

24. Regner, op. cit., p. 92.
25. Id., p. 90.

14. Que tipo de ciência é, afinal, a psicanálise?

que Freud recorre com a frequência que conhecemos. O estudo dos "casos exemplares" e a função probatória a eles atribuída têm seu paralelo nos casos clínicos que ainda hoje estudamos com afinco. O "poder explicativo da teoria como um todo" é o que permite a Freud, na *Interpretação dos sonhos*, justificar a introdução da ideia de inconsciente — e isso ele já havia feito antes, ao recorrer a este conceito para dar conta do efeito da sugestão hipnótica após o despertar do hipnotizado. O "jogo do atual e do possível" recobre exatamente o que Freud entende por reconstrução. E poderíamos continuar esta enumeração por mais algumas páginas; isso não será, espero, necessário — é evidente o parentesco das "estratégias argumentativas" entre nossos dois autores.

O que concluir disso? A meu ver, que Freud não percebeu o quanto sua tarefa era semelhante à do seu ilustre predecessor: construir uma teoria abrangente a partir de dados que, por sua natureza, não podem passar pela prova da experimentação. Sua crença na racionalidade do real — inclusive deste fragmento do real representado pela vida psíquica — o levou a pesquisar as leis que governam seu objeto: Fenichel disse certa vez que o assunto de que trata a psicanálise é irracional, mas o método pelo qual ela o trata é perfeitamente racional. Nenhuma dessas leis pode ser "provada" como a da gravidade na física ou a da combinação de elementos em proporções constantes em química: é o acúmulo de uma grande variedade de dados, junto com a forte capacidade explicativa da teoria para dar conta deles, que produz a convicção de que ela só pode ser verdadeira. Além disso, assim como os criadores de espécies domésticas podiam favorecer nelas o surgimento e a manutenção das características desejáveis, a técnica psicanalítica, baseada nas teorias construídas da forma como vimos há pouco, permite *intervir* na realidade psíquica e em certa medida modificá-la na direção desejada, às vezes com mais sucesso, às vezes com menos, às vezes com nenhum. Contudo, mesmo os fracassos terapêuticos podem ser explicados à luz da teoria (por exemplo, pela presença de defesas excepcionalmente intensas, por impasses na evolução da transferência, ou mesmo por ter o analista falhado no emprego do instrumento analítico).

Freud julgava proceder como Galileu ou Newton, e é neste espírito que faz suas afirmações quando trata da cientificidade da psicanálise. É esta crença que o leva a incluir sua disciplina no elenco das ciências naturais; mas, se tiver razão no que estou sugerindo, escapou-lhe uma grande diferença entre seu objeto e o dos físicos, diferença que aproxima sua *démarche* da dos naturalistas comprometidos com a teoria da evolução. Esta diferença consiste na impossibilidade de obter "evidência empírica imediata e conclusiva", no caso de Darwin pelo caráter infinitesimal das variações adaptativas e pela escala monumental do tempo exigido para que elas se sedimentem, no caso da psicanálise porque a explicação causal faz apelo a fatores que só podem ser *supostos* e não enfaticamente *demonstrados* — quer se trate da ação presente das motivações inconscientes, quer de desenvolvimentos passados que se argumenta terem resultado no quadro atual. Se assim for, Darwin está muito mais presente em Freud do que deixariam supor mesmo as treze citações explícitas: é o *modo de fazer ciência* que os aproxima, porque os objetos de que tratam suas teorias partilham entre si mais características do que qualquer um deles com os objetos da física, da astronomia e da química.

A PSICANÁLISE ENTRE AS CIÊNCIAS HUMANAS

O segundo ponto que resta esclarecer é se podemos admitir ainda hoje a argumentação freudiana, e situar a psicanálise, como ele afirma, entre as ciências da natureza. Parece-me que não; e não porque as razões de Freud sejam falsas, mas porque já não distinguimos da mesma maneira os dois grandes campos da investigação científica.

O que é, exatamente, a *Natur* das *Naturwissenschaften*? Em primeiro lugar, um sistema objetivo de processos governados pelo determinismo, sob a égide de leis passíveis de ser desvendadas pela inteligência humana. É assim que Newton a concebe, e esta visão subjaz aos decisivos progressos da física e da química durante todo o século XIX. Em Darwin, a esta dimensão se acrescenta outra — a da natureza como sujeito autônomo, "portador de um dinamismo interno", diz Regner, "capaz de produzir novas espécies e cuja face se nos torna visível através da luta pela existência".[26]

É fácil compreender o motivo desta segunda determinação: a física e a química lidam com processos que não variam do ponto de vista temporal, enquanto a biologia estuda organismos cuja transformação ocorre necessariamente no tempo. As reações nucleares foram as mesmas em Hiroshima e no instante do Big Bang: a água já era composta de duas moléculas de hidrogênio e uma de

---

26. Regner (pp. 104 ss.) enumera diversos termos empregados por Darwin para especificar este aspecto da natureza: ela "age", "garante", "acumula resultados", "não dá saltos", etc.

14. Que tipo de ciência é, afinal, a psicanálise?

oxigênio no dia em que a primeira gota se formou, e desde então sua fórmula química é H_2O. O tempo é uma variável em determinadas equações da física (por exemplo, nas da aceleração); a passagem dele influi sobre os seres materiais (erosão, entropia, novas combinações de elementos, etc.); mas cada processo que a física descreve consiste naquilo e não se modifica: se isso vier a ocorrer, já não será o mesmo processo.

O mesmo não ocorre com a vida. As espécies extintas não voltam a surgir; a evolução tem uma direção — Darwin a chama de "divergência de caracteres" — e as formas vivas da Era Secundária, como revelam os fósseis, eram bem diferentes das que hoje existem. Faz sentido, portanto, que a teoria darwiniana necessite de uma natureza "subjetivada" — embora, obviamente, este sujeito não possa ser identificado com uma pessoa, e só metaforicamente se possa dizer dele que "age", "seleciona", "acumula resultados" ou "não dá saltos". Mas permanece o fato de que a natureza é a "causa eficiente última" de tudo o que sucede no plano vital.

Ora, como vimos, Freud tem dela uma concepção mais próxima da de Newton que da de Darwin. Isso talvez se deva a que, no objeto que estuda — a psique —, a natureza enquanto tal não precisa desempenhar o papel de causa eficiente, porque há algo muito mais próximo para cumprir tal função: as pulsões. São elas, com efeito, que constituem os *Oberbegriffe*, os conceitos fundamentais sobre cuja pouca clareza ele não vê motivos para se desculpar. Sendo a pulsão essencialmente uma força motriz, não é de admirar que o tratamento que Newton deu a essa noção sirva como modelo para Freud, e que sua concepção da natureza, portanto, se aproxime da proposta pelo físico inglês.

Com uma diferença crucial, porém: as forças psíquicas não são mensuráveis em termos quantitativos, nem passíveis de tratamento matemático. Já aqui emergem similaridades entre o procedimento freudiano e o de Darwin, pois a biologia deste último também dispensa a matemática; outra semelhança é o emprego da metáfora não apenas como recurso retórico ou pedagógico, mas como *forma de conhecimento*: "intensidade das pulsões" ou "localizações psíquicas" são mais do que figuras de linguagem — são modos de apreender o real do objeto, da mesma forma que a subjetivação da natureza em Darwin.[27] Além disso, o conceito de natureza em Freud inclui o imaterial;[28] se assim não fosse, a psicologia

27. Id., p. 90.
28. "Imaterial" aqui não significa, é claro, sobrenatural, mas o fato de as entidades psíquicas (desejos, fantasias, sentimentos, etc.) não serem tangíveis.

570

(e *ipso facto* a psicanálise) não poderiam ter o estatuto da ciência. O que a torna científica é a busca de leis e de causas para os fenômenos psíquicos, causas e leis em tudo semelhantes às que Newton estabeleceu para o reino do material. De onde se conclui que a psicanálise é uma *Naturwissenschaft*, e não uma ciência do espírito.

Acontece que nós já não estabelecemos a partilha entre estes dois tipos de saber da mesma maneira que os contemporâneos de Freud. Para estes, dar conta de um fenômeno na área das *Geisteswissenschaften* excluía que ele fosse subsumido sob leis universais — era precisamente esta a diferença entre *erklären* (explicar) e *verstehen* (compreender). Ora, nada vemos de estranho em atribuir leis e causas ao universo da cultura, e certamente já não entendemos por "significação" de um produto humano a expressão de um princípio que só o método compreensivo poderia alcançar. A linguística, para dar um exemplo, trabalha com a noção de leis da linguagem, e não quer "compreender" o que ela é, mas, claramente, "explicar" como ela funciona, num sentido bastante próximo ao que Freud e seus coetâneos julgavam ser exclusivo das ciências naturais.

Teria então a cultura passado a fazer parte da natureza? É óbvio que não. Continua válida a distinção entre o que independe da ação do homem para existir (embora possa depender dessa ação que venha a desaparecer), e o que só existe porque o homem o instituiu. Estrelas, rochas, plantas, animais ou ondas eletromagnéticas são qualitativamente diversos de crenças, costumes, instituições políticas, obras de arte — e ciências.

Sob o rótulo genérico de "ciências humanas", convivem na verdade disciplinas muito diferentes. Algumas trabalham com objetos bem próximos dos naturais, como a geografia ou a história da alimentação: ao elaborar suas teorias, elas não podem deixar de levar em conta o meio físico, ou o clima. Outras se servem de instrumentos matemáticos, como a estatística, quando seus objetos são populações e a distribuição de características entre elas — é o caso da sociologia, quando realiza pesquisas por amostragem — ou quando estudam fenômenos quantitativos, como a economia. Outras ainda, como a história, trabalham com documentos, mas a ideia do que é um documento ampliou-se do mero registro escrito para abarcar qualquer vestígio do passado humano (por exemplo, artefatos técnicos, obras de arte ou objetos de culto religioso).

Temos disciplinas como a etnologia, nas quais a regra é o estudo monográfico de uma dada cultura, com o que se obtêm dados que em seguida podem ser

14. Que tipo de ciência é, afinal, a psicanálise?

comparados (como o fizeram Lévy-Strauss ou Georges Dumézil), na busca por estruturas comuns ou por invariantes transculturais. A própria psicologia se divide em diversas áreas, segundo a concepção que tenham os psicólogos do que é o seu objeto: os behavioristas utilizam experimentos em laboratório, enquanto as práticas terapêuticas (em boa parte influenciadas pela psicanálise) trabalham com o método clínico, e a psicologia social opera com representações coletivas, abrindo uma interface com a sociologia, com a história. As ciências políticas estudam de que modo os diferentes grupos e classes sociais se confrontam na arena pública, promovendo seus interesses no interior dos marcos jurídicos aceitos como legítimos nos diversos Estados.

O que há de comum entre estes saberes tão díspares? Primeiramente, todos tratam daquilo que o homem criou, e, porque estas criações são variadíssimas, eles também necessitam sê-lo. É portanto o *tipo de objeto* que proporciona alguma unidade a este campo tão heterogêneo. Mais precisamente, esta unidade não provém tanto das semelhanças destes objetos uns com os outros, e sim da diferença entre todos e os objetos naturais. Em segundo lugar, a *ausência do método experimental* é a regra — a exceção é constituída pela psicologia experimental, para a qual o comportamento humano *é* um objeto natural, diferindo do dos animais apenas pelo grau de complexidade.[29] Não sendo o método experimental conveniente ao tipo de objeto que estudam — porque este é *imaterial*, como uma instituição, ou *único*, como uma obra da imaginação, ou *excessivamente grande*, como uma população, ou *pertence ao passado*, como um documento histórico, ou por qualquer outra determinação essencial —, as ciências humanas tiveram de inventar outras formas de tratá-lo — formas ao mesmo tempo adequadas ao que investigam, e capazes de produzir conhecimento com rigor equivalente ao que o método experimental garante às ciências da natureza.

Este ponto é fundamental: ou as ciências humanas são uma fraude, ou os conhecimentos que elas proporcionam são válidos, e o que garante sua validade é que tenham sido produzidos pela aplicação de métodos não arbitrários. Cada disciplina humana define assim quais procedimentos são pertinentes para seu território e quais não, bem como critérios para o estabelecimento de hipóteses e

---

29. Não é o caso, neste momento, de entrar na discussão sobre o objeto da psicologia. Basta, para nossos propósitos, tomar nota de que, se ele é concebido como um fragmento da natureza, o método experimental se justifica. O que os psicanalistas estudam é algo diverso, e portanto requer outra abordagem.

para a sua confirmação ou refutação, padrões de problemas considerados legítimos, níveis de exigência para o trabalho científico, e assim por diante.[30] O que permite o progresso do conhecimento nestas ciências é o estabelecimento de um núcleo sólido e indisputado de informações coerentes; teorias são aceitas por sua consistência interna, por sua compatibilidade com os princípios gerais do campo epistemológico da disciplina, e por seu valor heurístico para lidar com novas descobertas, podendo ser modificadas ou completamente substituídas por outras quando algum fato novo as desafia com sucesso.

Ou seja, o modelo darwiniano, tal como o explica Regner em seu estudo, está hoje presente muito mais nas ciências humanas do que na biologia! E isso por duas razões: quanto à biologia, a partir dos progressos da genética (e isso não desde ontem, mas desde Mendel), ela se tornou mais e mais uma ciência experimental; quanto ao modelo darwiniano (o "longo argumento" que se sustenta pela coerência e pelo poder explicativo do que enuncia), ele demonstrou seus méritos além de qualquer dúvida, podendo portanto ser legitimamente estendido para áreas em que Darwin jamais sonhou pisar.

"Mudou o Natal, ou mudei eu?", pergunta-se um personagem de Machado de Assis. No caso das ciências humanas, parecem ter mudado ambos: os métodos que empregam vão muito além, e são muito diferentes, da "compreensão" como a entendia Dilthey, e os objetos sobre os quais se debruçam têm mais em comum com o que na época se considerava natureza do que com o que era chamado de "espírito". Isso vale especialmente para a questão da causalidade: a infinita complexidade dos fatores que determinam um fenômeno humano (seja ele uma sinfonia, a moda, o retorno dos fundamentalismos, a inflação, ou qualquer outro) se assemelha em muito ao que Darwin expõe em *A origem das espécies* para dar

---

30. Isso não significa que elas não sejam rigorosas; muitas vezes, joga-se fora a criança junto com a água do banho, ao exigir que a psicanálise funcione como uma ciência natural. É óbvio que aqueles para quem só é ciência o que se conforma a este cânon — como os popperianos e os positivistas de todos os matizes — não podem incluí-la no campo dos saberes científicos: desde o famoso simpósio de Washington, em 1958, isso está mais do que claro. Cf. Sidney Hook (Org.), Psychoanalysis, *Scientific Method and Philosophy,* Nova York: New York University Press, 1959. Um resumo das discussões deste colóquio pode ser encontrado em Paul Ricoeur, *De l'Interprétation*. Paris: Editions du Seuil, 1966. pp. 337 ss. [Ed. bras.: RICOEUR, Paul. *Da interpretação: ensaio sobre Freud*. Trad. de Hilton Japiassu. Rio de Janeiro: Imago, 1977.] O presente texto pretende mostrar, porém, que a acepção de ciência adotada pelos ultramontanos é demasiado restritiva. As ciências humanas não são párias epistemológicos: em seu campo específico, elas definem e respeitam critérios tão exigentes quanto os de qualquer *hard science*.

14. Que tipo de ciência é, afinal, a psicanálise?

conta da evolução. Há interdependência, retroalimentação, reticularidade, teleologia — estamos longe da relação linear de causa e efeito que prevalece na física e na química. E a meu ver é isso que finalmente dá conta de por que o método experimental nada tem a ver com as ciências humanas: ele é ideal para evidenciar causalidades lineares, mediante o isolamento artificial de variáveis até que se encontre a correlação pertinente, mas totalmente inapto para trabalhar com o tipo de causalidade próprio dos objetos "humanos".

E a psicanálise? Por tudo o que acabo de expor, ela encontra seu lugar entre as ciências humanas. Seu objeto — quer seja definido como o inconsciente, quer como o funcionamento psíquico, ou de qualquer outro modo — é claramente relativo ao homem. Seu método — aqui, no que se refere ao modo de teorizar, e não à prática clínica — é a interpretação dos atos e produções psíquicas, visando à reconstrução dos processos que os geraram (tanto intraindividuais quanto relacionais). Suas exigências de consistência no uso dos conceitos, na classificação dos fenômenos (por exemplo, na psicopatologia) e na validação de hipóteses em todos os planos de investigação[31] são semelhantes às de outras disciplinas humanas.

Assim como as entradas e bandeiras tornaram caduca a fronteira estabelecida pela linha de Tordesilhas entre os domínios de Portugal e da Espanha, em consequência do que muito território castelhano passou a ser português, também a psicanálise — sem sair do lugar, diríamos — bandeou-se para o lado das ciências humanas quando a fronteira entre elas e as ciências naturais deixou de passar pela Tordesilhas da oposição *erklären/verstehen* e veio a fixar-se na diferença dos objetos e dos métodos.

É certo que ela evoluiu bastante desde o tempo de Freud, e nem todas as afirmações dele sobre o psíquico encontram aceitação geral entre seus herdeiros.[32] Não cabe aqui entrar nos motivos desta situação; basta lembrar que aumentou

31. Sobre a questão dos planos em que opera a teorização psicanalítica, para os quais Robert Waelder estabeleceu uma utilíssima escala, ver: Renato Mezan, *Escrever a clínica*. São Paulo: Casa do Psicólogo, 1998, especialmente o capítulo 7, pp. 163 ss.

32. Um exemplo disso — que também serve para mostrar como uma teoria pode ser refutada em psicanálise — é o caso das psicoses. Baseado em sua concepção da transferência, Freud as considerava impossíveis de serem tratadas pelo seu método. Quando Klein, Rosenfeld, Bion e outros provaram que era possível lidar com psicóticos usando princípios psicanalíticos, foi necessário repensar o modo de ação da transferência nas psicoses — criando, por exemplo, a figura da transferência adesiva —, mas esta reelaboração não exigiu o abandono do conceito de transferência. O estudo mais detalhado desta questão, porém, terá de ficar para outra oportunidade.

muito o *peso causal das relações* na avaliação dos motivos que levam a determinado sintoma ou estado patológico. Esse fato também contribui para firmar a posição da psicanálise entre as ciências humanas, pois é evidente que relações interpessoais fazem muito mais parte do humano do que do natural. Continua a valer o princípio freudiano de que *interpretar* é encontrar tanto o sentido quanto a causa, mas este último termo ganhou conotações que não tinha para o inventor da nossa disciplina — conotações que o aproximam do sentido de "causa" nas ciências humanas da atualidade.

O objeto da psicanálise pertence ao campo do humano, seus métodos são similares aos das ciências humanas, seu perfil epistemológico tem muito de comum com o de outras disciplinas humanas: faz sentido concluir que ela é uma ciência humana, *n'en déplaise* ao *Herr Professor*. Como respondeu dona Sara ao seu filho, o pequeno Isaac, que lhe perguntava por que os *lockshen* (fios de macarrão) se chamam *lockshen*: "Mas querido, se eles têm gosto de *lockshen*, parecem *lockshen*, vêm em pacotes como os *lockshen* — por que não se chamariam *lockshen*?".

Nota sobre a origem dos textos

1. "Questões de método na história da psicanálise": terceira versão de um texto publicado originalmente como "Problemas de uma história da psicanálise". In: BIRMAN, Joel (Org.). *Percursos na história da psicanálise*. Rio de Janeiro: Campus, 1988. pp. 15-41. Uma versão remanejada, com o título atual, saiu no *Jornal de Psicanálise* n. 60-1, São Paulo, Sociedade Brasileira de Psicanálise de São Paulo, pp. 147-8, 2000.

2. "Paradigmas e matrizes clínicas": uma versão preliminar deste capítulo foi publicada, com o título "Paradigmas em psicanálise: uma proposta", na *Revista Natureza Humana* v. 8, número especial sobre Filosofia da psicanálise, São Paulo, pp. 49-62, 2006.

3. "A construção da metapsicologia: 1892-1914": inédito.

4. "Reformulações da metapsicologia: 1914-26": inédito.

5. "A 'horda selvagem': sobre os inícios do movimento psicanalítico": versão revista do capítulo de mesmo nome, publicado originalmente em: KARNAL, Leandro; FREITAS NETO, José Alves de (Orgs.). *A escrita da memória: interpretações e análises documentais*. São Paulo: Instituto Cultural Banco Santos, 2004. pp. 292-328.

6. "Mudanças do pós-guerra: 1919-23": inédito.

7. "Discussões sobre técnica: 1919-39": inédito.

8. "De Sartre a Huston: *Freud, além da alma*": baseado no bônus para o DVD *Freud, além da alma*, remasterizado pela produtora Vértice, São Paulo, 2008: inédito.

Nota sobre a origem dos textos

9. "'E daí — o que apareceu de tão interessante?' Freud e Dora": baseado numa conferência proferida em agosto de 2003 no NAIPPE (Núcleo de Análise Interdisciplinar de Políticas Públicas e Estratégia) do Instituto de Psiquiatria da Universidade de São Paulo. Na forma atual, inédito.

10. "A 'ilha dos tesouros': relendo *A piada e sua relação com o inconsciente*": versão revisada do capítulo de mesmo nome. In: SLAVUTZKY, Abrão; KUPERMAN, Daniel (Orgs.). *Seria trágico... se não fosse cômico*. São Paulo: Record, 2005. pp. 128-202.

11. "'Um trabalho de civilização': Freud e a psicanálise": conferência proferida sob o título "Freud e a interpretação psicanalítica", no ciclo "O Pensamento Alemão no Século xx", Instituto Goethe, São Paulo. Publicado originalmente em: BADER, Wolfgang; ALMEIDA, João de (Orgs.). *Pensamento alemão no século* xx. São Paulo: Instituto Goethe; Cosac Naify, 2009. pp. 37-65.

12. "Fronteiras da psicanálise": conferência no colóquio "Fronteiras em Psicanálise", Sociedade Brasileira de Psicanálise de Brasília, em novembro de 2008. Publicação original. In: ZANELLO, Valeska et al. (Orgs.). *Fronteiras em psicanálise*. Brasília: Sociedade Brasileira de Psicanálise de Brasília; Ex Libris, 2009. pp. 16-32.

13. "Pesquisa em psicanálise: algumas reflexões": comunicação na mesa-redonda sobre Pesquisa em Psicanálise, Sociedade Brasileira de Psicanálise de São Paulo, agosto de 2005. Publicado originalmente no *Jornal de Psicanálise* desta Sociedade, v. 39, n. 70, pp. 227-41, 2006.

14. "Que tipo de ciência é, afinal, a psicanálise?": conferência proferida em abril de 2004 no ciclo "Pensamento Cruel: — Humanidades e Ciências Humanas", Colégio São Paulo da Biblioteca Mário de Andrade, São Paulo. Publicado originalmente na *Revista Natureza Humana*, v. 9, n. 2, Sociedade Brasileira de Psicanálise Winnicottiana, pp. 319-58, 2007, e reimpresso quando da edição dos trabalhos do colóquio. In: PEREIRA, João Frayze (Org.). *Pensamento cruel*. São Paulo: Casa do Psicólogo, 2007. pp. 57-89.

Bibliografia

ABRAHAM, Karl. *Oeuvres complètes*. Paris: Payot, 1965.

AGUIAR, Fernando. "O humor analítico: o modelo *witzig* de interpretação". Revista *Percurso*, ano 17, n. 33, São Paulo, Instituto Sedes Sapientiae, 2004. <www.revistapercurso.com.br>.

ALEXANDER, Franz. "A Metapsychological Description of the Process of Cure", *International Journal of Psychoanalysis* (IJP), v. 6, pp. 13-34, 1925.

ALI, Ayaan Hirsi. *A virgem na jaula*. São Paulo: Companhia das Letras, 2008.

ALONSO, Silvia. *O tempo, a escuta, o feminino*. São Paulo: Casa do Psicólogo, 2011.

ALONSO, Silvia; LEAL, Ana Maria (Orgs.). *Freud: um ciclo de leituras*. São Paulo: Escuta; Fapesp, 1997.

ARANTES, Maria Auxiliadora da Cunha. *Pacto re-velado: abordagem psicanalítica de fragmentos da vida militante clandestina*. São Paulo: Escuta, 1996.

ARISTÓTELES, *Física*. Trad. inglesa por R. P. Hardie e R. K. Gaye. Londres; Chicago: Encyclopaedia Britannica, 1952. v. 8 (The Great Books of the Western World).

ASSOUN, Paul-Laurent. *Introduction à l'épistémologie freudienne*. Paris: Payot, 1981.

AULAGNIER, Piera. *Un Interprète en quête de sens*. Paris: Éditions Ramsay, 1986.

BALÁN, Jorge. *Cuéntame tu vida*. Buenos Aires: Planeta, 1971.

BALINT, Michael. *Primary Love and Psychoanalytic Technique*. Londres: Maresfield Books, 1985.

BARCIA GOMES, Purificacion. "Noventa anos depois: Dora e a psicanálise", Revista *Percurso*, n. 14, 1/1995.

BENVENUTO, Sergio. "A Glimpse at Psychoanalysis in Italy", *Journal of European Psychoanalysis*, n. 5, pp. 33-50, 1997.

BERCHERIE, Paul. *Genèse des concepts freudiens*. Paris: Navarin, 1985.

BERGMANN, Martin. "Reflections on the History of Psychoanalysis" (1991), *Journal of the American Psychoanalytical Association* (JAPA) 41:4, 1993.

BERGMANN, Martin; HARTMAN, Frank. *The Evolution of Psychoanalytic Technique*. 2. ed. Nova York: Columbia University Press, 1990.

Bibliografia

BERNARDI, Ricardo. "The Role of Paradigmatic Determinants in Psychoanalytic Understanding", *International Journal of Psycho-analysis*, n. 70, pp. 341-57, 1989.

BERNHEIMER, Charles; KAHANE, Clare (Orgs.). *In Dora's Case*. Londres: Virago Press, 1985.

BIRMAN, Joel. "Repensando Freud e a constituição da clínica psicanalítica", *Tempo Brasileiro*, n. 70, Rio de Janeiro, 1982.

BIRMAN, Joel; NICÉAS, Carlos Augusto. "Constituição do campo transferencial e o lugar da interpretação psicanalítica: um estudo sobre pensamento de Freud". In: BIRMAN, J.; NICÉAS, C. A. (Coords.). *Transferência e interpretação*. Rio de Janeiro: Campus, 1982. v. I: Teoria da prática psicanalítica, pp. 11-60.

BLEICHMAR, Noberto M.; BLEICHMAR, Celia Leiberman de. *A psicanálise depois de Freud*. Trad. de Francisco Franke Settineri. Porto Alegre: Artes Médicas, 1992.

BRITO, César; SOUZA, Edson; SLAVUTZKY, Abrão. (Orgs.). *História, clínica e perspectiva nos cem anos da psicanálise*. Porto Alegre: Artes Médicas, 1996.

CALDERONI, David. "Édipo e transferência a partir de Dora: um percurso em Freud", Revista *Percurso*, n. 9, pp. 36-46, 1992.

CESAROTTO, Oscar; SOUZA LEITE, Márcio P. *Lacan: através do espelho*. São Paulo: Brasiliense, 1985.

_____. *O que é psicanálise: segunda visão*. São Paulo: Brasiliense, 1984.

CHINALLI, Miriam. "O comitê secreto e a política da psicanálise no início do século XX". Revista *Percurso*, n. 33, 2. sem. 2004.

CINTRA, Elisa Maria de Ulhoa; FIGUEIREDO, Luís Claudio. *Melanie Klein: estilo e pensamento*. São Paulo: Escuta, 2004.

COELHO JR., Nelson. *A força da realidade na clínica freudiana*. São Paulo: Escuta, 1995.

DARWIN, Charles. *The Origin of Species* (1860). In: HUTCHINS, R. M. (Ed.). Chicago: Encyclopaedia Britannica, 1952. v. 49 (The Great Books of the Western World).

DAVID, M. "La Psychanalyse en Italie". In: JACCARD, R. (Org.). *Histoire de la psychanalyse*. Paris: Hachette, 1982. v. 2, pp. 297-358.

DAYAN, Maurice. *L'Arbre des styles*. Paris: Aubier-Montaigne, 1980.

DESCAMPS, Christian. "Os existencialismos". In: CHÂTELET, François (Org.). *História da filosofia*. Rio de Janeiro: Zahar, 1974. v. 8: O século XX.

DESCARTES, René. *Discurso do método*. In: J. Guinsburg (Org.). *Obras escolhidas*. Trad. de Bento Prado Jr. São Paulo: Perspectiva, 2010.

DESCOMBES, Vincent. *Le Même et l'autre: quarante-cinq ans de philosophie française, 1933-78*. Paris: Minuit, 1979.

DILTHEY, Wilhelm (1883). *Introdução às ciências humanas: tentativa de uma fundamentação para o estudo da sociedade e da história*. Trad. de Marco Antônio Casanova. Rio de Janeiro: Forense Universitária, 2010.

DÖBLIN, Alfred (1921). *Berlin Alexanderplatz*. Munique: Deutscher Taschenbuch, 1992.

DYER, Richard. *Her Father's Daughter: The Work of Anna Freud*. Nova York: Jason Aronson, 1983.

EDELSON, Marshall. *Hypothesis and Evidence in Psychoanalysis*. Chicago: The University of Chicago Press, 1984.

EYGUESIER, Pierre. *Comment Freud devint drogman*. Paris: Navarin, 1983.

FENICHEL, Otto. *Problems of Psychoanalytic Technique*. Nova York: The Psychoanalytic Quarterly, 1941.

FERENCZI, Sándor. *Oeuvres complètes*. Paris: Payot, 1968-82. 4 vols. [Ed. bras.: *Obras completas de Ferenczi*. São Paulo: Martins Fontes, 1992. 4 vols.]

FERENCZI, Sándor; GRODDECK, Georg. *Correspondance 1921-33*. Paris: Payot, 1982.

FERENCZI, Sándor; RANK, Otto. *The Development of Psychoanalysis*. Chicago: The Chicago Institute for Psychoanalysis, 1985. (Classics in Psychoanalysis).

FIGUEIREDO, Luís Claudio. As diversas faces do cuidar: novos ensaios de psicanálise contemporânea. São Paulo: Escuta, 2009.

FINE, Reuben. *A History of Psychoanalysis*. Nova York: Columbia University Press, 1979.

FONSECA, Felipe Lessa da. *O pesadelo nas tranças da censura*. São Paulo: PUC, 1998 (Mestrado em Psicologia Clínica).

FRANÇA, Cassandra Pereira. *Ejaculação precoce e disfunção erétil: uma abordagem psicanalítica*. São Paulo: Casa do Psicólogo, 2001.

FREUD, Anna (1936). *O ego e os mecanismos de defesa*. Trad. de Álvaro Cabral. Rio de Janeiro: Civilização Brasileira, 1978.

FREUD, Sigmund. *Epistolario 1873-1890*. Barcelona: Plaza y Janés, 1975.

_____. *O mal-estar na civilização*. Trad. de Paulo César de Souza. São Paulo: Penguin Classics Companhia das Letras, 2011.

_____. *Studienausgabe* [Edição de estudos]. Frankfurt am Main: Fischer, 1982; ed. castelhana: *Obras completas*. Trad. de Luis López-Ballesteros y de Torres. Madri: Biblioteca Nueva, 1975; ed. bras.: *Obras completas*. Trad. de Paulo César de Souza. São Paulo: Companhia das Letras, 2010-.

_____. *The Complete Letters of Sigmund Freud to Wilhelm Fliess, 1887-1904*. Jeffrey M. Masson (Org.). Boston: Harvard University, Belknap Press, 1985 [Ed. bras.: *A correspondência completa de Sigmund Freud para Wilhelm Fliess: 1887-1904*. Trad. de Vera Ribeiro. Rio de Janeiro: Imago, 1986].

_____. *Totem e tabu: algumas concordâncias entre a vida psíquica dos homens primitivos e a dos neuróticos*. Trad. de Paulo César de Souza. São Paulo: Penguin Classics Companhia das Letras, 2013.

FREUD, Sigmund; ABRAHAM, Karl. *Correspondance 1907-26*. Paris: Gallimard, 1969.

FREUD, Sigmund; SALOMÉ, Lou Andréas. *Correspondência completa*. Rio de Janeiro: Imago, 1976.

FREUD, Sigmund; FERENCZI, Sándor. *Correspondance 1908-14*. Paris: Calmann-Lévy, 1992.

FROSH, Stephen. *The Politics of Psychoanalysis*. Londres: Macmillan, 1987.

GALVÃO, Walnice Nogueira; GOTLIB, Nádia Battella. *Prezado senhor, prezada senhora*. São Paulo: Companhia das Letras, 2000.

GAY, Peter. *Weimar Culture: The Outsider as Insider*. Nova York: Harper and Row, 1970.

_____. *Freud: a Life for our Times*. Nova York; Londres: W. Norton & Company, 1988. [Ed. bras.: *Freud: uma vida para o nosso tempo*. 2. ed. Trad. de Denise Bottmann. São Paulo: Companhia das Letras, 2012.]

GIORA, M. I.; KLEIN, W. "Escutar Dora". Revista *Percurso*, n. 10, 1. sem. 1993.

GIROLA, Roberto. *A psicanálise cura? Uma introdução à teoria psicanalítica*. Aparecida: Ideias e Letras, 2004.

GLOVER, Edward. "Active Therapy and Psycho-analysis: A Critical Review", *International Journal of Psycho-analysis*, v. v, n. 3, pp. 269-311, 1924.

_____. "The Therapeutic Effect of Inexact Interpretation", IJP v. 12, pp. 397-411, 1931.

GONÇALVES, Camila Salles. *Desilusão e história na psicanálise de J. P. Sartre*. São Paulo: Nova Alexandria, 1996.

GONÇALVES, Teresa Elisete. *A psicanálise na Inglaterra e o* Middle Group. São Paulo: PUC, 2001. Tese (Doutorado em Psicologia).

Bibliografia

GREEN, André. "L'Analyste, la symbolisation et l'absence dans le cadre analytique: à propos des changements dans la pratique et l'expérience analytiques". *Nouvelle Revue de Psychanalyse*, n. 10, pp. 225-58, out. 1974.

_____. *La Pensée clinique*. Paris: Éditions Odile Jacob, 2004.

GREENBERG, Jay R.; MITCHELL, Stephen A. *Object Relations in Psychoanalytic Theory*. Cambridge (MA): Harvard University Press, 1983. [Ed. bras.: *Relações de objeto na teoria psicanalítica*. Porto Alegre: Artes Médicas, 2001.]

GROSSKURTH, Phyllis. *O círculo secreto*. Rio de Janeiro: Imago, 1992.

GRÜNBAUM, Adolf. *The Foundations of Psychoanalysis*. Berkeley: University of California Press, 1984. [Ed. francesa: *Les Fondements de la psychanalyse*. Paris; PUF, 1996.]

_____. *Validation in the Clinical Theory of Psychoanalysis: a Study in the Philosophy of Psychoanalysis*. Madison: International Universities Press, 1993.

GURFINKEL, Decio. "Nas bordas do sonhar: da psicanálise à psicossomática". Revista *Percurso*, n. 16, 1. sem. 1996.

HADDAD, Gérard. *L'Enfant illégitime: sources talmudiques de la psychanalyse*. Paris: Hachette, 1981.

HANNS, Luiz Alberto. *Dicionário comentado do alemão de Freud*. Rio de Janeiro: Imago, 2001.

HARTMANN, H. *Psicologia do ego e o problema da adaptação*. Rio de Janeiro: Zahar, 1989.

HAUSER, Arnold. *Introducción a la Historia del Arte*. Madri: Guadarrama, 1973.

HAWELKA, Elza; HAWELKA, Pierre. Introd., traduction, notes et commentaire. In: FREUD, Sigmund. *L'Homme aux rats, journal d'une analyse*. Paris: PUF, 1974.

HAYNAL, André. *La Technique en question*. Paris: Payot, 1982.

HINSHELWOOD, R. *A Dictionary of Kleinian Thought*. Londres: Free Association Books, 1991.

HOLLAND, Norman. "Huston's Freud". Disponível em: <http://www.clas.ufl.edu/users/nholland/huston.htm>. Acesso em: 14 out. 2013.

HOOK, Sidney (Org.). *Methodological Issues in Psychoanalytic Theory*. Nova York: New York University Press, 1959.

_____. *Psychoanalysis, Scientific Method and Philosophy*. Nova York: Groove, 1960.

HUSTON, John. *An Open Book*. Nova York: Vaybrama, 1980.

ISHERWOOD, Christopher. *Adeus a Berlim*. São Paulo: Brasiliense, 1985.

JACCARD, R. (Org.). *Histoire de la Psychanalyse*. Paris: Hachette, 1982.

JONES, Ernest. *A vida e a obra de Sigmund Freud*. Trad. de Júlio Castañon Guimarães. Rio de Janeiro: Imago, 1989. 3 vols.

_____. *Free Associations: Memoirs of a Psychoanalyst*. Nova York: Basic Books, 1959.

_____. "Recent Advances in Psycho-Analysis". *International Journal of Psycho-analysis*, v. I, n. 1, 1920, pp. 161-85.

JUNG, Carl Gustav; FREUD, Sigmund. Edited by William McGuire. *The Freud-Jung Letters*. Londres: The Hogarth Press; Routledge & Kegan Paul, 1974.

KANZER, M.; BLUM, H.: "A técnica clássica desde 1939". In: WOLMAN, Benjamin (Org.). *Técnicas psicanalíticas*. Rio de Janeiro: Imago, 1976. v. I: A técnica freudiana.

KATZ, Chaim Samuel (Org.). *A histeria — o Caso Dora: Freud, Melanie Klein, Jacques Lacan*. Rio de Janeiro: Imago, 1992.

_____. *Psicanálise e nazismo*. Rio de Janeiro: Taurus, 1985.

KEATING, H. *Writing Crime Fiction*. Londres: A & C Black, 1994.

KEHL, Maria Rita. "Corpos estreitamente vigiados". *O Estado de S.Paulo*, São Paulo, 1º jan. 2007. Caderno Aliás.

KERR, John. *A Most Dangerous Method: the Story of Jung, Freud and Sabina Spielrein*. Nova York: Alfred A. Knopf, 1993.

KHOURI, Magda Guimarães; PASTORE, Jassanan Amoroso D.; SUCAR, Inês Zulema; AJZEMBERG, Raquel Plut; MORANO FILHO, Reinaldo (Org.). *Leituras psicanalíticas da violência*. São Paulo: SBPSP; Casa do Psicólogo, 2004.

KLEIN, Melanie. *Os progressos da psicanálise*. Org. e Intr. de J. Rivière. Pref. de Ernest Jones. Trad. de Álvaro Cabral. Rio de Janeiro: Zahar, 1978.

KOESTLER, Arthur. *The Act of Creation*. Nova York: Dell Books, 1964.

KREISSLER, Félix. *Histoire de l'Autriche*. Paris: PUF, 1977 (Coleção Que Sais-Je, n. 222).

KUHN, Thomas S. *The Essential Tension: Selected Studies in Scientific Tradition and Change*. Chicago: University of Chicago Press, 1977.

KUPERMANN, Daniel. *Ousar rir: humor, criação e psicanálise*. Rio de Janeiro: Civilização Brasileira, 2003.

_____. *Transferências cruzadas: uma história da psicanálise e suas instituições*. Rio de Janeiro: Revan, 1996.

LACAN, Jacques. *Écrits*. Paris: Ed. du Seuil, 1966.

LACOSTE, Patrick. *L'Étrange cas du Professeur M. — Psychanalyse à l'écran*. Paris: Gallimard, 1990.

LAPLANCHE, Jean. "Interpretar (com) Freud". In: *Teoria da sedução generalizada*. Porto Alegre: Artes Médicas, 1988.

_____. *Problématiques*. Paris: Presses Universitaires de France, 1998. I. *L'Angoisse*; II. *Castration, symbolisations*; III. *La Sublimation*; IV. *L'Inconscient et le ça*; V. *Le Baquet — transcendance du transfert*.

_____. *Vie et mort en psychanalyse*. Paris: Flammarion, 1970. [Ed. bras.: *Vida e morte em psicanálise*. Trad. de Cleonice Paes Barreto Mourão e Consuelo Fortes Santiago. Porto Alegre: Artes Médicas, 1983.]

LAPLANCHE, Jean; PONTALIS, Jean-Baptiste. *Vocabulaire de la psychanalyse*. Paris: PUF, 1967 [Ed. bras.: *Vocabulário de psicanálise*. 4. ed. Trad. de Pedro Tamen. São Paulo: Martins Fontes, 2001].

LAX, Ruth (Org.). *Essential Papers on Character Neurosis and Treatment*. Nova York: New York University Press, 1989.

LÉVY-VALENSY, Eliane. *Le Moïse de Freud ou la référence occultée*. Mônaco: Éditons du Rocher, 1984.

LINO DA SILVA, Maria Emília (Org.). *Investigação e psicanálise*. São Paulo: Papirus, 1990.

LOUREIRO, Inês. *O carvalho e o pinheiro: Freud e o estilo romântico*. São Paulo: Escuta, 2002.

MACHADO, Josiane Cantos. *A história da psicanálise no Brasil nas primeiras décadas do século XX e sua influência na concepção e constituição de saúde mental no país*. São Paulo: PUC, 2013 (Mestrado em Psicologia Clínica).

MAHONY, Patrick. *Freud e o Homem dos Ratos*. São Paulo: Escuta, 1991.

MANNONI, Octave. *Ficções freudianas*. Trad. de Jorge Bastos. Rio de Janeiro: Taurus, 1983.

MARCUS, Steven. "Freud and Dora: Story, History, Case History". In: BERNHEIMER, Charles; KAHANE, Clare (Orgs.). *In Dora's Case*. Londres: Virago Press, 1985.

MARTON, Scarlett. *Nietzsche: das forças cósmicas aos valores humanos*. São Paulo: Brasiliense, 1990.

MARZAGÃO, Lúcio Roberto. *Freud: sua longa viagem morte adentro*. Belo Horizonte: Ophicina de Arte & Prosa, 2007.

MASCARENHAS, Pedro. "Um convite ao impossível diálogo?". Revista *Percurso*, n. 30, 1. sem. 2003.

MASOTTA, Oscar; JINKIS, Jorge. *El Hombre de las Ratas*. Buenos Aires: Nueva Visión, 1986.

Bibliografia

MELMAN, Charles. "Enfants de la psychanalyse". *Ornicar?*, n. 16, Paris, 1978.

MENEZES, Luis Carlos. "O Homem dos Ratos e a questão do pai". Revista *Percurso*, ano III, n. 5/6, pp. 7-14, jan. 1991.

_____. "Questões sobre o ódio e a destrutividade na metapsicologia freudiana", Revista *Percurso*, n. 7, fev. 1991.

MERLEAU-PONTY, M. *Sinais*. Lisboa: Minotauro, 1962.

MEYER, Luiz. *Rumor na escuta*. São Paulo: Editora 34, 2008.

MEZAN, Renato. *A sombra de don Juan e outros ensaios*. 2. ed. São Paulo: Casa do Psicólogo, 2005.

_____. *A vingança da esfinge: ensaios de psicanálise*. São Paulo: Casa do Psicólogo, 2005.

_____. "Cem anos de interpretação". In: BRITO, César.; SOUZA, Edson; SLAVUTZKY, Abrão et al. (Orgs.). *História, clínica e perspectiva nos cem anos da psicanálise*. Porto Alegre: Artes Médicas, 1996; In: MEZAN, Renato. *Interfaces da psicanálise*. São Paulo: Companhia das Letras, 2002. pp. 174-95.

_____. *Escrever a clínica*. São Paulo: Casa do Psicólogo, 1998.

_____. "Existe um erotismo contemporâneo?". In: R. Volich et al. (Orgs.). *Psicossoma* V. São Paulo: Escuta, 2009.

_____. *Figuras da teoria psicanalítica*. 2. ed. rev. e ampl. São Paulo: Casa do Psicólogo, 2010.

_____. *Freud: a trama dos conceitos*. São Paulo: Perspectiva, 1982.

_____. *Freud, pensador da cultura*. 7. ed. São Paulo: Companhia das Letras, 2006.

_____. *Interfaces da psicanálise*. São Paulo: Companhia das Letras, 2002.

_____. *Intervenções*. São Paulo: Casa do Psicólogo, 2011.

_____. "Nasrah e seus irmãos". In: AXT, Gunther; SCHÜLLER, Fernando Luis; MORIN, Edgar et al. *Fronteiras do pensamento: ensaios sobre cultura e estética*. Rio de Janeiro: Civilização Brasileira, 2010.

_____. "Pesquisa em psicanálise: algumas reflexões", *Jornal de Psicanálise*, São Paulo, Sociedade Brasileira de Psicanálise de São Paulo, n. 70, 2006.

_____. "Por que lemos romances policiais?". In: ROSENBAUM, Yudith; PASSOS, Cleusa Rios (Orgs.). *Escritas do desejo*. São Paulo: Ateliê Editorial, 2011.

_____. *Psicanálise, judaísmo: ressonâncias*. Rio de Janeiro: Imago, 1995.

_____. *Tempo de muda*. São Paulo: Companhia das Letras, 1998.

MIJOLLA-MELLOR, Sophie de. *Le besoin de croire: métapsychologie du fait religieux*. Paris: Dunod, 2004.

MOKREJS, Elisabete. *A psicanálise no Brasil: as origens do pensamento psicanalítico*. Petrópolis: Vozes, 1993.

NAGEL, Ernst: "Methodological Issues in Psychoanalytic Theory". In: S. Hook (Org.), *Psychoanalysis, Scientific Method and Philosophy*. Nova York: New York University Press, 1959.

NEDER, Marcia. *Psicanálise e educação: laços refeitos*. São Paulo: Casa do Psicólogo, 1998.

NUNBERG, Herman. "The Sense of Guilt and the Need for Punishment", IJP, v. 7, p. 427, 1926.

_____. "The Synthetic Function of the Ego", IJP, v. 12, pp. 123-40, 1931.

NUNBERG, Herman; FEDERN, Ernst. *Les Premiers Psychanalystes: Minutes de la Société Psychanalytique de Vienne*. Trad. de l'allemand par Nina Schwab-Bakman. Paris: Gallimard, 1976-83.

OCARIZ, Maria Cristina. *O sintoma e a clínica psicanalítica: o curável e o que não tem cura*. São Paulo: Via Lettera, 2003.

PALMIER, Jean-Michel. "La Psychanalyse en Hongrie". In: R. Jaccard (Org.). *Histoire de la Psychanalyse*. Paris: Hachette, 1982. v. II, pp. 190-2.

PETOT, Jean-Michel. *Mélanie Klein*. Paris: Dunod, 1979. v. 1 : Premières découvertes et premier système, 1919-32.

584

PETOT, Jean-Michel. *Mélanie Klein*. Paris: Dunod, 1982. v. 2 : Le moi et le bon objet, 1932-60.

PETRUCCI, José Luiz. "Isaac Newton e Charles Darwin". In: *Freud e seus filósofos*. Porto Alegre: Sociedade Brasileira de Psicanálise de Porto Alegre, 2004.

POPPER, Karl. *The logic of scientific discovery*. Londres: Hutchinson, 1983; Londres: Routledge, 2010.

QUIN, Susan. *A Mind of her Own: The Life of Karen Horney*. Nova York: Addison-Wesley Publishing Company, 1988.

RABINOVITCH, Diana. *El Concepto de Objeto en la Teoría Psicoanalítica*. Buenos Aires: Ed. Manantial, 1988.

RADÓ, Sándor. "The Problem of Melancholia", IJP, v. 9, pp. 420-38, 1928.

RANK, Otto. *El Trauma del Nacimiento*. Buenos Aires: Paidós, 1961.

RAPAPORT, David. *The Structure of Psychoanalytic Theory*. Nova York: International Universities Press, 1960. [Ed. bras.: *A estrutura da teoria psicanalítica*. São Paulo: Perspectiva, 1982.]

REAMES, Hal. "Uma tese e uma interpretação". Revista *Percurso*, n. 41, 2. sem. 2008.

REGNER, Ana Carolina. "Darwin, Newton e o conceito de ciência no século XIX". In: *Freud e seus filósofos*. Porto Alegre: Sociedade Brasileira de Psicanálise de Porto Alegre, 2004.

REICH, Wilhelm. *L'Analyse caractérielle*. Paris: Petite Bibliothèque Payot, 1971. [Ed. castelhana: *Análisis del Carácter*. Buenos Aires: Paidós, 1957; ed. bras.: *Análise do caráter*. 3. ed. Trad. de Ricardo Amaral do Rego. São Paulo: Martins Fontes, 2004.]

REICHMAYR, Johannes. *Spurensuche in der Geschichte der Psychoanalyse*. Frankfurt: Fischer Verlag, 1994.

RICOEUR, Paul. *De l'Interprétation*. Paris: Editions du Seuil, 1966. [Ed. bras.: *Da interpretação: ensaio sobre Freud*. Trad. de Hilton Japiassu. Rio de Janeiro: Imago, 1977.]

ROAZEN, Paul. *How Freud Worked: First-Hand Accounts of his Patients*. Northvale, NJ.: Jason Aronson, 1995 [Ed. bras.: *Como Freud trabalhava: relatos inéditos de seus pacientes*. Trad. de Carlos Eduardo Lins da Silva. São Paulo: Companhia das Letras, 1999.]

_____. *Irmão animal*. Rio de Janeiro: Imago, 1995.

_____. *La Saga freudienne*. Paris: PUF, 1986. [Ed. americana original: *Freud and His Followers*. Nova York: Alfred Knopf, 1975; ed. bras.: *Freud e seus discípulos*. Trad. de Heloysa de Lima Dantas. São Paulo: Cultrix, 1978.]

ROCHA BARROS, Elias Mallet da. (Org.). *Melanie Klein: evoluções*. São Paulo: Escuta, 1989.

ROUANET, Sergio Paulo. *Os dez amigos de Freud*. São Paulo: Companhia das Letras, 2003.

ROUDINESCO, Elizabeth. *Histoire de la Psychanalyse en France*. Paris: Ramsay, 1982.

_____. *Jacques Lacan & Co: A History of Psychoanalysis in France, 1925-1985*. Chicago: University of Chicago Press, 1990.

_____. *Por que a psicanálise?* Trad. de Vera Ribeiro. Rio de Janeiro: Jorge Zahar, 1999.

ROUDINESCO, Elizabeth; PLON, Michel. *Dicionário de psicanálise*. Rio de Janeiro: Jorge Zahar, 1998.

ROUSTANG, François. *Elle ne Lâche Plus*. Paris: Payot, 1980.

_____. *Un Destin si funeste*. Paris: Minuit, 1976.

SARTRE, Jean-Paul. *L'Idiot de la famille: Gustave Flaubert de 1821-1857*. Paris: Gallimard, 1971.

_____. *Le Scénario Freud*. Paris: Gallimard, 1984.

_____. *Questão de método*. 2. ed. Trad. de Bento Prado Júnior. São Paulo: Difusão Europeia do Livro, 1967.

SCHNEIDER, Monique. *Freud et le Plaisir*. Paris: Denoël, 1980.

SCHORSKE, Carl E. *Viena fin-de-siècle: política e cultura*. Trad. de Denise Bottmann. São Paulo: Companhia das Letras, 1988.

Bibliografia

SEGAL, Hanna. *A obra de Hanna Segal*. Rio de Janeiro: Imago, 1982.

SLAVUTZKY, Abrão. "As ressonâncias continuam". Revista *Percurso*, n. 33, São Paulo, Instituto Sedes Sapientiae, 2004.

SMIRNOFF, Victor N. "De Vienne à Paris: sur les origines d'une psychanalyse 'à la française'", *Nouvelle Revue de Psychanalyse*, n. 20, Paris, pp. 13-58, 1979.

SPILLIUS, Elizabeth Bott (Org.). *Melanie Klein hoje*. Trad. de Belinda Haber Mandelbaum. Rio de Janeiro: Imago, 1990.

STASEVSKAS, Yanina Otsuka. *Contar histórias no Hospital-Dia Butantã: a circulação do sentido e o efeito da palavra*. São Paulo: PUC, 1998. Dissertação (Mestrado em Psicologia).

STERBA, Richard."Clinical and Therapeutic Aspects of Character Resistance", *The Psichoanalytic Quarterly*, n. 22, pp. 1-20, 1953.

_____. *Reminiscences of a Viennese Psychoanalyst*. Detroit: Wayne University Press, 1982.

_____. "The Fate of the Ego in Analytic Therapy", IJP, v. 15 (2-3), pp. 117-26, 1934.

STRACHEY, James. "The Nature of the Therapeutic Action of Psycho-Analysis", IJP, v. 15, p. 130, 1934.

TANIS, B. *Memória e temporalidade: sobre o infantil em psicanálise*. São Paulo: Casa do Psicólogo, 1995.

TAUSK, V. "Zur Psychologie des Deserteurs". *Internationale Zeitschrift für Psychoanalyse*, t. 4, 1918.

TRUFFAUT, François; SCOTT, Helen. *Hitchcock-Truffaut: Entrevistas*. Trad. de Rosa Freire d'Aguiar. São Paulo: Companhia das Letras, 2008.

UCHITEL, Myriam. *Além dos limites da interpretação*. São Paulo: Casa do Psicólogo, 1997.

VIDERMAN, Serge. *La Construction de l'espace analytique*. Paris: Gallimard, 1970.

VIOLANTE, Maria Lucia; BIRMAN, Joel et al. (Orgs.). *O (im)possível diálogo psiquiatria-psicanálise*. São Paulo: Via Lettera Editora e Livraria, 2002.

WAELDER, Robert. "Psychoanalysis, Scientific Method and Philosophy", *Journal of the American Psychological Association*, n. 10, pp. 617-37.

_____. "Psychoses: their Mechanisms and Accessibility to Influence", IJP, v. 6, 1925.

WAGNER, Cláudio Mello. *A transferência na clínica reichiana*. São Paulo: Casa do Psicólogo, 2005.

_____. *Freud e Reich: continuidade ou ruptura?* São Paulo: Summus, 1995.

WALLERSTEIN, Robert. "Psychoanalysis as a Science: a Response to New Challenges", Freud Anniversary Lecture (1986). *Journal of the American Psychoanalytic Association*, n. 36 (1), pp. 3-30, 1988.

_____. *The Common Ground of Psychoanalysis*. Northvale: J. Aronson, 1992.

WOLMAN, Benjamin (Org.). *Técnicas psicanalíticas*. Rio de Janeiro: Imago, 1976. 3 vols.

WYATT, Frederick. "The Severance of Psycho-Analysis from its Cultural Matrix". In: TIMMS, Edward; SEGAL, Naomi (Orgs.). *Freud in Exile: Psychoanalysis and its Vicissitudes*. New Haven: Yale University Press, 1988.

YERUSHALMI, Yosef. *O Moisés de Freud: judaísmo terminável e interminável*. Trad. de Júlio Castañon Guimarães. Rio de Janeiro: Imago, 1992.

ZWEIG, Stefan. *Die Welt von Gestern*. Frankfurt: Fischer Taschenbücher, 1977. [Ed. bras.: *O mundo que eu vi*. Trad. de Lya Luft. Rio de Janeiro: Record. 1999.]

Índice de obras mencionadas

I. OBRAS DE FREUD

1. LIVROS E ARTIGOS

Obs: Os textos de Freud estão arrolados em ordem cronológica, segundo a numeração da *Gesamtbibliographie Sigmund Freuds* organizada por Ingeborg Meyer Palmedo (SA, volume *Konkordanz und Gesamtbibliographie*).

(1888b) "Histeria" (verbete da *Enciclopédia* de Villaret), 101
(1893g) "Estudo comparativo das paralisias orgânicas e histéricas", 102-103
(1893f) "Charcot", 478
(1894a) "As neuropsicoses de defesa", 91, 103, 105, 139
(1895b) "Sobre a justificativa para distinguir da neurastenia a neurose de angústia", 106
(1895d) *Estudos sobre a histeria*, 48, 94, 96, 361, 366, 429, 559
(1896a) "A hereditariedade e a etiologia das neuroses", 106
(1896b) "Novas observações sobre as neuropsicoses de defesa", 106
(1896c) "A etiologia da histeria", 106
(1900a) *A interpretação dos sonhos*: cap. III, 56, 86; cap IV, 169; cap. V, seção D, 395; cap. VI, seção C, 395; seção F, 429; cap. VII, seção B, 116; seção C, 96, 107, 392; seção E, 95; seção F, 429

Índice de obras mencionadas

(1901b) *Psicopatologia da vida cotidiana*, 139, 387, 430, 483

(1904) "O método psicanalítico de Freud", 529

(1905c) *A piada e sua relação com o inconsciente*, 430-471

(1905d) *Três ensaios para uma teoria sexual*; cap. I, 108, 131; cap. II, 98, 112, 114; cap. III, 443-444, 447, 461-462

(1905e) *Caso Dora*, 93, 337, 388, 393-424, 461-462

(1907b) *O pequeno Hans*, 140, 195, 229-230

(1907a) "Sonhos e delírios na *Gradiva* de Jensen", 448

(1908c) "Teorias sexuais infantis", 128, 226, 229

(1908d) "A moral sexual civilizada e o nervosismo moderno", 226-227, 475

(1908e) "O poeta e a fantasia", 466

(1909d) *O Homem dos Ratos*, 139, 141-145, 148, 150, 161, 229, 496

(1910a) *Cinco conferências sobre psicanálise*, 118, 137

(1910c) "Uma lembrança infantil de Leonardo da Vinci", 76, 125

(1910h) "Um tipo especial de escolha de objeto no homem", 128

(1910i) "Concepção psicanalítica das perturbações psicogênicas da visão", 153

(1911b) "Formulações sobre os dois princípios do funcionamento psíquico", 119, 121-122, 124, 144

(1911c) *Caso Schreber*, 125, 130, 152, 518

(1912b) "A dinâmica da transferência", 84, 125, 168

(1912d) "Sobre a degradação mais comum da vida erótica", 259

(1912-13) *Totem e Tabu*, 76, 146-151, 172, 179

(1913i) "A disposição à neurose obsessiva", 128, 157

(1914b) "O Moisés de Michelangelo", 467

(1914c) "Para introduzir o narcisismo", 128-129, 154, 155, 171, 259

(1914g) "Recordar, repetir, elaborar", 198

(1915a) "Observações sobre o amor de transferência", 292, 345

(1915c) "Pulsões e destinos de pulsão", 85, 154-162, 172, 181

(1915f) "Um caso de paranoia que parecia contradizer a teoria psicanalítica", 559

(1916d) "Alguns tipos de caráter descobertos no trabalho analítico", 81

(1916-17) *Conferências de Introdução à Psicanálise*, 48, 238, 259; nº 15, 434; nº 17, 529

(1917e) "Luto e melancolia", 173, 174, 177, 178, 323

(1918a) "O tabu da virgindade", 259

(1918b) *O Homem dos Lobos*, 63-64, 152-153, 195, 238, 259

(1919a) "Caminhos da terapia analítica", 259, 289, 292

(1919d) "Prefácio" para *As neuroses de guerra*, 274-277

(1919h) "O estranho", 76

(1920a) "Sobre a psicogênese de um caso de homossexualidade feminina", 559

(1920g) *Além do princípio do prazer*, 133, 181-185, 277, 280-282, 285

(1921c) *Psicologia das massas e análise do ego*, 179, 187-188

(1923a) "Psicanálise e teoria da libido", 528

(1923b) *O ego e o id*, 78, 169, 186, 188-191, 194

(1924c) "O problema econômico do masoquismo",191, 462-463

(1925d) *Autobiografia*, 428, 552-553

(1926d) "Inibição, sintoma e angústia", 180, 193, 195, 196, 200, 287

(1926e) "A questão da análise por não-médicos", 494, 528

(1927c) *O futuro de uma ilusão*, 542

(1930a) "O mal-estar na cultura", 183, 489-490

(1931a) "Tipos libidinais", 81, 260

(1933a) *Novas conferências de introdução à Psicanálise*: nº 31, 472; nº 35, 544-549, 553-554, 557

(1937c) "Análise terminável e interminável", 186, 201, 300, 314, 487, 529

(1937d) "Construções em psicanálise", 529

(1950a) [1895] *Projeto de uma psicologia para neurólogos*, 48, 76, 78, 101, 103, 106, 108, 119, 144

2. CARTAS

a) A Wilhelm Fliess – *Los orígenes del psicoanálisis*, 476
   Manuscrito G (07.01.1895), 106
   Manuscrito H (24.01.1895), 105
   Manuscrito K (01.01.1896), 106
   24 (25.05.1895), 77, 89, 99
   53 (17.12.1896), 169
   65 (12.06.1897), 429
   69 (21.09.1897), 429
   94 (26.08.1898), 434
   95 (31.08.1898), 434
   97 (27.09.1898), 434
   118 (11.08.1898), 429
   121 (11.10.1899), 430
   125 (09.12.1899), 112-114
   128 (26.01.1900), 430
   139 (14.10.1900), 405
   140 (25.01.1901), 387, 430

b) A Wilhelm Fliess (ed. Masson, na qual as cartas não são numeradas), 515
   (01.02.1900), 418
   (10.01.1901), 387

Índice de obras mencionadas

(15.02.1901), 388
(03.03.1901), 388
(08.05.1901), 388
(09.06.1901), 388

c) A Carl Jung – *The Freud-Jung letters* 233
   8 F (06.12.1906), 110
   11 F (01.01.1907), 111
   22 F (04.1907), 113
   25 F (23.05.1907),114-117
   40 F (27.08.1907), 80
   139 F (16.04.1909), 81
   169 F (19.12.1909), 124

d) A Karl Abraham – *S. Freud-K. Abraham: correspondance*
   (05.07.1907), 118
   (21.10.1907), 80
   (09.01.1908), 140
   (09.06.1925), 382

e) A Lou-Andréas-Salomé: *Correspondência completa*, 255

f) A Martha Bernays: *Epistolario 1873-1890*, 476

g) A Edoardo Weiss – *Lettres sur la pratique psychanalytique*, n° 69 (12.02.1924), 190

h) A Sándor Ferenczi
   409F (09.07.1913), 425

j) A outros correspondentes
   Atestado sobre Alfred Adler (26.07.1905), 211-218
   Ao seu editor (14.08.1908), 224-227
   Ao seu editor (01.12.1908), 225-227
   Sobre um artigo de Ferenczi (25.12.1908), 227-229
   A um colega (11.01.1910), 229-230
   A um colega (03.12.1911), 232
   Ao Comitê Secreto (24.02.1924), 306-307
   A um colega (18.09.1924), 238

II. OUTROS AUTORES

Abraham, K.: "As diferenças entre a histeria e a demência precoce", 118

Abraham, K.: "Contribuição à psicanálise das neuroses de guerra", 272-274

Abraham, K.: "Uma forma particular de resistência ao método psicanalítico", 294-295

Abraham, K.: *História da libido à luz dos transtornos mentais*, 166, 178, 487

Aguiar, F.: "O humor analítico: o modelo *witzig* de interpretação", 443

Alexander, F.: "A metapsychological description of the process of cure", 311

Alexander, F.: "O problema da técnica analítica", 314

Alonso, S. e Leal, A. M. (orgs.): *Freud: um ciclo de leituras*, 199, 283, 502

Andrade, O.: "Manifesto antropofágico", 498

Arantes, M. A.: *Pacto re-velado: abordagem psicanalítica da vida militante clandestina*, 535

Aristóteles: *Física*, 561

Assoun, P. L. *Introduton à l'épistémologie freudienne*, 549, 553

Aulagnier, P.: "Temps de parole et temps de l'écoute", 299

Bacha, M.: *Psicanálise e educação: laços refeitos*, 535

Balán, J.: *Cuéntame tu vida*, 513

Balint, M.: "Critical notes on the theory of pregenital organizations of the libido", 351-352

Balint, M.:"Early developmental stages of the ego", 350

Balint, M.: "Experiências técnicas de S. Ferenczi", 288

Barcia Gomes, P.: "Noventa anos depois: Dora e a psicanálise", 406, 408-409, 417, 421

Benvenuto, S.: "A glimpse at psychoanalysis in Italy", 245

Bercherie, P.: *Génèse des concepts freudiens*, 34, 80, 83, 100, 102-103, 115, 118, 121-123, 137, 147, 163, 177, 184, 187, 196-197, 203, 205-206

Bergmann, M.: *Reflections on the history of psychoanalysis*, 309

Bergmann, M. e Hartmann, F.: *The evolution of psychoanalytic technique*, 65, 297, 313, 335, 345, 347-348, 353

Bernardi, R.: "The role of paradigmatic determinants in psychoanalytic understanding", 63-66

Bernheimer, C.: "Introduction" a *In Dora's Case*, 418

Birman, J.: "Ensaio sobre o estilo em psicanálise", 409

Birman, J.: "Constituição do campo transferencial e o lugar da interpretação psicanalítica", 82, 125, 136, 168

Birman, J.: "Repensando Freud e a constituição da clínica psicanalítica", 401

Bleichmar, C. e Bleichmar, N.: *A psicanálise depois de Freud*, 59, 61-63

Brito, C.; Souza, E; Slavutzky, A. (orgs.): *História, clínica e perspectivas nos cem anos da psicanálise*, 310, 512

Burckhardt, J.: *A civilização do Renascimento na Itália*, 551

Índice de obras mencionadas

Calderoni, D.: "Édipo e transferência a partir de Dora", 398, 405-406, 417, 420

Cantos Machado, J.: *A história da psicanálise no Brasil*, 503

Carpeaux, O.: *Uma pequena história da música*, 13

Cassirer, E.: *Filosofia das formas simbólicas*, 250, 545

Cesarotto, O. e Souza Leite, M. P.: *Lacan: através do espelho*, 45

Cesarotto, O. e Souza Leite, M. P.: *O que é psicanálise: segunda visão*, 45

Chinalli, M.: "O comitê secreto e a política da psicanálise no início do século XX", 251

Coelho Jr., N.: *A força da realidade na clínica freudiana*, 121

Darwin, C.: *A origem das espécies*, 562-564, 566, 569

David, M.: "La psychanalyse en Italie", 245

Dayan, M.: "Mme. Klein interpréta", 321

Descamps, C.: "Os existencialismos", 366

Descartes, R.: "Discurso do método", 13

Descombes, V.: *Le même et l'autre*, 513

Dilthey, W.: *Introdução às ciências do espírito*, 551, 559

Döblin, A.: *Berlin Alexanderplatz*, 246

Dyer, R.: *Her father's daughter: the work of Anna Freud*, 341

Edelson, M.: *Hypothesis and evidence in psychoanalysis*, 522, 529, 539-540

Eyguesier, P.: *Comment Freud devint drogman*, 361

Fenichel, O.: *Problems of psychoanalytic technique*, 339-340

Ferenczi, S.: "A criança mal-acolhida e sua pulsão de morte", 308

Ferenczi, S.: "Análises de crianças com adultos", 308, 349

Ferenczi, S.: "Confusão de línguas entre os adultos e a criança", 308, 349

Ferenczi, S.: "Construções sintomáticas transitórias durante a análise", 289, 337

Ferenczi, S.: "Crítica da obra de Rank *A técnica da psicanálise*", 308

Ferenczi, S.: "Dificuldades técnicas de uma análise de histeria", 290-291

Ferenczi, S.: "Elasticidade da técnica psicanalítica", 308, 343-344

Ferenczi, S.: "O problema do final de análise", 342

Ferenczi, S.: "Princípio de relaxamento e neocatarse", 308, 345-348

Ferenczi, S.: "Prolongamentos da técnica ativa em psicanálise", 295-297

Ferenczi, S.: "Psicanálise das neuroses de guerra", 268-271

Ferenczi, S.: "Psicanálise e política", 249

Ferenczi, S.: "Transferência e introjeção", 229

Ferenczi, S. e Groddeck, G.: *Correspondance 1921-1933*, 256

Ferenczi, S. e Rank, O.: *The developement of psychoanalysis*, 300-305, 329, 338

Figueiredo, L. C.: "A psicanálise e a clínica contemporânea", 520

Fine, R.: *A history of psychoanalysis*, 85, 90-92

Fonseca, F. L.: *O pesadelo nas tranças da censura*, 306

França, C. P.: *Ejaculação precoce e disfunção erétil*, 534

Freud, A.: *O ego e os mecanismos de defesa*, 205, 341-342

Frosh, S.: *The politics of psychoanalysis*, 60

Gay, P.: "A short history of the Weimar Republic", 246

Gay, P.: *Freud: a life for our times*, 231-232, 234, 388, 406, 408, 414, 418, 421, 502

Giora, M. I., e Klein, W.: "Escutar Dora", 408

Girola, R.: *A psicanálise cura?*, 502

Glover, E.: "The therapeutic action of inexact interpretation", 329

Glover, R.: "Active therapy and psychoanalysis: a critical review", 297-299

Gombrich, E.: *Introdução à história da arte*, 13

Gonçalves, C. S.: *Desilusão e história na psicanálise de J. P. Sartre*, 362-364

Gonçalves, T.: *A psicanálise na Inglaterra e o* Middle Group, 535

Green, A.: "L'analyste, l'absence et la symbolisation dans le cadre psychanalytique", 37, 42

Green, A.: *La pensée clinique*, 540-541

Greenberg, J. e Mitchell, S.: *Object relations in psychoanalytic theory*, 60, 62-68, 73, 94-99, 204-205

Grosskurth, P.: *Melanie Klein, her life and her work*, 12

Grosskurth, P.: *O círculo secreto*, 251, 254, 307

Grünbaum, A.: *The foundations of psychoanalysis*, 522, 536-540

Grünbaum, A.: *Validation in the clinical theory of psychoanalysis*, 530

Gurfinkel, D.: "Nas bordas do sonhar: da psicanálise à psicossomática", 116

Gurfinkel, D.: "Introdução" ao texto de Moisés Wulff, 512

Haddad, G.: *L'enfant illégitime: sources talmudiques de la psychanalyse*, 361

Hanns, L.: *Dicionário comentado do alemão de Freud*, 445

Hartmann, H.: *Psicologia do ego e o problema da adaptação*, 342

Hauser, A.: *Introdução à história da arte*, 551

Hawelka, E. e Hawelka, P. *L'Homme aux rats: journal d'une analyse*, 139

Haynal, A.: *La technique em question*, 350

Heidegger, M.: *Ser e tempo*, 250, 545

Hinshelwood, R.: *A dictionary of Kleinian thought*, 320

Hirsi Ali, A.: *A virgem na jaula*, 514

Holland, N.: "Huston's Freud", 378, 380-381

Hook, S.: *Psychoanalysis, scientific method and philosophy*, 530, 573

Huston, J.: *An open book*, 378

Isherwood, C.: *Adeus a Berlim*, 246

Índice de obras mencionadas

Jaeger, W.: *Paideia*, 551

Jones, E.: "As neuroses de guerra e a teoria freudiana", 266

Jones, E.: "Recent advances in psycho-analysis", 258-259, 261

Jones, E.: *A vida e a obra de Sigmund Freud*, vol. I: 388, 440; vol. II: 222, 231, 234, 241, 427, 440, 444;

vol. III, 254, 307

Jones, E.: *Free associations: memoirs of a psychoanalyst* 209, 222, 236

Jung, C.: Carta 4J a Freud, (23.10.1906), 117

Jung, C.: Carta 9J a Freud, (29.12.1906), 110

Jung, C.: Carta 19J a Freud (11.04.1907), 112

Jung, C.: Carta 24J a Freud (13.05.1907), 114

Jung, C.: Carta a E. Jones (21.05.1908), 218-222

Jung, C.: Carta a E. Jones (20.11.1912), 235

Jung, C.: Carta à Sra. Wolff (30.03.1937), 239, 241

Kahane, C.: "Introduction" a *In Dora's Case*, 423

Kant, I.: *Crítica da faculdade de julgar*, 561

Kanzer, M. e Blum, H.: "A técnica clássica desde 1939", 44

Katz, C.: "Freud, o *Caso Dora* e a histeria", 407-408

Katz, C.: (org.) *Psicanálise e nazismo*, 251

Keating, H.: *Writing crime fiction*, 378

Kehl, M. R.: "Corpos estreitamente vigiados", 492

Kerr, J.: *A most dangerous method: the story of Jung, Freud and Sabina Spielrein*, 240

Khouri, M. et alii: *Leituras psicanalíticas da violência*, 525

Klain, W., e Giora, M. I.: "Escutar Dora", 408

Klein, M.: "A importância da formação dos símbolos para o desenvolvimento do ego", 319, 408

Klein, M.: "Estágios iniciais do conflito edipiano", 319

Klein, M.: "O luto e sua relação com os estados depressivos", 34, 518

Klein, M.: *Psicanálise da criança*, 34, 323

Koestler, A.: *The act of creation*, 432, 441, 451-452, 563-564

Kreissler, F.: *Histoire de l'Autriche*, 246-247

Kuhn, T.: As revoluções científicas, 63-65, 67

Kuhn, T.: *The essential tension*, 66

Kupermann, D.: *Ousar rir: humor, criação e psicanálise*, 470

Kupermann, D.: *Transferências cruzadas: uma história da psicanálise e das suas instituições*, 502

Lacan, J.: "Fonction et champ de la parole et du language en psychanalyse", 45

Lacan, J.: "Intervention sur le transfert", 391

Lacan, J.: "La chose freudienne", 45, 350

Lacan, J.: *Seminário XI – Os quatro conceitos fundamentais da Psicanálise*, 70

Lacoste, P.: *L'étrange cas du professeur M.*, 383-386

Lagache, D.: "Prefácio" ao *Vocabulaire de la Psychanalyse*, 43

Laplanche, J.: "Dérivation des entités psychanalytiques", 190

Laplanche, J.: "*Interpretar (com) Freud*", 46

Laplanche, J.: *Novos fundamentos para a psicanálise*, 47

Laplanche, J.: *Problématiques*, 11, 46

Laplanche, J.: *Vie et mort en psychanalyse*, 46, 120, 131, 154-156, 190, 282, 350

Laplanche, J., e Pontalis, J.-B.: *Vocabulaire de la psychanalyse*, 23, 37, 116, 153, 170, 172, 186, 189

Lax, R. (org.): *Essential papers on character neurosis and treatment*, 261

Leal, A. M.; Alonso, S. (orgs.): *Freud: um ciclo de leituras*, 283, 502

Lévy-Valensy, E.: *Le Moïse de Freud ou la référence occultée*, 361

Lino da Silva, M. E.: (org.) *Investigação em Psicanálise*, 534

Loureiro, I.: *O carvalho e o pinheiro*, 502

Lukács, G.: *História e consciência de classe*, 250

Mahony, P.: *Freud e o Homem dos Ratos*, 139, 141, 167, 503

Malinowski, B.: *Os argonautas do Pacífico ocidental*, 250

Malthus, T.: *Essay on the principle of population*, 563

Mann, T.: *A montanha mágica*, 250

Mannoni, O.: "Vienense" (*Ficções Freudianas*), 397, 409, 414, 420

Marcus, S.: "Freud, Dora: story, history, case history", 389, 406-407, 412, 418, 422

Marcuse, H.: *Eros e civilização*, 492

Mariscal, D.: "Dora e o discurso histérico", 410-411

Marton, S.: *Nietzsche: Das forças cósmicas aos valores humanos*, 364

Marzagão, L.: *Freud: sua longa viagem noite adentro*, 502

Mascarenhas, P.: "Um convite ao impossível diálogo?", 523

Masotta, O. e Jinkins, J.: *Freud y el Hombre de las Ratas*, 167

Melman, C.: "Enfants de la psychanalyse", 46

Menezes, L. C.: "Além do princípio do prazer: a técnica em questão", 199, 283-285

Menezes, L. C.: "O Homem dos Ratos e a questão do pai", 152

Menezes, L. C.: "Questões sobre o ódio e a destrutividade na metapsicologia freudiana", 141,163

Merleau-Ponty, M.: "Em toda parte e em nenhuma", 57-58, 75

Mészáros, J.: "Elementos para a clínica contemporânea do trauma", 249

Meyer, L.: "Dora: uma perspectiva kleiniana", 409-410, 418-419

Mezan, R.: "A recepção da psicanálise na França", 245, 522

Mezan, R.: "A transferência em Freud: apontamentos para um debate", 125, 288, 401

Índice de obras mencionadas

Mezan, R.: "As cartas de Freud", 215

Mezan, R.: "As filhas dos filisteus", 79

Mezan, R.: "Caleidoscópio", 534

Mezan, R.: "Cem anos de interpretação", 10

Mezan, R.: "Do autoerotismo ao objeto: a simbolização segundo Ferenczi, 228

Mezan, R.: *Escrever a clínica*, 230, 574

Mezan, R.: *Freud: a trama dos conceitos*, 83, 431

Mezan, R.: *Freud, pensador da cultura*, 29, 77, 109, 233, 362, 431, 435, 502, 510, 545

Mezan, R.: "Existe um erotismo contemporâneo?", 492

Mezan, R.: "Existem paradigmas em psicanálise?", 63

Mezan, R.: "Explosivos na sala de visitas", 62, 491

Mezan, R.: "Figuras e fundo: notas sobre o campo psicanalítico no Brasil", 73, 503

Mezan, R.: "Metapsicologia: por que e para quê?", 556

Mezan, R.: "Nasrah e seus irmãos", 514

Mezan, R.: "O inconsciente segundo Karl Abraham", 178

Mezan, R.: "Por que lemos romances policiais?", 396

Mezan, R.: *Psicanálise e judaísmo: ressonâncias*, 502

Mezan, R.: "Psicanálise e pós-graduação: notas, exemplos, reflexões", 534-535

Mezan, R.: "Que significa 'pesquisa' em psicanálise?", 534

Mezan, R.: "Seis autores em busca de um personagem", 359

Mezan, R.: "Sobre a epistemologia da psicanálise", 495, 540, 549

Mijolla-Mellor, S.: *Le besoin de croire*, 525

Mokrejs, E.: *A psicanálise no Brasil: origens do pensamento psicanalítico*, 503

Musil, R.: *O homem sem qualidades*, 250

Nagel, E.: "Methodological issues in psychoanalytic theory", 530

Nietzsche, F.: *A origem da tragédia*, 551

Nogueira Galvão, W. e Gottlib, N.: *Prezado senhor, prezada senhora*, 210

*Nunberg, H. (ed.): *Les premiers psychanalystes: minutes de la Société Psychanalytique de Vienne*, 212, 226, 257.

Nunberg, H.: "The sense of guilt and the need for punishment", 322

Nunberg, H.: "The synthetic function of the ego", 334

Ocariz, M. C.: *O sintoma e a clínica psicanalítica*, 264

Palmier, J.: "La psychanalyse en Hongrie", 249

Pedral Sampaio, C.: *Ficção literária: terceira margem da clínica*, 535

Petot, J. M.: *Melanie Klein: premières découvertes, premier système*, 10, 315, 319

Petrucci, J. L.: "Isaac Newton e Charles Darwin", 561

Pontalis, J.-B.: "Prefácio" a J. P. Sartre, *Le scénario Freud*, 366, 370, 379, 382

Popper, K.: *The logic of scientific discovery*, 530
Proust, M.: *Em busca do tempo perdido*, 250

Quin, S.: *A mind of her own: the life of Karen Horney*, 256

Rabinovitch, D.: *El concepto de objeto en la teoria psicoanalítica*, 175
Radó, S.: "The economic principle in psycho-analytic technique", 327
Radó, S.: "The problem of melancholia", 322-324
Rank, O.: *A técnica analítica*, 307
Rank, O.: *El trauma del nacimiento*, 306
Rank, O. "The analytic situation" (*Developments of Psychoanalysis*), 303
Rapaport, D.: *A estrutura da teoria psicanalítica*, 531
Reames, Hal: "Uma tese e uma interpretação", 522
Regner, A. C.: "Darwin, Newton e o conceito de ciência no século XIX", 565, 570
Reich, W.: *L'analyse caractérielle*, 336-338
Reich, W.: "Sobre a técnica da análise do caráter", 336
Reichmayr, J.: "Psychoanalyse und Krieg", 265-267
Ricoeur, P.: *De l'interprétation*, 573
Rieff, P.: "Introdução" ao *Caso Dora*, versão Collier, 413-141
Rivière, J.: "Introdução" a *Os progressos da psicanálise*", 44
Roazen, P.: *How Freud worked: first-hand accounts of his patients*, 288-289, 502
Roazen, P.: *Irmão animal*, 257
Roazen, P.: *La saga freudienne (Freud e seus discípulos)*, 12, 254, 257
Rocha Barros, E. e Rocha Barros, E. (orgs.) *Melanie Klein: evoluções*, 62
Roitman, A.: "Procura, Dora", 410
Roudinesco, E.: *Histoire de la psychanalyse en France*, 12, 42, 358
Roudinesco, E.: *Por que a psicanálise?*, 497
Roudinesco, E.; Plon, M.: *Dicionário de psicanálise*, 251, 253, 255
Roustang, F.: "Transfert: le rêve", 401
Roustang, F.: *Un destin si funeste*, 45

Sartre, J. P.: *Crítica da razão dialética*, 326, 327
Sartre, J. P.: *L'être et le néant*, 365
Sartre, J. P.: *Le scénario Freud*, 359, 371-377, 386
Sartre, J.-P.: *L'idiot de la famille*, 369
Sartre, J.-P.: *Questão de método*, 367-370
Schneider, M.: *Freud et le plaisir*, 463-465, 468
Schorske, C.: *Viena fin-de-sècle*, 502
Segal, H.: "Notas a respeito da formação dos símbolos", 320
Slavutzky, A.: "As ressonâncias continuam", 432

Índice de obras mencionadas

Slavutzky, A.: *O humor é coisa séria*, 470

Slavutzky, A.; Brito, C.; Souza, E. (orgs.): *História, clínica e perspectivas nos cem anos da psicanálise*, 310, 502

Smirnoff, V.: "De Vienne à Paris", 359

Spillius, E.: "Algumas contribuições a partir do trabalho de Melanie Klein", 62

Stasevskas, Y.: *Contar histórias no Hospital-Dia Butantã*, 534

Stein, C.: "Sobre a escrita de Freud", 373

Sterba, R.: "Clinical and therapeutic aspects of character resistance", 336, 340-341

Sterba, R.: "The fate of the ego in analytic therapy", 254, 330-335

Sterba, R.: *Reminiscences of a Viennese Psychoanalyst*, 254

Strachey, J.: "Nota do tradutor" ao *Caso Dora*, 387

Strachey, J.: "Nota do tradutor" a "A disposição à neurose obsessiva", 128

Strachey, J.: "Nota do tradutor" a "Inibição, Sintoma e Angústia", 192

Strachey, J.: "The nature of the therapeutic action of Psycho-Analysis", 325-332

Tanis, B.: *Memória e temporalidade*, 534

Tausk, V.: "Zur Psychologie des Deserteurs", 266

Truffaut, F.: *Hitchcock-Truffaut: entrevistas*, 383

Uchitel. M.: *Além dos limites da representação*, 534

Ulhôa Cintra, E., e Figueiredo, L. C.: *Melanie Klein: estilo e pensamento*, 316

Viderman, S.: *"Wir stehen in der Klarheit einer plötzichen Erkenntnis"*, 407-408

Waelder, R.: "Psychoses: their mechanism and accessibility to influence", 317

Waelder, R.: "Psychoanalysis, scientific method and philosophy", 65

Waelder, R.: "Schizophrenic and creative thinking", 318

Wagner, C.: *A transferência na clínica reichiana*, 521

Wagner, C.: *Freud e Reich:continuidade ou ruptura?*, 336

Wallerstein, R.: "Psychoanalysis as a science: a response to new challenges", 520, 530

Weber, M.: *A ética protestante e o espírito do capitalismo*, 249

Wittgenstein, L.: *Tractatus lógico-philosophicus*, 250

Wölfflin, H.: *Os conceitos fundamentais da história da arte*, 551

Wyatt, F.: "The severance of Psycho-Analysis from its cultural matrix", 512

Yerushalmi, Y.: *O Moisés de Freud: judaísmo terminável e interminável*, 502

Zweig, S.: *O mundo que eu vi*, 474

Índice remissivo

Abraham, Karl, 10, 59, 80, 109, 140, 166, 174, 222, 237, 251, 253, 255-6, 260, 268, 270-4, 277, 285, 294-5, 297, 319, 322, 382, 427, 511; analista de M. Klein em, 256; animosidade entre Jung e, 222; analista de discípulos da segunda geração, 258; artigos de, 243; como discípulo de Freud, 94, 214, 244, 253; dirigindo a IPA, 250; e organizações libidinais, 59; e psicoses, 237; e o tratamento das neuroses de guerra, 274; e o Instituto Psicanalítico de Berlim, 252; primeira comunicação psicanalítica de, 118

abstinência, 85, 227, 243, 285, 288, 291-6, 345

abuso sexual, 348, 372, 379

Adler, Alfred, 210, 212-3, 218, 230-3, 237, 253, 254, 256, 521; agressividade segundo, 237; como discípulo de Freud, 253; divergências teóricas entre Freud e, 231; e a psicologia individual, 237; rompimento com Freud, 214, 231, 237

Adler, Victor, 213

adolescentes, 170, 243

afasia, 425, 478

afetos: concomitantes, 298; contingentes, 96; contratransferenciais, 391; inversão dos, 398; penosos, 455-6; representações e, 280; repressão de, 97; transferenciais, 306, 325; vida afetiva, 167, 351, 369

agressividade: censura e, 442; como força fundamental na psique, 488; contra o pai, 188; culpa e, 315; desmesurada, 320, 489; e a couraça caracterial (Reich), 340; fase anal e, 157; identificação e, 165; importância da, 237; infantil, 320; introjeção, 315; manifestações de, 352, 458; não sexual, 155-6; ódio e, 185; piada e, 451, 454, 458, 469, 486; primária, 34, 156, 164; projeção e, 315, 324, 326; pulsão de morte e, 183, 237, 321; sexualizada, 156, 417; sublimação e, 469; superego e, 315, 321, 323, 326, 330; teoria psicanalítica e, 492

Aichhorn, August, 254

Alemanha, 37, 51, 100, 214, 238, 245, 247, 249, 255, 257, 352, 389, 488, 498, 511, 522, 532, 550; nazista, 246-8, 250; progressos científicos na, 474; psicanálise na, 51, 238, 245-50

Índice remissivo

Alexander, Franz, 248, 255, 257, 311, 344, 518

Ali, Ayaan Hirsi, 514

Aliados, 247, 266

alienação interna (Lacan), 35, 71

Allen, Woody, 497

Alonso, Silvia Leonor, 502

alucinação, 119-21, 123, 137-8, 144, 179, 183, 382, 428, 430, 542; satisfação alucinatória, 119-20, 122, 130

ambição, 232, 426

"ambiente facilitador", conceito de, 22

ambivalência: análise da, 177; conflito de, 179; consciência moral e, 166; definição da, 158; dos sentimentos, 147; em relação aos dois genitores, 398; melancolia e, 324; neurose e, 138, 142, 147, 166-7; teoria da, 168

América do Norte, 251, 258

América Latina, 23, 73, 252, 500, 513, 519; lacanismo na, 54

amor: arcaico, 162; caráter ambivalente do, 322; ciúmes e, 140; como força fundamental na vida do ser humano, 488; como investimento libidinal, 164; dos pais, 226, 468; ego e, 162, 174; falta de, 369; graus preliminares do, 160, 162, 166, 171; história do, 161; incondicional, 333; libido e, 133; materno, 353; narcísico, 125, 127, 130; necessidade de, 84; objeto de, 125, 131, 163, 175-7, 287, 322; ódio e, 81, 142-43, 145-6, 148-52, 154, 158, 160-2, 164, 166, 168, 171-2, 177, 179, 183, 191, 197; primário, 350-2; proibido, 488; secreto, 170; sexualidade e, 91, 165, 182, 488; superego e, 323; vida amorosa, 110, 142, 168, 260

analidade, 464-5, 538-9; caráter anal, 65; fantasia anal, 105, 464; fase anal, 135, 157, 160, 172, 195, 263, 290, 316, 319, 487; libido anal, 260

Andrade, Mário de, 498

Andrade, Oswald de, 498

Andréas-Salomé, Lou, 253-5

angústia: ataques de, 489; como força motriz inconsciente, 32; complexo de castração e, 194; conceito de, 242; de castração, 360, 423; "de consciência", 191; decorrente da separação entre o bebê e a mãe, 305; desenvolvimento da, 491; distinção entre susto, medo e, 277; do nascimento, 306; e pulsão de morte, 27; ego como sede da, 192, 282; elaboração da, 46; em M. Klein, 29, 34, 315; no polo "negativo" do gradiente emocional, 180; fobia e, 488, 495; generalizada, 526; histerias de, 135; id e, 191; inerente à condição humana, 495; libido e, 192, 282; "moral", 193; neurose e, 195, 197, 488, 495; predisposição à, 279; primitiva, 306; realidade e, 191; resistência e, 301; sinal de, 193-94, 202, 331; sintomas formados para evitar a, 196; superego e, 191, 315, 335; tema fundamental em Freud, 185; teoria da, 37, 70, 193

anorexia, 54, 526, 533

ansiedade, 92, 271, 301, 331, 335, 523

ansiolíticos, 543

antibióticos, 475

antidepressivos, 497, 543

antissemitismo, 211, 217

antropologia, 527; estrutural, 28

ânus, 127, 496

Arantes, Maria Auxiliadora, 535

Argentina, 500, 512-3; analistas argentinos, 54; como foco de difusão do kleinismo, 39; diáspora psicanalítica argentina, 40

Aristóteles, 27, 33, 69, 291, 539, 545, 561; e a *physis*, 57

armas químicas, 267

Aron, Raymond, 513

arqueologia, 511

arte: artistas, 38, 209; clássicos da, 499; do cinema, 383; em geral, 466, 469; formal, 370; história da, 11, 13; ilusões benéficas da, 557; obra de, 451, 466-7, 550, 558, 571; revolucionária na Rússia, 249

assassinato do pai primitivo, 61, 138, 148-50, 163, 558; devoração do cadáver pelos filhos, 149, 170, 189; *ver também* pai

Assis, Machado de, 573

assistência médica, 39, 513

Associação Internacional de Psicanálise, 25, 217, 230, 339

associação livre, 104, 263, 293, 298, 443, 480, 488, 529

Associação Psicanalítica Internacional (IPA), 38, 41, 49, 73, 250-2, 256, 530, 534

Association Internationale pour l'Histoire de la Psychanalyse, 12

Assoun, Paul-Laurent, 549, 551, 555

astronomia, 65, 482, 550, 569

atos falhos, 68, 89, 109, 214, 382, 427, 457, 484, 555

Aulagnier, Piera, 53, 320, 520

Áustria, 51, 214, 238, 241, 245, 247, 249, 257, 352, 389, 441; *ver também* Viena

autismo, 117, 122, 138, 197

autoconservação, 124, 137, 147, 153-4, 159, 161, 163-4, 182, 516

autoerotismo: conceito/noção de, 111-2, 114, 118; das pulsões sexuais, 124; demência precoce e, 115; e filhos do pai primitivo, 148; ego e, 137, 139; escolha objetal e, 163; estágio autoerótico, 118; fantasia e, 124; formas diversas de efetuação do, 295; investimento autoerótico, 138; "lábios que se beijam a si mesmos", 131; libido e, 111, 154; narcisismo e, 125, 129, 174; satisfação autoerótica, 114, 159, 162, 182, 290-1; satisfação oral do bebê, 114, 120; *Witz* e, 449

automóvel: como símbolo de poder, 492

autorrecriminações, 105, 139, 151, 171

Babinski, Joseph, 101

Balint, Michael, 60, 69, 73, 206, 248, 288, 310, 347, 350-3, 519; conceito de falha básica, 264, 350; conceito de novo começo, 350; tese do amor primário, 350-2

Balzac, Honoré de, 426, 510

banquete totêmico, 150

Barcia Gomes, Purificacion, 406, 408, 410, 414, 416, 421

Bauer, Ida, 389

Bauer, Käthe, 389, 413

Bauer, Otto, 389

Bauer, Phillip, 389

Beauvoir, Simone de, 367, 379

bebê: autoerotismo e, 114, 120; contato entre a mãe e o bebê, 353, 465; desmame, 314; etapas pelas quais passa até se tornar adulto, 516; fantasiando o seio materno, 121, 155; fantasias infantis de ter um bebê, 181; narcisismo do, 130, 352; necessidades orais do, 193; primeiras relações com os outros seres humanos, 69; psique do, 121; raiva contra o seio ausente, 323; recém-nascido, 350; satisfação após a mamada, 444, 471; separação da mãe, 305; sorriso do, 452

behaviorismo, 36, 37

Bell, Alexander, 478

Belle Époque, 23, 408, 474, 475

Bercherie, Paul, 13, 78, 80-3, 100-4, 108-9, 113, 116, 122, 123, 127, 137, 146-8, 166, 177, 183-4, 187, 196-7, 203, 205-7; perspectiva associacionista e a perspectiva globalista, 79

Bergmann, Martin, 13, 309-10, 313, 335, 353

Bergson, Henri, 75, 80; bergsonismo, 38

Berlim, 36

Bernardi, Ricardo, 63-5, 69

Bernays, Martha, 371, 376-8, 476

Bernfeld, Siegfried, 255, 267

Beting, Joelmir, 431

biografias: de Freud *ver* Freud, Sigmund; de psicanalistas importantes, 12, 55

biologia, 135, 478, 550, 553, 561, 569-70, 573

Bion, Wilfred, 10-13, 24, 39, 53, 59-60, 471, 497, 512, 519-20; grade de, 310; teoria dos elementos alfa e beta, 320

Birman, Joel, 82-3, 136, 168, 401

bissexualidade, 226, 397

Bleichmar, Celia e Norberto, 59-61, 70

Bleuler, Eugen, 122, 142, 219, 222, 498; postura antiálcool vigente no círculo de, 202

Boileau, 14

Bollas, Christopher, 53

Bonaparte, Marie, 254, 256

borderline, 39, 518

Brasil, 10, 12-3, 23, 141, 431, 493, 500, 503, 513; influência argentina na psicanálise brasileira, 40; influência do kleinismo no, 499; influência lacaniana no, 73; recepção das

Índice remissivo

ideias freudianas no, 498; tradução de Freud no, 499, 501
Brecht, Bertolt, 249
Brentano, Franz, 80
Breuer, Josef, 119, 346, 361, 371-3, 375-6, 378, 381, 385-6, 428
Brill, A. A., 254
brincadeiras infantis, 277-8, 442
Brito, César de Souza, 502
Brücke, Ernst, 101, 475-6, 510
Brunswick, Ruth Mack, 255
Budapeste, 217, 228, 248, 252, 256, 289, 352, 512; como importante centro da psicanálise, 248
bulimia, 526
Burckhardt, Jakob, 551
Burghölzli, hospital, 109, 218, 222

Cabala, 361
Calderoni, David, 16, 405, 416-7, 420
Camisas Negras (Romênia), 247
Caper, Robert, 520
caráter: couraça do, 337, 339-40; traços de, 260, 287, 299, 337-8
carícias preliminares, 460
Carlos Magno, 251
Carpeaux, Otto Maria, 13
casos clínicos: Anna O., 372-6; Dora, 15, 88-9, 93, 103, 135, 167-8, 182, 214, 230, 358, 387-8, 393, 426-7, 484, 516; Elizabeth von R., 95, 374, 428; Erna, 319; Freud como inventor do gênero, 230; Homem dos Lobos ver entrada principal; Homem dos Ratos, 105, 139-40, 142, 145-6, 148-50, 152, 161, 163, 165, 167, 222, 229-30, 419, 458, 496, 502, 538, 559-60; Pequeno Hans, 140, 195, 229-30, 419, 458, 559; Schreber, 125, 129-30, 152, 163, 176-7, 459;
Cassirer, Ernst, 250, 527, 545
castração, complexo de, 21-2, 180, 194, 196, 201, 226, 542
Castro, Inês de, 159
catarse, 279, 346, 347, 377, 423, 464
censura: agressividade e, 442; consciência e, 485; ego e, 113, 294; inconsciente e, 262; no

sonho, 366; pensamento censurado, 439; pré-consciente e, 108, 262
cérebro: automatismos cerebrais, 102; funcionamento do, 478; neurônios, 101, 113; problemas orgânicos no, 219, 221; substâncias que agem no, 524
Cervantes, Miguel de, 30, 426
Cesarotto, O., 45
ceticismo, 58, 339, 397, 405, 548
Charcot, Jean-Martin, 30, 100-2, 269, 361, 371, 376, 477-80, 510
China, 513, 552
Chnaiderman, Regina, 11
Cidadão Kane (filme), 371
ciência(s): da natureza, 15, 549, 552-3, 556, 569, 572; do espírito, 549, 551-2, 554, 556, 559; humanas, 523-4, 558, 560, 569, 571-5; demonstrações científicas, 511; experimental, 573; filosofia e, 557; métodos científicos, 539; moderna, 511; religião e, 557; teorias científicas, 30; tradição científica, 35
cinema, 239, 249, 380, 382-6, 493
Círculo de Viena, 545
ciúme, 140, 217, 236, 371-2, 375, 384, 426, 442, 488, 516
civilização: burguesa, 477; mito de origem da, 172; ocidental, 361, 508
Claparède, Edouard, 218-20
Clark University, 118
Clérambault, G. de, 512
Clift, Montgomery, 380, 386
Clínica Menninger (EUA), 258
Clinton, Bill, 11
cocaína, 360, 479; como anestésico em cirurgias oculares, 480
Código Hays, 380, 385
cólera, 95, 271
comicidade, 453, 455-6
comportamento humano, 94-5, 530-1, 572
condensação, 80, 373, 386, 395, 429, 431, 436-8, 457, 487-8
conflito psíquico, 31, 65, 165, 332, 559
Congresso de Haia, 295

602

Congresso de Marienbad, 314

Congresso de Weimar, 255

consciência: angústia de, 191; atividades da, 124, 362; carga/fardo da, 312; censura e, 485; de culpa, 150; do paciente, 332; ego e, 113, 195, 326, 365, 491; histeria e, 482; inconsciente e, 189, 223, 242, 325, 363, 447, 482-3; individual, 367; integral, 364; má-fé e, 365; moral, 149, 166, 170-1, 173, 190, 262, 432; na geografia da mente, 391, 484; para-si e, 363; percepção de si, 484; piada e, 438; repressão e, 304, 372, 394, 438; sonho e, 438; subjetividade e, 81; tomar consciência, 365; tomar consciência *versus* tomar conhecimento (Sartre), 364; tríade consciência/pré-consciente/inconsciente, 491, 516; variações do estado de, 346

contratransferência, 180, 243, 285, 304, 343, 405, 408, 410, 415, 418-9, 422, 533

corpo: inervação somática da histeria, 114; limite entre mente e, 184; como objeto de amor narcísico, 125; relação do bebê com seu corpo, 114; zonas erógenas, 98, 114, 118, 127, 131-2, 291, 316, 391, 438, 447, 461, 464; *ver também* analidade; genitalidade; oralidade

Cortés, Hernán, 419

Costa, Jurandir Freire, 527

couraça do caráter, conceito de (Reich), 337, 339-40

criança(s), 34, 122, 216, 226, 243, 247, 278, 314, 320, 352, 395, 442, 494, 560; análise de, 27, 34, 50, 243; capacidade de transferência segundo M. Klein, 27; sádicas, 156-7; sexualidade infantil, 54, 61, 63, 91, 112, 214, 223, 225-6, 229, 234, 287, 399, 458, 493, 516; *ver também* infância

cristianismo, 58, 487

culpa *ver* sentimentos de culpa

cultura(s): alemã, 247, 389, 552; brasileira, 500; científica, 23; clima cultural, 29, 30, 33-5, 40, 513; controle da, 246; culturas antigas, 510; do século xx, 12; fatores culturais, 23-4; geral, 493; inglesa, 39; manifestações cultu-rais, 212; não ocidentais, 552; ocidental, 511; psicanálise da, 227; teoria da, 10; teoria freudiana da, 490; vienense, 13

Dalí, Salvador, 385

Dante Alighieri, 381

Darwin, Charles, 30, 182, 474, 561-7, 569-70, 573

Debord, Guy, 527

dedo, 112, 114, 120, 131-2, 175, 223, 305, 397, 409, 419

defecação, 223

defesa(s): análise das, 243, 314; caráter anal e, 65; como categoria basilar, 31; como reação frente a um trauma, 276; como invenção de Freud, 103; conceito de, 58, 82, 196, 362, 374, 427; contra impulsos e fantasias sádicos, 65; contra impulsos libidinais do inconsciente, 331; do ego, 200, 309, 314, 341; infantis, 334; obsessivas, 320; primitivas, 316; dialética pulsão/defesa, 61; ego e, 113; fantasia sexual e, 152; função das, 325; impulso e, 98; mecanismos de, 66, 84, 105, 128, 200-2, 280, 287, 567; modalidades características de, 34; neuropsicoses de, 91, 95, 103, 106, 205; neurótica, 194; teoria das defesas, 167

delírio, 290; casos próximos do, 110; paranoico, 34, 139; persecutório, 266; tratamento medicamentoso, 523

demência precoce, 110-1, 115, 117, 126, 219, 222, 266

denegação, 412, 526

Departamento de Filosofia da usp, 10

depressão, 177, 282, 323, 362, 477-8, 489, 523; tratamentos medicamentosos para a, 54

Descartes, René, 13, 74, 90, 100, 204, 512, 545-6, 562; e o *malin génie*, 57

desejo: afeto e, 97, 99; alucinação e, 121-2, 197, 382; aparelho psíquico movido a, 95, 97; como força motriz inconsciente, 32; complexo de Édipo e, 187, 301, 379, 397; conceito de, 67, 96, 123, 146; conflitos e, 92; contrário (*Gegenwunsch*), 484; de (ter) desejos, 199; de agradar, 537; de identificação, 150; de mor-

603

Índice remissivo

te, 315; de vingança, 95, 120; desejos condenados, 312; desejos contraditórios, 413; desejos edipianos, 187, 301, 379, 397; do pai
primitivo, 148; ego e, 311; eternamente insatisfeito, 149; fantasias de, 118, 121; id e, 311,
341, 473, 491; impulsos de, 107, 108, 557;
incestuoso, 140, 302, 312; inconsciente, 107-
8, 391-2, 483-4, 555; infantil, 108; insatisfeito,
410; latente, 400; na organização da neurose, 269; necessidades e, 96; objetal, 115; objeto do, 175, 397; para a psicanálise, 269;
piada e, 437-8, 465; pré-consciente, 108; pulsão e, 96, 98-9; realização de, 86, 107-8, 120,
148, 185, 373, 392, 437; reprimido, 170, 418,
437-8, 443, 556; satisfação do, 96, 120, 491;
sexual, 140, 169, 347; sonho e, 86, 107, 394,
437; superego e, 324, 491; tensão de, 119
deslocamento, 102-4, 110, 113, 117, 123, 139-41,
143, 145-6, 381, 389, 398, 431, 436-8, 449,
457, 486-8
desprazer, 68, 94, 96, 98, 103, 107-8, 112-3, 129,
160-1, 180, 184-5, 192, 276, 278, 280, 349,
394, 456, 461-3, 469, 488, 542, 567
dessexualização, 191, 202
determinismo, 396, 547, 555, 569
Deus: e a questão da criação da vida, 562; Einstein sobre, 547; religião sem, 370
Deutsch, Helen, 244, 254, 257, 518
dialética: natureza dialética da psicanálise, 40;
Platão e a, 33
Dilthey, Wilhelm, 551, 559, 573
dogmatismo, 11, 26, 41, 58, 345, 519
Dollfuss, chanceler, 247
Doyle, Arthur Conan, 396, 478
drogadição, 54, 526
Droysen, Theodor, 551
Dumézil, Georges, 572

ecletismo, 520
economia psíquica *ver* psique
Edelson, Marshall, 522, 529, 539
Édipo, complexo de, 188, 302, 397, 417; ambivalência e, 149, 177; Anna O. e, 374; Balint e,
350; centralidade para a formação das neu-

roses, 128, 196, 376; como "ideia chocante",
223; como noção central para a teoria psicanalítica, 22, 61, 194, 242, 374, 378, 501, 517,
559; complexo de castração e, 194-6, 201;
conflito edipiano, 264, 319; culminando
com as identificações normativas a um ou a
outro progenitor, 180; defesas neuróticas
contra o, 194; desejos edipianos, 187, 301,
379, 397; Dora e, 395; Dora e o, 170; identificação com o ideal e sua relação com o,
188; Jung e o, 236; lenda de Édipo, 417; "parelhamento heurístico" entre os conceitos
de Édipo e transferência, 417; polarizando
as relações entre pulsões e objetos, 196; posições diferentes de Freud em relação ao,
263, 264; pré-história do, 187, 243; primeiro
nome do (*Vaterkomplex*, complexo do pai),
241; redefinição do papel do pai no, 361; repressão do, 193-4, 299, 305, 487; resolução
do, 306, 487; segundo Klein, 314; superego
e, 27, 189-90, 201; traços mnêmicos e, 192;
travessia do, 306, 498; travessia do, 30
Eduardo VII, rei da Inglaterra, 474
ego: análise do, 187, 227, 319, 325, 558; ângulo
do, 197; autoerotismo e, 137, 139; bloqueio
no, 117; bom objeto como núcleo do
(Klein), 84; caráter como couraça do (Reich),
337; censura e, 294; como aglomerado de
neurônios e de representações, 113; como o
ator principal na psicopatologia, 197; como
objeto e agente sexual, 133; como sede da
angústia, 192, 282; como sede da linguagem
e da razão, 318; como um dos eixos da teoria psicanalítica, 28; consciente, 312; constituição do, 134, 178; defesas do, 104, 200,
287, 309, 314, 341; dependência do ego frente ao id, ao superego e à realidade exterior,
191; desenvolvimento do, 129, 320, 333,
348, 351; dissociação no, 332; do neurótico,
326; "ego autônomo", 36, 38; exaltação do,
456, 459; fortalecido, 313; funcional, 318;
funções do, 112, 185, 314, 320, 328, 330-1;
gênese do, 159, 189; história do, 159, 179,
189, 201; id e, 189, 191-2, 195, 197, 311-3,

604

323-4, 330-1, 340-1, 365, 491; ideal do, 131, 134, 171, 188-90, 325, 410, 468; inibidor, 145; interesses do, 157, 162; investimento no, 113-4, 129; libido do, 129, 133; maturidade do, 334; na *ego-psychology*, 42, 44; narcísico, 159, 161; novas funções para o, 132; organização do, 128; originário, 113, 123; paranoide, 113, 115; perspectiva ego-psicologista, 42, 44; perturbações do, 263; processos de integração e de maturação do, 40; prova da realidade e, 333; psicose e, 312; pulsões do, 124, 139, 153-5, 157, 159, 162-4, 166, 179, 262, 282, 319; regressão até o, 114-6, 118, 126, 179; relação com a realidade, 317, 491; resistências do, 181, 189, 278, 287; sexualidade e o, 153, 270, 275-7, 282; solidez do, 300; superego e, 179-80, 187, 190-2, 195, 200, 262, 287, 311-3, 322, 324, 326, 328, 330-2, 334, 340; tensão libidinal no, 129; teoria do, 34-5, 37; total, 161, 166, 174-5, 177; transformação do, 296; tríade id/ego/superego, 32, 491

Einstein, Albert, 48; sobre Deus, 547

Eitingon, Max, 251-4, 256, 427

elaboração: analítica, 229, 230; conceito de, 488, 537; da angústia, 46; de piadas, 435, 446; de sonhos, 435, 438, 449; do sadismo, 320; dos afetos transferenciais, 306; dos conflitos infantis, 313; dos traumas, 298; elaboração psíquica da tensão sexual, 135; elaborações parciais, 542; funções distintas do inconsciente e do pré-consciente na, 435; inconsciente, 449; perlaboração, 299, 537; secundária, 119, 485

emoções, 29, 91, 101, 217, 301, 339, 343, 347, 451-2; assertivas ou agressivo-defensivas *versus* participativas ou transcendentes (segundo Koestler), 451; carga emocional, 451, 452; como fenômenos imateriais, 25; vida emocional, 73, 489, 493, 497

empatia, 213, 343, 414; *Einfühlung*, 343

empirismo, 36; empiristas ingleses, 79

enamoramento, 133, 188

energia: descarga da energia psíquica, 71, 91, 330, 445; nervosa, 77-8, 99, 103; psíquica, 71,

81, 84, 113, 123, 145, 279, 330, 441, 444-5, 450, 459, 488

epistemologia, 10, 522, 541

Eros: como pulsão de vida, 133, 183, 191, 322

erotismo, 183, 191, 226; aloerotismo, 112; satisfação erótica, 121; *ver também* autoerotismo

Escola de Frankfurt, 250, 389, 492

Escola Freudiana de Paris, 45, 358

escolha objetal *ver* objeto

Espanha, 457, 574; guerra civil na, 248

Espinosa, Baruch, 512, 545-7, 562

Esquirol, Jean-Étienne, 38, 512, 523

esquizofrenia, 34, 109, 117, 154, 162, 222, 487; tratamentos medicamentosos para a, 54

Estados Unidos, 23, 37, 40, 69, 74, 222, 227, 241, 245, 252, 257, 379, 497, 508, 512, 519-20, 522, 523; abrigando psicanalistas exilados, 246; apogeu da psicanálise nos, 245; ausência de tradição lacaniana nos, 73; clínicas psicanalíticas nos, 258; críticas a Freud e à psicanálise nos, 54; estabelecimento da psicanálise nos, 36

estruturalismo, 71

etnologia, 509, 511, 550, 571

Europa, 35, 36, 60, 217, 221-2, 237-9, 245, 250, 252, 257-8, 474, 511

evolução: biológica, 123; da libido, 128, 130, 133-5; psíquica, 193-4, 316; teoria darwiana da, 568

excitação sexual, 95, 106, 461, 462

exército, 267; práticas homossexuais no, 273

existencialismo, 357, 522

Ey, Henri, 512

Eyguesier, Pierre, 359-60

Faculdade de Medicina de Viena, 475

Fairbairn, Ronald, 31, 60, 69, 73, 206, 349, 350, 519

falha básica, conceito de, 264, 350

fanatismo da interpretação, 303

fantasia(s): ação e, 149; anal-sádicas, 105, 464; assassinas, 352, 560; bebês fantasiando o seio materno, 121, 155; conceito/noção de fantasia, 118-9; conteúdo das, 320; de ataque ao pênis paterno, 410; de castração, 64;

de defloração, 395; de desejo, 118, 121; de felação, 423; de vingança, 394, 411; defensivas, 217; delírios febris e, 290; desejo sexual e, 140; edipianas, 377; estudo das, 123, 186; femininas, 379; frustração das, 181; histéricas, 348; homossexuais, 536; incestuosas, 63; inconscientes, 59, 119, 428; infantis, 315, 334, 374; interpretação das, 336; investimento das, 124; libido e, 114, 126, 139, 147, 293; limite das, 136; masturbação e, 291, 409; mundo de, 147; neurose e, 327-8; objetos fantasiados, 124; originárias, 61; paranoides, 129, 539; persecutórias, 315; princípio de prazer e, 146; princípio do prazer e, 122; pulsões sexuais e, 124; realidade e, 121, 331, 488; recalcadas, 412; regressão e, 115; sádicas, 65, 315; satisfação alucinatória e, 123; sexuais, 152, 223, 466; sexualidade e, 182, 483; sexualidade infantil e, 287; vida de fantasia, 118, 121, 126

fascismo, 51, 238, 246-8, 526

Fechner, Gustav Theodor, 77, 101, 515

Federn, Paul, 253-4, 256-7, 263, 518

Fédida, Pierre, 520

Fenichel, Otto, 50, 255, 257, 285, 339, 346-7, 568; sobre Reich, 340

fenomenologia, 38, 83, 85, 320, 367, 522

Ferenczi, Sándor, 10, 12, 55, 76, 109, 210, 228, 230, 237, 241, 248, 251-6, 259, 268-71, 274, 277, 279-80, 284-5, 288-300, 302-5, 307-8, 316, 329, 338, 342-50, 411, 415-6, 425, 427, 511, 519; análise de pacientes graves, 243; analista de Melanie Klein, 256; artigos de, 243; clínica como foco da teorização de, 76; como discípulo de Freud, 94, 214, 244, 253; e a masturbação larvar, 289; e a noção de "resto não analisado do analista", 59; ênfase no peso do saber psicanalítico, 344; ênfase nos processos psíquicos do analista, 244; e a introjeção, 229; atenção clínica aos transtornos psíquicos, 199; morte de, 228, 249; tema da indulgência, 345, 346, 348

Fernandes, Millôr, 382, 431

filologia, 550, 551

filosofia, 40; como invenção platônica, 33; concepções filosóficas, 65-6, 524; cristã, 58; da liberdade, 364; da natureza, 509; dialética, 33, 38, 40; "fazer filosofia", 33; filósofos, 33, 38, 80, 382, 435, 481, 508, 511, 521-2, 530, 533, 545, 550, 562; "grandes filosofias", 57; história da, 27, 33, 57-8; ilusões e, 557; multiplicidade de doutrinas, 58; ocidental, 69; oriental, 58; religião e, 547, 548, 557; tradição filosófica do Iluminismo, 513

Fine, Reuben, 85, 90-4, 99, 102

física, 65, 85, 87, 474, 511, 547, 550, 553, 560, 565, 568, 569-70, 574

fixações, 31, 93, 291, 319, 559

Flaubert, Gustave, 367, 369-70, 436

Fliess, Wilhelm, 77, 81, 89, 99, 102, 106, 112-4, 119, 128, 169, 242, 358, 361, 366, 372-6, 379, 385-6, 388, 398, 405, 417-9, 429-30, 463, 476, 482, 483, 515; e a noção de biorritmo, 476; interesse pela histeria, 477

fobia, 66, 105, 152, 229, 384, 385, 488, 495; infantil, 64; posição central na abordagem de Laplanche, 46

"fome de objetos" do id, 330, 334

formação reativa, 93, 105, 135, 190, 197

França, 12-3, 23, 28, 37, 52, 100, 248, 251, 358, 359, 479, 484, 493, 500, 510, 512, 519-23; associações psicanalíticas na, 245; como grande centro da psicanálise contemporânea, 70; estabelecimento da psicanálise na, 37; estagnação da psicanálise na, 54; interesse dos literatos e artistas por Freud na, 38; Marie Bonaparte como uma das introdutoras da psicanálise, 256; Paris, 11, 35

França, Cassandra Pereira, 534

Freud, Anna, 44, 205, 251, 255, 257, 315, 341; e a análise infantil, 50; como discípulo da segunda geração, 244; como parte do "classicismo freudiano", 258; e as atividades defensivas do ego, 341

Freud, Jakob: morte de, 29, 362, 371, 373, 483

Freud, Sigmund (biografia): aluno de Charcot, 101; autoanálise de, 29, 33, 91, 109, 240, 362,

371, 373, 379, 396, 415; câncer de, 242, 252, 473; como cientista, 509, 511; como figura paterna para seus discípulos, 236; descobertas de, 10, 12, 28, 362, 368, 510; educação de, 511; gripe espanhola matando uma de suas filhas, 238; hostilidade em relação a seu pai, 417; hostilizado pela medicina alemã, 211; identificação com o Jacó bíblico, 415; inclinação pela mãe, 417; como judeu, 211, 361; morte de, 15, 51, 73, 242, 310, 362, 520; morte do pai, 29, 362, 371, 373, 483; na Faculdade de Medicina de Viena, 475; opositor da religião, 477; "pessimismo" de, 65; recusando colaborar num filme sobre a psicanálise, 381; reputação abalada por causa de sua teoria "mentalista" da histeria, 479; rompimento com Adler, 214, 231, 237; rompimento com Jung, 237, 240-1; talento como escritor, 230; temor de Freud de que a psicanálise ficasse estigmatizada como "coisa de judeus" (*Judensache*), 218; trajetória de, 79

Freud, Sigmund (teorias, prática, movimento analítico): afetos contratransferenciais de, 391; ambição de construir uma ciência geral do espírito, 76; como criador de uma teoria para a clínica, 77; como inaugurador da "verdadeira psicologia", 221; comunicação sobre o Homem dos Ratos no Congresso em Salzburgo, 219-20, 222, 228, 230; considerando a psicanálise parte das ciências da Natureza, 15; corpus freudiano, 33, 51, 500, 536; distâncias interiores na obra de, 90; divergências teóricas entre Adler e, 231; divergências teóricas entre Jung e, 233-4; duas fases principais do pensamento de, 81; e o uso da hipnose, 480; estudo sobre cocaína, 479; freudismo, 12, 203, 216, 258, 363; grupo suíço valorizado por, 218; herança (científica) de, 12, 22, 59, 207, 498; histeria como neurose privilegiada nos primeiros anos de seu trabalho, 85; identificação com seus pacientes, 367, 376-7, 422; incomparável com os sucessores, 207; inconsciente como descoberta básica de, 31; modelos metapsicoló-

gicos em, 13-5, 57, 78-9, 82-3, 85, 90, 108-9, 132, 144, 149, 151, 183, 186, 191, 201, 203, 207, 262, 390; obra freudiana, 10, 13, 15, 24, 26-8, 30, 33-4, 42, 44-6, 50-1, 54, 70, 74, 76, 78, 83, 94, 141, 202-3, 206, 359, 444, 457, 463, 471, 500-1, 514, 552; prática clínica, 29, 30; primeiro sistema freudiano, 57, 99, 102; sobre filosofia, 54

Freud, Sigmund (herança, interpretações, estudos sobre): duas fases principais do pensamento de, 81; escolas pós-freudianas, 74, 78, 83, 175, 205, 353; filme *Freud, além da alma*, 357-8, 366, 371, 374, 376-7, 380-1, 384-6; "freudólogos", 360; herança (científica) de, 12, 22, 59, 207, 498; incomparável com os sucessores, 207; interpretação da obra de, 28, 41, 45, 51; "primeiro" Freud, lacanianos privilegiando o, 29; reinterpretação de, 41; "retorno a Freud", 10, 28, 41, 45, 206, 360, 362, 500, 519; século xx como o "século de Freud", 216; sucessores de, 11-2, 28-9, 33, 72; "último" Freud, kleinianos privilegiando o, 29

frigidez, 227, 272

Fromm, Erich, 520

funcionamento psíquico *ver* psique

Galileu Galilei, 550, 568

Gay, Peter, 12, 246, 388, 406, 408, 414, 418-9, 421, 424, 491, 502

genitalidade, 80, 93, 127, 224; "científica", 418; gozo genital, 290; irritação dos genitais durante a infância, 95, 102; organização genital, 160, 172

Girola, Roberto, 502

Glover, Edward, 285, 297-300, 329

Goethe, Johann Wolfgang von, 30, 510, 561

Gombrich, Ernest, 13

Gonçalves, Camila Salles, 16, 362

Gonçalves, Teresa Elisete, 535

Gouveia, Júlio, 241, 471

Graf, Herbert e Max, 229

Grande Depressão, 245-6

Grant, Cary, 383

Índice remissivo

Grécia/gregos, 27, 100, 426
Green, André, 42, 53, 501, 520, 540
Greenberg, Jay R., 13, 60, 62-3, 65-73, 75, 81, 83-4, 94-9, 102, 108, 204-5, 207
Griesinger, Wilhelm, 100
Grinstein, Alexander, 48
Groddeck, Georg, 254-5
Grosskurth, Phyllis, 12
Grünbaum, Adolf, 522, 530-1, 536-42
Guéroult, Martial, 57
guerra: como um fenômeno natural, 265-6

Haddad, Gérard, 359, 361-2
Hanns, Luiz Alberto, 253-4, 258, 501
Hartmann, Heinz, 31, 33, 36, 37, 44, 72, 342, 519
Hauser, Arnold, 13
Hegel, Georg Wilhelm Friedrich, 28, 33, 38, 45, 55, 57-8, 71, 187, 475, 512-3, 545, 547
Heidegger, Martin, 27, 38, 45, 250, 512-3, 545
Heine, Heinrich, 433, 435, 545
Herbart, Johann Friedrich, 79, 481
hereditariedade, 98, 106, 567
Hermann, Imre, 249, 353
Herrmann, Fabio, 540
Herschel, Wilhelm, 482
Hesse, Hermann, 47
heterossexualidade, 125, 174, 227; escolha de objeto heterossexual, 126, 166, 176, 487
hipnose, 30, 101, 104, 269, 274, 325, 346, 357, 372, 376-7, 477-8, 480-1, 510
hipocondria, 129, 135, 273, 277
Hipócrates, 260
hipocrisia, 226, 349, 413, 458, 475, 493
Hippolyte, Jean, 43
histeria: como "doença da moda" no final do século XIX, 477; complexo de castração e, 542; comportamento histérico, 477; constituição do campo da, 79, 80; de angústia, 135; de pensão, 269; defesas neuróticas e, 194; derivada de abuso sexual na infância, 372; dupla valência na, 137; enigma da, 29; estudo da, 102, 110, 370; Freud abandona suas ideias sobre, 371; inervação somática

da, 114; masculina, 101; matriz clínica da, 57, 83, 85, 88, 90, 100, 102, 105, 109, 117, 203, 391; matriz clínica da, 85; neurose obsessiva com variante da, 112, 139-40; origem psíquica da, 479; paranoia e, 176; por falta de suficiente gratificação sexual, 227; repetição e, 34; resultante do recalque da sexualidade, 398, 406; sintomas físicos, 103, 477; todas as neuroses estudadas sob o ângulo da, 203; transferência e, 111; traumática, 101
história: da arte, 11, 13; da música, 11, 13; da psicanálise, 9, 16, 22, 24, 27-8, 35, 41-3, 47, 55, 58-60, 71-3, 91, 206, 208, 257-8, 279, 425, 502-3, 535
Hitchcock, Alfred, 371, 383
Hitler, Adolf, 251, 352, 526; consequências do nazismo para a psicanálise, 246
Hitschmann, Eduard, 254, 256
Hobbes, Thomas, 68
Holanda, 473; associações psicanalíticas na, 245
Holland, Norman, 381, 384
Homem dos Lobos, 63, 152-3, 195, 259, 289, 419; interpretação kleiniana dos lobos, 63; interpretação freudiana dos lobos, 63; significante V (Leclaire), 63
homossexualidade: conflitos homossexuais, 536; duplo homossexual, 34; escolha de objeto homossexual, 125, 126, 127, 166, 174, 176; fantasias/impulsos homossexuais, 140, 152, 536; feminina, 397, 559; "gene" da, 478; identificação e, 188; libido homossexual, 149, 152; masculina, 188; práticas homossexuais no exército, 273; transferência homossexual, 167
horda primitiva, 148, 170
Horney, Karen, 244, 253-4, 256-7, 520
Horthy, almirante, 247, 248, 257
hostilidade, 113, 149, 151, 190, 317, 323, 326, 373, 378, 397, 405, 413, 419, 451
Hume, David, 79
humor negro, 456
Hungria, 51, 238, 245, 247-9, 256, 352
Husserl, Edmund, 38, 80, 512, 513, 545

Huston, John, 15, 357-8, 366-7, 371, 374-5, 377-82, 384-6; *Freud, além da alma* (filme), 357-8, 366, 371, 374, 376-7, 380-1, 384-6

id: acesso ao, 312; agressividade do, 326; brutal, 326; como instância psíquica, 81; desejos do, 341, 473, 491; desenvolvimento do, 348; ego e, 189, 191-2, 195, 197, 311-3, 323-4, 330-1, 340-1, 365, 491; impulsos/paixões do, 191-2, 202, 309, 315, 321-2, 327, 329, 491; inadaptação do, 197; invenção do conceito de id (*Es*), 256; neurose e, 196; psicologia do, 91, 244; pulsões do, 180, 190, 193, 341, 473; resistências do, 200, 287; sadismo do, 323; superego e, 190-1, 311-2, 314, 324; tríade id/ego/superego, 32, 491

Idade Média, 562

idealismo alemão, 30

identificação: ação da, 187; agressividade e, 165; ampliada, 169; análise da, 201; centrípeta, 190; com o agressor, 491; com o ideal, 188; com o pai, 170, 187-8; com o pai morto, 152; com o superego do analista, 316; competitiva, 294; conceito de, 34, 172; consequências da, 149; de Freud com seus pacientes, 367, 376-7, 422; desejo de, 150; destino da, 61; do paciente com o analista, 332; ego e, 188, 276; empática, 454; especular, 71; histérica, 170, 178; incorporação e, 173-4, 188; na homossexualidade, 188; narcisista, 177; piada e, 454, 470; superego e, 191, 196; teoria da, 178, 471

Iluminismo, 216, 489, 513-4; e religião, 55

imaginário, 24, 28, 32, 64, 70-1, 83, 114, 124, 261, 363, 370, 410, 416, 418, 421

Império Austro-Húngaro, 257, 474, 511

Império dos Habsburgo, 238

Império Romano, 207

impotência masculina, 227

incesto, 140, 305, 527; tabu do, 150; *ver também* Édipo, complexo de

inconsciente: acesso ao, 428; atividade, 138; caráter infantil do, 108; censura e, 262; codeterminante de todos os atos psíquicos humanos, 66; comicidade e, 455; como "o discurso do Outro", 71; como abstração, 364; como conceito central da psicanálise, 223; como um dos eixos da teoria psicanalítica, 28, 58, 61, 547, 559, 574; conceito de, 28, 104, 223, 361, 363, 374, 376, 383, 426, 481, 501; conflitos inconscientes, 289, 536, 555; consciência e, 189, 223, 242, 325, 363, 447, 482-3; conteúdo do, 483; crença na existência e na eficácia do, 66; crítica de Sartre ao, 365-6; de Freud, 360-2; defesas inconscientes, 489; derivativos do, 330; descarga, 308; desejo inconsciente, 107, 108, 391-2, 483-4, 555; deslocamento e, 381, 487; dinâmico, 430, 538, 565; do analista, 288; elaboração inconsciente, 449; escuta do, 286; estruturado como uma linguagem, 28; existência do, 366, 384, 482; fantasias inconscientes, 59, 119, 428; fenômenos inconscientes, 103; forças inconscientes, 92; formações inconscientes, 298; funcionamento/lógica do, 63, 427, 487; hipóteses sobre o, 556; ideia de inconsciente desde o Romantismo, 223; impulsos inconscientes, 325, 331, 339, 391, 485; índice de realidade inexistente no, 379; introdução da ideia de inconsciente na *Interpretação dos sonhos*, 568; "intuição central" de Freud, 75; leis do, 195, 549; libido no, 110; marcas do, 509; masturbação e, 291; material inconsciente, 295, 301; motivos inconscientes, 399, 404, 531, 569; neurose e, 268-70, 272, 274; ódio inconsciente, 140, 142, 147-8, 161; partes inconscientes do ego, 491; pensamento inconsciente, 382, 447; polo dominante da subjetividade, 206; pré-consciente e, 107, 166, 262; processos inconscientes, 104, 429; repetição no, 195; representações inconscientes, 262, 280, 286; repressão no, 127, 142, 151, 223; resistências do, 189; retórica do, 206; revelação do, 332, 341; Sartre admitindo a existência do, 366; sentido inconsciente, 552; sentimentos inconscientes, 180, 186, 190, 200; sexualidade e, 93, 216; siste-

Índice remissivo

ma, 107, 197; sonhos e, 435; teoria do, 71, 92-3, 399; tornar consciente o, 263, 325, 438

indulgência, princípio de (Ferenczi), 316, 345, 348

inércia neurônica, princípio de, 145, 463

infância: cenas infantis, 119; conflitos infantis, 313; infantilismo, 111; permanência do infantil no psiquismo adulto, 31; primeira infância, 315, 426, 443, 468-9, 517; *ver também* criança(s)

Inglaterra, 23, 39, 51, 69, 214, 220, 222, 227-8, 241, 258, 351, 352, 499, 511-2, 522, 563; abrigando psicanalistas exilados, 246; associações psicanalíticas na, 245; Londres, 35, 38; revitalização do grupo kleiniano na, 54; tradição empirista na psicanálise britânica, 38

inibição: da descarga total da excitação, 112; do ódio pelo amor, 150; intelectual ou afetiva, 315; pelo ego, 138; piada e, 438, 440-2, 444-7, 449, 455, 456; uso do termo, 192

insight, 333, 373, 385, 413, 414, 423, 458, 488

instintos, 484, 491, 492; de autopreservação, 272; *ver também* pulsões

Instituto Psicanalítico de Berlim, 252

Instituto Sedes Sapientiae, 16, 500

interpretação: como método psicanalítico por excelência, 574; como principal instrumento de trabalho do analista, 327; comunicação da, 296; conceito de, 31, 427, 488, 517; conteúdo da, 537; da obra de Freud, 28, 41, 45, 51; da transferência, 331; das associações, 89; de atitudes e comportamentos dos personagens, 525; de detalhes, 302; de sintomas neuróticos, 280, 286; do discurso, 31; dos sonhos, 48, 56, 87, 107, 135, 373-4, 391, 393-4, 400, 429, 483; "estilo cru" de Klein quanto à, 321; fanatismo da, 303; inexata, 329; mutativa, 327-9; nas ciências do espírito, 552; pertinência da, 344; psicanalítica, 82, 365; regra técnica de Freud para todo tipo de, 448; sistemática, 334; técnica de, 283; teorização e, 555; transferencial, 537; visando a remoção de resistências, 263

intuição, 546, 557; inconsciente como "intuição central" de Freud, 74-5

inveja, 217, 236, 488

IPA *ver* Associação Psicanalítica Internacional

irmãos, 150, 172, 226, 236, 397

isolamento, 105, 182, 197, 280

Itália, 228, 247, 375, 512, 551; associações psicanalíticas na, 245; fascista, 247

Iugoslávia, 238, 247

Jacobson, Edith, 72

Jaeger, Wilhelm, 551

Janet, Pierre, 101-2, 121

Jaspers, Karl, 524

Jones, Ernest, 51, 109, 209, 211, 217-8, 220-2, 231, 234, 236-7, 251, 254, 256, 259-3, 266, 272, 306, 358, 388, 427, 431, 439, 443, 459, 499, 511; artigo *International Journal*, 259, 261, 263; chefiando a Sociedade britânica, 245; como amigo íntimo de Freud, 232; como discípulo de Freud, 214, 244; dirigindo a IPA, 250

Joyce, James, 250

judaísmo, 361

judeus: antissemitismo, 211, 217; Holocausto, 218; Maimônides, 207; número elevado de, entre os discípulos de Freud, 217; piadas de judeu (*jüdische Witze*), 429, 433, 436; vienenses, 231

Jung, Carl Gustav, 80, 109-11, 113-4, 116-7, 121, 124, 126, 142, 145, 174, 211, 214, 217-22, 229, 231, 233-7, 239-41, 251, 253-4, 256, 260, 368, 427, 511, 521; animosidade entre Abraham e, 222; Antonia Wolff e, 240; como discípulo de Freud, 94, 214, 253; como dissidente da psicanálise, 223; correspondência com Freud, 210; divergências teóricas entre Freud e, 233, 234; e a psicologia analítica, 237; e as "toxinas", 111, 117; rompimento com Freud, 237, 240, 241

Kafka, Franz, 250

Kahane, Claire, 423

Kant, Immanuel, 30, 58, 512, 547; sobre a intuição, 344; sobre o organismo vivo, 561

Katz, Chaim Samuel, 407, 410

Kehl, Maria Rita, 492

Kernberg, Otto, 72

Khan, Massud, 519

Klein, Melanie, 10-3, 27-9, 31, 33-4, 44, 50, 52-3, 60-5, 70, 73, 245, 253-4, 257-8, 315-7, 319-21, 324, 326, 335, 337, 347, 352, 471, 497, 499, 518-20; análise com Abraham, 256; análise com Ferenczi, 256; análise de crianças, 50, 243, 341; aprofundando certas concepções de Freud, 27; autoanálise de, 33; como discípula da segunda geração, 244, 256; como parte do "classicismo freudiano", 258; conceito de "posição" em, 22, 29, 59; divergência entre Freud, 64; e a neurose obsessiva infantil, 64; e a questão do superego, 314; e Dick, 320; escola kleiniana, 26, 44, 74, 83, 205, 323, 500; ideia de mundo interno, 32, 121; identificação projetiva em, 61; influência do kleinismo no Brasil, 499; interpretação kleiniana do conceito de objeto, 174; kleinismo, 12, 28, 39, 41, 52, 258, 308, 310, 342, 352, 499; modelo kleiniano, 28, 42, 70

Koch, Adelheid, 499

Koestler, Arthur, 451, 452, 466, 563-4

Kohut, Heinz, 53, 73, 310, 520

Kojève, Alexander, 28, 40

Koller, Carl, 480

Kraepelin, Emil, 498, 515

Krafft-Ebing, Richard von, 498, 510, 515

Kraus, Karl, 266, 543

Kreissler, Félix, 246, 247

Kris, Ernst, 31, 37

Kuhn, Thomas, 66-7, 142, 533; e a noção de paradigma, 63, 277

Kun, Béla, 248, 257

Kupermann, Daniel, 502

La Rochefoucauld, François de, 38

Lacan, Jacques, 12-3, 15, 24, 28-9, 31, 34, 38, 41, 45-7, 53, 59-61, 64, 70-1, 73, 83, 255, 264, 360, 362, 410, 471, 497, 500, 509, 513, 519, 523, 527, 533; autoanálise de, 33; campanha pelo "retorno a Freud", 10; conceito de alienação interna, 35, 71; conceito de castração,

61; conceito de fase do espelho, 35, 59, 471; conceito de objeto, 174; conceito de traço unário, 170; crítico da psicologia do ego, 258; e a natureza dialética da psicanálise, 40; e a paranoia, 64; e a pulsão, 70; entrada na psicanálise, 257; escola lacaniana, 21, 73; influência lacaniana no Brasil, 73; lacanismo, 12, 52, 54, 71, 73, 310, 410; modelo lacaniano, 28, 42; reelaboração lacaniana da psicanálise por, 70

Lacoste, Patrick, 383, 384, 386

Lagache, Daniel, 42

Langer, Marie, 513

Lanzer, Ernst, 139, 143

Lao Tsé, 58

Laplanche, Jean, 11, 23, 24, 42-3, 46-7, 116, 119-20, 145, 155-6, 170, 172, 186, 189-90, 282, 379, 471, 520, 540; criança agressiva segundo, 157; método interpretativo de, 46; nascimento da sexualidade segundo, 131; posição central da fobia para, 46

lapsos, 388, 483-5, 487, 497

latência, fase de, 54, 124, 195, 487, 517

Le Guen, Claude, 10

Leal, Ana Maria Siqueira, 502

Leclaire, Serge, 63-5; e o conceito de significante, 63, 64

Leibniz, Gottfried Wilhelm, 512, 545

Leonardo da Vinci, 467

Lévi-Strauss, Claude, 509, 513, 522, 527

Lévy-Strauss, Claude, 572

Lévy-Valensy, Eliane, 359

libido: anal, 260; angústia e, 192, 282; autoerotismo e, 111, 154; como "abstração", 364; como uma força variável, 92; conceito de, 361, 364, 374; desenvolvimento da, 125, 174, 291, 299, 443; do ego, 129, 133; estágios libidinais, 186, 194; estagnação libidinal, 85; evolução da, 130, 133, 134, 135; "exteriorização" da, 127; fantasia e, 114, 126, 139, 147, 293; fases libidinais, 30, 188; fases pré-genitais da, 128, 166, 171; fixação da, 110, 298, 300; genital, 153, 271, 291; história da, 59, 263; homossexual, 149, 152; impulsos libidi-

Índice remissivo

nais, 92-3, 297, 331, 337, 345; introversão da, 124, 136, 139, 146, 147; investimento libidinal, 114, 126, 138, 154, 157, 162, 164, 192, 331; mobilidade da, 117, 293, 398; narcísica, 154, 275-6, 287, 317-8, 321; na neurose/nos sintomas, 338, 342; objetal, 128-9, 133, 154, 318; pressão libidinal, 149; propriedades da, 93; recalcada, 291; regressão da, 114-6, 118, 126, 135, 319; retirada de uma representação, 114; sádica, 458; satisfação da, 263, 287, 469; satisfação libidinal, 176, 183, 297; sublimada, 204; teoria da, 61, 70, 80, 90, 92, 94, 99, 102, 110, 117, 124, 128-9, 134, 136, 138-9, 146, 152, 237, 391; transferencial, 296; viscosidade da, 199

Lichtenberg, Carl, 437

linguagem: consciente, 396, 407; cotidiana, 497; duplo sentido e, 428; ego como sede da, 318; figuras de, 570; importância na terapia analítica, 383, 428; inconsciente e, 28; jogos de, 443; leis da, 571

linguística, 28, 509, 571

Lipps, Theodor, 434

Lírio, Luciano, 507

literatura, 249, 369, 488, 493, 499, 510, 535, 558; europeia, 30; teoria literária, 509

livre associação ver associação livre

Locke, John, 79

Loewenfeld, Leopold, 529

Loewenstein, Rudolph, 31, 37

loucura, 426, 489

Loureiro, Inês, 502

Lukács, Georg, 250

luto, 29, 172, 178

Luzes ver Iluminismo

Lyell, Charles, 564

Machado, Josiane Cantos, 503

mãe: calor da, 131; como objeto primário de amor, 517; contato entre a mãe e o bebê, 353, 465; inclinação de Freud por sua, 417; vínculo preferencial com a, 370

má-fé (Satre), 365-8, 370

Mahler, Margaret, 72

Mahony, Patrick, 141, 502

Maimônides, Moisés, 207

mal-estar na cultura, 477

Malinowski, Bronislaw, 250

Malthus, Thomas, 563

Mann, Thomas, 250

Mannoni, Octave, 397, 409, 414, 420

Marcondes, Durval, 499

Marcus, Steven, 389, 406, 411, 416, 418, 421

Marcuse, Herbert, 492-3, 527

Mariscal, Diana, 410, 419

Marx, Karl, 28, 43, 69, 513; marxismo, 38, 43, 367-9, 389, 522

Marzagão, Lúcio Roberto, 502

masoquismo, 155, 157-9, 164-5, 186, 191, 199-200, 282, 287, 379, 462-3, 468

masturbação: autoanálise como substituto autorizado da, 294; consequências da, 226; disfarçada, 279; fantasia masturbatória, 409; genital, 290; infantil, 399-400, 402; "larvar" (Ferenczi), 289, 291, 298-9; manifestações inconscientes da, 291; tentação masturbatória, 195

matemática, 404, 511, 539, 547, 570

materialismo, 522, 561

matriz clínica, 64; básica de Freud, 34; conceito de, 12, 14, 33-4, 40, 46, 57, 83; da histeria, 57, 83, 85, 88, 90, 100, 102, 105, 109, 117, 203, 391; da melancolia, 149, 165, 169, 178, 191, 203; da neurose obsessiva, 138-40, 148, 149, 152, 164, 166-7, 169, 197, 201-3; das psicoses, 134, 136-7, 203, 398; matrizes clínicas de Klein e Lacan, 34

Maxwell, James, 474

McDougall, Joyce, 53, 520

McGuire, William, 109, 233

medicina, 480, 509, 511, 521; ambiente rigidamente positivista da medicina vienense, 479, 509; APA e a formação psicanalítica de médicos na Argentina, 39; combate ao pensamento de Freud, 215; congressos médicos, 216; Faculdade de Medicina de Viena, 475; formação psicanalítica restrita a médicos versus aberta a não médicos, 50; medicamentos, 523, 543; médicos acreditando no papel da sexualidade na vida psíquica, 224; médicos como discípulos de Freud, 265; médicos e o conceito de inconsciente na época se Freud, 223; médicos na América e a relação com a psicanálise, 38; médicos não analistas comprovam o valor das descobertas analíticas, 274; mental visto pelos médicos, 478; oficial, 215, 217, 361; orgânica, 100; posições dos médicos em relação às neuroses de guerra, 268-9; prestígio da medicina germânica, 498; psicanálise questionada pelas novas teorias organicistas, 497; ramos da, 523, 556; Reik acusado de prática ilegal da, 494, 544; uso da cocaína para fins médicos, 480; Victor Adler como colega de Freud na faculdade de, 213

medo: ao superego, 325; como afeto penoso, 456; como emoção assertiva (Koestler), 451; da autoridade do pai, 537; relação com susto e angústia, 276-7; libido e, 276; medos obsessivos, 296

megalomania, 128, 171

Mehlson, Isaías, 11

melancolia, 34, 57, 83, 149, 151, 160, 165, 169-73, 176-9, 181, 188-91, 193, 200, 202-3, 262, 275, 322-3; matriz clínica da, 149, 165, 169, 178, 191, 203

Mendel, Gregor, 573

Mendeleyev, Dmitri, 481

Menezes, Luís Carlos, 141, 143, 148, 152, 162, 199, 283-5

mente: causas psíquicas das doenças da, 221; complexidade da, 549; funcionamento mental, 77, 79, 82, 90, 92, 116-7, 134, 137-8, 144, 148, 152, 184, 324, 517; geografia da, 391, 491; inconsciente como uma região da, 223, 376, 481; infantil, 314, 350, 554; limite entre corpo e, 184; processos mentais, 318, 437, 484; superego como "anacronismo na mente", 312; teoria da, 484, 516; ver também psique; consciência; inconsciente; pré-consciente

Merleau-Ponty, Maurice, 57-8, 75, 82, 90, 100, 513, 545; ideia merleau-pontyana dos marcos, 58; sobre Descartes, 204

metafísica, 27, 43, 556

metáforas, 43, 59, 86, 129, 201, 203, 241, 264, 279, 381, 384, 395, 418, 421, 473, 484-5, 489, 491, 507, 539, 547, 560, 570

metapsicologia, 30-1, 41, 43-4, 49, 61, 65, 67, 74, 76-80, 82, 85, 87, 89, 92, 99, 102, 105, 119, 122-3, 126, 128, 134, 136-8, 141-3, 146, 148-9, 153, 164, 166, 173, 179-80, 196-7, 200, 202-3, 244, 261-3, 282, 288, 293, 306, 328, 332, 339, 343-4, 426, 456, 484, 491, 516-7, 520; primeiro modelo metapsicológico, 15, 90, 94, 100, 108, 111, 113, 115-6, 122-3, 126-7, 130, 135, 138-9, 154, 159, 165-6, 174, 179, 192-3, 203, 206, 390, 391, 398; quarto modelo metapsicológico, 160, 165-6, 169, 174, 178, 185, 190-3, 195-8, 201-2, 205; segundo modelo metapsicológico, 113, 118, 126-8, 130, 134-6, 138-9, 145-8, 152-5, 157, 159, 162, 164-6, 174, 179, 182, 194, 206; terceiro modelo metapsicológico, 138, 145-6, 149, 152, 153, 164-9, 177-9, 186, 191-2, 194, 197, 201, 205

Meyer, Luiz, 409-11, 418-9

Meynert, Theodor, 371, 373, 375, 377, 385, 510

micção, 223

mídia, 54, 500

Mitchell, Stephen A., 13, 60, 62-3, 65-73, 75, 81, 83-4, 94-9, 102, 108, 204-5, 207

mitologia, 234, 368, 442

Mitteleuropa, 245

modernidade, 514

Moisés, 361

Mokrejs, Elisabete, 503

Moll, dr., 226

moral: dupla moral para homens e mulheres, 475; proibições morais, 96; sexual, 210, 216, 227, 475, 558

mordacidade (wit), 432

Moreira, Juliano, 498

Morel, Bénédict, 100

Moreno, Jacob, 521

morfina, 480, 548

morte: de Ferenczi, 228, 249; de Freud, 15, 51, 73, 242, 310, 362, 520; de Lacan, 15, 519; depressões obsessivas e, 177; desejos de, 315;

Índice remissivo

do pai de Freud, 29, 362, 371, 373, 483; dos protozoários, 182; medo da, 306; pulsão de morte, 27, 51, 61, 68, 82, 133, 139, 164, 169, 183, 186, 191, 198, 205, 237, 261-3, 270, 281-3, 308, 321, 349, 458, 518; risco de, 268, 270, 275; tendência interna à, 186; vida pulsional e, 182; vivência cotidiana com a, 273

muçulmanos, 58, 514

mundo interno, ideia kleiniana de, 32, 121

Muro de Berlim, 249

Musil, Robert, 250

Mussolini, Benito, 247

Nagel, Ernst, 522, 530-31

narcisismo, 128, 130, 294; ambiguidades do, 125; amor e, 125, 127, 130, 133; aspecto defensivo do, 276; associal, 148; autoerotismo e, 125, 129, 174; conceito de, 34, 80-1, 113, 116, 118, 124-6, 134, 138, 146, 237, 261, 274, 398, 454, 456, 459, 518; definido, 159; dimensões do, 136; do analista, 285, 304, 343; dos pacientes, 294-5; dos pais, 130, 468; e práticas homossexuais no exército, 273; ego e, 129, 132, 159, 164, 166, 171, 173-4, 262, 282, 319, 456; escolha de objeto e, 133; escolha homossexual e, 174; escoptofilia / exibicionismo e, 155; fase do, 125-7, 159, 352; guerra e, 272; heterogeneidade interna do, 132; histeria e, 408; ilusão de invulnerabilidade própria do, 271; infantil, 130, 134, 147, 352; libido e, 128, 129, 146, 154, 275-6, 287, 317-8, 321; ódio e, 153, 156, 158-9, 162, 164-6, 178, 181; onipotência e, 138, 152; primário, 128-9, 131, 159, 273, 350-2; repensado por Klein e Lacan, 61; resistência e, 285, 287; sexualidade e, 164, 255; subjetividade e, 81; sublimação do, 317-8; teoria do, 259

navalha de Occam, 278, 281

nazismo, 23, 218, 239, 241, 246-7, 250-3, 512-3, 518-9

Neder, Márcia, 535

Netuno, 482

neurastenia, 102, 529

neurolépticos, 497

neurologia, 30, 221, 508, 521

neuropsicoses, 91, 95, 103, 106, 115, 205

neurose(s): angústia e, 195, 197, 488, 495; benefício secundário da, 200, 269, 287; como negativo da perversão, 34; complexo de Édipo como cerne das, 128; de guerra, 49, 243-4, 261-2, 265-77, 281, 283; de transferência, 34, 64, 135, 194, 198, 275-6, 280, 298; dificuldades sexuais como causa direta das, 91; estruturas neuróticas, 30; etiologia das neuroses, 97, 106; funcionamento neurótico, 136, 332; na era vitoriana, 475; obsessiva, 34, 57, 64, 83, 90, 105-7, 110, 112, 135-6, 138-44, 147-9, 152, 154, 157, 162-7, 169, 171, 174, 177-8, 190, 194-5, 197, 202-3, 260, 290, 487, 538, 559; psicologia das, 398; repressão e, 167; resolução da, 136; sintomas na, 94, 337, 485; sofrimento neurótico, 312; teoria das neuroses, 50, 193, 225, 430; traumática, 185, 269-71, 275-9, 282, 306

Newton, Isaac, 482, 550, 561, 568-71

Nietzsche, Friedrich, 68, 181, 255-6, 363, 551

nirvana, princípio do, 350, 463

normal *versus* patológico *ver* psique

Nova York, 35-6

"novas patologias", 526

novo começo (Balint), 350, 353

Nunberg, Hermann, 254, 256-7, 314, 322-3, 334

objeto(s): da pulsão, 114, 132, 174-5; de amor, 125, 131, 163, 177, 287; escolha de, 125-6, 128, 130-1, 133-4, 154, 156, 161, 163, 165, 175-8, 204, 260, 383, 487, 516; da fantasia, 131-2; investimento objetal, 113, 132, 154, 173; internos, 205, 315, 318, 320, 326, 509; primários, 198, 517; totais, 81; paradigma objetal, 69-71, 76, 97, 470; relações de objeto, 26, 31, 47, 52, 60, 62, 69-73, 76, 83, 193, 198, 206-7, 342, 349-51, 409, 519-20; transicional, 132

ódio: amor e, 81, 142-3, 145-6, 148-52, 154, 158, 160-2, 164, 166, 168, 172, 177, 179, 183, 191, 197; ao pai, 140, 152; crueldade do, 143; festim totêmico e, 151; narcisismo e, 153, 156,

614

158, 159, 162, 164-6, 178, 181; na neurose obsessiva, 105; recalcado, 139, 145

onipotência: nos primórdios da vida psíquica, 171; do pai primitivo, 148, 150; do pensamento, 146-7, 496, 554; fálica, 423; ilusão de, 273, 276; narcisismo e, 138, 152; sentimento de, 133

ontologia, 363, 541

oralidade, 172, 464-5; fase oral, 135, 160, 173, 187, 263, 316, 487; sexualidade oral, 398

ordem simbólica, 22

orgasmo, 377, 438, 447

Pabst, G. W., 371, 381, 383-4, 386

pacientes: americanos, 239; associações livres dos, 293; ataques de, 343; com estruturas não neuróticas, 34; com neuroses traumáticas, 278; comportamento dos, 288, 333, 347; crianças como, 315; depoimentos de pacientes de Freud, 12; e "representações obsessivas", 144; e a quantidade de sessões semanais, 54; elementos não verbais nas comunicações dos, 288; extremamente perturbados, 243; fantasias de, 167, 560; fóbicos, 110, 289; histéricos, 102, 109; identificação com o analista, 332; ingleses, 239; memória dos, 93, 393; militares, 274; narcisistas, 294; organização psíquica dos, 287; paranoicos, 109; psicóticos, 109; reações dos, 38; reações negativas dos, 304; relações interpessoais e, 67, 76, 84; resistências dos, 92; respeitos pelos, 213; sinceridade dos, 236; singularidade dos, 260; sintomas com a vida sexual dos, 291; sofrimento dos, 292; típicos, 280; vida psíquica dos, 313

pai: afável, 467; analista no lugar do, 344; autoridade do, 537; castrador, 467; complexo do, 241; como objeto primário de amor, 517; e tabu do incesto, 150; hostilidade contra o, 151, 377, 378, 390, 417; ideal, 419; identificação com o, 170, 187-8; impulso homossexual dirigido ao, 152; ódio inconsciente contra o, 140, 148, 152; pai da horda primitiva, 61, 148-50, 163, 558; papel do pai no complexo de Édipo, 361; revolta contra o, 294; superego e, 344; vínculo preferencial com o, 370; violento, 191

pais: afeição dos, 226; anseio pelo amor dos, na primeira infância, 468; "bons", 324; independência dos, 495; narcisismo dos, 130, 134, 468; polarização do amor e do ódio em relação aos, 177; proteção dos, 271; superego e, 313, 324

paixão: ciúme e, 442; erótica, 348; transferencial, 289, 293

paixões: do id, 191, 473; ego como agente das, 190; elementares, 68; força das, 488; humanas, 214, 240, 426, 510; satisfação das, 69; ser humano movido pelas, 68, 484, 495; virulência das, 477

Palmier, Jean-Michel, 248

pânico, 271, 526

pantomima, 453

paradigma: conceito de, 14, 57, 63; freudiano, 63, 69; kleiniano, 63, 69; lacaniano, 63, 69; objetal, 69-71, 76, 97, 470; paradigmas fundamentais da psicanálise, 63-9; pulsional, 67-74, 94, 97-8, 157, 203-4; relacional, 67, 69, 72-3; subjetal, 71

paranoia, 34, 40, 64, 105, 109-10, 112-3, 115-6, 126, 139, 142, 162, 167, 171, 176, 317, 319, 487, 495, 536, 559

Partido Socialista Austríaco, 213, 389

Pascal, Blaise, 38, 554

Pasteur, Louis, 474

pênis, 410

pensamento: ação e, 144, 151; atividade de, 122; censurado, 439; científico, 30, 541; como fenômeno imaterial, 25; consciente, 93, 393-4, 487; correntes de, 79, 243, 518; criativo, 319; de Freud, 11, 26, 32, 42, 46-9, 104, 174, 185, 204, 207, 361, 490; delirante, 319; fisiologia do, 452; formas racionais de, 443; inconsciente, 382; infantil, 458; linguagem e, 333; obsessivo, 141-2, 144, 319, 496; ofensivo e obsceno, 437, 440; onipotência do, 146-7, 496, 554; "perfeitamente construído", 396; platônico, 33; pré-consciente, 449;

615

Índice remissivo

processos de, 144-5, 451-2; psicanalítico, 25, 36-7, 40, 258, 260; reprimido, 402, 441; sistema de, 10, 484, 515; teoria do, 318; tipos neurótico e psicótico de, 320; velocidade do, 451; *ver também* psique

peronismo, 39, 513

personalidade: estrutura da, 59; organização da, 260

perspectiva: associacionista, 79, 81, 129, 134; globalista, 79-80, 127, 134-5, 166, 168

perversão, 34, 127

Petot, Jean-Michel, 10, 315, 319

piada(s): agressiva, 444, 458; anedotas e, 89, 109, 433, 483; autor da, 440, 450, 460, 465; capacidade de veicular o implícito, 436, 438; como meio para manifestar propósitos fundamentais da vida psíquica, 442; condensação e deslocamento na construção da, 431, 457; conflitos inconscientes e, 485; de judeu (*jüdische Witze*), 429, 433, 436; de português, 433; de sogra, 486; diferente de outras espécies do cômico, 453; em primeira pessoa, 449; governada pelos mesmos princípios que o sonho e a pulsão sexual, 439, 447; inibição e, 438, 440-2, 444-7, 449, 455-6; inocente, 438; obra de arte como um *analogon* da, 466; ofensiva, 440; ouvinte da, 440, 444-5, 450, 455, 460, 465, 467, 470; politicamente correta, 486; processos psíquicos envolvidos na construção e na fruição da, 434; sexualidade e, 451; tendenciosa, 440, 446; trabalho de elaborar a, 446; *Witz* (análise do termo), 431-3

Pinel, Philippe, 38, 100, 512, 523

pintura, 357, 558

Piscator, Erwin, 249

Pizarro, Francisco, 419

Platão, 27, 33, 86, 521, 545; conceito de Formas ou Ideias, 57, 75; dialética e, 33; platonismo, 33, 75

polícia, 491; czarista, 87

política, 73, 87, 216, 246, 251, 257, 369, 441, 519

Politzer, Georges, 522

Pontalis, Jean-Baptiste, 23-4, 43, 47, 170, 172, 186, 189, 359, 366-7, 370, 374-5, 381-2

Popper, Karl, 522, 530, 531, 536

pornografia, 525

Porte, Michèle, 522

Portugal, 574

posição, conceito kleiniano de, 22, 29, 59

positivismo, 522, 530-1

pragmatismo, 36

Praxíteles, 59

prazer: circuito do, 444, 460, 466-7, 471; preliminar, 439, 443, 446-7, 460-2, 464, 466; teoria quantitativa do, 460; princípio do, 68, 94, 122, 124, 137, 145, 149, 159, 180-1, 199, 278, 282, 293, 445, 488, 567

pré-consciente: aparelho psíquico e, 166; censura e, 108, 262; conteúdos psíquicos facilmente acessíveis, 484; desejo, 108; histeria e, 392; inconsciente e, 107, 166, 262, 308; inibições do, 108; na geografia da mente, 391, 484; pensamento, 449; piada e, 447, 455; sistema, 108, 113; sonho e, 107; sonhos e, 435; tríade consciência/pré-consciente/inconsciente, 491, 516

pré-socráticos, filósofos, 28

Primeira Guerra Mundial, 48, 152, 207, 237, 240, 242, 251, 253, 259, 265, 474

Prince, Morton, 220

processo: primário, noção de, 42, 92, 103, 121, 123, 137, 223, 382, 430, 448-9, 555; secundário, noção de, 92, 121, 137

projeção: agressividade e, 315, 324, 326; como defesa, 536; como modalidade de regressão, 117; definição de, 110; do paciente no terapeuta, 418; enamoramento e, 133; excessiva, 319; fobia e, 105; identificação projetiva, 61; introjeção e, 315, 352; mecanismo da, 110, 152, 382; narcisismo dos pais projetado sobre o bebê, 130; objeto projetado, 262; pulsões repudiadas e, 516; superego e, 171, 313, 315

protozoários, 182

Proust, Marcel, 250

⬚ (uso do símbolo), 221, 234-5

Psicanálise (conceitos, teorias): afetos como essenciais para a, 95; agressividade segundo a,

616

237; "boa" psicanálise, 24; causas psíquicas das doenças mentais como tese central da, 221; classicismo freudiano, 258; como ciência humana, 574; como "ciência judaica", 512; como método investigativo e ferramenta de transformação, 494; como teoria científica, 215; como ciência da natureza, para Freud, 15, 544; como visão da mente, 214; concebida como prática e como teoria, 25; conceitos psicanalíticos, 43, 45, 46, 383; conhecimento psicanalítico, 91, 259; critérios para caracterizar uma escola de, 26; cronologia da, 48-52, 54-5; descobertas da, 42-3, 527; desenvolvimento teórico da, 24; deslocamento do eixo teórico da análise do inconsciente para a do ego, 28; dialética e, 40; diferente de um sistema especulativo, 76; doutrinas psicanalíticas, 38, 53, 63, 140; duas fases no pensamento de, 81; edifício teórico da, 57, 76; epistemologia da, 522, 530, 536, 538-41, 543, 553, 559, 573, 575; escolas psicanalíticas, 24, 31-2, 49, 60, 62, 202, 244, 308, 325, 335; fronteiras da, 507, 509, 510-3, 515-24, 526-7; generalização e, 495; geografia conceitual da, 48; historicidade da, 29; ideologia psicanalítica, 59; interlocutores da, 32, 38, 512; interpretação como método da, 574; intuições que formam a base da, 91-2; invenção da, 15, 23, 357, 386; método psicanalítico, 59, 529, 538; modelo freudiano, 29, 70; paradigmas e, 63-5, 67, 69, 71, 73, 84; pensamento de Freud, 11, 26, 32, 42, 48-9, 361, 490; pensamento psicanalítico, 25, 36, 37; pesquisa psicanalítica, 533; primeiro sistema psicanalítico, 85, 88, 90, 91-2, 109, 117, 140, 214, 237, 374, 388, 511; principais ideias da, 378; propósito emancipador da, 216; psiquiatria e, 523; referenciais teóricos, 24; religião e, 58, 216, 477, 548, 555; Sartre sobre a, 366; ser humano descrito com exatidão pela, 494; teorias pós-freudianas, 26, 30; teoria psicanalítica, 21-3, 25, 29, 30, 32, 35, 37-8, 41, 46, 59-60, 62, 67, 76, 78, 170, 262, 275, 282, 492, 502, 516, 543, 559;

teoria psicopatológica, 31, 44, 67, 93, 166, 167, 180, 191-2, 194, 196, 202; teoria sexual opondo ortodoxos e dissidentes, 224; universalidade da condição humana e, 495; vista como "seita" por seus detratores, 215

Psicanálise (clínica, técnica): análise infantil, 29, 50, 315, 341; autoanálise, 29, 33, 37, 91, 109, 240, 294, 362, 371, 373, 379, 396, 404, 415; como método investigativo e ferramenta de transformação, 494; como método terapêutico e teoria científica, 215; deslocamento do eixo teórico da análise do inconsciente para a do ego, 28; escolas psicanalíticas, 24, 31-2, 49, 60, 62, 202, 244, 308, 325, 335; fenomenologia da experiência analítica, 83, 85; ideologia psicanalítica, 59; interlocutores da, 32, 38, 512; medicamentos psicotrópicos e, 497; medicina e, 523; método psicanalítico, 59, 529, 538; prática analítica/clínica, 13, 15, 22, 54, 71, 92, 167, 303, 314, 321, 325, 396, 498, 500, 502, 524, 535, 542, 574; processo analítico, 31-2, 41, 45, 49, 78, 83, 93, 113, 124, 130, 135, 167, 169, 180, 196-8, 200-3, 244, 262-3, 283, 285, 291, 293, 308, 317, 330-3, 351, 353, 391, 401, 403-4, 407-8, 488, 516-7, 534; propósito emancipador da, 216; psicanálise simplificada (Abraham), 274; psiquiatria e, 523; questões clínicas, 13, 76; técnica psicanalítica, 61, 265, 296, 308, 312, 343, 353, 568; teoria psicopatológica, 31, 44, 67, 93; tradição inglesa, 21; religião e, 58, 216, 477, 548, 555

Psicanálise (da/na cultura e sociedade): aplicada, 76, 448, 525; como fato de cultura, 25; como uma das invenções mais importantes do século xx, 216; da cultura, 227; em extensão, 540; religião e, 58, 216, 477, 548, 555

Psicanálise (movimento, instituições): como uma causa (die Sache), 215; diáspora psicanalítica, 40, 43, 60; dispersão e, 22-5, 53-4, 58, 62, 126; escolas psicanalíticas, 24, 31-2, 49, 60, 62, 202, 244, 308, 325, 335; estudantes de, 21; francesa, 10, 38, 513; grupos psicanalíticos, 50; impacto da Primeira Guerra

Índice remissivo

Mundial sobre o movimento psicanalítico, 237; implantação da psicanálise em países exteriores à sua área de nascença, 51; judeus e, 211, 217, 228, 231, 361; *Mitteleuropa* como centro original da, 245; movimento psicanalítico, 12, 15, 22-4, 35, 43-4, 47, 49, 68, 209, 214, 218, 227, 237, 242, 244-5, 248, 250-2, 388, 493, 502, 511; na Alemanha, 51, 238, 245-50; no Brasil, 40, 499; peso da herança de Freud criticada por Roudinesco, 497; resistência à, 522, 531, 532; retorno a Freud, 10, 28, 41, 45, 206, 360, 362, 500, 519; rivalidade entre Viena e os círculos estrangeiros, 217; teoria sexual como divisor de águas entre ortodoxos e dissidentes, 224; teorias pós-freudianas, 26, 30; tradição inglesa, 21; tríplice diáspora da, 23; "verdadeira psicanálise", 25; "verdades absolutas" no movimento psicanalítico, 11, 24; Viena como berço da, 509; vista como "seita" por seus detratores, 215; *ver também* Freud, Sigmund

psicodrama, 521

psicofísica, 77, 273

psicologia, 40; acadêmica, 36, 515; analítica, 237, 241, 340; científica, 48, 77; como ciência que estuda os processos mentais, 484; da libido, 123, 124; das neuroses, 398; "de superfície", criticada por Freud, 80; dinâmica, 508, 521; do self, 310, 520; individual, 237, 558; positiva, 79; social, 515, 558, 572

psicologia do ego (*ego-psychology*), 26, 31, 37, 41, 52, 60, 83, 123, 244, 263, 308, 310, 317, 322, 339, 340-2, 347, 350, 352, 362, 512

psicopatologia, 49, 77-8, 84, 105, 119, 140, 197, 204, 244, 262, 263, 277, 388, 392-3, 430, 483, 487, 516, 517, 534, 574

psicoses, 27, 29, 34, 39, 57, 83, 90, 108-11, 115, 118, 126, 128, 134-7, 142, 146, 162, 174, 178, 203, 237, 253, 263-4, 269, 312, 316-7, 319-20, 373, 392, 398, 430, 517-8, 523, 556; matriz clínica das, 134, 136-7, 203, 398

psicossomática: doenças psicossomáticas, 489; estudos de, 256, 518

psicoterapia, 212, 274, 357; processo terapêutico, 31, 54, 67, 78, 89, 167, 200, 204, 286, 288, 307; psicoterapias cognitivas, 54

psique, 67; aparelho psíquico, 30, 78, 86, 87, 94-5, 97-9, 107, 115-6, 119-23, 127, 135, 137, 145, 166, 175, 179, 262, 263, 279, 281, 284, 309, 330, 391, 426-7, 484, 509, 516; atividade psíquica, 93, 122, 296, 456; "átomos psíquicos", 79; atos psíquicos, 66, 119, 223, 333; desenvolvimento da, 30, 243; dinâmica psíquica, 30, 179; do bebê, 121; dor psíquica, 199, 348; economia psíquica, 30, 287, 314, 333, 338, 394, 536; energia psíquica, 68, 71, 81, 84, 113, 123, 145, 279, 330, 441, 444-5, 450, 459, 488; estrutura psíquica, 39, 67, 199, 495; forças psíquicas, 31, 98, 278, 560, 570; funcionamento normal e patológico da, 31, 41, 214, 556; funcionamento psíquico, 14, 31, 35, 38, 63, 68-9, 73, 77-8, 83-4, 86, 119, 122, 126, 138, 144-5, 163-4, 169, 177, 180, 186, 203, 221, 281, 284, 287, 319, 322, 336, 339, 363, 463, 488, 494, 518, 523, 542, 574; inércia psíquica, 182, 184; operações do psiquismo, 79; patologia psíquica, 87, 93, 194; processos psíquicos, 77-8, 93, 99, 108, 128, 180, 243-4, 264, 288, 343, 428, 431, 434, 441, 459, 483, 494, 510, 529; psiquismo adulto, 31; sexualidade como centro da vida psíquica, 92; teoria geral da, 30, 89, 529; tópica psíquica, 30; vida psíquica, 68, 79, 81, 92, 106, 112, 123, 128, 148, 151-2, 171, 181, 186, 193, 195, 199, 204, 211, 215, 222, 224, 233, 241, 278, 284, 313-4, 317, 335, 350, 352, 395, 421, 427, 430, 442, 444, 458, 471, 483, 497, 501, 508, 510, 515, 529, 544, 556-7, 568; *ver também* mente; consciência; inconsciente; pré-consciente; id; ego; superego

psiquiatria: autóctone na França, 512; colaboração entre analistas e psiquiatras, 524; como disciplina estabelecida antes da psicanálise, 40; como um dos instrumentos com os quais Freud construiu seus conceitos, 30, 79; congressos de, 221; destaque de Bleuler e Jung na psiquiatria da época, 218; e a dis-

618

tinção de quadros psicopatológicos, 515; e a remoção de sintomas, 524; e neurose, 273-4; enrijecimento da fronteira entre a psicanálise e a, 524; escritores e psiquiatras influenciando na compreensão freudiana da alma, 510; história da, 12; jovens psiquiatras procurando Freud, 88; medicamentos psicotrópicos e, 523-4; moderna, 498; no início do século xx, 88, 216; no momento em que Freud se dedicou à histeria, 359; primeiros discípulos de Freud como médicos ligados à, 265; professores e psiquiatras nos primórdios da psicanálise, 222; psicanálise americana como sinônimo de, 497; psiquiatras brasileiros, 498; psiquiatras de língua alemã, 214; psiquiatras na América e a relação com a psicanálise, 38

puberdade, 126, 127, 195

pulsão/pulsões: como energia interna pressionante, 73, 84; dialética pulsão/defesa, 61; movimento pulsional, 464; paradigma pulsional, 67-9, 71-4, 94, 97-8, 157, 203-4; pulsão de vida, 183; pulsão sexual de saber, 140, 145; pulsões elementares, 73; pulsões parciais, 80, 93, 126, 319, 443; pulsões primordialmente autoeróticas, 129; pulsões sexuais, 124, 125, 133, 153, 154-5, 160, 163-4, 166, 183, 262, 286, 447, 466; teoria das pulsões, 71, 168-9, 180-1, 183, 186, 193, 195, 197-8, 204, 237, 242, 262-3, 281, 322, 426, 458, 471

pulsão de morte, 27, 51, 61, 68, 82, 133, 139, 164, 169, 183, 186, 191, 198, 205, 237, 261-3, 270, 281-3, 308, 321, 349, 458, 518

Quarto Grupo parisiense, 25

química, 404, 474, 482, 511, 547, 550, 565, 568, 569, 574; elementos químicos, 481

Rabinovitch, Diana, 174, 176-7

Racine, Jean, 488

racionalismo, 561

Racker, Heinrich, 513

Radó, Sándor, 248, 255, 257, 322-3, 324, 518; e o ciclo agressão/culpa/expiação/perdão, 323

Rank, Otto, 50, 192-3, 251-4, 256-7, 300-3, 305-8, 329, 338, 427, 511; artigos de, 243; como discípulo da primeira geração, 244, 253; conceito de trauma do nascimento, 192; rompimemto com Freud, 307

Rapaport, David, 531

realidade, princípio de, 98, 122, 124, 137, 184, 204

realismo, 233, 369, 385, 386, 522

recalque, 80, 85, 93, 105, 140, 165, 168, 188, 192, 195, 224, 287, 309, 315, 349, 361, 382, 398, 491, 498, 516; *ver também* repressão

Regner, Ana Carolina, 565, 567, 569, 573

regressão: ao narcisimo, 174; até o ego, 114-6, 118, 126, 179; autoerótica, 112-3, 118; como defusão de pulsões destrutivas e eróticas, 195; da libido, 114-6, 118, 126, 135, 154, 317, 319; do ato para o pensamento, 144; escolha de objeto e, 170; excessiva, 319; fantasia e, 115, 146; formal, 116, 438, 447; induzida, 39; neurose e, 167, 197; piada e, 438; reparadora, 342, 348-9; sexualidade e, 272; teoria da, 128, 136; tópica ou espacial, 116

Reich, Wilhelm, 43, 50, 255, 257, 260, 285, 335-6, 344, 518; como discípulo da segunda geração, 244; como um catalisador no movimento psicanalítico, 340; conceito de couraça caracterial, 337, 339-40; estratificação psíquica segundo, 336; pensamento de, 336; recomendações técnicas de, 338; técnica de análise do caráter, 310, 335-6; terapia corporal de, 521

Reichmayr, Johannes, 265-7

Reik, Theodor, 37, 254, 257, 310, 494; processado por prática ilegal da medicina, 544

relação sexual *ver* sexualidade

relações de objeto *ver* objeto

religião: convicções religiosas, 227; cosmogonias e, 557; crenças arbitrárias e, 548; cultura e, 511; desejos humanos e, 554, 557; filosofia e, 547-8, 557; Freud como opositor da, 477; Iluminismo e, 55; ilusão e, 558; ilusões e, 557; origens da, 151, 234; psicanálise e, 58, 216, 477, 548, 555; psicologia da, 428;

Índice remissivo

religiosidade, 525; "sem Deus", 370; verdade e, 547

remorso, 150

Renascimento, 59, 514

repetição: automatismo de, 183-4; central no modelo de Roustang, 42, 45; como movimento circular, 280; compulsão de, 181, 186, 195, 198, 200, 278-9, 281, 284-7, 293, 298, 301, 303, 312, 537; conceito de, 168; dos conflitos infantis, 136; exemplos de, 277; funções da, 183; histeria e, 34; infantil, 302; matriz do funcionamento pulsional, 184; mortífera, 180; no processo psicanalítico, 45; resistência e, 46, 125, 287; sonhos de, 277; tendência à, 282, 301; transferência e, 125, 198, 278, 304, 537; trauma e, 283

repressão: causas da, 97-8; conceito de, 30, 121; da sexualidade, 406; das pulsões parciais, 443; de afetos, 97; de ideias, 394; de sentimentos, 372, 394; deslocamento e, 104, 140; desprazer e, 103, 107; do complexo de Édipo, 193-4, 299, 305; do ódio infantil contra o pai, 141; ego e, 278; excesso de, 491; irritação dos genitais da criança e, 95, 102; levantamento da, 449-50; libido e, 293, 391; modificações da, 115; na formação da piada, 440; neurose e, 167, 276; no inconsciente, 127, 142, 151, 223; repetição e, 278; retorno do reprimido, 309

resistência(s): à análise, 200, 522, 531; à mudança, 287; análise das, 340; ansiedade e culpa como principais fontes de, 301; como lidar com resistências numerosas, 335; complexo de castração e, 201; comum, 304; conceito de, 31; de caráter, 337; do ego, 181, 189, 278, 287; do id, 200, 287; do superego, 287; dos pacientes, 92; ego e, 113; excessiva, 180; formas de, 286; inconsciente, 189; incremento da, 313; interpretação visando à remoção das, 263; narcisismo e, 287; no modelo lacaniano, 42, 45; no processo analítico, 45, 93; par dinâmico resistência/transferência, 92, 392; repetição e, 46, 125, 287; transferência e, 168, 200, 287-8, 313, 346, 392, 400; valor

da, 302; vencendo as resistências, 168, 181, 303, 346, 405, 421

Revolução Francesa, 513, 551

Ricoeur, Paul, 43, 522

Rie, Oscar, 388

Rieff, Philip, 413-5

Rilke, Rainer Maria, 255

Rio de Janeiro, 499, 534; número de instituições psicanalíticas no, 25; primeiras menções a Freud por Juliano Moreira no, 498

riso, 437-8, 441, 444, 450-4, 459, 465, 470, 486

Rivière, Joan, 352

Roazen, Paul, 12, 502

Rocha Barros, Elias da, 62; Rocha Barros, Elizabeth da, 62

Rodrigues, Nelson, 532

Róheim, Géza, 248

Rolland, Romain, 266

Romantismo, 187, 223, 256, 481, 488, 514

Roudinesco, Elizabeth, 12, 42, 253, 358, 497

Rousseau, Jean-Jacques, 69

Roustang, François, 42, 45

Rússia, 249, 512; psicanálise proibida por Stalin, 245; censura na, 87, 485

Sachs, Hanns, 251, 253-4, 256, 258

sadismo, 142, 155-8, 161, 163-6, 172, 176, 186, 232, 282, 319-21, 323, 349, 352, 409

Salpêtrière, 101, 371, 477

Sampaio, Camila Pedral, 535

Sandler, Joseph, 73

São Paulo, 11; criação da Sociedade Brasileira de Psicanálise, 499; implantação da psicanálise em, 10

Sartre, Jean-Paul, 38, 74, 358-9, 362, 364-7, 369-70, 372-5, 379, 385-6, 513, 522; admitindo a existência do inconsciente, 366; consciência segundo, 362; negação da existência do inconsciente, 365; noção de má-fé, 365-8, 370; psicanálise existencial, 363; críticas à psicanálise freudiana, 366; roteiro para *Freud, além da alma*, 357-8, 361-2, 367-8, 371, 378-80, 386

Saussure, Ferdinand de, 28, 509, 527

Schilder, Paul, 254, 257

Schneider, Monique, 359, 463-5, 467

Schopenhauer, Arthur, 68, 481, 545

Schorske, Carl, 502

Searles, Harold, 206

sedução, teoria da, 95, 102, 106, 110, 139, 361, 372, 375, 377, 429

Segredos de uma alma (filme), 371, 381, 383, 386

Segunda Guerra Mundial, 207, 249, 253, 267, 310, 353, 357, 473, 512-3; consequências para o movimento psicanalítico, 51

II Encontro dos Quatro Países (Balint), 352

seio materno: bebês fantasiando o, 121, 155; como objeto de incorporação, 172; como "parte" do bebê, 132; como protótipo do objeto de desejo, 175; leite, 121, 131; mamilo, 131, 465

seleção natural, teoria da, 561-5

self grandioso (Kohut), 22

sensações: desprazerosas, 461; e ideias, 79; eróticas, 289; táteis, 465; térmicas, 451

sentimentos: ambivalência dos, 147; carinhosos, 150; de ciúme e inveja, 217, 236; de culpa, 140, 151, 197, 199, 260, 300-1, 315, 322; de hostilidade, 458; desprazerosos, 98, 398; penosos, 372; repressão de, 372, 394; sexuais, 97

Sève, Lucien, 43

sexualidade, 68; adulta, 80; amor e, 91, 165, 182, 488; atividade sexual, 128; como centro da vida psíquica, 92; como força fundamental na vida do ser humano, 32, 488; como um dos eixos da teoria psicanalítica, 58; desejo sexual, 140, 169, 347; dificuldades sexuais, 91; exploração sexual, 475; feminina, 51, 61, 70, 257, 261, 352, 518; funcionamento da, 127; gratificação sexual, 227, 400; inconsciente e, 216; infantil, 54, 61, 63, 91, 112, 127, 214, 223, 225-6, 229, 234, 287, 399, 458, 493, 516; na etiologia das neuroses, 97; nascimento da, 131; necessidades sexuais, 72; noção de, 111; oral, 398; prazer sexual, 145, 438, 439; recalque da, 93, 398; regressão e, 146, 272; relação sexual, 28, 407, 447; repressão da, 406; satisfação sexual, 118, 147, 175; superestimação sexual do objeto, 130; tensão sexual, 461, 463; teoria da, 70, 214, 391, 430, 516

Shafer, Roy, 520

Shakespeare, William, 30, 426, 510

sífilis, 413, 475

Silva, Maria Emília Lino da, 534

simbólico, noção de, 28, 32, 64, 70-1, 527

Simmel, Ernst, 268, 274

sintomas: aparente falta de sentido dos, 103; complacência somática, 103; histéricos, 106, 270, 280, 291, 346, 394, 477, 478, 481, 559; neuróticos, 94, 280, 286, 337, 485; obsessivos, 34, 143, 319, 495; psiconeuróticos, 107

sistema nervoso, 101-2, 451, 524

Slavutzky, Abrão, 502

Smirnoff, Victor, 359, 360

Sociedade Brasileira de Psicanálise, 499, 507

Sociedade Psicanalítica de Paris, 43

Sociedade Psicanalítica de Viena, 226, 231, 248, 255-7, 335

Sociedade Psicológica das Quartas-feiras, 212, 214, 216, 218, 226, 253

sociologia, 44, 509, 527, 571-2

Sófocles, 30

sonho: caráter obscuro do, 86; censura no, 366; de repetição, 277; deformação onírica, 87; dos lobos, 63-5; elaboração do, 80, 87, 429, 437-8; interpretação dos, 48, 56, 87, 107, 135, 373-4, 391, 393-4, 400, 429, 483; sonhos de "comodidade", 119-20; teoria dos, 50, 107, 395

sono, 86, 129

Sousa, Edson Luiz André de, 502

Souza Leite, M. Peter de, 45

Souza, Gilda de Mello e, 11

Souza, Paulo César, 501

Spellbound ver *Quando fala o coração* (filme), 371

Spillius, Elizabeth Bott, 61

Spitz, René, 248

stalinismo, 245, 249

Stasevskas, Yanina Otsuka, 534

Índice remissivo

Stein, Conrad, 37, 53, 359, 520

Steiner, John, 520

Stekel, Wilhelm, 230, 231, 253-4, 256; como discípulo da primeira geração, 253

Stendhal, 426

Sterba, Richard, 314, 328-35, 340-1; sobre Anna Freud, 341; sobre Reich, 340

Stevenson, Robert Louis, 457

Strachey, Alix, 499

Strachey, James, 193, 324-30, 332, 459; e a questão do superego, 314

subjetividade, 40, 57-8, 80, 166, 177, 398, 526

sublimação, 137, 155, 191, 202, 204, 301, 317-8, 321, 431, 443, 459, 466-71, 558

sucção, 112, 172, 223

Suíça, 222, 256

sujeito: alienação interna do, 35, 71; conceito de, 71; constituição do, 47, 70; desenvolvimento do, 98; dimensão social do, 39; e o objeto, 83, 162, 176, 416, 463; e realidade exterior, 321; funcionando como um conjunto, 166; ordem social, 443

superego, 191, 197, 309, 491; agressividade e, 315, 321, 323, 326, 330; ameaças do, 341; benigno, 313, 316, 338, 467; como instância psíquica, 81; como principal adversário da análise, 316; como um "anacronismo na mente" (Alexander), 312; complexo de Édipo e, 27, 190, 193, 201; críticas do, 190; crueldade do, 310; definição do, 178; desconstrução do, 344; desenvolvimento do, 348; ego e, 179-80, 187, 190-2, 195, 200, 262, 287, 311-3, 322, 324, 326, 328, 330-2, 334, 340; esboço do, 150; exigências sociais e, 98; formação do, 188-9, 193-4, 196, 334, 518; funções do, 311; id e, 191, 311-2, 314, 324; invenção do conceito de, 188, 190, 262; medo ao, 325; neurose e, 313, 330; no melancólico, 186, 190; núcleo do, 316; núcleo do, 150, 315; origem do, 314, 326; primitivo, 313; resistência do, 287; sadismo e, 282, 312, 320; severidade do, 287, 309, 344; superego auxiliar, 327; superego original, 327, 329

superestimação, 130, 133, 154

superstição, 55, 139, 496, 561

surrealismo, 12, 38, 249, 498

Suspeita (filme), 382

susto, 185, 272, 276; distinção entre medo, angústia e, 277

Sydenham, Thomas, 100

tabu do incesto, 150

Talmud, 361

Tânatos, 133

tato (empatia), 229, 238, 299, 343, 348

Tausk, Victor, 253-7, 266

Tchecoslováquia, 238, 245, 247

teatro, 189, 212, 259, 525, 535, 555, 558

teleologia, 187, 574

Teles, Vera Stella, 10

Thomä, Helmut, 522, 532

tipos psicopatológicos, 78

traço unário, conceito de (Lacan), 170

transferência: afetos e, 325; análise da, 168, 296, 537; analista fazendo uso da, 298; central no modelo de Roustang, 42; como fenômeno imaterial, 25; como fulcro do processo psicanalítico, 32; como noção central para a teoria psicanalítica, 22, 58, 61, 427; complexo de Édipo e, 417; conceito de, 31, 92, 282, 383, 388, 517; conflitos inconscientes na, 289; conteúdo da, 332, 338, 418; contra-transferência ver entrada principal; das imagos infantis sobre o analista, 184; de Jones sobre Jung, 234, 236; de Tausk sobre Freud, 257; desdobramento da, 298; desejos incestuosos e, 302; desencadeada pelo processo psicanalítico, 45; dificuldades para resolver a, 300; do analista sobre o paciente, 418, 419; em crianças (Klein), 27, 315; edipiana, 241; efeitos sugestivos da, 537; ego e, 331; emoções e representações ligadas à, 301; erótico-passional, 168; evolução da, 568; histeria e, 111; homossexual, 167; id e, 330; imperfeita, 295; inanalisável, 298; indícios da, 402-3, 416; insuficiente, 294; intensidade da, 39; interpretação da, 135, 167, 283, 331; libido e, 110, 291, 331; lugar periférico da, no

622

início da psicanálise, 82; maneiras de organizar a, 495; manejo da, 243, 388; material infantil na, 328; materna, 167, 219; mecanismo da, 426; negativa ou hostil, 167-8, 304, 340; neuroses de, 34, 64, 135, 194, 198, 275-6, 280, 298; par dinâmico resistência / transferência, 92, 392; positiva, 295, 338, 340; pulsões sexuais contribuindo para a eclosão da, 286; recalque e, 309; recíproca, 250; rede de transferências no movimento analítico, 47, 50; repetição e, 124, 198, 278, 537; resistência e, 168, 200, 287-8, 313, 346, 392, 400; resolução / solução da (*Lösung*), 404; sobre o analista, 198, 296, 301, 316; solidez da, 296; superego e, 313, 331; teorização da, 168; tipos de, 34; transferências mal resolvidas dos analistas, 45; utilizável no processo analítico, 135

trauma(s): conceito de, 272, 277, 284; conflitos e, 536; do nascimento, 192, 252, 305-7; elaboração dos, 298; elementar, 277; experiência traumática, 91, 270; função de certos sonhos condicionada pelo, 277; impacto do, 284; infantis, 348, 384; neurose e, 243, 283, 307; problemática do, 305; repetição e, 283; sexualidade e, 272; soldados traumatizados, 357; teoria do, 106; tipos de , 275; traumatismo, 185, 186, 202, 269, 349; visão mecânica ou econômica do, 279

tristeza, 95, 463

Truffaut, François, 383

Uchitel, Myriam, 534
Universidade de Viena, 80
Urano, 482
uretral, fase, 290, 316
Urvater ver pai primordial

Valladares, Maria Silvia, 507
Viderman, Serge, 407
Viena, 36; analistas de, 258; Boletim Central (*Zentralblatt*) em, 233; cemitério judaico de, 375; círculo psicanalítico de, 217, 230, 512; como berço da psicanálise, 13, 509; conferências psicanalíticas em, 258; consequências da Primeira Guerra Mundial para a Áustria e, 247; divergências entre Londres e, 342; Faculdade de Medicina de, 475; instituto de formação psicanalítica em, 252-3, 335; medicina oficial de, 361; prefeito social-democrata de, 247; primeiros discípulos estrangeiros de Freud em, 214; Sociedade Psicanalítica de, 217, 226, 231, 248, 255-7, 335

violência, 157-8, 230, 246-7, 267, 272, 309, 315, 320, 409, 412, 473, 485, 488, 491-2, 525

Virgílio, 381

Waelder, Robert, 66, 68, 83, 263, 317-21, 352; escala de, 65-6, 83
Wallerstein, Robert, 530, 534
Weber, Max, 249
Weiss, Edoardo, 190, 245
Weissmann, August, 182
Welles, Orson, 371
Wilde, Oscar, 432
Winnicott, Donald, 12, 31, 60, 69, 73, 206, 310, 350, 471, 497, 512, 519; "herdeiro espiritual" de Ferenczi, 228; conceito de objeto transicional, 132
Wittgenstein, Ludwig, 250, 545
Witz ver piada
Wolff, Antonia, 211, 240; senhora Wolff, 211, 239
Wölfflin, Heinrich, 551
Wondrachek, Karen, 432
Wundt, Wilhelm, 77, 515

Yerushalmi, Yosef Hayim, 502
York, Susannah, 380

Ziehen, Theodor, 387-8
Zohar, 361
zonas erógenas, 98, 114, 118, 127, 131-2, 291, 316, 391, 438, 447, 461, 464
Zuydersee, 472-3, 490
Zweig, Stefan, 473-5

GRÁFICA PAYM
Tel. [11] 4392-3344
paym@graficapaym.com.br